FINANCES PUBLIQUES

公共财政学

FINANCES PUBLIQUES

〔法〕让—吕克·阿尔贝 著
JEAN-LUC ALBERT

彭捷 刘守宇 龚兆华 徐阳鸣 等译

中国财经出版传媒集团
经济科学出版社
Economic Science Press

达洛兹课程
公共法系列
巴黎第二大学教授　多米尼克·夏诺洛·德萨布雷　主编

COURS DALLOZ
Série Droit public
Sous la direction de Dominique Chagnollaud de Sabouret
Professeur à l'Université Panthéon-Assas (Paris II)

公共财政学
2015 年　第 9 版

艾克斯－马赛大学教授
里昂第二大学法律系名誉主任
让－吕克·阿尔贝　著

本书初版由里昂第二大学法律系主任
吕克·萨吉著于 1995 年

FINANCES PUBLIQUES

9ᵉ édition

2015

Jean-Luc Albert
Professeur à Aix Marseille Université
Doyen honoraire de la faculté de droit de l'Université Lumière (Lyon II)

Ouvrage créé par le Doyen Luc SAIDJ en 1995

财政之材料应简单至老妪能解。

——柯尔贝

目　　录

本书中的主要法文缩写 ·· 1
引言：公共财政的定义 ·· 1

第1部分　公共财政概论

第1章　公共财政权 ·· 7
1.1　公共财政当局 ·· 7
1.2　公共财政原则 ··· 22
1.3　国库 ·· 63

第2章　财政政策 ·· 71
2.1　公共财政政策的发展 ··· 71
2.2　公共支出 ··· 88
2.3　公共收入 ··· 90
2.4　公共财政失衡 ··· 97

第3章　欧洲层面的公共财政 ··· 113
3.1　欧盟财政 ··· 113
3.2　欧盟对各成员国公共财政的约束 ·· 153

第4章　国际层面的公共财政 ··· 166
4.1　国际组织的财政 ··· 166
4.2　各经济体公共财政的国际环境 ··· 173

第2部分　法国公共财政

第1章　公共财政的"总管理" ··· 185
1.1　共同机构 ··· 185

　　1.2　共同限制 ………………………………………………… 239

第2章　中央财政 ………………………………………………… 255
　　2.1　中央预算原则 …………………………………………… 257
　　2.2　中央预算准备 …………………………………………… 284
　　2.3　中央预算批准 …………………………………………… 293
　　2.4　中央预算执行 …………………………………………… 306
　　2.5　中央财政方法 …………………………………………… 331
　　2.6　中央财政收支 …………………………………………… 348

第3章　地方财政 ………………………………………………… 367
　　3.1　地方财政制度 …………………………………………… 368
　　3.2　地方财政技术 …………………………………………… 392
　　3.3　地方财政运营 …………………………………………… 408
　　3.4　地方财政层级 …………………………………………… 432

第4章　社会保障财政 …………………………………………… 445
　　4.1　社会保障的财政收支 …………………………………… 447
　　4.2　社会保险融资法案 ……………………………………… 471
　　4.3　社会保障机构的财政制度 ……………………………… 493

参考文献 ………………………………………………………… 505
索引 ……………………………………………………………… 530

本书中的主要法文缩写

C. comptes　国家审计法院
C. douanes　《关税法》
CDU　《欧盟关税法》
C. mon. fin.　《货币金融法》
C. pén.　《刑法》
C. rur.　《农业与海洋渔业法》
C. urb.　《城市规划法》
CASF　《家庭与社会活动法》
CCH　《建筑居住法》
CDBF　《财政预算法》
CE　最高行政法院
CEDH　欧洲人权法院
CGCT　《地方法》
CGI　《税法》
CGPPP　《公共法人财产法》
Civ.　民事终审法庭
CJA　《行政法》
CJCE　欧共体法院
CJF　《财政司法法》
CJUE　欧盟法院
COJ　《司法组织法》
Com.　商业终审法庭
Cons. const.　宪法委员会
Const.　《宪法》(1958年10月4日)
Conv. EDH　《欧洲人权公约》
CRC　地方审计法院
Crim.　刑事终审法庭
CSP　《公共卫生法》
CSS　《社会保障法》

DDH　《人权宣言》(1789 年 8 月 26 日)
DGDDI　海关和间接税总署
DGFiP　公共财政总署
HCFP　公共财政高级委员会
LFR　财政法修正案
LOLF　《财政法组织法》(2001 年 8 月 1 日)
LOPGFP　《公共财政管理和程序组织法》
LPF　《税收程序法》
LPFP　《公共财政程序法》
MAP　公共行动现代化计划
NSU　单一监管机制
NRFG　欧盟议会和欧盟委员会关于欧盟总预算财政使用条例的第 966/2012 号章程（2012 年 10 月 25 日）
RD　欧盟议会和欧盟委员会关于欧盟总预算财政使用条例的第 966/2012 号章程的使用法则（2012 年 11 月 7 日法令）
RFAP　《法国公共管理评论》
RGBCP　预算和财务制度管理第 2012－1246 号法令（2012 年 11 月 7 日）
RGPP　公共政治总修正案
Soc.　社会终审法庭
TCE　《欧共体条约》
TFUE　《欧盟运行条约》
TIMES　《欧盟稳定机制条约》
TSCG　《欧洲经济货币联盟稳定、协调与治理条约》
TUE　《欧盟条约》

引言：公共财政的定义

1　公共财政可以有三种主要的定义方式。

2　首先，它可以指公共法人的财政。公共法人包括国家机关、地方政府、公共机构和其他公共组织（在外部层面上，还包括国际组织和超国家组织）。大学公共财政课程一般采用这一定义，传统趋势是以国家财政为主，甚至只关注国家预算，尽管后者不过是公共财政的一个部分。这种定义只考虑相关机构的法律性质，而不考虑其所进行的活动的性质（根据该定义，则公共法人所进行的商业活动必然是公共性的）。这一定义虽然清晰，却未能将当代公权力的某些领域包括在内。

3　于是，人们越来越倾向于采用第二种定义：公共行政机关的财政。

经济核算体系即采用这一定义。如目前的国民经济核算体系（SCN 2008，它在联合国、欧盟委员会、经济合作与发展组织、国际货币基金组织和世界银行的主持下制定的，由联合国统计委员会通过，以作为国民经济核算的国际统计标准）、2010 年欧洲经济核算体系（简称 SEC 2010，是对 SEC 95 的更新，2013 年 5 月 21 日由欧盟理事会通过）和法国国民经济核算体系（根据 SEC 2010 编制。2010 基数取代了之前的 1956、1962、1971、1980 和 1995 基数，作为对法国经济活动整体进行核算的工具。从 2014 年起，国民经济核算以 2010 基数为基准）。

那些主要经济活动是对主要（直接或间接）来源于必提费用的资源进行再分配或生产非商品性质的服务（即销售收入只相当于生产价格的一半以下）的"机关单位"被视为公共行政机关。

SEC 2010 中"公共行政机关类"（S.13）与"私人管理机构类"相对，后者被称为"为家庭服务的非营利性组织"。"公共行政机关类"分为四小类：中央行政机关（S.1311），包括中央政府和其他中央行政机构（在法国此类组织有近 700 个，包括大部分国家级行政性公共机构）；联邦制国家成员管理机构（S.1312）；地方行政机关（S.1313），包括地方政府和其他地方行政机构（尤其包括大部分地方级行政性公共机构）；以及社保管理机构（S.1314），包括社保的必要机构和相关附属机构（尤其包括从 1987 年起主要由社保基金资助的法国公立医院或类似的医院）。

这些分类以及欧洲统计局在这一领域的介入曾引起一些争议，基本都已由欧盟法院法官裁定平息，如以下两个判例：2006 年 9 月 5 日欧共体法院第 T—148/05

号关于马德里自治共和体的判决；2008年6月20日欧共体委员会第C-448/07-P号关于马德里市政厅的判决。

上述第二种定义最适于对各国公共财政进行比较，因此被用于衡量欧盟内部财政赤字和公共债务的状况。它与第一种定义有两大区别：一方面，它将参与公权力活动的私权机构（在法国主要是地方社保基金）的活动包含在内；另一方面，它反过来将营利性的公共服务（甚至中央或地方政府执行的服务）和从事营利性活动的公共机构（如法国的巴黎公共交通运输公司和各地廉租房管理处）排除在外。

随着预算和财务制度管理第2012-1246号法令（RGBCP）在2012年11月7日颁布，法国法律开始参照这一定义。该法令取代了1962年12月29日颁布的关于公共核算一般条例的法令。预算和财务制度管理第2012-1246号法令第1条明确了该法的适用范围，即1996年6月25日条例所定义的公共行政机关，而非1962年法令所述的公共组织。

4　　我们也可以采用第三种外延更广的定义：公共领域的财政。这一定义的核心在于除了公共行政机关之外，还可以包括国有企业，即公权力控制的工业或商业企业（首先是被国有化的企业）。这种定义能够更好地衡量公权力的经济和财政分量，因为国有企业相对于公权力的自主性总是非常有限的。

但是"国有企业"这一概念很难定义（甚至"企业"一词本身的定义有时也成问题），一家企业是否属于"国有企业"，不仅源于一个量化标准（公权力控制企业的大部分资本，或在企业决策机构中拥有多数投票权，或两者兼备），也可能源于其他难以确定的因素。

因此，法国法律有时会将"国有企业"定义成"公权力所占股份使其可以拥有决策权或管理权优势"的企业（《财政司法法》，法律部分[①]第133条第2款第d项，关于审计法院对国有企业的审查的条款），而欧盟法律则将"任何公权力因其所有权而参股的企业需遵守的规则能够直接或间接对企业产生决定性影响"视为"国有企业"（欧洲经济共同体1980年6月25日关于国家与国有企业财政关系第80/723号指令第2条，后来被收录到2004年6月7日第2004-503号法令中）。经济合作与发展组织（OCDE）国有企业管理的指导路线（2005年）对"国有企业"定义如下："国家是唯一股东，或持有多数股份，或持有少数但有影响力的股份使其能够进行有效控制的企业。"国家持有少数但能够确保对企业进行控制的股份，或某些国家在企业中保留的"黄金股"（golden share）使其能够反对某些金融操作即属于此类。不过这种做法受到欧盟法律的限制，尤其因为影响资本自由流通而倍受质疑（欧共体法院，2002年6月4日第483/99号判决，

---

① 译者注：本书所引用的法律法规不同部分分别由L、R、D、LO表示，分别译为法律部分、法规部分、法令部分和组织法部分。

埃尔夫·阿基坦公司案）。

因此，关于公共领域财政的统计数据只可能是部分的或相对的（法国由财政部和国家核算机构统计其中一些数据）。另外，公共领域的财政这一概念不适于国际比较，因为公共领域的规模各国差异很大（不过，公共行政机关中的社保管理机构的情况也是如此，参见3段）。

5　　在更广泛的意义上，我们还可以提出公共经济的财政，即在公共领域财政之外，将接受财政援助但未必受公权力控制的代理人所执行的活动也包含在内；或者更广泛地，还可以包括那些从公共领域接受资金的代理人的活动。

6　　同样，我们也可以像欧盟那样划定一个"经济性公共利益服务"领域（《欧盟运行条约》，第14条），包括国家参股的企业（持多数或少数股权）和国家未参股但需受国家调节的企业。国家调节不仅旨在促使企业至少履行最低限度的公共服务义务，也可允许一定程度的公共投资。关于国内市场的服务业的欧盟委员会第2006/123号法令（2006年12月12日）并未涉及经济性公共利益服务的投资问题。

2007年12月13日签署的《里斯本条约》附带有一个关于公共利益服务的专门议定书，该议定书一方面重申了欧盟在经济性公共利益服务方面的共同价值，另一方面明确指出了条文不得损害各成员国提供、执行和组织非经济性公共利益服务方面的职能（关于公共利益服务的第26号议定书）。

7　　上述各种因素使得公共财政成了某种"综合"形式，一般由国家当局负责。这正是《欧盟运行条约》第126条所述的"公共财政"的意义，并由关于过度赤字程序的第12号议定书加以阐明。该议定书第2条指出"公共"一词的意义指的是"与一般行政机构相关，所谓'一般行政机构'，即中央政府、地区或地方政府和社保基金，不包含欧洲综合经济核算体系所定义的商业活动"。

本书分为两个部分：
公共财政概论（第1部分）；
法国公共财政（第2部分）。

第1部分
公共财政概论

公共财政可以从四个主要方面进行概述。

一是制度方面。这一方面涉及支配公共财政的机制框架，归根结底与公共财政权这一概念相关。公共财政权始终是公权力的一种重要执行模式，也是政治权力的一个根本要素（第1章）。

二是物质方面，涉及公共财政的内容本身，与公共财政活动这一概念相关。公共财政活动出现了极大的扩展和变化，我们有必要在此对公共财政政策进行分析（第2章）。

三是欧盟层面的公共财政的建立（第3章），由于国际环境的影响（这一点不可忽视），不断被加以完善和强化，由此引出了第四个方面（第4章）。

第 1 章 公共财政权

9　　公共财政权这一概念极其广泛，并不局限于预算权力。它还包括批准征税的权力、发行公债的权力、发行货币的权力（货币权）以及从金融方面介入经济的权力等。作为一种政治权力、一种规范性的权力，它首先必然具有制度和功能方面的特征。它既不能也不可能与经济、政治、社会、管理等方面的概念脱离联系；而公共机关在这一领域的行动同样既不能忽视金融市场、银行及其他金融机构或相关行业的作用，也不能不考虑经济运营者的行为，否则便难有成效。在公共财政权之外，还有一种私人财政权。这两者的区别并没有看起来那么明显，而且它们还可以相互补充。另外，私人活动者也并非与公共财政毫无关系，如在购买公共机构的债券、公共账目的确认还是在公共财政评级等方面都与公共财政有联系。此外，我们不应忘记经常被忽视的一点，即这一权力还有一种历史维度。历史维度是解释各国经济财政关系的文化性和社会性区别的一个重要因素。公共财政权也有演变，当然演变情况因国家而异，并不平衡，但都是基于对公共资源及其使用的逐渐民主化监督。如今面对欧盟和其他大型国际组织的干预，面对倾向于对公共财政管理强加一种单一和标准化的解读的"财政技术官僚统治"，民主问题再次回到讨论的中心。

10　　公共财政权今后将不再局限于国家的范围内。这是一个诞生于 20 世纪后半期的较新的现象，源于超国家权力的出现。超国家权力不仅限定国家财政权的范围，而且为它们制定"规矩"，同时自己还掌握财政职能，其中某些如欧盟，甚至还有预算权。

11　　对财政权的争夺曾导致并将继续导致财政当局之间某种程度的竞争，尤其是行政当局和立法当局之间（1.1）。这些财政当局的权力受到国际和地区组织（对法国而言则是欧盟）的限制，而后者自身亦掌握一定的财政权（见第 3 章和第 4 章）。公共财政当局依托国库（1.3），遵守或施行一整套财政原则（1.2）。

1.1 公共财政当局

12　　各公共财政当局的权力来源于不同的法律，有些由宪法授权，另一些则不是。议会长期以来控制公共财政权（1.1.1），之后，先是行政当局，然后其他公共单位也逐渐在财政权的执行中打下自身的烙印,从而使财政权的分配形成多元格局(1.1.2)。

1.1.1 议会长期控制公共财政权

议会掌握公共财政的历史十分悠久,这源于征税批准原则,与宪法的历史关系密切。这一原则可追溯到西欧封建时代的最后几个世纪。一般而言,封建君主只应享有其领地的收入("一般收入"),但由于一些原因(主要是军事方面的原因),财政的需求越来越迫切。当时人们认为如果没有人民或相关社会等级代表机构的批准,不得提高税收,即不得征取"额外收入"。

这一奠基性原则出现于13世纪的英国(1215年《大宪章》),使英国议会逐渐取得对国王的开支和账目进行监督的权力,之后又确立了由议会对之进行定期批准的原则。它在1628年的《权利请愿书》中被再次重申,并在17世纪英国内战结束后,随着1689年《权利法案》的通过,得以最终确立下来。

美国跟随这一步伐,《1787年宪法》将包括征税权在内的财政权完全赋予国会。

在法国也一样,税收由三级会议(教士、贵族和第三等级的市民)批准的原则从12世纪开始便经常得到实施,尤其在腓力四世统治时期和百年战争期间(14~15世纪)。不过,到15世纪中叶,国王获得了永久性提高税收的权力(他也经常将这一权力让渡给某些地方或某些城市),之后又成功摆脱了三级会议的控制(三级会议在1614~1789年未再召开)。此后,在法国大革命爆发前,只有高等法院对国王的这一权力做过零星的抵抗。

按照让·博丹的说法,征税在原则上无可指责,不过这是比较靠后的解决办法,"因为没有什么比必要之事更正当"。但他反对增收新税,并指出"那些巧立名目增收新税的人大都因此丧命"(《共和六书》,第6章,1583年)。后来世易时移,风俗各异。

勒鲁瓦-柏略在其《财政科学论》中引述了柯米纳的这段话:"如无被征税人的同意和授予,任何国王或领主均无权向他的臣民征收哪怕一分钱,要么就是通过暴政或暴力手段。"同时指出这一公理在旧制度下其实是常态,并引用了巴黎高等法院首席院长1787年向路易十六陈述的一席话为证:"法国君主制的宪法原则是征税需由被征收者同意。陛下,一位仁慈的国王心中不应有破坏这一原则的想法。它根植于您的国家最早的法律,确保王室的权威和臣民的服从。如果说近几年来,高等法院相信可以向您担保人民在税收方面的服从,那乃是出于他们对您的忠诚,而非出于他们的权力。"1789年6月17日,国民议会颁布法令宣布国王所征的所有税收均属非法,因为没有经过国民同意(不过还是暂时维持它们)。1789年6月23日的《国王意愿宣言》提出了税收由国民代表自由投票决定的原则(第1条)。《1791年宪法》正式规定设立公共税种的权力完全属于立法机构。不过当时关于税收每年批准的做法仍然有争论，因此，之后的三部法国宪法（《1814年宪法》第49条，《1830年宪法》第41条，《1848年宪法》第17条）均确认或规定"土地税"每年批准一次，而间接税可能数年批准一次。

15　　这一宪法架构使议会成为财政方面的主导者，并逐渐被许多国家吸收借鉴。

　　瑞典在其《1809年宪法》中确认或重申了"瑞典人民自古以来拥有的自主课税的权力"，该权力只能由"各邦国在国会的批准下执行"（第57条）。葡萄牙《1822年宪法》规定国会拥有每年决定税收和公共支出的权力，"无须国王批准"。巴西《1824年宪法》也是如此规定，该权力属于国民议会。新独立的比利时在其《1831年宪法》中规定"国家征收的任何税种都须由立法机构通过法律进行设立"。荷兰和卢森堡则直到各自的《1848年宪法》才有类似规定，不过税收不是通过立法进行设置，而是由议会（荷兰的三级会议和卢森堡的众议院）投票表决来批准。普鲁士在其《1850年宪法》中也规定了这一方法，至少字面上是这么写的。日本在19世纪后半期的改革之后也遵循同样的道路，《1889年宪法》明确规定唯有帝国议会通过法律才有权设立新税。此后，这种财政权由议会认可的做法得以广泛传播，甚至被系统化，但并非意味着它必须以西方民主模式为基础（如中国现行《宪法》第62条第10款规定全国人民代表大会审查和批准国家的预算和预算执行情况的报告）。

16　　1789年《人权宣言》（如今已成为实在法）重申了这些原则，尤其第14条规定"所有公民都有权亲身或由其代表决定公共赋税的必要性，自由地加以批准，知悉其用途，并决定税率、税基、征收方式和期限"（亦可参见该《宣言》第13条和第15条）。不过，在之后的30余年间，它的影响仍然相对有限。一方面，征税批准的原则并非始终得以贯彻，尤其在第一帝国时期；另一方面，尽管《1791年宪法》和《1795年宪法》都曾有过一些相关规定，但议会对政府开支的控制权仍很少执行，后者仍被大多数人视为行政当局的"保留领地"（议会主要对行政当局的开支进行总体批准），且未有足够严格的规则加以限制。

17　　直至波旁王朝复辟和七月王朝时期，随着议会制度的发展（且为了改变之前数十年财政混乱的状况），议会的财政特权才真正确立下来。

　　在路易男爵、维莱尔伯爵和奥迪弗雷侯爵等人的推动下，议会财政权发展出两套不同的原则。

　　第一套原则是现代预算原则（年度性、统一性、普遍性和专款专用性，参见78段），涉及预算方案的起草和采纳，同时至少在理论上通过年度统一、完整和详细的关于收支的预算报告（这一规则始于18世纪末），使议会对财政权的控制得以强化。特别是议会获得了对具体拨款进行投票表决的权力，而不再是对预算整体进行表决，先是对各部委的预算进行表决（1817年），之后以部委下属的司局部门为单位（1827年），再然后是按预算项目进行表决（1831年）。

　　第二套原则涉及预算的执行。一方面，通过制定现代财务制度规则严格规定预算执行模式（特别是1838年5月31日法令所颁布的总章程）；另一方面，议会对预算执行的监督得以加强，尤其因为议会于1817~1818年获得了表决（国家账目）决算法案的权力。

18　　第二帝国继续改善公共核算的技术问题，特别是颁布了一部新的总章程（1862年5月31日法令）。不过，它取消了某些预算原则，尤其是按预算项目进行表决的规则：尽管预算方案还是非常详尽，但只以部委预算为单位进行表决（1852年），之后改为以部委下属部门为单位（1861年），直到1869年才重新按预算项目进行表决。然而，也正是在同一时期，法官恢复了税收法律的权威，比如最高行政法院重申"如果没有法律为依据，不得提高、降低或变更任何直接税或间接税"（1862年5月12日，能源管理案）；"无论邮费还是其他税收都只能由正式的法律加以提高、降低或变更"（1863年4月27日，邮政管理案）。

19　　到第三共和国时期，议会更进一步控制了财政权。首先，议会使用财政武器来建立其权力：如1877年末，麦克马洪不得不在共和党人面前低头，因为国民议会拒绝批准1878年征税计划；1896年，参议院切断了对马达加斯加远征的拨款，导致莱昂·布尔茹瓦内阁倒台；1906年，议会取消对审查官的拨款，从而废除了报刊杂志审查制度。其次，议会广泛介入预算的准备工作当中，尤其通过"权势滔天"的国民议会财政委员会，后者不仅让各部委颤抖，有时还成为预算方案的真正制定者。最后，议会在预算通过和执行之时细化其控制。从1871年开始，按预算项目表决的做法得以重新确立并强化，甚至于不是对某个项目的整个文本进行表决，而是逐条表决，议会经常能够在每条表决中占据上风。在第一次世界大战之前的数十年间，议会的财政权力达到巅峰。

1.1.2　其他机构的财政权力的确立

20　　其他机构财政权力的确立首先表现在当前政府对财政的主导上（1.1.2.1），同时其他"下属"机构、地方机构或联邦机构亦主导财政，但其主导不具排他性（1.1.2.2），这引导我们去思考是否存在或出现了某种形式的财政联邦制（1.1.2.3）。

1.1.2.1　当前法国公共财政由政府主导

21　　在法国，政府对财政的主导始于第一次世界大战时期，并导致议会的财政权开始衰落，而且这种衰落到后期越来越明显。第一次世界大战后，对战争的反思促使经济和社会干预主义的思潮不断增强，而这种干预思想本身又导致公共财政出现迅猛增长（参见212段）且变得十分混乱。这些现象最终催生了对预算规则的接连改革（1）和宪法规定的国家机构之间权力的重新分配（2），其中财政部占据了一个特殊的位置（3）。

（1）预算规则的改革

22　　之所以需要对预算规则进行改革，乃是因为 19 世纪为自由主义经济和有限的公共财政设计的财政框架已不适应 20 世纪和 21 世纪初国家干预主义经济下庞大和复杂的财政。这些改革主要分为两个阶段。

23　　第一阶段的改革主要由 1959 年 1 月 2 日《财政法相关组织法令》（以下简称 1959 年《法令》）推动，之后由 1962 年 12 月 29 日财务制度法令加以补充。它广泛采用 1956 年 6 月 19 日的一项《组织法》的规定（此前亦有多次尝试），并借助《1958 年宪法》设定的新规则和新建的宪法委员会，使这些规则得以更为严格和有效地贯彻。

　　首先是在财政领域延长（甚至强化）新宪法设置的"矫形"条款，以改变之前第三共和国和第四共和国时期议会在财政方面无限权力的状况，并将实在的权力赋予行政当局，尤其是财政部（改革的主要发起部门）。

　　这一点主要表现为限制议会的干涉领域和议员的立法创议权，以及设置规定使政府获得让预算被快速表决的权力。

　　其次是将战后许多被分散出去的项目重新纳入预算中，对预算编制的要求更为严格，同时通过对财政法案的更为整体（也更为协调）的投票，使预算和账目变得明晰有序。

　　尤其是按预算项目表决的做法被抛弃，因为预算项目的数量在 1831 年只有 150 余项，但在 1900 年已上升至 1000 多项，到 20 世纪 50 年代有时甚至超过 4000 项，但在第五共和国时期逐渐下降至 1000 项以下。不过，拨款仍以预算项目为专门单位，直到 2001 年 8 月 1 日《财政法组织法》生效后废除。

　　不过，在之后的数十年间，1959 年《法令》受到越来越多批评，不仅因为它过分限制了议会的权力（尽管宪法委员会的一个决议更偏向支持后者的权力），而且它终究断绝了与 19 世纪财政正统观念的关系。19 世纪的财政正统观念的首要考虑是细致监督拨予政府的资源，更在乎合法性的考虑（简而言之乃是出于"权力逻辑"）而不在于满足 21 世纪公共管理的需求，后者则要求选择的优化、政府行动的效率以及公民（符合 1789 年《人权宣言》第 14 条，参见 16 段）能够确认公共税收的必要性并跟踪其用途（简而言之，出于"管理逻辑"）。

　　人们对 1959 年《法令》的批评主要在于它开启了主要按性质拨款的做法（所谓"用途预算"），并将拨款过分分割（在项目之间、账目之间和财年之间），同时经常将同样的拨款延续至第二年（"投票通过公共服务"），从而妨碍了真正的预算选择和管理者的职责，导致公共管理极为僵化。

24　　　第二个阶段主要是 2001 年 8 月 1 日的《财政法组织法》(从 2002～2005 年逐渐生效) 推动。该法律源于议会提案，旨在弥补 1959 年《法令》的不足。在本书后面的章节中，我们将该法律简称为"LOLF"(参见 466 段)。

　　一方面，该法律设定了国家公共管理改革的财政框架，尤其是对拨予政府的资源进行统筹，并将之以财政计划为单位进行管理（预算项目被取消，改为以预算任务为单位进行表决，每个预算任务下面又分多个财政计划）。

　　另一方面，它巩固了议会的权力，增强了议会的立法创议权、介入领域及其监督权。此外，议会的权力也随着 1996 年社会保险融资法案的制定而得以扩张（参见 761 段）。

　　2001 年《财政法组织法》又由 2012 年 11 月 7 日预算和财务制度管理法令加以补充，后者取代了 1962 年 12 月 29 日法令（尤其参见 543 段）。

　　(2) 权力的重新分配

25　　　在法国，这种新的权力分配格局遵循《1958 年宪法》设置的框架（尤其通过宪法委员会的决议加以明确），在更广泛的层面上，也与大部分工业化国家 20 世纪的权力格局的演变情况相符。

26　　　根据《宪法》第 20 条，政府主要被赋予了一种推动预算计划的权力，该条规定"政府决定并执行国家的政策"。这种规定主要源于干预主义思想主导下国家所面对的问题和所执行的服务的技术性和复杂性（亦惩于之前几个共和国的软弱无力和其他流弊）。《宪法》尤其将主要的财政创议权赋予政府，使政府可以独立制定预算计划，并提出影响公共财政的措施，或指派某些收入的用途。值得一提的是，英国下议院很早就开始遵循这条道路，早在 1713 年便放弃议会的财政创议权。

　　由政府单独制定预算计划并非法国特有，而是一个普遍的现象，主要且不可避免地基于政府在技术和统计方面的控制。许多国家宪法中都有类似规定，诸如："内阁编制每一年度的财政预算并提交国会"（日本《1946 年宪法》，第 86 条）；"两院每年批准政府所提出的预算和决算"（意大利《宪法》，第 81 条）；"国家总预算由政府制定，由总议会审议、修订和批准"（西班牙《宪法》，第 134 条）；"预算案、预算法及预算法修正案应提交给联邦议会并送交联邦参议院"（德国《宪法》，第 110 条）；"总统应于每个财政年度向议会两院提交印度政府当年财政收支的概算报告"（印度《宪法》，第 112 条）；"由政府起草法案以制定每年度的预算""共和国总统向国民议会提交每年度的预算案"（巴西《宪法》，第 165 条和第 166 条）。

27　　　美国和瑞士的预算制度让我们看到可以存在另一种相对不同的系统。在美国，预算问题以前实际上完全由国会负责，直到 1921 年 6 月 10 日，国会通过《预算和会计法案》，规定总统在每一常规周期的第一天向国会提交预算案。至于瑞士联邦，则由联邦委员会制定"财政计划和预算案"，并建立国家账目（瑞士《宪法》，第 183 条）。

在法国，政府无论在法律上还是在事实上都拥有对批准后的预算方案进行广泛修改的权力，只要由拥有监督权的相关层级的国民议会审查通过即可。

28　　议会主要拥有对政府进行监督的权力。议会的这一权力在法律上始终是非常大的（显然不排除最终决定权），但由于1962年出现的对"多数"一词的法国式解释，它一直未能得到执行（以至于需要宪法委员会来保护议会的权限）。不过，2001年《财政法组织法》似乎使法国议会的财政属性不单在立法程序方面，也在议会的信息领域和监督领域方面有所增强。该法要求将许多财政性质的信息提交给议会（按《财政法组织法》第48条及之后条款的规定，关于国民经济发展、公共财政方针、对政府的问卷调查等方面的报告必须提交给议会，参见516段），也因此强化了议会两院的财政委员会（尤其是委员会主席和报告人，《财政法组织法》第57条及之后条款）的权力和作用，同时规定审计法院对议会进行协助（《财政法组织法》，第58条）。不过，审计法院的协助并不能增强法国议会自身在财政方面的专业判断能力。它仍然十分依赖政府下属的管理机构为它提供的财政、经济、统计数据等信息。尽管议会两院拥有一些办事机构，但都不是专业的财政机构。事实上，可以通过信息和监督任务，法国议会在财政方面的研究可以走得更远，只是它自身没有这一领域的专业机构。同样，通过对预算和审计决算法案（参见526段和568段）附属的年度绩效报告的研究，该法案本应引起针锋相对的政治辩论，实际情况却并非如此。我们注意到某些国家的议会试图在自身内部设立一个预算方面的专业机构，以便加强其监督职能。比如美国国会1974年便设立了预算办公室，英国下议院2002年也在议会委员会办公室下设置了一个预算核查处。最有意思的应该是加拿大的做法，加拿大议会2006年通过一项责任法案，设立了议会预算主任一职，其职责是"向议会提交对国家财政状况、政府开支预算以及国民经济发展趋势的独立分析；并根据议会任何委员会和任何议员的要求，对与议会职责相关的任何提案所涉的费用进行评估"。可见议会预算主管的任务超过了法国审计法院目前扮演的角色。

29　　议会/政府这一对代表中央政治权力机构自身被赋予了双重任务。

一方面，它们共同领导并监督国家政府的财政行动。这尤其可以用来解释传统上被视为议会控制政府（最初是为了对抗君权）的手段的那些预算原则，很长时间以来也已成为政府决策机构（特别是财政部部长）"经营好"行政服务（即对抗官僚技术权力——除非它自己已经屈服于官僚技术权力）的手段。

另一方面，它们协同调配——或者说应该协同调配——国家的公共财政。在国家公共财政内部，随着公共领域财政（地方政府、社保机构、医院、国有企业等，参见4段）的体量的发展，中央政府的财政体量变得相对较小。另外，它们还应将国家财政与欧洲财政进行接轨。

（3）财政部的特殊地位

30　　在政府内部，财政部（我们这里说的是统称意义上的财政部，因为该部的名称和组织经常在变）已经成为一个决定性的角色，无论财政部部长的权力还是财政部及其盟友的分量都大大增强。

31　　财政部始创于18世纪末，被用以取代原先的财政管理部门，尤其是旧制度下的财政总监一职。在经历多次改革试验后（其中财政部被取消一次，两次被分解，财政部部长的名称在《共和八年宪法》中被提到一次），财政部在1814年得以统一，此后逐渐发展，但也需经常面对一些试图削弱其权力的尝试。

①财政部职权的发展

32　　由于第三共和国和第四共和国时期没有真正意义上的政府首脑（因此，在1945年以前，公共职能的领导工作主要由财政部承担），同时由于公权力干预主义思想不断增强，使财政部的权力得以飞跃发展。在法国，这种干预主义导致主要的专业判断以及经济和财政干预的权力被赋予财政部，使其既负责国民经济，也负责公共财政。

　　作为对比，我们可以看到在一些国家（如美国、英国、西班牙、爱尔兰、荷兰和加拿大）税收管理部门独立于财政部。同样，许多国家经济方面的职责（有时还包括投资预算）被赋予财政部以外的另一个部委（在法国只有极少数时期如此）。

　　财政部的重要作用并非由于它的工作人员数量（这方面财政部远比不上教育部和国防部）决定，而在于它的权力和特殊地位：作为一套平行于一般行政等级机制的财政等级机制，财政部门对政府进行着无形的控制，因此它经常被批评为"国中之国""位于贝西区的巴士底狱"。

　　1995年时任审计法院首席庭长宣称"法国行政管理体系的一大缺陷是财政部门没有能力去接受一场战役的失利：它们不断地改变那些似乎已成定局的决定"（审计法院首席庭长1995年6月27日在国民议会财政委员会上的发言，收录于《国民议会公报》1995年第58期第36页）。

②削弱财政部权力的尝试

33　　对财政部权力进行削弱的尝试并不鲜见，主要从三个方向进行。

34　　第一种尝试从《1958年宪法》（第21条）和1959年《财政法相关组织法令》开始，旨在确立总理对财政部部长的权威。这种尝试一般是有效的（尤其在"预算决定"方面），不过大部分时候仅限于大方向和原则问题（如1995年8月时任财政部部长阿兰·马德林因在公务员待遇方面的发言被总理认为不当而被迫辞职）或一些零星的问题，所以导致总理对财政部部长的权威常常显得不足（这也可以解释为什么经常有人提议预算管理局隶属于总理）。

35　　因此人们也间或求助于第二种办法，即让政府首脑兼任财政部部长，如雷蒙·普恩加莱内阁（1926～1928年）、安托万·比内内阁（1952年）和雷蒙·巴尔内阁（1976～1978年）时期。但将两种职务委托给一个人显然过于繁重（雷蒙·巴尔不得不任命一个部长级专员），使得这种情况只能属于例外。

36 　　第三种主要的解决办法是将财政部一分为二（有时还被肢解为三部，比如在1951年）：一部负责经济和国家经济政策，该部要么被设计成主要负责经济但兼管预算的"超级部委"（如1936年的莱昂·布鲁姆政府，1938年的爱德华·达拉第政府和1944年的戴高乐政府），要么是只负责一部分财政管理的普通部委（如1978～1981年的巴尔政府，1993～1995年的爱德华·巴拉迪尔政府）；另一部专门负责预算。不过这种分割总是短暂（有时因职务兼任而失效）且相对的，甚至可能使情况并未改善而是变得更为复杂，而且它只是削弱了财政部部长的权力而非财政部委的权力。

　　近些年的连续几届政府都试图改革部委的职权和结构，但未能设计出一个协调和稳定的架构。在这个意义上，公共职务中部委的地位是最不稳定的。最别出心裁也最具政治智慧的应是2012年组阁的让－马克·埃罗政府，该政府只有一位负责经济和财政事务的部长，但有6位部长级专员，其中一位负责预算事务。

37 　　我们可以把这种法国特有的状况与加拿大的情况做个对比。加拿大的情况和法国完全不同，它采用了一套极其稳定的双头机制：国库委员会主要负责预算管理，由委员会主席领导；而财政部则主要负责政策性的事务（经济政策、税收政策等），处理所有不属于国库委员会和其他部委职权范围内的财政方面的事务，并负责联邦层面的政策实施。这一由1985年《公共财政管理法》设立的双头机制，可以避免新总理上台后随意更改财政职权的划分。

　　最近十余年，我们可以看到法国财政部的影响力不断减弱，这有多个方面的原因。

　　一部分原因是组织结构方面的原因。这一部分影响可能不断扩大。经济自由化、地方分权和欧盟的建设剥夺了包括财政部在内的中央政府（特别是中央集权的政府）的大量权力和传统资源（尤其在货币政策，预算政策的一部分，公共财政领域，经济、税收和关税方面的决定权，对市场和下属公共机构进行财政监督的权力等方面）。尽管中央政府冒着受欧盟严惩的风险，通过经济部零星地寻求夺回一些权力，如在2005年12月30日颁布关于外国投资审查预先批准规则的第2005－1739号法令（《货币金融法》，法规部分第153条第2款），但难以扭转大局。

　　另一部分原因则是具体形势或事件所造成的影响，某些事件或丑闻破坏了财政部部长的道德威望。

　　比如里昂信贷银行事件。在1999年进行私有化改造之前里昂信贷银行是由财政部控制的国有银行。由于财政部的无能导致该银行经营不善，以至在20世纪90年代中期濒临破产，最终花了纳税人150多亿欧元才得以救活。又如1999年的"税收小金库"事件，时任财政部部长试图隐瞒一笔约75亿欧元的税收增值税收入。又如1999年12月审计法院对中央政府公职的审计报告中所揭露的一些传统做法，财政部（以及其他一些部委）利用公职条例和财务制度的漏洞，从预算外资金给它的代理人支付秘密的高额报酬。我们也可以提一下财政部代理人的所作所为，比如他们主要出于自身行业的利益，迫使2000年一项旨在简化过于复杂的征税模式和税基计算模式、降低法国过高的征税成本的改革方案流产。更别提最近预算部部长杰罗姆·卡于扎克涉嫌逃税和洗钱的丑闻了……

38　　在更广泛的层面上，我们还可以指出近20年法国的财政部部长，与他们第五共和国时期的财政部部长或外国的同行（如德国）不同，在任的时间都很短。他们的任职期平均只有一年半，有时只是过渡性地担任几个月，这导致财政部部长很难巩固他在这一重要部门的权威。其他国家的情况或许并非完全不同，尽管它们的财政部部长的任期一般更长。美国财政部部长的任期与总统的任期几乎不重合（只有1981~1985年担任里根政府财政部部长的唐纳德·里甘的情况是个例外）。英国方面，财政大臣（该职位出现于16世纪）的任期情况也与美国类似，只有少数几个例外，如内维尔·张伯伦（1931~1937年）、戈登·布朗（1997~2007年）和现任财政大臣乔治·奥斯本（2010年至今）。

　　是否有必要通过立法来保持除上述几个特殊时期外的财政部部长任期的稳定？这一点并不肯定，但我们可以看到各国在这方面政治实践和文化上的重大差异。

　　德国的例子可以证实这类差异。德国同时存在两个部门：一个是经济部，另一个是财政部。德国经济部部长的平均任期相当短，从1993年开始，每任平均不到3年（之前任期最长的是1949~1963年的经济部部长路德维希·艾哈德）。不过，财政部部长的任期则较长，基本高于4年。现任财政部部长沃尔夫冈·舒布勒从2009年任职至今，有可能打破1949~1957年担任财政部部长的弗里茨·舍费尔创造的任期记录。

　　不过，德国的部委结构与法国完全不同，现任财政部部长由两位议员兼任的国务秘书（也就是说他们保留在联邦议院的任期）和三位公务员担任的国务秘书进行协助，他们负责"协调财政部的技术方针"。

　　法国财政部和财政部部长政治上的弱化也使《财政法组织法》得以顺利通过。该法在数个方面削减了财政部的权力，其中大部分是1959年1月2日《法令》授予财政部（或授予行政当局）的权力。

39　　其中某些职权被转移给总理（或由财政部部长和其他部长联合执行），尤其是转移、取消或推迟拨款的权力。另一些职权被转移给议会或由议会监督行使（尤其是税费、保证金和公债上限方面的权力）。其中最具代表性的规定应是将财政部部长批准地方政府将其资金存放于国库外的权力转交给国民议会。

1.1.2.2　地方财政权

40　　地方财政权在法国历史上留下了自己的烙印（1），而且如今拥有更为牢固的自主权（2）。不过，地方税收权和财政支出权仍然始终是一个问题（3）。

（1）不确定的财政地位

41 　　在某些时代（12～16 世纪），城市拥有很大的自主权。之后，先后由王国政府（主要通过 1683 年 4 月 12 日的柯尔贝法令）以及 18～19 世纪的共和国和帝国政府主导的中央集权化改革，极大削弱了地方政府的权力，特别是废除了入市税而地方政府又难以找到新的收入来源，导致"地方财政处于赤贫状态"（加布里埃尔·勒卜万特，《法国公权制度史》）。从七月王朝和第三共和国开始，地方政府恢复了一定的自主权，后来这种自主权由 1946 年 10 月 27 日《宪法》加以保障（第 87 条）。

　　地方自主权宣布于 1789 年，但数年之后就由于雅各宾政府的中央集权（在共和八年雨月 28 日法律后达到巅峰）而被破坏。之后，随着数部法律的颁布而逐渐恢复，特别是 1837 年 7 月 18 日法律（针对市镇）和 1838 年 5 月 18 日法律（针对省级），以及 1871 年 8 月 10 日关于各省自主权和 1884 年 4 月 5 日关于市镇自主权的法律。从 1837～1838 年开始，之前由国家控制的地方预算，改由地方当局投票表决，但仍需全部或部分纳入国家预算中。直到 1862 年，地方预算才从国家预算中分离出来，被列入"特别经费预算"中（仍由国会投票表决）。这条脐带直到 1892 年 7 月 18 日法律颁布后才被剪短。之后数部法律进一步强化了地方自主权，特别是 1926 年 11 月 26 日法律、1959 年 1 月 5 日法令和 1970 年 12 月 31 日法律。

（2）地方自主权获得永久保障

42 　　《第四共和国宪法》确认了地方自主管理的权力（第 87 条），而 1958 年的《第五共和国宪法》进一步确认了地方在财政方面的自主性（第 72 条）。这一财政自主性后来不断被强化，但并未导致地方财政权的深度变革。

　　其他国家的法律亦有类似规定。比如西班牙《宪法》第 142 条规定："地方财政应拥有足够的资源来完成法律赋予每个地方政府的任务"；意大利《宪法》第 119 条规定："市镇、省份、都会和地区拥有在收支方面的财政自主权，并遵守预算平衡……"；不过英国方面，我们或许应更注意理解苏格兰独立公投的影响，尽管公投最终否决独立，但它导致英国政府作出在财政领域对地方（苏格兰、威尔士和北爱尔兰）进一步分权的新承诺，以及《史密斯委员会报告》提出的"将地方财政方面的立法权和征税权转交给这三个地区"的建议。

　　从 1958 年起，法国地方自主权通过《宪法（修正案）》、法国加入《欧盟地方自主宪章》和宪法委员会的决议被进一步强化。

43 　　2003 年 3 月 8 日的《宪法（修正案）》在《宪法》中添加了第 72 条第 2 款，该条规定："地方的税收和其他自有财源是其整体收入中起决定作用的一部分"（第 72 条第 2 款第 C 项第 3 段），这保证了地方最低限度的财政自主性（这一自主性似乎受到威胁，因为国家拨款在地方预算中的比例在上升）；并由 2004 年 7

月 29 日的《组织法》加以明确，该法同时规定了自有财源的概念和水平（参见 522 段）。《宪法》第 72 条第 4 款进一步巩固了这一保障，该条规定国家和地方之间任何职权的转移必须拨予用于执行该职权的相应资源。同样，新设或扩大职权的情况也是如此。

44 2007 年法国加入《欧盟地方自主宪章》（1985 年 10 月 15 日开放签署），从而强化了地方在财政方面的自主性，因为该《宪章》第 9 条规定"地方有权，在各国经济政策框架内，享有足够的自有资源，并在执行其职权时自由支配这些资源"，同时明确指出这些收入至少一部分应来自地方税费，且地方有权（在法律范围内）规定税率。

不过，法国提出了两项保留：第一项保留与其中一个条款相关，该条规定应对选民代表等人员执行公务而产生的费用和其他收入损失进行财政补偿或为其履行的工作提供薪酬和社保；另一项是明确指出《宪章》不适用于市镇间合作的公共机构，"因为它不是地方行政单位"。

45 但宪法委员会至今拒绝废除地方的收入限制（尤其见于 1990 年 5 月 29 日第 274 号合宪性审查决议，1990 年 7 月 25 日第 277 号合宪性审查决议，1991 年 5 月 6 日第 291 号合宪性审查决议，1995 年 1 月 26 日第 358 号合宪性审查决议，1998 年 6 月 25 日第 402 号合宪性审查决议，1999 年 12 月 29 日第 405 号合宪性审查决议，2000 年 12 月 28 日第 442 号合宪性审查决议，2003 年 12 月 29 日第 489 号合宪性审查决议，2009 年 12 月 29 日第 599 号合宪性审查决议）。不过作为《2003 年宪法》改革的延续，该委员会在 2005 年 12 月 29 日的决议中（第 530 号合宪性审查）重申它只能否决那些导致损害由地方自有财源起决定作用这一性质的立法行为。

尽管在个案中，这一措施（职业税上限）并不能独立威胁到地方财政自主性。但它在这一领域预示着划拨职权时配套的资源可能会降低，而国家应将这些资源维持在该职权被划拨之前的水平（宪法委员会，2005 年 12 月 29 日第 530 号合宪性审查决议）。

随着法律合宪性这一首要问题的出现，2008 年 7 月 23 日的宪法改革在《1958 年宪法》中添加了第 61 条第 1 款。这次改革本应能在不顾《宪法》第 34 条保障的地方自主管理的基础上，强化地方的财政权。但第 61 条第 1 款规定，如具体法律条款损害宪法保障的权力和自由，在有争议时可交由宪法委员会审查其是否合宪。

然而，宪法委员会在这一领域的决议基本上是否定的，如 2010 年 9 月 22 日第 29/37 号合宪性优先问题决议，2010 年 10 月 6 日第 59 号合宪性优先问题决议，2010 年 10 月 18 日第 56 号合宪性优先问题决议，2011 年 3 月 25 日第 109 号合宪性优先问题决议，2011 年 6 月 30 日第 143 号、第 144 号和第 142/145 号合宪性优先问题决议，2011 年 7 月 13 日第 149 号合宪性优先问题决议，2012 年 6 月 29 日第 255/265 号合宪性优先问题决议，2013 年 4 月 19 日第 305/306/307 号合宪性优先问题决议，主要只有 2013 年 6 月 14 日第 323 号合宪性优先问题决议和 2014 年 6 月 6 日第 397 号合宪性优先问题决议例外。最高行政法院认为各地方政府间财政均摊原则并非《宪法》第 61 条第 1 款所保障的权力和自由（最高行政法院，2010 年 12 月 23 日关于利塞市的裁决），而宪法委员会似乎在 2010 年 9 月也表达过同样的意见（2010 年 9 月 22 日，关于贝桑松等市的第 29/37 号合宪性优先问题决议；《宪法》，第 5 条）。

宪法委员会 2011 年 7 月 8 日的一项决议值得关注，这项决议认定一条法律条款违宪，因为它损害了地方自主管理的原则。这条以前也被质疑过的条款禁止地方政府根据预定的管理模式灵活调整拨给市镇在用水和污水排放方面的援助（"这条禁令限制了省级政府的自主管理，违反《宪法》第 72 条"，2011 年 7 月 8 日关于朗德省的第 146 号合宪性优先问题决议；《宪法》，第 5 条）。

地方财政的必要支出可以由立法机构加以决定，但责任方面必须明确其对象和范围，既不能不了解地方自身的能力，也不能妨碍地方自主管理原则（宪法委员会，2001 年 7 月 18 日第 447 号合宪性审查决议）。另外，还需指出只有立法机构有权直接或间接将国家承担的支出指定给地方（最高行政法院，2005 年 1 月 5 日关于凡尔赛市的裁决）。

（3）地方政府收支自主性的弱化

46　　地方政府在税收和支出这两方面的自主权并不均衡。

①对地方税收权的限制

47　　对地方税收权的限制由来已久，并持续至今。当前的宪法体系要求通过法律每年批准地方的征税（2001 年《财政法组织法》，第 34 条），并规定了关于"任何性质的征税"规则（《宪法》，第 34 条）。

这首先导致地方税收系统只能由国家法律决定。地方无权创立税种，但可以放弃征收某些税（所谓"非强制性"税种），在 2003 年宪法改革之后，还有权在国家法律允许的范围内决定某些赋税的税率和税基（《宪法》，第 72 条第 2 款第 C 项第 2 段）。虽然某些地方拥有特权（尤其是海外领地，它们在 2003 年后根据《宪法》第 74 条第 C 款也成为地方行政政府，但并不适用普通法的税收法律），不过这些地方特权尽管源于当地与中央政府的协议，但仍需由国家法律进行确认（宪法委员会，1983 年 7 月 19 日第 160 号合宪性审查决议），只有拥有特殊地位的新喀里多尼亚和法属波利尼西亚例外。

其次是导致地方对由国家法律规定的征税系统的使用有时很受限制。一方面，地方决定税率的权力既不普遍：只针对某些税种，尤其是主要的直接税（根据 1980 年 1 月 10 日法律的规定）；也不绝对：地方政府应遵守某些限制，尤其是立法机构指定的某些上限（宪法委员会，1987年12月30日第239号合宪性审查决议，1990年7月25日第277号合宪性审查决议）。另一方面，地方对税收的干预仅限于法律明确规定的（部分或全部）税收减免的情况。另外，宪法委员会还承认立法机构有权规定税收减免上限，但不得"将市镇的自有财源降低至无法保证其财政自主性"（宪法委员会，2013年4月19日关于图维尔—拉里维耶尔市地方户外广告征税的第305/306/307号合宪性优先问题决议）。

最后，宪法委员会还解决了关于地方财政自主权和税收自主权的争论。在2009年的一份决议中，确认地方的第一项而非第二项权力："无论《宪法》第72条第2款还是其他任何一条均未规定地方拥有税收自主权"（宪法委员会，2009年12月29日第599号合宪性审查决议）。

②有争议的地方支出权

1892年之后，地方预算从国家预算中脱离出来，不再由国家议会批准，从而获得预算自主权，其权限也得以增加，从此地方支出权迅速发展。尽管《宪法》（第34条和第72条）明确规定地方在法律规定的范围内自主管理。不过，立法机构本身也明显地加强了地方的自主权。在制度层面上，立法机构通过1982年3月2日法律取消了部委和省级政府对地方预算行为的托管；在物质层面上，它也推动了地方权限和行动能力的发展。

只要涉及必要职权的转移或扩张（宪法委员会，2011年6月30日关于埃罗省和阿摩尔滨海省第144号合宪性优先问题决议；《宪法》，第7条），则转移或新设的职权必须划拨相应的配套资源（宪法委员会，2004年8月12日第503号合宪性审查决议），但未必一定由立法机构拨付专款，或始终维持这一专款（宪法委员会，2011年6月30日关于埃罗省和塞纳—圣但尼省第143号合宪性优先问题决议；《宪法》，第7条）。职权的转移"必须划拨与之前用于执行该职权的资源相等的资源"（宪法委员会，2011年6月30日关于塞纳—圣但尼等省份的第142/145号合宪性优先问题决议；《宪法》，第24条）。

宪法委员会坚持明确"关于某些最低限额的规定不得扭曲"地方自主管理原则，公权力可以也必须因支出的增长采取合适的矫正措施（宪法委员会，2011年6月30日第144号合宪性优先问题决议；《宪法》，第11条）。

同样，如果地方要求不再承担某项之前申请的可选任务，则它应与国家协调以停拨该任务的相应补助（宪法委员会，2011年7月13日关于上萨瓦省信息指导中心的第149号合宪性优先问题决议）。

在预算权发展的推动下，地方政府成为真正的财政决策中心。不过，它仍需接受省长和行政或财政司法部门的合法性检查和预算监督，以确保地方政府遵守相应的预算原则，尤其是遵守财政收支平衡、支付必要支出（数目仍然众多）、向国库存放资金和禁止某些支出（如影响竞争公平的援助，给私人教育机构的援助款，不符合地方利益的支出等）。

另外，欧盟的发展压缩了中央政府的控制权。在欧盟法律上，中央政府是唯一的规则方面——尤其是财政规则方面——的负责人，法国所有的公共行政机关都应遵守这些规则（参见 289 段）。

最后，有必要指出地方公共支出经常受到质疑（尤其在机构运转方面的支出十分混乱）。另外我们也注意到中央政府试图控制不断增长的地方公共支出，甚至试图为其指定主要的支出领域，这其中亦有欧盟的影响。

1.1.2.3　法国是否存在财政联邦制

49　　对财政联邦制的讨论由来已久，我们的问题是法国是否存在财政联邦制或税收联邦制。这一说法主要用于经济领域（经济合作与发展组织将它用于其论述地方财政自主性的报告中），与严格司法意义上的联邦制有所区别。法国的地方分权运动或许强化了地方财政权（支出、公共服务管理、税率表决等），即使在 20 世纪 80 年代地方分权之前，地方的财政权也在一定程度上现实存在。不过，似乎很难就此认定存在一个建立在近乎宪法性的中央和地方的权力——尤其是征税权力——分配基础上的类似的法律－财政架构。某些学者，如米歇尔·布维耶，指出"欧洲和地方分权这双重逻辑"的发展，"将导致对征税决策程序的整体重组"，而"权力重新分配的结构"可能形成"一种税收联邦制"（米歇尔·布维耶，《公共财政》）。在他之前，某些专著中也有过类似思考，特别是让－克洛德·马丁内和皮埃尔·迪马尔塔合著的《预算法》，主要从预算联邦制的角度进行思考。

50　　这一提法也在联邦制国家外使用。

联邦制国家在财政方面的问题总是比单一制国家更难以把握，问题不在于议会投票表决税收的职权，而在于联邦成员曾拥有或仍然拥有征税权，有时独自拥有，有时与联邦共同拥有，从而形成了某种"税收联邦制"。不过，联邦政府逐渐"征服"了这一征税权。

如加拿大的情况即是如此。加拿大《1867 年宪法》规定了财政的二元机制：各省有权征收直接税，而联邦政府可以通过"其他任何课税模式或体系"进行征税。在 1917 年个人所得战争税法案的基础上，联邦政府也开始征收直接税，主要是个人所得税，后来逐步发展到联邦政府成为直接税领域的主要征收者，并代各省征收个人所得税（只有魁北克、安大略和亚伯达等几个省例外）。加拿大国内争论的焦点主要在联邦的支出权方面。瑞士《1848 年宪法》的规定与加拿大几乎类似。联邦的支出主要来源于几项财政收入（关税、邮政收入等）和各州上交的财政分担款。《1874 年宪法》规定各州将所征收的免除兵役税收入的一部分上交给联邦政府。后来联邦政府逐渐地取得各税种的征税权：1887 年的酿酒税、1915 年的一次性战争税、1916 年的战争收益税、1917 年的印花税、1919 年的财产和劳动产品特别税、1933 年的联邦危机税等（参考瑞士税务机构联盟《联邦税收简史》，2014 年 11 月 1 日版）。最后，新建的德意志帝国通过其《1871 年宪法》将财政权在帝国和下属各邦国之间进行划分，帝国政府独掌在关税和某些税种方面的立法权。

今天的德国也有财政和税收职权的划分，这种划分实际上是各个联邦制国家普遍的现象，即有必要在联邦政府和联邦成员之间进行财政协调甚至合作。不过各国的具体模式相对有所区别，因国而异。

51　　在这个方面，我们或许可以将法国排除出去。不过法国海外领地的存在不可避免地会产生类似的模式。新喀里多尼亚和法属波利尼西亚的情况即是如此。新喀里多尼亚始终拥有特殊的地方税收制度，1999 年 3 月 19 日的一项《组织法》确认了该领地有权在国家法律规定的范围内制定任何性质税种的税基与征收的地方法规（第 99 条），且根据宪法委员会的决议，这类法规适用于整个领地，比如 1999 年当地设立的一种普遍服务税（宪法委员会，2000 年 1 月 27 日第 2000－1 号国家法决议）。而法属波利尼西亚也拥有设立税种的权力（2004 年 2 月 27 日《组织法》，第 53 条）。很少人知道法国还存在一部《新喀里多尼亚税收法典》和一部《法属波利尼西亚税收法典》，这两部法典既有形式上和地位上的象征意义，也有法律上的效力。最后我们还可以关注科西嘉议会关于当地税制改革方面的提议（第 14/241 号决议）。

1.2　公共财政原则

52　　公共当局执行其财政权时应遵守某些原则。这些原则有时与更为普遍的原则有关（有时超出财政领域），或涉及财政内部多个领域（同时涉及预算、会计和税收领域）。由于国际组织（参见 330 段）和国际财政界对"良治"的要求（1.2.1），欧盟对财政方面执行的监督（参见 289 段），以及在许多国家（包括法国，参见 338 段）中出现的要求更多民主和良好治理的呼声，这些原则越来越被强调。

相关原则传统上包括涉及预算制定的预算原则（1.2.2）、与预算执行和公共资产相关的会计原则（1.2.3），以及作为主要公共收入的税收的相关原则（1.2.4）。

1.2.1　"良治"要求

53　　"良治"问题的国际性与日俱增（1.2.1.1），并基于一些基本原则（1.2.1.2）。

1.2.1.1　良治问题的国际性

54　　最近 30 年，"良治"问题的国际性不断增强。这乃是源于某些组织的推动，如国际货币基金组织、世界银行，以及金融市场本身。在金融市场中，国家是主要的借款人。除了这一国际上的影响之外（许多国家都受其影响），各国在公共财政领域进行的职权部门重组,也导致各国的财政方法同质化(在审计领域亦是如此),其概念、方法、技术等方面逐步接近或者标准化。

55 传统的"公共财政最高审计机关"(ISC)被纳入创立于1953年的"公共财政最高审计机关国际组织"(INTOSAI,该组织设有地区分支机构,法国国家审计法院即属于其欧洲分支)。

这些机构地位上通常是《宪法》设立的国家机构,它们大致分为两类:一是以审计法院为基础的集体负责制度,如法国、德国、葡萄牙、西班牙、比利时、俄罗斯等;二是只有单一的负责人,由审计长负责,大部分英联邦国家都是如此,也包括其他一些国家,如瑞典、阿根廷、中国等。后一种似乎成为主流的制度:如加拿大的总审查长,印度的审计与审查总长,澳大利亚的总审查长,美国的总审计长等。这一审计职务一般是独立的,通常只对议会负责或由议会领导(如美国国会,英国、澳大利亚和加拿大的下议院)。至于法国的国家审计法院,有必要指出宪法委员会曾专门做过说明,其2001年7月25日的第448号合宪性审查决议曾指出"司法权的独立性及其职务特点受到宪法的保障",而国家审计法院是一个行政司法部门,宪法保障其"相对于行政权和立法权的独立性"(《宪法》,第104条和第105条)。

公共财政最高审计机关国际组织的宗旨是"促进各国公共财政领域最高审计机关之间思想和经验的交流"。确实,将各国最高审计机关纳入一个国际组织,不仅能够促进业务的交流和标准化,也能够通过建立职业规则或职业道德规章,以提高其工作的质量(参见65段)。

56 作为一个独立的国际组织,公共财政最高审计机关国际组织还编撰了《良治指导书》以"为公共部门提供关于公共资金良好管理方面的建议",以及《审计基本原则》,并制定了最高审计机关国际准则(ISSAI准则)。该准则"覆盖公共领域所有类型的审计",提供"国际承认的共同的专业基准",并明确"ISSAI准则"在制定四大标准方面内的权威(包括ISSAI100:公共领域审计基本原则;ISSAI200:财政审计基本原则;ISSAI300:绩效审计基本原则;ISSAI400:一致性审计基本原则)(见《国际公共账目审查杂志》)。

57 1977年关于审计规则指南的《利马宣言》肯定了审计机关独立的必要性。这一肯定乃是基于审计的目的:"公共资金的管理意味着一种委托关系,因此,有公共财务管理就一定要有审计。审计本身不是目的,而是控制体系不可缺少的组成部分。这种控制体系的目的是要及早地揭露背离公认标准、违反原则和法令制度及违背资源管理的效率、效果和经济原则的现象,以便在各种情况下尽可能及早采取改正措施,使当事人承担责任、赔偿经济损失或采取措施防止重犯,至少也要使今后更难发生。"

58 2014年11月21日联合国大会通过一项决议肯定了审计机关独立的必要性,及其在"增加公共管理的效率、问责、效益和透明度"方面所扮演的重要角色,使审计机关的独立性获得了几乎是最高级别的承认。联合国决议还鼓励各成员"在能力建设等方面继续开展并强化与最高审计机关国际组织的合作，通过加强审计，包括改进公共会计制度来确保效率、问责、效益和透明度，从而促进良治"。

59　　在最高审计机关之外，近年一些国家开始推进经济合作与发展组织所谓的"独立财务机构"（IFI）的发展，并形成一定影响。不过，在经济合作与发展组织看来，独立财务机构并非万能药方。

我们注意到，许多国家由于经济危机的影响或借危机的机会，特别是 2007~2008 年的金融危机，创立了一些职能更为专门的机构或组织。如英国的预算责任办公室（OBR，建于 2010 年）、法国的公共财政高级委员会（HCFP）、德国的稳定委员会（2009 年根据《宪法》第 109 条设立）、爱尔兰的预算咨询委员会（IFAC，成立于 2011 年）、比利时的财政高级委员会（当前委员会构架的形成稍早于 2006 年）、葡萄牙的公共财政委员会（2011 年）、瑞典的预算政策委员会（2007 年）、斯洛伐克的预算责任委员会（2012 年）、奥地利的公共债务委员会、捷克的中央审计办公室。还有另一些成立较早，如成立于 1974 年的美国国会预算办公室、荷兰 1947 年设立的中央计划办公室，或另一些形态更为特殊的，比如加拿大的议会预算主任。

1.2.1.2　良治的基本原则

60　　良治有三大基本原则。

61　　第一个是最基本的原则：公开性原则。国际货币基金组织、经济合作与发展组织或公共财政最高审计机关国际组织等机构发布的"准则"中对此均有陈述，在更小的层面上，亦见于《欧盟财政条例》（参见 249 段）。不过，公开性这一问题是多形态的，它更是一种系统的目标或组织原则（如职能的分配、信息的公开、账目和程序的清晰等），而非适用于某个具体个案。

62　　第二个是真实性原则。这一原则的要求更为严格也更具可操作性，它包括两个内容不同的方面：主观性的预算真实性（参见 78 段、485 段、628 段和 761 段）和客观性的审计真实性（参见 583 段和 672 段）。

63　　第三个是最晚提出的原则：财政管理原则（这里采用的是《欧盟财政条例》中的称法）。该原则要求良好使用从纳税人那里获得的资金（尤其见于《人权宣言》第 14 条，参见 16 段）。

最初，财政管理原则主要被认为应用于预算的执行，即预算应尽量遵循经济的原则（最少的支出）、效益的原则（最优的成本收益比）和效率的原则（符合预定目标）。

不过，后来从预算制定之初便开始应用这一原则。传统上（至今有时也是如此），制定预算是根据行政机构的性质（人员、机构运转、投资等）拨予其需要的款项（"用途预算"）。但这种预算方式并不调查行政机构所执行的活动，有时可能导致浪费。相反，财政管理原则（从 2001 年 8 月 1 日《财政法组织法》开始，法国国家预算和欧盟预算努力将这一原则付诸实践）要求全面具体地提出预算款项针对的目标和行动计划，并提供财政方面的论据（"绩效预算""按计划的预算""按活动的预算"），这样可以更好地对预算进行事先评估，事后也能更好地监管资金用途并进行审计。因为"良好运用公共资金"是具有宪法规定价值的要求（宪法委员会，2003 年 12 月 29 日关于 2004 年财政法案的第 489 号合宪性审查决议；《宪法》，第 33 条）。但是将这一要求付诸实施并不容易，既因为总是很难事先确定公共行动并给其定量，又因为预算不仅是一个评估公共行动计划的管理工具，还是一个（尤其通过拨款）控制行政机构的权力工具。

64 这些基本原则通常还伴随着一个基本要求，即公共财政的可持续性。

这促使我们去思考是否存在第四个基本原则："健康"原则。《欧盟财政条例》即要求成员国以"健康的公共财政"为目标（参见 301 段）。不过这一原则显然与预算平衡原则很接近。最后，我们也可以在上述三大基本原则和 2003 年 10 月 31 日签署的《联合国反腐败公约》（法国是签约国）中对于公共财政管理的公开性和问责制两大要求之间建立起联系。该《公约》提出在以下五个方面采取必要的措施以促进公共财政管理的公开性和问责制：国家预算的审批程序；按时报告收入和支出情况；由会计和审计标准及有关监督构成的制度；迅速而有效的风险管理和内部控制制度；保留公共支出和财政收入有关的账簿、记录、财务报表或者其他文件完整无缺，"并防止在这类文件上作假"（第 9 条）。

出于上述原则和要求，各国制定了预算管理方面的各种法典、规章和指导书，并确立了一系列组织预算的原则。

65 比如澳大利亚 1998 年通过了《预算诚实法案》，2012 年又由《政策成本核算指南》加以补充；英国 1998 年通过《税收稳定法》，2014 年制定了《预算责任法案》；又如印度 2003 年的《税收责任和预算管理法案》和新西兰 2005 年的《公共财政指导法案》（该法案融合了此前的"税收管理负责原则"）。

1.2.2 预算原则

66 预算原则在旧制度下即已存在，不过主要还是随着议会制的建立而发展起来（参见 17 段）。到 20 世纪，它被推广到其他公共机构，并被重新调整（参见 41 段）。预算原则的目的是限制公共财政当局的决定权，使其遵守预算（1.2.2.1），并为其规定预算周期（1.2.2.2）、形式（1.2.2.3），有时还包括预算平衡（1.2.2.4）。

"预算"（budget）一词来源于英语，不过这个英语单词本身起源于古法语单词"bougette"（意为"小钱袋"），亦有可能源自"bougle"或"bouge"，后面这两个词可能起源于凯尔特语的"boc"，甚至可能源自通俗拉丁语的"bulga"一词。在法国，"预算"一词似乎最早出现在共和十一年芽月 17 日（1803 年 4 月 7

日）的一份关于市镇财政的法令和 1806 年 4 月 24 日的一部"关于共和十四年和 1806 年国家预算"的法律上。有些学者则认为该词的现代意义出现得更晚，见于 1814 年 4 月 1 日一份呈交给国王的关于财政状况的报告中。

最后，我们不应认为各种预算——特别是各国的国家预算——内容大致相似。在这方面，社会财政问题尤其是社保问题导致各国的预算有所区别，反映出不同的政策选择，并可能随着时间的推移而有所演变。比如我们很难将法国预算方法和英国或美国的进行比较。今天法国的预算建立在两大财政法律的基础之上，而英国的预算是"总预算"，包括社保和医疗卫生方面（2014~2015 年度社保预算为 7320 亿英镑，医疗卫生预算为 1400 亿英镑），美国联邦政府的预算从 1960 年起就包括医疗卫生方面的两大项目：联邦医疗保险计划（Medicare）和医疗补助计划（Medicaid），而该国私人保险在社保体系中所占比重最大。

1.2.2.1 预算的概念

67   勒鲁瓦—柏略将预算视为"对一定时期内的收入和支出的预测状态"（《财政科学论》，第 2 卷第 2 页）。它在传统上被定义为预测并批准公共机构的收入和支出的材料集。在预算和财务制度管理第 2012-1246 号法令第 7 条中，被定义为"预测和批准收支的行为，必要时，预测并准备支出的用途和承诺"。

这一材料（形式意义上的预算）有时不仅包括对收入和支出（物质意义上的预算）的预测和批准，也包括另一些属于"普通法"而非"预算法"的规定（见下文）。

另外，预算总是难以将所涉公共机构的所有收入和支出全部包含在内，所以有时相关法律文本会不厌其烦地进行意义不大的说明：预算涉及"所有的预算收入和支出"（2001 年《财政法组织法》，第 6 条）。

因此，预算具有两大主要特点，它既是一种预测行为（1），也是一种事先批准行为（2）。

（1）预算是一种预测行为

68   考虑到当前已有的技术（如今公共当局提取预定的收入金额的情况已很罕见），收入方面的"预测"最为发达。至于支出方面，尽管并非没有预测，但随着需拨款部门的数量的增加，预算在支出的预测方面已经非常薄弱，其功能主要是批准支出（这导致预算经常被接受拨款的部门等同为"收入资源"）。

（2）预算是一种预先批准行为

69   这种批准行为是审议机关对执行机关的批准，更广义地说，是决策机关对管理机关的批准。因此，这是一个机关对另一个机关的权力的最好体现，从历史的角度而言，是征税批准的必然延续（参见 13 段）。正是预算行为的这种极度政治化的特征导致公共财政和私人财政的主要区别，公共财政法律的多个创新之处

（尤其是预算经费的概念）都可以通过这点来解释。预算经费是对一项支出批准，是法律上的概念，不能与现实的资金相混淆，后者是物质上的概念。即使不存在一项可用的现实资金，也可以批准相应的经费；同样，存在资金时也可以拒绝批准一项经费。这一批准针对一项特定的目标授予一个特定的管理机构（同时规定获取资金的方法），规定金额上限（原则上，所批的经费是限定的，不过也有例外，特别是工商业公共机构在经营支出方面只能预测，不能确定，所以对这些机构的经费的批准一般是指示性，而非限定性的），并列入一项预算分支中（传统上称为"项目"）。批准的经费也只针对特定的期限。

这些特征可以解释为什么预算的概念与事先性原则密不可分。这一原则要求预算材料在相关活动执行之前通过，换句话说，没有预先批准，任何行动都不能执行。

不过这一批准（源于"预算合法性"）并不会改变法律上的要求。一项被预算批准的活动，只有获得"普通法"上的合法地位，才属于合法。例如，批准经费赔偿自然灾害的受灾者并不意味着赋予赔偿的权利（参见最高行政法院，1924年约如案），这一权力必须从别处获得其"合法基础"。用欧盟法的说法，任何支出均需一项预算基础（即一项经费）以便能够支付，以及一项允许该项支出的其他规范基础。

1.2.2.2 预算的周期性

70　预算的周期性建立在年度性原则的基础之上（1）。但可以对该原则的应用进行调整（2），有时可以超越（3）。

（1）年度性原则

71　这一传统原则要求每年进行一次预算。年度性原则的确立首先是出于政治原因，因为它让预算机关能够进行足够频繁的控制。尤其是，历史上它曾让议会对王室的监督取得了决定性进展。这一原则还出于技术上的考虑，因为一年周期是能够进行严肃预测、对比和及时修正的合理期限。法国和其他许多国家（如欧洲大陆国家、爱尔兰、中国、巴西、俄罗斯等）一样，如今的预算年度与公历年度重合。不过，某些国家的预算年度从4月1日（英国、日本、加拿大、新西兰、印度）或10月1日（美国）开始（法国在1929～1933年也曾尝试从4月1日开始一年预算）。还有一些国家的预算年度与经济年度重合，甚至还有一些，至少某些组织，与学年重合（开始于9月1日或10月1日）。

我们注意到，在一次违宪审查中，法国最高行政法院认为年度性原则并不属于《宪法》第61条第1款保障的权力和自由（最高行政法院，2010年6月25日关于洛林地区的第339842号决议）。

（2）年度性原则在运用中的调整

72　之所以需要调整，因为财政活动年度与公历年度不可能完全重合。

第一，有时预算可能在相关财政年度开始之后才通过（违背了预算事先性原则）。在法国，中央政府的这种情况已经很罕见，不过它仍然是针对地方的一条规则，要求地方预设应急制度。这类应急制度依公共机构类型的不同而不同。

第二，作为一种预测行为，预算在财政年度中一般需要通过修正案进行修正。这类修正案各地称法不同（修正法、修改决议、额外预算等），不过都是对"年内"的某些预算条款进行修改。

第三，一年与下一年之间并非截然分割，并非12月31日一到就与来年毫无联系。

首先，一年预算的执行超出到下一年十分常见。在很长时期内，这甚至成为一种原则，因为一年的账目只有在该年度内决定的行动完成后才结算，即使这些活动在年度结束很长时间之后才完成（所谓"无限财年"制度）；或者在12月31日过去后超期相当长的一段时间才进行决算（所谓"有限财年"制度）。目前原则上在12月31日决算账目，并只考虑年内已完成的行动（所谓"管理式"制度），不过有些在公历年底仍在进行的行动，如果能在一定的额外期限内完成，也可以纳入决算。各机构设置的额外期限的长度不同，总体的趋势是降低，有时甚至不再设置。

其次，各财年之间也存在联系。一方面，根据财年连续性原则，预算执行的结果（赤字或盈余）有时应被并入下一年的预算。这一原则适用于除中央政府以外的所有公共机构。另一方面，财年结束后未用的经费未必总是被取消，有时可能通过经费结转方法（适用于所有公共机构），被添加到下一年的经费上。

最后，一年度的预算有时可能简单复制上一年的某些数据，或是通过将某些经费进行延期（已经较为罕见），或是将预算整体延期（更加罕见，第三共和国和第四共和国时期有时会采用这种便利方法）。这两种方法事实上超越了预算年度性原则。

(3) 超越年度性原则的情况

73　在超越年度性原则方面的实践或提议越来越多，尤其在国际组织层面（如联合国的两年一度的预算，某些组织的预算甚至三年一度）。

这主要出于三个原因：某些活动——主要是投资活动——时长大大超过一年；当代预算的规模和复杂性使得保持每年制定和表决一次预算的节奏变得十分困难；在更广泛的层面上，也是为了避免僵化，使对公共资金的管理更加灵活和有预见性，因为一年期限的束缚有时可能导致浪费（年底对经费的过度消费是一个普遍的现象）。

超越年度性原则的方法主要有三种。

74　第一种是采用多年预算的方法。多年预算可以涉及一整个政治任期，表现为政府的一个计划。这一建议偶尔有人提出，但在技术上难度过大（预测的不确定性可能导致需要与年度预算体量相当的修正）而且政治上过于危险（可能导致削弱政治控制并巩固某些管理局面）。不过两年一度预算似乎较为合理，某些国家的宪法（如德国宪法）也允许这种做法，但很少实施。只有佛朗哥统治时期的西班牙和某些国际组织（联合国及其专门机构）有过实践（参见 328 段）。

75　　第二种方法是只对某些预算经费进行多年一度表决。这种形式目前用得最普遍，通过所谓"分散经费"（欧盟法律中的称法）进行。"分散经费"包含两个方面：一是"承诺经费"或"承诺批准"（涉及投资时，称为"计划批准"），在法律和财政上，对政府做出多年承诺；二是"支付经费"，每年执行（按照最初规定的日程或"进度表"）以支付应付的款项，或将上年未用完的经费结转到下一年。这种办法主要由中央政府和欧盟使用，但地方政府或其他公共机构也有权采用。它便利了接受拨款的行政机构的活动及其财政计划的实施。不过，"经费承诺"这一点可能导致僵化，有时似乎对依据形势进行的活动不利，而且可能影响财政平衡。

　　在法国，传统上这种方法只用在投资方面，后来（参照欧盟法律）被扩展到中央政府（2001 年 8 月 1 日《财政法组织法》，"承诺批准"）和地方政府（2005 年 8 月 26 日法令，"计划批准"）的其他活动。

76　　第三种超越年度性原则的方法是在指示性的多年预算框架下进行年度预算。这一框架可以源于多年协议（国家－地区之间的计划协议），或某种规划（国家预算规划法，地方的"计划审议"）名义下的计划项目。我们或许可以将 2009 年 8 月 3 日的关于环境"规划"的《格勒内尔法案》纳入这一范畴。这种框架也可以表现为指导法或三年稳定计划规定的目标（如今欧盟成员国必须提供这类计划，参见 303 段）。《财政法组织法》第 7 条所述的"计划"一词也属于这种意义，即促进"限定的"公共政策，集中"用于实施一项行动或一系列协调的行动"的经费。最后，这种框架也可以是简单的多年预测，描述未来数年公共财政的发展，或改变其走向（通过国外经常运用的财政"规划"或"财政计划"的方法）。

　　在这个领域，随着《公共财政程序法》（2008 年 7 月 23 日《宪法》修正的成果，此次修正修改了《宪法》第 34 条倒数第二段）的出台，法国公共财政朝加强预算多年性迈出了重要的一步。第一部《公共财政程序法》（2009～2012 年）（2009 年 2 月 9 日第 2009－135 号法律）的出台受到欧盟法律的启发，提供了一个多年管理框架，由多年预算指导财政法计划的编制。

　　至于欧盟方面，年度预算在机构间协议规定的多年（7 年）框架的指导下进行编制。

1.2.2.3　预算的形式与内容

77　　预算的形式和内容需遵循一系列原则。这些原则的目的在于使对预算活动的整体和细节的监督更为容易。在此，我们需要区分公共财政的几大经典原则：统一性和普遍性原则（1）以及专款专用原则（2）。

(1) 预算的统一性和普遍性两大经典原则

78　　统一性和普遍性原则应与较晚确立的真实性原则结合起来。这几大原则可以包括在另一更广泛（但不常用）的原则中，即总预算原则。后者包含范围不同的两个方面。

　　①统一性原则

79　　统一性原则可以按字面意义解释，它也被称为单一性原则。这一原则要求预算必须列于单一的材料中，否则可能因为材料零散而难以有效监督。不过当代预算的规模和复杂性导致如今只要求将所有预算材料整合为一个材料集。这一材料集包含核心预算（或称主要预算）和附加预算（如中央预算中的专门账目），以及关于经济发展的数据资料。不过，预算执行中修改次数的增多减弱了统一性原则的影响。

　　在更广的意义上，统一性原则还可以有一种具体的释义，即包括完整性原则。有些学者持这种观点，也有学者认为完整性原则包括在普遍性原则中。

　　②普遍性原则

80　　传统上普遍性原则被认为包括未规定用途原则和非平衡原则。这一原则是统一性原则的必然要求，因为后者要求预算材料必须真实完整。

　　真实性原则如今已成为地方、国家和欧盟法律法规的要求。在预算（不是审计）真实性方面，它包括三点。

81　　第一点是预算估计的真实性（不能高估或低估收入和支出）。不过，预算主要是一种预测行为（参见68段），所以真实性只能是相对的（不能要求预测必然实现）。而且，预算的真实性被理解为一种主观上的诚实（2001年8月1日《财政法组织法》即是这么理解，参见483段），即扮演"家庭好父亲"的角色，不存在故意歪曲估计的意图，估计中也没有明显的错误。

82　　第二点是预算范围的真实性。这一点部分决定第一点，它主要涉及完整性原则，要求将相关公共机构所有部门的所有活动体现在预算中（如果预算金额暂时不清楚，列入其中则为"备查"）。不过，这一基本原则有过多次变更。一方面，公共法人未必总是将其所有财政活动列入预算中；国库的活动也是如此，本来国库的活动应只是调节金融机构的资金，一般都是一年期以下的借贷（例如一笔为期数个月的垫款），但在中央政府这里被设计得范围非常广（包括所有贷款），导致其重要性不断上升。另一方面，公共法人也不将其附属机构的财政活动列在自己的预算上。这些附属机构自身具有公权法人或私权法人的地位，因此进行自主预算。但其对相关公共机构的从属地位又要求进行"账目合并"（如今已要求地方政府对其中某些账目进行合并）。另外，由于每年预算项目不尽相同，新增和消除的项目影响公共预算的内容，使得难以在财年之间和机构之间进行比较。在中央政府层面，已开始由法官对某些项目的消除进行审查，而立法机构也在 2001 年通过"预算章程",从而便利了各财年之间预算范围的比较(参见 486 段和 574 段)。

83 第三点是活动介绍的真实性。主要表现为一个传统的重要原则——非平衡原则(亦称毛收入原则)。这一原则禁止从某些收入中扣除某些支出(比如从所征税收总额中扣除征税费用)或从某些支出中扣除某些收入(如从支出总额中扣除自有财源),且禁止只列出差额,因为差额既不能反映活动的总金额,也不能反映活动的性质(有时可能是被禁止的活动)。这条基本原则大部分时候也得到遵守,只有中央政府在这方面有些例外特权(涉及某些专门账目和某些特殊的会计程序)。

84 这条原则可能可以并入一条更广泛的原则:账目清晰性原则。传统上该原则由德国预算理论提出,法国宪法委员会提出的法律文本易解性原则(1999 年 12 月 16 日第 421 号合宪性审查决议)有时似乎也认可了账目清晰性原则。通过否决那些未以"清晰而明确"的方式表述的法律条文(2000 年 12 月 7 日第 435 号合宪性审查决议,2005 年 12 月 29 日第 530 号合宪性审查决议;《宪法》,第 78 条),法律的易解性和清晰性成为具有宪法规定价值的目标。

与年度性原则一样,最高行政法院也在一次违宪审查时,认为真实性原则也不属于《宪法》第 61 条第 1 款所保障的权力和自由(2010 年 7 月 15 日关于洛林地区的第 340492 号决议)。

85 未规定用途原则(传统上这一点被并入普遍性原则)则禁止将一项收入规定给一项支出。所有的收入应纳入单一的账户中,在支出时不区别资金来源,这一点也有利于进行总预算。

这条原则一方面是出于一致性的要求(任何机构不能有特殊的经费来源),也有出于财政上的原因(一项划拨的收入可能超出接受拨款机构的需求),还有出于保持预算机关权力完整性的考虑(预算机构应能够自由且明确地规定一个部门的支出,任何部门不得声称财政自主)。

但这条原则与下属公共机关特别是地方政府的关系较为有限。相反,地方政府应该将某些收入(投资收入、特定收入)拨予某些支出,因为规定用途是一种监督的手段。不过随着地方分权的发展,规定用途这一监督手段也逐渐弱化。

此外,在中央政府层面,这一原则也有诸多例外。因为规定用途对计算商业服务或某些特殊活动的成本和收益不可或缺,也有利于令大众接受某些新的税费,尤其是通过将其划拨给(或承诺将其划拨给)某些特定的支出(通常用于公益事业)。特别是对公权力将收入规定用途的呼声越发频繁且迫切,这一做法也不可避免。

86 尽管各国历史和制度不同,但现在许多国家都转向单一预算基金制度,特别是英联邦国家,尤以英国为代表。

1786年，英国设立了一项综合基金，原先建立在一种二元机制基础上的将一项收入拨予一项支出的做法被废除。这种二元机制由两个委员会构成，一个审查收入，一个负责拨款的方法和途径以确保符合王国的需求。之后，1866年《国库和审计部法案》将各项预算基金合并到一起，形成单一基金。这一中央基金被称为"综合收入基金"。这种单一基金制度后来被一些国家所继承。例如，澳大利亚《宪法》规定联邦行政当局征收的所有收入和款项"应作为总收入款项，用之于联邦"（第81条）。另外，"联邦国库的款项，不得在法律所定预算之外支出"（第83条）。印度也有类似的制度，印度《宪法》设立了"印度和各邦统一基金"（第266条及之后条款）。加拿大则设立了"加拿大综合收入基金"（但并不排除各省设置类似制度的权力，见于《1867年宪法》第102条及之后条款，后来被收录入《1982年宪法》）。这一综合收入基金即"由总接受人保管的所有公共资金"（加拿大《公共财政管理法》，第2条）。

（2）预算专款专用原则

专款专用原则至少有两种含义：一是会计上的专款专用原则，二是法律上的专款专用原则。

会计上的专款专用原则要求明确指出预算活动的所有细节，尤其是申请的经费的细节，这一点要求预算科目至少有两大特征。

首先，它必须足够精练，精练程度的不同使得所制定的预算科目与总核算时所使用的科目或不同（中央政府和某些大型地方政府的预算）或近似（大部分下属公共机构的预算）；预算一般都相当详细，导致中央政府的预算材料的体量十分惊人。不过，在大型地方政府那里，由于公共预算规模的扩大，其细节程度总是较为有限。

其次，预算科目必须基于有意义的分类标准。在这一方面，传统的标准是按经费的性质进行分类（中央政府的预算按部委分类）。不过，人们越来越倾向于添加另一种分类方法，即按用途（针对大型地方政府的预算）或项目（针对中央政府的预算）进行分类，甚至用这种分类方法取代它。按用途或项目分类可以对预算进行更有效的分析，不过这种方法在习惯和会计现状方面（总核算是按性质进行的分类）碰到许多困难，也忘了预算不仅是控制行政机构的一种手段，也是管理其政策的一种手段。

法律上的专款专用原则要求每一笔经费应按预算类别（中央政府预算中的计划和地方政府预算中的项目）相对详细地进行设立，接受拨款的机构之后不得改变预算的内容。原则上，只有预算机关采取新的决定才能进行修改。

对每笔经费进行详细设立并不必然意味着需对这些经费一一表决：可以对一批经费进行整体表决（这对中央政府的预算是一条规则，对地方政府的预算也可以接受）。

但它也并不意味着经费应列于会计科目最小分类中，事实上，可以非常详细地介绍每笔经费，但整体性地进行设立，这也是合法的。将经费综合归类（计划、项目)设立的办法旨在在预算机构监督的要求(要求预算分得更细)和政府管理的灵活性(要求预算更为综合)之间建立平衡(中央政府放弃将预算细分到项目的做法即是出于这种考虑,参见23段和24段)。不过平衡总是很难建立。从某种意义上,中央和某些公共机构赋予下属部门在某些范围内修改预算的做法能够促进这一平衡。

1.2.2.4 预算平衡

88 与上述其他原则不同,预算平衡原则只涉及某些公共机关,而且不包括中央政府。比如在法国,中央政府从未被要求遵守预算平衡,其他大部分国家的情况也是如此。另外,这条原则很少直接写在宪法里面。所谓"预算黄金法则"的概念也并非指所有收入和整体支出之间的严格平衡,而通常指能够用借贷进行投资,且这条法则也几乎从未出现在宪法中。预算、赤字和债务不仅在法律程序上相对不同,在预算纪律措施的说明和实施中也相对有差别。预算纪律措施需要将余额特别是结构性余额问题纳入考虑。在此我们有必要指出,《欧洲经济货币联盟稳定、协调与治理条约》(TSCG,参见305段)有这样的条款:"签约国的公共行政机关的预算情况应是平衡或盈余的。"如果每个国家的年度结构性余额符合各自的中期目标,且结构性赤字控制在国内生产总值的0.5%以内,就算遵守这条原则。

89 德国是这方面的典范。德国《宪法》对政府借贷有较为严格的限制,即信用贷款不得超过预算案中所估投资支出的数额,不过德国《宪法》第115条规定如"为消除整体经济均势之障碍时",可以例外。2009年7月德国《宪法》的一项修正案被一致同意通过,从此联邦政府结构性赤字被限制在国内生产总值的0.35%以内,各州政府必须遵守预算平衡义务。不过对联邦政府的这一限制从2016年起才完全生效,各州政府的预算平衡义务从2020年开始生效。同时,德国加速削减赤字,但《宪法》中也保留了某些特殊情形下(经济危机、自然灾害、紧急状况等)的例外规定。巴伐利亚自由州《宪法》也遵循这一步伐,该法第92条规定"原则上,本州预算应无须借贷而保持平衡",只有在经济危机、自然灾害、紧急状况等情况下例外。西班牙受到德国《宪法》的启发,在2011年修改了《宪法》,在第135条中增加了适用于所有公共行政机关的预算平衡原则,不过保留了结构性赤字,其上限由一项《组织法》加以规定(国家和各自治区的赤字总上限为国内生产总值的0.4%,其中国家占0.26%,各自治区为0.14%),并制定了达到这一远期平衡目标的日程表(2020年)和特殊情形(如经济衰退)下的例外设置。波兰《宪法》似乎更为严格,尽管并未直接提及平衡问题,其中只规定了国家在公债发行或给予保证金或担保方面的公共债务上限不得超过国内生产总值的3/5(第216条第5款)。奥地利则只在其《宪法》中规定了一个目标:"联邦、各州和市镇的预算管理应力求达到经济的整体平衡"(第13条第2款),如涉及危机情况则可以超过借贷上限以应对意外或迫切的需求(第51条第b

款）。意大利的规定稍微有些不同，其《宪法》（第81条）规定国家"综合考虑经济发展的有利阶段和不利阶段"，确保其预算收支的平衡，政府债务必须符合这一进程，并由法律尤其依据预算收支平衡的标准和应对公共行政机关整体债务的可能性进行规定。

90　　英国的情况则不可避免地更为特别，在戈登·布朗的推动下，英国通过《1998年财政法案》启动实施《财政稳定准则》，该准则并未设定年度预算平衡原则，但规定了根据经济发展情况削减政府债务的目标。瑞典则很早就将平衡和余额的问题纳入考虑，1996年瑞典设立了一个旨在回归预算平衡的"典型框架"，规定3年支出上限和该周期内达到国内生产总值1%的财政盈余目标。

91　　即使在欧盟以外地区，关于预算平衡的"框架性规定"也各不相同。

　　在美国，关于将联邦预算平衡写入《宪法》的提案确实都只是差几票没有通过（1990年差6票，1996年差1票），当然，这并不影响削减财政赤字（参见245段）。然而，在21世纪的前10年，美国的债务不断增长，迫使国会不得不提高赤字上限。取代1985年《平衡预算与紧急赤字控制法案》的2011年《预算控制法案》是美国在控制支出和赤字增长、遵守赤字上限方面的一种尝试，主要通过针对某些支出的自动切断机制。比如由于2014年预算案没有被国会通过，国会采取一项"持续决议案"（Continuing Resolution）通过限制政府支出维持其运转。《预算控制法案》规定了在2013～2021年削减12000亿美元赤字的目标，还要求国会在2011年末表决一项关于预算平衡的宪法修正案，不过后来该修正案两次表决都没有通过。事实上，第二次世界大战后美国达到预算平衡的年度加起来只有10年。加拿大在这一领域也没有联邦层面的法律规定，不过许多省份通过了《预算平衡法》，如不列颠哥伦比亚、魁北克、安大略和马尼托巴等省（要求年度预算平衡或一定周期内预算平衡）。瑞士则在其《宪法》第126条规定了联邦收支必须在一定期限内保持平衡的原则，预算内批准的总支出上限应根据估计的收入并考虑当前的形势加以规定，如有特殊的财政需求也可提高这一上限。2005年一项关于联邦财政的法律根据这一宪法原则来组织联邦财政管理，设立一个所谓"债务刹车"的机制，即一年度的财政透支在接下来几年弥补。每财年可透支当年总支出6%以内的金额，但透支后接下来三个财年必须补足这一亏空。我们注意到瑞士在严格管理的同时，也规定了一些允许提高支出上限的例外情况，如"不受联邦控制的特殊事件等"。另外，我们还注意到瑞士各州绝大部分都制定有此类预算规则，不过严格程度不同。

92　　法国当然也有预算平衡问题。值得强调的是下属公共机关尤其是地方政府的情况，它们在表决和执行预算方面需保持实际平衡（即没有赤字），并在必要时消除预算执行中可能出现的赤字，这可以解释这些公共机关为何需遵守年度连续性原则（参见72段）。但预算平衡原则的年度运用比较有限，因为某些年份可能需要通过借贷来保持预算平衡，而此后又需要用借贷以外的其他收入来偿还贷款。最后我们还有必要指出某些国有公共机构被禁止进行为期一年以上的借贷（2011年9月8日法令）。

至于受到最严格限制的公共机构则是欧盟，它必须无须通过借贷而能保持预算平衡（并消除先前可能存在的赤字）。

法国在2011年曾有过将财政平衡写入《宪法》的努力，当时试图通过一项关于公共财政平衡的宪法修正案以确保对公共赤字的控制。主要是在《宪法》第34条中加入关于制定一部公共财政平衡的框架性法律的内容。这部"框架法"涉及多年预算平衡（至少三年），规定"公共财政的多年指导方针、发展标准和管理规则，以确保公共行政机关的账目平衡"。它应有《组织法》的地位，决定财政法案和社会保险融资法案。这项修正案2011年3月初被部长会议通过，2011年7月由议会两院无修改通过。但由于认为没有获得有利多数，时任共和国总统萨科齐最后放弃召开两院联席会议加以表决。

在这次行政当局修宪受挫之前，一些议员在这方面的努力也以失败收场。2008年包括索瓦代和库尔松在内的一些中间派议员曾向议会提交关于回归公共财政平衡的宪法修正提案，该提案采用的是另一种方法，以政府间协议为基础，不过并未明确预算平衡的"黄金法则"是否成为强制性的要求。事实上，欧盟那种不依赖借贷来保持预算平衡的做法或许是一条简单有效的规则。那么，各国是否也应该应用它们为欧盟设定的规则呢？

93 最后我们还有必要指出，在欧盟的规定内，存在一个公共行政机构账目平衡的原则。该原则不仅要求避免过度赤字，还要求尽量保持财政平衡，甚至要求财政盈余（参见300段）。这使中央政府（中央政府经常难以保持自身预算平衡）有责任令各机构和地方（主要是下属机构）遵守这一原则。

1.2.3 账目与会计原则

94 财政权力机关可以提高税收、掌握预算并组织财政，但社会也有权了解该机关执行公共财政管理的情况。账目公开（1.2.3.1）是公共财政监督整体过程的一个主要阶段，严格意义上的会计原则（1.2.3.2）是在较为漫长的历史过程中逐渐建立起来的。

1.2.3.1 账目公开

95 缺乏账目公开并因此缺乏透明度或许是人们对旧制度的一大主要批评。路易十六的财政总监雅克·内克尔曾做过类似尝试（但并未持续下去），他在1781年公布了收支总账。此举是遵循路易十六在 1779 年 10 月 17 日的一项宣言:"我们并不否认这种方法使我们的财政状况变得不那么秘密,但这使我们更有义务在我们的支出和预付款之间建立起持久的协调。"

96　　美国最早确定账目公开的原则,其《1787 年宪法》规定:"除了依照法律的规定拨款之外,不得自国库中提出任何款项;一切公款收支的报告和账目,应经常公布"(第 1 条第 9 款)。法国《1791 年宪法》也遵循这条道路,而且规定的更为具体,"由部长或经管人签署并证明的各部支出细账,应在每次立法议会会期开始时印刷公布之。各种赋税和一切公共收入的收支状况,也应以同样方法公布。此等收支状况应按性质加以分别,并应说明各县每年的收支金额。各郡有关法庭、行政机关及其他机关的特别支出亦应公布之"(第 5 篇第 3 条)。事实上,在法国,账目公开的要求此后很少再得到宪法级别的确认,后来只有《1795 年宪法》规定了账目公开的义务。

1.2.3.2　会计原则的发展

97　　我们可以强调指出,法国公共核算方法在很长时期内有重要的影响,并在 19 世纪形成集中统一的《公共核算法典》,成为这方面合理的典范。1838 年 5 月 31 日关于财务制度总规则的法令的前言部分是最好的证明:"法国的《公共核算法典》是被欧洲大部分国家模仿的典范""没有什么比本规则更能反映我国公共核算的令人赞赏的秩序,它包括了从议会征税表决到最低级政府职员的直接征收的所有公共核算分支"。

98　　公共核算并非法国独有,它的历史可以追溯到古典时代。之后每个国家逐渐发展出自己的公共核算系统,不过多少都受一些主要国家如英国或法国的影响。美国这方面的发展进程较为独特,与它在 19 世纪的领土扩张及地方权力较大有关。这导致美国出现了两种会计制度:一套会计规则适用于"各州和地方政府",另一套适用于联邦政府层面。1894 年建立的"公共核算准则委员会"(GASP)与地方公共核算相关,1921 年《预算和会计法案》及其设置的"联邦会计准则顾问委员会"(FASAB)则涉及联邦政府层面。后来这两大机构决定制定共同的会计准则,即由美国注册会计师协会(AICPA)承认的"公认会计原则"(GAAP)。该协会是美国最大的会计职业组织,也是一个国际性组织(创立于 1887 年,如今在全球 120 多个国家拥有近 36 万名会员)。今天由"财务会计准则委员会"(FASB)发布这些标准。

99　　公共核算原则在旧制度下的法国便已初具雏形,它是随着国家财产与国王私人财产分离,为防止国家资产被侵占而设计。波旁王朝复辟时期,公共核算原则开始得到发展,目的是恢复公共财政的秩序并使新生预算机关的意愿得到遵守(参见 17 段)。这一点后来成为法国公共核算的主要特征,其主要目标是确保财政操作的合法性,首先是要符合政治权力机关授予的许可,后者是唯一有权决定所征收费用的金额和用途的合法机关。公共核算在这一点上区别于私人核算,后者的目标主要是技术性的（忠实描述），因而不具备公共核算的重要特征。

法国的公共核算在很长时期内只是对"库存资金"和"资金流动"进行核算，主要针对收入与支出，很少涉及财产的描述与评估。其主要动机是认为公共法人的财政状况并不基于其财产，而是基于其财政权。不过，这一观念（从最初对工商业公共机构就是例外）后来有所改变，因为忽视公共财产事实上毫无道理（即使是为了更好的公共管理），而且无论如何也有必要有一种对所有经济活动者通用的核算制度，以建立国家和国际层面的统计数据（参见3段）。所以法国目前正努力按照公共机构的类别，建立"财产核算制度"（根据情况不同，有些与预算核算有区别，有些则相同），不过效果不一（参见582段和664段）。

法国采用的这种部分双重核算系统可追溯到1808年1月4日的帝国法令，该法令源自莫利昂（1806～1814年担任财政部部长）的建议。在他的推动下，单一账户原则得以确立（1806年7月16日，帝国法令）。

会计原则的发展强化了集中和统一核算的进程，使预算部权力逐渐增强。1822年9月14日法令首次确立了描述性公共核算的总体原则和统一程序，将对各部门所执行服务的基础会计全都并入一份总计划。通过一份公报和一份账目，形成对财政的总核算，作为中央"维持财政秩序和进行监督"的工具。前述1838年法令是一份分门别类的会计原则纲要，共5篇，其中第4篇涉及地方专门会计（省、市镇）。1862年5月31日和8月11日关于财务制度总规则的帝国法令（一直运用到1962年）走得更远，将所有账目"编成一份文件"，以使1838年法令适应"当前公共核算和政治体制的状况"。于是统一的公共账目得以形成，其中囊括了对"国家、各省、各市镇和各公共机构或慈善机构"资产的会计核算。

100　　这一主要由法定的权力如今源自预算和财务制度管理第2012－1246号法令（2012年11月7日），它取代了1962年12月29日颁布的关于公共核算一般条例的法令（该法令的前身是1838年5月31日和1862年5月31日法令，参见17段）。预算和财务制度管理第2012－1246号法令融合了《财政法组织法》的某些要求（人员薪资限制，补贴上限等），其适用对象范围从而扩大至欧盟法律意义上（SEC系统）的公共行政机关类，即有相应地位的公权法人或私权法人（根据2013年7月1日部委联合法令确定的名单），也包括不属于公共行政机关类的公共法人，除非其地位另有不同。该权力适用于国家（按《财政法组织法》规定的条件，参见577段）、地方政府和大部分公共机构（教育、医疗卫生机构和医疗卫生合作组织）。不过地方政府和地方公共机构一般也受其他法律条款的约束（《宪法》，第34条和第72条），而国家公共机构的地位则有所区别：行政性机构（除特殊例外）需遵守通常的公共核算制度，某些工商业机构（配有公共会计人员）遵循灵活的公共核算制度，另一些工商业机构尤其是国有企业（包括某些地方国有企业）无须进行公共核算（它们未配有公共会计人员），而是进行商业核算。我们注意到社保机构既有中央机构（属于需要公共核算的国家级行政性公共机构）和地方或区域机构（遵循受公共核算影响的专门核算制度的私权机构）。

101　　从 20 世纪至今，会计原则和标准逐步国际化。这一进程首先是私人会计机构特别是英语圈国家会计从业人员努力的成果。其重要标志是 20 世纪 70 年代一家私立组织"国际会计准则委员会"（IASC）的建立，由其制定的国际会计准则（IAS 标准）影响逐步扩大。国际会计准则委员会后来改组为国际会计准则理事会（IASB），后者推出国际财务报告准则（IFRS 标准），从而构成 IAS－IFRS 标准。欧盟在 21 世纪初完全放弃建立欧盟会计标准的尝试（2002 年 7 月 19 日法规），转而以 IFRS 标准为适用于欧盟企业的标准。欧盟的这一做法乃是由于"当前国际层面应用的会计标准持续合流"，以便"未来能够建立一种世界通用的会计准则"，上述法规第 4 条（自 2005 年 1 月 1 日起生效）规定受各成员法律约束的企业在制定其综合账目时必须符合国际会计准则（根据特别程序通过），包括 IAS 会计准则、IFRS 国际财务报告准则和相关阐释（SIC/IFRIC）。至于美国，则仍保持其自有的会计准则，而法国根据 2002 年法规第 5 条的规定有权让相关企业选择是否使用国际会计准则（《商法典》，法律部分第 233 条第 24 款）。

102　　私人核算、公共核算、公共财政和税收制度之间的联系，如今已经十分清晰，至少在法国是如此。《财政法组织法》第 30 条规定国家总核算原则只有在国家活动特性方面（还应明确这些特性）与企业核算原则有所不同。而《税法》附录三第 38 条规定企业应采用《总会计方案》（PCG）所下的定义，除非这些定义与应用的税基规则不相符。从 2009 年开始，法国由会计准则委员会以法规的形式（由预算部批准）发布通用各领域会计规定，任何有法定义务按私人核算准则编制会计材料的自然人或法人都必须遵守（第 1 条）；至于"所有进行非营利性活动且主要由公共收入出资尤其是以必提费用出资的单位"，其会计标准则由财务制度规范化委员会进行规定。中央政府的会计准则囊括了《总会计方案》（2014 年至今），并以国际会计准则为参考（特殊例外除外）。

1.2.4　税收原则

103　　税收权是公共财政的一个重要组成部分，而且按照一些知名学者的说法，"没有详细的法律条文，税收制度可谓难以想象"（引自朗贝尔和比昂维努合著的《税收权》）。路易·特罗塔巴将这一权力定义为"规定税务机关权力及其执行中的特权的公权的分支"，并强调存在一种税收权力，"从法律角度看，它是税收制度的首要因素"（路易·特罗塔巴，《财政法律与财政学概论》，1933 年）。因此，由公共机关征收的税收在公共收入中占有重要地位（1.2.4.1）。在我们这个时代，设定此类税种并非随意，需要遵循某些基本原则（1.2.4.2），由这些基本原则又引申出许多特殊的规则，用以确定税收程序（1.2.4.3），并解决税务争端（1.2.4.4）。

1.2.4.1 税收

104　首先有必要明确税收的概念（1），并对其进行分类（2）。

（1）税收的概念

105　由于术语的缺陷和一些相近概念的存在，税收的概念始终未明确界定（不应依据官方必提费用的名称来界定）。

加斯东·杰斯在 20 世纪初将税收定义为："通过权威渠道对（个体）要求（金钱上的）给付，属于明确性质且无回报（以便抵偿公共支出）。"

这句引言中，我们概括起来有三点争议。

在我们这个时代，税收大部分情况是以货币形式征收。但以前存在以劳役形式存在的赋税，至今有时仍有以"实物"形式（如以艺术品或不动产）支付的税收。

税收并非只由个体缴纳，私权法人（企业、协会）或公权法人（公共机构等）也须纳税。

征税大部分时候是为了负担公共支出，这一点使它区别于行政罚款，后者乃是出于惩罚的目的。但征税有时也以鼓励或惩罚某些活动为目的，随着税收干涉主义的发展，这个现象变得更为常见（参见 263 段）。

不过，杰斯还将税收定义为"将公共机构运转所产生且未由使用者或受益者承担的费用，转由组成集体的所有个体共同分担的一种手段"（加斯东·杰斯，《公共财政教程》，1932 年）。

因此，税收是一种必提费用，按照判例（最高行政法院，1998 年 7 月 3 日关于埃克斯地区医务人员协会的决议；宪法委员会，1998 年 12 月 29 日第 98－405 号合宪性审查决议）和 2001 年 8 月 1 日《财政法组织法》（第 2 条、第 34 条、第 36 条和第 51 条）的提法，它的受益对象不仅可以是任何公权法人（包括公共机构），也可以是负责某项公共服务任务的私权法人，甚至在某些国家还可以是"个人"（比如某些国家尤其是德国的宗教税，受益对象主要是教会）。

106　税收与公债不同，公债一般是临时性（但也存在"永久公债"，参见 610 段）、非强制（但也存在"强制性公债"，参见 191 段），且原则上是有回报的。

税收虽然具有确定性的特点，但这显然不妨碍公共机关决定将其部分返还（如 2001 年设置的就业补贴）。

107　它也与行政收费不同，尽管后者也是强制性的，但它是直接补偿公共机构所提供的一项服务（对某项公共服务的酬劳，在工商业服务中称为价格）或补偿政府批准的一项利益（如公共领域占用费）。

如今公共机关服务收费的标准已由几次判例加以协调（最高行政法院，1958年11月21日全国航空承运人工会案；权限裁定法院，1965年6月28日卢班小姐案；欧共体法院，1968年2月8日范·鲁文案；宪法委员会，1976年10月6日第76—92号决议）。

公共领域占用费不仅与公共服务收费区分开（宪法委员会，2001年7月25日第448号合宪性审查决议；最高行政法院，2002年11月29日巴尔卡莱市案；涉及无线电波段使用费方面，则有2000年12月28日第442号合宪性审查决议和2001年12月27日第456号合宪性审查决议），也与税收区分开（源于1989年的一项行政判例，这则判例有争议，因为某些收费以前被视为间接税）。

人们有时也将税收（无特定补偿）和公共服务收费（直接补偿等值的服务）与附税收费（如家庭垃圾清理费）区别开。这类费用也是提供服务时收取，但并非对该服务的直接补偿，因为所收取的费用高于该服务的价值（这导致在实际应用的制度中附税收费被视同为税收）。

但税收不仅仅是必提费用，因为传统上我们可以区分出两类收入。

108 一类是社保金。社保金与税收不同，缴纳社保金意味着获得受补助的权利（宪法委员会，1992年7月29日第311号合宪性审查决议，1993年8月13日第325号合宪性审查决议）。但在官方的统计数据中（尤其是在与其他国家的数据作比较时），社保金被加到税收内来衡量必提费用（参见204段）。

另外，我们注意到各国对必提费用的定性对欧盟法官没有约束力。比如法国法律将普通社会保险捐税和社会保险债务偿还税定性为税收，而欧共体法院则将它们归入社保金，因为它们是社保资金来源的一部分。

109 另一类是附加税。根据1959年1月2日《财政法相关组织法令》（第4条），附加税是"出于除国家、地方政府及其下属行政性公共机构以外的其他公权法人或私权法人的经济或社会利益"而提取的费用。附加税的设置及其制度取决于行政当局，议会只能批准其在当年12月31日之后开始征收（但可以用税收加以替换）。

附加税的数目在下降（第四共和国时期大约有150种，2001年《财政法组织法》通过之时只剩下40多种）。它一般用以补贴职业或技术组织（以及某些工商业公共机构），最近附加税征收的总额约在7.5亿欧元左右（不含电视授权费）。

根据宪法委员会的决议（1960年8月11日第8号合宪性审查决议，此后不断被重申，最近的一次相关决议是2000年7月27日第433号合宪性审查决议），电视授权费具有附加税的性质，但遵循特别的制度。

《财政法组织法》第 63 条规定从 2005 年 1 月 1 日起取消此类税费，其中大部分被其他税种替代（涉及附加税受益人承担公共服务任务的情况）。

《财政法组织法》第 2 条规定"任何性质的税收均不得因第三方所承担的公共服务任务而直接划拨给它"，这显然对那些按 1959 年《法令》第 4 条规定只具有"经济或社会利益"的机构构成一个问题。

在法律层面上，1959 年《法令》第 4 条从 2005 年 1 月 1 日起被废止。不过，在 2004 年，也只剩下这一条特殊的法律条款能够暂时维持附加税的存在。

110　《1958 年宪法》第 34 条用"任何性质的税收"这一说法来指必提费用，其制度由法律加以规定。

宪法委员会决议（1982 年 6 月 23 日第 124 号合宪性审查决议）和行政法院判例（最高行政法院，1985 年 12 月 20 日全国动物饲料产业者协会案；权限裁定法院，1987 年 1 月 12 日矿泉水与臭氧公司案）先后认定所有非行政收费（亦非取消之前的附加税）且非社保金（这一点有争议）的必提费用构成通过立法机制决定的"任何性质的税收"。

目前，"任何性质的税收"仅包括税收和附税收费。

不过，将其他税费尤其是社保金排除出去有时也引起争议。经济合作与发展组织的统计数据将社保金归入税收收入，而根据法国国内法律，社保金也部分通过立法机制决定，只有其比率完全由行政当局决定（参见 749 段）。

至于国家所提供服务的收费方面，《财政法组织法》第 4 条明确规定此类费用按照最高行政法院法令的规定进行征收，"但该法令如无随后的当年或第二年财政法案的批准则失效"。不过，宪法委员会认为这一批准只涉及最高行政法院规定收费的法令（不包括基于该法令所采取的行动），且只是一个继续征收的许可，并不影响行政机关在此方面的职权（另外，这些收费也不同于工商业收入，2001 年 7 月 29 日第 449 号合宪性审查决议）。

另外，实在法继续显示有些与税收相似的必提费用被排除出立法机制之外（有时只是出于时机的考虑）。

这类必提费用被保尔·阿姆斯莱克称为"近税收费"。阿姆斯莱克还区分了作为经济调节措施的收费（比如 1995 年以前的欧洲农业提留款或牛奶共同责任提留款）、作为"摊派款"或"分担款"的收费（尤其在城市规划和道路方面）和无法分类的收费（如博彩产品或赛马的提取款，或广场与道路费）。

(2) 税收的分类

111　税收有两种主要的分类方法。第一种是传统的分法，分为直接税和间接税。直接税的缴纳人（向税务机关缴纳税收的人）在法律上是纳税人（承担税收的人）本人（可以直接制定纳税人名册）。间接税的缴纳人（按章纳税者）只是向纳税人（税务机关一般不知道具体的纳税人）收集税收，并上缴给政府。第二种分法是根据可征税的物质进行区分，分为所得税（对获取财富进行征税）、财产税或资产税（对持有财富进行征税）和消费税（对使用财富进行征税）。还有一些分类方法较为特殊。如有些基于税基，分为人头税（考虑缴纳人的情况）和实物税（对某项经济因素征税，不考虑纳税人的情况），或分为分解税（只对整体情况的某一因素进行征税）和综合税（对整体情况进行征税）；另一些基于税收的金额或比率，分为分摊税（先确定税收总额，再进行分摊）和定率税（先决定税率，然后实施），或从量税（按单位数量决定征税金额，如每公担①征税15欧元）和从价税（按税基的百分比征收），或比例税（课税比例不变）和累进税（税率随着课税对象数额的增加而增加，一般是级次制）。

1.2.4.2 税收的原则

112   在法治国家，由公共财政机关决定、税务管理部门实施的税收决策应遵守几大基本原则：公平性原则（1）、合法性原则（2），另外我们或许还可更为谨慎地加上必要性原则（3）和不可追溯性原则（4）。

(1) 税收公平性原则

113   税收公平性原则至少有三种含义。

首先，税收公平性涉及税收法律的实施。它意味着税收法律以同样的方式对所有人适用。这是法律面前人人平等原则的一个方面，可以由法官加以应用，但在实践中有时被违反（偷税漏税、误差等），而且它并不能决定所实施的法律本身的公平性（某项法律本身可能是不公平的）。

其次，税收公平性涉及税法的制定。根据1789年《人权宣言》第13条，它意味着"赋税应在全体公民之间按其能力平等地分摊"。

这一平等观念后来有所演变。人们在很长时间内认为平等的赋税即是比例税（不论税基，按相同的比例征税），"公民按其收入的比例提供社会利益"（《法国法律辞典》的"税收"条，1896年）。这种理论得到亚当·斯密、杜尔哥、帕西、L.萨伊等人的支持。至20世纪初，纳税能力概念的出现要求实行累进税（税率随税基的增加而上升），以实现"牺牲"的平等性（一个穷人缴纳其20%的收入比一个富人缴纳相同比例的收入做出的牺牲更大）。此时的考虑是"为了使穷人和富人承受的税收负担平等，收入越多缴纳的比例应更大"（《法国法律辞典》），这种理论的支持者包括孟德斯鸠、卢梭、孔多塞、J.—B.萨伊、边沁、谢弗莱等人。

114   不过，在美国之后，许多工业国家从20世纪80年代开始的税制改革明显削弱了这种累进性。一些国家受到某些经济阶层的推动，采用单一税率（税率相对较低）所得税制，亦称"单一税"（flat tax），从而回归19世纪的主流税制。

---

① 译者注：1公担=100千克。

在法国则相反，所得税方面的累进制原则被宪法委员会加以确认（1989年12月29日第89—268号合宪性审查决议，1993年6月21日第93—320号合宪性审查决议）。

不过，宪法委员会也根据税种或税收类别评估纳税能力，承认某些税种是按比例而非按个人情况征收（1999年12月29日第424号合宪性审查决议）。宪法委员会针对每个税种或税收类别，采取在其看来能最佳考虑纳税能力的措施（2000年12月28日第442号合宪性审查决议），否决了那些未全面考虑纳税能力的措施（2000年12月19日第437号合宪性审查决议否决了削减经营收入普通社会保险捐税的措施，因为该措施既未考虑纳税人的其他收入、其家庭的其他收入，也未考虑需赡养的人口数）。更别出心裁的是其2014年12月29日的一项决议（第708号合宪性审查决议）：在审查不动产附加值税方面的特殊制度时，宪法委员会否决了一项相关设置，因其造成过度的税收负担（形成充公性质），可能因此对相关纳税人的"纳税能力"造成过度的负担，"违反了公共负担平等性原则"。相反，在反避税天堂的规定方面，宪法委员会并不认为存在这种充公性质（2015年1月20日第437号合宪性优先问题决议）。

115　　此外，随着两次世界大战之间税收干涉主义的发展，立法机构越来越倾向于利用税收手段去鼓励或惩罚某些经济社会情况或活动（《税法》，第235条和第279条），其动机可以是经济、道德或卫生等方面的原因，从而很大程度破坏了公平性原则。宪法委员会（经常是受到最高行政法院判例的启发）努力约束这种做法，规定立法机构必须将其评估建立在客观合理的基础上，但可以根据不同的情况作出不同的处理。

相反，宪法委员会自己禁止了给科西嘉农民的优惠措施（2000年12月18日第441号合宪性审查决议），但下禁令之时的情况与之前毫无两样，没有什么可以证明这一禁令的合理性；又如禁止了给渔民的税收减免规定（2000年12月7日第435号合宪性审查决议），情况也是如此。它还否决了一项关于季节性商业活动的市级税法案，因为该法案未考虑此类商人在市镇内的居住时长；然后又批准了一项新法案，因为后者考虑到此类居住时长，从而是"根据预定目标基于客观合理的标准"（2000年12月28日第442号合宪性审查决议）批准的。而立法机构为鼓励动物油成分奶制品的生产和销售而采取的降低其增值税税率（作为其竞争对手的植物油和人造奶油则保持正常税率）的措施也是因为"基于客观合理的标准"而被其认可（2011年4月29日第121号合宪性优先问题决议；《宪法》，第4条）。宪法委员会还禁止了多个税种，如"煤炭税"，因为这种税收制度完全豁免的比重太大，不利于应对气候变暖（2009年12月29日第599号合宪性审查决议；《宪法》，第82条）；《税法》第1467条所述企业需缴纳的企业地产税，因为该条将法律地位相同的纳税人区别对待（2009年12月29日第599号合宪性审查决议；《宪法》，第16条）；针对过高收入的特殊团结税，因为其没有考虑到纳税人家庭，从而未考虑纳税能力（2012年12月29日第662号合宪性审查决议；《宪法》，第73条）；还否决了鼓励海外投资和音像产业方面的税收减免特别制度，因为这可能使某些纳税人能够限制所得税方面的累进性（2012年12月29日第662号合宪性审查决议；《宪法》，第122条）；又废除了科西嘉"无合法理由"存在的不动产转让或继承的免税政策（2012年12月29日第662号合宪性审查决议；《宪法》，第133条）。

合宪性问题的出现（《宪法》，第61条第1款）为这类质疑注入了新的动力（2010年10月14日审查认定企业所得税方面的一种附加税违宪，第52号合宪性优先问题决议，拉克罗农业公司案；2011年2月4日审查认定一种地方电力税区别对待的做法违宪，第97号合宪性优先问题决议，拉瓦尔零售公司案）。

出于公共利益需要，立法机关还可以采取"刺激性措施"（优惠或惩罚），将相似的情况区别对待。但这种区别对待必须与法律设定的目标直接相关，不能导致公共负担公平性明显失衡。

宪法委员会认可"以税收优惠为手段的刺激性措施"（2001年12月27日第416号合宪性审查决议）或（在合理范围内）对解雇员工的大企业进行征税的惩罚性措施（2002年1月12日第445号合宪性审查决议）。该委员会接受"促使缴纳人采取符合公共利益目标的行动的特殊税费"，但否决不符合这一目标的模式（如征收污染活动一般税，2000年12月28日第441号合宪性审查决议）。同样它认可"立法机构决定赋予某些财产转让的税收优惠"，但否决削减企业财产转让税，因为这在受益人与其他捐赠人和继承人之间造成不合理的歧视，不符合公共利益目标（1995年12月28日第396号合宪性审查决议）。相反，它未批准某些以根据收入分割构成征收个人所得税的名义的税收优惠上限；"从税收公平原则的角度看，刺激性税收政策是否合理，需视纳税人是否有根据赋予他的各种选项合理估计其税收总额的切实可能性，否则，即使有充分的公共利益动机，也不能将法律设置地过于复杂"（2005年12月29日第530号合宪性审查决议）。

116   最后，税收公平性还可以视为税收制度面前的人人平等。它并非是在某个个别税种方面，而是所有的税收整体，以及更广泛地，在每个人承担的必提费用方面的公平性。传统上，宪法委员会拒绝使其成为法律原则（只针对某些具有相同目的的税种，如普通社会保险捐税的某些组成部分：1990年12月28日第285号合宪性审查决议，1997年12月18日第393号合宪性审查决议），因为这一原则可能很难精确应用。不过各公共机关有时努力衡量该原则的成分：比如1971年设立的税收委员会（2005~2006年被由法官和高级行政官员组成的必提费用委

2006年财政法案设置了一个"税盾",限制根据纳税人收入比例征收的某些直接税的总额(参见211段),从而使税收制度面前平等的原则出现了新的趋势。这一次是评估个人面对多个税种即税收制度的纳税压力问题。宪法委员会依据《人权宣言》第13条("赋税应在全体公民之间按其能力平等地分摊")认可了这一原则。宪法委员会认为,"如税收给某类纳税人的纳税能力施加过度的负担,呈充公性质,则是不遵守该原则"(《宪法》,第65条);在此意义上,"税盾"原则上"远非破坏税收公平性,而是倾向于避免明显破坏公共负担的平等"。从此,是否"明显破坏税负公平",不再以单个税种来衡量,而是根据多个税种来综合考量。

宪法委员会在其2007年8月16日关于《劳动、就业与购买力法案》审查的第555号合宪性审查决议(《宪法》,第24条和第25条)中也有同样的考虑。

宪法委员会认为在当前的特殊形势下采用"税盾"这一模式"并非不符合立法机构规定的目标",宪法委员会没有议会那样的评估能力,无法研究"这一目标是否可以通过其他措施达成"(2005年12月29日第530号合宪性审查决议;《宪法》,第67条)。

由于受到争议,"税盾"政策在2011年7月的财政法修正案颁布后被取消。

不过,前述宪法委员会第662号合宪性审查决议通过设置与某类收入的过度税负相关的"税盾",延长了这一做法,同时也将此类收入与其他可能导致对纳税人的纳税能力"造成过度负担"的所有税收综合起来考量(《宪法》,第81条)。

法国宪法委员会在其决议中不惮于使用"充公性"这一说法。税收(这里指广义上的税收,即必提费用)的比例过去和现在都是一个高度敏感的问题,不仅从偷税漏税的角度看是如此,而且只从个人或集体的负担能力和税负"可承受性"的方面看也是如此。这种"可承受性"随时间而变,超过这一界限,纳税人就会想方设法逃税避税。人们对"生态税"的反应并非特例。不过,有谁还记得1984年个人所得税最高税级(当时分为12级)的税率曾是65%,企业所得税税率高达50%,而1970~1988年增值税税率曾提高至33.33%。

117　　抗税行为如今始终零星存在。在旧制度下,它曾是对抗"暴君"的依据。

对税收的抗议也存在于法国,如设置个人所得税或实施营业税之时(1956年的布热德运动,1980~1990年的欧洲商人与手工业者抗税运动,近年这类抗税运动多用禽类的名称命名,如"鸽子运动""小鸡运动""麻雀运动"等),他们未必爱听公民纳税责任之类的话(在德国,这个问题主要从纳税纪律的角度进行考量)。

另外,这也并非法国特有的现象。古代和近代史中抗税运动或暴动的事例并不罕见:比如公元前4世纪雅典殖民地的抗税暴动,法国历史上也有过多起，如 15 世纪、16 世纪和 17 世纪的农民起义、1675 年法国西部（主要是布列塔尼）反对印花税的城乡起义、17 世纪的投石党运动等。丹麦人的做法更具政治性和党派性，1973 年曾出现"抗税党"，同样的现象也出现于挪威。又如加利福尼亚州的"抗税"公投（1978 年"第 13 号提案"）以及 1979 年英国的"撒切尔夫人"现象和 1985 年美国的"里根"现象。不过，美国不正是诞生于一次抗税运动吗？近来希腊人在纳税方面的迟疑，也可以从他们与国家及其管理模式的关系加以考查。

然而，虽然法国的纳税人曾将税收视为再分配和团结的手段，可最近的一次民调（"舆论之路"民调公司 2014 年 11 月的调查）表明人们拒绝将税收视为团结的手段。尽管大部分受访者认为纳税仍是一项公民义务，但这种公民责任形式越来越受到质疑。另外，绝大部分纳税人希望能够自己选择所缴纳的税收的用途。

这种质疑主要体现在三个方面：

对支出对象的质疑；

对议会批准有效性的质疑；

对税收本身的质疑（税率、增长、充公性等）。

118 税收公平性是一个更具雄心的原则，它旨在通过税收制度（必要时可以区别性对待）实现"实在的公平"，确保财富的重新分配。这种观点受到某些思想流派的推崇，但很少得到应用，因为现实实践要么达不到这种程度，只是满足于对收入的再分配；要么超越它，完全取消个人财产，使税收的角色边缘化。

119 另外还有税收公正的问题，它似乎混杂有税收正义的概念。许多国家的宪法将再分配的问题与税收公正的问题结合起来，如西班牙《宪法》规定了"基于平等和累进性原则的公平的税收制度""在任何情况下均不得有充公性质"，同时规定公共支出"应确保对公共资源的公平分配"（第 31 条第 1 款和第 2 款）。荷兰《宪法》也有类似规定："公权力关心保障国民的生计和财富分配"（第 20 条）。哥伦比亚共和国《宪法》亦同："个人和公民有义务依据正义和公平原则为国家的投入和支出出资"（第 95 条）。税收公正原则并非欧洲独有，加拿大最高法院和加拿大税务法院作出的诸多判决都支持这一原则，比如最高法院大法官贡蒂耶曾指出税收公正是"考虑税务机关的需求、纳税人的支付能力和国家的经济社会政策，对税负进行最佳分摊"，税收公正的概念不应与"平等权"的概念相混淆（贡蒂耶，加拿大最高法院，1995 年）。

120 关于设置纳税门槛的讨论亦可以属于这一范畴。主要的讨论仍在个人所得税方面，针对一部分个人所得不纳税的问题（2005 年财政法案修改的个人所得税税率表正是对这种讨论的反应），以保证每个人"最低限度的生存需求"，也就是说不对"个人生存必需"的那部分收入征税。这种讨论由来已久，与近年来有些美国学者提出的"负个人所得税"有异曲同工之处。法国的两项政策包含此种性质：就业补贴（PPE）和就业团结补贴（RSA），目前有关部门正考虑在 2016 年以后将这两项补贴合并成一种新的补贴。

121　　我们或许可以将法国在这方面的努力与德国在确认"符合人类尊严的最低生活需求"这一基本权利方面的努力放在同一个层面。德国联邦宪法法院在2010年2月9日的一项著名的法令《哈茨4号》(Hartz IV) 明确指出，立法机构有权根据"现实情况和人的需求（不仅物质需求）"，考虑每类人自身的需要（比如幼儿的需求、小学生的需求等），客观决定（"必要补助"）的内容。

122　　面对平等性原则，税收公正性的范围有必要加以限定。税收公正是对税收平等进行矫正的工具，但应限制在适当的范围内，避免明显破坏公共负担的平等承担（宪法委员会，2012年12月29日第662号合宪性审查决议）。另外，宪法委员会还否决了将某些公平原则承认为宪法原则的提议，如对各年龄段人平等征税的提议（1997年3月20日第388号合宪性审查决议）。无论如何，税收公正原则是某些特别或减免措施的理论基础，但它还需得到欧盟法律的承认。

（2）合法性原则

123　　狭义的合法性原则指税收内容法定，这也是它的本义。作为传统的征税批准原则的延续，这一原则在1789年《人权宣言》第14条中被重申（参见12段），在《1958年宪法》中则表述为"各种赋税的课税基准、税率及征收方式"由法律制定（关于税收概念的内容，参见109段）。根据司法解释，这一规定具有两种含义。

第一，由法律（或法规法令）条文规定税收制度的基本要素（包括地方税收制度，参见47段）。这些基本要素一般由普通法院（监督政府使其不越权）和宪法法院（主要防止立法机关不履行职权）决定其范围。

2010年时任总理弗朗索瓦·菲永通过一项关于公布税收措施和社保收入划拨措施的通告，努力控制某部委的一项越权行为，后者试图在普通法法案（主要涉及设定新的税收支出）中插入涉及税收的条款。

不过，另一方面，行政机关也保留了在所有领域通过行政法规实施法律的权力。由于税收标准日益技术化和细节化，相关行政法规的重要性不断增强。

立法机构无须规定每个税种的税率；它只需决定制定法规的机关规定税率的范围限制即可（见于宪法委员会的多项决议，如2000年12月28日第442号合宪性审查决议）。

有必要指出，地方政府也有制定税收方面法规的权力，而根据《宪法》第38条，地方政府也可以被授权制定税收方面的法令。

另外，也是由行政机关通过命令和通告对法律条文（经常很复杂）进行阐释。在实际操作中，这些命令和通告有时有决定性的影响（以至于立法机关有时认可它们可以"凌驾"于法律：原则上，政府不能反悔自身的政策——哪怕是非法的政策——去提高一位诚实纳税人的税收）。

见《税收程序法》法律部分第 80 条第 A 款和第 B 款。最典型的例子是最高行政法院 1998 年 4 月 8 日关于"默东和奥尔良供热公司案"的决议和"高仕华公司案"的决议。从 2011 年起,政府税收政策被进行整合。

税收合法性源自一整套极其繁杂的法律、法规、规章命令的规定,这些法律法规分散在多部法典内。而且对它们的整理也难以(这是最轻的说法)达到法律编纂必须易懂的宪法性目标(宪法委员会,1985 年 7 月 10 日第 191 号合宪性审查,1999 年 12 月 16 日第 421 号合宪性审查决议)。在宪法委员会看来,税收方面的法律"如果复杂至公民不能理解,则违背了 1789 年《人权宣言》第 14 条"(2005 年 12 月 29 日第 530 号合宪性审查决议;《宪法》,第 78 条)。

这些法律规定分散在以下文件中:1950 年制定的《税法》(整合了之前的六部税收方面的法典),包括一部法典和四部附录;1982 年从《税法》中分离出的《税收程序法》;1791 年制定的《关税法》,经过 1998 年重修汇集了法国和欧盟的关税规定(《欧盟关税法》);《地方法》(一部分涉及地方税收);还包括《环境保护法》《社会保障法》《保险法》《公共卫生法》、《农业与海洋渔业法》;此外,还有某些未编入法典的规定,以及海外领土的特殊的税收规定。

在税收委员会关于纳税人与税务机关之间关系的第 20 号报告中,该委员会认为《税法》"对很大部分人变得难以理解"。可以说这是对"人人必须懂法"原则的冒犯。

宪法委员会基于《宪法》第 34 条的法律清晰性的要求作出一项决议:一项不可理解因而不能应用的法律规定无效;在这个意义上,一项税收规定如果可能有两种阐释,且相关立法准备文件难以确认具体哪一种有效、未能确定税基的规则,则该条法律无效(1985 年 7 月 10 日第 85—191 号合宪性审查决议)。宪法委员会也指出:"考虑到应由立法机关完全执行《宪法》,尤其是《宪法》第 34 条赋予它的职权,源于 1789 年《人权宣言》第 4 条、第 5 条、第 6 条和第 16 条的法律易解性的宪法价值目标,要求它通过足够明确且无歧义的法律条文"(2009 年 12 月 29 日第 2009—599 号合宪性审查决议)。同样,宪法委员会的第 2005—530 号合宪性审查决议还否决了 2006 年财政法案的第 78 条整条,主要因为其设定过于复杂。该条规定了免税总上限,需要纳税人预先计算其税收总额,才能够估计这一条款对他们作出的选择有何影响。而且这些计算极其复杂,这从第 78 条的长度便可看出(有 9 页"细则",14801 个单词),而且"非专业人员完全难以理解其规定(有些地方连专业人员也难以确定),且有太多地方需要参考其他法律条文"。

124   事实上,广义上的税收合法性的依据大大超出了税收法律及其附属的领域,因为随着合宪性和合俗性审查的发展,法律失去其一大部分权威。税权的法律源泉从属于以下三类法律文件(有时被它们所取代)。

首先是宪法性规定，尤其是1789年《人权宣言》（第13条和第14条）规定的财政和税收原则及《宪法》第66条关于司法机关角色的规定，这一条在税收程序方面经常被援引。

其次是欧盟法律，特别是某些涉及欧盟运转的条约规定、税务指令和关税条例，后者如今拥有重要地位。

最后是国际法，其中有些涉及税收影响的条款，比如《欧洲人权公约》中的某些条款。

《欧洲人权公约》第6条第1款适用于税收惩罚（参见135段），但不适用于征税纠纷，后者并不影响民事性质的义务。第6条第2款（无罪推定）、第8条（保护私生活）以及附属议定书第1条（保护私人财产）也可适用。

第二，这种合法性源泉也可以来自与税收有关的协约。这类协约的目标通常是（一般基于经济合作与发展组织为工业国家和联合国为发展中国家制定的模式）为避免因各国税收主权而引起的双重征税，即一国可能对来自其他国家的已经被后者征过税的收入和财产再次征收个人税（个人所得税、遗产税和赠与税）；另一些协约则是针对反偷税漏税或便于进行征税（参见129段），考虑到避税天堂和非合作地区的存在，这始终是一个现实的突出问题（2013年12月6日颁布的《反偷税漏税和经济财政犯罪法》以及同日颁布的《财政检察组织法》走过漫长的立法程序，但最终都放弃了涉及避税天堂方面的条文）。

国际税收协约需遵循辅从性原则。最高行政法院认为防止双重征税协约（法国签署了上百部此类协议），"根据《宪法》第55条，可以排除国内税收法律的某些条款，（但）其自身不得直接作为某些征税决定的法律依据"。税务法官应首先"从国内法的角度研究被质疑的税收是否属于有效设定，如属于有效设定有何种依据。之后必要时将这一依据与协约规定进行比较，以确定这一协约是否构成实施国内税法的障碍"。

欧洲人权法院则认为"应由各国权力当局自行决定有必要提高的税收类型。各国在这一领域的决定一般意味着经过政治、经济和社会方面的考量。《欧洲人权公约》将这一考量权留给各签约国，因为国内当局显然比人权法院更适合评估该问题。因此，各签约国在此方面拥有广泛的评估权，人权法院尊重各国立法机构在相关领域的评估，除非该评估缺乏合理依据"（欧洲人权法院，2015年1月15日关于税法可追溯性的裁决）。

另外，国际惯例不能凌驾于国内税法。宪法委员会提出一项重要的保留：反逃税这一宪法性目标"不可导致纳税人被以相同税种的名义双重征税"（《宪法》，第4条）。

最后，我们还应指出税法本身具有地域性的问题，即税法只在所管辖的地域内是有效的。在对税收主权及其范围的理解方面，地域性问题实际上有多种理论和主张。与税务司法机关存在关联方需缴纳税收（如个人的家庭、收入、居住地、住房、生育状况、财产所在地等），但这一联系依各国法律规定和立法机关设置的每个税种而不同（也有被协调统一的情况，如欧盟在增值税方面的做法）。因此，与关税地域性一样，也存在税收地域性问题。

有必要指出欧盟法律限制各成员国的征税权（无歧视、迁徙自由等）。欧盟法院认为，"在需要保持税收制度协调时，制定某些可能限制基本自由的规章属于正当"；另外，"有必要捍卫各成员国之间征税权的均衡分配，尤其为防止影响某一成员国对其领土内的活动执行征税职权的行为之时"；不过，"不得因为税收减少，便以公共利益名义实施一项原则上违背基本自由的政策"。

（3）税收必要性原则

125　　这一出自《人权宣言》第13条和第14条的原则具有双重性质。它可以用来反对纳税人，证明打击偷税漏税的法律的合宪性：宪法委员会便是这么做，同时注意将其与对个人自由的尊重保持一定的平衡（1983年12月29日第83－164号合宪性审查决议，1989年12月29日第89－268号合宪性审查决议）。但它也可以用来反对立法机构，以质疑一项税收的设立（别忘了《人权宣言》第13条只规定"公共赋税""不可或缺"，以备"公共武装力量的维持和行政的开支"）；宪法委员会在这点上则谨慎得多，不过它暗示否决某项不符合公共利益的税收并非不可能（如见于1999年12月29日第99－424号合宪性审查决议）。

（4）不可追溯性原则

126　　宪法委员会在税收不可追溯性原则方面的态度更为保守。在宪法委员会看来，只有抑制性的法律条款才需遵循宪法规定的不可追溯性原则（1982年12月30日第82－155号合宪性审查决议）。至于其他条款，宪法委员会认为没有任何一条宪法性原则禁止法律在税收方面规定追溯性条款（1984年12月29日第84－184号合宪性审查决议），只要立法者有"充分的公益动机"（因此，只出于国家财政利益则不行，1995年12月28日第95－369号合宪性审查决议；如该条款可能导致广泛的抗议，则亦不可，2002年2月3日第458号合宪性审查决议），除非使宪法性要求失去正当基础（1998年12月18日第98－404号合宪性审查决议）。然而，对于一个法治国家而言，施行普遍的不可追溯性原则谨慎对待例外情况不是更简单也更符合司法安全和人们对法律的信任的要求吗（因为频繁进行追溯会破坏人们对法律的信任）？欧洲人权法院认为追溯性只有在涉及"迫切的公共利益"需求时才被允许。法国最高行政法院则更进一步认为，不应该使用那些被认为违背《欧洲人权公约》第6条第1款的法律条文。

1.2.4.3　税收程序

127　　税收程序更直接涉及掌握这一领域职权的管理机关。虽然我们可以看到近年各国税务管理机关在行政协助、信息交流和公共债权征收等方面的国际合作持续发展，但其组织、制度和运转方面各国仍有很大不同。有些国家以税务局的形式设置了非常独立的单位，如创立于 1999 年的加拿大税务局（ARC）和创建于 1862 年的美国国内税务局（IRS），而另一些国家如法国的此类管理机关则直接隶属于财政部（公共财政总署、海关总署）。还有一些国家设立了更为特殊的机构，如 1896 年创建的意大利金融警卫队，它既是军队的一个分支，也是金融和关税警察。如今税收程序主要有两方面的变动：一是管理机关和纳税人关系的"现代化"（如电子申报，税务机关对纳税人的答复、"信任"关系、"可信第三方"等"对话"形式的发展），二是对偷税漏税的打击的强化加强了管理机构的权力，不可避免地引起纳税人权利的保障的问题。对于税收程序，我们应从三个方面进行把握：征税（1）、税收债权审核（2）和税收监管（3）。

（1）征税

128　　税收由公共财政机关决定，在征收中并不由税务机关自由衡量。后者需遵守源自税收合法性原则（参见 123 段）的一系列规则。这些规则约束征税行为、税收债权审核和税收监管。

在法国，2005 年发布的一部关于纳税人章程的法律，规定了这方面的基本原则以及管理机关和纳税人之间的关系。

法国的征税行动以前由两大类税务部门执行。随着这两大部门在 2008 年被合并入公共财政总署，双头管理机制逐渐消失。

这种双头机制主要是遵循审核与会计分离的原则，但包含两级。第一级是对出于历史考虑（惩于旧制度下包捐税的流弊）的多数观念的反映，将税基阶段和征收阶段的权力赋予不同的机关（税基阶段由税务总局负责，征收阶段由公共核算总局负责），以便使向一位纳税人征收的款项不至于只由征收机构决定。这种模式以前只用于直接税，从 2004 年起只适用于个人所得税和地方"四大旧"直接税（参见 354 段）。第二级则是将税基和征收的权力赋予同一机关（公共财政总署）内的不同部门，这一级涉及大多数税种，从 2004 年开始还包括企业所得税和工资税。2008 年这两类税务部门的合并使得这种区分被抹消。通过 2010 年 12 月 29 日的财政法修正案（第 2010－1658 号法案）等法律规定，征税程序规定逐渐达到最终的统一。该修正案规定未来将系统推行每个纳税人向单一征税者申报的制度，该征税者有权处理从税基到征收方面的事务。目前，税基和征收这两种活动还可以进行如下表述。

税基部门负责设定和检查每个纳税人或缴纳人应付的税收。它首先研究是否存在可课税材料，确定"产生税收的事实"，即导致产生税收债权的事件、活动或状况，并确定适用的法律。其次是评估可课税材料：在我们这个时代，主要的方法是由应缴纳人进行申报并由税务机关检查或由税务机关单方面估算（地方直接税在纳税人未申报时进行估算）。不过对某些小纳税人，只是根据法律规定定额征收税（如农业收益），或由纳税人与税务机关单独协商决定（涉及工商业活动或自由职业者）。最后则是计算应缴纳的税额。

征收部门受公共审计部门指导，负责征税。

有必要指出，海关部门的征税程序已由 2002 年 12 月 30 日修正后的财政法案（第 44 条）进行改革。此后，海关征税程序接近于税务总局和今天的公共财政总署使用的征税程序（《关税法》，第 345 条）。

至于以和解方式征收的程序，则依个案的具体情况和是否以现金支付而有所不同（这一点将在 463 段具体介绍）。

某些税种要求预先支付（个人所得税和企业所得税，地方直接税也可采用这种做法）、按月或按季支付（增值税）、或扣留某一部分收入（某些类型的收入，尤其是动产资金收入）。

（按月支付的情况参见 156 段，收入扣留的问题参见 600 段）。

相反，某些税种的支付规定则对缴纳人有利。比如可以分阶段缴纳（遗产税）或以能在短期内给国库带来收益的保证债券支付（间接税）。如纳税人收入下降 30% 以上，根据其申请，也可以延期支付（关于支付期限，见《税法》，第 357 条第 H 款和附录三的规定）。缴纳人有时甚至可以用艺术品或其他有价值的物品"代物清偿"税收（遗产税、财产税）。

代物清偿（见于《税法》，第 384 条第 A 款、第 1131 条和第 1761 条第乙款的规定）可以通过纳税人缴纳的艺术品、珍藏古籍和建筑物来丰富国家的财富。

我们注意到某些税收债权如低于一定门槛则不进行征收（《税法》，第 1657 条第 1 款和第 2 款规定如涉及国家预算收入，则门槛为需缴纳所有税款少于 61 欧元或每个直接税税种的应纳税款少于 12 欧元，如涉及其他预算，则此类税收作为坏账处理）。

强制征收程序则更为强力。它主要是以对第三方的通知（ATD）的方式要求应缴纳人的所有债务人或持有应缴纳人钱财的第三方向税务机关支付款项。

这一由《税收程序法》法律部分第 262 条和第 263 条规定的程序只涉及税款优先权的税种（大部分税种）。它只针对钱财（可扣押的部分）且在延期缴纳（参见 145 段）、破产管理和司法清算之时有一定的限制。如税务机关不能适用第三方的通知，它可以采用普通法的民事执行程序。这种程序对债务人不那么方便

（不再通过邮件寄发通知）也更为昂贵，不过从1933年起，有时也有立即清偿的效果（扣押—清算程序）。在这种情况下，税务机关可以求助于法院的执达员、专门的行政人员或公共财政执达员。另外，《税收程序法》法律部分第270条还规定了要求某些人员快速缴纳税款的程序，比如针对经常变换居住地或租房的人。

有时法院甚至还可将拖欠税款者判刑，2004年之后改为拘押。

立法机构（2004年3月9日，关于司法适应犯罪形势发展的第2004—204号法案）废除了《税收程序法》法律部分第240条和第271条，在《刑法》和《刑事诉讼法》中添加了关于司法拘押的条款以取代原先的规定。《刑法》第131条第25款和《刑事诉讼法》第749条～第762条规定的这种司法拘押只适用于极其有限的情况，如涉及被惩以一定时间的徒刑的罪行，更主要是针对故意不缴纳税收和关税款项的情形。这一程序只出现在公共财政总署发出催促公告、提出申请和共和国检察官扣押其财产之后。拖欠人也可以对此提出上诉，也可以获得为期不超过6个月的延期缴纳期限。拘押期的上限分为四级：从最低的20天（欠款大于等于2000欧元不高于4000欧元）到最高的三个月（欠款大于15000欧元）。

129 另外，针对居住在国外的法国人的税收，还可以要求所在国协助征收（同样，相关国家也可以要求法国协助）。这种国际协助过去一半由国际税务协约进行规定。欧盟成员国方面，则由一条在2002年被引入法国法律的欧盟指令加以规定。

这一指令主要涉及增值税、个人所得税、企业所得税、财产税以及烟酒特别消费税。由2002年12月30日修正后的财政法案第42条规定（《税收程序法》，法律部分第282条和第285条；《关税法》，第381条第乙款规定应缴税款等于或超过1500欧元的情况属于此类）。请求国的征税名义直接作为被请求国执行的名义。收到此类请求的法国税务机关将其视同为法国税款进行征收。如税款优先权不适用，则暂停征收，如应缴纳人对请求国的税收债权提出异议，则等待外国相关机关做出决定。另外，各国应相互交流所有未被国家法律禁止且为损害国家秘密、安全和公共秩序的所有情报。最高法院认为，除非国际协约中有特殊规定，否则一项外国法律只有在被法国正式决议认可或由法国裁定执行时方可在法国执行（民事终审法庭，2006年10月26日第05—12861号判决）。法院应确认外国请求代征税的依据可以在法国执行。

（2）税收债权审核

130 税收债权审核不一定总是导致要求缴纳税款。还应考虑税收优惠措施和时效性的问题。

①税收优惠措施

按照法律规定，有时可以给予税收优惠措施（《税收程序法》，法律部分第247条和法规部分第247条；《关税法》，第350条）。在直接税方面，如应缴纳人有困难或疾病时，则税务机关可以免除其全部或部分税款（和罚款）（《税收程序法》，法律部分第247条）。还可以和税务机关签署和解协议以减少罚款（《税收程序法》，法律部分第247条），如司法机构介入，则应取得司法机构的同意（在一次决定性的判决后此事变得不可能）。在此情况下，在履行完和解协议规定的义务后，不得再以任何程序推翻相关惩罚（《税收程序法》，法律部分第251条）。

比如1999年时任总理曾决定免除由于失业且过度负债的人员的（直接税）税款。同样，1999年针对洪灾的灾民和2000年对那些居住在国外生活拮据的人也有过特别的税收优惠。

在间接税方面，间接税原则上不能返还，因为它是由缴纳人以外的其他人承担的。不过涉及缴纳人应承担的罚款或惩罚，如这些惩罚并非最终决定性的，则可与税务机关和解（通过合约）；如属于决定性的，亦可以由税务机关通过单方面文件进行减免。在数额巨大的情形下，在税务机关作出的决定应事先征询由司法官组成的税收、关税和变更争端委员会的意见（此外，如税务机关曾将该案向法院提起诉讼，则还需获得司法机关的同意）。

如涉及金额不高于20万欧元，优惠措施由中央下属或地方部门负责人决定（地区海关署长、财政局局长、全国性或专门性职能部门的长官），如超过这一金额，亦可向专门负责此事的部长提出申请。针对部长（在征询争端委员会的意见后）所采取的决定，如涉越权也可以被起诉，由行政法院法官进行权限审查。

公共财政总署在2013年收到130万份税收优惠申请（主要涉及地方税，尤其是居住税），在关税方面，95%关税罚款因其所涉数额不大最终以和解方式解决。

在针对有困难的纳税人的税收优惠政策方面，立法机构承认税务机关可以在其职责范围内针对企业提出的延期缴纳申请，制订分级支付计划，免除后续税款及抵押（2008年财政法修正案；2009年2月18日，第2009—195号法令和第2009—197号法令）。不过，这一计划只能针对意外而特殊的临时困难。

②时效性

这一原则要求政府不得在以下两种期限内要求缴税。

在税基方面，在给予政府的征税期（从税收债权生成之时起计算）到期之后不得要求缴税。如政府或应缴纳人采取一项与税收债权相关的法律行动，这一期限可以中止（即重新从零开始计算）；如涉及延缓支付（或税收优惠）的情况，也可以暂停计算。在2007年的《劳动、就业与购买力法案》发布之后，10年时效的原则被废除。此后，征税期为税收债权生成后的6年，还有许多税种的征税期更短：增值税、企业所得税、个人所得税和地方经济捐税为3年，土地税和居住税的征税期为1年（《税收程序法》，法律部分第186条）。

第二种期限从税务机关发出征税通知或其实际生效之日起计算，除非遇到期限中止或暂停计算的情况（如应缴纳人破产、延缓支付或对税款有异议的情况），税务机关必须在4年内征收（见《税收程序法》，法律部分第274条；《关税法》，第355条）。事实上，这一期限的计算也可以由于申请无担保的延缓支付而暂停（最高行政法院，2006年1月31日法国春天公司案）。

（3）税收监管

133　　税收监管能够将防止逃税这一具有宪法规定价值的目标（宪法委员会，2001年12月27日第457号合宪性审查决议）付诸实施。

传统上将逃税（法律上属于非法）和避税（法律上合法）分开，后者源于对税收制度漏洞的合法利用，虽然各国政府试图将这两者视为同一类。

反逃税斗争如今通过一整套不同的手段被大力加强，甚至可以直接指控银行（法国在2013~2014年通过设立财政检察官一职强化了反逃税斗争）。法国税务机关试图拥有更为"有力"的法律手段，并努力推动它们向某些国家如英美的法律设置靠拢。

宪法委员会制止了立法机构在这方面的前进步伐，主要通过两项决议：第一项是2013年12月4日第2013—679号合宪性审查决议，宪法委员会根据《人权宣言》关于私生活不受干涉和防卫权的条款，限定了在"今后被法官宣布为非法"的条件下取得的相关文件和证据的取证和监管程序；并否决了入宅调查改革的议案，指出入宅调查即使由法官批准，如这一批准是基于不论何种来源（包括非法渠道）的文件、证物或信息，也剥夺了纳税人的合法权利（私生活不受干涉和住宅不可侵犯的权利）。第二项是2013年12月29日的第685号合宪性审查决议，宪法委员会否决了三项著名的法律修改提案，分别涉及税收优化方案、转让价格和滥用税法方面。

滥用税法问题确实存在。这一概念的提出可以有效打击那些过度按字面解读法律或决议条文以获取利益的行为。这种违背立法者初衷的过度解读无非是为了逃避或减轻其经营活动或正常情况下本应承担的税务负担（《税收程序法》，法律部分第64条）。这种行为在法律上属于非法，可以被纠正，并招致严重的惩罚。如纳税人提出申请，则可咨询防滥用税法委员会的意见。

为此，财政部门拥有以下一系列权利：信息权，它有权要求缴纳人提供信息、说明或证据（涉及对外活动时采用特殊的模式）；交流权，它有权要求公私第三方提供各种相关文件；核查权，它有权按"纳税人章程"的要求现场查账以进行深入监管，或对需缴纳个人所得税的自然人的整体税务状况进行核查；税务调查权，它有权对纳税人财务状况进行调查；访问权，如涉及严重情况，它有权在法院的监督下进行搜查。

同时，通过规定企业必须进行电子申报（增值税等），并且企业的账目中必须包含记账凭证材料（FEC），这一监管得以强化。此类记账凭证材料必须符合政府的要求，且在核查之时经常被要求提供。

在这一方面，逐渐发展出欧洲在主要税收领域的合作。最近出台的一项相关法律是欧盟理事会2011年2月15日的法令，旨在促进各成员国在这一领域的信息交流（可以请求提供、自发提供或自动交流）。欧盟及其绝大部分成员国都已加入二十国集团（G20）和经济合作与发展组织推出的信息自动交换体系（参见335段）。

同时，作为其权利的对立面，税务机关也有义务保守税务秘密，否则将招致刑罚（《税收程序法》，法律部分第103条；《刑法》第226条第13款和第14款）。税务机关也不能侵犯纳税人的某些秘密，尤其是医疗秘密。不过税务秘密是非常相对的，因为许多机关和组织有权要求税务机关提供相关信息（《税收程序法》，法律部分第103条～第106条），而且每个公共财政部门还需制定其辖区内的需缴纳个人所得税或企业所得税的纳税人清单（涉及个人所得税，还需说明个人的税基和需缴纳的金额，企业所得税则没有其他说明），其辖区内的纳税人可以查询，甚至可以由税务机关直接公布（《税收程序法》，法律部分第111条）。

通过任何其他途径公开纳税信息将会受到惩罚（最高可判5年有期徒刑并课以4500欧元罚款，《税法》第1772条）。不过，在标致雪铁龙集团总裁雅克·卡尔维诉其纳税信息被公开一案中，欧洲人权法院认为这种惩罚损害了言论自由，只有它是出于更高的必要性之时，才属合法（不过这次判决并未成为惯例）。

134 税收核查的结果可能是进行调整（提高需缴纳的税金），不过在此之前必须经过双方对质的程序。只有在纳税人有过错行为（抵抗税收检查，未进行申报或未回复税务机关的要求等）的前提下，税务机关才可以进行强制征收。另外，在一些特殊情况下，还可以以"纳税人的生活排场"为征收其个人所得税的依据（《税法》，第168条）。立法机关还通过2009年财政法修正案第19条（2009年12月30日，第2009－1647号法案）设置了新的税收监管机制（2010年4月27日，第2010－421号法令）。

1987年以前，政府可以对大肆花费的人征税（《税法》，原第180条），1997

年以前，还可以在不动产和商业资产出售方面执行优先购买权（《税收程序法》，法律部分原第 18 条）。

《税收程序法》规定的税收对质纠正的程序和担保不适用于地方"四大旧"直接税，因为它们原则上不是申报税（《税收程序法》，法律部分第 56 条第 1 款）。不过宪法委员会决定任何对纳税人申报税额的纠正（对职业税即今天的地方经济捐税也是如此），根据辩护权原则，必须进行双方对质。

135　　税额纠正可以有以下三类措施。

首先是根据当前税额确定的逾期付款利息。这种利息现在不再被视为罚款（《税法》，第 1727 条指出这"并非任何罚款"），而被视为对因应缴纳人未履行义务而对政府造成的"任何性质的损失"的补偿。

原则上，利率是每月 0.4% 或每年 4.8%。过去 9% 的利率显然大大超过合法利率上限，不过如多征了纳税人的税款，仍按这一利率进行补偿（《税收程序法》，法律部分第 207 条和第 208 条）。在 2002 年 4 月 12 日的全体会议的通告中，最高行政法院认为考虑逾期付款利息"利率并不明显高于市场利息"，因此它不是一项罚款。

其次是税收罚款，其目的是在金钱上惩罚违法者。《税法》中有百余条条文涉及税收罚款，其具体情况根据相关税务机关的决定、应缴纳人的态度和违法的性质而不同。2005 年 12 月 7 日的一项法令"清理"了行政罚款的领域，总体方向是减轻一般罚款和特殊罚款。

比如，逾期申报的，罚款为 10%；如未在税务机关发出催告后的 30 天期限内申报，罚款为 40%；如被发现有秘密的业务则罚款为 80%；如在申报时有意瞒报则罚款为 40%；如有欺诈性或滥用税法行为，罚款为 80%，但如果纳税人不是滥用税法行为的主要发起人或不是主要受益人，则罚款减为 40%；在合同价格方面造假或隐瞒一部分价格或属于《税法》第 792 条第乙款规定的情况，罚款为 80%。

根据《欧洲人权公约》第 6 条，税务法官没有调整罚款率的义务（涉及有意瞒报或欺诈性行为的罚款的判例：最高行政法院，1998 年 7 月 8 日法泰尔案）。宪法委员会并未对此类规定提出异议，当然主要是 2006 年 1 月 1 日以前的相关规定（此后也没有什么本质变化）。宪法委员会认为它要么以前已经对此类规定做出过裁决，要么罚款率应根据案件的具体情况进行决定，正如法律是法官根据所打击的罪行严重性来调整刑罚（宪法委员会明确指出法官在完全审查税务机关提出的事实和要求惩罚的名义，根据"具体个案"的情况进行宣判，见 2011 年 3 月 17 日第 2010－103 号合宪性优先问题决议，此涉及《税法》第 1728 条和第 1729 条；2011 年 3 月 17 日第 2010－104 号合宪性优先问题决议；2011

年3月17日第2010—105/106号合宪性优先问题决议等）。同样，宪法委员会也接受50%和1/3的罚款率，以继续推进反逃税的宪法性目标，罚款率要根据过错的严重性和未申报金额的数额大小来决定。

最后是刑事惩罚（徒刑、罚金和其他附属或补充惩罚）。税务管理部门在征求防违反税法委员会（CIF）的适当意见后提出上诉，由司法机构宣判。逃税按《税法》第1741条规定进行打击。

该委员会受财政部部长委托，按对质、书面和非公开的程序作出裁决，但无须解释其决定，也因此不受《欧洲人权公约》的约束，尽管欧洲人权法院认为《欧洲人权公约》适用于所有的委员会和刑事法院。委员会不介入间接税方面的事务（涉及间接税事务必须提请法院裁决）。那些需要移交法院（第一级轻罪法庭）的违法案件则不仅是涉及逃税（还存在多项指控，如抵抗税收核查或集体抗税），法官可能处以某些广泛应用的处罚（如暂停驾照或禁止从事职业活动）；不过还有一项罪名不应忽视，一般用在增值税方面，即诈骗罪（《刑法》，第313条第1款）。

宪法委员会查禁了《税法》第1741条的第4段，该段规定对涉嫌逃税的审判必须全部或一部分公开。宪法委员会认为这一规定违背了"根据具体情况决定的原则"。

136 另外，关税方面还存在更为严厉的特殊制度。

有关关税内容的《刑法》分为五级违法（其中某些处以监禁）和三级犯罪，有些是基于特殊的指控（如走私获利），且不考虑是否有意触犯（不过"诚实"这一概念已被引入《欧盟关税法》，将来很可能也会被引入法国的法律）。我们注意到该法典第416条规定了两类特殊的违法行为，旨在打击抵抗检查的行为。海关罚款同时具有补偿性和惩罚性两种性质，可能达到惊人的数额（根据所涉的走私额确定，参见131段）。《欧盟关税法》规定，涉及违反《欧盟关税法》的罚款必须与违反相关国家《关税法》的罚款数额相称。对偷逃关税行为的打击可以两种方式执行：第一种是公共行动（涉及刑事犯罪时），由总检察官介入（除非该次交易已被海关总署终结）；第二种是税务行动（仅涉及税收罚金时），主要由海关部门介入，或由治安法庭或轻罪法庭直接发出传票，或由检察院提起诉讼。

有必要指出宪法委员会曾对海关的惩罚权提出质疑（2010年9月22日第2010—32号合宪性优先问题决议）。

137 不过欧洲和法国的法官努力规范这种惩罚。

宪法委员会指出（1997年12月30日第97—395号合宪性审查决议），税收罚金与其他任何惩罚性质的罚金一样，需符合《人权宣言》第 8 条的要求：罪行和惩罚的法定性，更严厉的法律的不可追溯性，尊重辩护权，惩罚的必要性（惩罚不能与过错的严重性明显不相称，1999 年 12 月 29 日第 99－424 号合宪性审查决议）。如同时处以刑罚和罚金，根据相称性原则，不得超过其中一项惩罚的最高上限（1997 年 12 月 30 日第 97－395 号合宪性审查决议，2012 年 7 月 20 日第 2012－266 号合宪性优先问题决议）。另外，最高行政法院认为法官可以自由衡量这一原则，并调整法律规定的罚款金额，这和欧洲人权法院的意见相反。

至于税务管理机关本身，近来决定"有分寸地实施"一套罚款制度。这种制度在税收委员会（第 20 号报告）看来"既不合适也不公平"。

"有分寸地实施税法"这一概念从 1999 年开始实行，事实上表现出了合理性和公平性，集中打击（最具）欺诈性的情况。

最后，我们注意到立法机构通过 2010 年 7 月 9 日的一项法案（第 4 条）设立了一个行政性公共机构：扣押和充公财产征收管理局（AGRASC）。这项法律改革是顺应充公方面的国际合作尤其是欧洲司法合作的要求。该机构既负责整体事务也负责专门事务，且可以请求各政府部门尤其是财政部门（海关总署、公共财政总署）的协助。根据法律授权，它管理所有被充公或扣押或法院要求暂时扣留的动产和不动产，以及所有扣押的款项。它可以（通过相关领域的行政部门）转让或销毁相关财产（宪法委员会规定只有在将决定通知财产所有人之后才能销毁财产，财产所有人可以抗议或要求归还财产，2014 年 4 月 11 日第 390 号合宪性优先问题决议）。如充公决定是最终性的，该管理局可以（有条件）回应作为充公财产债权人的民事自然人的优先申请，以充公的财产支付其债务。这个部门还可以收取一部分财产转让的收入作为其运营经费，也可以被要求归还相关人员的有关财产。它的日常管理由一个司法法院系统法官领导的管理委员会负责，局长也是由司法法院系统法官担任。

1.2.4.4　税务争端

138　税务争端的解决必须遵守一些特殊的规则，这些规则通常取代了普通行政法规定，但并不完全排除后者的某些规则（税务部门责任、对部门或个人违规滥用权力的起诉方面）。

立法机构决定征税模式和争端上诉途径。根据税务系统的不同，上诉途径和有权管辖的司法机构也极其多样。立法机构设置专门的税务司法机构的例子比较罕见，主要只有设立于 1983 年的加拿大税务法院和 1950 年的德国联邦财政法院。

对于个人税务违规行为的一般争端解决程序可以参见 145 段。我们注意到，原则上只有在涉及税务部门在制定和征收税收方面出现严重错误时，才追究税务部门的责任，一般的错误不追究部门责任，除非对纳税人状况的评估没有考虑特殊的困难。不过，后来最高行政法院似乎又取消了对一般错误不追究部门责任的要求，除非税务部门能够证明其错误与所造成的损失之间并没有直接而明确的因果关系，且"即使它遵守规定程序或在评估方面没有遗漏某些因素，也会采取同样的征税决定"，又或其所征税还有其他法律依据的情况。

在法国，争端解决权限的问题有时很难把握。不存在像加拿大税务法院或德国联邦财政法院那种统一或专门的税务法院。税基方面的诉讼主要由行政法院负责，而征收方面的诉讼主要由司法法院负责。

目前的制度将争端分为税基争端（1）和缴税争端（2）。

（1）税基争端

139　　税基争端涉及税收的金额。立法机构为防止此类争端的出现，设置了从税额设定这一步开始由从税务机关联合委员会到纳税人代表介入的制度。由一位行政法院系统法官领导的省级直接税和营业税委员会，主要在企业税收制度方面进行干涉，以（直接或通过起诉）确认小纳税人的过错（参见 128 段），并在税收对质纠正之时提供意见（有时是决定性的意见）。同样，省级调解委员会在注册税（包括财富团结税）方面提供意见，关税鉴定和调解委员会可以接受请求在某些复杂的问题上作出鉴定，有时甚至可以做出裁决（除非已向法院提起诉讼）。但是这些预防争端程序并未涉及个人直接税方面，当然也不可能永远避免争端。

140　　税务争端解决的第一步是预先抗议。这也是最重要的一步，从实用角度看，它在绝大部分情况下可以避免进入司法程序（每年平均只有 22000 起税务争端进入司法程序，而 2013 年公共财政总署共收到 340 万份抗议）；从司法角度看，如果没有预先抗议法院一般不受理。公共财政总署管辖税种的争端抗议和优惠申请制度在 2013 年 5 月 30 日法令发布后被进行全面调整。除特殊情况外，抗议必须在征税行为或导致抗议的相关事件发生后的一定期限内提出，涉及地方直接税的抗议期限为 1 年，大部分税种的抗议期限为 2 年，对海关当局征收的所有费用的抗议期限为 3 年。收到抗议的管理部门必须在 6 个月内（有时这一期限可以是 9 个月）作出答复，未作出答复即表示拒绝，抗议人可以对此提出上诉。如不满意管理部门的答复，则可以在收到答复后 2 个月内向法院提出上诉。

抗议理由可以是法国法律与欧盟法或国际法不符，其期限（遵循普通法）从受争议的税被征收（或缴纳）之时或揭露这种不符的司法决议（如确认法国法律触犯了欧盟法令——即使该法令未被引入国内法，解决办法一般是只对此前三四年的此种税收进行返还，依具体税种而异）发布之日起计算。此外，还可能对因此遭受的损失进行赔偿（参见 129 段）。

141　　　处理税务诉讼的法院也依所涉税种不同而异。直接税和营业税（主要是增值税）方面的纠纷由行政法院（行政法庭、行政上诉法院和最高行政法院）管辖，此类纠纷占所有税务争端的 4/5 强。间接税（不包括营业税），尤其是注册税和类似税种（财富团结税），由司法法院管辖（大审法院①、最高法院，1998 年 3 月 1 日之后上诉法院亦有权管辖）。

　　关税（和类似收入）方面适用特殊的制度，经常由刑事法庭（违警法院或一审轻罪法院）审判。如未由刑事法庭审判，从 2013 年开始，可由拥有管辖权的大审法院负责（《关税法》，第 357 条），并可向上诉法院和最高法院提出上诉。

142　　　相关法律在很大程度上的统一运用，弥补了这种双头司法的不足。首先，诉讼程序在 1963 年得到广泛统一，形成由法官主导和书面记录的程序（即使司法法院的审判也是如此）。1986～1987 年曾不再规定诉讼程序，尤其涉及证据的收集管理方面（除特殊例外，一般由税务机关负责），双方都不配律师（终审除外）。

　　除非已确认税务机关的征税符合纳税人的申报或纳税人对税收纠正提议没有异议（或纳税人试图证明某种强制征收的税属于过分行为），否则无须由纳税人提供证据。另一方面，税务管理机构也保留有某些重要权力，特别是它有权要求基层法院（甚至终审法院，只要是通过公共途径）变更征税适用的法律依据，只要这种变更不影响纳税人的法律保障的权利。如影响纳税人的法律保障的权利，则税务管理机关必须重启征税程序。

　　在诉讼程序方面，由预算部部长代表中央政府（地方则以地区公共财政主任为代表）出席行政法院和司法法院的审判。起诉或上诉的决定原则上不具备暂停执行税务机关决定的效力，不过上诉法院（最高法院除外）有权决定暂缓执行之前的司法判决。

　　其次，处理税务纠纷的司法机关拥有完整的裁决权。它可以更正税收，因为根据判例（否则永远是理论上的），税务纠纷"必然属于完整管辖之诉讼"。必要时它还可以衡量相关政府行为（甚至个人行为）的合法性（这可以消除大部分先决问题）。如今它还可以提请宪法委员会就某些法律规定的合宪性进行审查。

（2）缴税争端

143　　　缴税争端涉及征税行为的执行方面，包括延期缴纳纠纷和追税纠纷。

　　①延期缴纳纠纷

144　　　通过这一诉讼程序可以推迟缴纳。

　　通过诉讼请求在一定期限内延缓缴纳，这实际上是应缴纳人可以利用的一项权利，但也伴随着风险（如果诉讼失利可能面临罚款）。涉及高于 4500 欧元的应征税收，应缴纳人需要向执行征收的税务机关提供与税收价值相当的抵押品，如

---

　　①　译者注：大审法院，法国民事法院系统中的一级法院，受理标的 10000 欧元以上的离婚、亲权、继承、亲子关系、不动产、民事身份等案件。

货币、有价证券、保险合同等(《税收程序法(修正案)》,法规部分第277条第7款,即2009年8月20日第2009—986号法令)。涉及这个问题的纠纷由税务紧急审理法官(行政法院或大审法院的成员,《税收程序法》法律部分第279条)进行裁决,除非属于上诉(由行政上诉法院或大审法院院长审理)或终审(由最高司法机构审理)。

《关税法》中也规定了类似的程序(第349条):提供抵押可以请求延缓缴纳(如抵押可能给应缴纳人造成严重的经济或生活困难,则可以不要求抵押)。针对税务机关要求抵押的决定,应缴纳人可以向大审法院院长提出上诉(按简易程序审理),之后还可以向上诉法院进行上诉(针对税务机关可能采取的保全措施,则由民事执行法官按普通法的规定进行审理)。

这一税收延缓缴纳诉讼程序还可以由另一个行政程序加以补充:紧急延缓缴纳(《行政法》,法律部分第521条第1款)。如征税行为的合法性受到严肃的质疑或缴纳税款可能在短期内对纳税人造成严重后果时,紧急审理法官可以下令要求暂缓执行征税。纳税人提交预先抗议后(参见140段),也可以向税务机关申请暂缓执行。之后,如纳税人不能提供足够的财物作抵押,则不能享受延缓缴纳(税务紧急审理法官也不能判决延缓缴纳)。在此情形下,根据《行政法》法律部分第521条第1款作出的决定即是最终决定。

②追税纠纷

145　　追税纠纷涉及税务部门进行的追税。首先也是在追税行为发生后的2个月内向该税务部门的上级机关提出预先抗议,后者应在2个月内做出决定(未答复即表示拒绝)。在上级机关做出决定后,应缴纳人可以在2个月内对此提起诉讼,法院的判决原则上应立即执行(不够可以申请暂缓执行)。

如未预先抗议,除非应缴纳人确实不了解法律规定的程序,否则提出的诉讼法院不予受理。

如应缴纳人对追税行为的合理性有质疑(比如已经缴纳相关税款),则由税务法官进行审理(参见141段)。在此情形下,如追税行为的合规性和紧急性受到严肃的质疑,则税务紧急审理法官(《行政法》,法律部分第521条第1款)可以下令暂缓执行。

对于追税行为形式上(期限、手续等)的合规性的质疑可以提交民事执行法官(大审法院院长应作出紧急裁决)审理;至于对刑事惩罚(参见128段)的诉讼,则由刑事法官审理。税务机关追税过程中产生的费用可以由应缴纳人承担(《税法》,附录二,第396条第A款、第B款和第C款)。

1.3 国　　库

146　"国库"（Trésor）一词被广泛使用，但意义经常不同。

在外国，尤其是英联邦国家，特别在英国，"国库"被作为机构的名称，如"女王陛下的国库"（HM Treasury），这里的"国库"指的是财政部，再如美国于1789年设立的"国库部门"也是指财政部。事实上，英联邦国家的"综合收入基金"（Consolidated Fund）才类似于法语中的"Trésor"。这是英国在18世纪设立的将财政集中统一的机制，如今存在于许多英联邦国家。在法国，大革命将王室金库（Trésor royal）变成了国库。但不管怎样，这两种方法都反映出两个现象：统一和集中。

在法国，"国库"一词至少有两种意义。

147　在行政意义上，国库指国家的某些部门（因为国库没有脱离国家政府的独立法人资质）：首先是预算部下属的国库总署，这个部门只有中央机构，大部分时候的任务是作为国家的财政代表，尤其在监督和制定规章方面（其职能详见363段）；其次是"国库部门"，主要是财政部公共核算总署下属的国库公共会计机构。这些会计机构分布在全国，是公共财政机关的主心骨。如今它们已被并入公共财政总署，分别隶属于公共财政总署的各地方机构（参见356段）。

148　在财政意义上，也仅仅在这个意义上，国库指的是一种单一账户（1.3.1），不仅负责办理预算收支，也负责国库运营（1.3.2）。

1.3.1　国库的统一性

149　国库统一性表现为国库公共账户的统一性（1.3.1.1）和将公共资金存入国库公共账户的义务（1.3.1.2）。

1.3.1.1　公共账户的统一性

150　公共账户统一在历史上是相对较近的事。直到19世纪，公共财政的资金仍然分散在众多账户中，这导致国家政府无法整体把握财政整体情况，也使其在财政上受到削弱（当时国家有时以为自己处于财政赤字状态而向包税人借钱，实际情况可能只是某些包税人推迟缴纳国家应得的税款）。

公共账户统一在第一帝国时期开始推行（由时任财政部部长莫利昂设立了一个公共事业账户）。之后在波旁王朝复辟时期和第二帝国时期继续推进，尤其以1857年法国央行国库账户和1865年总司库官职位的设立为标志，使国库成为单一公共账户。从而，将入库资金加以集中（甚至来自其他会计机构的资金），并根据需要在各会计科目间进行分配。

这种资金的整体流动在技术上通过国库在法国央行的单一账户加以保障。公共会计机构可以（直接或通过上级公共会计机构）进入这一账户。在信息技术的协助下，法国国库局（参见363段）可以"实时"管理公共资金（同时，基本采用电子转账，通过运输实物货币来拨付资金的形式越来越罕见）。

预算和财务制度管理第2012－1246号法令第138条规定唯有国家公共会计机构管理人有权操作国库资金（少数操作除外）。他们和收入管理人还可以开设一个可动用资金账户。

最后，2013年1月24日法令限定了可动用资金账户和国库资金存放的范围，其第1条明确规定国家在法国中央银行拥有一个国库单一欧元账户和多个开放的外币账户。

这条法令设定了（公共会计机构管理人、收入管理人、司库官和军队司库官）可动用资金账户制度，国库对应机构的存款制度，以及涉及某些类型账户（期限收益账户）的相关制度。

直到2001年末，公共会计机构管理人和收入管理人还在使用邮政支票网络。后来邮政部门取得了对这一网络的完全控制（参见292段），公共会计机构管理人和收入管理人的邮政支票账户才被关闭。尽管如此，根据2005年8月30日法令，国家公共会计机构可以在邮政银行开设公共账户。于是，国家与邮政银行签署了一份账户协议，公共会计机构管理人和收入管理人在邮政银行里存放公共资金之后由该银行转存到国库。

法国央行的"国库账户"（其运营受国家与中央银行签署的国库单一账户管理协议的约束）在2013年底包括与约5000名公共会计机构相关联的6942个"操作账户"。这些公共会计机构每天中转的资金总额平均为数百亿欧元，这些数据被"实时"集中统计（从1987年起，资金中转数据开始每天集中统计，如今至少每30分钟更新一次）。根据法国国库局的数据，2013年每天平均流动的资金是417亿欧元。在法国中央银行服务处（以及公共财政总署，主要在宣布资金动向方面）的协助下，这种中转可以迅速使财务状况恢复平衡，尤其在短期贷款方面，因为从1993年开始，国库账户不得净负债（见291段），《欧盟运行条约》禁止各成员国向中央银行贷款，在结余上，国库账户必须是债权方。如今每个账户的日均余额从1999年是26亿欧元，变成2005年的1.05亿欧元，到2009年还有1亿多欧元，而法国国库局在2007年规定的余额目标正是1亿欧元。在协议框架内进行的资金操作较为多样：现金处理、收纳支票、扣收欠款、批量转账、国内大宗汇款转账、对外操作等（另外，国库需要向央行缴纳服务费，反过来它在央行的存款也有利息，央行还需要缴纳企业所得税且还需向它的唯一股东——也就是国库——缴纳分红）。

国库对应机构应将其涉及国库账户的财政操作（超过 100 万欧元）提前 24 小时通知国库，财政操作的预先通知率见表 1。

法国央行的存款主要是地方政府和地方公共机构的存款，其次是"法郎区"国家中央银行和"其他外部单位"在法国央行的存款，最后是国家公共机构的存款。

另外，2010 年财政法修正案（第 4 条）指出，负责进行将来的投资的运营机构收到的款项必须存放在公共会计机构那里。

表 1　　　　　　　　　　财政操作的预先通知率　　　　　　　　　单位：%

层级	2005 年	2008 年	2010 年	2011 年	2012 年	2013 年	2014 年	2015 年*
地方政府	92	93	97	95	98	95	95	96
国家公共机构	—	87	97	98	97	95	95	96

资料来源：法国国库局和 2015 年财政法案；*表示为预估。

涉及海外领土的货币发行，国家海外省与海外货币发行机构之间还存在一个开设账户的习惯制度。

因此，在法国，国库扮演着各级政府以及其他机构（社保机构除外）的出纳员的角色。这与某些国家（尤其是意大利和西班牙）的制度不同，在这些国家，是央行或更广泛的银行网络全部或部分承担公共财政操作的职能。

1.3.1.2　将公共资金存入国库的义务

151　　随着公共财政机制的统一化，法国要求下属公共法人，尤其是地方政府，必须将其资金存放在国库内。这一原则第一次提出是在 1811 年，此后被多次重申，并从 1959 年起由《财政法相关组织法令》加以明确规定，不过各个时期该原则适用的领域和模式各有不同。其他国家也有类似的规定，不过账户的名称略有区别，有些国家称为国库，另一些如英联邦国家称为"综合收入基金"。

1959 年的《财政法相关组织法令》第 15 条规定"除财政部长认可的特殊例外，共和国各级政府和公共机构应将其所有可动用资金存入国库"（1962 年关于公共核算一般条例的法令第 43 条也有类似的表述）。这一表述比较笼统，但赋予财政部部长一项在法律上并未明确界定的决定例外情况的权力。考虑到以前地方政府能力有限而部长的阐释十分严格，因而这一权力显得更大。

财政部部长的态度主要基于 1926 年 3 月 5 日时任内务部部长杜麦和财政部部长肖当的一份通报，即只允许某些特殊的（预算或国库）盈余自由存放（未必都很自由），且这些资金的数额必须很小（占比小于地方国库的 1/10）。直到 1993 年，地方还可以把某些资金存入地方设备基金中，这一基金在 1987 年改名为法国地方信贷，后来并入德克夏银行。另外，财政部部长认为该原则禁止地方政府（未经批准）互相借贷，不过最近的判例（尤其是最高行政法院，2000 年 5

月 31 日关于敦刻尔克市的判决）未必支持这种观点。

例外情况一般涉及公共机构，主要是工商业性公共机构，它们通过与财政部部长签订协议获后者批准自由使用资金，有时（如邮政部门的情况）由法律规定（此时普通立法机构将组织法授予部长的权力收归己有）。

152 2001年《财政法组织法》第26条第3款则规定"地方政府及其公共机构应将所有可动用资金存放于国库，财政法另有明确规定的除外"，这条规定修改了两个方面。

一方面，特许的权力被转移给议会。

另一方面，国家公共机构（在议会讨论时）被排除在财政法案的适用领域之外（不过根据具体情况可以由其他普通法律或法规规定它们的资金必须存放于国库）。相反，地方这种原则性的义务被保留下来（在议会讨论之后，且不影响后续变化），考虑到国家公共机构的状况和地方自治行政的宪法性原则（不过宪法委员会似乎错误地没有对这一规定提出异议，而且它是否符合欧盟法律关于资本自由流动的规定时则有争议），这一做法显得不合理。

立法机构很快（通过2004年财政法案第116条）引进了一种灵活的机制来审批对地方政府不将资金存入国库的特许。

这些特许由《地方法》法规部分第1618条第1款和随后条款进行规定，使地方可以将某些类型的资金用于投资国家发行并担保的债券，或购买管理类似债券的集体投资机构的有价证券。另外，地方政府或其公共机构还可以将相关资金存入国家的定期存款账户中。

在此情况下，又产生了两种形式的义务：地方必须将单独持有的有价证券存放于国库；地方或其公共机构在执行此类活动前必须先通知国家（2004年财政法案，第117条；2004年7月5日第2004-660号法令）。

另外，有必要指出存放于国库的资金是没有利息的（但这条规则并未由普通法或组织法正式规定），只有少数地方公共机构和可自行选择的存款人例外。这导致地方政府尽可能不将资金存放于国库。但另一方面，国库也给予地方某些财政优惠，尤其是地方税收"预支款"和收入担保（参见155段），以作为无利息的地方存款的补偿。

1.3.2 国库的运营

153 通过国库存纳的资金，它既可以确保对公共财政状况的调节（1.3.2.1），也能对国家预算赤字进行资助（1.3.2.2）。

1.3.2.1 公共财政状况的调节

154 由于地方政府（1）和中央政府（2）都可能出现临时的资金短缺，因此公共财政调节同时涉及这两者。

(1) 对地方政府的财政调节

155　在所有下属公共机关中,主要是地方政府受益于财政调节,因为除特殊情况外(纳税人缴纳的"地方经济捐税"预付款,可选择每月支付的地方直接税税款),地方四大主要直接税都是由国库在年底征收。国库根据地方议会通过的预算每月拨付 1/12 的款项(无息,必要时可提前拨付),缺额的部分由国库和地方纳税人承担,后者需为此缴纳一种额外的分摊金(参见 705 段)。

这些都是通过国库的预付款专门账户(后来变成财政援助账户)进行操作,涉及庞大的数额(2015 年是 1130 亿欧元),其中国库负担的部分长期以来不断增长。向地方的支付采用两种方式:定期支付和一次性完全支付,采用的是一种分散管理程序,后来被加以改革,采用数字化应用。

国库还为地方提供另一些便利措施,包括有利息的预付款(不过后者越来越属于银行业务)。

(2) 中央政府的情况

156　在中央政府方面,某些月份(主要是 8 月和 9 月)的预算支出大大超过预算收入,需要由国库在税收较高的月份提出必要的款项加以弥补。在以前的很长时期内,这一任务极其困难,因为大部分税收只在年底缴纳(波旁王朝复辟时期之前这一缺额由包税人垫付,从复辟时期起由国库垫付)。如今随着税收分次缴纳(个人所得税每年分 2 次,企业所得税分 4 次,增值税和国内能源产品消费税原则上按月缴纳)的发展,问题相对不那么严峻,但仍然存在。这可以部分解释政府为什么大力推广个人所得税和地方税按月缴纳制度(甚至采用代扣所得税制)。个人所得税按月缴纳开始于 1971 年,可以由纳税人自行选择是否按月缴纳。2013 年选择按月缴纳的纳税人的比例是 69.9%,比起 2012 年的 70.7% 是一个明显的退步。地方税按月缴纳制度 1997 年扩大到职业税(即今天的地方经济捐税,参见 525 段),2013 年居住税方面选择按月缴纳的纳税人比例是 36.5%(2012 年为 36%),土地税方面的比例是 29.5%(2012 年为 28.9%)。

由于个人所得税按月缴纳所占比例很大,所以代扣个人所得税制在法国并非至关重要。

国库还大力发展网络纳税,2013 年企业通过在线渠道缴纳企业所得税的比例占到 96.1%,增值税网络缴纳的比例为 95.1%。自然人在线纳税的情况也开始出现,2013 年个人所得税在线缴纳的比例上升到 5.8%(2008 年为 2.8%),居住税 6%(2008 年为 2.7%),土地税 5.3%(2008 年为 2.3%)。同时,政府也大力推进电子渠道缴费,比如注册税(2015 年 1 月 21 日法令)和护照费用(2015 年 2 月 11 日第 2015—158 号法令)的情况即是如此。

另外,财政平衡也取决于国库是否有能力迅速收回它应支付的款项("国库资金流通系统"的概念)。

解决办法主要取决于所使用的支付模式。国库转到国库对应机构账户的资金并不会给国家造成任何财政负担,因为国库掌握着对应机构的资金(封闭流通)。相反,通过银行转账(尤其是现金或外币)可能给国家造成财政负担,因为这导致法国央行的国库账户产生负债(开放流通)。不过,至少在银行转账的情形下,国库可以通过金融市场的公债立即回收全部或部分资金,以"关闭流通"。反过来,通过让对应机构账户负债向国库支付的做法,对公共财务状况不会带来任何改善,而以支票或银行转账(现金或外币)向国库支付则不同。

1.3.2.2 对预算赤字的资助

157 对预算赤字的资助针对预算收入与预算支出出现最终差额的情况,如涉及国家预算,则年度赤字(1)和由此产生的债务(2)由国库承担。

(1) 填补年度赤字

158 对年度赤字的资助显然在经济和财政方面具有重要影响。一方面,公共借贷可能引发"挤出效应"(参见 219 段);另一方面,这一资助(如由银行系统负责)可能导致直接或间接的货币扩张。不过,从技术角度看,困难并不一定取决于赤字的规模:大额的赤字可能最终很容易出资填补,小额赤字也可能(如 1968 年底的情况)导致财政困难,因为这一资助很大程度上取决于经济状况(经济状况部分决定可用资金的水平)、给予借款人的收益(如 1981 年 9 月需许诺近 17% 的收益),也可能取决于国内外公众和金融界的信任。除非采取短视的强权措施(强制借贷),否则必须采取"交流政策",释放国家长久保持清偿能力的信号,以恢复国内外公众的信任。

欧洲国家如爱尔兰、希腊、西班牙、葡萄牙的财政危机,以及之前出现过的多次此类危机(如阿根廷的财政危机)反映出施行这一政策的困难,尤其当国家无力偿还其债务甚至无力偿还其债务每年应还的本息之时。

(2) 负担国家债务

159 考虑到国库对赤字进行自主负担,那么国家债务自然也由其承担。

与发行公债一样,偿还国债也是国库的职责所在(取代 1959 年《财政法相关组织法令》第 15 条的 2001 年《财政法组织法》第 25 条)。所以,与偿还公债利息不同,偿还公债不一定需要由财政法案规定(宪法委员会,1986 年 7 月 3 日第 209 号合宪性审查决议,1993 年 12 月 29 日第 330 号合宪性审查决议)。国库只能以执行每年财政法案时可能留下的盈余进行偿还,后者在每财年底被纳入国库。不过现在财政盈余变得非常罕见(参见 245 段),所以国库主要是通过新的借贷来偿还(以借款来偿还借款)。尽管货币贬值导致实际债务减少,但这种做法显得不太"健康",至少"不够正派"。

比如 2015 年财政法案规定了 744 亿欧元的预算赤字,同时规定净发行 1870 亿欧元中长期国债(OAT 国债和国库券,参见 608 段)。

法国与另外一些国家如德国受益于一种非常有利的情况,可以以极低(甚至是"历史性"地低，或者也可以说"不正常"地低）的利率来融资。

160 为了应对这种情况，公共当局经常设置一些偿债基金，以最终收入来偿还债务。这是个老办法（18 世纪有 6 个偿债基金，共和八年 1 个，1816 年 1 个），1926～1959 年有普恩加莱创立的公债自动偿债基金（1945 年以前主要来源是烟草和火柴专卖税，此后主要来源是遗产税），之后 1986～1988 年有公共债券分期偿债基金（CADEP），这是一个行政性公共机构（设立时计划运行 10 年，后来延长至 20 年），其主要资金来源是私有化的部分收入。但私有化收入是短期的，其中大部分用于偿还德斯坦政府发行的公债。2003 年财政法案将公共债券分期偿债基金转型为负责积极管理债务。

对债务的积极管理首先通过在一级市场上推出公债，然后在二级市场上干预，通过越来越多样的手段（回购、再出售、交换、回购协议等）以降低公债的最终价格（和供给安全）。

这种管理手段在很大程度上是受到美国的启发。法国主要在 20 世纪 80 年代金融市场改革之后发展起来，从 2000 年底开始由一个专门账户（名为"国家财务与债务积极管理"的商业账户）进行操作。

1991 年财政法案的平衡条款和随后的总理令批准财政部部长通过各种手段在二级市场进行干预（2008 年 12 月 22 日关于国库证券发行的法令也与此相关）。

国库从 1986 年开始重新启动并革新一个创立于 1937 年的市场干预机制——公共债务支援基金（无法人资格）。这一基金被 2003 年财政法案取消，其职能被转移给一家公共机构——公共债务基金（CDP），后者还接替了公债自动偿债基金的职能，与法国国库局协作确保对债务的管理。这类任务在其他国家一般委托给名为"某某局"或"某某办公室"的专门机构（瑞典、比利时、奥地利、爱尔兰、马耳他、荷兰、斯洛伐克、捷克共和国、1998 年以后的英国等）。

同时，从 1987 年开始，国库周围还配备了一批专门从事国库证券工作的财务机构，为其在发行和管理债券方面提供建议和帮助。

161 有必要指出，法国国库局和公共债务基金的债务管理只涉及国家的债务。另外，社保债务分期偿债基金（CADES）负责管理社保的债务。但至今为止，地方政府在这一方面还没有统一的管理基金，都只是一些个别的行动。在许多地方政府出现财政危机之后，其中某些联合建立一个负责发行公债和借贷的机构，即 2015 年初由法国银行和保险监督局批准成立的法国地方署。

162 这种积极的债务管理政策有效且有必要，但也有限制，因为给出的收益率极其低（芬兰甚至在 2015 年 2 月初推出了一种负收益率的公债：5 年期国债的收益率为－0.017％）。同时还需面对一个在英国、美国、日本等国较为显著的现象，即中央银行在二级市场上购入公债。

163　国库、金融市场（包括银行）和中央银行这"三驾马车"在金融领域已经活跃多年，其活动清晰地反映出在实体经济和金融经济脱节背景下的公共债务和货币产生的管理问题。许多观察家认为目前的金融经济处于一种极为不自然的状况。公共债务的大量增长导致国库推出各种金融产品，许多国家每年还付的本息也不断增长，这可能导致企业的融资渠道被排挤，而且引出了这样的公债是否合理的问题。国库的角色是以"最低的价格"借贷，如今公债收益率的大幅下滑极大减弱了债务对某些国家（如法国和英国）的额外影响。不过，各国中央银行包括欧洲中央银行（参见 295 段）纷纷推出收购公债尤其是国债的政策。如今中央银行不再由国家直接控制，获得或恢复了法定的独立地位（有时甚至由《宪法》规定，如瑞士国家银行。瑞士《宪法》有一条独特的财政规定，第 99 条规定瑞士国家银行需要将其 2/3 的收益缴纳给各州）。如德国联邦银行 1949 年获得独立地位，美联储于 1978 年获得独立地位，日本和英国的央行于 1997 年获得独立地位等。欧元区各国央行隶属于由一家独立的央行——欧洲中央银行——控制的货币系统，欧洲央行的首要职能是确保价格的稳定。

　　这些央行在所谓"非常规"行动的框架内进行购买主权证券的活动，其间接目标显然是维持或强化货币现金水平，同时希望注入的资金能够促进经济复兴。至少这首先使金融活动者未必需要经济成果，其股票价格便可大幅上涨。欧洲中央银行在 2015 年初也开始采用这一做法，为此发行了大量的货币。

　　这使相关银行的报表上出现一种非常特殊的情况，即央行持有大量该国的公债：英格兰银行持有约 27% 的英国公债；其次是日本银行，持有约 20% 日本公债；美联储持有近 13% 的美国公债（不过美联储已经停止这一政策），欧洲央行持有水平则较低，2015 年之前约持有 5% 的公债。这种政策除了影响货币和外汇交易（如使欧元下降，而对瑞士法郎没有影响）外，许多观察家认为它还影响到由此产生的货币流量、央行持有的公债体量、国库在发行公债方面的战略（参见法国宏观经济研究所关于这一点的报告）以及公债发行政策和央行的收购战略之间的互相依赖关系。既然公债的最终购买者就是货币发行人，那么还有什么风险呢？除非不再有能力维持积极的债务政策。因此，还存在另一个公共财政机关，即央行。

第 2 章 财 政 政 策

164　公共政策作为公共当局采取的旨在达到特定目标的一系列协调的活动，其中经常（但未必一定）包含财政方面（不仅涉及公共财政，也经常涉及私人财政）。财政政策不仅体现了国家在社会中角色的演变，也是社会自身发展的反映。各国公共政策的选择仍然相对不同，只要对比 2014 年加拿大经济行动方案和法国同时期的《责任和团结公约》便不难得出这一结论。公共财政是执政者指挥其执政行动的重要工具。从这个意义上，公共政策的财政方面具有重要地位，甚至成为政策的核心。我们可以区分出预算政策和税收政策，它们反映了公共财政机关的"意志"。

165　不过，自公共财政与国王的个人财产分离以来，公共财政政策发生了明显的演变（2.1），公共支出（2.2）和公共收入（2.3）的大幅上升，同时还出现了公共财政失衡问题（2.4）。

2.1　公共财政政策的发展

166　公共财政政策一般与国内生产总值（PIB，指一个国家国界范围内所有单位生产的财富，不包括该国国民在国外生产的财富）或国民生产总值（PNB，指一个国家所有国民生产的财富，包括该国国民在国外生产的财富）相关。

我们可以对各个时期各国的国内生产总值和国民生产总值加以对比，前提是各国的公共财政的范围（一国和另一国公共财政的范围可以相差很大）和 PIB 或 PNB 的计算模式（"地下经济"并未被纳入，计算方法也可能有差异。比如软件支出在美洲国家被归入固定资本的组成部分，在欧洲国家则被归为中间消耗，因此不算在 PIB 或 PNB 内）具有可比性。继一些国家之后，美国在 2013 年也将科研的相关支出纳入 PIB 的计算模式中，这对美国的 PIB 数据明显产生了重大影响。这种计算模式也见于欧洲国家，尤其是法国，后者在 2014 年的 PIB 计算中纳入了某些"非法"或"隐秘"的活动。

另外，对这些比较的解读也需要特别注意（例如经济衰退导致 PIB 和 PNB 明显下降，但大部分时候会导致公共财政份额增长，反之亦然）。

PNB 经常用于计算各经济体对国际组织的财政分摊额（参见 315 段），而欧盟财政的分摊额则按各成员体的国民总收入（RNB）计算（国民总收入是由常驻本地的所有单位获得的收入扣除非本地居民的收入得到的数字）。

这可以解释为什么数据统计方法的协调会受到特别关注。

最后，我们还注意到如今人们希望建立一些 PIB 的备选性或补充性指标，甚至用来代替它。比如经济合作与发展组织制定了"国民幸福指数"。法国在替代性指标方面曾进行过研究，通过 2015 年 4 月 13 日颁布的一部关于制定公共政策时将新的财富指标纳入考虑的法案，法国也走上了这条道路，它"基于新的财富指标，如平等指数、生活质量指数和可持续发展指数等"。

167 随着各种公共财政思想的发展（2.1.1），公共财政政策变得十分重要也十分多样。这些政策有时针对根本的结构性问题（2.1.2），有时针对当前形势（2.1.3），甚或两者兼备。

2.1.1 公共财政经济思想和公共财政政策的演变

168 有四种经济思想值得一提：自由主义（2.1.1.1）、干预主义（2.1.1.2）、新自由主义（2.1.1.3）和"混合政策"思想（2.1.1.4）。

2.1.1.1 自由主义

169 自由主义继旧制度下的行会主义和统制主义思想之后出现，它继承了 18 世纪重农主义者和亚当·斯密的理论，以 19 世纪的让·巴蒂斯特·萨伊、大卫·李嘉图和弗雷德里克·巴师夏等人的思想为代表，直到第一次世界大战前一直占主流地位。自由主义主张限制公权力，因为公权力在经济和社会领域的干涉可能会扰乱自由竞争带来进步和市场自动调节机制等自然规律。国家应只负责维持自由的经济和社会秩序，只管理王国的公共服务。公共服务不可避免，但并没有经济上的产出。因此，公共财政被视为"必要之恶"，应尽量保持在最低水平，由平摊到所有人头上的税收进行哺养，其目标应只是维持必要的公共支出（尤其参见 1789 年《人权宣言》，第 13 条）。

2.1.1.2 干预主义

170 从 20 世纪二三十年代起，受到社会主义和英国人凯恩斯的理论（《就业利息和货币通论》）的影响，干预主义开始占据主流地位。这种思想认为公权力不仅在技术上可以而且政治上也应该利用公共财政来确保国家的平衡，包括经济平衡和社会平衡。通过预算政策来调节经济形势，通过投资来发展基础设施，能够促进经济平衡，因为这样公权力所征取的财富没有因填入财政深渊而消失，而是重新回到经济循环中，而且比财富在私人手中能够更好地服务于集体利益。同时，国家干预还能够促进社会平衡，因为税收制度和转移支付能够更好地消除不平等并减轻失业的影响。在法国，这种思想主要反映在 1959 年的《财政法相关组织法令》中，后者指出各年财政法案在表决时"应考虑到其所规定的经济和财政平衡"（第 1 条）。2001 年《财政法组织法》中也有类似的说法："财政法案确定一个财年国家的收入和支出的性质、总额和划拨，以及由此促成的预算和财政平衡。各年财政法案应将明确的经济平衡和其所规定的项目的目标和结果纳入考虑"（第 1 条）。

2.1.1.3　新自由主义思想的复兴

171　　从 20 世纪 70 年代的经济危机开始，新自由主义明显复苏。这种理论尤其继承了弗里德里希·冯·哈耶克（1899～1992 年）的思想，在理论方面主要以几个经济学流派为代表（米尔顿·弗里德曼为首的芝加哥学派、詹姆斯·布坎南的公共选择学派、默里·罗斯巴德的自由意志流派以及阿瑟·拉弗的供给学派），在政府方面，以英国首相撒切尔夫人（1979～1990 年当政）和美国总统里根（1981～1990 年在位）为代表。这种思想的拥护者认为公权力不仅不能通过干预调节经济和社会活动，而且还扰乱了它们，国家干预不仅不利于经济危机的解决，也不利于经济发展和自由。他们主张不由国家而是由市场进行调节，国家应放松对国内经济活动的管制，将国有企业私有化（因为商业领域应只遵循市场规律），削弱公共财政扮演的角色，削减税收（以刺激经济主体的供给和活动）。这一点是基于有争议的拉弗曲线理论。根据拉弗曲线，当税率超过一定限度时，再提高税率反而导致政府税收收入减少和预算政策效果的减弱（因此应尽可能用更全面且更尊重平等原则和私人财产神圣性原则的货币政策来替代）。

这种思想在不同程度上影响到今天的大部分政府，且在经济危机之时，其影响更加增强。不过，尽管放松管制和私有化取得明显进展，但公共财政仍保持着很大的分量并扮演着重要角色（正面或负面）。

2.1.1.4　"混合政策"

172　　如今大部分理论分析或政府实践导向了一种"混合政策"，某些政府采取的预算政策和货币政策在意识形态层面有时可能与其政治立场相反。

比如在美国里根政府和小布什政府的预算政策比克林顿政府（克林顿任内曾恢复了美国的预算平衡）更加"凯恩斯主义"（预算赤字、通过预算重振经济），这种"角色转换"也见于英国（保守党首相约翰·梅杰比工党的托尼·布莱尔更"凯恩斯主义"）和法国（社会党总理皮埃尔·贝雷瓦戈比爱德华·巴拉迪尔更"自由主义"）。

在欧元区，"混合政策"除了出于这种技术要求之外，还出于更根本的结构性要求，因为货币政策如今在欧洲层面决定（参见 290 段），国内的调节手段只剩下预算政策（和结构性政策）。这一下子导致需要超国家层面的协调以避免欧盟内部产生严重的机能障碍。

然而，前述关于预算政策（广义的预算政策，包括采用国际会计准则的公共核算方面）的超国家协调促使各国开始重视今天的公共财政发生的深层变革。在法国（但不局限于法国），这种深层变革有两个明显的总趋势。

第一个趋势是以企业界的概念、原则和实践为导向，有些人将此视为公共财政的"自由化"。第二个趋势是公共财政的"整体化"，最为明显的是"国营化"，这一点无论从社会保障财政及其管理还是从地方财政均可看出。

2.1.2 结构性政策

173 利用公共财政推动国家的发展是一种相当古老的做法，在法国可以远远追溯到旧制度时代。哪怕是 19 世纪奉行自由主义经济政策的法国，也会通过投资某些基础设施（尤其是交通设施）来推动经济发展，并通过关税政策保护某些经济领域。随着现代国家干涉主义的发展，国家在这方面干预的领域（2.1.2.1）和干预的手段（2.1.2.2）都大为增加。

2.1.2.1 干预的领域

174 公权力的财政行动既触及经济结构（1），也触及社会结构（2）。

（1）涉及经济结构的政策

175 这一点争议较少。涉及经济结构的政策在所有国家均有实施，其形式多样，至少遵循四大主要方向：投资、国内经济活动、企业以及敏感领域保护。

①投资

176 国家的投资传统上主要是物质投资，其偏爱的领域是公共设施和住房方面，这两者广泛决定了经济的发展（和社会的和谐），而且也只能由公权力利用赋税进行投资，否则使用者通常必须承担非常昂贵的费用。公共设施方面，法国主要由地方政府进行投资（地方政府的出资占 70%），住房方面则主要由国家进行补贴。

根据欧洲统计局的数据，2013 年欧盟各国的公共投资总和（这里指的是政府的投资）占所有 28 个成员国 PIB 总和的 2.9%。其中法国的公共投资占该国 PIB 的 4%，近 10 年都大致是这个数字，远高于欧元区国家的平均水平（2.8%）。其他公共投资水平较高的欧盟成员国有波兰（4.1%）、瑞典（4.5%）、罗马尼亚（4.6%）和波罗的海国家（3.7%~5.5%）。德国是公共投资水平最低的国家之一，从 2000 年开始，平均每年只占 PIB 的 2%。2011~2013 年，欧盟内部此类投资的总趋势是不断下降，只有保加利亚和匈牙利例外。2013年公共投资水平最高的国家是爱沙尼亚（5.5%）。

从法国国家统计局（INSEE）的数据来看，法国公共投资额约占国内总投资的18%（加上大型国企的投资则占到20%），不过集中于最为重要的公共需求。其中中央政府本身不是一个大投资者，其投入领域主要在军事设施方面。企业始终保持着较高的投资水平，2013年占到PIB的13%，与2007年持平，当年公共和私人投资（不包括机器设备方面的投资）加起来也占到PIB的17%左右。

另一个重要性新近被发现（或者说被重新发现）的投资领域是所谓的"智力投资"领域（或称"非物质投资"）。虽然这个领域在核算时并不划入投资领域，但它也是带动经济（和社会）发展的重要投入。

在经济核算（固定资产形成总额）方面，投资传统上被理解为持久的有形资产的获取、生产或大规模修复。在20世纪90年代的经济核算改革之后，投资包含了某些无形资产（软件、矿产和石油的勘探、知识产权等），但还没有更进一步将研发也包括在内。

例如，（广义上的）教育支出的情况也是如此，某些研究（如经济合作与发展组织的研究）显示了教育投入对提高经济竞争力（和社会发展）具有非常正面的作用。同样，科研投入，尤其是高精尖领域的科研投入（如航空航天建设、通信等）如今至关重要。

在法国，2013年国内科研的投入占PIB的2.23%。同期德国为2.9%，美国为2.8%，日本为2.3%，芬兰为3.3%，瑞典为3.3%，韩国为4.1%，以色列为4.2%。以色列可能是在科研领域投入最大也最坚定不移的国家。欧盟28国的平均科研投入为1.9%，经济合作与发展组织国家为2.39%。

②国内经济活动

各国对国内经济活动或多或少均有干预，哪怕那些最信奉自由主义的国家亦不例外，例如美国联邦政府也进行干预以拯救美国汽车业。

在法国，国家对经济的干预历史悠久，从15世纪号称"商人国王"的路易十一的工商业政策，16世纪苏利公爵的税收、财政和农业政策（此公曾说过："农业和畜牧业是法兰西的两个乳房"），到17世纪的重商主义和柯尔贝主义（推行保护主义、设立王室工厂、王室殖民公司等）。

在法国大革命到第一次世界大战的这段时期，受到经济自由主义思想的影响，国家干预明显减弱。经济自由主义主张国家应只充当宪兵的角色（负责军队、警察、司法、外交方面），不过自由主义也不反对国家适时干预（在关税和铁路基础设施的出资方面）。

不过，这段奉行自由主义政策的时期相对较短，因为第一次世界大战和第二次世界大战后，由于国防和国家重建以及应对经济危机的需要，国家干预主义再次复兴。目前国家干预虽然有所减弱，但仍然很强，主要表现在三个方面。

首先是国家的立法者角色的发展。如今经济和社会法律变得极其繁复，再加上国家在很长时间内还实施过多个经济计划（从1947年的"莫内计划"起，共实施过十二个经济计划）。尽管法国的经济计划只是指导性的，但它表明公权力自认为可以支配经济和社会生活。同时，公权力还逐渐将中央银行国营化，通过逐渐完善的财政法组织或调节金融市场。财政法中包含市场监管和银行调节的措施（还设立了负责监管的政府机构，如目前的金融市场管理局）。这是一种较为普遍的趋势，且在1929年和2008年的经济危机之后被强化（关于欧洲层面这方面的演变参见296段）。不过，从20世纪80年代开始，像法国这样处于持续赤字状况的国家，采取了主要向金融市场和金融机构借贷的政策（日本和意大利的情况稍有不同）。因此，20世纪60年代基于财政主权的"戴高乐主义"政策此后有点不受重视。

其次是福利国家的发展。国家通过创立于1945年的社保体系和更广泛的社会补贴重新分配财富。社保支出和社会补贴共同构成法国的"社会保障基金"，2014年其金额约占PIB的31.9%，创造了一个新纪录，使法国在这方面成为所有工业化国家之首（高于芬兰的31%、比利时的30.7%，更远高于英国的21.7%、美国的19.2%和德国的25.8%，最低的是爱沙尼亚，占11.3%）。这种巨大的差距可能是法国面临的一大主要问题，因为与其他经济体相比，法国社保开支所占的财政比重过大（资金来源主要是社保缴纳金）。

最后则是国家作为雇主角色的发展。法国目前公共领域的在职人员约有600万（大约占其就业人口的1/4）。

中央政府及其公共机构的职员约有230万人（其中120万分布在国民教育领域，30万分布在国防领域，国家级公共机构约吸收了40万人）。地方公共领域的就业人员约有190万（市镇一级约占100万）。卫生和社会领域约有110万（其中医院占90万）。如果把政府资助的机构（如国家资助的私立学校等）包括在内，那么公职人员的数量更难确认。另外，对此类人员的计算可以采取不同的计算方式，可以按实际人数计算，也可以按工作时间计算。最后还需指出无编制的临时工在上述三个领域尤其是国家和地方政府中所占比重相当大，2013年约占总人数的20%。

国家不仅是行政和公共服务领域的雇主，也是庞大的工商和金融公共领域的雇主（意大利和比利时的情况也类似），尤其在1936年、1945年和1982年3次国有化浪潮之后。自1982年以来，这30多年通过私有化将这些国有领域削减了一半，但其体量仍然不可忽视。

178　这一减少国家干预的普遍趋势，随着 2008 年金融危机和随后的经济危机的出现又迎来非常明显的转折。这次危机影响到所有国家和经济体，如今其影响仍在延续。它导致公权力作为资助者（首先是对银行业，之后是对整体经济进行援助）和机制障碍（如金融市场、税收问题等方面）的调节者回归。我们可以看到，2010 年公职人员和国有企业的数量下降的趋势首次被扭转（2010 年有 1230 家国有企业，2011 年为 1498 家，雇用人员增长了 5.5%）。公权力角色的回归并不局限于国家层面，通过八国集团（后来接纳了新兴经济体，成为二十国集团）一类的组织也出现在超国家层面，同时还使一些不太被重视甚至被质疑的国际组织（如国际货币基金组织）重新回到舞台中央。公权力从未有过像如今这样的财政方面的干预。各国纷纷利用公共财政来支撑经济（通过各种形式，如贷款担保、复兴计划、自有资金投资等），却忘了 10 余年来作为其限制框架的审慎和标准化规则（或至少暂时被放在一边），以至不惜为此使公共债务大量增加。美国和欧盟各国的情况尤其如此。国家干预可以采取不同的形式，比如法国采用的是国土整治政策（后来被欧盟国土整治政策取代，并由欧盟结构性基金资助）和环境政策。最近各国关注的是"可持续发展"问题，即不损害发展的环境。这促使各国政府和欧盟越来越重视环境保护，通过发展管理水、卫生和垃圾等方面公共部门，对注意环境保护的企业给予财政优惠（必要时不惜违反欧盟国家援助法），初步建立"生态税收制度"，尤其是 1999 年设立的污染活动一般税（TGAP，不过目前已考虑取消这个税种）。法国的一种生态税的失败（该税种存在于其他国家）表明这种政策有其局限。

③企业

179　私有企业的竞争力问题是执政者最关心的问题之一，也是一大政治议题，特别在税收政策的制定方面。

法国总理在 2012 年公布的《法国工业竞争力协定》（即《加鲁瓦报告》）以及随后通过的《关于企业的发展、竞争力和就业协定》，表明政府始终关心这一问题。但从近年政府实施的一些措施来看（其中的指标性措施是"就业与竞争力税收抵免"措施），或许有点自相矛盾。

这促使政府推出了一系列（直接或间接的）公共援助，其复杂性（共有数百种政策）反而损害了援助效率和市场竞争，同时我们还需指出没有哪个国家完全不对企业进行任何援助。美国的科罗拉多州或许是唯一的特例，该州《宪法》禁止对任何公有或私有企业进行任何形式的援助（第 11 条第 1 款）。

近 20 年来，尤其在欧盟委员会推行的欧盟经济法的影响下，对企业的援助有所演变。

首先，和欧盟其他国家一样，法国的"国家援助"（公共援助）的水平也在下降（在这个领域，有些欧盟国家比法国更活跃）。

其次，为了避免扭曲竞争，公共援助很少是个别援助（也变得更间接），更倾向于采用对企业减税（并提高对企业的集体服务）以及企业股份储蓄计划的形式（同时以国家预算保证对向欧盟外出口进行援助）。

近几十年，还发展出一种专门针对企业股份的税收优惠制度，尤其通过企业股份储蓄计划（PEA）、股份人寿保险合同以及一些适用于风险投资（尤其在2003年以后）和可持续发展（出现于2006年之后）的制度。

另外，我们还注意到政府通过多种政策特别加强对中小企业的扶持，如通过某些国土整治公共资金（参见257段）、创业援助以及通过创造有利的法律环境鼓励私人（参见53段）和"准公共"机构的创建。

最后，个别援助制度如今越来越受到欧盟法律的制约（特别是被视为国家对经济进行援助的税收机制必须通知欧盟委员会），这条法律也对地方政府适用。同时，欧盟也在世界贸易组织层面承诺减少对经济的援助（包括在农业方面）。

2008年经济和金融危机完全打乱了欧洲的步伐，此前欧盟一直朝削减国家经济援助的方面努力。如今各国对经济进行大量干预，尤其援助某些特定经济活动领域，如银行业。面对这一局面，欧盟委员会未能坚持已不符合当前形式的原则，只是通过一系列通告限制成员国在这方面的某些出格行为。

欧盟委员会于2009年在其关于"当前经济和金融危机背景下国家援助分析报告"的前言中特别强调："当前世界经济正经历近一个世纪以来最严重的经济和金融危机之一。"于是，它通过一些通告设置了针对拯救性援助的"审慎"框架（在银行业方面，主要针对国家在经济危机背景下促进银行融资的援助，并将小规模援助的上限被提升至50万欧元），如果拯救性援助出现在金融危机之前，必然不可能通过。

另外，对国有企业的援助是预算中一个不可忽视的项目。目前普遍的趋势是削减对国企的援助，不仅因为公共企业的体量有限，而且还因为这些企业应遵循由市场自发调节的自由经营原则（主要通过贷款和使用者缴费，而不是通过财政注资），各国法律和欧盟机构禁止政府向这些企业提供对其所执行公共服务应付的报酬（也向执行公益服务的私人企业支付报酬，参见6段）以外的援助。不过政府也是国有企业的股东，它有权甚至必须履行其股东义务（但不应超出"正常"的股东行为），这可能导致政府向企业"捐赠资金"（尤其是涉及对某些亏损企业重新注资时），这一点不应忽视。

④敏感领域保护

敏感领域保护是公共财政的一个经常性目标。

首先是由来已久的对战略领域的保护，如国防工业或主要依靠政府订单生存的其他国防相关领域；又如接受政府补贴的农产品领域，随着欧洲共同农业政策的实施和欧洲农业保证基金（FEAGA，从 2007 年 1 月 1 日起取代了欧洲农业指导和保证基金）的建立，大部分补贴来自欧盟层面。

关于国防支出方面（只由国家负责）可参见 595 段，共同农业政策方面，参见下文 240 段。

敏感领域保护方面还有一种也是由来已久的做法，但依时代和形势有所不同：出于从公共利益到战术策略的各种原因，某些更为特殊的领域也受到公共财政援助。

比如，在 1999 年洪灾之后，政府给予深受灾害影响的林业领域大量的税收优惠和财政补贴。针对手工业也有特殊的税收财政优惠制度，又如政府在 2001 年对被美国征收附加税的罗克福干酪进行补贴。

(2) 涉及社会结构的政策

181　涉及社会结构的政策较为有限也更有争议。

这类政策主要趋势是政府不再考虑对财产进行重新分配（与税收平等原则相关，参见 113 段）。即使课税很重的遗产税，也不能导致财产配置产生颠覆性变化。这方面比较典型的是法国议会在 2007 年 7 月通过的一些政策，议会曾大幅度降低了遗产税，但无疑更强化了财产的固定性。至于每年征收的财产税，要么根据财产数额来计算（如 1982 年设立的巨额财产税，1989 年改为财富团结税），要么以财产为基础进行计算（如地方土地税，以不动产的租赁价值为基础计算），但这些财产税都可以用相关人的收入来缴纳，所以它实际上是所得税的一种形式。

《税法》（第 885 条）规定对同一纳税人征收的个人所得税（上一年度）和财富团结税（当前年度）两者之和不得超过其净收入（包含免税收入）的 85%。宪法委员会据此否决了一条将"裸财产"（即未产生任何收入的财产）纳入财富团结税税基的法律规定，并指出财富团结税的"目的是对由持有财产产生的纳税能力进行征税，源于这些财产带来的实物或现金收入。考虑到财富团结税的税率及其年度征收性质，它自然是对财产带来的收入进行课税"（1998 年 12 月 29 日第 198－405 号合宪性审查决议）。这与德国联邦宪法法院的裁决极为相似，联邦宪法法院指出财产税"是一种经常税（年度），应是对财产带来收入课税，而非对财产本身征收"，并规定个人所得税和财产税两者相加不得超过财产纯收入的 50%（导致后来财产税被废除）。法国也受此思想影响而设置了"税盾"制度。

宪法委员会指出财富团结税并不列于所得税一类，立法机构设置这一税种的初衷是对持有财产带来的纳税能力进行课税，但这并不意味着"只有能带来收入的财产才能被算入财富团结税税基"(《宪法》,第 5 条)。

结果是追求的目标变成对收入的重新分配,从而设置了个人所得累进税,考虑纳税人家庭情况进行征收,但不对生活必需的最低收入课税。同时也尽量减免对生活必要支出方面的课税(尤其是增值税),日常消费品的税率都非常低(有些免税)。此外,中央政府、地方政府和社保机构还根据情况主要以社保援助和最低生活保障金(RMI)的名义提供大量社会支出(参见 197 段)。社保援助和最低生活保障金 2009 年被就业团结补贴(RSA)、普遍医疗保障(CMU,参见 746 段)以及"就业补贴"(PPE,即从 2001 年起对低收入人员的税收抵免)所取代。这些政策在很大程度上实践了某些自由主义经济学家(如斯托勒吕,《在富裕国家战胜贫困》,1974 年)在 20 世纪 60 年代提出的"负税收"思想。2016 年就业补贴将和就业团结补贴合并成一项新的补贴。

这种思想最初由弗里德曼在 1962 年提出(《资本主义与自由》),并得到詹姆斯·托宾的支持(《公共利益》,1966 年),后来几乎被介绍到所有国家(法国最早介绍这一思想的经济学家正是斯托勒吕),并被(几乎)所有国家的政界采纳,不过时间有先有后,因为这种思想在很长时间内被视为"摧毁"社保体系的借口。除了实施模式的争议之外,"负税收"思想的主要内容是对收入低于一定水平的人,不仅不用纳税(主要是直接税),而且可以从政府那里领到补贴(因此其缴纳的税收为负值)。

此外,我们也可以看到国家对某些社会团体的政策优惠。比如法国的社会组织(共有约 100 万家社团、2000 万名会员、180 万工作人员——2013 年人数有所下降,及 700 万志愿者)一直以来都享受税收优惠和财政补贴。这种政策于 1998~1999 年正式出台,针对非营利性组织(在管理模式方面采用中立管理且不参与商业竞争)。这些组织只需对其财产收入缴纳优惠的企业所得税(10% 或 24%),增值税部分减免,无须缴纳地方经济捐税,并且在员工的个人所得税方面也有优惠。

考虑到社会组织在法国的集体生活中扮演的重要角色,其功能可能接近于其他国家如德国和美国的宗教组织所扮演的角色,至少二者在慈善方面的角色十分相似(德国的宗教税主要用于资助该国的宗教活动)。

2.1.2.2 干预的手段

182 公权力通过财政手段(1)和税收手段(2)施行其政策。

(1) 财政手段

183 随着国家干涉主义的发展,财政干预手段明显变得更加成熟。

支出的多样化是其一大重要表现。政府并未满足于传统的财政手段,即财政直接支出和政府购买(这两个方面的支出仍然很大,在法国,政府购买占 PIB 的

10%以上，这个数字处于欧盟国家的中等水平）。它还通过增加各种补贴强化国家在社会福利和援助方面的角色，其中一种长时期存在的形式是政府贴息（如今对农业的贴息仍然存在），即由政府支付一部分贷款利息，以降低贷款者的成本（在 20 世纪 80 年代中期，超过一半的经济贷款都是由政府贴息）。另一种（至少在 2010 年以前）非常发达的形式是由政府扮演银行家的角色，提供短期、中期甚至长期贷款，以实现经济活动中不可或缺的"资金转换"。在这个方面，经济与社会发展基金（FDES）在法国长期扮演重要的角色。该基金是第二次世界大战后在财政部设立的国库专门基金，负责通过银行机构向企业发放贷款，2015 年其总资产约为 360 亿欧元。

2008 年法国紧急决定援助各个处于困境中的经济领域，尤其是银行业。这一决定再次引出了公共债务范围的问题（欧洲统计局在 2009 年 7 月将法国经济注资公司发行的债券排除出其公共债务核算规则之外，理由是该公司是一个"特殊载体"，其股份大部分由私人领域持有，因此"即使它得到政府担保，也不属于公共单位"）。如果说通过增强自有资金（最高上限为 210 亿欧元）援助银行业的国家投资公司（SPPE）属于公共债务范围，那么由政府担保向银行注入高达 2650 亿欧元借款（这是欧盟委员会允许的上限额，最初计划是 3200 亿欧元）的法国经济注资公司（SFEF）是否属于这一范围则有疑问，尤其考虑到国家只持有该公司的少数股权（34%），剩下的由银行（主要是法国农业信贷银行）持有。从 2009 年 6 月开始，关于是否关闭这家公司以及政府是否维持在该公司的股份的问题再次引起争论，当时政府可能准备将该公司发行的 700 亿债券并入国家账户，但在欧洲统计局的决议后放弃了这种做法。值得指出的是，从 2009 年 6 月开始，银行在金融市场发行债券的成本已经与通过法国经济注资公司发行的成本相差无几。

政府作为担保者（尤其针对贷款的担保）的角色的发展，进一步完善了财政干预手段，尤其因为这种手段至少在初期成本很小。政府只需对一项借款行为（极大便利了该行为）提供财政担保，而且只有在主要的借款者违约的情况下才需支付担保金。

大规模贷款的公共担保金在各地方政府和中央政府之间几乎平均分摊。近 20 年来，地方政府在这方面的作用明显增强，而中央政府承担的担保金大幅度减少（甚至可能不再提供担保金）。在贷款担保方面，中央政府如今主要与法国外贸保险公司一起，根据《保险法》法律部分第 432 条第 2 款和第 4 款的规定对外贸贷款提供担保（参见 53 段）。政府和法国外贸保险公司签有这方面的协议。

(2) 税收手段

184 传统上税收手段主要行使的是财政功能（提供公共资金），后来逐渐被赋予与其财政功能未必始终兼容的其他功能。根据具体情况，税收手段可分为"战略性"手段和"战术性"手段。

这正是加斯塔涅德将"税收政策"定义为"决定税收制度特征的一整套选择"的意义所在（加斯塔涅德，《税收政策》）。

对税收制度调整通常针对两大战略目标。

第一个目标是赋予税收制度以社会再分配功能。累进性个人所得税的设立，以及对财产税或更广泛的税收公正（参见119段）的讨论，正是出于这方面的原因。

由来已久的针对家庭的税收优惠政策也是出于这种考虑，比如根据家庭负担减免居住税（参见525段），个人所得税方面考虑家庭收支商数，另外还有不计入可征税收入的家庭补贴（参见737段）。

第二大目标是赋予税收制度推动经济发展的职能。这一点尤其可以解释增值税为什么会先在法国然后在大部分工业化国家成功推行，因为这个税种不影响生产和分配过程，从而引导企业按照经济标准而非税收标准安排自身的生产经营活动。

此外，税收干涉主义还提出另一些局部的甚至方向相反的目标。

首先可以涉及"税收支出"（tax expenditures），即那些与普通税法相背离的特殊减免条款项目构成的税收体系，此类优惠源于政府颁发的税收优惠许可（不过政府的自由裁量权如今受到宪法委员会判例的限制）。1980年此类税收支出有450项，2015年应为453项，其中420项对预算有影响，涉及总金额约为820亿欧元（其中约720亿欧元是就业与竞争力税收抵免以外的优惠）。

审计法院在其2011年度报告中分析了2011年财政法案附录的"税收支出"，计有500项，涉及金额高达729亿欧元（而且这是已经将某些优惠剔除出税收支出名单的数字）。在报告中，审计法院强调，它在2010年已经指出财政法案附录的税收支出清单不协调，而且这些支出的金额全面增长，还有一些重要的税收支出未列入清单。尽管经常被批评，税收支出仍然大部分维持下来，不过一般设置了上限。而这一措施又使它的公平性受到质疑，比如2012年涉及海外领地和电影行业的税收支出的批评，这些批评并不针对税收支出制度本身，而是各种税收支出的上限额不均衡，因而被认为"明显破坏了公共负担的公平性原则"（宪法委员会，2012年12月29日第662号合宪性审查决议；《宪法》，第121条）。

此类措施数量巨大，有时甚至难以用统一的定义加以区分，这既不符合欧盟希望的财政透明性（欧盟要求此类措施符合欧盟在经济竞争方面的规则，且必须更加"理性"），也违背了税收方面的平等原则（参见119段）。审计法院在论及这些税收支出措施时专门提到就业与竞争力税收抵免（CICE）、科研税收抵免、就业补贴和维修工程增值税优惠等，主要涉及个人所得税和企业所得税，其次是增值税以及对税收特殊减免或加速减免的措施。应该指出，这些措施有利于促进经济、企业、农业和文化的发展，而且它也不是法国独有，此类特殊税制也存在于德美英等国，其受益者一般是企业。

不过，政府干预也可以通过税收竞争，即对企业施行低税率政策，比如爱尔兰的情况。英国政府也采取这个政策，将企业所得税税率从2010年的28%下调到2015年的20%。英国2015年预算报告提出"英国政府致力于建立一套支持商业、易于理解、鼓励增长的税收制度"，目标是使英国成为二十国集团中税率最低的国家。

税收干预还可以反过来学习关税领域长期运用的手段，进行惩罚性征税。目标是对某些活动（将办公室建在大巴黎区、开荒、建设密度过大、污染等）或某些不符合道德或不受欢迎的行为（烟酒、色情产品、甚或住房闲置等）提高征税甚至执行充公性的征税。但这个目标相当模糊，因为惩罚的结果也是公共收入的来源，而且这种政策还为税收指定了一个新的终极目标：不被征收。

另外，某些领域的税收政策可以从惩罚性征税过渡到税收优惠，特别是家庭税收政策方面。家庭税是一个较为古老的税种，从第三共和国时期开始征收。当时采用的是惩罚性征税政策，对单身和没有孩子的夫妻进行惩罚性征税（家庭补偿税），后来从1945年开始取消这一税种，转而根据家庭收支商数提供补贴。

在这个问题上，宪法委员会参考了第三共和国时期的法律制度，认为这一方向符合实施有利于家庭的国民团结政策的要求，立法机构有权选择对家庭进行补贴的模式，补贴模式尤其包括按家庭收支商数征税的制度（宪法委员会，1997年12月18日第393号合宪性审查决议；《宪法》，第33条）。1982年设置了根据家庭收支商数计算的税收优惠上限，此后这一上限逐渐降低。但降低优惠上限并未被宪法委员会认定违宪，后者不断重申《人权宣言》第13条规定在评估纳税能力时应将家庭负担考虑在内，但并未规定这种考虑只能来自家庭收支商数税制（宪法委员会，第662号合宪性审查决议和第685号合宪性审查决议）。我们可以将这个判例与该委员会的另一个决议进行对比，后一项决议认可应根据家庭需养育的孩子数和负担孩子的家庭或个人的收入调整家庭补贴（宪法委员会，2014年12月18日第708号合宪性审查决议）。

惩罚性税收制度也抵御住了指责其违宪的攻击。例如针对污染活动一般税（宪法委员会，2010年10月18日第57号合宪性优先问题决议）或色情或教唆使用暴力表演的惩罚性税制的违宪审查建议。在一次违宪审查时，最高行政法院认为此类问题没有必要提交宪法委员会审查，因为"尽管自由竞争是保障遵守公平原则或自由经营原则的要求，但它本身并非任何宪法条文保障的权利和自由"。

税收干预政策的一个结果是税收方面的法律变得极为复杂，有时到令人生畏的程度（储蓄收入课税制度便是这方面的一个非常典型的例子）。

2.1.3 形势性政策

185 通过公共预算影响经济形势的行动一般被称为"形势性财政政策"。与结构性政策不同，将公共预算用于调节形势的做法出现得较晚。主要涉及全局性的预算差额政策（2.1.3.1）和局部性的预算手段调整（2.1.3.2）。

2.1.3.1 预算差额政策

186 我们知道（参见 215 段），公共预算差额（1）不仅成为财政政策的一个核心要素，也越来越成为"混合政策"（2）的核心。后者主要在欧元区实施（参见 290 段）。

（1）运用预算差额调节经济形势

187 通过预算差额（主要是中央政府的预算差额）调节经济形势的做法直到凯恩斯主义出现之后才被接受，不过仍然受到争议。

在包括法国在内的大部分国家，形势性政策主要由中央政府推行，以确保政策的协调并避免地方政府作出不当的干预。地方政府一般需遵守预算平衡，甚至被要求有结余，以填补中央政府的预算赤字。

在 20 世纪初以前始终占优势的经济自由主义思想将预算平衡视为公共财政管理的黄金法则，因而禁止任何预算失衡。以经济自由主义的观点看，预算失衡不但不合理（"有支出就必须填补"）还很危险：盈余即说明征税不正当，而且可能导致浪费（因为多余的钱总会引人觊觎）；而赤字则可能引发通胀（伪装的税收）或后来提高税收（推迟的税收）。

不过，由于实现预算年度平衡的难度越来越大（参见 216 段），于是从两次世界大战之间的那段时期开始，在新的经济思想的影响下，人们开始认为经济衰退时期的预算赤字可以接受，但需在经济增长时期填补这些赤字，从而保持一定经济周期的预算平衡。最初只有几个国家（尤其是瑞典）尝试应用这种周期预算理论，但之后迅速抛弃，因为与该理论相关的两点受到质疑：一是有规律的经济周期这一概念，二是预算平衡的价值。

第二次世界大战前成为主流的凯恩斯主义将预算平衡降到次要地位，提出以预算差额为经济平衡服务。凯恩斯主义理论认为通过预算不平衡影响有效需求就可以恢复经济平衡。利用预算赤字，可以通过消费和政府投资提高有效需求来抗击经济衰退。政府投资对国民收入具有乘数效应。

这种理论被称为"经常赤字"理论（威廉·贝弗里奇爵士称之为"赤字开支"）。这个名称其实不太恰当，因为凯恩斯的观点还有另一个方面，即经济过热时期执行预算盈余政策，以降低过度需求。第二次世界大战后各国政府大部分控制经济过热的政策（稳定计划）都受此观点影响，但问题在于难以实现预算盈余，导致本应是形势性的赤字变为结构性，从有意为之变成不得不承受。赤字对经济不再是调节效果，而是扰乱了经济（参见218段）。

除了这个缺点，它也越来越不适应新的经济形势（尤其是通胀与衰退并存的状况即所谓"滞胀"，此时既需要抑制通胀也需要恢复增长）和经济对外开放的局面（如果经济刺激政策引向购买外国产品——外需与内需一样都能促进企业发展，可能导致外贸赤字，如法国1975年和1981年的情况）。

一些国家为我们提供了这样的例子，其中最典型的是日本。日本从1992年起推出大量刺激增长计划，导致公共账户资金大幅度下滑。美国则只在共和党执政时期（如20世纪80年代的里根政府和2001年之后的小布什政府）不顾意识形态和大量公共债务，利用大量赤字来刺激经济增长或支持美国在伊拉克的军事行动。

近30年来，新自由主义思想逐渐占据优势，不过其中各流派的观点分歧也越来越多。新自由主义主张回归预算平衡，主要基于两种想法：

第一是认为预算不平衡对经济无效。有些经济学家（首先是弗里德曼和罗伯特·卢卡斯）否认通过刺激有效需求推动经济发展的可能性（尤其否定公共支出的乘数效应），主张对作为国民财富唯一基础的供给端进行刺激。他们认为公共预算政策的中性能够促成有利的经济和税收环境（供给理论）。

第二是预算平衡的经济必要性，因为预算赤字扰乱了经济平衡（参见218段），特别是扰乱了经济平衡的首要因素——货币平衡（对通胀率、利率和汇率的控制）。因此，应让预算政策从属于更根本也更广泛的货币政策（这是货币主义流派的标志性观点），如有可能，货币政策应由独立的机构负责（依照《欧盟条约》采纳的德国和美国的做法），尤其重要的是，应尽快回归预算平衡。

如今许多国家——无论欧元区国家还是其他国家——在制定预算时都尽量遵守预算平衡，或至少以之为目标和信条。比如像印度这样处于财政赤字中的国家也宣布将逐渐消除赤字。

这一趋势不仅源于经济方面的考虑，也源于公共选择学派的影响。公共选择学派认为政治决策者的行动不是出于公共利益而是出于个人利益，导致他们喜欢赤字。这使得人们希望将平衡原则（最低限度）法律化。

（2）预算差额的地位

预算差额政策不能孤立地实施，应在预算政策和货币政策两者结合的"混合政策"内着手。事实上，所有国家都在实践货币政策，在欧元区，它更是一种特殊的制度性和功能性的手段。

我们知道，欧盟区货币政策由欧洲中央银行施行。欧洲央行是一家独立于政府的超国家机构，负责制定货币的基准利率，通过干预工具调节货币流动。

欧洲央行设立了强制性存款准备金系统（信贷机构在央行的有利息的存款）、公开市场系统（使央行可以通过招标或双边交易吞吐基础货币以调节市场）和"常备借贷便利"系统（使金融市场活动者可以按央行预定的条件获取或提供资金）。

因此，欧洲央行的决策对经济形势能够产生根本性的影响，尽管设立欧洲央行的首要目标是稳定价格（参见71段）。它尤其可以取代有缺陷的预算工具（但可能对不同的国家造成不同的影响）。

经济合作与发展组织在2003年就已指出通过扩大如今已经很大的赤字难以使经济健康地增长（2008年人们是否想起来了），但经济健康增长这一目标可以通过降低利率的货币政策（欧洲中央银行已经这么做了）达成，前提是降息必须持续下去。当然，欧洲降息还是有可能，有些国家的利率已经非常低（如美国），甚至为零（日本）。

人们有时批评欧洲央行的货币政策并未主要集中到经济政策方面（"只管稳定忘了增长"），这种说法或许是忘了历史教训（尤其是德国的教训），也忘了在经济情况不同的各个成员国，用单一税率来取得类似的形势效果是多么困难。

欧元区的预算政策主要仍由各成员国自行决定并相互协调配合（参见301段），它也被欧盟赋予了一种主要是"结构性"的功能。原则上应消除赤字，或更确切地说，是由各国政府自行衡量赤字。因为如今已不再要求各国完全消除所有赤字，更不用说中央政府的赤字，而是要求不妨碍"自动稳定机制"：在经济形势良好的时期，积累盈余（但不能"挥霍"盈余），以便对抗可能出现的经济过热并减少公共债务；在经济形势不利的时期，允许一定的"形势性"赤字，以便支持经济活动。总而言之，这是经济周期理论（参见187段）一种"修正"版本，但在多国使用统一货币的欧元区，预算政策成了各成员国对经济形势进行调节的"变量"。

法国的预算政策以削减支出为出发点。削减支出已成为绝对必要，而且随着大幅度减税，支出的削减幅度也相应更大。

2.1.3.2 预算手段的调整

189 在预算余额问题之外，公权力还力求根据形势调整收入和支出（1），但这并不容易（2）。

（1）财政支出的形势性调整

190 简而言之，对支出的调整涉及两个大问题。

第一个是选择在哪个方面进行支出的问题（如果可以选择的话），因为各种支出的效果未必相同，可调整程度也不同。购买性支出可以用来提高消费，但很难压缩。至于转移性支出，其中社保支出立即影响消费（因为大部分领取社保补贴的人没有能力将它储蓄起来），但这方面的支出从政治方面考虑也不可压缩，只有涉及经济干预的转移性支出才可能压缩（其中公共债务本息必须支付，这方面也不可能压缩）。通常可以缩减的是投资性支出（不过缩减投资可能影响长期利益），此类支出正是形势性政策的主要调节领域，因为投资性支出不仅比较有弹性（但这种弹性是相对的，另外投资性支出可能"诱发"购买性支出，从而给财政造成负担），而且能够对经济产生重要影响。

我们可以将这种分类与欧盟委员会的分类方法加以比较。欧盟委员会对公共支出的分类是为了确定支出的"质量"（即支持增长和就业的能力）。它将公共支出分为债务利息支付（对经济无促进作用）、政府运营和退休人员方面的支出（此类支出只有保持适度时才可能对经济有正面影响）、社保和家庭补贴支出（对经济有益，但必须保持在一定限度内，否则影响就业积极性）以及物质和智力（教育、科研、医疗健康）方面的投资性支出，后者永远能起到正面作用。

第二个问题主要涉及投资方面的支出，即支出时机和金额的选择问题。这受许多刚性要求的影响，比如许多机构的合法需求必须首先得到满足。

公权力经常试图在这方面引入一些柔性措施。比如受德国经济形势稳定基金的影响，法国政府于1969年设立了形势性行动基金，后者一直持续到1981年。该基金是一个定期吸收可选款项的储备基金，只有经过财政部部长的批准才能解冻。同样，20世纪80年代法国还存在一个预算调节基金，其中储存着财政法案拨予各部的一部分经费，只有总理下令后才能解冻或取消。这一做法后来延续下来，但形式上不那么正式。它受到各部委以及审计法院激烈批评，它使各部委失去了可靠的管理工具，而审计法院则质疑取消这些经费的法律依据（与此同时，审计法院建议完善预算的制定和条件性经费的分配）。

这种做法在经济形势急迫的时候难以避免，所以它并未完全消失，同时还得到宪法委员会和《财政法组织法》的支持，后两者规定了它的界限（参见505段）。

（2）财政收入形势性调整的困难

191　民众对这方面更为熟悉，因为财政收入的形势性调整通常采取暂时减轻税负或社会负担的措施，一旦降低，一般很难再提高回原先的水平（收入和支出方面都受到"棘轮效应"的影响）；或采用征收特别税费的形式，通常也会持续或重复下去——各种捐税、特别税已经数不胜数；有时采取了从法律上看极为奇怪（或新颖）的方式：比如强制公债（1948年、1976年和1983年）或如1974年12月30日法案规定的临时税。这种税原先预定（最后放弃征收）向某些过度提高利润的企业进行征收，然后到经济形势改善的时候再加以返还。

2.2 公 共 支 出

192　　公共支出大量增长（2.2.1），而且社会化程度高（2.2.2）。

2.2.1 公共支出的增长

193　　在这方面，有必要谈谈所谓的"瓦格纳法则"理论（2.2.1.1）和公共支出总量的惯性（2.2.1.2）。

2.2.1.1 "瓦格纳法则"

194　　公共支出的大量增长正是"瓦格纳法则"的体现。该法则由德国经济学家阿道夫·瓦格纳（1835～1917年）于19世纪末提出。瓦格纳强调各个工业国家均存在政府的财政需求不断增长的现象，并指出从长期看公共预算的增长速度超过国民收入的增长速度。我们或许更应称之为"托克维尔－瓦格纳法则"，因为在瓦格纳之前托克维尔就已经作出类似分析（参考马克·勒鲁瓦，《公共财政社会学》，第8页及之后）。有必要指出，对公共支出的增长有过多种解释（或许可以作为该法则的补充），特别是经济学家皮科克和威斯曼在1961年提出的"位移效应理论"（《论英国公共支出的增长》）。这种理论认为财政支出的增长并不是直线型的，而是呈阶梯性增长，分为平稳期和直线上升期。财政支出增长的直线上升期一般是战时或备战时期，但战后政府很难回归战前的支出水平，结果是公共财政支出向上"位移"了一个梯级。

事实上，第一次世界大战以前法国的公共支出约为国内生产总值（PIB）的10%强，今天的社保制度和大部分公共机构当时都不存在。当时公共支出主要是中央政府的支出（一般不到PIB的10%），从19世纪中叶起还包括地方政府的支出（约为PIB的3%左右）。

到两次世界大战之间的那段时期，公共支出占到了PIB的30%左右（其中中央政府约占25%，地方政府占5%）。第二次世界大战后，主要由于设立了社保制度，公共支出接近PIB的40%，其中社保支出在20世纪40年代末接近PIB的10%。在2014年公共支出达到PIB的57.5%（总额约12260亿欧元，比2008年增长了16%），主要包括（根据经济核算系统的数据，参见3段）中央公共行政机关的支出（约为PIB的23%，其中中央政府约占PIB的21%）、社保的支出（约为PIB的27%）和地方公共行政机关的支出（约为PIB的12%）。考虑到这三个领域之间还存在资金转移，因此公共行政机关的支出总额应低于以上三个数字之和。

财政支出的大规模增长不只存在于法国，欧盟成员国的平均财政支出规模从 2000 年占 PIB 的 44.8% 上升到 2009 年的 50.3%，后来有所下降，2011 年为 48.5%，2014 年为 48.1%（根据 SEC2010 计算出的数字）。不过各成员国的财政支出规模差异较大，2014 年欧盟成员国财政支出占国内生产总值比例最低的是罗马尼亚（34.9%），最高的是芬兰（58.7%）。芬兰在 2013 年已经成为"最爱花钱的国家"，其次是丹麦和法国。2014 年欧盟一半成员国的财政支出规模有所下降，如英国降到 44.4%，德国降到 43.9%。各国财政支出规模的差异主要源于各国社保支出的性质和规模不同（参见 209 段，其他的原因主要还有各国对公共支出的控制程度不同）。另外，各国在 PIB 的计算方面可能也存在差异。近些年各国财政支出的发展趋势也可能受经济形势的演变和经济增长不平衡的影响。

2.2.1.2　公共支出总量的惯性

195　　公共支出的大量增长也是这方面的强大惯性的体现。长期以来，在两个方面因素的影响下，公共支出倾向于自发增长。首先是政府和公共预算内部的原因，尤其在履行先前的义务（借贷、投资以及各种承诺的支出，此类支出常常规模巨大）和公共服务发展的自然趋势方面。这些正是在削减预算的努力（或承诺）中经常被批评的情况，也成为一个反复出现的政治议题。不过，这些努力基本没有成果，因为公共支出的增长还有更深层的"外部"原因。这类外部原因主要与出于某些需要而导致的政府角色的转换相关：外部关系需要，主要是国防需要和在全球竞争背景下援助经济的需要；社会关系需要，指满足国民在公共设施和公共服务方面需要以及社会再分配的需要。此外，在信奉经济自由主义的社会，金融途径是政府优先的干预手段（因为它可以避免某些过于专断的解决办法）。所以，我们现在更清楚如果不在两个方面大力着手，公共支出不可能真正降下来：首先需要对传统的公共管理进行深度改革（特别是其法律、财政和文化方面）以改善政府的效率和公共支出的效益；其次需要对政府的任务是什么这个问题进行深刻和普遍的反思，以明确公共支出的适用领域以及公共服务的出资和管理模式（因为公权力可以是公共服务的保障者，但未必一定要亲自管理或出资）。

2.2.2　公共支出的社会化程度

196　　由于公共财政社会化程度高，因此削减支出显得更加困难。通过两个方面的分析，我们可以更好地了解公共财政的社会化程度：一是经济数据分析（2.2.2.1），二是按支出类别分析（2.2.2.2）。

2.2.2.1 经济数据分析

197 根据国民经济核算的数据，2013年约有56%的公共支出是再分配支出，主要是社会补贴以及各种补助和其他转移性支出。购买性支出主要涉及财产和服务的获取方面（支付薪资、购买物资以及其他消费活动），约占33%（其中近23%用于支付人员薪资），而投资性支出（固定资本投资、收购等）约占7%（20世纪60年代这一数字接近10%）。按照法国国家统计局的数据，法国约有45%的公共支出用于社会补贴和实物补贴（2007年为43.6%）。根据欧洲统计局的数据，2014年法国政府支付的（实物补贴以外的）社会补贴约为PIB的20%，仅次于意大利（20.3%），位居欧盟成员国第2位（德国为15.6%）。法国公共行政机关的固定资本投资总额为PIB的3.7%，在欧盟成员国中居第14位（欧盟成员国平均水平为2.9%）。

2.2.2.2 按支出类别分析

198 根据国民经济核算按政府职能分类统计的支出情况，一个世纪前国防和公共机关方面的支出约占到公共支出的50%，如今这两个方面只占到6%。相反，福利性支出，特别是社会补贴（接近43%）、医疗卫生（近15%）和教育（约11%）等几个方面支出加起来大约占到公共支出的2/3，再加上在相关领域的经济行动的支出（约6%）。

在这个方面，法国的社会性支出水平极高（根据经济合作与发展组织的统计，2013年法国社会支出占PIB比重为31.9%，德国为25.%，英国为21.7%，美国为19.2%，经济合作与发展组织成员国平均水平为21%）。不过各国的情况有时相差很大，最典型的是（公共和私人）医疗卫生支出的例子，2013年法国医疗卫生支出为PIB的11.2%，而美国为16.2%。从长期趋势可以更好地看出每个国家努力的方向。在这一点上，法国的特点是削减教育、国防和投资支出，大力提高社会保障（医疗卫生，社保包括退休金和相关方面）、文化娱乐和环境方面的支出。

我们还注意到一个世纪前债务相关的支出约占公共支出的1/3，到2014年只占约5%。

2.3 公 共 收 入

199 公共收入主要源自必提费用（2.3.1），包括社保金（2.3.2）和税收（2.3.3）。

2.3.1 必提费用

200 这方面有两个趋势有必要加以强调:一是必提费用的数额不断增长(2.3.1.1),二是必提费用在经济中的比重不断增强(2.3.1.2)。

2.3.1.1 必提费用的数额持续增长

201 在批准征税原则(参见11段)刚刚诞生之时,必提费用还被视为"特别收入",只占公共收入的一小部分。当时公共收入主要由"普通收入"(产业收入、经营收入、佃租等)构成。到我们这个时代,"普通收入"退居次要地位(至少不包括公债时是如此,公债仍然占有比较重要的地位),而必提费用占到法国公共行政机关收入的90%左右。

法国非税收收入在公共收入中所占的比重(10%)略高于经济合作与发展组织成员国的平均水平(其中几个联邦国家的这一比重达到14%)。但各国之间的差异较大,比如澳大利亚、美国、挪威和瑞士等国非税收收入比重接近20%,而另一些国家如日本和英国则低于5%(土耳其甚至没有非税收收入)。

2.3.1.2 必提费用在经济中的比重不断增强

202 为了应对公共支出的增长,必提费用在经济中所占的比重大幅度增强。第一次世界大战前法国的必提费用不到PIB的10%,到两次世界大战之间爬升到20%多,之后随着社保机构的建立,第二次世界大战后已经占到PIB的30%多。1959年为31.4%,1974年上升到33.8%,近几十年又增长了10个百分点(主要是社保金)。根据法国国家统计局的数据,2014年这一比重为44.9%(2011年为43.8%),位于工业国家前列。根据欧洲统计局的数据,2012年法国包括社保金在内的"税收收入"占PIB的45.1%,仅次于丹麦(48%)和比利时(45.3%),高于经济合作与发展组织成员国和欧盟成员国的平均水平(分别为40%和38.8%),且高于大部分竞争对手如意大利(44.4%)、德国(37.6%)、英国(35.2%)、美国(24.3%)等。

由此不难理解削减必提费用为什么成为法国政治人物经常提及的话题。但至今为止,统计数据表明这已成为一个顽疾(当然,考虑到各种因素,统计数据也是相对的)。在最近20年间,"1985年税收压力"为PIB的42.5%,1992年下降至41.4%,1999年反弹至44.9%,2008年再度降到43.2%,2009年为42.1%,之后又再次上升。

从构成来看，必提费用（必提费用占 PIB 的比例低于公共支出所占的比例，因为公共支出的资金还有非必提费用来源）中社保金占 38%，税收占 62%。

虽然间接税有所发展（近年许多国家经常提高增值税税率），但对"税收楔子"的相关分析，仍然可以揭示政府在这一方面的战略和当前趋势。所谓"税收楔子"，指的是税后净收入和包括所有税费在内的企业雇用工人成本（包括个人所得税、雇主和工人支付的社保金）之间的差额。

经济合作与发展组织的数据显示，以（一个没有孩子的单身工人）的税后净收入计算，2012 年希腊工人的税后净收入已经连续 3 年下滑，葡萄牙连续 2 年下滑，西班牙、斯洛文尼亚、日本等国的职工税后净收入在 2012 年也出现下降，爱尔兰在 2012 年也未能恢复到 2008 年的水平。如果按税收楔子在雇用成本中所占的百分比计算，2013 年比利时的这一比重高达 55.8%，位于经济合作与发展组织成员国之首，法国以 48.92% 位列第 5，居于德国（49.3%）、奥地利（49.1%）和匈牙利（49.03%）之后。此外，英国为 31.4%，日本为 31.6%，加拿大为 31%，美国为 31.3%。总体上，在大部分国家，劳动收入的税收负担继续增长，2012 年和 2013 年经济合作与发展组织各成员国对个人收入征收税费的平均比例分别为 35.6% 和 35.85%。

2.3.2 社保金

203 社保金在公共收入中占有突出的地位（2.3.2.1）。从构成来看，社保金主要由雇主缴纳（2.3.2.2）。

2.3.2.1 社保金所占比重仍相当大

204 社保金（它并非社保机构和社会补贴唯一的资金来源）主要出现在法国解放后，其所占比重近几十年来大幅度上升。1965 年社保金只占 PIB 的 10% 强，到 1985 年上升至接近 PIB 的 20%。根据欧洲统计局的数据，2014 年欧盟成员国的社保金平均为各国 PIB 的 13.5%，只有法国比较特殊，占到 PIB 的 19.1%，使其在这方面位列工业国家之首。欧元区国家的平均值为 15.5%，按降序排列，德国为 16.6%，比利时为 16.5%，荷兰为 15.5%，奥地利为 15.4%，意大利为 13.4%，西班牙为 12.3%。但是欧元区国家与其他竞争对手之间的差异有时非常大，如美国（6.1%）、加拿大（4.8%）、日本（12.2%）、英国（7.9%）和韩国（6.4%）。我们注意到欧盟内部还有一个特殊例子：丹麦的这一数值为 1.1%。

这种情况导致法国企业的社保负担更大，且法国工人实际拿到的薪资更少。不过，我们在进行国际比较时应保持谨慎，因为在有些国家，社保资金大部分

（美国、日本）甚至全部（澳大利亚、新西兰）由私人机构出资，另一些国家（丹麦、英国和爱尔兰）则相反大部分以税收的形式出现，意大利、西班牙和德国社保方面的税率也明显高于法国。法国社保税的份额也逐渐提高（2004年社保税收入为PIB的4.8%，2013年上升到7.7%），尤其通过发展普通社会保险捐税（2013年普通社会保险捐税收入占社保机构收入的31%），但并没有相应削减社保缴纳金的份额。萨科齐总统在其任期末曾第一次提出大幅度削减企业缴纳的社保金，以提高增值税进行代替，但在2012年又被议会否决。

或许有必要在法律上必缴的公共税收之外，再加上社会方面必缴的私人费用，形成"必缴费用"的概念（著名记者保罗·法布拉的说法）。这样进行与其他国家的比较就会大大方便。

2.3.2.2 社保金的构成

205　简而言之，实际的社保金由三部分构成：雇主缴纳的社保金（接近63%）、职工缴纳的社保金（约占29%）和自由职业者缴纳的社保金（约占7%）。从经济角度来看，显然全部社保金都是由企业负担。2013年法国社保金接近社保总收入的65%。

法国社保缴纳金大部分由雇主负担。这种制度也存在于欧洲东部和南部国家（尤其是意大利），而在德国、美国和日本，社保金差不多由雇主和员工均摊，在另一些国家，社保负担大部分（荷兰）或全部（丹麦）由员工承担。经济合作与发展组织成员国雇主和员工的社保金分摊比例平均为65/35，七国集团为63/37，欧盟成员国为65/35。2013年社保资金的来源构成如下：44.9%来自家庭，46.1%来自企业，9%来自公共行政机关（资料来源：社保机构总局，《2013年社保关键数据》）。

2.3.3 税收

206　在法国，税收的比重先是经过一段时期的逐步增长，然后形成较为稳定的状态（2.3.3.1），用于不同机构的支出（2.3.3.2）。一直以来，法国的税收主要以间接税为主（2.3.3.3）。

2.3.3.1 税收的比重

207　一直以来，税收的比重逐渐增长，在20世纪60年代超过PIB的20%，2013年的数值为27.3%。这一比例略高于经济合作与发展组织成员国和欧盟成员国的平均水平（26.1%），也高于澳大利亚、英国、加拿大和意大利等国（北欧国家的税收负担要大得多，瑞典接近 40%，丹麦超过 47%）。但它明显高于主要竞争对手，如德国、西班牙、美国或韩国（小于 25%），跟日本更是没得比（小于 20%），而墨西哥更是才 15% 左右。

2.3.3.2 税收的受益对象

在法国，税收收入的分配不平衡。尽管从 20 世纪 70 年代开始中央政府的税收收入有所下滑，但仍拿走其中的大部分（2013 年为 PIB 的 13.7%，2008 年为 14.2%），差不多是地方税税收收入（加上国家的财政拨款约为 PIB 的 6%）或社保税收入（从 20 世纪 90 年代开始征收普通社会保险捐税，2013 年收入约为 PIB 的 7.7%）的 2 倍（国家公共机构和欧盟分得的税收收入各占 PIB 的一个百分点不到）。

如果按必提费用总额来算，则上述各个受益对象的收入分成比例有所不同：中央政府分得的收入占必提费用总额的 33%（这一比例低于经济合作与发展组织大部分成员国的水平），社保机构分得 54%（这一比例不仅高于经济合作与发展组织各成员国的水平，而且几乎是后者的 2 倍），而地方政府只有约 13%（单一制国家的平均水平约为 12% 强，各国在这方面的比例差距非常大；联邦制国家约为 8%，因为各个联邦成员的收入的必提费用与其他地方政府分开计算，前者的平均水平接近 20%，比利时的地区和德国州一级分得的必提费用收入分别占各自 PIB 的 14.9% 和 12.5%）。

2.3.3.3 税收结构以间接税为主

法国税制的一大特点是一直以来以间接税为主。在旧制度时代，各种间接税的收入已经高于直接税（如人头税、什一税、二十分之一税等）。法国大革命时期，为了使税收更加公正以及改变被人民唾弃的包税制的弊端，曾尝试取消间接税，代之以中央和地方共同的直接税：土地税（1890 年分成两个税种）、营业税（职业税的前身，后来又改成地方经济捐税）、动产税（居住税的前身），1798 年还设立了门窗税（第一次世界大战后取消）。不过到 18 世纪末由于迫切的财政需求，又恢复间接税。后者迅速占据主要地位，无论是 19 世纪的消费与交易特别税，还是第一次世界大战后逐渐出现的根据营业额征收的支出一般税（1954 年以后主要以增值税为代表，它在 1966~1969 年间扩大到大部分经营活动，并在 1967 年被欧共体选用作为协调各成员国税制的一个范例）。第一次世界大战期间通过的"约瑟夫·卡约改革"将直接税分为地方税（"地方四大旧直接税"）和中央税，设立了所得累进税（1948 年和 1959 年两年曾进行过改革），1948 年分出企业收益税，1991 年又创立了主要划拨给社保机构的普通社会保险捐税（参见 753 段）。普通社会保险捐税的发展减弱了间接税为主的趋势，导致此后的税制结构与传统出现差异。

这种税制是历史积淀的结果,因此很难进行改革。它自然与其他国家的税制有相同之处(如所得税、企业收益税、增值税等),但也反映出法国社会的特点。比如与德国不同,法国没有宗教税。德国的宗教税是从所得税收入中提取8%或9%,划拨给三大宗教(天主教、新教和犹太教)的教堂,不仅用于教堂自身的运营,也用于教堂为人民提供的服务(如办托儿所、收养孤儿、组织慈善活动等)。宗教税也存在于瑞士、奥地利等国。

在法国,经济合作与发展组织定义的所得税(主要包括个人所得税、企业所得税和普通社会保险捐税)如今接近PIB的10.5%(约为税收总额的47%和必提费用总额的20%多)。这一水平低于经济合作与发展组织成员国和欧盟成员国的平均水平(14%～15%),更远远比不上某些被视为这方面的典型的国家,不过高于某些主要竞争对手。

欧盟各成员国个人所得税收入占国内生产总值的比例相差也很大:如法国为7.3%,德国为9.5%,丹麦为26.3%,英国为9.1%。

法国的累进税(主要以个人所得税为代表)所占比重非常小,总额约占PIB的3%,原因是税基很薄弱(尽管2011年和2013年法国暂停调整累进税税率级次导致需缴纳该税的家庭数量大幅度上升,但仍有接近1/2的家庭无须缴纳该税)。这导致法国的累进税被集中至对最高收入人群进行征税(1/3的税收由1%的纳税人缴纳,另外2/3的税收由10%的纳税人缴纳),其税率普遍高于外国。

经济合作与发展组织定义的支出税("商品和服务税")在法国主要是增值税(接近2/3)、国内能源产品消费税(TICPE)以及烟酒特别消费税和汽车税,总额约占PIB的10.8%。如果按法国国民经济核算的统计方法加上工资税和地方经济捐税(经济合作与发展组织将它们列入其他类别),则约占PIB的12%,约占税收总额的一半或必提费用总额的20%多。支出税占PIB的10%～13%这一数值相当于经济合作与发展组织成员国和欧盟成员国的平均水平,也和其他大部分国家大致持平,但高于某些主要竞争对手。

美国的商品和服务税约占PIB的4.3%,日本为5.2%,加拿大为7.4%。不过德国为10.2%,英国为10.8%,匈牙利甚至高达17.1%。经济合作与发展组织成员国的平均水平基本始终保持在PIB的11%左右。

至于财产税,如果按照经济合作与发展组织的定义(主要有土地税、居住税、财富团结税、财产转让税特别是遗产税),则法国这方面的收入约占PIB的3.8%。

这一比例在经济合作与发展组织国家中属于最高的之一,远高于欧盟国家和经济合作与发展组织成员国的平均水平(1.8%),也高于德国(0.9%)、意大利(2.7%)、美国(2.8%)、日本(2.7%)等,与比利时(3.5%,近年比利时的这方面的收入大幅增长)和加拿大(3.2%)相近,但低于英国(4%)。

这些国家财产税数额之所以较大，主要是因为对不动产征税。法国在这方面设立了多个税种，包括两种累进税（遗产和赠与税以及财富团结税，后者此前在国外一直没有对应税种，直到 2007 年荷兰设置了相关税种）。此类税收税基一般较窄，税率很高，其中有一种是对交易的征税（财产有偿转让税）。

不过，财产税的分类不太固定。比如法国国民经济核算只统计"财产税"（主要是遗产税），它只占 PIB 的不足 2%。

另一些被经济合作与发展组织视为财产税的税种，法国国民经济核算将其列入收入与财产税类别，此类税收收入约占法国税收总额的 40%（2013 年占 PIB 的 14.3%），剩下的约 60% 是与生产或进口相关的税收（增值税、地方经济捐税、国内能源产品消费税、注册税、工资税等），约占 PIB 的 15.3%。

我们可以将这两类税种的比例与德国的情况作一个对比。根据经济合作与发展组织的统计数据，德国这两类税种的比例为 45/55，也就是说对收入与财产税的征收力度强于法国。

210　　这种在法国经常引起要求"税制改革"讨论的税制结构有两大主要特征：一方面，法国税制呈现出主要按比例征收的特点（如果将社保缴纳金考虑在内，则情况更为严重），这种特征随着普通社会保险捐税的发展变得更为显著（普通社会保险捐税即是按比例征收，其收入日渐已经超过个人所得税收入），不过由于存在大量的社会补贴使情况有所缓和。另一方面，法国目前存在改革这种税制的意愿，但不是通过设立对所有人征收（税基）的真正的累进税制，让税率阶梯性累进，缓慢递增（这尤其可以减轻支出税，特别是贫困人群的消费税）；而是基于"要让富人多出钱"的想法建立的税制：对大部分人进行减免，但对那些最富裕的群体征收税率极高的累进税（所得税、财富团结税、遗产和赠与税），最终总额可能呈现出充公性（针对的人群甚至扩大到前 10% 的最富有人群，他们占有法国所有家庭财富总额的一半），这导致企业家失去动力、加剧逃税避税或促使他们移民国外，更为严重的是甚至可能使这些行为显得合理。这无论从政治角度还是社会角度看都是一种不健康的情况，它的根源更来自法国的历史而非税收平等的观念。在全球化竞争的时代，在经济上这是极为危险的局面；在一个诞生了笛卡儿的国家，从理智角度看这也是令人费解的情况。

211　　"税盾"概念在法国的出现正是对这种情况的回应。2006 年财政法案设立的一个原则促成新《税法》第 1 条（宪法委员会在其 2005 年 12 月 9 日的决议中认可了这一条）的诞生。该条规定一位纳税人缴纳的所有直接税加起来不得超过其收入的 60%（《税法》中列出了税种名单，见第 1649 条），如被征收的税收超过这一限额，可以要求返还超出的部分（应在被征收第二年的 12 月 31 日以前提出申请）。但《税法》中所列的税种名单并未将个人缴纳的所有税收都包括在内，只列了所得税、财富团结税、土地税和居住税。后来共和国总统按照在竞选时期的承诺对"税盾"制度进行了改革，2007年8月21日《劳动、就业与购买力法案》将这一上限降低到50%，同时将社保税费尤其是普通社会保险捐税包括在内。2011年7月的财政法修正案落实了废除"税盾"政策和改革"财富团结税"的目标。

从1971年开始，税制结构成为税收委员会经常研究的对象。在该委员会发布的报告中，有几份值得注意：1995年《关于普通社会保险捐税的报告》、1997年《关于职业税的报告》、1998年《关于财产税的报告》、1999年《关于储蓄收入税的报告》、2000年《关于所得税的报告》、2001年《关于增值税的报告》以及2004年《关于税收竞争的报告》。其继承者必提费用委员会也延续了此类研究：如2008年《关于发达国家必提费用税率比较的报告》、2013年题为《伪装的税制：评估、关键与改革》的报告、2014年题为《地方税收与企业》的报告以及2015年题为《所得税、普通社会保险捐税，改革路在何方？》的报告。此外，委员会也常请一些专家学者做报告。审计法院2011年3月向共和国总统提交了一个名为《法德两国的税收和社保税费》的报告。《财政法组织法》第52条规定政府必须在议会秋季会议开始时提交关于必提费用的报告。

2.4 公共财政失衡

212　2015年初，麦肯锡全球研究院发布了一份名为《债务与（微弱的）去杠杆化》的报告，其中提到全球债务额接近200万亿美元，相当于全球年度经济产值的286%，但这份报告并未在经济界和公众中激起什么大的反响。根据这份报告，负债率最高的是日本，其负债率是PIB的400%，接下来是爱尔兰（390%）、新加坡（382%）和葡萄牙（358%），法国以280%的负债率排在第11位。

全球债务额在2007~2014年间增长了约57万亿美元，其中公共债务占的比重最大，而在2007年情况并非如此。2014年公共债务的规模约为58万亿美元。政府的巨额债务经常受到批评，今年某些国家也采取了一些有效的政策来削减公共债务。

213　法国经常有这方面的报告，尤其是执政党变更之时，新的领导人有时会请某些"智库"作相关报告：如1986年雷诺·德拉热尼耶（前预算主任）所做的《关于公共财政状况的报告》，1993年让·雷诺（驻审计法院总检察官）关于《社会、经济和财政状况评估的报告》，雅克·邦内特和菲利普·纳斯（均为审计法院法官）在1997年（应若斯潘政府的要求）和2002年（应拉法兰政府的要求）所做的《关于公共财政状况的报告》。2010年，在时任总统萨科齐的推动下，相关人员做了一些这方面的报告，其中包括《公共财政状况诊断报告》

(由保罗·尚索尔和让－菲利普·科蒂斯起草）和由米歇尔·康德苏领导的工作小组所做的《关于实施公共财政平衡规则的报告》。总理在2012年继续推进这方面的努力，在他的推动下，审计法院对公共财政状况（2012年和2013年的财政风险）进行审计，审计结果出现在审计法院《公共财政状况与前景的年度报告》中。

《财政法组织法》（第58条第1款）规定每年财政法案的预算方针进入讨论表决之前，审计法院应先向议会提交一份（在审计法院闭门会议讨论之后决定的）《公共财政状况与前景的年度报告》。

实际上，一直以来公共财政经常出现失衡，有时赤字甚至非常大（2.4.1），各国和欧盟当局则力图改变这种局面（2.4.2）。

2.4.1 公共财政大幅度失衡

214 公共财政大幅度失衡（受到当前罕见的金融危机的影响，情况更为严峻）表现为经常出现年度财政赤字（2.4.1.1），而各年赤字的累积又导致出现大量公共债务（2.4.1.2）。

2.4.1.1 年度财政赤字持续存在

215 当代大部分公共预算的执行都存在赤字，也就是说最终收入无法抵偿支出，必须通过发行公债（或可能通过增发货币）来弥补差额。

在法国公共预算核算体系中，赤字指（国家不包括公债收入的）预算收入不足以抵偿（国家不包括偿还公债支出的）预算支出。另外，对于国家预算而言，赤字根据是否将国际货币基金和汇率稳定基金的运营差额包括在内而有所不同。

在（各国、欧盟和国际的）经济核算体系中，赤字和"资金缺口"（与"融资能力"相对）这一概念相关，即财政资产的负向变动（针对债权和债务的财政活动呈现负差额）——在一定时期内（这里是1年），债务净流量高于债权净流量。

按照这种算法，出售国有股降低了预算赤字，但并未降低资金缺口，因为它只是将一种财政资产（国有企业的股份）替换成另一种财政资产（出售国有股得到的资金）。同样，国库向国有企业贷款或拨款扩大了赤字，但也不影响融资资金缺口。因此，法国财政法案所言的赤字与欧盟提到的赤字并不是一回事。随着欧洲的经济核算标准过渡到SEC95和之后的SEC2010（参见3段），这一区别更加显著。例如，SEC2010将从国家财政收入中直接提取的给欧盟和地方的款项、国家为保证其公职人员的养老金平衡可能需要交纳的分摊金（实际上由国家预算支付）也列为预算支出，同时还有另一些调整（如在预算支出的计算方面，由按实际支付的金额计算改为按实际应支付的金额来计算）。

不过在各国公共赤字的比较方面我们应当保持谨慎，因为各国在赤字的核算方面并未有统一的标准。2011年11月8日一项法令规定核算时应将公共机关的所有下属领域包括在内；在公共核算方面，应采用应计制（相对于收付制），以便核算符合SEC95的标准。不过，2013年3月欧盟委员会的一份报告认为各成员国在核算方面尤其是债务和赤字的计算方面仍不统一，并指出"目前仍缺乏一致的方法"，导致对赤字的统计数据有差异（资料来源：欧盟委员会，《对各成员国公共部门采用统一的会计准则——国际公共部门会计准则》，2013年）。

即使在经济自由主义思想占优势的时代，赤字也已成为中央政府预算的一大特征（1815~1940年执行的126次预算中有80次出现赤字，1850~1913年执行的63次预算中有36次出现赤字）。在两次世界大战之间，预算赤字成为规则，从1929年至今，法国只有4次预算（1970年、1972年、1973年和1974年）出现盈余。许多国家都存在类似的现象（比如从20世纪30年代初到1998年，美国只有8次联邦预算出现盈余。1998年是美国自1969年以来第1次出现预算盈余的年份）。

法国预算赤字的规模各个时期不同：第二次世界大战以前规模一般较小，第四共和国时期受到凯恩斯主义和战后重建的双重影响，赤字规模急剧扩大（上升到PIB的4%~6%）。在第五共和国的前20年，由于政府推行的新自由主义政策，加上整体有利的经济环境，赤字被缩小有些年份甚至被消除。之后赤字情况较为不稳定，总体升降时期交替，从20世纪70年代起重新出现显著的赤字，到20世纪80年代中期超过PIB的3%，80年代末得以短暂控制（低于PIB的2%），到20世纪90年代又继续增长，甚至在1993~1995年超过PIB的4%，然后逐渐下降，这一趋势延续到2001年。2002年和2003年两年赤字突然飙升，2003~2005年又有所下降，然后2007年又开始上涨。2008年的财政赤字额为563亿欧元。2009年和2010年的情况比较特殊，这两年的赤字额分别为1380亿和1490亿欧元，此后又开始下降。

至于全体公共行政机构的预算，则无论过去还是现在赤字规模都更大，因为除了中央政府的资金缺口，有时地方政府（由于解放以来地方政府大力发展基础设施建设，其财政赤字有时超过PIB的1%）和社保机构（1995年赤字接近PIB的1%）也有资金缺口。

20世纪90年代后半期的情况正好相反。

从1996年起，地方政府的财政出现盈余（2002年为PIB的0.25%），1999年开始社保财政也出现盈余（只有2002年例外，当年社保出现相当于PIB的

0.3%的赤字）。中央政府持续存在的财政赤字因此稍微减弱。

从 2004 年开始，情况又再度恶化，地方财政再次出现赤字。这种情况一直延续到 2010 年，加之当前金融危机的影响，情况变得更为严重。

以至于此前长期居于工业国家下游水平的法国的资金缺口（1991～1993 年小于 PIB 的 2%），从 20 世纪 90 年代上半期开始大幅度上升（1993 年达到 PIB 的 6%），此后从 1999 年起再次下降至不到 PIB 的 2%（2000 年和 2001 年为 PIB 的 1.4%），2002 年急剧增至 PIB 的 3.2%，超过欧元区趋同标准规定的 3%的上限。

2014 年法国的公共预算赤字额上升到 848 亿欧元。法国国家统计局的统计数据显示，法国公共赤字缓慢下降，这主要应归功于地方政府和社保机构，而非中央政府，后者的赤字大幅上升。

法国因此成为欧盟班上的"差生"，随着 2009 年出现创纪录的赤字（PIB 的 7.2%），情况自然更为恶化。历任政府希望将赤字控制在 3%以内的目标最终难以达成，而欧盟的预期更是与包括法国在内的大部分国家的努力"唱反调"。

2014 年欧元区国家的平均赤字为 2.4%（2012 年为 3.6%），欧盟国家的平均赤字为 2.9%（资料来源：欧洲统计局）。

在这个方面，法国并非唯一的"差生"，许多原先的"优等生"甚至原先的"老师"如今情况也与法国差不多，不仅在欧盟内部是如此。各国在赤字方面的情况差异很大，欧元区的情况更为棘手。欧元区一部分国家高度负债且赤字无法控制，另一些国家如德国和卢森堡的情况则好得多。

从国际层面看，也存在着这两个极端：日本是高负债国家的代表，美国虽然在 20 世纪 90 年代恢复财政平衡，但如今又陷入困难。

美国在 20 世纪 80 年代中期屡次出现创纪录的财政赤字（1986 年联邦预算赤字为 PNB 的 6%），此后又有多次高额赤字。从 1998 年起，美国开始落实削减赤字计划（2000 年达到 PIB 的 1.6%的盈余）。此后又再出现赤字，其从 2002 年开始受国内安全和军事支出的影响，之后又受到 2008 年源于美国的经济和金融危机的影响，赤字情况变得更为严重。2010 年联邦财政赤字达到 10.6%，2011 年估计约 9.8%，此后明显下降，2015 年降到 2.6%。

日本的特点是高赤字高负债，而且与美国一样某些地方政府的财政非常困难（甚至已经出于破产状态）。日本 2015～2016 财年预算报告中提到有一个国家部门的债务占到支出的 24%，其 38%的财政收入来自公债发行。这种情况的特点是以高负债来支持高支出，其自有资源与这两者都不成比例。

以"金砖五国"（巴西、俄罗斯、印度、中国和南非）为代表的新兴国家出现了一种新情况。巴西 2014 年公共财政进一步恶化，财政赤字达到 PIB 的 6.7%

（2013 年为 3.25%），净债务从 2013 年 PIB 的 56.8%上升到 2014 年的 63.4%。

从更广的范围看，近年恶劣的经济和金融状况导致各国的公共财政普遍恶化，连英国这样的国家也不例外。英国曾经迅速恢复公共财政平衡（从 1996 年 4.4%的财政赤字到 2000 年 4.4%的财政盈余），如今又回到巨额赤字（2011 年为 PIB 的 7.8%，2014 年降到 5.7%）。经常视为榜样的加拿大 2000 年有 2.9%的盈余，2006 年下降到 1.5%，2008 年后也出现赤字，2008 年为 0.4%，2009 年为 4.9%，2010 年的赤字达到 5.1%。不过，2013 年和 2014 年两年，虽然许多国家应国际和欧盟的要求实行财政紧缩计划（希腊在 2014 年并未这么做），但财政状况仍在恶化，塞浦路斯 2014 年的财政情况尤为严峻。欧盟中有 8 个国家的负债情况有所改善（爱尔兰尤为突出）。最后有必要指出，北欧一些国家在 2013 年和 2014 年的财政情况也有所恶化，欧盟中财政状况最糟糕的是希腊、葡萄牙和塞浦路斯（甚至还有意大利），具体见表 2。

表 2　欧盟各成员国公共赤字/盈余占国内生产总值比重一览　　单位：%

国家	2004 年	2006 年	2008 年	2010 年	2011 年	2012 年	2013 年	2014 年
德国	-3.7	-1.5	0	-4.1	-0.9	0.1	0.1	0.7
法国	-3.5	-2.3	-3.2	-6.8	-5.1	-4.9	-4.1	-4
英国	-3.6	-2.9	-5.1	-9.7	-7.6	-8.3	-5.7	-5.7
意大利	-3.6	-3.6	-2.7	-4.2	-3.5	-3	-2.9	-3
西班牙	0	2.2	-4.4	-9.4	-9.4	-10.3	-6.8	-5.8
波兰	-5.2	-3.6	-3.6	-7.6	-4.9	-3.7	-4	-3.2
爱尔兰	1.4	2.8	-7	-32.5	-12.7	-8.1	-5.8	-4.1
比利时	-0.2	0.2	-1.1	-4	-4.1	-4.1	-2.9	-3.2
捷克	-2.7	-2.3	-2.1	-4.4	-2.7	-3.9	-1.2	-2
保加利亚	1.8	1.8	1.6	-3.2	2	-0.7	-0.9	-2.8
爱沙尼亚	2.4	2.9	-2.7	0.2	1.2	-0.2	-0.2	0.6
丹麦	2.1	5	3.2	-2.7	-2.1	-3.7	-1.1	1.2
希腊	-7.5	-6.1	-9.9	-11.1	-10.2	-8.7	-12.3	-3.5
塞浦路斯	-3.7	-1	0.9	-4.8	-5.8	-5.8	-4.9	-8.8
拉脱维亚	-1	-0.6	-4	-8.1	-3.3	-0.8	-0.7	-1.4
立陶宛	-1.4	-0.3	-3.1	-6.9	-8.9	-3.1	-2.6	-0.7
罗马尼亚	-1.2	-2.2	-5.6	-6.6	-5.3	-2.9	-2.2	-1.5
瑞典	0.3	2.2	2	0	-0.1	-0.9	-1.4	-1.9
斯洛伐克	-2.3	-3.6	-2.4	-7.5	-4.1	-4.2	-2.6	-2.9
芬兰	2.2	3.9	4.2	-2.6	-1	-2.1	-2.5	-3.7

续表

国家	2004 年	2006 年	2008 年	2010 年	2011 年	2012 年	2013 年	2014 年
卢森堡	−1.1	1.4	3.3	−0.5	0.4	0.1	0.9	0.6
奥地利	−4.8	−2.5	−1.4	−4.5	−2.6	−2.2	−1.3	−2.4
匈牙利	−6.4	−9.4	−3.7	−4.5	−5.5	−2.3	−2.5	−2.6
马耳他	−4.4	−2.6	−4.2	−3.3	−2.6	−3.6	−2.6	−2.1
荷兰	−1.8	0.2	0.2	−5	−4.3	−4	−2.3	−2.3
斯洛文尼亚	−2	−1.2	−1.4	−5.6	−6.6	−4	−14.9	−4.9
葡萄牙	−6.2	−4.3	−3.8	−11.2	−7.4	−5.6	−4.8	−4.5
克罗地亚	−5.1	−3.3	−2.7	−6	−7.5	−5.3	−5.4	−5.7

注：负数表示赤字，正数表示盈余。
资料来源：欧洲统计局和法国国家统计局。

2.4.1.2 巨额公共债务

216 长期以来，年度财政赤字出现的频率和规模导致积累了大量的公共债务。

这里的债务是负债之意，既包括严格意义上的债务，即对先前借款的补偿，又包括"即期债务"，即"国库对应机构"存放在国家账户中随时可以取走的基金。

其中，中央政府的债务所占比重最大。坦白而言，自 1522 年弗朗索瓦一世发行第一笔现代公债（巴黎市政厅建设公债）以来，中央政府负债成了一种颇为牢固的传统。法国财政史一大特征是国家债务膨胀（有时甚至急剧膨胀，尤其在 18 世纪初期和末期）和试图削减债务的努力交替出现。苏利公爵、马萨林、柯尔贝和杜尔哥等人当政时都曾进行过类似的尝试，但效果大多比较短暂。其中最值得注意的一次尝试是康朋在 1793 年建立的"公共债务账目"（*Grand Livre de la dette publique*），旨在保证对公共债务的偿还。后来督政府任用拉梅尔清理和削减债务，通过著名的"三分之二破产法"使国家债务得以急剧减少。

美国《1787 年宪法》中也做出了类似的保证，承诺该宪法生效前"所负的一切债务和所签订一切契约在本宪法生效后对合众国仍然有效，其效力一如邦联时代"。不过我们注意到美国后来拒绝承认与内战相关的公共债务，"无论合众国或任何一州，都不得承担或偿付因援助对合众国的作乱或反叛而产生的任何债务或义务，或因丧失或解放任何奴隶而提出的任何赔偿要求；所有这类债务、义务和要求，都应被认为是非法和无效的"（《宪法（第 14 修正案）》，1868 年）。我们可以将这条规定与国际法方面的某些问题联系起来看，比如所谓"恶债"、或国家继承或独立时公共债务的处理。

在第一次世界大战以前，公共债务的数额主要按需支付的利息计算，因为当时的公债基本是永久公债，政府无须偿还本金。因此，在19世纪的预算中，公债利息支出占预算支出的第1位（在20%～30%之间），有时（如1892年）甚至达到年度收入的40%（这一比例与路易十六统治时期相近，不过低于约翰·劳的纸币试验失败的1720年）。

从公债本金需要偿还以后，债务额的主要标准变成了应偿总额。两次世界大战之间，应偿总额大幅度上升（从国民总收入的60%多上升到120%），之后在第四共和国时期持续下降（20世纪50年代末已经下降至不到国民总收入的50%），第五共和国的前20年公共债务进一步减少，且下降幅度更大（从1958年约为PIB的40%下降至1978年的不到15%）。不过，从20世纪70年代开始，反复出现的大量赤字（参见215段）导致国家债务急剧上涨。

2014年末法国国家债务总额为16101万亿欧元，加上除中央政府以外的其他中央行政机构的债务则达到16328万亿欧元，相当于PIB的76.1%（1985年国家债务为PIB的25%，1990年不到30%）。另外，法国在2013年需支付的国债利息为432亿欧元（1974年为50亿法郎），占总预算的12.4%（1974年不到5%），相当于PIB的2%。

在美国由国会规定联邦债务上限。2006年这一上限为6.5万亿美元，2010年上升至14.3万亿美元。联邦债务的管理是美国的一个核心政治议题"持续决议案"。2011年4月奥巴马总统以政府关门（即停止联邦政府的活动）威胁国会通过一项临时预算案（"持续决议案"）。2011年夏他又再次以此威胁，使国会将联邦债务上限提至16.4万亿美元。这一上限到2012年底被触及并超越，由于国会没有批准，美国只得实施自动削减联邦政府支出的计划。此后这一上限又被提高到17.2万亿美元，后来又被放弃，目前的参考债务上限将于2015年3月被触及。

公共行政机构整体的债务更为严重。除了中央行政机构（中央政府和其他中央行政机构）的债务，还包括社保管理机构（社保机构的债务较少，因为被转移给其他机构）和地方行政机构的债务。地方行政机构的债务也是一个老问题，主要是第二次世界大战后累积起来的债务，总额接近PIB的10%（近几十年地方债务额与PIB比一直稳定在10%左右）。

1980年法国公共债务应偿总额相当于PIB的20.7%。根据法国国家统计局公布的统计数据，2014年末按《马斯特里赫特条约》的标准计算的应偿总额为20378亿欧元，相当于PIB的95%。

不过，我们也应注意到公共机构债务的计算模式不同于法国国家核算采用的计算方法（法国国家核算采用的是经济合作与发展组织的核算模式，主要计算证券、商业贷款和公共机构间债务的价格），也不同于《马斯特里赫特条约》规定的方法（主要特点是只计算票面价格，忽视商业贷款，进行账户合并时将公共机构间债务排除出去）。

因此，根据欧盟标准，法国公共机构的债务已经大大超过《马斯特里赫特条约》规定的占 PIB60% 这一上限，且高于欧盟成员国的平均负债率，也高于某些竞争对手（如日本）。如今法国已失去在这方面的优势地位，要知道，一直到 20 世纪 90 年代初，法国始终是公共负债率最低的国家（不到 PIB 的 30%）。不过，目前的形势是各国的公共债务普遍恶化，多个竞争对手的负债情况与法国相当接近，但它们的必提费用水平低于法国，具体参见表 3 和表 4。法国这方面的趋势是合并公共负担。

表 3　欧盟各成员国公共债务总额占国内生产总值比例一览　　单位：%

国家	2004 年	2006 年	2008 年	2010 年	2011 年	2012 年	2013 年	2014 年
德国	64.9	66.5	65.1	80.5	77.5	79.3	77.1	74.7
法国	65.7	64.4	68.1	81.7	85.2	89.6	92.3	95
英国	40.2	42.5	51.8	76.4	81.8	85.8	87.3	89.4
意大利	100	102.5	102.3	115.3	116.4	123.1	128.5	132.1
西班牙	45.3	38.9	39.4	60.1	69.2	84.4	92.1	97.7
波兰	45.3	47.1	46.6	53.6	54.8	54.4	55.7	50.1
爱尔兰	28.3	23.8	46.6	87.4	111.2	121.7	123.2	109.7
比利时	96.6	90.7	92.2	99.5	102	103.8	104.4	106.5
捷克	28.5	27.9	28.7	38.2	39.9	44.6	45	42.6
保加利亚	36.1	21.3	13.3	15.9	15.7	18	18.3	27.6
爱沙尼亚	5	4.4	4.5	6.5	6	9.7	10.1	10.5
丹麦	44.2	31.5	33.4	42.9	46.4	45.6	45	42.6
希腊	98.6	103.4	109.3	146	171.3	156.9	175	177.1
塞浦路斯	64.7	59.3	45.3	56.5	66	79.5	102.2	107.5
拉脱维亚	14.2	9.9	18.6	46.8	42.7	40.9	38.2	40
立陶宛	18.7	17.2	14.6	36.2	37.2	39.8	38.8	40.9
罗马尼亚	18.6	12.3	13.2	29.9	34.2	37.3	38	39.8
瑞典	47.9	43.1	36.8	36.8	36.2	36.6	38.7	43.9
斯洛伐克	40.6	30.7	28.2	40.9	43.4	52.1	54.6	53.6
芬兰	42.7	38.2	32.7	47.1	48.5	52.9	55.8	59.3
卢森堡	6.5	7	14.4	19.6	19.1	21.9	24	23.6
奥地利	64.8	67	68.5	82.4	82.1	81.5	80.9	84.5
匈牙利	58.8	65	71.9	80.9	81	78.5	77.3	76.9

续表

国家	2004年	2006年	2008年	2010年	2011年	2012年	2013年	2014年
马耳他	72	64.6	62.7	67.6	69.7	67.4	69.2	71.9
荷兰	50	44.9	54.8	59	61.3	66.5	68.6	68.8
斯洛文尼亚	26.8	26	21.6	38.2	46.5	53.7	70.3	80.9
葡萄牙	62	69.2	71.7	96.2	111.1	125.8	129.7	130.2
克罗地亚	38.3	36.1	36	52.8	63.7	69.2	80.6	85

资料来源：欧洲统计局和法国国家统计局。

表4　　公共债务总额占国内生产总值比例近似比较　　单位：%

国家	2005年	2006年	2007年	2008年	2009年	2010年	2011年	2012年	2013年	2014年
日本	169.5	166.8	162.4	171.1	188.7	193.3	210.6	218.8	227.2	231.9
美国	64.6	63.4	63.8	72.6	85.8	94.6	98.8	102.1	104.1	106.3
加拿大	75.8	74.9	70.4	74.7	87.4	89.5	93.6	96.1	97	97.1
德国	71.8	69.8	65.6	69.9	77.5	86.3	85.8	88.3	86.1	83.4
法国	76.1	71.2	73	79.3	91.4	95.7	99.3	109.2	113	115.8
英国	45.5	45.3	46.4	56.7	71.3	84.5	99	102.4	107	110

资料来源：日本财务省2013年1月公布的日本财政状况数据和经济合作与发展组织2014年预测数据。

我们前面已经说过，国家间的比较是相对的，因为各国情况未尽相同。比如，某些在法国属于"公共"的负担，在其他国家可能是"私人"的（或被政府忽视），特别是养老和社保方面，而且一项负担的公共性也未必一定会导致事实上的赤字和负债。我们这里要比较的是各国公共部门的范围，并且是其财务活动的（合并后的）差额。

217　　此外，（至少在内部统计或前景展望时）还有必要加上国有企业（和某些本应列为"公共管理机关"的机构）的数额不菲的债务，以及以公共行政机构对未来数年或数十年的"表外项目"（首先是养老金）为代表的隐性债务。

2001～2002年，法国国有企业的债务相当于PIB的10%，总额约为1500亿欧元，其中一半是法国电信的债务，法国煤炭公司和法国国家铁路公司（它们实际上是"公共管理机关"，前者负责逐步关闭所有煤矿，后者负责承担铁路债务。另一些作为政府"卫星部门"的私权组织也可以视作"公共管理机关"）加起来约占1/5。此后法国公共部门的范围逐渐缩减，其增值业务从占国内总增值的25%下降到10%，并集中于几个大型国有企业。不过，目前国有企业的债务并没有因此减少，虽然这一领域的公共债务的范围仍然相对有争议。

至于"隐性公共债务"，主要是公共部门的退休金（主要始于2010年），预计到 2040 年退休金总额将占到 PIB 的 5%～6%（其他欧洲国家为 4%～8%）。2013 年 12 月 31 日国家账目（表外项目）中对退休公职人员承诺的退休金"在 12040 亿～14570 亿欧元之间"，按采用的贴现率（1.08%）计算，预计为 13020 亿欧元（《公职人员退休金报告》，2015 年）。尽管 2013 年的账目将邮政职员也纳入退休金范围（对其承诺退休金总额约为 1110 亿欧元），但数额比起 2012 年还是有所下降。社保税费的增加导致国家公职人员退休金的资金缺口大幅度下降，有时甚至出现"融资盈余"（不过还需将某些其他人员的退休金考虑在内，如国家工人，其退休金总额预计为 347 亿欧元）。2013 年领取国家养老金的人数为 230 万人（包括军人在内），所有领取养老金的总人数为 500 多万人（缴纳养老金的人数为 2580 万人，其中 2393 万人按期支付，但有些人缴纳多种养老金，可能存在反复统计）。上述报告还指出另一个现象：国家养老金支出减少，但地方和医疗机构公职人员的养老金支出大幅增长。另外，因为公职人员基础养老金相对于一般养老金升值，因此其支出的增长速度比一般养老金支出的增长速度慢。另一些值得注意的"债务"是涉及储蓄、住房和保险方面或涉及在未来几十年拆除寿命到期的核电站的承诺支出（审计法院 2012 年 1 月的《核电领域成本报告》中预计的拆除成本接近 320 亿欧元）。

对于某些国家，在国家财政的层面上还应将数额巨大的国家外债也考虑在内。其中发展中国家的外债在最近 30 年增长了 40 倍（俄罗斯 2002 年外债为 1490 亿美元，2009 年涨至 4840 亿美元）。世界上负债最多的国家是美国，其联邦债务在 2015 年初达到 18 万亿美元。令人惊奇的是，美国国债的最大持有者是美联储（美联储采取在二级市场上买入公债的政策），其次是中国、日本、加勒比银行中心、巴西等。

2014 年美国的总共债务已经相当于 PIB 的 101.5%，地方的情况也非常困难，许多市政府和州政府（如加利福尼亚州、亚利桑那州等）过度负债。2014 年美国债务总额达到 813480 亿美元，其中公共债务总额甚至高于私人债务总额，尽管美国是一个家庭储蓄率非常低的国家（参见美联储，2014 年 12 月发布的《美国财政账户的数据》）。

2.4.2 公共财政失衡的应对措施

218 公共赤字多年来不断受到批评（2.4.2.1），促使公权力针对两大类批评（2.4.2.3）做出反应（2.4.2.2），并在必要时对公共债务进行重组（2.4.2.4）。

2.4.2.1 对公共赤字的批评

219 公共赤字越来越受到抨击。当然，公共赤字仍然可以作为形势性政策的工具，使政府无须只依赖提高税收来确保大规模的经济建设和社会发展。有一种古典经济思想认为甚至要求基础设施建设必须通过借贷来融资，因为这些设施使后代人受益，自然也应该由他们偿还。我们还注意到，《欧盟运行条约》规定欧盟委员会对各成员国财政状况进行监督时，应检查"公共赤字是否超过投资性公共支出"（第 126 条第 3 款）。但由于公共赤字几乎年年存在而且规模巨大，导致了一些不良的经济影响：一方面，为了弥补赤字，政府需要大量借款，从而对企业贷款产生"挤出效应"，使后者难以筹措到投资所需的必要资金，并导致利率上升（即使政府没有通过增发货币来融资也会导致此种效果）；另一方面，这些赤字累积了大量公共负债，对公共预算造成越来越严重的影响，首先需要支付债务利息，尤其在经济衰退时期，导致出现更大的赤字（以债还债现象）。

2.4.2.2 公权力的反应

220 公权力力求打破这一累增性进程。

欧盟当局在欧元区趋同标准中为各成员国规定了 PIB3％的赤字上限和 PIB60％的债务上限，同时规定了欧元区各成员国需达到的公共财政平衡或盈余的目标，并由欧盟委员会和欧盟理事会加以监督（参见 301 段）。

这些规定促使各成员国采取削减赤字的政策，并在 20 世纪 90 年代末取得广泛成果：欧盟各国政府预算的平均差额从 1996 年较大的赤字（PIB 的 4％）到 2000 年出现盈余（占 PIB 的 1％左右，2000 年欧洲大部分政府的预算都出现盈余）。公共负债也得以下降（1996 年公共负债比重约为 PIB 的 3/4，2000 年下降到 PIB 的 2/3），不过（至少平均水平）仍然高于 PIB 的 60％（当时欧洲大部分政府的债务低于这条红线）。

随着 2001 年经济发展开始放缓，各国公共财政状况普遍恶化，欧盟的努力也遭遇挫折。欧盟委员会向多个主要成员国启动过度赤字预警程序（当时德国、法国、意大利 3 国的国内生产总值加起来占到欧盟 15 国的一半和欧元区的 3/4）。

欧盟理事会曾多次对大部分主要成员国发布过度赤字确认决议：如德国（2003 年 1 月 21 日）、法国（2003 年 6 月 3 日）、英国（2006 年 1 月 24 日）等。2003 年对意大利启动过度赤字预警程序，2006 年对德国和英国启动，但也针对一些小成员国，如 2004 年对塞浦路斯启动。但是这些程序几乎没什么用，从 2008 年金融危机到后来的爱尔兰和希腊的债务危机都显示了这些措施毫无用处（最后这次债务危机如今可能还没结束），对各成员国的影响力仅限于要求实施紧缩的财政重组政策以换取集体援助。

欧盟理事会 2002 年规定各成员国必须在 2004 年之前恢复公共财政平衡，此后这一期限被推迟到 2006 年，后来实际上并未被遵守。

影响到大部分成员国的金融危机，几乎暂时"抹除"了欧盟此前的努力。

2.4.2.3 两类批评

221 对欧盟设定的这种制度的批评主要集中在两个方面（令人略感惊讶的是，第一个对此提出批评的人是时任欧盟委员会主席罗马诺·普罗迪,他认为这种稳定协议有点"愚蠢"但又是必要的),所以它后来被部分改革也是自然之事。

第一类批评关注的是欧盟在赤字和债务方面规定的上限标准的有效性问题。

首先,欧盟所采纳的上限(PIB 的 3% 和 60%)基本是人为的,不仅没有任何科学依据(不过就算没有科学依据,那也应该由各国进行约定),而且某些国家的数据还有争议(不过在这个方面欧盟的警惕性也逐渐提高)。

关于债务方面规则和原则的规定见于《欧盟运行条约》第 126 条,并由"关于过度赤字"的第 12 号议定书和"关于趋同标准"的第 13 号议定书加以补充。欧盟理事会 1993 年 11 月 22 日发布的一项条例已经开始应用一份附录于《欧共体条约》的关于过度赤字的议定书。后来这项条例又由理事会 2002 年 2 月 25 日的一项条例(关于利率换算合同对赤字计算的影响)加以修改。

预算差额和债务应偿总额(以及其他趋同标准)如今按 SEC2010(参见 3 段)规定的算法计算,由各国政府根据欧盟标准进行统计(法国由法国国家统计局调配二十余位专家以公共核算总局统筹的数据进行计算),每年向欧共体统计办公室或欧洲统计局(向欧盟委员会负责)汇报两次(3 月 1 日和 9 月 1 日)相关数据,由后者对这些数据进行认证(有时它们会拒绝认证)。

欧洲统计局负责在欧盟委员会工作小组内(与各国专家和欧洲中央银行合作)对各国统计的赤字和债务的计算模式进行协调,据此发布公共账目"SEC 手册"。另外,它还负责对各成员国提交的统计数据进行核实,在有争议时,可以通过"阐释决议"规定哪些项目需要纳入统计(比如它认可通用移动通信系统牌照费可以削减国家赤字,但拒绝由国家未回收的纸币产生的收益纳入赤字计算)。

其次,欧盟在赤字方面规定的标准不够现实,因为它针对的是实际赤字。其实更应关注的是"结构性"差额,据此修正受形势(正面或负面)影响的实际赤字。不过,在这个方面,欧盟文件也已经要求将特殊的情况纳入考虑,而且欧盟委员会也同时考虑实际差额和结构性差额。

"结构性差额"(取决于"趋势性的"或"可能的"国内生产总值以及财政收支对经济形势的"敏感程度"或"弹性")由经济合作与发展组织和国际货币基金组织计算。从 1999 年起,欧盟委员会也开始计算各国的"结构性差额"。不过这 3 家采取的计算方法和计算结果均有所不同(1997 年,法国的实际赤字占 PIB 比为 3%,结构性赤字根据不同组织的数据在 1%～1.8%之间;2001 年实际赤字为 PIB 的 1.41%,结构性赤字在 1.3%～1.7%之间)。

从 2002 年开始,欧盟委员会正式决定在实际差额之外也将结构性差额纳入考虑,并评估结构性差额的"质量"(即这种差额是有利于促进就业和共同富裕)

和"可持续性"（所谓"可持续性"，从本质上说就是不能最后走入死胡同）。

欧盟委员会在 2003 年 4 月 2 日通过的关于法国情况的报告中指出，法国财政赤字在 2002 年已经超过占 PIB 的 3% 这一上限。这个赤字不仅不是源于特殊情况（关于特殊情况的标准已有文件规定，参见 301 段），而且其中只有大约 1/3 能够归咎于不太有利的经济形势（剩下的部分主要由于法国自 1999 年以来对支出缺乏控制）和减税政策（于 2002 年实施，削减的税收额估计占 PIB 的 0.5%）。尽管各成员国公共财政的"标准化"和透明化进程尚未全部完成，不过 2005 年和 2011 年接连通过的一些法律强化了欧盟对各成员国公共财政的影响力，加强了对公共财政的监督，并改善了其清晰性。

第二类批评涉及欧盟文件要求的欧元区各国保持公共财政平衡和盈余这一目标本身。

首先，该目标忽视了预算赤字可以对形势产生的正面影响，而且尽管欧盟把"结构性差额"纳入考虑，但"形势性"赤字也不可能完全避免，更值得注意的是，形势性赤字可以减轻恢复财政平衡的经济和社会成本。

恢复财政平衡必然需要经济和社会成本（要么提高税收，要么减少支出，或者两者同时执行），不过有必要指出公共负债越多，恢复平衡的成本也更高。因为首先必须偿还债务，只能在其他方面缩减开支（如果不能缩减开支，只能提高必提费用，而法国现在的必提费用已经很高了）。

而且还应始终记住欧洲已经一体化，因此在欧元区实施的这种体系中（除非我们对这种体系本身提出质疑），预算赤字不能像以前那样只从一国的角度考虑，因为它必然会对整个区域产生影响。

赤字对纯粹经济层面的影响仍然是不确定的，因为一国的公共赤字可能影响利率（导致利率上升），从而影响欧洲央行的货币政策和其他国家的经济利益；但反过来，赤字也可以重振一个国家的经济活力并带动伙伴国的增长。不过，一国赤字造成的心理影响也非常重要，既影响到欧元区内伙伴国（觉得做出的牺牲不公平）和区外国家（给区外国家一种纵容赤字和混乱的印象），这种心理影响必然同时影响到金融（影响欧元的稳定）和政治方面（影响欧洲的团结）。所以，赤字未必一定要禁止，但它必须建立在欧洲协调的基础之上（在这一点上，欧盟理事会的"政府间协调"职能比欧盟委员会的"超国家"职能更可取）。

另外，预算赤字追求的形势性效果有时可以通过货币政策（更好地）实现。
其次，这一目标不合理地过分强调年度性指标（赤字），而忽视了经常性指标（债务）。但债务的体量大小比赤字更能衡量公共财政的"健康"程度，何况公共财政健康也是《欧盟稳定与增长公约》提出的原则（参见301段）。

不过，公共负债已经达到如此大的规模，以至于我们不仅要想是否还有理由允许赤字的存在，何况这些赤字经常只是拒绝履行必要努力的反映，甚至有时政府出于方便的考虑，会故意不将收入余额用于减少债务（或削减赤字），而是用于新的支出。

法国这方面典型的例子是所谓"税收奖池"，即将财政收入盈余用于削减税收。比如由于1999年底的预算案低估了1999年和2000年的收入，导致出现约500亿法郎的盈余收入，但它没有被用于削减赤字而是让赤字保持原先的水平，通过2000年7月13日的财政法修正案将这笔钱用于减税（约400亿法郎）和新的支出（约100亿法郎）。20世纪80年代末也有类似的情况。

2005年立法机构在《财政法组织法》中引入了一条关于国家税收盈余（相对于财政法案估计的税收收入）再分配特别规定。在这一点上，2005年7月12日的修正的《财政法组织法》，规定今后财政法案将明确"国家征收的高于财政法案估计的税收盈余的处理模式"。宪法委员会指出该条规定的措辞问题，并否决了一条关于国内能源产品消费税"盈余"分配的规定（2005年12月29日第530号合宪性审查决议）。2007年财政法案明确规定税收盈余应全部用于削减预算赤字（第52条第4款）。

例如，2010年启动的"未来投资计划"旨在加大科研投入以促进经济发展，但法国的国家债务也由此而更加严重。该计划由成立于2009年的两位前总理阿兰·朱佩和米歇尔·罗卡尔领衔的"未来投资计划委员会"拟定，经共和国总统批准后启动，总投资350亿欧元，其中220亿从金融市场筹集。其预算分散于科研、大学等任务和项目的名下，但更像是由投资总署署长自主管理的一个特别预算。

在这样一个关系后代命运的领域，对赤字采取的矫正性措施，无论看起来显得"技术官僚主义"或"简单化"，都有必要进行尝试，以抑止某些民主决定被通过（甚至在政治上也对其提出者有好处），但有时无异于集体自杀的行为。

"我们希望像一个好父亲管理家庭那样管理公共财政。决不能将使我们自己受益的开支推给后代来偿还"，这是2002年时任预算部部长阿兰·朗贝尔说的一番话。类似的话在法国财政史中屡见不鲜（比如普恩加莱和安托万·比内也表达过类似的意思），大意是政府像一个上市场买菜的家庭主妇，开销不能大于她所拥有的钱财。虽然政府嘴上说要做个好主妇好父亲，但实践中却经常借钱开销。这个比喻经常被嘲笑，对它的嘲笑有时也有道理，因为公共财政和私人财政无论手段还是目的均不相同（在某些情况下，前者的不平衡有利于确保后者的平衡）。但这个比喻也反映出有必要守住某些合理原则，在适当的时候，这些原则能够确保公共财政的恢复（以及其推动者在政治上的成功）。

2.4.2.4 公共债务重组的可持续性问题

222　　在对公共债务的讨论中，有一种观点始终存在，即政府可以不如期兑付其债务，或对债务进行重组（再融资、削减债务等）。在最近的希腊（和乌克兰）债务危机中，这种解决办法再次被提起。它已经被多个国家实施过，而且显然是一种便利的选择，但却忘了无论这种做法如何"合理"，始终有赔本的人，就是那些借给政府钱的储户或纳税人。政府无力偿还债务（利息、本金）并不是什么新鲜事。因此，国际组织对公共债务尤其是国家债务的监督成为一个常态。在这个方面，国际货币基金组织和世界银行在2005年通过了"债务可持续性框架"，目的是"对低收入国家的资金缺口和还贷能力进行综合分析，综合考虑每个国家的特定情况为其举债决策提供指导"。这一点上，风险问题以及相应的包括所有公共单位债务在内的公共债务的可持续性问题始终是核心问题。在绩效论坛上，法国经济与财政部部长指出可持续性"是一个比较难定义的概念"，他认为"理论上如果国家通过征收新税都无法偿还其债务时，这种公共债务是不可持续的"，并补充道，"如果公债的融资成本随着债务的增长大幅上涨，在不那么严格的意义上，也可以说这种债务是不可持续的"，但不可能做到"规定一个可持续上限，说超过这一上限公债即是不可持续的"。经济学家和金融学家也将重点放在国家的偿付能力以及应对债务的中长期预算能力方面，也涉及债务负担和本金的偿还本身，与研究企业债务问题的角度没有什么不同。提出的一些解决办法也是众所周知并已经实践过的：不如期兑付、增税、削减公共支出、通胀。公共（和私人）债权人放弃一部分债务也是一种常见的做法。

　　1956年由于阿根廷与其债权人的争端而成立的巴黎俱乐部如今已达成430项协议，涉及90个债权国，处理的债务总额达到5830亿美元（截至2014年底）。该俱乐部2013年达成了两项协议，促成一笔55亿美元的债务被撤销，另一笔40多亿美元债务得以延期偿还。当然，希腊危机（甚至西班牙和葡萄牙等国的危机）涉及的金额比巴黎俱乐部平常处理的金额大得多，很难想象这个国家会有能力偿还其债务。

223　　当公共债务的持有人是私人债权人时，其重组还会引起其他问题。在此我们也有必要指出某些所谓"秃鹫基金"（很多来自英联邦国家）与国家之间还有债务纠纷，其他债权人（比如银行）可能接受债务重组，但他们完全拒绝。秃鹫基金一般在二级市场买入低于其票面价值的公债，等待其全额偿付。如相关国家拒绝，他们会立刻向司法机关提出诉讼寻求包括利息在内的全额偿付。这种金融策略如今不仅受到国际货币基金组织的谴责、甚至还受到联合国的谴责。而且从法律角度看，这种因素的存在确实对接受重组的人很不公平。尽管如此，法官一般会支持这些基金，比如美国最高法院 2014 年 6 月 16 日对"阿根廷诉 NML 资本公司案"的判决就是如此，尽管阿根廷已经与大部分债权人达成重组方面协议，美国最高法院仍然裁定阿根廷必须向该基金偿还全部本息。因此，国际上努力建立一套旨在应对此类借款合同的法律框架。联合国大会于 2014 年 9 月 9 日通过决议，决定为主权债务重组拟定一个多边法律框架。

第 3 章 欧洲层面的公共财政

224 欧洲可能是世界上建立区域性组织最多的地区，其中大部分创立于第二次世界大战后。欧洲经济合作组织（OECE）、欧洲自由贸易联盟（AELE）、欧洲委员会和北欧理事会等组织都曾在欧洲地区组织历史上留下自己的印记，有些组织的职能较为专业，有些则较为综合。

225 今天的欧盟是由一些欧洲区域性组织一步步发展而来。1951 年 4 月 18 日的《巴黎条约》建立了欧洲煤钢共同体（CECA），1957 年 3 月 25 日签订的《罗马条约》又创立了欧洲原子能共同体（Euratom-CEEA）和欧洲经济共同体（CEE）（后来被统一为欧洲共同体）。这些共同体从 1972 年起开始接纳新成员，并在 1992 年 2 月 7 日《马斯特里赫特条约》签署后被并入欧盟。2007 年 12 月 13 日签署的《里斯本条约》修订了两个基础条约：《欧盟条约》（TUE）和《欧盟运行条约》（TFUE）。从 2013 年 7 月 1 日开始，随着克罗地亚的加入，欧盟成员国达到 28 个。

226 目前欧盟当局由欧盟理事会（政府间性质）、欧盟委员会（超国家性质）和欧洲议会（与欧盟理事会分享立法权）构成，由欧盟法院和欧盟审计法院进行监督。这种机构设置导致出现了一种超国家性质的公共财政：欧盟财政（3.1）。同时，欧盟还通过各种途径对各成员国的公共财政设定框架（3.2）。

3.1 欧盟财政

227 欧盟财政具有超国家性（3.1.1），并遵循一种特殊的财政制度（3.1.2）。

3.1.1 欧盟财政的超国家性

228 有必要说明欧盟财政的超国家性在几个主要领域的具体表现（3.1.1.1）以及欧盟的主要财政活动（3.1.1.2）。

3.1.1.1 主要干预领域

229　欧盟财政的超国家性主要表现在三个领域：经济干预（1）、税收（2）和预算权力（3）。

（1）经济干预

230　欧盟对经济的干预涉及多个领域。

首先涉及最为集中的领域，主要是农业领域。这些领域的立法权和决策权大部分被转移给欧盟，导致相关方面的必要支出同时由欧盟预算和各成员国预算承担。比较典型（当然也很合理）的例子是欧盟法院在一个判例中认为政府不能以议会否决为理由拒绝提供欧共体立法机构要求的相关经费。

其次，欧盟法律关于各国政府对经济的干预设置了一些重要的限制。这些限制最初主要体现在几大组织性条约（主要是《欧洲经济共同体条约》）的某些禁止或限制政府影响自由竞争和欧盟国家非歧视性原则（涉及某些保护性的金融或技术措施，如关税、交易数量限制、外汇交易控制、歧视性征税或歧视性公共援助、不合理的公共垄断等）的条款中。这些规定（由欧盟委员会监督其执行）导致包括法国在内的很多成员国不止一次受到欧盟法院的处罚。

禁止歧视性征税（如今的依据是《欧盟运行条约》第110条规定）的最著名的例子可能是法国对大于16马力的汽车征收的马力税。1985年欧共体法院判决该税种属于歧视性征税，因为它只针对非法国产的汽车。

至于国家对企业的歧视性公共援助方面，主要依据是今天的《欧盟运行条约》的第107条和第108条。例如第107条原则上禁止"各国公共行政机构直接或以任何利用国家资源的形式对某些企业或产品提供破坏或可能破坏竞争的援助"。政府援助是国家干预经济的非常重要的措施，尤其像法国这样国有工商业领域规模很大的国家。这些规定加上欧盟法院的相关判例，极大限制了国家对国有企业的援助。不过，这种规定实际上有其合理性，既出于自由竞争的需要，也由于欧洲层面的经济干预制度的设立，因为欧盟委员会有权批准某些国家援助，它也经常这么做，而且国家援助更为合理更加统一。另外，还存在着欧盟援助（参见237段）。不过，欧盟所有成员国中均存在国家对经济的干预，从2007~2008年的经济和金融危机开始甚至极度强化。

（2）税收

231　欧洲煤钢共同体建立之初便享有一种特别收入，从20世纪70年代开始，其他共同体也拥有了自有财源体系。当然，欧盟在这方面的权限比较有限，因为其自有财源有上限（水平相对较低），而且其中某些自有财源还是各成员国的分摊款。此外，欧盟的任何新的收入都必须得到全体成员国的同意才能征收（包括经常被提起的"欧盟税"）。尽管如此，某些自有财源仍然只由欧盟决定（特别是关税），这其实触犯了议会批准征税和制定税法这一传统权力（法国宪法委员会在其1977年12月30日第89号合宪性审查决议和第90号合宪性审查决议中曾指出这一点）。

欧盟成员国之间的关税已于1968年7月1日被废除，对非欧盟国家的关税由欧盟当局统一决定。欧盟关税的规则主要由《欧盟关税法》规定，该法典整合了《里斯本条约》的新规定，预计在2013年11月30日到2016年5月1日之间逐步取代各国原先的关税法律。除非涉及特殊情形（比如偷漏关税的情况，或该法第38条第4款和第215条列举的情况），法国《关税法》将只是一部规定关税程序的法律。

此外，我们注意到现在欧盟的情况与当年的美国联邦政府有点相似。美国在1789年就已建立了联邦关税体系，但直到1913年通过《宪法（第16修正案）》，联邦政府才有权征收所得税。

另外，（根据《欧盟运行条约》第113条和第115条）欧盟当局有权（主要通过指令）协调各国的税收法律（主要是间接税方面的法律）。当然，欧盟在这个领域的超国家性并不特别明显，因为各成员国仍然非常重视税收主权原则（如法国宪法委员会在1999年12月29日的第424号合宪性审查决议中就重申了这条原则）。其中一个最明显的体现是，哪怕在《马斯特里赫特条约》《阿姆斯特丹条约》和《里斯本条约》签署之后，欧盟理事会仍然需要一致同意才能发布这方面的相关指令。不过指令一旦发布，便对所有成员国有约束力，各国必须将这些指令转置到其国内法律中（各国的考量余地并不大，因为这些指令一般规定地非常详细）。

我们注意到美国各州在税收方面的权限仍然非常大（唯一真正受到限制的是对州际贸易的征税权），这导致各州的财政状况和公共收入构成差异很大。

欧盟理事会的相关指令主要涉及间接税税制（《欧盟运行条约》，第113条），其中最值得注意的协调性文件是1977年5月17日旨在统一各成员国增值税税基的第6号指令，后来这份指令的全部内容又被重新整合入2006年11月28日发布的指令。不过直接税税制也并未被完全排除出欧盟的视野，因为《欧盟运行条约》（第115条）使欧盟也可以协调各国的直接税税法（主要涉及企业合并和分公司的税收问题，以及储蓄收入的税制），而且欧盟法院要求各国遵守欧盟法的主要原则，尤其是平等对待和自由流通原则（这可以使国家的某些决策失去效果）。

另外，即使不通过发布正式指令，欧盟当局也可以推动各国的税制相互靠拢，以避免过度税收竞争。这种恶性的或不正当的税收竞争最终可能导致摧毁所有国家的税收主权。

欧盟理事会1997年12月1日通过一部公司税制度方面的指导法（2000年再次修订）。它不是一部强制性的法律文件，但在这部指导法中各国承诺不再通过恶性税收竞争制度（对经济活动的区域选择造成明显影响的制度），且在5年内逐步废除先前的相关制度。欧盟十五国在这方面的承诺基本良好完成，但随着新成员的加入，这个问题重新被提上日程。

(3) 预算权力

232　受到预算上限、自有财源结构以及严格的财政规则（特别是不借助借贷保持预算收支平衡的原则）的限制，欧盟的预算权力也相当有限，但这并不影响欧盟在某些支出领域保持重要的作用（如农业支出和结构性基金，参见237段）。

233　欧盟的收入在1970年进入"自有财源"制度，这又在很大程度上导致欧盟向各国摊派预算款，这方面的改革经常被提起，其中最常见的提议是征收某种欧盟税。

①自有财源

234　根据欧盟理事会几份决议（1988年6月24日决议、1994年10月30日决议、2000年9月29日决议、2007年6月7日决议、2014年5月26日决议和2014年5月26日公布的第609号条例）的正式规定，欧盟自有财源可以分为两类（此外还有约占预算1%的少量其他收入，如欧盟工作人员缴纳的所得税、借贷收益和提供的服务的报酬或2002年以前的"欧洲煤钢共同体提取费"）。2014年决议规定了欧盟自有财源总额的上限："支付款"不超过欧盟国民总收入的1.23%，"承诺款"不超过1.29%。

第一类（被称为"传统自有财源类"）由完全划归欧盟的收入构成（征收国从中提取20%的代征费，参见640段）。这部分收入当初曾是欧盟预算收入的主要来源（20世纪70年代曾占到预算收入的3/4），但随着国家贸易的发展逐渐缩水（2015年只占到12%）。

首先是外国进口到欧盟的非农产品的关税，按欧共体当局1968年规定的统一关税标准进行征收。欧洲经济区的设立和1994年《马拉喀什协定》的签署促成的关税削减，使欧盟关税收入从20世纪70年代占预算的近一半下降到2015年的占预算10%左右。

其次则是提取费、补贴款、补偿金等各种税费，以及对食糖和相关产品（糖类代用品）征收的捐税，这一税费由制糖业向欧盟缴纳，以用作援助糖类市场的支出。

第二类收入如今占到整体预算收入的85%以上，由两种并非欧盟独有的收入构成。

第一种是增值税收入，各成员国需将所征收的增值税的一部分上交给欧盟。每个国家需缴纳的比例按"统一税基"计算，即由欧盟当局在缴纳比例上限的范围内每年规定一个比例，对所有成员国按同样的方式计算。这一比例上限最初为

1%，1986年提高到1.4%，后来又逐渐下降至2004年的0.5%，之后这一比例上限被最终固定缴纳比例取代，2014~2020年期间的固定缴纳比例为0.3%。不过，按照这种规定，消费越多的国家缴纳的数额就越大，但消费最多的国家未必一定是最富裕的国家。因此欧盟另外规定每个国家的"税基"上限为该国国民生产总值的一半（1986~1994年为55%）。

这方面的收入20世纪80年代初占欧盟预算收入的比重超过一半，到2003年只占到约25%，2015年更下降至13%。另外，欧盟还削减了4个成员国2014~2020年期间的增值税缴纳比例"以便使相关国家的预算负担得以减轻"，分别是奥地利（削减至0.225%）、德国、荷兰和瑞典（后三国均降至0.15%）。

第二种是摊派款，被称为"按国内生产总值比例缴纳的第四大收入"的摊派款如今占的比重越来越大。在1988年创立欧盟预算分摊制度时，它只占欧盟预算的10%左右，2003年上升至60%，2015年更达到约74%。

它其实是一种补充性的收入，用于弥补其他收入不足以应付支出时的差额。比起增值税收入，它更不是真正的自有财源，是根据各成员国的国内生产总值或国民总收入按比例提取的摊派款。2013年协议针对2014~2020时期规定摊派款依各国具体情况进行调整：荷兰的年度摊派款总额减少了6.95亿欧元，瑞典减少1.85亿欧元，丹麦削减了1.3亿欧元，奥地利2014年、2015年和2016年分别削减3000万欧元、2000万欧元和1000万欧元。这种摊派制度与大部分国际组织传统的经费来源方式很接近。

自有财源改革是多年度财政框架计划的主线。为此目的，欧盟在2014年组建了以马里奥·蒙蒂为首的高级别工作小组。到2016年底多年财政框架进行中期审核时，将会考虑该工作小组提出的改革建议。

②摊派款纠正机制

从20世纪70年代起在英国的推动下引入的摊派款纠正机制更强化了欧盟摊派款的上述特征。英国认为摊派款不应只与各国国内生产总值成比例，也应与各国从欧盟处获得的拨款成正比（所谓"公平返还法则"，可以用撒切尔夫人的一句话来概括：我想要回我的钱）。因此，英国（西班牙和葡萄牙也有一段时期）获得了各种形式的补偿，具体表现为从1988年开始它的摊派款被削减（削减比例不固定），改由其他国家承担。

计算方法是从英国按PNB比例应承担的摊派款中扣除英国支付给欧盟的资金（增值税款和PNB摊派款）和欧盟给英国的拨款（加上英国获得的欧盟拨款产生的特别收益，减去增值税的税基削减额和征收费用）的差额。该差额的一部分（66%）由其他国家分摊。原则上该差额也是按各国PNB的比例分摊，不过考虑到某些国家按规定只承担按其PNB比例应承担的摊派款的一部分，因此欧盟2014年的一份决议在其第5条第1款中虽然明确规定，"摊派款纠正机制导致的财政负担由英国以外的其他成员国分摊"，但同时将针对某些国家规定的缴纳数额上限和削减摊派款的情形纳入考虑。

根据"纠正"后的结果，2014年对欧盟预算贡献最大的是德国，德国对欧盟全部预算的贡献占到21.3%（不过1995年甚至高于30%），其次分别为法国（16.3%）、意大利（12.2%）、英国（10.9%）、西班牙（8.1%）、荷兰（5.6%）、比利时（4%）、瑞典（3.4%）、波兰（3.1%）等国。

因此，欧盟委员会每年发布成员国分摊欧盟支出情况的报告时都非常谨慎，需要事先与欧盟审计法院对照数据，以消除统计数据的差异，这导致报告经常有时间差。

德国一直是欧盟预算最大的"捐助人"。根据2013年的统计数据，这个国家仍然保持着对欧盟的"贡献逆差"，即它缴纳给欧盟的资金大于从欧盟那里获得的资金。2013年德国的这一差额最大，为152亿欧元（占德国PNB的0.54%）。第二名不是法国，而是英国，为98亿欧元（占PNB的0.52%）。其次分别是法国（94亿欧元，0.45%）和意大利（44亿欧元，0.29%）。最大的受益者不是西班牙（顺差从2005年占PNB的0.25%上升到0.63%），而是波兰，为120亿欧元（占PNB的3.24%）。如果只考虑顺差与PNB的比例，则最高的是匈牙利（5.24%）和拉脱维亚（4.51%），它们是欧盟拨款的主要受益者，接下来分别是爱沙尼亚和卢森堡（不合常理）。如果从欧盟政策的受惠对象考虑，则这种财政"返回款"的受惠国依不同的政策领域而异。法国仍是欧盟农业支出的主要受惠国，其次是德国。如果从结构性政策的角度来看，则长期以来一直是欧盟各种基金的主要受惠国的西班牙如今让位于欧盟扩张后新加入的国家。

英国的情况有必要在这里特别说明。虽然英国因为预算纠正机制经常受到批评，需要考虑它从1992年开始财政状况一直相当不佳，但从2001年至今，它始终是欧盟财政的"净贡献者"，所以不应对它提出过多批评。

总体来看，法国已经不再是欧盟基金的第一受惠国，2013年受惠国以波兰为首（161亿欧元），之后分别是法国（142亿欧元）、西班牙（137亿欧元）、德国（130亿欧元）、意大利（125亿欧元）、希腊、比利时、英国、葡萄牙、匈牙利等。

③ "欧盟税"

经常有人提议设立"欧盟税"以补救欧盟缺乏自有财源的问题。

有好几种税收方案经常被提起，比如对企业所得征收欧盟税，又如征收生态税等。欧盟多个成员国创立了对机票征收的团结税,但其目的不是为了供给欧盟预算或欧盟机构,而是供给一个由世界卫生组织"背书"、某些国家(如法国和英国)的代表管理的国际信托基金。即使不考虑征税模式等技术性问题,这一(或这些)税种的设立也需先解决某些重要问题:首先是征税机关的问题(欧盟、各成员国还是欧盟机构);其次是税负问题,因为经验表明税收只会叠加,不会(或很少)相互代替。在自有财源方面,欧盟委员会并不禁止"在共同政策的框架内"设立新的税种。已经有11个成员国加入的金融交易税计划也并未说明征得的税收用于何种用途,是用于欧盟预算、欧盟针对特定区域的预算还是各成员国自己的预算?不过,欧盟法院通过2014年4月30日的决议承认各成员国可以在加强合作的框架内设立此类税种,尽管其征收规则尚未最终建立。

3.1.1.2 欧盟的主要财政活动

237   欧盟多年来一直对某些经济领域进行大量干预,它们直接或间接影响到各成员国的政策,可能对公共政策的行政技术管理和组织也有些影响。这些干预一般由欧盟预算(1)出资,但还有各种预算外(2)干预。

(1) 预算政策

238   虽然欧盟预算支出此前从未达到法律规定的上限,但在2012~2013年度遇到困难。欧盟委员会2011年预计2012年预算的资金缺口达到1327亿欧元,这一超过标准的数额受到欧盟两大主要政策的影响,这一困难后来在2013~2014年度得以解决。目前欧盟预算政策朝两个方向迈进:一方面整体削减财政补贴,降低承诺款和支付款,2007~2013时期承诺款削减3.4%,支付款削减3.7%,同时削减对某些项目(经济、社会与地区团结,可持续发展与自然资源)的拨款;另一方面提高对另外两大项目——增长、就业与竞争力(增加37%)和安全与公民权(增加26.8%)——的财政拨款。

239   自2013年12月2日订立2014~2020时期的预算纪律、预算合作与财政良治机构间协议(多年度财政框架由2013年12月2日第1311/2013号条例规定)以后,欧盟预算如今分为六大项(从2015年开始实际只剩下五项):

第一,巧增长与包容性增长(预算总额是4507.6亿欧元)。其中包括两小项:增长、就业与竞争力(1256亿欧元)和经济、社会与地区团结(3251.4亿欧元);

第二,可持续增长与自然资源(3731.7亿欧元);

第三,安全与公民权(156.8亿欧元);

第四,欧洲在世界中(587亿欧元);

第五,行政(616.2亿欧元);

第六,补偿(2014年为2700万欧元)。

这些支出主要分布在两大领域:农业(包括共同农业政策支出)和"团结"政策。2015年,欧盟预算的承诺款和支付款分别达到1453亿欧元和1412亿欧元(相当于欧盟国民总收入的1%),这两大类预算支出占到预算拨款的86%。此外，预算支出还包括其他内部和外部政策支出，以及行政性支出。

① 农业政策支出占绝大多数的历史已经结束

长期以来，预算支出主要针对农业政策。它在很长时间内是欧盟唯一的真正意义上的共同政策。在 20 世纪 70 年代以前通过欧盟的市场补贴机制——欧洲农业指导和保证基金〔FEOGA，2007 年 1 月 1 日以后改组为欧洲农业保证基金（FEAGA），受 2013 年 12 月 17 日第 1307/2013 号条例管辖〕——吸纳了欧盟预算 3/4 的经费。农产品生产过剩以及国际贸易谈判（世界贸易组织）的要求促使欧盟进行农业政策改革。加上欧盟扩张的影响，这方面的支出明显下降。农业预算支出如今列在"可持续增长与自然资源"项目下，2015 年欧盟的农业补贴约占总预算的 30.3%，加上农村发展项目（"农业与农村发展"），欧盟在农业农村方面的预算经费约为总预算的 40.7%。

欧盟的共同农业政策长时期一直是对农产品进行补贴（价格保证以及农产品出口、购买、贮存、过剩产品销毁等方面的补贴）。1992 年农业政策被加以改革，并从 2004～2005 年起使农业补贴在很大程度上不再只针对生产者（农业经营统一支付款）。这些改革使以美国为首的主要农产品出口国对欧盟农业补贴的批评有所缓和，也使双方在世界贸易组织框架内的农产品贸易协议得以在 2003 年夏顺利通过。如今欧盟共同农业政策越来越重视产品质量和环境保护，合并后的"欧洲农业农村发展基金"（FEADER）更倾向于支持农村发展方面。农村发展行动必须尊重环境，在法国此类行动采取的是与农业经营者签订地方经营协议的方式。2007 年 6 月，欧盟各国农业部部长决定设立针对所有农产品的统一共同市场组织，以取代当时存在的 21 个共同市场组织。通过建立统一共同市场组织，制定适用于所有农产品的统一条例，不仅使欧盟对农产品的补贴制度，也使各成员国的补贴制度更加协调。法国多年来一直是欧盟共同农业政策补贴的最大受益国，其次是西班牙、德国和意大利，再次是英国。英国也是欧盟农业补贴的主要受益国之一，这一点了解的人并不多。这一政策还有一点值得注意，1984 年由于奶类产品过剩而设立的奶类产品配额，从 2015 年 4 月 1 日起被取消。

在农业补贴中，欧洲海洋与渔业基金（FEAMP）得到的拨款极少（只占共同农业政策拨款的 1.7%），更不用说气候和环境保护方面（"生命计划"）的经费，只有 0.7%。

② "团结"政策的确立

在推行农业政策的同时，欧盟从 1988 年开始又推出一项旨在促进某些地区发展、增进欧盟国家团结的"凝聚力政策"或"结构性政策"。该政策的经费逐渐增长，从最初不到预算总额的 1/10 上升到约 1/3，如今被列在一项光看名字可能不知所云的预算项目下：巧增长与包容性增长。该项目的经费约占 2015 年预算总额的 46%。

这方面的行动有几大"结构性基金"拨款，包括欧洲社会基金（FSE，创立于 1957 年）、欧洲农业指导和保证基金（FEOGA，创立于 1962 年）的"指导"部分、欧洲地区发展基金（FEDER，创立于 1975 年）、渔业指导财政工具（创立于 1993 年），此外还有根据《马斯特里赫特条约》（第 161 条）设立的欧洲凝聚基金（旨在帮助不太富裕的国家）以及 2002 年由欧盟理事会设立、用于援助受灾地区的欧洲团结基金。

这些基金被统称为"欧洲投资与结构性基金"（ESI 基金），其共同规章和相互之间的协调由 2013 年 12 月 17 日第 1303/2013 号条例确定（要求每个成员国在国家和地区层面制定战略规则和"共同战略框架"计划，并通过成员国订立的合作伙伴协议进行合作。合作模式应与欧盟"巧增长、可持续增长、包容性增长"的战略目标相符，也需与各基金的专门使命相协调）。

欧盟 2014～2020 时期预算案（从 2014 年 1 月 1 日开始生效）针对上述政策和各种基金作出具体规定，主要包括：欧洲农业农村发展基金（2013 年 12 月 17 日第 1305/2013 号条例）、欧洲海洋与渔业基金（2014 年 5 月 15 日第 508/2014 号条例，该基金取代了欧洲渔业基金，后者的前身是渔业指导财政工具）、欧洲地区发展基金（2013 年 12 月 17 日第 1299/2013 号条例）、欧洲社会基金（2013 年 12 月 17 日第 1304/2013 号条例）、欧洲凝聚基金（2013 年 12 月 17 日第 1300/2013 号条例）。关于这些基金之间的协调合作由 2013 年 12 月 17 日关于各基金共同规章的第 1303/2013 号条例加以规定。

欧盟 2014～2020 时期预算案基于两大目标：
增长、就业与竞争力（占承诺款总额的 13%）；
经济、社会与地区团结（占承诺款总额的 33.8%）。
"增长、就业与竞争力"名下的项目比较混杂，不仅包括上面提到的"共同战略框架"计划（经费占该项目总额的 56.6%），也包括教育、伊拉斯谟奖学金或"欧洲互通机制"等方面的经费。

"经济、社会与地区团结"目标主要涉及对"最不发达地区"的援助，其中对"地区趋同"计划的拨款占到该项目总额的 49%，随后是"凝聚力、竞争力和过渡地区援助"计划的经费（该计划包括对偏远和人口稀少地区的援助，以及对欧洲地方合作的拨款）。

在法国，这一时期财政支出项目是否可以由欧洲投资与结构性基金出资，其候选资格由 2007 年 9 月 3 日第 2007—1303 号法令规定。2011 年 1 月 21 日第 2011—92 号法令修正了第 2007—1303 号法令，使候选机制更为灵活（比如规定可以部分承担在第三国的支出，分包合同、工资和医疗的税务和社保负担等也可能部分由欧洲投资与结构性基金出资）。2014 年 1 月 27 日关于地方公共行动改革的法律规定（这一点并非完全新颖）可以将欧洲投资与结构性基金项目的全部或部分交予地方管理机关或委派管理机关进行管理。2014年6月3日关于欧盟基金全部或部分管理的法令为其设定了法律框架,国家部门在这个方面对地方的委托按通常惯例处理(2014年10月14日第2014—1188号法令),并设立中央与地区联合委员会确保这方面的协作,在地区层面也可以设置类似的机构(2015年2月27日第2015—229号法令)。

③ 内部政策

242　内部政策支出约占总支出的14%,涉及多个方面,其中科研经费占到一半以上(如今科研被视为优先项目之一),之后是交通和能源方面的"可持续发展网络"、教育与培训,以及各种加强欧洲一体化的措施(申根区、卫生与安全、司法与内部事务、文化、食品与饲料、公民权利保护等方面的一体化)等领域的经费投入。其中一部分列于"安全与公民权"项目下,另一部分列在"增长、就业与竞争力"项目下。

对某些问题的担忧(如卫生与消费者保护、信息与媒体、移民潮管理、安全问题等)导致相关政策项目越来越多。这些政策近年来不断多样化,并由不一定并入多年度财政框架的某些财政工具加以补充。在2014~2020时期预算案,此类财政工具包括欧洲全球适应基金、团结基金、紧急援助基金、灵活性财政工具(用于"未预见但准确验明"的支出)等。

2002年创立的"欧洲团结基金"用于援助遭遇重大灾害的成员国或候选国(2002年11月7日的机构间协议)。截止至2014年底,该基金已经援助过欧盟绝大部分国家(其中法国受过六次援助)。另一些也很特别的基金则是多年财政框架内的财政工具,如欧洲贫困人员援助基金、移民与避难基金(该基金经费大幅下滑)、内部安全基金等。

④ 外部政策

243　2007~2013时期预算案中,外部政策被列在名为"作为全球参与者的欧盟"的项目下,在新的预算案中这一项目的名称被欧盟委员会改为"欧洲在世界中"(与欧盟外第三国的合作、人道主义援助、地中海计划等)。该项目只占预算支出的很小一部分,2015年为6%,不过有时由预算外出资(参见245段)。其中,共同外交与安全政策(PESC)拨款只占该项目经费的3.8%。

外部政策支出主要是对候选国的财政援助,尤其针对土耳其。根据2014年3月11日的欧洲议会和欧盟理事会条例,这些援助的受益对象包括:土耳其、马其顿、阿尔巴尼亚、冰岛、黑山、塞尔维亚以及科索沃。这些政策主要依托于某些政策工具,如候选国援助工具(IAP,2014年3月11日第231/2014号条例)、欧洲邻国政策工具(IEV,2014年3月11日第232/2014号条例)、欧盟外第三国合作政策工具(IPCT,2014年3月11日第234/2014号条例)、2014~2020

时期合作发展政策工具（ICD，2014 年 3 月 11 日第 233/2014 号条例），并由 2014 年 3 月 11 日第 236/2014 号条例规定这些欧盟外部行动资助工具的通用规则和模式。此外还继续设立欧洲人权与民主政策工具（IEDDH，2014 年 3 月 11 日第 235/2014 号条例），在这个方面，欧盟委员会得到人权与民主委员会的协助。

最后，"核能安全合作工具"（2013 年 12 月 13 日第 237/2014 号条例）使欧洲原子能共同体得以以某种形式继续存在。这一财政工具主要针对与欧盟外第三国的合作，它有两大使命：推动高水平的核能安全并鼓励有效的安全监督。这一工具于 2007 年创立，主要源于对切尔诺贝利和福岛核电站事故的反思，它能够使"世界上所有其他国家"受益。

必要时，这些政策可以在非中央机构的协助下执行。

此外，一些特别的援助工具也在新预算案中保留下来，如人道主义援助基金和紧急援助基金。

⑤行政性支出

244 2015 年欧盟机构的行政性支出约占预算的 6.2%，包括翻译方面的支出（随着欧盟扩张，工作语言数量增多，必然导致语言服务的费用增长）。

欧盟"行政"类预算下承诺拨款占第一位的项目是欧盟委员会的退休金，其次才是委员会的行政开支。

（2）预算外政策

245 某些直接与欧盟相关的财政活动在欧盟总预算之外执行。这些活动主要涉及两个方面，由欧洲投资银行承担。

首先有必要说说这两个方面。

①对外发展援助

246 对外发展援助的主要工具是欧洲发展基金（该基金成立于 1959 年，受今天的《欧盟运行条约》第 199 条第 3 款正式认可）。这些基金由各成员国分摊出资。由于成员国希望保持对出资的直接控制，因此它们（通过欧盟委员会内部协议）规定了与发展中国家签订的援助协议（先后签署过《雅温得协定》《洛美协定》和 2000 年 6 月 23 日的《科托努协定》，后者又在 2005 年 6 月 25 日和 2010 年 6 月 22 日分别由《卢森堡协议》和《瓦加杜古协议》加以修订）框架内的援助款水平和分摊办法。

《科托努协定》的内容已经被引入欧盟常驻代表委员会签订的一份关于 2014~2020 时期财政框架的内部协议。整体援助由 2008 年 2 月 18 日财政条例进行规定，而欧盟委员会 2007 年 5 月 14 日的一项条例则规定了第 10 号欧洲发展基金的运行规则，后来通过 2011 年 4 月 11 日的一项条例加以修订，以加入《里斯本条约》设立的欧盟对外事务部的相关内容。2014 年 5 月 26 日的第 566/2014 号条例规定了从第 10 号欧洲发展基金向第 11 号欧洲发展基金过渡的规则。

第 11 号欧洲发展基金针对 2014~2020 时期，总额约为 305 亿欧元，具体援助款分配如下：非加太国家 290 亿欧元，海外属国和领地 3.6 亿欧元，支出规划委员会 10 亿欧元。

法国的分摊额接近 54 亿欧元，约占总额的 17.8%（德国占 20.5%）。

上述 2011 年 4 月 11 日条例详细规定了欧盟向《科托努协定》机构委派的代表团团长和代表（根据《欧盟运行条约》，这些代表临时隶属于欧盟对外事务部）的活动与监督的规则。

这些经费根据其用途由《科托努协定》设立的部长理事会或欧盟委员会（在一个专门委员会的协助下）进行管理，原则上必须接受欧盟的监督，包括必须经过欧洲议会对预算外经费的批准程序。后面这一点有点不合常理，因为欧洲议会始终坚持将援助款纳入预算（甚至到 1996 年都不批准 1994 年的预算外援助款）。预计到 2014~2020 预算期中期，各方将根据欧盟委员会的提议对该政策的结果进行评估。

1993 年欧洲议会和欧盟委员会曾试图将欧洲发展基金的活动纳入欧盟总预算案并交由欧共体预算当局批准，但由于成员国和欧盟理事会的反对以及欧盟法院的判决，最终未能实际列入预算（只是列入"预算备忘"中）。

另一方面，对外援助还涉及借贷活动。欧盟与欧洲煤钢共同体或欧洲原子能共同体不同，它不能通过举债来为预算出资（参见 259 段）。但在过去，根据欧盟理事会的决定，可以设置某些机制（相关条约均未有规定）通过举债来转借给国际收支不平衡的成员国（这种制度创立于 1975 年，由欧洲货币当局管理，它在 1983 年曾给法国很大帮助）、资助某些工业项目（设立于 1979 年的"共同体新工具"，由欧洲投资银行管理）或用于援助第三国（中欧国家）。这些机制由一个债务保证与优惠收益系统加以支撑，后者的资金来自总预算中的一项储备金（这些机制在欧盟委员会预算附录中有概括说明，因此欧洲议会可以监督）。

有必要指出，欧共体在 1994 年为此设立了一项关于对外事务的保证基金，"其资源用于，在欧共体批准或担保、或由欧共体作保的欧洲投资银行批准的借款的受益人违约时，对欧共体的债权人进行补偿"（2009 年 5 月 29 日欧盟理事会第 480/2009 号条例，第 1 条）。这里涉及的正是第三国为受益人的活动，或针对位于第三国的项目。该基金的资金有多种来源，包括欧洲预算拨款、该基金可用部分的投资收益，还包括从违约的债务人那里收回的资金。

②欧洲投资银行的干预行动

247　　在欧盟独立的法人机构中，欧洲投资银行（BEI）执行的干预活动值得注意。这是一家 1958 年根据《欧洲经济共同体条约》规定（《欧盟运行条约》，第 308 条和第 309 条）创立的非营利性金融机构。成员国持有该银行的本金，并任命其领导层（理事会、董事会、管理委员会和审查委员会）。它是联盟名副其实的"金融臂膀"，（以自有资金或成员国提供的特殊贷款）向欧盟内外提供贷款或贷款担保，并为欧盟经营管理许多金融业务，包括欧盟给工业项目的贷款、面向科研创新项目的风险分担投资机制（MFPR）以及根据1992年欧共体爱丁堡首脑会议决定的欧洲增长计划设立的欧洲投资基金（从2000年起，欧盟的所有风险投资工具——约40余家基金——都由欧洲投资基金管理）。另外，2007年设立的欧盟－非洲基础设施信托基金和2014年为中非设立的一项信托基金——"欧盟希望基金"也由欧洲投资银行管理。

此外，欧洲投资银行还被赋予两大功能：

第一，用其自有资金和欧盟预算未使用的款项协助《欧盟稳定与增长公约》的实施，以促进欧洲经济的复兴；

第二，还被赋予一种相当新颖的惩罚性功能，如某些成员国未遵守《里斯本条约》规定的某项预算纪律，则欧洲投资银行可以重新审视"对该国的贷款政策"。

2013年欧洲投资银行约借出750亿欧元，与其他年份一样，其中近90%面向欧盟成员，剩下的部分面向合作成员。这些贷款主要针对竞争力、地区与社会团结方面以及科研创新方面的项目。为了支持欧洲投资银行的政策，欧盟各国提高了欧洲投资银行的本金（2013年7月1日达到2430亿欧元），主要由德、法、意、英出资，四国的平均出资额约占欧洲投资银行本金的16.17%。到2013年底，欧洲投资银行的贷款总额接近4280亿欧元（包括已经发放的贷款和预期发放的贷款，主要以长期、中期或短期贷款的形式），涉及160多个经济体。对欧盟成员（吸收了其中大部分贷款）发放的贷款目标在于促进欧盟内部各地区经济和社会方面的均衡发展，增强工业竞争力，促进环境保护（应对气候变化），推动经济增长和就业。从欧洲投资银行发放的贷款情况可以看出它主要针对三大优先方向：对中小企业的支持、对趋同地区的援助以及应对气候变化方面的项目。

欧洲投资银行集团的"2013～2015年活动计划"表明它希望欧洲投资银行在对经济体尤其是欧洲经济体的支援方面扮演更活跃的角色。该计划规定了欧洲投资银行在这三年的放贷总额达到2000亿欧元的目标，为此将新增600亿欧元的放贷数量，以促进经济增长与就业。其贷款政策将偏向创新、中小企业、资源使用效率和战略性基础设施方面。另外，该计划对那些受到投资和公共援助削减影响的私人领域也是一堵财政上的隔离火墙。

欧洲投资银行的这种想法与各成员和欧盟委员会的想法不谋而合。2014年底在欧盟委员会新主席容克的推动下，在欧洲投资银行集团框架内设立的"欧洲战略投资基金"（FEIS）采用的也是同样的方法，该基金将运用"杠杆效应"以在"2015～2017年撬动3150亿欧元的新投资"。

需要指出，像欧洲投资银行这种类型的机构在欧洲并非只有一家，还有

1991 年成立的欧洲复兴开发银行（BERD）。欧盟是欧洲复兴开发银行的主要会员之一，但后者并非欧盟机构。此外，还有一家没有那么著名但成立相对较早的银行，成立于 1956 年的欧洲委员会开发银行（CEB）。

3.1.2 欧盟财政体系

248 与欧盟的财政权一样，欧盟财政体系（从 1992 年起）也经历过较大的演变。最初，两个成立于 1957 年的共同体（欧洲经济共同体和欧洲原子能共同体）财政活动十分微薄（当时成员只有六个创始成员国），而且没有财政自主性。与之不同，欧洲煤钢共同体的经费来自直接对企业征收的一种提取费，而欧洲经济共同体和欧洲原子能共同体的经费则由各成员国根据《罗马条约》规定的分摊办法进行分摊。因此当时预算权只由欧盟理事会掌握也在情理之中。后来这种财政体系分别被 1970 年 4 月 21 日的理事会决议（规定逐步建立共同体自有财源体系）和 1970 年 4 月 22 日的《卢森堡条约》（将预算权赋予欧洲议会，后来由 1975 年 7 月 22 日的《布鲁塞尔条约》加以补充，后者加强了欧洲议会的权力并设立了欧盟审计法院）加以改革。由于欧共体财政活动的大量增长（主要由于欧盟的扩张），自有财源迅速匮乏（尽管有 1985 年 5 月 7 日的决议）。与此同时，从 1979 年起欧洲议会开始通过直接普选产生，导致在整个 20 世纪 80 年代欧洲议会与理事会之间不断争权。

欧洲预算当局的两个分支之间的"十年战争"以及欧洲各国关于预算内容的争吵最终（尤其在 1986 年《单一欧洲法案》签署之后）以各方对机制规则和财政内容作出妥协收场，"和平条约"正是 1988 年签订的 1988～1992 时期预算案，此后又分别签署了 1993～1999 时期预算案、2000～2006 时期预算案和 2007～2013 时期预算案，目前的 2014～2020 时期预算案是由 2013 年 12 月 2 日的一项机构间协议和 2014 年 5 月 26 日的一项关于自有财源的决议确定下来。

正是这些"软法"（soft law）的规定和作为《里斯本条约》成果的《欧盟运行条约》的第 285 条～第 297 条（涉及欧盟审计法院）以及第 310 条，为欧盟预算案设定了"宪法性"框架。

该《条约》的第 2 篇分 6 章详细规定了欧盟预算案的方方面面，它不仅将先前预算案的情况纳入考虑，还大幅修改了欧盟预算管理的某些方面。

根据《欧盟运行条约》第 312 条的规定，欧盟多年财政框架必须先通过一份章程。该章程应使欧盟预算法符合《里斯本条约》的相关规定（强制性支出和非强制性支出的用途、预算程序的演变）。从这一角度，欧盟委员会认为该《条约》现行的许多条款由于《里斯本条约》的签订已经失效。因此，欧盟委员会 2010 年建议欧盟预算案需要三份文件：规定 2007～2013 时期财政框架的章程、财政章程和一份新的机构间协议。

2014～2020时期预算案的财政总章程即2012年10月25日欧洲议会和欧盟委员会关于欧盟总预算财政使用条例的第966/2012号章程（NRFG，以下简称"关于欧盟总预算财政使用条例的章程"），该章程同时废止了欧盟理事会第1605/2002号章程，后来又由2012年10月29日关于上述章程使用规则的欧盟委员会第1268/2012号授权章程加以补充。

2013年7月初欧洲议会最终达成同意并批准了2014～2020时期预算案，其中规定这一时期的预算承诺款为9600亿欧元（2007～2013时期预算承诺款为9850亿欧元），支付款为9080亿欧元。各成员国在2013年承诺努力避免延迟支付，并做出了加大对青年和贫困人口支持的承诺。

欧盟财政体系的特点可以从以下两个方面进行把握，分别是财政制度（3.1.2.1）和财政技术（3.1.2.2）。

3.1.2.1　财政制度

249　　欧盟财政制度的"宪法性框架"上文已经提过（《欧盟条约》《欧盟运行条约》和机构间协议），并由财政章程确保该框架在预算和财政方面的具体实施。

在2012年以前，两份关于欧洲各共同体总预算的财政章程补充了这一框架：一份是2002年6月25日欧盟理事会发布的预算总章程（共187条），另一份是2002年12月23日欧盟委员会发布的预算执行章程（RFE，共273条）。

2002年6月25日章程后来被2012年10月25日第966/2012号章程废止。后面这份文件（共214条）的主体部分从2013年1月1日起生效，剩下的部分从2014年1月1日起生效。它又催生了2012年10月29日的欧盟委员会第1268/2012号授权章程（共290条，其中适用部分从2013年1月1日起生效，另一部分从2014年1月1日开始生效）。这一章程是"欧盟议会和欧盟委员会关于欧盟总预算财政使用条例的第966/2012号章程的使用法则"（RD，以下简称"欧盟总预算财政使用条例章程的使用法则"），该章程由2012年11月7日法令颁布。

欧盟的财政原则基本上向国家财政原则看齐（1），目前的预算程序越来越接近外交妥协（2），至于预算的执行（3）和监督（4）方面，应同时将欧盟的超国家性和多国家性纳入考虑。

（1）财政原则

250　　欧洲煤钢共同体的预算在很大程度上参考了私人机构的预算管理，与之不同，欧共体建立了真正的预算，并逐渐遵从两类原则：一类是公共财政活动的基本原则，另一类是传统上运用于公共预算的特殊原则。

2012年10月25日章程（动机介绍的第二点）作出如下表述："第1605/2002号总章程规定了欧盟总预算的制定和执行方面需遵守的预算原则和财政原则。这些原则能够确保严格而有效地管理、监督并保护联盟的财政利益，增加联盟财政的透明度。欧盟所有文件和所有机构都应遵守上述原则。因此，该章程的基本规则、概念和结构以及相关预算和财政管理的基本原则应当维持下去。考虑到这些基本原则的合理性，它们对预算起到的增值作用、相关各方的负担以及任何违背这些基本原则的例外情况必须尽可能加以重审和简化。有必要维持并强化以下这些基本的财政原则：财政活动者的作用，对执行部门层面的监督，内部审计，按事项制定预算，会计规则及原则的现代化以及补贴资助方面的基本原则。"对于欧盟这样一个必须如此严格地遵守预算平衡原则的机构，我们有时很难理解该原则为什么未被明确列入欧盟预算的基本原则，因为在这些基本原则中，平衡原则无论在技术或财政限制、或导致或可能导致的政治影响方面显然都最为重要。新版财政章程将平衡原则纳入欧盟预算原则中，但没有使用"原则"这个词。

我们注意到 2006 年 12 月 13 日章程引入了对财政进行"有效的内部监督"的财政良治原则。

另外 2012 年 10 月 25 日章程第 2 条定义了欧盟机构的范围，包括：欧洲议会、欧盟理事会、欧盟委员会、欧盟法院、欧盟审计法院、欧洲经济与社会委员会、地区委员会、欧盟监察使、欧盟数据保护监察机构和欧盟对外事务部，但不包括欧洲投资银行。

①基本原则

251 2012 年通过的几项章程为欧盟财政设定了三大基本原则：透明性原则、良治原则和"单一记账单位"原则。

第一，透明性原则（关于欧盟总预算财政使用条例的章程，第 34 条和第 35 条；欧盟总预算财政使用条例章程的使用法则，第 20 条）。

252 这里指的是较广义的透明性原则（参见 52 段），该原则要求欧盟机构"尽可能公开地运行"（关于欧盟总预算财政使用条例的章程，前言第 16 点），即"使公民能够了解欧盟出于何种目的将资金用于何处"，也就是说预算和账目必须清晰（还应遵守非平衡原则，参见 257 段），并提供某些未直接列入预算的活动的信息（如对外事务保证基金和借贷事项）。同时，欧盟委员会还应（在尊重个人隐私和合法利益的前提下）公布预算拨款受益对象的相关信息，或受欧盟委托管理基金的单位以及该基金资助的对象的相关信息。另外，预算和账目应以适当的方式尽快公布。在这一点上，欧盟总预算财政使用条例章程的使用法则继承了 2007 年 4 月 23 日条例的规定，要求欧盟"必须在预算最终通过后的四周内尽可能公布该预算的所有语种的版本"。

第二，良治原则（关于欧盟总预算财政使用条例的章程，第 30 条；欧盟总预算财政使用条例章程的使用法则，第 18 条和第 19 条）。

253 良治原则主要涉及以下三个方面的要求。

一是评估的必要性。任何提交给立法机关可能对预算有影响的文件（包括经费使用的次数）（文件中应包含财政单，以便能够评估该笔财政经费的使用环境、合理性和财政影响，尤其是对多年的影响），任何可能对预算有影响的提案或创议，都应在预算执行前后和执行过程中进行评估。

二是建立"绩效预算"。这一点与《财政法组织法》体系下的法国预算有点相似，指的是欧盟预算必须基于"特定的、可衡量、可实现、合理的、有期限的目标"（关于欧盟总预算财政使用条例的章程，第 30 条第 3 款），其实现程度根据绩效指标来衡量。

三是预算的执行必须符合经济、效益和效率的原则（参见 52 段）。

关于欧盟总预算财政使用条例的章程第 30 条第 2 款指出，"经济原则要求机构使用经费时，时机必须适当，经费的数量和使用质量必须合适，且须以最优价格。效益原则旨在使投入的经费和获得的成果之间的比例达到最优。效率原则指的是必须达到规定的特定目标并获得预期成果"。

第三，"单一记账单位"原则（关于欧盟总预算财政使用条例的章程，第 19 条；欧盟总预算财政使用条例章程的使用法则，第 5 条和第 6 条）。

254　根据《欧盟运行条约》第 320 条的规定，多年财政框架和预算应以单一记账单位计算。欧盟预算从 1999 年开始以欧元为记账单位，此前几大共同体的记账单位分别使用过美元（欧洲煤钢共同体 1951~1958 年以美元记账）、比利时法郎（欧洲经济共同体和欧洲原子能共同体，1958~1960 年使用）、金本位记账单位（1958~1960 年的欧洲煤钢共同体使用，从 1961 年起几大欧共体均以金本位为记账单位）、欧洲记账单位（UCE，1977~1980 年使用）和欧洲货币单位（ECU，1991~1998 年使用）。

不过，会计人员、预付款和收入管理人与拨款审核者出于"财政业务的需要"也可以以其他货币记账。授权章程规定了欧元与其他货币的换算模式。

②特殊原则

255　除了这些"横贯性"的基本原则，欧盟章程还重申有时甚至强化了某些专门针对预算的经典原则（参见 84 段），包括年度性原则、总预算原则、专款专用性原则和平衡原则。

第一，年度性原则。

256　年度性原则（参见 71 段）使财政年度与公历年度重合（《欧盟运行条约》，第 313 条；关于欧盟总预算财政使用条例的章程，第 9 条）。

不过，该原则以较为灵活的方式应用，首先因为年度预算（在预算通过之前可能先临时拨付每月经费，参见 261 段）在执行过程中大部分时候都需要通过一个或多个预算修正案加以修改。

预算必须尽可能将各项经费下的小类支出也纳入考虑以预先审查是否需要将相关经费进行再分配（关于欧盟总预算财政使用条例的章程，第41条第2款；欧盟总预算财政使用条例章程的使用法则，第24条）。2002年财政章程取消了预算修正案（无新支出）和预算补充案（包括新支出）之间的区别。

其次因为某些活动（如欧洲农业保证基金的活动）未能在12月31日前结束，需要有一段额外期限（1个月）（关于欧盟总预算财政使用条例的章程，第11条和第172条），而且某些在当年未用完的经费可能被结转至第二年（这种做法从1988年起受到限制）。

经费结转如今已经很罕见。主要针对那些法律规定或相关机构批准的已经完成或即将完成的事项。"非分解经费"结转方面的规定比"分解经费"更严格（《欧盟运行条约》，第316条；关于欧盟总预算财政使用条例的章程，第169条；欧盟总预算财政使用条例章程的使用法则，第4条）。

反之，行政经费和欧洲农业保证基金也可以提前预支次年经费（关于欧盟总预算财政使用条例的章程，第170条和第202条）。

最后还由于预算平衡原则（参见72段）要求的财政年度存在连续性，必须将上一年预算执行的结果纳入当年度的预算中（关于欧盟总预算财政使用条例的章程，第18条和第259条）。

另外，对年度性原则的超越还以两种方式实现。

首先，许多财政项目的经费（"分解经费"）是多年度拨款（关于欧盟总预算财政使用条例的章程，第10条）。此类经费的承诺款是承诺为多年拨付的经费的总额，支付款则仍是每年支付（《财政法组织法》规定法国财政法案的多年经费即是受此启发，参见476段）。

原则上应在年内作出支出承诺，否则拨款将被取消（不过在特殊情况下，可以在接下来的几个财政年度中恢复）。另外，自1998年改革以来，除特殊例外，支出承诺必须指明执行该笔预算的最后期限。如期限过后该笔预算仍未执行，则承诺经费将被取消。

非分解经费则主要涉及行政、农业担保、偿还各国款项和支付贷款担保等方面的支出。分解经费如纳入承诺款，则形成"承诺经费"，如纳入支付款，则形成"支付经费"（只有后者纳入预算平衡计算）。

其次，年度预算有时被纳入由欧洲立法机关通过的多年计划的框架，"年度预算程序应优先参考多年计划"（2006年5月17日机构间协议，第33点）；而且，从1998年起年度预算还被重新置入欧洲各当局承诺遵守的多年财政前景中

(参见 340 段)。

第二，总预算原则（统一性、普遍性和真实性原则）。

257　几份财政章程（关于欧盟总预算财政使用条例的章程，第 7 条；欧盟总预算财政使用条例章程的使用法则，第 2 条）实际上都同时规定了"预算的统一性和真实性原则"（依据主要是现行《欧盟运行条约》第 310 条和 1994 年关于自有财源的决议的第 6 条）。

预算统一性原则的正式概念是预算文件的单一性。这个原则也是逐渐建立起来的，欧洲各共同体最初有 5 份预算，后来减少到 2 份，2002 年欧洲煤钢共同体消失后统一为 1 份。

由于当初欧洲存在多个共同体，加之各共同体的行动都注重实用，因此最初的预算不少于 5 份（欧洲煤钢共同体 2 份，欧洲原子能共同体 2 份，不过欧洲经济共同体只有 1 份）。1965 年 4 月 8 日各共同体行政机构合并的条约和前述 1970 年 4 月 22 日条约使预算减少至 2 个：分别是欧洲煤钢共同体的运营预算（资金来自分派给该机构的自有财源，后来于 2002 年消失）和欧共体总预算（从 1994 年起为欧盟总预算）。

欧盟的预算真实性原则与法国的预算真实性原则一致，在涉及预算内容方面，包括以下要求：

• 预算估计的真实性，该要求主要由关于欧盟总预算财政使用条例的章程第 8 条第 3 款规定："只有必要的支出才能写入预算。"
• 预算范围的真实性。根据预算完整性原则（欧盟法律将预算的完整性同时与预算的统一性和真实性联系起来），欧盟预算涉及"包括联盟必要的行政支出在内的所有收入和支出"（关于欧盟总预算财政使用条例的章程，第 7 条），其中包括由于欧盟的混合性质导致的一些特殊的收支，如根据《欧盟条约》属于欧盟共同外交与安全政策方面的支出、运营支出、欧洲原子能共同体的收支和欧盟签约的借贷活动的保证金（包括欧洲财政稳定机制和付款差额援助机制相关活动的保证金）。

欧洲共同外交与安全政策由一位高级代表协调，该政策的运营支出列入欧盟预算，涉及敏感领域（如军事、国防或其他由欧盟理事会规定的领域）的事项除外，后者的经费由有关的成员国承担（原则上按 PNB 比例分摊，见《欧盟条约》，第 41 条）。

但这个原则只是被部分遵守，因为与各国机构一样，欧盟也有预算外活动事项（其中最重要的事项，参见 245 段）。

由欧盟自己执行的预算外活动事项主要涉及欧洲发展基金（此类事项未列入

预算曾引起巨大争议，参见246段）和借贷机制的相关事项，这些事项未列入预算逐渐被接受，因为它们是为第三方受益而执行（参见246段），不过相关保证金则列入欧盟预算（关于欧盟总预算财政使用条例的章程，第7条第3款）。

另一些预算外事项则由具有独立法人地位但财政自主程度不一的机构执行。

其中某些机构财政自主性非常低，其资金完全或主要来自欧盟预算拨款。这些"执行机构"负责根据欧盟委员会的决定或授权，或在欧盟委员会监督下，执行欧盟预算的某些计划、项目或计划项目的其中一部分（关于欧盟总预算财政使用条例的章程，第55条）。

这些执行机构的地位由欧盟理事会2002年12月19日条例规定。欧盟理事会应尤其确保（2002年12月19日条例动机阐述第14点和第15点）此类执行机构的运营收入"主要来自总预算内的补贴"，其运行经费"应计入总预算"，且其财政活动应遵守各财政章程规定的规则。

同样那些由各共同体和欧盟创立的职权更广的执行机构，应"在事实上由预算拨款补贴"（关于欧盟总预算财政使用条例的章程，第208条），这有点类似于19世纪末以前法国国家预算中一直存在的"地方专项预算"。从2002年起，这些机构也大部分被纳入预算审查的范围。

关于欧盟总预算财政使用条例的章程（第208条）规定"所有接受预算拨款补贴"的法人机构必须遵守欧盟委员会通过的财政章程，以及总预算的内部审计和确认是否保留其预算的程序。此前2002年的财政章程（第37条）只规定这些机构每年通报其收支预测的状况（包括其职员状况和工作计划）供参考之用。

另一些执行机构则拥有相对较大的财政自主权（其资金主要来自收费），虽然由于接受财政补贴必然也需要接受监督（参见257段），但相对拥有更大的决策权。

欧盟现有的40余家执行机构（2015年初数据，它们的名称多种多样：署、中心、局、办公室、单位等）可以分为四大类：

第一类是研究性、技术性或欧盟政策管理方面的机构，其数量最多，如欧洲环境署（EEA）、欧洲药监局（EMA）、欧洲渔业管制局（EFCA）等，欧洲银行业管理局（ABE）也属于此类；

第二类是负责研究性、技术性或管理专门任务的共同外交和安全政策方面的执行机构，如欧洲防务局（EDA）；

第三类是旨在促进欧盟各国在打击国际有组织犯罪方面的合作的警务和司法合作机构，如欧洲刑警组织（Europol）、欧洲检察官组织（Eurojust）、欧洲国际边界管理署（Frontex）等；

第四类是执行与欧洲一项或多项计划相关管理任务的临时性执行机构，如教育、视听教学与文化执行局或科研执行局等。

值得指出的是，还有隶属于欧洲原子能共同体的执行机构和组织。

上述这些机构通常（几乎）完全由欧盟预算拨款。不过，其中某些机构也拥有自有财源，主要来自所提供的服务的报酬。这些机构包括：欧洲药监局、欧盟内部市场协调局、欧盟翻译中心、欧盟植物品种局和欧洲航空安全局。

例如，欧洲航空安全局可以通过提供服务或商品获取酬金，也可以收取认证费用，"认证费的整体收入可以囊括认证行为产生的所有直接、间接和特殊成本，包括相关的后续检查成本"（欧盟委员会，2005年3月21日关于欧洲航空安全局酬金和收费的第488/2005号条例）。与之相反，欧盟理事会2007年2月15日条例设置的欧盟人权事务署（取代了原先的欧洲种族主义和排外现象观察机构）的主要收入是来自欧盟总预算的拨款（列于"欧盟委员会"事项下）。

面对这些机构大量充斥的状况，欧洲议会、欧盟委员会和欧盟理事会在2012年6月通过一项共同宣言和主要针对所谓"欧盟地方机构"的共同预算方案（其中指明这些机构在2011年共有雇员约5000人，总预算经费为7.37亿欧元）。出于使机构设置协调合理的考虑，三大机构一致同意将机构称谓标准化，在涉及机构的创建和取消方面采用共同的衡量标准，在考虑设立一个机构时，应客观地研究其影响，统一各机构预算执行的措施，包括基于内外部审计机制的监管、财政警报制度、在预算执行期间对各机构的预算进行重审甚至限制的条款，统一各机构的内部结构及其工作计划的模式，根据机构的多年度收入状况规定其多年方针。另外，共同预算方案还明确规定各机构实施预算制定和按活动管理的制度，并有义务说明其预算要求的理由，由欧盟委员会建立财政单以明确各机构的拨款需求。不过，三大机构也承认这些共同方案并没有强制性的法律效力。

其中一个受欧盟各大条约承认的机构——欧洲投资银行——的财政几乎完全独立（参见685段）。

几份财政章程（关于欧盟总预算财政使用条例的章程，第17条；欧盟总预算财政使用条例章程的使用法则，第7条）也规定了普遍性原则，依据也是《欧盟运行条约》第310条。在此，该原则只涉及预算事项的介绍方面。

首先是未规定用途原则，即不能将特定的收入拨付用于特定的支出（参见80段）："收入整体用于支付款整体"（关于欧盟总预算财政使用条例的章程，第20条）。针对这条原则，有两类例外。

第一类涉及各类"欧盟办公室"（包括欧盟反欺诈办公室）。这类机构的预算单独列在欧盟委员会预算的附录中（关于欧盟总预算财政使用条例的章程，第195条~第200条）。

关于欧盟总预算财政使用条例的章程第195条第1款将欧盟办公室定义为

"由一个或多个机关创立的旨在执行专门的横向任务的管理性机构",如欧盟出版物办公室、人员选举办公室、个人权利清算与管理办公室和设在布鲁塞尔和卢森堡的基础设施与后勤办公室。

第二类例外是在主预算内部将某些收入划拨给某些支出(特别是欧洲合作和科研方面的支出)。

关于欧盟总预算财政使用条例的章程第21条列出了此类项目的清单,其中某些点的实施由欧盟总预算财政使用条例章程的使用法则第10条～第13条具体规定。在1971年被削减以后,如今这些收入划拨的项目主要涉及额外研究计划(由成员国摊派出资)、(主要由欧洲自由贸易联盟国家)向援助基金的注资,或某些由欧盟(由成员国摊派出资)或其他捐赠国包括其公共机构或准公共机构或国际组织资助并管理的对外援助计划或项目(2006年12月13日条例)。

其次是收入与支出之间的非平衡原则,关于欧盟总预算财政使用条例的章程第20条规定:"收入与支出应分别记录,不得相互扣除。"这条规定极有必要,否则无法保证预算机关对预算的监督,更不用说在多年财政前景范围内的监督(参见239段),可能出现支出被低估的情况。不过也有一些主要是技术性的例外情况(关于欧盟总预算财政使用条例的章程,第20条;欧盟总预算财政使用条例章程的使用法则,第14条)。此外,各国为欧盟征收的税费中被扣留作征收费的部分(25%)也是非平衡原则的一种例外情况(235段;关于欧盟总预算财政使用条例的章程,第45条,该条款禁止除征收费外的其他任何对收入的扣留)。

出于方便,各财政章程也允许某些例外做法,如可以只记录某些事项的收支相减后的差额(如收回二手或折旧的财物时,可以从该财物崭新状态的价格中扣除;购买财物时如涉及须缴纳给欧盟的税收,则可以直接记录税外价格;又如涉及对合同另一方的罚金,也可以从应支付给对方的款项中直接扣除罚金);或涉及先前误支付的金额,则可以从理论上应支付的金额中扣除(即只记录净额)。

相反,2002年财政章程取消了某些原先存在的某些收支抵偿程序,涉及某些账目核算(但在结构性基金中仍加以保留)、由欧共体机构即时支出某些财产或提供某些服务的产出(如今改为将这些产出拨予相关机构)或将农业共同责任提取费和农业保证金支出相抵的做法(如今这些产出也被转化为划拨给相关机构的收入)。

第三,专款专用性原则。

专款专用性原则(参见96段)按篇、章、条、项列出收入与经费,并规定每个篇章的款项的专门用途。针对所有收入和欧盟委员会以外其他机构的支出,预算按事项的"性质和用途"分类（欧盟预算还是沿用过去的分类标准，已与如今的情况不太兼容）。相反，在欧盟委员会的支出的分类方面，关于欧盟总预算财政使用条例的章程继承了 2002 年财政章程的规定，不按性质而是按用途划分。"每个篇目涉及一个政策领域，每章一般涉及一项活动"（关于欧盟总预算财政使用条例的章程，第 44 条），每个篇目可以同时包含活动经费和行政经费（具体详见 284 段）。

这种"分活动制定预算"（EBA）的做法其实是按活动进行管理的思路在预算方面的反映，即"功能预算"思想。但欧盟的功能预算并不像通常功能预算那样不切实际（参见 87 段和 525 段），因为在实践中活动（约有 200 项）被整合三十余个的政策领域（篇目），每个政策领域与欧盟委员会的一个机构相关，使职能与行政机构一一对应，从而将管理与监督结合起来（这方面当然还是比不上国家的预算）。

预算经费原则上是限定的（《欧盟运行条约》，第 317 条；关于欧盟总预算财政使用条例的章程，第 8 条），不过由于资金需求经常不定（尤其是农业支出方面），因此预算每个部分都设置了一个名为"临时款项"的篇目（用于不确定或不可预见的支出）。同时欧盟委员会预算中有两项"储备金"（此外还有一个"缺口储备金"，以预算某些部分的盈余来填补某些项目的资金"空洞"）。

临时款项的设立应先于产生支出的行为（参见 266 段），也可在"基于严肃的动机"认为经费总额存在不确定性或有可能需要用到临时款项之时设立。此类款项"只能在已经拨过预算经费，且确认该笔经费不足之后"（关于欧盟总预算财政使用条例的章程，第 46 条）才能使用。

欧盟委员会掌握的"储备金"用于两个方面：一是给第三国的紧急援助；二是用于给第三国的贷款或贷款担保（关于欧盟总预算财政使用条例的章程，第 48 条）。"缺口储备金"最早出现在 1986 年的预算中，不得超过 2 亿欧元。

此外，为了保持一定的灵活性，关于欧盟总预算财政使用条例的章程规定每个机构均可以向预算机关申请在预算篇目之间或同一篇目之内转拨某些款项（如预算机关未在一定期限内答复则表示批准）。

欧盟委员会可以申请将行政支出（人员和机构运营支出）在预算篇目之间转拨（不得超过年度预算总经费的 10%），如涉及运营支出的篇目之间转拨，则不得超过年度预算总经费的 30%，也可以将运营支出在同一预算篇目的章目之间转拨（不得超过年度预算总经费的 10%），还可以将所有类型的支出在同一预算章目的项目之间或同一项目之内进行转拨（关于欧盟总预算财政使用条例的章程，第 26 条）。其他只拥有行政经费的机构可以申请在预算篇目之间转拨款项（不得超过年度预算总经费的 10%）、或在章目之间、项目之间转拨（后两者没有数额限制）（关于欧盟总预算财政使用条例的章程，第 25 条）。

提请转拨款项的机构应提前三周向欧洲议会和欧盟理事会提出申请，如预算机关的一个分支认为该申请存在"正当依据"，这些机关应在6周内做出裁决，超过期限仍未做出裁决则视为接受（关于欧盟总预算财政使用条例的章程，第25条~第27条），如欧洲议会和欧盟理事会两者之一放弃表态，则亦视为接受。如涉及转拨金额被两者或两者之一修改，则视同批准的是其中金额较小的方案，除非提出转拨申请的机构撤回申请。

第四，预算平衡原则。

259 欧盟的预算平衡原则见于《欧盟运行条约》第310条，又由关于欧盟总预算财政使用条例的章程第17条和其后条款正式确认，后者规定"预算的收入和支付款应保持平衡"（关于欧盟总预算财政使用条例的章程，第17条第1款）。这条原则是欧盟预算在制定和执行方面都最为严格遵循的原则，具体表现在以下三个方面。

首先是必须保持各年度（非多年度）预算平衡，比如过去对欧洲煤钢共同体便要求保持预算的年度平衡（不过其运营预算可以保持多年度平衡）。法国对地方预算也有类似的要求（参见635段）。

预算平衡只计算年度收入和支付款（关于欧盟总预算财政使用条例的章程，第17条）。

其次，与法国地方预算不同，欧盟预算必须不通过举债即能保持平衡。《欧盟运行条约》第31条规定预算"全部由自有财源出资，不论其他收入"（如自有财源不足，则差额部分由各成员国摊派出资），关于欧盟总预算财政使用条例的章程第17条第2款也规定"第208条提到的联盟和机构不能在预算范围内举债"，这就避免了欧盟从受预算资助的其卫星机构（参见257段）那里挪用经费，至于其他对经费的支出情况则未明确规定。但这并不妨碍欧盟为其他单位提供贷款（参见246段）和贷款担保（担保金在总预算内支付）。

唯一允许的是所谓"缺口储备金"，由某些本已列入预算，但后来因故被取消的经费组成（参见257段）。

最后，欧盟预算必须保持无盈余的预算平衡。与其他公权机构中实施的制度相反，欧盟预算的平衡不仅仅要求没有赤字。尽管欧洲议会和欧盟委员会多次希望将预算盈余用作储备金，但这一做法始终被禁止。盈余（近10年多次欧盟预算出现盈余）必须记入次年预算，同时从向各成员国要求的摊派款总额里扣除等额资金。

根据财政年度连续性规则，每年预算执行的差额（通过预算修正案）记入次年预算，被记为收入（如系盈余）或支付款（如系赤字）（关于欧盟总预算财政使用条例的章程，第18条）。

不过，尽管修改2002年财政章程的欧盟理事会第1525/2007号章程（2007年12月17日）开篇即明确说明"具有例外性质的特殊条款不构成先例"（前言第5点），但作为1605章程第109条的例外情况，它还是允许欧洲层面的机关在收入对支出出现盈余时以其自有财源设立财政储备金，上限是不超过总收入的25％。此类储备金在下一财年第一季度结束前使用，因此可以结转到下一财年（第1条）。

通过以上介绍，我们可以更好地衡量欧盟预算平衡原则的重要性。它与欧盟财政活动上限（参见238段）相结合，"锁住"（只有某些预算外事项不在锁定范围中，参见245段）了欧盟的财政制度和财政权力。欧盟的支出受到全面限制，特别是不能通过预算赤字进行行动（参见187段和188段）。

不时有人提议在预算中设置一项"形势性"行动基金，以便使欧盟机构能够（目前欧盟在这方面能力有限）在经济形势需要之时执行支出，从而施行真正的欧洲层面的"预算政策"（当前各国的政策协调很难达到这一目标，参见75段和267段）。此类基金可以由先前各年的预算盈余进行出资（实际上从1990年开始欧盟预算始终保持盈余，1990年盈余44亿欧元、1991年为28亿欧元、1992年28亿欧元、1993年10亿欧元、1994年10亿欧元、1995年65亿欧元、1996年92亿欧元、1997年44亿欧元、1998年10亿欧元、1999年30亿欧元、2000年32亿欧元、2001年117亿欧元……）。

根据欧洲议会要求设立的欧洲全球化调整基金是否能符合这一期待？该基金是在美国惠普公司欧洲分部改组引发的讨论后设立的，根据2006年12月20日章程第1条第1款的表述，其目标在于"促进欧盟范围内的经济增长和就业"，同时向"因世界商业机构重大调整而失业的劳动者提供援助，只要这些解聘行为对地区或地方经济有严重的负面影响"。不过，该基金的干预标准是基于"导致特定领域，出现严重的经济动荡或导致企业向第三国迁移的世界商业机构的重大调整"（第2条）。法国在2007年成为第一个向该基金提出申请的国家，为该国受汽车领域"与全球化相关的企业重组"影响的工人申请补贴，此后许多国家都提出过类似的申请。

不过，这里归根结底涉及的是另一种平衡原则，即仍有待建立的"联盟"权力与国家权力之间的平衡。欧盟财政史表明其权力经常不稳定，唯有时间、技术必要性以及政治和社会观念的演变才能持续削弱国家的权力。

（2）欧盟预算的制定

欧盟预算的制定与国家预算明显不同，它深刻反映了欧盟或许尚未完成的争取预算权力的斗争。在这一方面，我们要了解欧盟预算的相关法律和预算程序。

①欧盟预算相关的法律文件

261　　在经过1970年和1975年两次修改之后，与欧盟相关的各大条约（如《欧盟条约》第272条和《欧盟运行条约》第310条，这些规定的精神被财政章程进一步发挥）在很大程度上将欧盟预算权分为两个部分：一是欧洲议会赋予的非必要支出（DNO）的预算权；二是欧洲议会掌握，由条约决定或根据条约制定的文件决定的必要支出（DO）的预算权（1975年开始赋予欧洲议会否决整体预算的权力）。所以理事会实际上是（或曾是）共同体主要的立法机构（包括自有财源方面的立法权），以至于如果允许议会通过财政手段反对欧洲立法机构可能会完全打破条约起草者期待的机构间权力平衡。同时，必要支出与非必要支出的区分也曾引起众多争议，因为两者的区别未必总是显而易见。欧共体的三大机构努力厘清两者的区别，主要通过1982年6月30日的共同宣言，后来分别被1999年5月6日的机构间协议和2006年5月17日协议取代。作为欧洲宪法方案继承者的《里斯本条约》抹掉了这两者的区别。

1988年以来的几份理事会决议和机构间协议（参见248段）冻结了欧洲议会、理事会和委员会在这个方面的主要争议，促使三大机构向预算内容更为清晰方向努力，通过某些调整程序，各自承诺放弃某些权力或某些要求。

②预算程序

262　　欧盟预算程序曾被多次改革，最近一次改革见于《里斯本条约》的相关规定。

从2002年预算开始改为按活动制定预算（参见257段），在进入正式的预算程序之前，先在欧盟委员会内部（起草预算的前一年年底），然后（2~3月）在欧盟理事会和欧洲议会内部进行政策方针讨论（相当于法国的预算方针讨论），以便得出"年度政策战略"，之后召集欧盟委员会预算总局和各支出部门对"年度政策战略"的具体化版本进行预算听证（相当于法国的预算会议）。根据《欧盟运行条约》第314条的规定，此后无需由议会再审。为解决分歧，该《条约》设立一个调解委员会。

最终的结果无非三种：若议会赞同理事会的立场，则预算案通过。若议会未在上述期限内作出裁决，则预算案亦通过。若议会修改预算案，则将修改后的预算案提交给欧盟委员会和欧盟理事会，由欧盟理事会主席召集调解委员会进行协调，如未在收到修改后的预算案的10天内召开调解委员会会议，则表示理事会批准修改后的预算案。

调解委员会由理事会和议会双方的代表组成，任务是使双方达成妥协，并在其被召集后的21天内达成获得理事会和议会有效多数同意的共同方案。

视双方是否达成协议分为两种情况。

若双方代表达成协议，则议会和理事会应在14天内批准该协议。此时又可能出现几种情况：

• 两大机构都通过预算；或其中一个通过，另一个未在规定期限内表态；或二者均未做出裁决；在这几种情况下，均视为通过预算案。

• 二者均否决，或其中一个否决，另一个未做出裁决；此时欧盟委员会应提供一份新的预算方案。

• 议会否决而理事会批准，则欧盟委员会亦应提供一份新的预算方案。

• 在议会批准而理事会否决的情况下，如议会在理事会否决之后的 14 天内仍以有效多数批准预算案和修正项，则预算最终通过。如议会未批准其中一项修改，则由预算路线委员会决定应保留哪一项修改。

若调解委员会内部未达成协议，则欧盟委员会应提供一份新的预算案。

在上述程序结束后，由议会主席宣布预算通过。

如预算案未在当年 1 月 1 日前通过（推迟、否决、取消等），则运用每月临时拨款制度，直至预算案通过为止：每月向各单位拨发其上一年度总预算经费的 1/12，但不得超过当前预算案相关经费的 1/12。必要时，理事会有权根据欧盟委员会的建议批准高于这一金额的经费（《欧盟运行条约》，第 315 条；关于欧盟总预算财政使用条例的章程，第 13 条）。

（3）欧盟预算的执行

263　欧盟的超国家结构导致财政活动既由联盟当局（中央集中结算）也有由成员国或第三国（分散结算或非集中结算）执行。

关于欧盟总预算财政使用条例的章程第 58 条还规定将某些预算的执行由第三国、欧洲投资银行或其他公权或私权机构间接管理，同时还将某些预算执行任务委托予"国际组织及其办事机构"。

①由欧盟当局执行的预算

264　欧盟当局执行的预算中，除每个机构各自执行的运行经费外，其他约 95% 的预算都由欧盟委员会执行。

欧盟委员会在预算执行方面的具体权力一直以来争议颇多，有必要在欧盟委员会和欧盟理事会设立的各种委员会之间分配预算执行权限。

这些机构预算的"中央集中结算"要么直接由欧盟委员会各部门或其他欧盟机关执行（"中央直接结算"），要么由欧盟或各共同体创立的其他法人（执行机构）和办事机构（参见 257 段）、或其他受欧盟委员会授权的国家公权机构或被赋予公共服务任务的私权机构执行（"中央间接结算"）。

关于欧盟总预算财政使用条例的章程第 58 条和欧盟总预算财政使用条例章程的使用法则第 35 条明确规定欧盟委员会可以进行上述授权，同时对被授权机构的财政担保、地位、技术与资本结构以及授权程序提出了一系列要求。这不仅为确认这些机构的可信度，也为确保欧盟委员会的机构权威和欧盟预算与会计规定的应用。

在这两种情况中，关于执行人员和所执行的财务活动方面的规定几乎完全一样（除了少数不可避免的例外）。

第一，执行人员。

265　　根据 2002 年改进的分离原则，预算执行人员包括拨款审核者和会计人员。

在法律上，拨款审核者是相关机构（关于欧盟总预算财政使用条例的章程第 65 条："各机构履行拨款审核者职能。"）；在实践中，是每个部门根据其内部管理条例确定的"相关级别的审核人员"（欧盟审核专员、高级行政官员、部门主任等）（特派或代理审核员可以由下级财政人员协助）。每个机构的拨款审核者负责"按财政良治原则的要求执行（该机构）的收入与支出，确保收支的合法性与合规性"（关于欧盟总预算财政使用条例的章程，第 66 条第 1 款），特派拨款审核者应向其派遣机构提交年度活动报告，其中应包含足以评估结果及相关风险的财政与年度结算信息（关于欧盟总预算财政使用条例的章程，第 60 条第 9 款）。审核员负责经费管理，并向会计下达支付或征收命令（收入与支出的"执行阶段"）。

出于遵守财政良治原则的考虑，欧盟委员会设置了供执行欧盟预算和欧盟管理的基金（如欧洲发展基金）的欧盟委员会审核员以及执行机构使用的预警系统（SAP）。该系统由欧盟委员会会计人员及其下属公务人员管理（欧盟委员会 ABAC 会计系统）：见欧盟委员会 2008 年 12 月 16 日决议（第 2008/969 号欧盟/欧洲原子能共同体决议）。

会计人员是由各个机构在欧盟公务员中任命的公务人员（关于欧盟总预算财政使用条例的章程，第 68 条），必须是拥有相关资格证书或职业经验的专业人员（关于欧盟总预算财政使用条例的章程，第 55 条）。他们负责财务会计工作（并验证会计系统的有效性），"良好执行支付、收纳及确认的债权的征收工作"（执行拨款审核者的相关收支命令）（关于欧盟总预算财政使用条例的章程第 68 条第 1 款第 a 项），并负责"金库的管理"（关于欧盟总预算财政使用条例的章程，第 68 条第 1 款第 f 项）。原则上，会计人员是"唯一有权管理金库或账户的人员，并负责资金的保管"（关于欧盟总预算财政使用条例的章程，第 68 条第 6 款）。不过也可以设立"预付款管理处"，并指定管理人"以负责小额支出的支付工作"（关于欧盟总预算财政使用条例的章程，第 70 条第 1 款）。涉及某些财务活动事项时（如危急情况援助、人道主义援助等，见关于欧盟总预算财政使用条例的章程第 70 条第 1 款第 2 段），可以违背这一原则，对管理人负责支付的资金不加限制。关于欧盟总预算财政使用条例的章程第 70 条第 2 款明确规定预付款管理处的资金"由机构会计人员拨付"，但"由会计人员指定的管理人负责"。

拨款审核者和会计人员的分离被视为 2002 年财政章程的一项根本性原则。该章程不仅规定"拨款审核与会计的职务分离，二者不可兼任"（第 64 条第 1 款），而且还要求欧盟信托基金的拨款审核与会计也必须分开，并由欧盟委员会监督相关情况（第187条第6款第6段）。不过，这种制度与法国的制度有一个根本性的区别，欧盟会计人员只扮演收纳、金库管理和记账的角色（参见266段），"支付者"的角色从未完全让会计人员扮演，而是由财政监督员负责，后来财政监督员这一职位在2002年财政章程中被取消（被内部审计员取代，参见272段）。2012年章程延续了这一做法，设立了拨款审核者"全权负责"的制度（参见277段），并取消了集中化预先监督制度（包括财政监督员预先盖章批准和会计人员对收据的核查）。这个例子值得严肃思考，特别是在法国。

第二，执行的财务活动。

266 财务活动显然也是按上述被简化并改良的模式执行。

支出的程序先后由拨款审核者和会计人员参与（关于欧盟总预算财政使用条例的章程，第84条）。

作为"执行阶段"的负责人，拨款审核者有权"在被授予的经费范围内，按照财政良治原则"（《欧盟运行条约》，第317条）决定支出。不过前提是已存在预先的"基础文件"（只有少数影响范围很小的情况例外），也就是说存在一种独立于经费的法律文件允许或要求进行支出。这反映了在法国众所周知的预算法的一大特点，即一个款项本身并不能构成支出的法律基础。

基础法律文件由预算机关决定，可以表现为章程、条例、法令和决议（《欧盟运行条约》，第288条）或特殊决议等形式。这条被欧盟法院和欧盟机构间协议确认的原则如今主要见于关于欧盟总预算财政使用条例的章程第54条第2款。该条款继承了之前的法律文件的规定，允许少数事项在不存在基础文件时仍然可以获得经费拨款，这些事项包括："试点方案"（每财年经费上限为4000万欧元）、"未来行动的准备性行动"（每财年经费上限为5000万欧元，总额不得超过1亿欧元）、"临时性行动"以及"为确保机构行政自主而向每个机构拨发的运行经费"。

如满足上述条件，则拨款审核者按照一定流程，先后作出拨款承诺（先是"预算"承诺然后是法律承诺）、进行清算并安排支出。这一流程与法国的预算拨款流程非常接近。

之后，作为支付负责人（但不负责预算合规性的监督，参见266段）的会计人员"在可用资金的范围内"（关于欧盟总预算财政使用条例的章程，第91条）执行支出活动。

不过，关于欧盟总预算财政使用条例的章程第90条第1款却规定"支付必须基于能够证明相关行动符合基础文件或合同条款的证据"，但这似乎是拨款审核者的责任。

值得注意的是，2002年财政章程取消了"预付款"和"部分付款"这两个概念（因为它们被认为不够清晰），而代之以"前款""中款""尾款"的概念。

在此有必要指出，除非欧盟法院批准（事实上欧盟法院至今从未批准过，2001年5月29日判决），否则不能以强制手段（如通过扣押财物或其他强制执行途径）迫使欧盟支付。

收入方面，除来自成员国的自有财源遵循特殊模式（参见234段）以外，其他收入也是遵照这种审核与会计分开的二元模式。

拨款审核者先后进行债权预估（可能的债权）和债权确认（确定的、可计数、可追索的债权），之后"安排征收"（向会计人员发出征收令）。审核者也可以通过合法、有充分理由且"符合财政良治和相称性原则"的决议，放弃征收债权（关于欧盟总预算财政使用条例的章程，第83条）。

必要时，审核者还可以直接对国家以外其他当事人发出执行令（关于欧盟总预算财政使用条例的章程，第79条）。

征收令之后接踵而来的是向债务人发出的债务通知。

成员国应支付的自有财源无须进行债权预估程序，但仍需要向会计人员发送征收令（相当于债权确认）并随后向成员国发送债务通知。

与法国会计人员一样，欧盟会计人员也有核查债权和敦促缴纳的义务。欧盟会计人员不仅负责执行征收令，2012年新的财政章程还明确规定（第80条第1款）会计人员在必要时还可进行偿还。

关于欧盟总预算财政使用条例的章程第80条第1款第2段规定："如征收对象本身对欧盟拥有债权，则会计人员在征收时可以将征收对象的债权与欧盟的债权抵偿后征收。这些抵偿的债权必须是确定且可追索的净债权。"这条规定是欧盟法院之前的一项相反的判例。

"金库"则只由会计人员管理（欧盟总预算财政使用条例章程的使用法则，第57条），是在银行机构或各国国库中开设的账户。

欧盟委员会在法国主要拥有两个账户，一个是在公共财政总署开设的存储账户，另一个是法兰西银行的账户，后者用于某些经费规模较小的活动。如今法国由一位负责部级会计和预算稽查的官员协助财政部部长执行并监督包括欧盟在内的国际组织的账户的相关活动。2006年法国的一次机构改革设立了统一支付局（AUP），取代了原先的农业领域干预机构中央局（ACOFA）。后来到2009年该局又与国家农业开发结构调整中心（CNASEA）合并成一个行政性公共机构，服务与支付局（2009年3月25日第2009—325号命令；2009年3月27日法令）。如今欧盟共同农业政策援助款在法国的支付任务由该局负责。

②由国家执行的部分

267 由于欧盟没有地方行政机构，因此不得不将某些收支项目委托成员国（分散结算）或第三国（非集中结算）执行。这些事项主要涉及实体活动，由欧盟委员会负最终责任（《欧盟运行条约》，第 317 条）。

第一，支出。

268 除特殊例外（主要涉及欧盟机构的运行支出和对外援助支出），支出一般在欧盟委员会负责下通过各国（如法国）国库或各国指定的银行机构执行。

欧盟超过 80% 的支出都是按照这一程序执行。在法国，针对两大机构（国家农作物行业办公室和国家经济作物行业办公室）的欧盟农业直接援助款的支付工作从 2006 年起由统一支付局负责。它也负责对国家畜牧业办公室的欧盟补贴的发放。2006 年 1 月 5 日农业方针法设立了国家大型作物行业办公室以取代国家农作物行业办公室。这些行业办公室在 2006 年被整合成三类，每一类以一家办公室为中心，不过上述 2006 年农业方针法规定："最迟至 2013 年 1 月 1 日，欧洲共同农业政策框架内对农业和农村发展的直接补贴款的发放与结算工作应由单一机构负责。"所以这一任务如今完全由 2009 年设立的服务与支付局负责。另外，上述这些农业办公室的附属机构全部被并入国家农产品与海洋产品机构（海外领土例外，由海外省农业经济发展办公室负责），该机构也是根据 2009 年法令设立。

第二，收入。

269 除特殊例外（如欧洲煤钢共同体提取费），欧盟收入一般由成员国根据各自法律进行征收，并每月向欧盟委员会缴纳欧盟预算规定的分摊款（增值税部分收入和按国民生产总值比例缴纳的分摊款）的 1/12（如延迟缴纳需要延期付款利息），或 2 个月（特殊情况时可为 1 个月）前确认的债权（关税和农业收入，从中扣除 25% 的征收费——2000 年以前为总额的 10%）。2014 年 5 月 26 日第 609/2014 号条例规定了各国向欧盟缴纳各类自有财源的模式和程序，以及"旨在应对资金需求"的措施。该条例第 6 条规定自有财源的核算工作应由各成员国的国库机构或成员国指定的机构负责，并按收入性质分类（在法国由公共财政总署的一位公共会计人员整理核算材料，并提交给欧盟委员会预算总局）。第 12 条规定如涉及延迟入账的情况，延期付款利息由相关成员国承担（属相关国家的过失，欧盟法院，2010 年 6 月 17 日第 423/08 号判决，欧盟委员会/意大利）。

欧盟自有财源在法国财政法案中被列入（参见 486 段）"欧盟提取款项"。不过，由海关和间接税总署征收的欧盟自有财源收入（包括关税收入和 2010 年起由国家代欧盟征收的糖业税）并不属于这一范围。

(4) 财政活动的监督

270   预算活动的监督，按照不同的模式，由行政机构、欧盟审计法院和欧洲议会执行（这些机构又应服从欧盟法院的"最高监督权"，不过欧盟法院的监督权也是有限的）。

① 管理机构对欧盟财政活动的监督

271   这里的管理机构既包括欧盟机构也包括国家管理机构。

272   • 欧盟管理机构的监督活动

欧盟管理机构的监督活动由欧盟委员会统筹（欧盟委员会主要负责检查合作伙伴的监督系统的有效性，参见 2002 年 12 月 23 日欧盟委员会发布的预算执行章程第 35 条）。欧盟监督也存在多种形式，主要通过核查进行监督，必要时可设置适当的规定以确保所执行的财务活动公开透明。

内部监督则主要来自以下两个方面。

一方面由拨款审核者自己进行监督。拨款审核者对其执行的活动负完全责任，因此有义务确保所执行的活动合法合理（欧盟总预算财政使用条例章程的使用法则，第 49 条），必要时可（以书面形式）向其所属机构指出存在的困难。后者可以通过说明理由的书面指令解除该审核者的责任（关于欧盟总预算财政使用条例的章程，第 73 条）。

另一方面是内部审计员的监督。根据 2002 年财政章程的规定（该章程取消了财政监督员一职，参见 266 段），每个机构必须指定一个职务"完全独立"的内部审计员（关于欧盟总预算财政使用条例的章程，第 100 条第 1 款）。审计员不得由拨款审核者或会计人员兼任，只对所属机构负责。他负责检查"预算执行体系与程序是否良好运行"（可以完全且不受限制地获取其职务活动所需的任何信息），并向所属机构提交报告和建议（关于欧盟总预算财政使用条例的章程，第 99 条）。

外部监督主要涉及在成员国进行的活动。欧盟机构获得授权对这些活动进行监督，不仅通过文件（尤其在涉及欧盟支出之时），而且还可以进行现场检查。欧盟的这一权力在很长时间内一直被限制在几个特殊领域（特殊自有财源、结构性基金、欧洲农业指导和保证基金等），后来随着 1995 年 12 月 18 日欧共体条例（设立了对经济运营机构违规行为施以行政处罚的制度）以及 1996 年 11 月 11 日的应用条例（关于欧盟委员会执行现场检查的规定）使欧盟监督获得了更为普遍的监督法律基础（后来又由 1997 年 10 月 15 日关于结构性基金的条例和 1999 年 5 月 10 日关于自有财源的条例加以完善）。1995 年这份法律文件采取了多项预防措施（如国家提出要求，也可参与检查），规定欧盟检查员具有与国家检查员同样的权力，以便更好地履行其职责。

根据 1995 年 12 月 18 日条例的定义（第 1 条），经济运营者任何违反欧盟法并对欧盟预算造成损失的行为都属于违规行为。

欧盟反欺诈办公室（OLAF）设立于1999年，其前身是1988年成立旨在打击在成员国发生的（或成员国的）违规行为的反欺诈协调工作组（UCLAF）。比起后者，欧盟反欺诈办公室的权力和地位都得到加强。类似机构曾多次组建，且其重要性不断增强。

欺诈被视为"违规行为"，2013年涉及的欺诈行为收支金额占欧盟支出款的1.34％和自有财源总额的1.86％。根据欧盟委员会的数据，对比2012年，2013年关于收支欺诈行为的次数上升（17％），但涉及金额有所下降（−36％）。比如法国必须向欧盟归还10亿多欧元对法国农业"违规"发放的补贴。对此，法国政府一再重申相关农业经营者无须归还不当发放的款项。

欺诈行为既涉及收入（走私、伪过境）也涉及支出（社保基金、欧洲经济与地区发展基金、欧盟农业补贴等）。各国打击欺诈行为的热情有时视这些行为是否损害该国利益而定。

这家机构仍隶属于欧盟委员会（其预算列于欧盟委员会预算附录，参见257段），任务是负责"公正监督"，如今其职权还包括监督欧盟机构（和欧盟各"办公室"）。也就是说，它是监督者的监督者，但该机构本身的成绩未必始终令人信服（谁来监督"监督者的监督者"）。

欧盟反欺诈办公室根据1999年4月28日的一项决议设立（欧盟委员会做出这一决定应是下了很大决心），其权限后来获得欧共体各机构的认可（1999年5月25日欧洲议会和欧盟理事会联合条例；1999年5月25日机构间协议）。该办公室管辖权适用于所有欧盟机构，这一点在与相关机构的诉讼中得到欧盟法院的支持，包括与欧洲投资银行和欧洲央行的诉讼（欧共体法院，2003年7月10日第C−11/00号判决和第C−15/00号判决，分别针对欧共体委员会/欧洲央行，欧共体委员会/欧洲投资银行），以及与欧洲议会的诉讼（欧共体法院，2004年3月30日第C−167/02−P号判决，P. 维利·罗特莱等人/欧洲议会）。

273 • 各国管理机构的监督

国家管理机构（尤其自欧盟相关条约签订以后）有义务以保护自身财政利益相同的方式保护欧盟财政利益（《欧盟运行条约》，第325条）。

尤其应对1995年7月26日公约（及四大补充文件）规定的欺诈行为应追究刑事责任。欧盟委员会建议针对这一领域设立欧洲检察官职位。

因此，各国管理机构有义务主动或根据欧盟委员会的提议对与欧盟财政相关的活动进行监督，并向欧盟提供必要的监督手段和信息。比如法国因此赋予某些国内管理机构以监督权,由它们检查来自欧盟的资金的使用情况(1996年4月12日第96—314号法律,第43条)。如今由两个十分不同的机构承担这一方面的任务:一个是监督与审计部级协调委员会,另一个是欧盟农业基金支付机构账目核查委员会。

前者成立于1993年,曾被多次改组(主要被2008年6月11日法令改组,这项法令自身由2014年12月8日第2014—1460号法令进行修正)。它是对拨予法国的欧盟资金的监督和审计进行协调的部际委员会,由通过总理令任命的9位成员组成,任期为3年(可续任)。其中包括四位代表欧盟财政活动相关领域的监察机构(财政、行政、民政和农业四个领域的监察机构)的监察长、一位经济与财政总监督部门的成员,以及四位有资格的人士(其中两位由法国地区协会提名)。它是欧盟相关财政活动的国家监督体系的拱心石(欧盟法意义上的"国家财政监督员"),因为它监督法国的管理、支付和核算机构遵守其应承担的义务。它还负责规定监督的整体组织和方针,并监督核查计划的制定与执行(第2条),它有权对相关部委和地方政府提出建议。该委员会也是审计机构,具有"独立审计组织"的资质(第3条)。它还负责接收和撰写这一领域的报告、意见和建议,对外通过欧盟事务总秘书处提交给欧盟机构(包括提交给欧盟审计法院的文件),对内在法国国内公布。

第二个委员会是欧盟农业基金支付机构账目核查委员会。该委员会由2005年10月12日法令在欧洲农业指导与保证基金实施的框架内设立,后来随着欧洲地区发展基金和欧洲农业农村发展基金的设立,又由2007年5月11日法令进行改组。它由总理根据经济和农业部部长联合提名任命的五名成员组成,包括上述部委的督察部门的成员。委员会的任务是对支付机构的账目进行监督核查及适当的审计。核查和审计报告通过欧盟事务总秘书处提交给欧盟委员会。在核查时,它可以邀请专业会计机构或审计机构进行协助。

由欧盟委员会和欧盟审计法院审计之后进行的预算修正所涉及的金额经常相当大。这些修正主要在趋同政策和农业方面(尤其是欧洲农业保证基金),同时涉及错误和违规行为。欧洲农业保证基金的款项修正涉及的国家(按修改的金额排列)主要有希腊、西班牙、荷兰、意大利、法国和罗马尼亚。从所有的修正项目看,趋同政策方面修正金额的排名与欧洲农业保证基金修正涉及的国家排名区别不大,第1名仍是希腊,而且在涉及的修正金额方面,它将第2名波兰远远甩在后面。法国审计法院查账导致的金额修正平均约占欧洲农业保证基金款项的1%。

②欧盟审计法院的监督

在欧盟审计法院(《欧洲运行条约》,第285条;关于欧盟总预算财政使用条例的章程,第159条~第163条)1975年成立之前,欧盟审计工作由欧盟理事会指定的委员会负责。《马斯特里赫特条约》签署后,欧盟审计法院成为欧盟"机构",由欧盟理事会(但需理事会一致同意并咨询议会)指定的独立人士组成(每个成员国一个名额)(《欧盟运行条约》,第286条)。审计法院院长由审计法院成员选举产生,任期为3年。2010年以后,审计法院内设5个专门法庭。

《欧盟运行条约》第286条第3款规定:"审计法院成员在履行其职责之时,既不请求也不接受任何政府或组织的指令。审计法院成员不得进行任何与其职务性质有冲突的行为。"

另外,《欧盟运行条约》第284条第4款规定:"审计法院成员在履行其职务期间,不得执行不论有无报酬的任何其他职业活动。审计法院成员就职之时应庄严承诺在其任职期间和任期结束后均遵守其职务带来的义务,尤其是其任期结束后接受某些职务或利益时应遵守正直与诚实行事的义务。"

受德国模式的影响,欧盟审计法院执行两种互为补充的任务:一是事后管理监督;二是对公共机构提供审计方面的协助,但两者之间相互没有管辖权。

275 • 事后管理监督

这种监督在很大程度上与法国财政司法机构执行的活动类似(参见391段)。可以通过文件,也可以(与相关国家审计人员合作)到现场检查欧盟机构和欧盟设立或资助的机构的财政活动是否合规,是否符合财政良好管理的要求。

检查活动可以在成员国的"任何受益于欧盟预算支付款的自然人或法人的场所"执行。在此情况下,欧盟审计法院与相关国家的检查机构应"在相互信任并尊重对方独立性的前提下紧密合作"(《欧盟运行条约》,第287条第3款;关于欧盟总预算财政使用条例的章程,第159条第2款)。

276 • 对公共机构的审计协助(《欧盟运行条约》,第287条第4款)

与法国审计法院一样,欧盟审计法院也向公共机构提供审计协助,"协助欧洲议会和欧盟委员会履行欧盟预算执行的监督任务"。欧盟审计法院每年制定年度总报告(和针对某些机构的专门审计报告,其中附有相关机构对审计法院提出的问题的答复)。根据《马斯特里赫特条约》的规定,从1996年开始欧盟审计法院还提供"对账目可信度及下级财务活动的合法合规性的保证声明"。由于存在数以百万计的"下级活动",因此审计方面不免有很大困难(欧盟审计法院便拒绝认证1995年的所有活动)。它还可以发布特殊报告或观察报告,并提供意见(在相关机构的要求下或根据某些财政法律法规必须提供意见的情况)。

除了年度总报告(自1997年以来,年度总报告还包括对总预算和欧洲发展基金的保证声明)之外,审计法院还发布众多专门报告、年度特别报告(涉及欧洲煤钢共同体、欧洲原子能共同体、欧洲司法组织、欧洲中央银行以及欧盟附属机构等)和意见报告。它在报告中的分析经常要求严苛,比如虽然它在2012年"对欧盟账目的可信度毫无保留地"提供意见,但考虑到欧盟账目在支出款方面的许多错误,它并未为其提供正面的保证声明。

我们可以从中得到一些教训。

欧盟审计法院 2013 年年度报告中提到 77 份报告和意见，以及 2013～2017 年的新战略。根据报告中列出的检查时间，欧盟审计法院的检查主要集中在几个大国：意大利、西班牙、波兰、法国、德国，还包括希腊和紧随其后的英国。最后也很有必要指出承诺款与支付款之间的巨大差距造成的相关影响，以及项目开始之初对经费的使用不足导致"（经费）积累到相当于需要支付的 2 年零 3 个月的承诺款（2012 年底达到 2170 亿欧元）"。

审计报告中对欧盟审计的那一部分本身对欧盟预算的效率提出许多疑问。根据审计法院的数据，2013 年支出经费方面估计的错误率（违规水平）达到 4.7%。审计报告还指出，"各成员国在发现和纠正欧盟支出款项错误方面掌握的信息不足"。最后，报告还指出或许最令人担心的一点，在 2007～2013 预算期间："各国越来越想方设法吸收欧盟资金（'没有用掉的就没有了'），只考虑使用是否合规，却不太考虑使用的效益。未能将经费使用效益纳入考虑是欧盟预算制定的一大缺陷。"

在制定 2013 年保证声明时，考虑到支出款项方面存在的诸多错误，审计法院"不看好它们的合法和合规性"。

277 • 司法活动的缺席

审计法院既不审核会计人员的账目（与法国的情况一样，参见 391 段）也不审核拨款审核者的账目（如今财务活动主要由拨款审核者负责，参见 266 段）。因为欧盟法律认为财政活动者（拨款审核者、会计人员和管理人）的责任"在性质上与其他公务人员并无不同，因此普通法规定的纪律和金钱处罚同样适用于他们"（关于欧盟总预算财政使用条例的章程，动机阐述第 20 点）。

根据相关规定，每个机构应设立一个负责对存在的财政违规情况提供意见的部门（关于欧盟总预算财政使用条例的章程，第 66 条和第 72 条；欧盟总预算财政使用条例章程的使用法则，第 74 条）。在此基础上，该机构可以根据适当的程序和条件（关于欧盟总预算财政使用条例的章程，第 73 条～第 75 条）对相关人员施以处罚（由欧盟法院最终监督），若涉及玩忽职守，则处以纪律处罚，若涉及个人过错（或拨款审核者出现严重的个人过错时），则处以金钱处罚。

关于对拨款审核者、会计人员和管理人的法律规定在关于欧盟总预算财政使用条例的章程中有明确说明。

第 73 条规定："1. 拨款审核者在相关规章规定的条件下承担金钱处罚责任。2. 拨款审核者承担金钱处罚责任的情况主要涉及有意或出现严重疏忽导致：(a) 确认的征收权、发出的征收令、承诺的支出或签署的支付令不符合现行章程或根据现行章程应用的授权文件；(b) 遗漏制定产生债权的文件，遗漏或未按时发出征收令，未按时发出支付令，并导致相关机构需对第三方承担民事责任后果的情况。"

第 74 条规定："会计人员根据相关规章规定的情形和程序承担纪律或金钱处罚责任，尤其涉及以下情形时：（a）遗失或损坏其保管的资金、证券或文件；（b）不当修改银行账户或邮政账户；（c）未按相关征收或支付令执行征收或支付；（d）未将应入账的收入入账。"

第 75 条规定："预付款管理人根据相关规章规定的情形和程序承担纪律或金钱处罚责任，尤其涉及以下情形时：（a）遗失或损坏其保管的资金、证券或文件；（b）不能出示文件证明其所执行的支付的合法性；（c）向无权收款的人员支付；（d）未将应入账的收入入账。"

如涉及舞弊的情况，则按欧盟反腐败和财政保护方面的法律处理（关于欧盟总预算财政使用条例的章程，第 72 条）。如不涉及违规行为而是"机制问题"，则该专门机构应通知拨款审核者和审计员（关于欧盟总预算财政使用条例的章程，第 73 条）。

③欧洲议会的监督

欧洲议会通过其预算监管委员会对欧盟财政活动进行两方面的监督，一方面是执行过程中的监督，另一方面是执行后监督。

- 执行过程中的监督

欧洲议会应从欧盟委员会会计人员那里接受月度预算执行数据，并每年制定 3 份预算执行报告（关于欧盟总预算财政使用条例的章程，第 150 条）。议会在每年秋季对即将执行结束的预算进行辩论（这场议会辩论于 1976 年根据诺腾堡的提议设置，故被称为"诺腾堡程序"）。

（在司法机关未介入的前提下）议会还可以成立"临时调查委员会"（"临时调查委员会"第一次出现于 1996 年）"以调查预算执行中违法欧盟法或未良好管理的情况"（《欧盟运行条约》，第 226 条）。

- 执行后监督

从 1975 年开始，欧洲议会有权解除欧盟委员会的年度决算义务（《欧盟运行条约》，第 319 条），也有权解除议会主席和欧盟理事会的专门决算义务。议会至今曾多次运用这一武器试图使欧盟委员会服从于它，但并未获得多大成功。因此，它在附属决议中以补充的方式对欧盟预算执行结果提出严苛的批评意见也就不难理解。

欧盟理事会和欧洲议会应在预算执行第 2 年 6 月 1 日前收到欧盟委员会会计人员（依据 3 月 1 日前从各个机关收到的材料）制定的决算账目和财政总结表，之后在 11 月 15 日之前接受欧盟审计法院制定的报告文件。所有这些接收到的文件应在第 3 年 5 月 15 日之前核查完毕。之后，欧盟委员会（通过有效多数决定）建议解除义务；必要时欧盟委员会可以进行听证并提交委员会预算监督报告。然后，由议会进行裁决。

欧洲议会有时会推迟（如 1987 年对 1985 财年，1998 年 3 月对 1996 财年，

2000 年对 1998 财年，2001 年对 1999 财年的欧洲发展基金的决算）甚至拒绝（1984 年对 1982 财年，1998 年 12 月对 1996 财年）解除决算义务（此外，1996 年也拒绝解除欧洲发展基金的决算义务）。不过，欧洲议会的拒绝不像某些人说的那样，必然立即导致欧盟委员会辞职，根据《欧盟运行条约》第 319 条第 3 款和关于欧盟总预算财政使用条例的章程第 166 条第 1 款，欧盟委员会只需根据议会和理事会的意见和建议全力整改即可。欧洲议会在 2014 年同意解除 2012 财年决算义务，而欧盟理事会不同意，最终独自解除了 2012 财年的决算义务。

1998 年 12 月欧洲议会拒绝解除决算义务只是 1999 年 3 月 15 日欧共体委员会辞职的一个因素。此外还因为专家报告指出委员会内部存在贪腐、任人唯亲和管理不善的情况。

另外，关于欧盟总预算财政使用条例的章程第 164 条第 2 款规定，如涉及推迟解除义务的情况，"欧洲议会和理事会应将作出该决定的理由通知委员会"；如议会决定推迟解除义务，则"委员会应在适当期限内，采取有效措施以去除解除决算义务的障碍"。

从欧洲议会 2006 年 4 月通过的关于 2004 财年的决议可以很好地了解议会的期待与批评。议会希望将会计一职升级为财政主任，以便使之能够与欧盟委员会领导层之间形成制衡；同时也希望将"实在且有效的内部监督"写入财政条例，并上升为预算原则。从这份决议中我们还可以了解当时欧共体的财政系统的规模：606 项涉及结构性基金的计划、1163 个涉及趋同基金的项目、71 个欧盟候选国援助工具以及 93 个共同农业政策方面的支付组织。

欧洲议会的"游击战"不仅针对欧盟委员会，也针对欧盟理事会。例如它在 2009 年 3 月推迟了对 2007 财年欧盟理事会支出的批准，并指责后者的行政支出操作的空间越来越大，因此欧洲议会有权检视其预算。欧盟理事会拒绝了这一批评，并拒绝向相关议员提供数据。当然，这种批评并不新颖。根据 2009 年 4 月 23 日欧洲议会以绝大多数票通过的一项决议，再次推迟了对欧盟理事会秘书长 2007 财年决算义务的解除，理由是理事会的预算执行完全缺乏透明度。后者解释未制定预算执行报告是由于 1970 年的"君子协定"。欧洲议会在 2013～2014 年也与其他机构产生同样的冲突，原因是支付款不足以执行承诺。

3.1.2.2 欧盟的财政技术

281 在此我们只对欧盟财政技术中的预算技术（1）做一些讨论，至于会计技术则粗略带过（2）。

（1）预算技术

282 预算的统一性、普遍性、真实性和专款专用性原则（参见 257 段和 258 段）导致欧盟总预算形成一份长达 1800 多页的文件，其中每个预算栏目都注有"适当的说明"（关于欧盟总预算财政使用条例的章程，第 49 条第 1 款），这些说明有时篇幅很大，主要提供预算凭证和其他有用的指示。预算的活动则被列成多个表格，大部分时候被放在多年财政框架里进行对比（内容包括前两个财年的预算预测和执行结果，以及多年期经费的执行进度表）。

其中某些项目被列入预算"备忘"以便将来必要时拨予经费，另一些被划上一杠的则是已经取消的项目。

预算文件中包含两份"一览表"（其结构由关于欧盟总预算财政使用条例的章程第49条详细规定）：一份收支总表和一份各部门收支一览表。

①收支总表

283　关于欧盟总预算财政使用条例的章程第43条将这个表单称为"收入与支出总表"。这个表单不仅提供了所有收入的完整细节（按篇、章、条、项分类，第一篇的内容涉及欧盟自有财源），而且也提供了一份预算出资总表，简要介绍了几大类支出以及欧盟成员国对支出的摊派情况（此外还有一份人员与不动产表）。

②各部门收支一览表

284　这个表单提供了每个机构的预算。

2015年预算分10个部门：1. 欧洲议会，2. 欧盟理事会，3. 欧盟委员会，4. 欧盟法院，5. 欧盟审计法院，6. 经济与社会委员会，7. 地区委员会，8. 欧盟监察使，9. 欧盟数据保护监察机构，10. 欧盟对外事务部。

其中每个部分包括一份收入一览表和一份支出一览表，欧盟委员会部分还有多项附加预算，涉及几个欧盟办公室，如欧盟出版物办公室、反欺诈办公室、人员选举办公室等。

欧盟委员会以外的其他所有机关的支出一览表只有机构运行经费（按支出性质分为6篇，下面又细分为章、条和项）。

与之相反，欧盟委员会的预算还包括活动运营经费，各项活动经费根据欧洲议会和欧盟理事会制定的按功能排列的清单分别介绍。从2004年预算开始，该活动清单完全按功能排列，分为政策领域（篇）和活动（章）（参见258段）。

这份按功能排列的清单包含35个领域，每个领域占一篇，分别是：1. 经济与财政事务，2. 企业与工业，3. 竞争，4. 就业、民政与融入社会事务，5. 农业与农村发展，6. 交通与迁移，7. 环境，8. 科研创新，9. 信息社会与媒体（通信网络、内容与技术），10. 直接研究，11. 海洋事务与渔业，12. 内部市场与服务，13. 城市与地区政策，14. 税收制度与关税联盟，15. 教育与文化，16. 交流，17. 健康与消费者保护，18. 内部事务，19. 外交，20. 商业，21. 发展与合作，22. 欧盟扩张，23. 人道主义援助与公民保护，24. 反欺诈，25. 欧盟委员会政策协调与司法建议，26. 欧盟委员会行政，27. 预算，28. 审计，29. 统计，30. 补贴与相关支出，31. 语言服务，32. 能源，33. 司法，34. 气候行动，35. 储备金。

此外还附有涉及许多项目预算的附录，主要是科研与技术发展方面的项目（如有特别预算结构的欧洲原子能共同体科研与投资预算），另外一些附录的内容涉及贷款与担保借款、与欧洲经济区及相关国家的联系等。

（2）会计技术

285　概括而言，欧盟财政活动的执行围绕三类会计活动被串联起来。这些会计活动包括预算核算、总核算和账户核算，它们应"合规、真实、完整且可信"（关于欧盟总预算财政使用条例的章程，第143条）。

①预算核算

286　预算核算涉及每个机构及其卫星机构的"预算执行一览表"（附有每个机构的年度预算与财政决算报告）和扼要介绍各项活动的"预算执行一览表"（关于欧盟总预算财政使用条例的章程，第141条和第142条）。预算核算的内容先是概述之前的预算预测和批准的经费，之后描述该财年的支出与收入的情况，形成费用明细账（按与预算自身相同的结构进行介绍）并在附录中对该费用账进行补充和评论（关于欧盟总预算财政使用条例的章程，第146条；欧盟总预算财政使用条例章程的使用法则，第245条）。预算核算也可以加以组织以进行分析核算（欧盟总预算财政使用条例章程的使用法则，第245条）。

②总核算

287　通过总核算能够了解总体财务状况（描述资产与财政状况）、经济成果和资金流动状况（入库、出库、最终情况和自有资金变动状况）。同时总核算文件还附有一个补充并评论相关信息的附录（关于欧盟总预算财政使用条例的章程，第145条）。它按照"通用的会计原则"，特别是财年核算方面的原则（权责发生制，不考虑支付或入账的日期）进行（关于欧盟总预算财政使用条例的章程，第144条），只有资金流动的核算例外。

③账户核算

288　账户核算时对分散在欧盟各国的众多账户（参见266段）的资金流动和资金状况进行核算（参见287段）。

欧盟财政活动的规模经历了大幅度增长，20世纪60年代欧盟预算资金仅为数十亿欧元，到2015年，总预算的支付款超过1320亿欧元，规模相当于法国国家预算的1/3多，超过丹麦的预算、或希腊和爱尔兰预算之和。虽然欧盟预算的一大特色是有预算上限，其自有财源和支付款不得超过欧盟PNB的一定比例，1988年这一比例为1.15%，此后逐渐上升至1999年的1.27%，从2002年开始，这一上限为按SEC95统计的欧盟国民总收入的1.24%，在2014~2020预算案中被削减为欧盟PIB的1%（如今按SEC2010进行统计）。

3.2 欧盟对各成员国公共财政的约束

289 《欧洲经济共同体条约》（1957年）提出各成员国在关税、税收、公债发行、价格稳定等方面的协作，使每个成员国的国际收支平衡成为欧洲共同生活的一个重要因素。各成员国努力协调其经济政策以确保这一平衡并维持其货币的可信度（《欧洲经济共同体条约》，第104条和第105条）。后来签订的其他条约又涉及国家公共财政和"过度"赤字问题，如《欧洲经济共同体条约》第104条第C款规定："各成员国应避免过度赤字。"《马斯特里赫特条约》设定了过度赤字预警程序并在议定书里规定了相关上限。这一措施的目的是为了建设欧洲经济货币联盟（UEM），所以从一开始欧洲机构就有权审查某些成员国的过度赤字情况，但不一定通过某些程序来"惩罚"过度赤字行为。英国的情况尤其如此，它并未加入过度赤字程序，而且后来也没有签署《欧洲经济货币联盟稳定、协调与治理条约》。随着欧洲经济货币联盟的设立和经济预算纪律的推出（3.2.1），欧洲机构在国家预算方面扮演一个重要的角色；不过，这一主要针对欧洲经济货币联盟的措施仍然显得不足，因此绝大部分成员国走上由上述《欧洲经济货币联盟稳定、协调与治理条约》规定的新道路（3.2.2）。另外，2007~2008年的金融危机促使欧洲国家设置了对处于困境中的成员国进行支援的特别机制，使欧元区内部形成"联邦式"的关系（3.2.3）。

3.2.1 欧洲经济货币联盟的影响

290 货币联盟并非欧洲首创或独有，困难在于如何确保它延续下去。欧洲过去曾有过类似措施，不仅在拿破仑时代（采用十进制），更为具体的是1865年由法国、瑞士、意大利、比利时和希腊成立的拉丁货币同盟（于1927年解散），吸引了11个国家加入，另有十余个国家（包括非欧洲国家）与该货币同盟建立联系。拉丁货币同盟建立在统一货币形式和货币在联盟内部相互流通的基础之上，每个国家的货币都在联盟内部通用。法郎的统治地位随第一次世界大战终结，其他货币（英镑、美元）继承了它的地位（某些国家甚至完全放弃自行铸币，以美元等货币为合法流通货币）。

1867年拿破仑三世召开国际会议讨论以5法郎硬币基准和金本位为基础建立国际单一货币，但他的努力以失败告终。与会者包括欧洲国家、俄罗斯、美国和奥斯曼帝国，但英国和普鲁士没有参加。

所以，建立单一货币的做法并不新颖，甚至也非欧洲独有。比如2014年11

月 5 个东非国家创立了货币联盟（东非共同体）。这个货币共同体参照欧盟模式，设立了东非中央银行。另一些货币联盟似乎比较有生命力，如创立于 1965 年的东加勒比元（同时成立了东加勒比中央银行）如今仍是 8 个国家和地区的通用货币。

291 　　欧洲经济货币联盟成立的原因可追溯到 20 世纪 70 年代初世界货币体系失去原先的秩序（美元与黄金脱钩），这促使一部分欧共体国家通过共同计算单位构建联合浮动汇率机制。

　　设置这种汇率机制的建议由 1970 年的《维尔纳报告》（卢森堡首相）提出，最初的尝试是实行"蛇形浮动制"（1972～1979 年），即汇率上下浮动均不得超过 2.25%，必要时可由欧洲货币合作基金加以援助以将汇率浮动维持在这一范围内。不过这种机制很快仅局限于"马克区"（德国、荷兰、比利时、卢森堡、丹麦，法国 1974 年和 1976 年两次退出该体系）。联合浮动汇率机制 1979 年被欧洲货币体系（SME）所取代，后者扩大了汇率浮动的范围（1993 年达到 ±15%）并设置了一种共同措施的工具，欧洲货币单位。英国直到 1991～1992 年才加入该体系，意大利 1992～1996 年曾从中退出。

　　欧洲经济货币联盟的创建于 1990 年正式启动（根据 1986 年签署的《欧洲单一文件》），后来通过《马斯特里赫特条约》（为批准该条约，法国对宪法进行修改以将某些必要的权限赋予经济货币联盟机构）被大力强化。该联盟的创建有两个准备阶段：第一阶段（1990～1993 年）主要是开放资金流动；第二阶段（1994～1998 年）成立了欧洲货币局（由各国央行组成）以（通过非强制途径）准备货币联盟，并让各成员国为加入共同货币体系做必要准备，必要时可保证各国央行的独立性，让它们根据欧共体理事会的建议并在欧共体委员会的监督下，努力达到物价、利率、汇率和公共赤字方面的趋同标准。

　　各国通胀率与表现最好的前三个国家的平均通胀率的差距不得超过 1.5%。各国长期利率与通胀率最低的三个国家的平均水平的差距不得超过 2%。各国至少在两年内应遵守欧洲货币体系的汇率浮动上下限，使其货币在联盟内不贬值。至于公共赤字方面，年度赤字不得超过 PIB 的 3%，公共债务不得超过 PIB 的 60%（参见 275 段）。

　　第三个阶段开始于 1999 年 1 月 1 日，在 11 个经欧盟理事会确认符合相关标准的国家发行欧元（2001 年增加到 12 国，2007 年符合标准的国家达到 13 个，2008 年是 15 国，2009 年是 16 国，2011 年是 17 国，2015 年 1 月 1 日增加到 19 国）。

　　1998 年 5 月 3 日决议认定符合标准的国家分别为：德国、奥地利、比利时、西班牙、芬兰、法国、爱尔兰、意大利、卢森堡、荷兰和葡萄牙。2000年6月19日决议添加了希腊；之后在2007年斯洛文尼亚也加入欧元区。有三个国家（丹麦、英国和瑞典）决定暂不加入欧元区。从2004年起，申请加入欧元区的国家必须符合"马斯特里赫特条约标准"。塞浦路斯和马耳他在2008年加入欧元区，斯洛伐克2009年加入，爱沙尼亚2011年加入，拉脱维亚2014年加入，立陶宛于2015年加入。欧元亦通用于摩纳哥、梵蒂冈和圣马力诺，但不用于法国海外领土（参见73段）。欧元在安道尔的通用情况在2013年得以明确规定。

不过，虽然加入欧元区的条件规定地非常清楚，但如果退出却并未十分清晰地规定。

292　　欧洲经济货币联盟实际上建立在两大支柱之上，一是欧洲中央银行体系（3.2.1.1），二是经济与预算纪律（3.2.1.2）。

3.2.1.1　欧洲中央银行体系（SEBC）

293　　这一体系主要包括三个要素。

294　　第一个要素是统一货币——欧元从2002年起成为唯一法定货币。随着立陶宛在2015年1月1日加入，欧元区国家达到19个。没有自身货币的安道尔根据与欧盟在2011年6月30日签订的特别协议，从2013年7月1日起以欧元为通用货币（不过安道尔并非欧盟成员国）。

1999年1月1日起，欧元被用于金融市场并作为公债的计账货币。各国货币暂时保留，作为欧元的辅币（非按十进制兑换）：1欧元＝1.95583德国马克/6.55957法国法郎/13.7603奥地利先令/40.3399比利时法郎/40.3399卢森堡法郎/10.595274塞浦路斯镑/0.429300马耳他镑/166.386西班牙比塞塔/5.94573芬兰马克/0.787564爱尔兰镑/1936.27意大利里拉/2.20371荷兰盾/200.482葡萄牙埃斯库多/340.75希腊德拉克马/239.64斯洛文尼亚托拉尔/130.1260斯洛伐克克朗/15.6466爱沙尼亚克朗/0.702804拉脱维亚拉特/3.4528立陶宛立特。

这些货币在2002年停止流通，被欧元纸币和硬币取代。

在法国，预算和核算从2002年1月1日开始以欧元为记账单位。

新的欧洲汇率机制（MCE2）由欧洲央行扩大委员会管理，将欧元和欧盟其他货币采用与欧洲货币体系1994～1998年间类似的原则进行挂钩（尤其是对欧盟其他货币的允许汇率在欧元中心汇率上下15%的空间波动）。

最后一个阶段是过渡到单一货币，根据2007年11月13日《支付服务指令》建立的单一欧元支付区面向所有公私活动者。

295　　欧洲中央银行体系以欧洲中央银行（BCE）为首，还包括各国中央银行。欧洲中央银行体系（受《欧盟运行条约》第127条管辖）的主要目标是维持物价稳定（次要目标为经济政策提供支援），因此它被赋予决定并施行欧盟货币政策的权力（其他基本任务是促进支付系统的良好运转，决定并管理成员国汇率官方储备金，并按照欧盟理事会规定的政策引导汇率方面的活动）。

在此框架下，欧洲中央银行成为唯一获得授权在欧盟内发行纸币（并决定各国可以制造的钱币数量）的机构。它被赋予了重要的权力，必要时可以通过条例或决议（以及意见和建议）对货币的数量和价格施加影响（参见188段），对不遵守其所颁发的规章制度的企业进行处罚，并要求提供对执行其任务的必要的数据。

欧洲央行在当前经济和金融危机中的多次干预受到特别关注，并被拿来与美联储（以及日本、英国等国的中央银行，不过各国中央银行的地位和权限不尽相同）的决策作比较，尤其是非常规货币政策方面，如"量化宽松"（QE）政策。所谓"量化宽松"，指的是央行通过购买国债等证券，向银行大量提供开放（甚至无限量）的金融便利，导致流动性资金大量增加。这个政策目前似乎比常规政策更具优势，不过未来则面临如何停止金融便利并回收这些流动性资金的问题。

欧洲央行在2012年夏启动的直接货币交易计划正是它对这次横扫欧洲经济和金融危机进行干预的完美例子。

更特别的是2015年1月推出的一项新的量化宽松操作（英国央行、日本央行和美联储此前也有过类似的做法），每月以600亿欧元购买公私资产（包括国家债权），直至2016年9月，总规模达到11400亿欧元，占欧元区PIB的12%，所产生的金融风险20%由欧洲央行承担，剩下的80%由各国央行分担。这首先对德国有利其次对法国有利，希腊在这一进程中处于边缘地位。

司法方面，在德国针对该政策向欧盟法院提出的预判申请中，欧盟法院认为欧洲央行推出的这个政策符合欧盟法律。

许多分析人士对这个政策的首要受益者（主要仍是金融市场）、它对企业流动资金和融资能力的影响以及对利率问题提出疑问，并强调指出像法国这样的国家本身即是该政策的受益者，而这个政策又导致利率降低从而导致国家债务减少，这可能导致人们期待的某些国家的结构性改革步伐放缓。主要问题是：这个政策（且不论欧盟权限的法律问题）是否会对欧元区的经济增长产生影响，如果没有，欧洲央行将会另外采取哪些解决办法，何时且如何走出这一进程？

参照德国和美国的模式，欧洲央行独立于政府（各国中央银行也应如此），拥有独立的法人地位（其资本从设立之初的50亿欧元，到2010年12月29日上升至107.6亿欧元。最初欧洲央行股份主要由各国央行根据每个国家的经济和人口按比例持有，后来发展至主要由欧元区国家持股）。它由6名成员组成的执行委员会领导（由欧洲经济货币联盟成员国政府在咨询欧洲议会后一致通过加以任命，任期为8年，不可续任）。执委会执行管理委员会制定的政策，管理委员会由欧洲经济货币联盟成员国央行行长组成。

执委会由欧洲央行行长（现任行长是意大利人马里奥·德拉吉，其前任分别是2003年卸任的荷兰人德伊森贝赫和2011年卸任的法国人让·克洛德·特里谢）、副行长和4名成员组成。

管委会构成可以由欧盟理事会根据欧盟委员会或管委会的建议（管委会提出的建议需由其所有成员一致通过）全体一致通过加以变更，但之后必须经所有成员国批准。

管委会由一个经济与金融委员会（成员主要由各国指定）协助。如管委会处理的问题涉及欧盟所有国家时，应召开包括扩大委员会会议，后者的成员除管委会成员外，还包括欧盟内非欧元区成员国的央行行长。

与国家中央银行的相关机构一样，上述这些机构既不能请求或接受其他权威部门的指令（《欧盟运行条约》，第130条），也不能向公共组织或国有企业提供财政援助（信贷机构除外）（《欧盟运行条约》，第123条）。这对某些国家是一个巨大的变化，因为很多国家过去（如1993年以前的法国）无论在法律上还是在事实上都将货币权和预算权集中在政治当局手里，政府当局被赋予广泛的权力但也受到监督。如今货币权不仅被很大程度上转移到超国家层面，而且还被赋予一个独立的组织。这种做法有时被批评为不够民主（因为欧洲央行的成员并非由选举产生）或缺乏经济效率（因为有些人认为这种机制下的货币政策与其他政策尤其是预算政策之间缺乏协调）。不过，在这个领域，存在着一些官方或半官方的协调机制。

根据文件，欧盟理事会主席（拥有建议权）和欧盟委员会的一名成员可以参加欧洲央行的管理委员会会议，并有投票权。反之，欧盟理事会会议讨论的问题涉及欧洲中央银行体系时，也邀请欧洲央行行长参加（另外，欧盟在这个领域的任何法律性文件必须咨询欧洲央行的意见）。欧洲央行每年向欧洲议会、欧盟理事会和欧盟委员会提交一份年度报告（欧洲议会可以讨论该报告），该报告由欧洲央行行长向欧盟理事会和欧洲议会汇报，在欧洲央行执委会或欧洲议会的要求下，执委会成员可以接受议会各委员会的听证。

除这些由文件规定的机构以外，还设置了一些协商机制。比如由欧元区国家财政部部长组成的欧元集团，有权限的欧盟专员和欧洲央行行长也可获邀参加欧元集团会议。经过欧元集团协商之后，由财经委员会（由各成员国和欧洲央行代表组成）作出正式决策。还有一些技术层面的平行机制（经济与金融委员会，经济政策委员会），一般由高级官员和政策的合作方官员组成。另外，欧盟还设置了多个成员来源范围相对较广、级别不一的混合集团。

296　　最后有必要强调指出，在欧洲中央银行体系之外，还有随着欧洲金融监管体系的创立而出现的欧洲银行业联盟。欧洲金融监管体系的机构包括欧洲系统风险委员会和三个管理局,其原则已在 2013 年 3 月得到批准。它强化了欧洲央行的地位与作用,使后者成为对欧元区内的"大银行"(资产超过 300 亿欧元)和(在欧洲金融稳定基金和欧洲稳定机制框架内)接受金融援助的银行的唯一监管者。在欧洲金融监管体系的框架内,欧洲银行业管理局通过与各国监管机构的合作,继续负责在欧盟 28 国层面执行监管任务,以便建立统一的规章制度并加强对市场的监管(欧洲议会和欧盟理事会,2010 年 11 月 24 日,关于设立欧洲银行业管理局的第 193/2010 号条例;欧洲议会和欧盟理事会,2013 年 6 月 26 日关于适用于信贷机构和投资企业的审慎性要求的第 575/2013 号条例)。

我们注意到 2014 年 5 月 21 日欧盟 26 个成员国签署的关于分担和转移银行业联盟单一清算基金(FRU)分摊款的政府间协议,目标是在 8 年内筹集 550 亿欧元。

由单一清算机制(欧洲议会和欧盟委员会 2014 年 7 月 15 日条例)确定总体的干预规则。

297 而各成员国央行从此只是欧洲央行的中继点,至少在货币政策方面(根据《欧盟运行条约》第 131 条,各成员国应确保该国央行在欧洲经济货币联盟第二阶段获得独立)。

法兰西银行的情况也是如此。这家创立于 1800 年的银行最初是一家由 15 位董事管理,具有公共银行性质的私权企业(30000 股可由外国人持有)。其创立者以其他国家的银行为例子,向法国人介绍这是一种能够避免滥征税收的工具:"多个国家通过在银行机构里获取资金而避免了征税之恶。"它在 1803 年只是负责在巴黎发行纸币的机构,到 1848 年垄断了法国境内所有合法流通的票据的发行权,此后职能又得以大规模扩张。法兰西银行的管理机构直到 1936 年才由国家任命,直到 1945 年其股权才被国有化(1945 年 12 月 2 日法律第 1 条,"法兰西银行的所有股份转移给国家,由国家作为所有者持有"),1973 年成为法国的一个"机构"(1973~1993 年间立法机构对法兰西银行的提法),并被法院认为是"公共法人"。

最高法院认为法兰西银行是一家公共机构,最高行政法院认为它是特殊的法人。

我们注意到某些国家没有中央银行也可以"生活",至少在一段时间内,比如美国在 1836~1913 年间就没有中央银行。

1993 年以前,法兰西银行一直是政府的传统盟友。1993 年 8 月 4 日和 12 月 31 日法令在这方面首次加以改革以符合《马斯特里赫特条约》关于各国中央银行独立的要求,将制定与实施货币政策的权力转交给法兰西银行新的货币政策委员会,此前货币政策一直由政府负责(《宪法》,第 20 条;宪法委员会,1993 年 8 月 3 日第 324 号合宪性审查决议)。

第二次革命由 1998 年 5 月 12 日法律触发,这部法律乃是法国加入欧洲经济货币联盟的结果。从 1999 年 1 月 1 日起,法兰西银行(目前受《货币金融法》法律部分第 141 条第 1 款管辖)成为欧洲中央银行体系的一部分。法兰西银行行长(以及两个副行长均由部长委员会通过法令任命,任期为 6 年,不可撤职,但可续任一次)成为欧洲央行管理委员会成员,他由一个货币委员会协助,主要任务是负责欧洲央行货币政策的实施(法兰西银行保留法国境内的纸币发行权)和汇率储备金的管理(其中一部分——目前定在 20%——存放在欧洲央行,剩下的部分由法兰西银行按 2010 年 12 月 20 日与国家签订的协议规定的模式进行管理)。

同样,根据需要,以下银行活动的委员会也被纳入这一框架:银行与金融调节委员会(由财政部部长担任主席,并核准委员会条例并任命除法兰西银行行长以外的委员及其他成员)、银行业委员会(由法兰西银行行长担任主席,成员包括国库主任和其他由财政部部长任命的成员)。

那些不属于欧洲中央银行体系的事务(如预算、账目和人事),则由行长和两位副行长"领导",由法兰西银行理事会"管理"(该委员会的构架被 2007 年 2 月 20 日法律加以改组,见《货币金融法》法律部分第 142 条第 2 款)。法兰西银行理事会包括其货币委员会成员(7 名),两位有资格的人士和一位由法兰西银行职工推选的职工代表(任期为 6 年)。此外,一位由经济部部长任命的监察员可以列席法兰西银行理事会会议,被有权对理事会的决议提出反对意见。

298 与英系中央银行(丹麦、荷兰和斯堪的纳维亚国家的央行均属于此类)不同,包括法兰西银行在内的大陆系中央银行(如德国、奥地利、比利时、西班牙、希腊、意大利、卢森堡和葡萄牙等国的中央银行)(尤其通过分支机构)执行众多业务。尽管如今某些业务已经直属于欧洲央行体系(如欧洲央行决定的货币活动、储备金管理、银行账目维持、支付系统安全和相关数据),法兰西银行保留了另一些目的更为普遍或不同的业务:如对经济金融活动的观察与分析,对某些银行和企业进行援助(金融分析、支付事故赔偿款、发放的贷款清查)或参与某些由立法机构规定的活动,计算支付差额,以及对国库进行某些援助包括维持国库账户平衡(参见 155 段)。

另外,法兰西银行参加了 2013 年设置的银行单一监管机制(欧盟理事会,2013 年 10 月 15 日第 1024/2013 号条例),使它在执行任务中如监测到紧急情况,可以通知法国银行和保险监督局或欧洲银行管理局(2014 年 2 月 20 日第 2014-158 号法令,第 1 条)。

299 此外，针对法国海外领土（即新喀里多尼亚、法属波利尼西亚、瓦利斯和富图纳群岛）有一套特殊的体系，《欧盟运行条约》保留了法国在这三个领地（不属于欧元区）根据法律规定的既定模式发行货币的权力并规定太平洋法郎（法属太平洋领土的货币）的汇兑平价。

从1999年1月1日起，1000太平洋法郎（XFP）兑换8.83欧元（以前1太平洋法郎值0.055法国法郎）。在这些海外领土，纸币由海外货币发行机构（IEOM）发行。海外省圣皮埃尔和密克隆群岛以及1998年7月2日法律生效后的马约特岛（2011年升级为省）属于欧元区，当地使用的货币与法国本土相同，但由海外货币发行机构代法兰西银行投入流通，并在纸币方面受后者管辖（在金属货币方面代法国国库投入流通）（《货币金融法》，法律部分第711条第1款）。

300 不过，欧洲经济货币联盟的成立至少在法律上对法郎区（由法国和15个非洲国家组成，分为3个货币区）没有影响，后者的核心机构不是法兰西银行，而是法国国库（主要通过在法国国库开设非洲相关国家组建的3个中央银行存款和提款业务账户，存款方面2/3的储备金是外汇，参见335段）。

鉴于1929年经济危机造成的混乱，法郎区于1939年正式成立，后来因政治形势的变化有所调整。目前法郎区成员除了法国和科摩罗外，还包括西非经济货币联盟的8个国家以及中部非洲经济与货币共同体的6个成员国，这些国家均使用非洲法郎（1994~1998年，1法国法郎＝100非洲法郎/75科摩罗法郎；1999年后，1欧元＝655.95非洲法郎/491.96科摩罗法郎）。作为法郎区央行将汇兑储备金存放于法国国库的回报，法国国库无限量担保这些机构发行的货币的兑换性，法郎区的货币可以按固定汇兑平价交易且可以自由转让。根据1959年1月2日《财政法相关组织法令》第15条规定，国库业务账户可以透支，后来的《财政法组织法》不再允许这些账户透支（第26条第2款），但规定国库可以通过金融援助账户（除特殊情况外原则上都是估计性贷款，即无上限贷款）向这些账户提供预付款（第24条第2款）（但如账户出现持续赤字则相关国家必须采取矫正措施）。

3.2.1.2 经济与预算纪律

301 这方面的纪律由条约（《欧盟运行条约》，第126条）强制规定，通过《欧盟稳定与增长公约》得以强化（由欧盟理事会在1997年7月根据其1997年6月17日决议制定的两份条例加以落实），并构成欧洲经济货币联盟的第二区块，因为如果没有至少最低限度的共同预算政策，则单一货币和单一货币政策难以想象。经济与预算纪律由"一揽子文件"加以巩固（主要包括欧洲议会和欧盟理事会2011年11月16日关于有效实施欧元区预算监督的第1173/2011号条例，欧盟理事会 2011 年 11 月 8 日关于成员国预算框架要求的第 2011/85/UE 号指令）。

同样，《欧盟稳定与增长公约》也指出"本公约的基本目标是保持公共财政的健康"（1997 年 7 月 17 日几份条例的动机阐述部分）。签约国不仅承诺避免过度赤字（与欧洲经济货币联盟第二阶段的目标一致）——但继续保持必要的最低赤字，而且还"将接近平衡或盈余的预算作为中期目标"（1997 年 7 月 7 日第 1466/97 号条例，第 3 条第 2 款第 a 项），这是经济与预算纪律中的一个额外级别（德国尤其希望如此）。

302 欧盟理事会（由各国财政部部长组成的财经委员会）在欧盟委员会（和主要由成员国代表组成的各种技术委员会，特别是其中的经济金融委员会）的协助下，设置了监督、协调与惩罚机制。

欧盟理事会（在理事会介入后通过有效多数的建议）规定欧盟和各成员国经济政策方面的大政方针（《欧盟运行条约》，第 121 条）（这类大政方针原则上在每年春季出台）。

303 各签约国每年必须提供一份"三年稳定计划"（有时称为"稳定与发展计划"，非欧元区国家称之为"趋同计划"）。这一公开发布的计划阐述了为达成预算平衡目标而预计的主要经济数据和财政措施。欧盟理事会对该计划提供评判意见（有时也可能提出建议），确认该计划是否与所述目标相符，是否符合要求的经济政策的主线以及是否符合经济政策的趋同性（经济政策的内容由欧盟理事会在 1998 年通过一项"行为法"加以规定，后来受到修正）。

《阿姆斯特丹条约》规定的一个类似程序使欧盟理事会可以（在欧盟理事会、欧盟委员会和欧洲议会介入后）每年规定就业指导方针，并落实为各国的国家行动计划（PAN）。后者向欧盟理事会提交年度报告，并接受理事会提出的建议（《欧盟运行条约》，第 148 条）。欧盟委员会努力协调这两大程序。

法国的情况也是如此，比如欧盟理事会在 2014 年 6 月通过了关于 2014 年法国国家改革计划和 2014 年法国稳定计划的建议，这些建议涉及的不仅是纯预算问题，而主要是一系列社会经济问题（退休、机构合并、地方税收年度增长上限、减少工作成本、简化行政规章、取消对某些职业不合理的限制、降低劳动税负、改革劳动市场的僵化等）。除欧盟之外，其他国际组织（主要是国际货币基金组织和经济合作与发展组织）可能也会提出相关建议。

不过，如果"三年稳定计划"的执行与规定路线出现明显偏移，特别是出现过度赤字风险时，欧盟理事会可以启动过度赤字预警程序（《欧盟运行条约》，第 121 条）向相关国家提出建议。若相关国家处于过度赤字状态，则欧盟理事会的权力更广，它可以持续（在欧盟委员会的提议下）确认这一赤字额度，提供消除过度赤字的建议（可能公开发布），并敦促相关国家采取必要措施。之后若非涉及"特殊且暂时"的赤字（特殊情况如经济严重衰退情况下产生的不以国家意志为转移的赤字），则（在预警程序启动后最迟 6 个月内）采取惩罚措施，主要是该国向欧盟委员会提交无利息的保证金（不超过 PIB 的 0.5%）。当该国情况恢复时则加以返还，否则将作为罚款分配给那些赤字情况"优良国家"（按国民生产总值比例分配）（《欧盟运行条约》，第 126 条；1997 年 7 月 7 日第 1467/97 号条例）。

有必要指出，对法国和德国执行的过度赤字预警程序曾导致欧盟理事会和欧盟委员会"对簿公堂"。

2003 年 11 月，欧盟委员会向欧盟理事会提出在这一方面的建议，后者不仅未采纳，而且在其 2003 年 11 月 25 日决议中还暂停了对这两个国家的预警程序。欧盟委员会就此向欧盟法院提出诉讼，后者于 2004 年 7 月 13 日撤销欧盟理事会的上述决议，认为理事会违反了《欧盟运行条约》和第 1467/97 号条例在这方面设置的规则。在欧盟法院的判决之后，各国开始寻求新的妥协，并最终形成了 2005 年 6 月 27 日关于重新定义过度赤字概念的两个条例（第 1055/2005 号和第 1056/2005 号），尤其是将结构性赤字的概念纳入考虑（实践情况参见 220 段）。

304 这些机制限制了所有签约国的预算权力，尤其他们已经失去了货币权的自动支持，因此其预算不论在物质上还是在组织上都出于欧盟的托管之下（但各国针对地方政府的相关权力得以强化，因为它们为其地方政府的预算负责）。对于包括法国在内某些国家而言，这些机制引入了一种新的"预算文化"。这种"文化"基于财政方面的严格性，要求符合（政府账目的）平衡性和效益性、多年框架、透明性和真实性等目标。法国《财政法组织法》进行的预算改革与这些要求息息相关，它们不仅便利了欧盟机构的监督，也便利了国家议会和公民对预算的监督。

2005 年的改革并未阻止欧盟委员会继续其分析工作，并对各国的财政状况和战略提出质疑（哪怕在 2008 年经济金融危机中也是如此）。

这种背景下，在《里斯本条约》签署之后，新的机制逐渐被建立。这些新的机制采用英式名称命名，比如所谓"六套法规""两套法规"等，它们旨在加强欧盟对成员国预算的监督并规定该领域的额外义务。

比如，第 2011/85/UE 号指令强调成员国在公共核算、预算规则、统计以及税收支出对其收入的影响方面需遵守的义务。

2012 年 12 月 17 日的《公共财政管理和程序组织法》（LOPGFP，从 2013 年 3 月 1 日起生效）参照了这一指令和 2012 年 3 月 2 日《欧洲经济货币联盟稳定、协调与治理条约》（TSCG）的相关规定。

3.2.2 《欧洲经济货币联盟稳定、协调与治理条约》(TSCG) 的贡献

305 　　《欧洲经济货币联盟稳定、协调与治理条约》(TSCG) 只有 25 个缔约国（英国与捷克未签署），是一项政府间协议。它引入了一条"黄金法则"，即要求缔约国的自有财源和支出（至少通常支出）保持严格平衡（参见 88 段），即无须举债保持预算平衡。不过条约规定也没有那么绝对。该《条约》第 3 条第 1 款第 a 项提出一项关于政府预算状况的规则："政府预算应保持平衡或有盈余。"但第 3 条第 1 款第 b 项规定如政府的年度结构性差额符合每个国家特定的中期目标，且"结构性赤字低于以市场价格计算的国内生产总值的 0.5%"，则也算保持平衡；如预算赤字与该目标相差过大，则实施自动修正机制或路线调整以达到这个目标。

306 　　在国家法层面落实条约的强制性或经常性条款方面，该《条约》第 3 条提供了两条道路：要么是宪法途径，要么是"担保"的途径。几个国家采用宪法途径，将此类条款引入宪法，法国则明确拒绝将强制性条款纳入宪法。两种解决办法让这两种法律状况同时存在，由各国根据自身的程序选择遵守其宪法标准或条约规定。

　　法国宪法委员会通过 2012 年 8 月 9 日决议（第 653 号合宪性审查决议）否定了为此进行宪法修正的义务，并指出如果政府选择第二种途径，第二种途径的存在为其提供了方法步骤。而法国政府通过上述 2012 年 12 月 17 日《公共财政管理和程序组织法》选择的正是第二种途径。

　　我们有必要将这种"新的财政文化"和《欧洲人权公约》（参见 124 段和 135 段）要求的"新的程序文化"加以对比，尤其在税收和财政方面。

　　欧盟委员会曾对欧盟大部分成员国启动过过度赤字程序。该程序针对的第一个对象是希腊，欧盟理事会 2010 年 5 月 10 日通过决议敦促希腊采取措施以减少其赤字。这一程序还伴随着对该国债务进行援助的政策。

　　过度赤字程序通知的名单（和内容）可以登录欧洲统计局网站查询。

　　在此框架下，法国政府于 2013 年春制定了 2013～2017 多年稳定计划方案，第一次将该方案提交给 2012 年 12 月 17 日《公共财政管理和程序组织法》设立的公共财政高级委员会咨询意见。

　　该委员会（根据《公共财政管理和程序组织法》第 17 条）的意见与政府对宏观经济的预期不符，委员会认为"经济可能恢复的假设，即使不是过度乐观，也伴随着下行风险"，而且对政府预期的某些数据提出质疑："2015 年经济增长 2% 的目标是不确定的。"显然，法国政府并未考虑委员会的意见，继续维持自己的预期（2013 年 4 月 15 日意见）。

虽然法国将赤字降低到 3% 界限以下的 3 年目标不断被推迟（如今又推后 2 年，到 2015 年 2 月），但它不断获得欧盟机关的"宽恕"。因此，这项受到期待的纪律也只是协商治理或甚至只是某种程度的外交角力。

3.2.3 集体援助道路

307 欧洲这种法律体系能够有效地应对欧盟多个成员国遭遇的金融危机吗？

上述禁令（参见 295 段）确实被证明成为援助处于困境中的国家的实在障碍。为这些国家削减赤字（过度赤字，《欧盟运行条约》，第 126 条）而进行的大规模财政援助只是临时和不确定的行为，并没有坚实而持久的法律和制度基础。

事实上，先后进行的四次援助（先是针对某些国家的援助，后来旨在建立一种更为普遍的财政机制）主要的根据是《欧盟运行条约》第 122 条第 2 款（涉及国家不能控制的特殊状况时，欧盟可以附带条件对相关成员国进行财政援助）或第 125 条第 2 款（如成员国在国际收支方面出现严重困难时，可以进行援助），甚至是第 136 条（专门针对欧元区成员的特别机制）。

三个成员国（拉脱维亚、匈牙利和罗马尼亚）被以国际收支困难的名义加以援助，这些援助由欧盟委员会管理，由欧盟预算加以保障。此外还有对希腊的援助计划，对所有成员国进行援助的财政援助基金，以及根据 2010 年 5 月 9 日财经委员会决议于 2010 年 6 月设立的为期 3 年的欧洲金融稳定基金。这些基金一般是与国际货币基金组织合作设立，它们构成相关国家发行的公债的担保体系。其中最引人注目的是对所有欧元区国家进行援助的欧洲金融稳定基金（宣布的资金高达 7500 亿欧元）。

（2010 年提供的近 1 万亿欧元的担保金已经引起一些对其累积规模的担心。尽管如此，欧洲央行还另行介入，大规模购入欧盟成员国的主权债券，这一行为是否符合《欧盟运行条约》令人怀疑，虽然该《条约》第 282 条明确规定欧洲央行为履行其任务可以采取必要的措施）。

2011 年 3 月，相关国家协商同意扩大欧洲金融稳定基金的可贷资金规模，其中法国的分摊额从 1110 亿欧元上升到 1590 亿欧元。

稳定基金的独特性在于它模仿了金融市场的"工具"。作为一种特殊目的载体（SPV），它在法律上是卢森堡的一家私权公司，可以自行在市场上举债以履行其任务（该基金由欧元区成员国担保）。它在 2011 年 1 月发行的第一笔债券获得一定成功，目的是支援爱尔兰援助计划。

这一时期在法律、金融和机构方面摸索必然应归咎于《里斯本条约》反映出的禁止干涉经济的思想。

希腊、爱尔兰、葡萄牙和塞浦路斯等国的困境使人对严格计划、这些国家以高额利率发行的债券以及要求削减公共支出等方面的可持续性产生怀疑。

308 出于应对本次经济金融危机的目的，欧盟成员国在2011年3月25日（根据简化程序）修改了《欧盟运行条约》，在第136条中设置了一种新的持久机制，并在《条约》中添加了以下这段话："欧元区成员国可以设立一项稳定机制，并在难以维持欧元区整体稳定之时加以启动。在严格规定的条件下，可以以该机制的名义进行任何必要的财政援助。"至于所谓"条件"和新的惩罚机制仍有待规定。

309 2012年2月2日欧元区17国在布鲁塞尔签署的《欧盟稳定机制条约》（TIMES）是欧元区互助的新依据。欧洲稳定机制取代了欧洲金融稳定基金（根据《欧洲经济货币联盟稳定、协调与治理条约》提出的经济和金融治理要求而设立），其初始借贷能力上限为5000亿欧元。《欧盟稳定机制条约》有几大"特色"：它确认了欧洲稳定机制与国际货币基金组织的合作，提出了扩大合作（包括与非欧元区成员国的合作）的使命，要求所有受助国通过宏观经济调整计划，同时还设置了特殊的组织结构（包括一个管理委员会和一个行政委员会），使包括法国在内的某些国家拥有对紧急决定的"否决权"（紧急决定必须以85%的有效多数票通过，而法国拥有20%的投票权）。

欧洲稳定机制的设立也意味着欧元区成员国必须贡献资金（总额为7000亿欧元，法国认捐1427亿欧元），这一机制一旦启动将会对各国债务产生影响。

2013年关于塞浦路斯的协议自身也很独特，在给予该国的财政援助之外，还要求该国提高企业所得税税率（从10%提高至12.5%），并对银行储户征收"存款税"，这种完全新颖的做法不可避免地引起其他国家的"欲望"，也让人怀疑这些存款是否会留在欧元区甚至欧盟内。

但难道不是《马斯特里赫特条约》之后通过稳定协议设置的整个监督和惩罚体系被证明在技术和政治方面无效率，且随着欧洲体系的变迁（朝兼有支援体系和强化纪律体系的双头机制方向演变）已不适应新的金融要求了吗？2015年希腊的事务已经反映出"财年"的局限。

此外，欧盟成员国通过这些内部互助机制不正形成一种新的联邦关系吗？不过这一机制和欧元区能够抵御欧盟内在的经济和金融矛盾吗？这些矛盾不可避免地导致需要对欧洲的经济和预算进行治理，但治理方案至今仍然不够清晰。

无论如何，欧盟法院并未对欧洲稳定机制提出质疑，它认为在成员国设立此类机制时，欧盟法并不适用，在这一方面《欧盟条约》和《欧盟运行条约》"并未赋予欧盟任何权限"（欧盟法院，2012年11月27日第370/12号判决）。另外，也没有任何规定禁止欧盟成员国接受非欧盟国家的援助，这也成为推翻或部分打破欧洲"纪律"要求的一个因素。

第 4 章　国际层面的公共财政

310　国际组织诞生于 19 世纪，此后大量涌现，形式多样，主要涉及的是政府间的国际组织，即"由不同国家为共同目的通过公约形式建立，拥有自身机构且其意志在法律上不同于成员意志并高于后者的集体组织"（查尔·卢梭语）。国际组织有世界性国际组织和地区性国际组织，按职能又可分为一般性国际组织和专门性国际组织（如防卫、救助、就业、文化、卫生、交通、国际和平、电信、太空、财政等领域的国际组织），同时还存在众多作用不可忽视的私立国际组织，包括在公共财政计划、核算和税收制度等领域。

311　这些组织拥有与其专门运行相关的预算（因此具有某种程度的财政权），其收入基本来自成员的分摊款（4.1）。其中一些国际组织的职能涉及各经济体公共财政的监督（4.2）。

4.1　国际组织的财政

312　国际组织，尤其是一般职能的国际组织，通常财政自主性较弱，除特殊例外（1831 年设立的莱茵河委员会和 1856 年设立的多瑙河委员会例外），基本上财政自主性都非常有限。它们没有自有财源，其收入主要依赖成员分摊，这导致它们在很大程度上受到那些最重要的出资政府的控制。因此，后来这些国际组织的资金来源分散化，其一部分资金来源于私人途径（4.1.1）。在国际组织范围内，联合国财政体系或许比其他国际组织受到更多特殊的预算限制（4.1.2）。

4.1.1　国际组织的一般财政制度

313　国际组织的资金经常处于匮乏状态。无论如何，它们的预算紧密取决于法定出资者，后者事实上赋予它们有限的财政自主权（4.1.1.1）。各类国际组织的预算模式相对不同（4.1.1.2）。

4.1.1.1　有限的财政自主权

314　如果要确认国际组织活动的发展，需要注意到许多国际组织在财政上密切依赖于其成员（1），不过某些国际组织因其自身的特殊性可以获取额外收入，其数额有时相当可观（2），受成员某些财政行为的影响，许多国际组织的财政遭遇困难（3）。

(1) 国际组织的经费一般由成员分摊

315　　国际组织的预算经费首先来源于成员按规定的标准和比例缴纳的会费。因此，在很长时间内这些国际组织的预算经费一直停滞不前。

这种会费是一种义务的资金提供，是"国际法义务的表现"，也就是因属于该组织根据其规章制度特别是财政方面的规章制度而必须履行的义务。

至于法国向欧洲几大共同体缴纳的会费则从财政收入中提取。为此，宪法委员会曾作出两项重要决议：首先，宪法委员会在1977年指出："欧洲各共同体规章制度的约束力不由包括法国议会在内的各成员方干预"（宪法委员会，1977年12月30日第90号合宪性审查决议；《宪法》，第3条）；其次，认为"这种机制并不意味着必须将成员的某项收入划拨给欧洲共同体的支出；可以将特定数额的收入直接划为欧洲各共同体应承担的支出，但这并不导致在政府预算支出账目中开设经费项目"（宪法委员会，1982年12月29日第154号合宪性审查决议；《宪法》，第22条）。

这种依赖关系导致某些成员和国际组织的关系有时变得非常艰难，某些成员的议会有时试图对其缴纳会费的义务提出质疑，比如美国与联合国及联合国教科文组织的关系曾导致它要求重新审视会费分摊比额。美国甚至曾因此退出联合国教科文组织，后来又重新加入，目前由于联合国教科文组织接纳了巴勒斯坦为会员，美国国会通过一项法案暂停缴纳该组织的会费。

这种态度不可避免地引出一个问题，即成员是否有权通过单边财政措施对国际组织按其章程通过的决定提出异议。

另外，会费的比重导致某些成员对会费分摊方面的粗放标准提出质疑，要求削减会费或设置需缴纳的会费上限。不过这也反过来避免国际组织过度依赖某一个成员。

316　　会费分摊办法一般由创立该组织的宪法性文件进行规定（如《联合国宪章》，第17条），或由组织内部的一个机构决定。

国际组织会费一般不是在各个成员间均摊，具体分摊办法每个国际组织不同，根据特定的标准决定：如按国家收入、人口和经济财富（PIB）考虑的出资能力。至于那些专门性的国际组织，由于其职能的专门性，因此会费分摊的标准也较为特殊，比如万国邮政联盟的会费是按各成员邮政网络的密度分摊；北约会费的分摊比例根据各成员的预算、民事和军事性质并将国民收入纳入考虑；国际海事组织的会费标准按各成员商业航运的规模设定；国际民航组织会费由各成员航运规模决定；世界贸易组织会费依每个成员在国际贸易（包括商品、服务和知识产权交易）中占据的份额而定；欧洲委员会的会费标准由各成员人口和财富决定；经济合作与发展组织会费采用一种"将成员方经济分量纳入考虑的形式"。

至于联合国体系内的国际组织的会费标准一般采用联合国总预算规定的分摊比例（如世界卫生组织即是如此）。

317 传统上国际组织最重要的出资成员主要集中在西方，比如联合国会费方面，美国、德国、法国、英国、意大利、加拿大等国都是主要的出资成员，不过这一排名后来情况逐渐改变，日本成为紧随美国之后的第二大出资成员。

至于那些最专门的国际组织会费排名情况则完全相反，比如国际海事组织缴纳会费最多的是巴拿马，其次是利比里亚和马绍尔群岛，然后才是一个主要大国——英国。世界贸易组织的情况则不同，美国出的会费最多，德国排第二名，然后是中国和日本。

除成员会费之外，还有各成员对专门的基金或预算自愿提供的分担款（有时更容易获得）。这种制度始于国际联盟时期，并由联合国加以发展，主要涉及某些专门的计划项目（如联合国开发计划）。同样，北约的军事干预由各成员直接出资。在联合国层面，联合国紧急部队预算由联合国大会决定。还有一个更有意思的现象，有些国际组织更依赖自愿分担款，而不是法定会费：比如世界卫生组织2014～2015年度预算77%是（来自国家或其他团体的）自愿分担款，这是世界卫生组织一个重要的资金来源，且可以是财政补贴或实物的形式。正是在这个意义上，法国在2013年12月与世界卫生组织签订了一份框架协议，旨在明确规定法国为该组织提供自愿分担款方面的制度。

（2）额外收入

318 国际组织很少拥有自有财源，即使有数额也不大。不过，它们可以通过提供相关产品或服务（报告、研究、资料收集、出版物、邮票、演出、明信片等）以及对代理人的收费获得收入，有一些组织如欧盟还以征收所得税的形式获得收入。它们的收入还可以来自成员的自愿分担款（斯堪的纳维亚国家经常这么做）或个人的捐赠。

事实上，国际组织一般没有征税权。全球税（托宾税类型）问题很少被提出。

某些国际组织的情况更为特别，它们通过提供特殊的产品或服务获取自有财源。世界知识产权组织正是一个典型例子，该组织提供服务的收入如今占到其总收入的94%，使各成员缴纳的"法定"会费处于无关紧要的边缘地位。

最后，某些国际组织可能还可以举债（欧盟预算禁止举债）。

（3）会费收缴的困难

319 尽管成员向所属国际组织缴纳会费是一种义务，但出于各种原因，它未必始终遵守这一义务，可能会出现拒绝缴纳、延迟缴纳或没有能力支付会费，还包括货币贬值（或升值）的情况。这些困难主要出现在联合国系统内（2014年4月30日正常预算的过期未付款达到4.61亿美元，维和行动方面的过期未付款达到23.6亿美元），而《联合国宪章》第19条还规定了惩罚制度（失去投票权），如今似乎也已经废弃不用了。

《联合国宪章》第 19 条规定拖欠财政款的会员不得参加大会投票，除非拖欠原因确实属于该成员不能控制的情况，联合国大会可以批准该成员继续参加投票。

相反，美国对联合国教科文组织的态度不可避免地导致美国在该组织内的投票权被取消。

4.1.1.2 国际组织的预算

320　　国际组织的预算基于相对不同的模式，通常除常规预算（1）外，还有各种形式的预算外资金（2），整体受到各种形式的监督（3），也可从地区性开发银行获得援助（4）。

（1）常规预算框架

321　　国际组织的预算也是建立在国家预算那些原则的基础之上，并按国家预算的模式分为部分、章、节、项。一般是年度预算，有些则是双年度（联合国）甚至三年度预算。

至于"批准国际组织获取收入和安排一定时期的支出的法律文件"（贝塔蒂，《国际组织法》），其投票权属于组织章程规定的不同的机制：联合国及联合国教科文组织的表决机制是联合国大会；国际原子能机构则是国际原子能机构大会；国际海事组织则是国际海事组织大会；不过欧洲委员会的投票机制不是议会会议，而是部长委员会会议。

国际组织预算可以遵守专门性原则。北约有两个预算：民事预算和军事预算；国际劳工组织的预算分为两个部分：通常支出和不可预见支出；联合国教科文组织的预算按计划组织，每个计划包括五个篇目。这些组织应用的会计准则一般是国际层面承认的准则（国际公共部门会计准则，参见 101 段）。

除欧盟预算以外，其他国际组织预算之间的差别并不大。欧盟预算与其他国际组织相差极大，见表 5。

表 5　　某些国际组织预算对比

组织/预算	2012 年	2013 年	2014 年	2015 年
美洲国家组织（OEA）	1.58 亿美元	1.61 亿美元	1.67 亿美元	1.48 亿美元
欧盟	1291 亿欧元	1328 亿欧元	1426 亿欧元	1412 亿欧元
欧洲委员会	3.83 亿欧元	3.84 亿欧元	4.02 亿欧元	4 亿欧元
世界贸易组织	1.92 亿瑞士法郎	1.972 亿瑞士法郎	1.97 亿瑞士法郎	1.97 亿瑞士法郎
国际原子能机构	3.3 亿欧元	3.37 亿欧元	3.44 亿欧元	3.49 亿欧元

（2）特别预算和特殊基金的发展

322　　这或许是对国际组织的某些干预活动最"活跃"的出资办法，其名称各不相同，必要时可采用税收划拨的方式。不过，对国际组织而言，尽管这些基金可以起到补充作用，但它可能对该组织的财政控制权形成挑战。如今国际层面的此类活动数量越来越多，目的是援助某些国家、地区或某些具体的干预领域。

最常见的形式是信托基金、多边基金和捐赠基金。这些形式通过使国家和组织形成同盟关系，具有两大优势：一方面可以根据自愿原则将资金共同用于某一具体活动；另一方面既可以由国际组织进行专业管理同时又可以由捐赠者进行监督。这些基金可以成为具有独立法人地位的真正的机构，也可以作为某一机构内部的金融工具，比如世界银行内大部分金融工具即属于此类。

这些基金针对的领域也十分多样，不过主要集中在经济、社会、环境发展方面甚至金融和司法领域。

其名称一般是某某信托基金或某某国际金融工具。

这些基金也是特殊的干预和技术援助工具，以巩固一些开发银行的任务（如世界银行的顾问信托基金）。

323　　法国在这方面最著名的做法是对民航机票征收一种团结税，所得收入（每年约1.1亿欧元）用于为国际药品采购基金出资。

324　　当前值得关注的是法国在2014年加入的非洲法律援助基金会（FASJ），这个国际组织设立期限为14年，任务是"为非洲国家在与债权人的诉讼中提供法律服务和顾问，并在司法方面提供技术性援助以加强非洲国家的专业司法能力和它们在以下领域的谈判能力：债务管理、自然资源与开采活动的相关合同、投资协议以及商业贸易方面"（《非洲法律援助基金会协议》，第2条）。另外，我们注意到国际货币基金组织也推动创立的一项旨在减轻相关国家债务的基金会。

325　　另外还有几个值得关注的例子，比如人权信托基金（在挪威、欧洲委员会和欧洲委员会开发银行的推动下成立，成员包括德国、荷兰、瑞士、英国等）、世界文化多样性信托基金或欧盟根据2014年7月15日《佛罗伦萨协议》为中非共和国设立的"欧盟希望基金"（见欧洲投资银行部分）。目前此类基金达到千余家。

（3）对国际组织预算执行的监督

326　　对国际组织预算执行的监督一般有内部监督和外部监督两种形式。

内部监督方面，每个国际组织根据自身结构在内部设置一个或多个监督部门。联合国内部有三个监督机构：财政服务办公室、审计委员会和投资委员会。北约也有内部财政监督体系，机构包括收入政策与收入规划办公室、预算委员会和投资委员会。

审计师一般是组织外的出身于金融界的专业人士。比如法国审计法院第一任院长在2008～2013年间曾担任国际民航组织（OACI）的审计师（此人曾担任过十余家国际组织的审计师，包括经济合作与发展组织、世界贸易组织、欧洲委员会等），如今又被意大利审计法院、欧盟和国际事务审计庭庭长任命为审计师。国际货币基金组织的审计师是加纳审计长，北约则邀请一家独立机构——国际审计师学院负责外部审计工作。

(4) 开发银行

327 开发银行并非新生事物,早在 1945 年,联合国就设立了第一家开发银行——国际复兴开发银行(BIRD)。开发银行是传统金融市场、国际援助组织和专门基金组织之外的又一种对不同地区的经济社会发展进行援助的工具,而且这些银行也可以容纳信托基金。开发银行具有独立法人地位,其职能的地理范围差异很大,会员数量也不一。最后,它们通过金融市场融资。

现存的最古老的开发银行应是创立于 1956 年(共有 41 个成员)的欧洲委员会开发银行(CEB),其最初使命是救助难民,后来发展成为一种"欧洲团结"工具,对社会、环境、中小企业等方面的活动发放贷款。后来在 1958 年又出现了欧洲投资银行(BEI),其资本由欧盟 28 国持有,被视为欧盟银行。其他地区也先后成立了各自的开发银行,如 1959 年成立的针对拉美和加勒比海地区的美洲开发银行(BID,48 个股东);1964 年成立的非洲开发银行(BAFD,是股东数量最多的开发银行,共有 80 个股东,其中包括 54 个非洲股东);1966 年成立的亚洲开发银行(BASD,有 67 个股东,法国于 1970 年加入),它如今受到中国在 2014 年推动创立的亚洲基础设施投资银行(AIIB)的竞争,亚投行在 2015 年获得英国的支持。第二次创建开发银行的高潮出现在 20 世纪 70 年代,先后成立了西非开发银行(BOAD,成立于 1973 年,有 8 个成员)、伊斯兰开发银行(BIS,1975 年,56 个成员)、西非国家经济共同体投资开发银行(BIDC,1975 年,成立时以基金会的形式出现,1994 年成为银行,共有 15 个成员)。此外,还有一个更为特殊的与欧洲特别是中欧开发相关的银行:1991 年成立的欧洲复兴开发银行,虽然它最初由欧共体 12 个成员国、欧洲投资银行和欧共体共同推动创立,不过是一家独立于欧盟的组织。欧洲复兴开发银行如今拥有 66 个股东,其干预范围已经远远超出中欧范围。这些银行的使命较为相似:提供专业技术援助、向中小企业、能源、城市发展、基础设施、水资源、污水排放与处理等领域提供援助贷款(大部分是地方项目)。它们的股票由信托基金加以强化。不过,不管怎样,它们的使命都不是为成员本身提供资金。

4.1.2 联合国体系

328 联合国是一个相对复杂的整体,由 6 个主要机构组成。联合国组织机构共有 13 个方案与基金机构、4 个研究院、12 个辅助机构和 2 家拨款基金,还有 15 个专门机构(包括国际货币基金组织、国际劳工组织、世界银行等)。

联合国预算(两年制)近年比较稳定(见表 6),原则上其收入主要有两类(还有一些次要收入):一是各成员缴纳(主要是成员,有时非成员也缴纳)的"常规预算"经费(2014~2015 年度预算为 55 亿美元)。所谓"常规预算",指的是由联合国大会（咨询分摊款委员会意见后）考虑各成员人均收入水平而决定的两年度"计划预算"。在这个方面，分摊比例差异很大，目前最低比例是0.001%（伯利兹、佛得角、布隆迪等），最高的是22%（美国，其出资比例曾超过40%），3/4的经费由十来个主要的成员承担（日本分摊比例为10.85%，德国、法国、英国和中国的分摊比例在5%～10%之间，其他主要的成员还有意大利、加拿大、西班牙和墨西哥）。其中，欧盟国家缴纳的会费约占联合国常规预算收入的35%。二是各国缴纳的维和预算经费（2014～2015年度的经费在70亿美元左右，截止至2014年10月31日，还有23亿美元的过期未付款）。根据国际法院的意见（1962年7月20日咨询意见），此项经费必须缴纳。它由联合国大会通过专门的计算标准在各成员间分摊（根据具体情况可以对安理会常任理事国降低、维持或提高普通计算标准）。维和预算方面，美国也是最主要的出资成员（27%），其次分别是日本（12.5%）、英国（8.15%）、德国（8%）、法国（7.55%）等。

表6　　　　　　　　　　联合国体系的预算

组织	2012～2013年度预算	2014～2015年度预算
联合国	51.5亿美元	55亿美元
联合国粮农组织	10.05亿美元	10.28亿美元
联合国教科文组织	6.53亿美元	6.53亿美元
国际民用航空组织	2.806亿加元 （2011～2013年度）	2.85亿加元 （2014～2016年度）
世界知识产权组织	6.82亿瑞士法郎 （2012～2013年度）	7.13亿瑞士法郎 （2014～2015年度）
国际货币基金组织	11亿美元（2013年度）	11亿美元（2014年度）
世界银行	12亿美元	25.66亿美元（2014年度）
万国邮政联盟	370亿瑞士法郎	370亿瑞士法郎
世界卫生组织	39.59亿美元	39.77亿美元

维和行动共有16个，参加人数超过10万人（主要的参与维和行动的成员是巴基斯坦、孟加拉、印度和尼日利亚，还包括巴西、中国和法国等）。某些维和行动持续的时间较长（最早的维和部队是1948年5月联合国停战监督组织，任务是监督巴勒斯坦停战情况；最近的一支是联合国中非共和国多层面综合稳定团，在中非共和国执行维和任务）。

由于某些成员（主要是美国）恶意拖欠会费，联合国2001年12月通过改革将美国的常规预算款分摊比例从25%降到22%，美国也因此承诺将清偿拖欠的会费。日本的分摊比例也大幅下降（从20.5%降到12.5%），这些下降的部分由另一些成员（新加坡、泰国、韩国、巴西等）承担。此外，自愿分摊款的发展也使得预算外基金（有上百种）飞跃发展，这些预算外基金主要由各成员自愿分摊款出资。自愿分摊款的总额大致相当于常规预算和维和预算经费的综合，既用于支付常规支出，也用于为主要基金出资，主要针对联合国开发计划署、世界粮食计划署、联合国难民事务高级专员办事处、联合国贸易和发展会议、联合国环境规划署、联合国人口基金和联合国儿童基金。联合国的一些专门机构（粮农组织、教科文组织、国际劳工组织和世界卫生组织）也面临财政困难和主要出资成员的压力（美国因此时不时退出联合国粮农组织和国际劳工组织）。拖欠会费始终是联合国面对的一个重要问题。

国际法院（CIJ）在 1962 年判定执行联合国大会决议的联合国紧急部队行动支出属于《联合国宪章》第 17 条第 2 款规定的"组织之经费"（国际法院，1962 年 7 月 20 日咨询意见）。

另外，它们的财政活动也通常受到限制。

329 只要将欧盟年度预算与欧洲委员会的常规年度预算或与联合国专门机构（如联合国粮农组织、世界卫生组织或世界贸易组织）的年度预算进行比较便不难得出结论。联合国于 2005 年在其内部设立了中央人道主义危机干预基金，后成为中央应急基金，主要由政府和私人集团出资。该基金曾对许多国家的"被遗忘的危机"进行援助，并不局限于非洲（以应对粮食危机、自然灾害和其他紧急情况）。我们注意到在联合国的某些计划——特别是人道主义计划方面，私人基金的出资弥补了美国分摊款下降的影响。在这些方面法国并非最大的出资成员，最主要的出资成员是北欧国家。而且法国出于财务方面的原因，在一些国家之后也退出了联合国工业发展组织。

4.2 各经济体公共财政的国际环境

330 国际上对各经济体公共财政的约束指的是国际金融组织的约束。国际金融组织与我们上文提到的国际组织不同，它的资金主要不是用于内部预算，而是扮演"资金出租人"的角色。在普通国际组织里，出于平等原则，出资的多少与权力的大小基本上没有太大关系；相反，成员方在国际金融组织中的权力大小与其出资水平往往成正比，尽管这种权力实现的方式可能有所不同。因此，国际金融组织基本不会像一般国际组织那样出现成员方恶意拖欠或拒付分摊款的情况。1944 年根据《布雷顿森林协议》创立的联合国的两个专门机构（不过由美国控制）有时以金融自由的名义对发展中国家施行一些根本性的限制（这种做法不止一次受到批评）。

除这两个机构履行的金融和技术职能之外，近 20 年来，以反洗钱金融行动特别工作组（GAFI，成立于 1989 年的政府间国际组织）为首的国际组织也在大力打击国际金融犯罪（洗钱、贪腐）。

331　　随着全球化的发展，经济、货币以及金融方面的国际组织的行动越来越倾向于与公共财政关系很大的两个方面的职能。

第一种职能是多边监督职能。由于各国经济的相互依赖的强化，这种职能变得越来越重要。在全球层面（国际货币基金组织、经济合作与发展组织等）和地区层面（如欧盟和西非经济货币联盟）执行，要求国家提供财政政策和公共账目等方面的统计、计划和预测数据。

第二种职能是制定标准职能。它在很大程度上决定了第一种职能的效率，一般表现为制定能够使各国进行真正比较的规范标准以及能够保证账目真实性和透明度的"行为守则"（如国际货币基金组织发布的《财政透明度良好做法守则》和经济合作与发展组织发布的《预算透明度最佳做法》）。

显然，还需知道的是这种针对公共财政和力量的不断强化的纪律是否足以制衡以大型跨国公司为代表的私人财政和力量的影响。不过，近年的金融危机表现出这些国际组织在"调节"世界经济和金融方面的兴趣。

332　　首先有必要谈谈国际货币基金组织（4.2.1）和世界银行（4.2.2）的角色，同时也不应忽视介于这两者之间的其他类型的国际金融组织（4.2.3）。

4.2.1　国际货币基金组织

333　　国际货币基金组织成立于 1945 年，旨在调节《布雷顿森林协议》设立的国际货币体系。在此后数十年中，其作用发生了很大改变。首先因为固定汇率体系被放弃（源自 1971 年美元与黄金脱钩），之后穷国的债务大量增长，导致该组织在其初始职能之外，又扮演对各国经济发展和国际收支平衡进行金融和技术方面援助者的角色（有时会受到争议，因为与世界银行的任务形成竞争，参见 334 段）。

国际货币基金组织过去经常因为对各国尤其是第三世界国家的援助而受到批评。如今随着各个国家和经济体陷入经济金融危机，它主要通过扮演国际引导者的角色，又获得一种新的权威。由于金融市场对某些国家的国债持怀疑态度，因此众多处在困境中的国家难以在金融市场上筹资，除非许下高额回报，但又难以如期兑付。因此它们（近年来还包括一些欧洲国家）需要国际货币基金组织的支持和援助。

国际货币基金组织可以以多种方式进行干预。

首先，它负责对成员国（最初只有 40 多个成员国，到 2015 达到 188 个）的经济和财政状况进行监督，并努力监测预防出现问题。

在这个方面，国际货币基金组织根据其组织章程第 4 条一般每年发布各国经济和预算方针方面的意见和结论（如 2014 年 5 月针对法国发布的内容）。对于某些国家，如欧盟成员国，国际货币基金组织的意见可能与其他组织的意见有差异甚至完全相反。

其次，国际货币基金组织以自有资金提供财政援助。它的自有资金大部分由成员国按比例分摊，主要（约 2/3）来自美国和其他工业国家，其融资机制经历过多次改革。

国际货币基金组织从 2010 年至今组织了 3 个特惠贷款机制，分别是扩展贷款（FEC）、确认贷款（FCC）和快速贷款（FCR）机制。

国际货币基金组织执行董事会于 2010 年 11 月 5 日通过（理事会于 2010 年 12 月 15 日批准）一项涉及份额和投票权的改革（从 2011 年开始生效），主要表现为减少某些欧洲国家（法国、德国、意大利、英国和俄罗斯）的份额，提高亚洲国家（中国、日本、印度）和巴西的份额。各国所占的份额每 5 年重审 1 次，原则上应考虑每个成员国在世界经济中所占的比重。美国所占份额超过 17%（最初接近 1/3），日本和中国均超过 6%，德国为 5.5%，法国和英国为 4% 多。各成员国的投票权即是根据份额比例安排。份额最少的国家图瓦卢拥有 180 万特别提款权（DTS），投票权为 0.01%，拥有 286 票；法国的投票权为 4.94%，拥有 107635 票。份额最大的美国（17.09%）拥有 371743 票，即 16.74% 的投票权。由于尚未有足够国家参与，投票权改革似乎还没有结束。

自 1967 年以来，这些份额以特别提款权（其价值通常由一篮子储备货币决定）为单位计算。各国认缴份额的 25% 必须以国际储备货币支付（特别提款权或参考货币：美元、欧元、日元、英镑），剩下的部分以本国货币缴纳（现金或可即期兑换现金的证券）。

2013 年这些份额的总额为 2380 亿特别提款权，相当于 3620 亿美元。国际货币基金组织还有经营收入，也可以通过举债获得收入。另外，它还持有大量的黄金储备，2009 年它曾出售一部分储备黄金为贫困国家提供更多援助。

2011 年 7 月财政法修正案具体落实了上述决定。法国在国际货币基金组织中的特别提款权从 107.385 亿上升到 201.551 亿。

国际货币基金组织对国际收支出现困难的国家进行财政援助的同时，也要求后者承诺实施经济复兴政策，这使该基金组织在受援国的经济和财政政策方面获得某种"监督权"。在金融危机的"助力"下，国际货币基金组织成为第三世界国家极其重要的债权人以及债务的主要管理者。

国际货币基金组织的目标是成为公共贷款方面的唯一渠道。至 2014 年 8 月

28日，它发放的贷款总额达到1850亿美元。2008年金融危机使国际货币基金组织"回归"向处于财政困境中的国家特别是某些欧洲国家（罗马尼亚、乌克兰、匈牙利和冰岛，这是个相对较新颖的现象）进行援助的角色。由此也可看出这次全球危机的规模，主要的贷款方是希腊、葡萄牙和冰岛。

国际货币基金组织提供贷款的附加条件有时被认为过于简单粗暴，不太符合受援国的实际情况。这些批评促使该组织细化所要求的调节政策，将重点放在结构性政策、社会领域和资金使用的透明性方面（即"良治"问题）。

国际货币基金组织的这种努力尤其反映在1999年设立的"削减贫困与增长贷款"（FRPC）项目。它取代了经常受到批评的"强化结构调整贷款"项目，通过一种特别机制（分开管理、主要由双边分摊出资）（与世界银行和某些国家合作）以优惠条件向致力于实施反贫困行动战略框架的低收入国家提供贷款。这一贷款机制2010年成为削减贫困与增长信托基金。

另一些较为传统的援助（不过经历过多次修改）是分"窗口"向各国提供无条件（储备份额）和有条件（扩展贷款、紧急援助贷款以及其他各种预防性或条件性贷款）援助贷款（各国在国际货币基金组织具有提款权，可以以本国货币购买需要的外汇，偿还时则以外汇赎回本国货币）。在这个方面，我们还注意到信托基金领域也有国际货币基金组织的身影：2010年海地大地震后，国际货币基金组织设立了灾难后减债信托基金（ADAC）。

最后，作为财政援助的延伸，国际货币基金组织还提供技术援助。技术援助在近30年飞速发展，主要针对新独立的国家或处于经济转型的国家，不过也通过与欧盟委员会和欧洲央行的合作（形成了备受争议和质疑的"三驾马车"），对某些欧洲国家如希腊和爱尔兰进行技术援助。技术援助主要涉及制定统计数据、提供专业鉴定以及设立经济金融机构和制定相关政策方面。

国际货币基金组织的决策机构（总部设在华盛顿）包括最高权力机构——理事会和日常管理机构——执行董事会。执行董事会总裁由该机构自行推选，一般由欧洲人担任。这两个机构（各国的投票权按认缴份额比例加权计算）由一个国际货币金融委员会（1999年取代"临时委员会"）和一个发展委员会协助工作。

理事会由各成员国派一名理事组成（一般由各国财政部部长或中央银行行长担任），每年举行一次会议。

执行董事会由24名执行董事组成（2010年以前美国、日本、德国、法国、英国、俄罗斯、中国和沙特阿拉伯各任命1名，其余16名由其他国家分16个选区选举产生）。执行董事会是常设机构，总裁由执行董事会推选，任期5年，一般默认是欧洲人（如1987～2000年担任总裁的是法国人米歇尔·康德苏；2004～2007年是西班牙人罗德里格·拉托；2007～2011年是法国人多米尼克·斯特劳斯—卡恩，2011年至今是法国的克里斯蒂娜·拉加德女士）。

这两个机构的决定根据情况可以以（加权）票数的简单多数、有效多数（70％）或绝对多数（85％）通过。

货币金融委员会是一个预备性常设机构，由各国高级官员组成。原则上每年举行两次会议，与发展委员会（由24名成员组成，一般是各国部长或央行行长担任）会议同时进行。

国际货币基金组织的机构一直以来要求各国遵守财政透明（尤其是通过发布透明度方面的"行为守则"），近几年也在机构内部引入了透明制度，公布了越来越多关于其自身运转的数据（特别是向公众公布执行董事会的商议内容）。

4.2.2 世界银行

334　世界银行是一个从1945年开始逐步建立的集团，如今成为开发援助方面的主要机构。到2015年，世界银行已拥有188个成员国（最初只有40多个）。

世界银行的"娘家"是国际复兴开发银行。后者成立于1945年，其设立目的是以各成员国（必然是国际货币基金组织成员）缴纳的股金（按一定标准定期调整）和从国际金融市场获得的借款为发展中国家提供贷款（用于投资和经济调节）。世界银行的决策机构（其中投票权按各国所占股份比例加权计算）包括理事会（最高权力机关）和执行董事会。行长在法律上由执行董事会选出，但按惯例由美国人担任，比如保罗·沃尔福威茨、2007~2012年的罗伯特·佐利克和2012年7月1日履职的现任行长金墉。

理事会由每个成员国任命的1名理事（一般是该国财政部部长或计划部部长担任）和1名副理事组成，通常每年举行一次会议。

执行董事会每周举行数次例会，成员包括世界银行行长和各成员国根据股权比例推选的25名执行董事。其中美国、日本、德国、法国、英国各任命1名执行董事，中国、俄罗斯和沙特阿拉伯任命自己的执行董事，只有剩下的17名通过选举产生。

行长扮演一个非常重要的角色。这一职务传统上由美国人担任（而国际货币基金组织总裁一般由欧洲人担任），通过选举产生，任期为5年。

国际复兴开发银行控制几个按同样模式管理的分支机构，其主席均由国际复兴开发银行行长担任（这些机构的成员必须是世界银行成员）。

成立于1960年的国际开发协会以成员国的缴纳金和国际复兴开发银行的赠款向最不发达国家提供无利息的长期贷款。

成立于1956年的国际金融公司以自有资金和金融市场上的借款向私人部门

提供贷款（无须政府担保）。

多边投资保证机构于1988年成立，鼓励私人投资者在发展中国家投资，并确保投资者免于某些政治风险。

最后，成立于1966年的国际投资争端解决中心提供针对投资者与对象国的争端的仲裁和调解机制。

2013年，世界银行提供的借款总额约为656亿美元，其中186亿面向国际复兴开发银行，国际开发协会222亿，国际金融公司220亿，多边投资保证机构32亿（《世界银行2013年度报告》）。

总体上，世界银行的最大贷款方是印度，其次分别是巴基斯坦、巴西、孟加拉、尼日利亚、埃塞俄比亚和中国。各地区的多边开发银行对世界银行的工作形成非常重要的补充。

4.2.3 其他经济货币国际组织

这些国际组织是介于世界银行与国际货币基金组织的中间类型，其目标各不相同。

其中一些组织的目标是按欧盟模式限定成员政策，协调各成员政策法规，以形成经济与货币统一体。这意味着它们至少在未来可能成为超国家权力。这类组织比较典型的有西非经济货币联盟和中部非洲经济与货币共同体。

西非经济货币联盟目前有8个成员国，致力于通过"欧盟式"的机构设置推行多边监督，旨在促进各国经济货币政策的趋同和标准的协调。

中部非洲经济与货币共同体成立于1994年，有6个成员国，其目标主要是建立共同市场、设立共同货币并协调成员国政策法规。

这两个组织有一个特殊之处，即通过指导方针协调其成员国公共财政方面的法律规章和会计准则。比如西非经济货币联盟2009年发布的成员国预算案指导方针，或中部非洲经济与货币共同体2008年和2011年发布的关于成员国预算案的指导方针即是如此，2011年指导方针的目标是使共同体指导方针符合国际标准和财政良治方面的通用原则。这一协调工作被扩展到公共核算、预算项目名称和会计方案等方面，不过，虽然有国际货币基金组织和世界银行等国际组织提供的技术援助，但其实施显然仍有很大的困难。西非经济货币联盟和中部非洲经济与货币共同体使用共同货币，非洲法郎，由它们各自的中央银行管理（参见330段）。

另外值得一提的是2008年成立包括17个成员国的非洲商法协调组织（OHADA）和2007年4月关于建立非洲合众国的《恩贾梅纳宣言》。

同时，从 2014 年开始，西非经济货币联盟和西非国家经济共同体（CEDEAO，有 15 个成员国，包括英联邦国家）谋求统一，以建立共同市场和纳入货币篮子的单一货币。这也使它们重新审视与法国和欧洲央行的关系。

另一些则是涉及经济合作方面的组织，主要以经济合作与发展组织为代表。经合组织在制定与协调法规政策方面的努力值得一提，既涉及国际税收标准的制定，也涉及打击逃税、应对避税天堂和有害的税收竞争（采用欧盟的做法）方面，以及政府间的相互援助，此外还涉及各种专门问题（如转移定价、环境税等）。它在废除双重征税（收入和财产）方面采用双边协议的模式；致力于行政援助和信息交换；它推动签署了一项多边反腐败公约，并与欧盟理事会一起制定了相互援助方面的协约。目前经合组织的工作重心在作为对二十国集团组织工作延伸的两个方面，涉及反逃税方面，一方面调整并通过税收情报自动交换多边协议，并设立国际税收情报自动交换标准（2014 年制定，将于 2017 年生效）；另一方面，2014~2015 年开始跨出反国际企业避税（应对税基侵蚀和利润转移）的第一步，这方面的行动最初由英美两国推动，根据经合组织的估计，将导致修改近 3000 份双边税收协约。

经合组织在税收方面的"行动主义"使其成为在该领域最"活跃"的国际组织。除经合组织的努力之外，联合国也根据自己与发展中国家的税收协议模式（联合国经济及社会理事会，联合国国际税务合作专家委员会）在这方面作出努力，并进行类似于欧盟或国际货币基金组织对其成员所做的评估鉴定，以检查各成员的经济和预算战略（如 2014 年 10 月针对法国的检查评估，《法国结构改革：对增长的影响以及未来的选择》）。

许多分析人士认为没有全球性的税收组织是一个"缺陷"，但这也不一定，因为经合组织设立了多种形式的国际论坛。最值得一提的是"税务透明与信息交换全球论坛"，它在 2014 年制定了全球信息自动交换标准（AEOI）。我们注意到美国在这方面有一项法律：2010 年通过的《海外账户纳税法案》，该《法案》从 2013 年 1 月 1 日起生效，它针对整个世界的所有美国公民，因而具有全球使命。另外，国际税收对话机制（ITD）也值得一提，其成员包括美洲开发银行、欧盟委员会、国际货币基金组织、经济合作与发展组织、世界银行，此外居然还包括英国国际开发署。这一机制"旨在更好地发挥每个机构的作用，促进各国政府、国际组织和其他关键机构在税收方面对的合作"（经合组织文件）。虽然在经合组织的文件中，关键机构的问题并未厘清（公共机构还是私人机构），不过跨国企业、大型律师事务所、会计师事务所以及其他国际行业协会显然都是税收方面绕不过去的组织。

最后，经济仲裁者和经济警察的角色也不可忽视。

337　这方面的机构主要是成立于 1994 年的世界贸易组织，世界贸易组织及其前身从 1947 年起便负责要求成员遵守经济自由主义方面的规则。

由于未能在联合国内成立除国际货币基金组织和世界银行以外的第三个专门组织（1944～1945 年曾有过相关构想），一些自由主义国家在 1947 年签订了《关税与贸易总协定》（GATT），其内容后来由 1994 年创立世界贸易组织的《马拉喀什条约》加以扩展，并由 2001 年的"多哈回合"协议加以调整改善。到 2015 年，世界贸易组织已有 160 个成员，其领导机构是部长级会议（每 2 年举行一次会议，该会议任命世界贸易组织总干事。前任总干事是法国人帕斯卡尔·拉米，任期为 2005～2013 年；现任总干事是巴西人罗伯托·阿泽维多，任期始于 2013 年 9 月 1 日），常设机构是总理事会，下设三个分领域理事会。世界贸易组织各成员投票权平等，不过存在一个商业政策审查机构（OEPC）和一种特殊的争端解决机制。当成员间出现贸易纠纷时，应先进行磋商，如果磋商无果，则由争端解决机构介入（由所有成员任命的专门小组），之后也可以向上诉机构（9 个成员）提起上诉，上诉机构的裁决结果可以对败诉方（其中包括美国、日本和欧盟）产生重大的商业后果。不过，虽然不存在针对公共财政或税收方面的国际组织（不过在这领域有大型的私人机构），但世界贸易组织在关税方面可以依靠一个成立已久的组织——世界海关组织（共有 179 个成员），后者在国际贸易关税"标准化"方面扮演着重要的角色。

第 2 部分
法国公共财政

338 欧洲规则,国际标准,这使得公共财政的研究必须采取"全局视角",不能仅局限于中央财政。一方面,社会保障财政在许多国家特别是法国发展迅速,当前社会保障财政的分量已经超过中央财政;另一方面,地方政府已成为法国公共投资的重要力量,地方财政快速发展。因此,采取全局视角并不完全是创新,其重要性日益凸显。公共行政机构财政"全局化"的现象(根据《欧盟运行条约》,国家对所有公共财政管理负责,参见7段和301段),使得不同层级财政管理之间的协调越来越重要,由此不可避免地引出财政和预算纪律更加突出和统一的问题。但这并不意味着法国在国家层面存在统一预算(这与英国、美国、日本等许多国家不同),尽管中央财政、地方财政和社会保障财政这三类财政之间有某种程度的"交叉",甚至可以说在一定程度上相互依存,都由国家负责。

339 法国的公共财政提供了一个特殊案例,对此人们褒贬不一。在这个意义上,法国有一张"财政身份证",见表7。其特点是必提费用占比一直较高(2014年公共支出占PIB的44.9%,2015年占PIB的57.5%),并且社会保障水平很高。虽然社会保障还远远不是法国政府支出的大头,但法国人似乎一直在朝着这个方向努力。

表7　　　　　　　　　　法国的"财政身份证"
公共债务　　　　　　　　单位:10亿欧元,%

项目	2006年	2010年	2011年*	2012年*	2013年*	2014年
国家和中央行政机构	989	1259	1365	1481.3	1558.4	1632.8
社保机构	39	175.2	204	211	211.7	216.8
地方机构	127	163.9	169.6	176.8	183.3	188.2
合计	1149	1632.5	1754.4	1869.2	1953.4	2037.8
合计占PIB比重	63.2	81.7	85.2	89.6	92.3	95

资料来源:法国国家统计局,*以2010年为基数。

必提费用

单位：%

项目	2006 年	2010 年	2011 年	2012 年	2013 年
国家和中央行政机构占 PIB 比重	15.4	14.3	13.6	14.2	14.8
社保机构占 PIB 比重	21.9	22.6	23.1	23.6	24
地方机构占 PIB 比重	5.4	4.5	5.8	5.9	5.9
欧盟占 PIB 比重	0.1	0.1	0.1	0.1	0.1
合计占 PIB 比重	42.8	41.3	42.6	43.8	44.7

注：数据为转移支付后的数字。
资料来源：法国国家统计局。

必提费用结构

单位：%

项目	2006 年	2008 年	2010 年	2012 年	2013 年
税收占 PIB 比重	26.7	27.3	25.4	27.4	28.1
社保缴款占 PIB 比重	15.9	15.6	16.1	16.4	16.7
税收与必提费用比例	62.4	65.1	61.5	62.7	62.8

资料来源：法国国家统计局。

公共支出

单位：10 亿欧元，%

项目	2007 年	2009 年	2011 年	2013 年	2014 年（占预算比重）
社保	419.8	459	487.8	518.4	42.9
国防	33.1	36.5	36.6	37.1	3.1
教育	100.1	109.8	113.3	117	9.7
住房	22.5	28.4	28.8	29.4	2.4
治安	28.1	32.2	33.7	34.5	2.9
经济	80.5	95.6	98.1	104.5	8.7
文娱	27.6	27.5	29.1	31	2.6
总支出	1016.2	1100.6	1151.5	1207.5	—
占 PIB 比重	52.2	56.8	55.9	57	57.2
转移支出合计占 PIB 比重	28	31.2	30.9	32	—

资料来源：法国国家统计局。

340　　　公共财政的全面治理在国际、欧洲和国家层面上都处于中心地位，这也是《欧洲经济货币联盟稳定、协调与治理条约》和《公共财政管理和程序组织法》提出的要求。全面治理在"全球化"的背景和框架下运行，其特点是不同经济体（以及财政、货币体系）之间相互竞争，各国的预算、财政、经济和社会决策以及战略受到多边监管，不仅包括经济金融监管，也包括经合组织、国际货币基金组织乃至欧盟等国际机构的监管。全面治理的实行倾向于以私人管理作为参考框架，对公共管理（国有企业，公共服务，公务员等）的基础原则提出质疑，这或将引发对国家的角色和地位的重新审视。可以说当前法国的公共财政可以看到一定形式的"总管理"，比如经济刺激计划（2009年）、《责任和团结公约》（2014年），再如中央机构管理下的《公共财政程序法》（第1章）。法国的三类财政有其自身历史和规则，我们将对此进行逐一分析。首先是具有真正"预算"意义的财政，即中央财政（第2章）和地方财政（第3章），其次是比较特殊、更加自主的社会保障财政（第4章）。

第 1 章 公共财政的"总管理"

341 在法国，按照欧洲（参见 289 段）和国际（参见 330 段）框架，公共财政的总责任由共同机构（Institutions Communes）承担（1.1），对于不同的财政类别，标准的适用方式不同（1.2）。

1.1 共同机构

342 在法国，虽然总统拥有做出重大国家财政决策的实际权力（并且经常对各部门的预算做出决断），但是总理领导下的政府才是公共财政管理的主体。

可以认为公共财政存在一定的管理统一性（1.1.1），其监督隶属众多不同的机构（1.1.2），由众多不同的法律文书予以保障（1.1.3）。

1.1.1 管理统一性

343 管理统一性表现为四大特点：政府的裁决权（1.1.1.1），基于议会的规范性（1.1.1.2），对公共财政总体协调的研究（这方面的研究有所滞后）（1.1.1.3），以及财政部在这方面扮演的重要角色（1.1.1.4）。

1.1.1.1 政府裁决权

344 法国最高行政法院在 2000 年 12 月 21 日《财政法组织法》改革意见（第 365546 号）中要回答如下问题："根据三权分立的原则，以及宪法关于政府和议会职责的界定，是否能够在《财政法组织法》中写入条款，规定由议会财政委员会起草财政法案草案？"对此最高行政法院给出的答案是非常明确的："根据《宪法》第 47 条，财政法案在得到表决通过前首先是法律草案。依据《宪法》第 39 条，法律草案应由总理提出。按照三权分立的要求，总理要充分行使职权，就必须禁止议会财政委员会起草财政法案草案。"

宪法的这段文字显然能够延伸到社会保险融资法案。

345　　起草这两项法案的程序差不多，并且根据 2008 年 7 月 23 日对宪法的修改，财政法案不同于其他法律，宪法赋予财政法案（因而也就赋予政府草案）一种特殊的保护。

　　有趣的是，审计法院在 2014 年发布的第二份关于地方公共财政的报告中，建议依据 2012 年《公共财政管理和程序组织法》，每年对地方财政法案进行票决，这将"使得一些限制性较强的法律规定可以按照地方政府收入和支出的变化得到修改"。事实上，这一建议之前已有多人提出。

346　　《财政法组织法》明确，财政法案草案的起草由财政部"在总理的领导下"进行，因此，当不同部门存在分歧时，一般情况下由总理做出预算裁决。此外，法律草案由总统主持的内阁会议审议，总统通常扮演重要角色，但也取决于其与政府的关系。总统和政府的"共治"（la collégialité）在不同情况下并不相同。

　　社会保险融资法案属于"法案"（《宪法》，第 39 条和第 47 条第 1 款），而非"提案"，因此和财政法案一样，社会保险融资法案同样只能由政府提出。

　　社会保险融资法案的起草程序最初与财政法案不同，负责起草的是社会事务部部长，受总理领导。按照宪法委员会的解释（1997 年 12 月 30 日第 395 号合宪性审查决议），这就要求当与财政法案产生冲突时，能与财政部和预算局协调好，然后，社会保险融资法案草案再由内阁会议审议。而现在，社会保险融资法案的起草由财政部部长进行。

1.1.1.2　议会

347　　法国议会在财政法案的通过上历来扮演着重要角色。与其他国家（德国、巴西、印度、西班牙、比利时、葡萄牙）的宪法不同，公共财政在法国的宪法中并不享有专门"章节"。在 1958 年的新宪法中，涉及公共财政的篇幅很少，《宪法》第 34 条将公共财政作为财政权的一部分，《财政法组织法》（第 34 条和第 47 条）也如此规定。在涉及国家财政的条约（《宪法》，第 53 条）方面，《宪法》第 40 条明确规定，议会提出的建议案和修正案，如果通过结果将减少国家收入或者将新设或加重国家支出时，即不予接受。《宪法》第 49 条第 3 段使总理在议会未通过财政法案之时，可以向国民议会承诺政府对该财政法案承担责任，而使该财政法案不经投票即通过（除非议会在此后 24 小时内对政府提出不信任动议）。宪法委员会可对议会的运作规则提出质疑。1996 年通过的社会保险融资法案（第 47 条第 1 款）扩大了立法领域，《财政法组织法》取消附加税费则进一步确认了立法领域的扩大。《宪法》第 47 条第 2 款提高了审计法院的地位，明确了对公共财政账户规范性的要求，从而使涉及公共财政的条款在宪法中得到了加强。议会依据《财政法组织法》的规定对财政法案和社会保险融资法案进行投票（第 47 条第 1 款）。但是，议会依然受到政府影响，《1958 年宪法》赋予政府强制权，尽管 2008 年的修宪对一些立法条款提出了质疑，但依然保留了政府这一建立在《宪法》第 40 条、第 44 条和第 49 条上的权力。

1.1.1.3 探索公共财政的协调机制

348 显然，公共财政的总体负责制（即一国中央政府对本国所有公共财政负责，参见 338 段）要求良好的协调机制，其特点是中央集中管理，尤其是在机构设置、制度设计和具体技术层面。从历年财政法案和社会保险融资法案中可以明显看出，这两个财政领域之间的协调配合不断深化。它们之间通过架设财政桥梁，进行常规调节，形成了某种形式相互依存，甚至到了你中有我我中有你的程度。但是中央集中管理在涉及组织机构方面仍然举棋不定。事实上，正是在这一背景下，2006 年 1 月建立了由总理主持的公共财政年度会议制度。2007 年，又建立了总理领导下的国家执行会议制度，旨在成为"中央政府和地方执行机构开展协商的场所"。2010 年，建立了国家赤字会议制度。2009 年 1 月 22 日的一项条例成立了法国会计准则委员会，之后成立了财务制度规范化委员会（2009 年 4 月 29 日法令），并取消了公共会计标准委员会和公共会计标准解释委员会。此外，2008 年成立了法国公共统计局（2009 年 3 月 3 日法令）。

总理受到公共财政方针委员会的协助，委员会由总理主持，向总理提交年度报告，筹备会议，并就公共财政给出分析和建议，包括"治理"规则。为了确保委员会能够行使其职能，国家行政机构和公共机构要向委员会提供信息和研究分析。

公共财政方针委员会要同公共政策现代化委员会一起，协调改革事宜。公共政策现代化委员会由总统主持，在 2007~2012 年"公共政治总修正案"（RGPP）的框架下，根据审计报告进行改革决策。

另外，2006 年成立了总理领导的战略研究中心，取代计划总署，负责"对公共政策决策进行监督、建议和协助"。但是，2013 年 4 月 22 日的一项法令取消了这一机构，代之以战略展望总署，仍由总理领导，职责之一是"参与公共政策评估"。

如果说 2012 年的"公共行动现代化计划"取代"公共政治总修正案"还不能说颠覆了"评估"逻辑，这一逻辑同总理主持的公共行动现代化部际联席会议（Comité interministériel）一同运用于公共财政（2012 年 10 月 30 日法令，第 2 条），那么取消公共财政方针委员会以及公共财政国家会议就很能说明问题，这意味着不再有国家机构将三类财政（中央财政、地方财政、社保财政）联合起来。2013 年 2 月 18 日的一项法令建立了公共财政高级委员会，导致了这两大机构被撤销，该项法令在序言部分指出，高级委员会的成立使公共财政最高行政法院失去"对象"，这一论断显然有待商榷。

随着 2014 年 1 月 22 日的法令成立公共支出战略委员会，围绕法国公共财政中央和协调机构的改革，犹豫不决的意味愈发明显。公共支出战略委员会由总统主持，主要成员包括总理和经济与财政部部长，不包括任何地方以及社保机构的代表。但是，总统可以"邀请""熟悉和了解公共支出的机构代表以及所有有资格的人士"参与委员会。委员会的职责是"提出并实施法国稳定计划框架下的结构性储蓄计划""确保国家账目管理，促进经济增长和就业"（2014年1月22日法令，第1条）。政府授予公共支出战略委员会一定的决策职能，在欧洲要求和法国国家程序标准、三年期预算之间扮演协调角色。

2014年4月的一项公共支出管理计划提出了"500亿欧元的节约计划"（其中中央政府节约180亿，地方政府节约110亿，医疗保险节约100亿，社会保障节约110亿），2014年5月提出国家改革计划（附有结构改革的详细计划），这也是之后的财政法案及财政法修正案落实的方向。公共财政高级委员会在2014年11月6日的一份意见中再次强调，"政府没有履行2014年在财政法案和最新稳定计划中的承诺，并未在2014年按照《公共财政程序法》（2012～2017年），对2013年国内生产总值高达1.5个点的差距进行修正"（公共财政高级委员会的意见）。

其他协调机制有：中央——大区最高行政法院，负责"欧洲投资与结构性基金"；公共行动地方会议，旨在促进地方各职能机构和公共机构间的协作，主席即大区委员会主席。

努力建立协调机制是法国回应欧盟要求成员国解决财政失衡的一项重要举措，主要手段是努力统一反偷税漏税政策。2008年，为了落实此项工作，总理管理下的反偷漏税国家部门建立了一体化系统（2008年4月18日法令），主要职责就是从国家层面协调中央机构和社会机构（由国家反偷漏税委员会协助）在这方面采取的行动。2010年成立了税务犯罪稽查大队，隶属中央法警局。省级层面建有省级反偷税行动委员会，由省长和检察官共同担任主席。此外还有国家反偷税漏税协调计划以及国家打击非法劳工计划。2013年12月6日打击偷税漏税和经济犯罪的法律，以及国家金融检察官的设立（参见2014年1月31日国家金融检察官刑事政策），进一步强化了对偷税漏税的打击力度。法国打击偷税漏税行动是欧洲打击行动的一部分，建立在2010年完成的Eurofisc税务监控系统之上，该监控系统是以欧盟反欺诈办公室（1999年）为基础建设而成的。

2013年，海关在打击偷税漏税行动中查出近3.23亿欧元的税款被偷漏，包括隐瞒报关、增值税欺诈、洗钱。公共财政总署的数字更加惊人：2012年查处近181亿欧元的税款和罚款（欺诈、滥用职权、价格作伪）被偷漏。2012年，社会保险金及家庭补助金征收联合机构查处的未缴纳保险的"黑工"，所涉保险金额达2.6亿欧元。同年，社会补助的欺诈高达2.91亿欧元（主要是医疗补助和家庭补助）。

不过，打击偷税漏税行动必须在宪法委员会规定的范围内进行，符合法律规定的程序（如程序透明、证据来源合法、尊重隐私）。

1.1.1.4 财政部的重要影响

349 无论是英国财政大臣，美国财政部部长，还是日本财政部部长，这一职位在政府机构中始终占据特殊地位，其重要性更多体现在所掌握的权力而不是行政级别上。财政部部长在法国的政府职务中未必等级最高，除了政府法令，没有任何文本对其级别做出明确规定。尤其，与英国财政大臣不同，法国财政部部长并不具有比其他部长更优越的权力。但是在内阁联合时期，财政部部长有权担任重要职务，譬如国务部长（巴拉迪尔在1986~1988年、贝雷戈瓦在1988~1992年，有时被视为副总理，而他们在成为总理后则竭力避免继任者扮演此角色）。并且，财政部部长承担的职责极为重要，使之成为政府内最重要的角色之一。财政部部长的职责范围在1997年6月达到顶峰，当时法国参照日本的经济产业省，成立了经济、财政与工业部，由多米尼克·斯特劳斯－卡恩任部长。2005年蒂埃里·布雷东任部长时，亦称为经济、财政与工业部。大多数情况下，财政部部长受到国务秘书或部长级代表的协助或监督（1993年的巴拉迪尔是罕见的例外）。

350 事实上，财政部部长的权力确实很多，虽然有些权力正在削弱。

在中央政府与经济的关系方面，财政部部长在公共预算方面负有重要责任，在货币政策和经济调控（尤其是价格调控）方面也长期扮演着重要角色。因此，这一职位通常由德高望重的人士担任，如总理，或者成为通往更高名望的跳板（雷蒙·普恩加莱、安托万·比内、吉斯卡尔·德斯坦、米歇尔·德勃雷、雷蒙·巴尔、雅克·德洛尔、爱德华·巴拉杜、皮埃尔·贝雷戈瓦、尼古拉·萨科齐、克里斯蒂娜·拉加德等）（参见30段）。

在与其他部长和管理机构的关系上，财政部部长也享有特殊的中心地位。作为国家财政收入的唯一负责人，财政部部长要平衡各部门的支出需求。通过起草大部分财政会计指令（有时他是唯一的起草人），提议或修改公共机构（包括地方政府）适用的会计准则，财政部部长对经济和财政进行管理，从而影响其他部门的事务。

财政部部长依托国家经济委员会开展工作。国家经济委员会于2015年初完成改革（2015年1月6日第2015－7号法令），包括14名成员（其中有法国央行行长），成员每两年由部长指定。国家经济委员会讨论经济政策，考察对宏观经济的预测。

此外，财政部部长还拥有预算决策权，尤其是对一些经费修正的决策权。总体上，财政部的作用举足轻重（1）；同时，一些独立机构行使重要职能和补充职能（2）。

(1) 财政部

351 财政部的影响体现在两个方面：一是行政事务层面，二是国家事务层面。但是，由立法机构成立的各个管理部门的发展壮大（这和许多其他国家的情况类似）对财政部产生了微妙的影响。这些管理部门被赋予了一些目前或是传统上曾经属于财政部的职能。

财政部当前的架构主要是依据1998年的改组以及2008年的改革进一步深化改革而成，目前（2015年）设有十多个总署或管理局，这些下设机构之间的相互协调有时并不容易。传统上的管理局（预算局、公共审计局、海关、税务局、国库）存在以子部门方式运作的倾向。《财政法组织法》的实施以及对管理机构合理性的担忧引发了中央管理机构的重组，出于精减人员的考虑，对一系列管理局进行了合并。

①对行政事务的影响

352　对行政事务的影响主要有以下两个方面。

首先是预算方面。一方面，财政部部长，主要是预算局（2012年末有250名雇员），负责财政法案草案的起草，涉及与各部门在经费方面的协商（参见515段）；2007年起，财政部部长还同社会事务部部长一起，共同负责社会保险融资法案草案的起草。另一方面，财政部部长负责自己部门的预算执行，以及许多其他任务、项目的预算执行。

2009年预算局改组后，失去了制定会计准则的职能，这一职能由2009年4月成立的法国会计准则委员会（参见99段）承担。预算局现在好比是"参谋部"。

其次是对管理部门的监督。财政部同法院和大区审计部门一起，行使对公共财政的监督职能。

财政部的监督范围包括：
- 中央管理机构，在每个机构内设预算和账目监督处，负责对预算和账目的监督。
- 下属机构，在公共财政总署的监督和帮助下，通过公共财政大区主任（其中有1名经济和财务监察官）和省级主管进行管理。公共财政总署直接隶属于财政部，负责部级协调（国防部除外）。
- 地方行政机构，这些机构的会计人员负责监督机构运行是否合规。除了少数例外，这些会计人员必须依照公共会计准则审核监督（参见381段）。
- 大部分国家公共管理机构，其财务活动受到监督，由公共财政大区主任或特派员行使监督职责。
- 国家工商管理机构以及国有企业，由财政部进行财务监督和经济金融监督。

- 社保机构账户，由大区委员会代表审计法院行使监督职责，但是委员会主席由公共财政大区主任（或其代表）担任。

②对国家事务的影响

353　　对国家事务的影响主要通过以下四类机构产生：财政和金融管理机构，经济管理机构，以及作用更加特殊的国库总署和公共行动现代化部际管理局。

一是财政和金融管理机构。

354　　其职能涵盖了财政收支管理和财政政策的落实。这些机构负责发放公务员和下属机构人员的薪资，努力缩小两者的薪资差距。

旧制度下，间接税由私人机构管理，大革命时期间接税的管理被彻底"国有化"（建立了四个管理局），1948年再次改革其管理机构。此后，间接税的管理就隶属于两个署：海关和间接税总署以及税务总署。后者于2008年同公共会计总署合并，成立了公共财政总署。

355　　海关和间接税总署成立于1948年，有两大职能。一是负责监督和打击经济、商业偷税漏税；二是承担税务职能，制定和征收关税、欧盟以外商品的增值税、能源类税（国内能源产品消费税等）、特别消费税（烟草、酒精等某些消费品的间接税）、环境税以及其他税种（如海外省的入市税）。

海关和间接税总署有工作人员近17000名，其中有些负责监督（1999年6月23日的一项法律赋予一些人员司法海关官员的头衔，拥有类似法警的调查权），有些负责一般管理。海关和间接税总署的职能范围很广，再加上关税法的特殊性，使之成为打击偷税漏税的一股重要力量（参见国家审计法院的《海关打击偷税漏税和走私行动》，2015年）。

海关和间接税总署设有7个行使国家职能的机构（其中包括国家调查署、国家司法海关署等）；12个大区间局，包括42个大区局；近200个海关办公室（50多家分局），近300个监督单位。

356　　公共财政总署由税务总署和公共会计总署合并而成。该合并（2008年4月3日法令）在2008～2015年期间逐步推进，涉及近11.3万公务员（其中近80%在2013年全职工作），对税务进行整合，并设置了税收专员制度，并逐步重新编写了《税法》《税收程序法》《国防法》《森林法》《公路法》等其他法规，以便统一术语。由此，"财务会计"变为"公共会计"，"财政司法员"变为"国家司法员"，财政部门变为较为隐晦的"职能部门"，总出纳官和财务主任的职能整合为"公共财政主任"，取消了抵押登记官。

当前的中央机构明确保留了税务立法局，负责起草法律，并代表内阁进行税收方面的国际谈判。

公共财政总署下设1个局，9个由总署署长直接管辖的科，还有若干经重新调整过的代表处，如国际合作处。

在严格意义的税务层面上，设有 3 个科：税务监察科、税务司法科和税务管理科。公共财政总署也负责收缴各类税款、税金以及其他财政收入。公共管理方面，设有 2 个科，即地方科和中央会计科。

职能上，2008 年的改革为公共财政总署及其下设各科保留了原本属于税务总署的职责。但是，随着个人缴税服务处（SIP）和企业缴税服务处（SIE），以及面向个人和企业两类纳税人服务处（SIPE）的设立，纳税人缴税过程得到简化，制定税基、收缴税款、税收监督、争议仲裁的职责转移给了以上机构。个人缴税服务处负责属于国库的直接税（财富团结税申报和付款除外）。这项针对税收服务逐步推进的改革最终将设立近 700 家办事处。此项深度改革（考虑到保留了海关和间接税总署）导致了另一项地方行政改革，令"管理格局"彻底改头换面。根据 2009 年 2 月 20 日关于公共财政管理的特殊地位的一项法令，一些"历史上"的管理职务消失，如国库主计官、省级税务主管、国库主管、税务总管、收税官、抵押登记官，这些职务被整合到了一个单一机构，即公共财政管理局，回到了这一曾在 1962 年遭抛弃的古老命名。该机构的成员负责下属机构、国家职能机构以及特殊机构的管理。他们的职责类似于公共会计人员或次级拨款审核者的职责。

此项改革引入了国家培训，2010 年，国家公共财政学院成立，而国家税务和国库学院则走到了尽头（2010 年 8 月 4 日的法令）。改革的最终结果是公共财政监察员（公共财政 A 级公务员）和公共财政监督员两者的统一。

无论是在大区层面还是省级层面，公共财政总署的下属机构由 2009 年 6 月 16 日的一项法令明确。下属机构建立在地方统一管理局的基础上（其组织架构与职能和中央机构相同），是前述两个机构职能的整合：制定税基、收缴税款、公共支出拨款、地方机构财务和审计管理、国库运作、存款管理、产业收购等属于省级管理局的职能；大区管理局在省首府承担同样职能，特别是负责国家下属机构的财务管理；此外，对于一些特殊职能，尤其是审计、税务监督方面，可以成立特别管理局。所以，税务监督局同国库特别管理局一样，属于特别管理局。这些管理局的上级财务官负责行使原本属于国库主计官和税务主管的职责（第 8 条）。

公共财政总署的大区和省级管理局是通过国库局和税务管理局的合并逐步建立起来的。

取消的机构有：巴黎税务收缴局，巴黎公共医疗救助局，巴黎税务审计局以及其他地方特别管理局，抵押登记机关（由负责不动产公示的机构取代）。

有必要指出，公共财政总署的工作人员在经法院批准后有权执行司法调查，而海关总署的工作人员此前数年就已经获得了这一权力。

国际层面，公共财政总署有一个税务网络（柏林、布鲁塞尔、伦敦、马德里、罗马、华盛顿），旨在与相关机构进行合作，并就本署和其他相关机构的业务开展比较研究。

357　公共财政总署还具有过去公共审计总署（国库）的职能，后者是在复辟时期成立的，负责收缴一切没有其他机构负责的税款，大部分非税收入，以及特殊的视听产品专利权使用费。

国库特别管理局负责收取债务，如欠借款结算、金融司法机关的罚款、《财政预算法》规定的处罚等，包括在国际援助框架下的应收税款和其他公共债务（2014 年 12 月 24 日法令）。

公共财政总署也保留了监督职能，执行大部分的公共支出（尤其是国家支出、地方支出、公共健康机构支出以及社会医疗卫生机构支出），管理公共财政（包括大部分地方附属公共机构的财政），以及管理公共账目。

358　传统上税务机构和财政机构的二元性过去曾带来两大不便——财政部的高级官员 J.—L. 莱皮纳（1999 年）与 P. 尚索尔和 Th. 贝尔（2000 年）曾在报告中指出这一点，税收委员会第 20 号报告（关于纳税人与税务管理机关的关系，2000 年）也曾对此有所论述。一方面，这种二元性使得纳税人的缴税过程很复杂（可能要与 6 个不同机构打交道）；另一方面，提高了税收管理成本（纳税人缴纳的费用），法国的税收管理成本比大部分工业国家（德国除外）要高（有时幅度超过 50%）。这一点在视听产品专利权使用费方面尤其遭人诟病。此外，公共权力机构努力通过向企业提供负责国家税收的单一代理机构，促进税务和财政这两个网络的合作。这一单一代理机构在 2003 年仅仅面向大公司，之后扩展到中小企业，最终建立了单一税收账户（COPERNIC 项目）。

这方面的阻力很大。如 2000 年财政部的 Sauter 计划就受到了部门工会和许多农村代表的反对。之后的几任部长都坚决推进了职能整合和简化进程。

合并本身似乎并没有带来成本的降低。根据审计法院的分析，虽然公共财政总署的雇员人数减少，但是整体薪资支出并未降低，投资支出增加。而根据公共财政总署的预测，此项改革应该能使房地产业税收合理化。

二是经济管理机构。

359　经济管理机构的边界随着财政部职能的变化而变化。其"核心"职能有二类，此外还有其他职能。

360　第一类核心职能是监督职能。竞争、消费和反偷税漏税总署负责维护市场秩序，尤其是竞争和产品安全方面。

竞争、消费和反偷税漏税总署有近 3000 名雇员分布在全国，特别是部际省级管理局，以及国家机构、大区间机构或特别调查机构。热点事件（"疯牛病"

"马肉""转基因食品")的发生凸显了其职能的重要性(如与海关合作建立统一实验室网络)。在 2008 年 8 月 4 日的经济现代化法颁布后,竞争、消费和反偷税漏税总署的部分职能(开展国家调查)移交给了竞争管理局和全国调查局。

361　　第二类核心职能是研究职能。法国国家统计局负责经济核算(参见 3 段),其结果每年发布在人口普查以及主要经济数据分析报告上。

　　国家统计机构改革引发了人们对法国国家统计局独立性的担忧。2009 年,国家成立特别部门——公共统计局,负责各种统计工作,其组织和运作享有独立性。公共统计局的首要职责是"发布一切其认为有用的意见、建议,确保公共数据的形成、处理、发布是独立的,具有客观性、公正性、适当性和准确性,符合欧盟推荐标准"。因此,在其官网上可以看到"公共数据独立、准确、适当"的提法。除了开展独立统计活动,公共统计局也负责撰写统计机构的工作报告,每年对国家统计委员会主席和法国国家统计局主席开展至少 1 次审计。公共统计局的秘书处设在法国国家统计局,首任局长自 2009 年以来由法国国家统计局前主席保尔·尚索尔担任,由内阁会议法令任命。法国国家统计局主席是公共财政高级委员会成员。

362　　此外,根据 2008 年 12 月 31 日的一项法令,法国企业国际发展署——系工商领域全国性公共机构(EPIC)——负责协助公共部门起草重点地区的产业发展报告,以及促进法国企业的国际发展。法国企业国际发展署与经济部达成协议,与经济部驻外机构合作,这些机构不再是"经济处",而是经济服务处。法国企业国际发展署的分支机构叫做"法国企业国际发展署经济处",系外交部的一部分。也许正因其属于外交部,2014 年末,外交部部长洛朗·法比尤斯宣布法国企业国际发展署与法国国际投资局合并,2015 年 1 月 1 日起生效,成立新的工商领域全国性公共机构"法国商务投资署",吸收了上述两个机构的职能。

　　不过,人们也许会想,国家驻外机构的这一合理化改革是不是与国家的其他行动背道而驰。2011 年成立了另一个工商领域全国性公共机构,即法国国际专家局(2010 年 7 月 21 日国家涉外行动法,第 12 条),引发了行政机构之间相互竞争的风险。法国国际专家局旨在"促进法国技术和专业经验的国际化发展,尤其是在国家战略方针的框架下双边和多边融资项目的专业经验的交流"。该机构同样经历了与其他机构的合并,也是自 2015 年 1 月 1 日起,法国国际专家局与其他 5 个机构的合并正式生效,成立了法国国际技术专家局,隶属外交部和经济部。

　　其他职能涉及特别的经济产业,比如贸易、手工业、工业等。这些产业机构主要有能源和气候总局、竞争力总局、工业和服务业总局、核能安全总三是国库总署。

363　　国库总署扮演重要角色，负责预测法国经济形势以及面临的"国际环境"，协助公共财政领域公共政策的制定（货币政策、预算政策、经济稳定增长政策、国家稳定计划），以及社会、就业和产业领域公共政策的制定。国库总署的网络遍布全球以及各大区。此外，国库总署影响甚至决定国家在资金流转（国内、欧洲以及国际）、经济调控以及公共产业方面的政策。最后，国库总署还通过附属的法国国库局（Agence France Trésor）管理国库和国债。2004年，国库管理局和经济预测局合并成立了国库总署，整合了这两个机构的职能，合并后的机构最初被命名为"国库和经济政策总署"，这一名称于2010年弃用，改为现在的国库总署。尽管该署的雇员人数不多（2013年工作报告显示，该署现有1501名雇员，31.7％属A＋级），几乎没有下放职能（除了使馆经济处的雇员），但是国库总署占据着特殊地位，当前的经济金融危机尤其凸显了其作用。作为法国式国家干预主义的"核心"机构，国家干预主义近三十年来的式微（但并未消亡）使得国库总署的影响力随着国家作用的减弱而降低。这可以从国库联盟机构的显著削减（参见368段）以及国库总署特权向其他独立行政机构或自主机构的转移看出。这些机构有：债务管理局（国家级管理机构），负责联合公共债券基金这一公共机构，管理国库和国债（参见608段）；政府股权管理机构（国家级管理机构），负责落实国家股权政策；国家非物质遗产管理局（国家级管理机构），负责在非物质领域推行国家政策。

　　2011年，法国国库局归入公私合营特派团（MAPPP），后者也是国家级管理机构。

　　法国国库总署成立于2001年，当时名为债务管理局，其前身是国库管理局下属的"国库与债务管理"办公室。国库总署由一个包括外部专家与国库总署债券方面的专家（参见608段）组成的战略委员会担任顾问。该委员会领导层包括1名主席（由国库总署署长担任）、1名主任、1名副主任和1名秘书长，委员会下设6个"单元"，计有30多名雇员。其合作专家的行为须遵循职业道德守则和程序手册。

　　政府股权管理机构成立于2004年，吸收了财政局股权管理的职能：管理国有企业的股权，通过社会经济发展基金对国有企业实施国家援助。该机构设有政策委员会，由经济部直接管辖。

　　国家非物质遗产管理局于2007年在经济、财政和工业部内成立，附属于财政管理总局和公共财政总署，其职能比较多样，主要有：清查国家公共机构非物质资产，建立特别信息系统。

　　财政管理总局欧洲和国际事务处仍然负责欧盟内的货币和财政事务、国际货币事务以及与发展中国家的货币和财政合作，尤其是在法郎区（参见335段）。

四是公共行动现代化部际管理局（DIMAP）。

2005 年 12 月 30 日的一项法令成立了国家现代化总署（DGME），负责贯彻落实《财政法组织法》，承担一些机构部际协调方面的任务，旨在通过成本分析、国家行政机构现代化审计协调、多年期绩效合同落实、公共审计规范的起草和执行，"更为有效地利用国家资金"。2012 年，国家现代化总署被公共行动现代化部际管理局取代。

国家现代化总署由四个机构合并而成：预算改革局（2003 年伴随《财政法组织法》的实施而成立）、行政简化管理局、公共管理和国家组织现代化管理局，以及电子政务发展局。

部际管理局成立于 2012 年（2013 年有 140 名雇员），协助总理领导下的公共行动现代化秘书处开展工作，并取代了国家现代化总署。

该行政机构适应了 2005 年以来历届政府推行的所谓"评估和现代化"政策，这些政策主要建立在内部或外部评估机制以及一些大多基于审查（但不绝对）的政策上。

综上所述，可以看出三个"命名"划分了三个时期：
• 现代化审计，2005 年起由总理多米尼克·德维尔潘在国家行政机构层面实施；
• 公共政治总修正案，2007 年到 2012 年由时任总统萨科齐实施；
• 公共行动现代化计划，2012 年起取代了公共政治总修正案，由总理领导，总秘书处支持。这一在《公共财政程序法》（2012～2017 年）的附件报告中阐述的"措施"，由内阁推动，应该能够"明确公共财政程序，阐释改革，促进公共账户司法管理"，并通过对公共政策总修正的客观总结深入回顾以往的公共政策。

③独立调控机构的发展

在许多国家，建立拥有特权、独立于政府的职权机构是很常见的。近 30 年来，法国几乎各类行政机构，尤其是经济、金融机构，都经历了这一过程。如曾经的竞争委员会现在成为竞争管理局，其他通讯、航运、传播、能源领域也成立了调控机构。随着欧盟一体化进程的推进，在法律框架下，有些机构在融资方面发挥了重要的补充作用，包括私募融资（参见 296 段）。

金融市场管理局（AMF）成立于 2003 年 8 月 1 日。金融市场管理局设在一家有 16 名成员（高级法官、高级官员和有资质人士）的法人机构内，由股市运行委员会、金融市场委员会和金融纪律管理委员会合并而成，拥有调控（联合经济、财政和工业部）、监管和制裁的权力（但是，制裁的实施需提交另外一个由其他成员组成的委员会裁定）。2011 年 1 月 1 日起，金融市场管理局正式运行，与欧洲证券及市场管理局（ESMA）协调运作。

银行和保险监督局（ACPR）是根据一项条例而成立的。根据 2010 年 1 月

21 日的一项条例，银行许可监督局和保险许可监督局合并成立银行和保险监督局，为独立的行政管理机构，负责"确保金融系统稳定，保护其监管之下的客户、投保人、参与人的权益"。该局拥有金融自主权，与金融市场管理局进行合作，取代了一系列原有机构，如投资企业和信贷机构委员会、保险企业委员会、银行委员会、互助保险和保险监督局等。银行和保险监督局承担与欧洲银行管理局和欧洲保险与退休金管理局（AEAPP）进行协调的职能（参见 296 段）。

（2）国库联盟机构

368　　国库的联盟机构是指合作进行财政账户管理的机构，负责协调政府开展的一些行动，有时为这些行动提供资金，从而使这些行动得以延长。排在首位的是法国国家储蓄银行，此外参与合作的还有其他组织。

①法国国家储蓄银行（CDC）

369　　2008 年以来，法国国家储蓄银行就占据了特殊地位，至今依然重要。法国国家储蓄银行成立于 1816 年，属于公共管理机构，拥有特殊的立法地位，受议会监管，可以免受行政权力的影响。《货币金融法》将法国国家储蓄银行视为一家特殊机构。

　　百日王朝期间，政府发行纸券，掠夺公民财富，为了使人们对存在国库的私人资金重新建立起信心，法国国家储蓄银行被赋予了上述的特殊性。法国国家储蓄银行的特殊地位起初由 1816 年 4 月 28 日的财政法案和 1816 年 5 月 22 日的条例赋予，现由《货币金融法》法律部分第 518 条第 1 款确立。法国国家储蓄银行负责国家储蓄银行有价证券的管理，行长由内阁会议通过的总统法令任命（1994 年以来，任期 5 年）。法国国家储蓄银行受到一个由 13 名成员组成的监管委员会的监管；这 13 名成员中有 3 名众议员，2 名参议员，主席就从这 5 人中选举产生（监管委员会每年向议会提交报告）。此外，法国国家储蓄银行受银行和保险监督局的监管。总出纳负责基金和有价证券的流动管理（《财政司法法》，法律部分第 131 条第 3 款，法规部分第 131 条第 14 款～第 25 款）。法国国家储蓄银行每年向国家支付巨额款项（作为国家对储蓄账户基金提供保障以及提供其他服务的报酬）。法国国家储蓄银行负责向国家支付高额红利（以合并收益的 50% 为基数，上限为社会收益的 75%；按照国家储蓄银行的说法，也就是"合并收益的 39%"）。2014 年，法国国家储蓄银行向国家预算贡献了近 18 亿欧元。

　　根据《货币金融法》法规部分第 518 条第 2 款，法国国家储蓄银行及其附属机构"组成了服务国家经济发展和整体利益的公共团体。该团体依托国家和地方政府实行的公共政策，完成其符合公共利益的使命，并能够进行竞争性行动"。这一表述对法国国家储蓄银行的职能界定很宽泛，因而存在一定风险，其运作范围和运作形式（至少在欧洲层面上）存在司法风险。该团体的不同目标架构建立在两个基础上：一是职能机构（如公共财政总署）和专业机构（如公证处）达成公约和协议，进行合作；二是采取明确表述的审慎措施。

随着法国国家储蓄银行资源的不断扩张和公共干预主义思想的发展，法国国家储蓄银行成为一个真正的"影子"国库，实际上服从国库指导（因此被指责为"国库的工具"）。其活动范围广、种类多，发展成为一个非常强大的公共团体。2014年，它要求其12.7万"合作者"参股1000多家公司，尤其是混合经济公司。

2008年的金融危机以及之后演变成的经济危机，使政府更加积极地向法国国家储蓄银行寻求帮助，将其几乎变为一个国家"灰色"预算来源，并引导（或者说迫使）法国国家储蓄银行参与到一些特殊行动中（住房贷款、中小企业融资、德克夏集团资本重组、基建大项目的融资、地方投资、对企业的扶持等）。这在近年来造成了一些负面结果（几乎是历史性的），人们认为原因就在于法国国家储蓄银行以及德克夏集团的资产大幅贬值。2014年，法国国家储蓄银行的净收益为17.9亿欧元。

法国国家储蓄银行也负责符合公共利益的行动，以及竞争性活动。

一是符合公共利益的行动。

这由"母公司"直接进行，包括以下三大方面。

首先是法国国家储蓄银行诞生之初的使命，即管理限额资金，尤其是押金和寄存证券，也包括公证人、执达员的资金。公共国库的工作人员担任这些基金的出纳员。

自2000年11月30日的一项法令和一份判决颁布以来，公证人不得再将现金存入农业信贷银行，而必须通过国家储蓄银行，将资金存在法国国家储蓄银行的活期账户（最后规定为3个月以上的存款）中。除了公证人以外，司法行政机关的受托人、其他司法人员以及社会机构，也必须通过国库出纳将资金存至法国国家储蓄银行。存在法国国家储蓄银行的资金能获得一般为1‰的利息，利息之低受到了审计法院的批评。

其次是公共储蓄管理。进入21世纪以来，随着储蓄的增长，这项业务日益壮大。公共储蓄主要以A种储蓄（本息全部免税）以及其他免税储蓄为代表，（1837年以来）由法国国家储蓄银行募集，在利率和期限符合一定条件的情况下，这些资金被用于给当局认为的重要产业提供融资（当前主要就是社会福利住房）。于是，在国家的担保下，流动资金转化为期限相当长的固定资产。显然，这不是任何商业银行都有能力进行的操作。

直到1980年，法国国家储蓄银行都是地方政府的主要债权人（通过法国地方建设援助银行向地方政府放贷，该银行是法国地方信贷银行的前身，后者后来又被并入德克夏银行)。德克夏银行遭遇危机后,在欧盟委员会的同意下,德克夏银行逐步拆分,法国国家储蓄银行作为"补充",重新向地方政府提供贷款。2013年初,德克夏银行出让了控股 Dexia Municipal Agency (DexMA) 的法国地方金融公司 (SFIL)。通过此次出让,除了国家(大股东)和法国邮政银行,法国国家储蓄银行也成为法国地方金融公司的股东之一。

法国国家储蓄银行的主要业务包括社会福利住房、城市政策以及公共投资。

法国国家储蓄银行的储蓄资金包括:A种储蓄、蓝折储蓄、大众储蓄、住房储蓄、可持续发展储蓄等。A种储蓄有两大发行渠道:邮政银行(成立于1881年的国有银行)以及各大储蓄银行,这些储蓄银行成立于1818年,1837年起由国家储蓄银行和国家人寿保险公司管理,1983年起脱离管理独立运营。根据1999年6月25日的一项法律,这些性质为合作银行的储蓄银行,与中央储蓄银行合并,成立股份有限公司,即国家储蓄和储金银行。

根据2007年5月10日的一项决定,欧盟委员会认为A种储蓄由邮政银行和储蓄银行独家发行,蓝折储蓄由互助信贷银行独家发行,这种排他性影响了机构以及补助金服务的自由性,对此提出了质疑。不过欧盟委员会并未对A种储蓄用于社会福利住房以及法国国家储蓄银行通过中间委员会集中揽储的原则提出异议。2009年1月1日起,各家银行与国家达成协议,在此协议的框架下,所有银行都能开展储蓄业务。由于法国的这种集中性以及有关条款,行政法院于2011年3月对欧盟的竞争性条款规定提出保留意见。2011年3月16日的一项法令明确了对信贷机构集中部分(税率65%)以及报酬率(约0.5%)的新条件,对于非集中部分的使用则未做明确。

最后是近50多个公共基金或半公共基金的管理,尤其是20多个退休金储蓄账户(包括地方退休金储蓄账户、医疗储蓄账户、公务员退休金账户)、退休金储备基金(参见759段)、紧急住房储备基金、社会合作基金、公务员补充退休金、残疾人公务员基金,甚至还包括社会偿债基金。

法国国家储蓄银行涉及的业务非常多样。既包括对基建项目(高铁、公共交通、铁路公路等)的长期贷款,也包括"公私合作"的项目(医院、环境设施、文化、旅游、体育设施等),还包括一项"未来投资计划",管理与国家达成的19项项目协议。

二是符合竞争性的活动。

371 这些竞争性活动随时可能私有化,为此国家逐步设立了子公司,主要有四个方面。

第一是保险业,设立了法国国家人寿保险公司。

法国国家人寿保险公司成立于1959年,属于公共管理机构。1987年性质变为公共工商机构,1992年变为股份有限公司(目前,法国国家储蓄银行持股

40%，法国邮政银行持股 18%，各储蓄银行持股 18%）；这些机构达成了股东协议，有效期至 2015 年。尽管机构性质发生改变，但依然继续发行产品，对此国家行政法院予以允许，但要求这些业务必须向其他申请机构开放（2001 年 3 月 28 日，保险从业人员联盟）。作为法国保险业的龙头，法国国家人寿保险公司已发展为一家国际化公司，未偿款项 2990 亿欧元。

第二是不动产，设立了两家子公司：伊卡德公司（ICADE）和国家不动产集团（SNI），后者控制多家公司，其中包括国家不动产公司本身和中央国土建设公司（SCET）。国家不动产公司管理重要的住宅区项目，中央国土建设公司管理旗下 240 多家公司网络（SEM，SPL）。

第三是工程和服务业，设立了四家子公司：

——Transdev，经营公共交通运输网络的开发，2011 年与威立雅运输合并，成立威立雅运输发展集团，成为一家规模达到世界级的公司。
——EGIS，经营工程、项目组装以及三家基建设施开发中心。
——阿尔卑斯公司，经营一些家庭度假中心。
——VVF 度假公司，后更名为 Belambra VVF，提供度假酒店以及旅游线路服务。

第四是更为专业的金融服务业，主要是 Qualium 投资公司。

2006 年，政府发起"法国倡议"计划，为中小企业筹集资金。这项国家政策也纳入了"中小企业创新项目"（即向"有发展潜力的"企业提供融资）的框架，为此使用了多种"投资工具"，竞争性业务得到发展（杠杆收购和重大资本运作）。

2008 年金融危机后，国家与法国国家储蓄银行合作，设立其他机构，在法国国家储蓄银行的推动和指导下，负责向企业提供支持。2008 年设立的投资战略基金就是一例。该基金为股份有限公司（法国国家储蓄银行控股 51%，国家控股 49%），目的是（或者曾经是）支持那些拥有能够创造附加值、促进经济竞争力的工业项目的企业。

除了这些子公司，法国国家储蓄银行还有其他干预手段：它与国家联合建立公共机构 OSEO 来促进创新。OSEO 由国家设立，拥有公共捐款。2008 年，该机构为陷入困境的企业提供帮助，职能得到加强。通过"OSEO 创新"和"OSEO 保障"这两家子公司，法国国家储蓄银行参与到了救助过程中，此外，CODEVI 基金，欧洲投资银行贷款，以及地区合作伙伴等为融资资金提供了保障。2012 年，它吸收（或者说成为）了公共投资银行。法国国家储蓄银行也聚焦研发和竞争力，重点支持两大产业的项目：生命科学和信息技术。通过成立投资基金（欧洲碳基金），法国国家储蓄银行参与到了温室气体排放限额市场。欧洲碳基金旨在为减少温室气体排放的项目提供资金。可持续发展和环境问题成为法国国家储蓄银行关注的焦点之一，它参股了多家可再生能源领域的公司，由此形成了较为复杂的格局（法国国家储蓄银行100%控股或作为合作伙伴），多家公司名称中有CDC（即"法国国家储蓄银行"字样，有些公司亏损）：CDC气候，CDC生物多样性、CDC迅捷、CDC信息。不时进行的重组使这一格局不时产生变化。

值得注意的是，审计法院指出了一些管理"异常"：CDC企业将股份免费赠予了公司员工（参见2015年报告）。

法国国家储蓄银行在工作报告中强调了自己致力于长期投资（"审慎投资"）的目标，同时"通过提供有利于企业、住房、大学和可持续发展的明确的创新服务，助力地区发展"！

②其他联盟机构

372　　20世纪80年代中期以来，国库其他联盟机构数量逐渐减少、地位也逐步下降。主要的一些公共或半公共金融干预机构（预算、财政等），逐步完成了私有化。

土地信贷银行的情况即是如此。该银行创立于1852年，原来主要是向地方建设提供贷款。从1950年开始，它与企业家银行（Comptoir des Entrepreneurs）①合作，将业务扩展到房地产贷款领域。不过1995年以后，它的这一特殊职能被取消，后来在1999年被法国储蓄银行集团收购。又如创立于1919年的国家信贷银行，原是专门为大企业提供贷款的银行，后来在1997年与创立于1946年、拥有特殊法律地位的法国外贸银行合并成Nataxis②集团，而Nataxis集团1999年又被大众银行并购。再比如过去农业领域的贷款主要由农业信贷银行提供，今天已非如此。法国在1969年甚至设立了一个由国家监管的工业发展研究院，负责向某些企业投资，但1987年以后该机构也被私有化。至于作为国库特殊联盟的法兰西银行，如今也已失去其主要特权（参见297段）。

对外融资领域——无论是支持发展还是支持出口，以及利用外商投资和产业支持方面，目前仅剩下为数不多的"帝国余晖"（confettis de l'Empire）。此外还有公共债券基金（参见608段）。

正是在最后一点上，历届政府都试图建立创新组织机构，以及中小型企业。因此这方面的机构设置并不稳定，时有变化，由国家和法国国家储蓄银行共同管理。

---

① 译者注：这是银行名称。
② 译者注：Natixis是由国家信贷银行和法国外贸银行合并而成。虽然现在有些人将Natixis称为"法国外贸银行"，但在此似不宜如此翻译，直接保留Natixis名称，不翻译。

1941年成立自由法国中央储蓄银行，1944年该银行由法国海外中央储蓄银行取代，1958年又让位于经济合作中央储蓄银行，1992年再度让位于法国发展储蓄银行，该行1998年改为法国开发署（系工商领域全国性公共机构）。作为一家专业金融机构，法国开发署在100多个国家开展业务，向政府、国有企业、私营企业以及干部培训项目提供援助。根据不同情况，法国开发署以自身名义、国家名义、或其他政府组织名义、非政府组织名义、欧洲组织名义、国际组织的名义开展业务。

法国外贸银行和法国外贸保险公司长期以来负责对出口提供公共支持。1989年，法国外贸银行丧失了国家支持的融资垄断权（此后，所有银行都能够进行该业务，而BFCE－Natixis也继续开展该业务）。法国外贸保险公司成立于1946年，成立之初是一家公共企业，1994年私有化（2002年起由Natixis控股）。1993年，法国外贸保险公司丧失了出口信贷保险的垄断权，但仍继续以国家名义为企业提供特殊风险（如政治风险）保险的大合同，对其他风险的保险则以自身名义开展。

公共投资银行是公共银行最后的"化身"，主要客户是中小企业。2012年12月31日的一项法律宣告了公共投资银行的成立。作为"公共团体"，公共投资银行"根据国家或地方政策，为企业发展提供服务"。至于公共投资银行是否属于财政总署的范畴，并不明确。

其组织架构建立在公共机构OSEO转变为BPI集团上（OSEO成立于2005年，在吸收了成立于1980年的中小企业信贷银行的职能后，成为OSEO BDPME）。BPI集团"掌管"股份有限公司（如OSEO股份有限公司），随后发展成为BPI集团股份有限公司（按照法律第9条，该公司到期后可私有化），其股份由国家和法国国家储蓄银行持有。BPI集团设有特许子公司，系信贷机构，2013年通过审核。BPI与法国国家储蓄银行的联系意味着它与另外一家金融机构——法国战略投资基金（FSI）关系密切。法国战略投资基金也由国家和法国国家储蓄银行控股。BPI的特殊之处在于作为咨询方，有两个"战略"维度：一是国家维度，设有国家企业方针委员会；二是大区维度，每个大区设有大区方针委员会，这点较为"奇特"，因为大区并不参股公司。2014年，BPI发放的贷款数额巨大，跻身银行业龙头地位（发放贷款125亿欧元，净收入12亿欧元，净运营收入3.88亿欧元）。

1.1.2 公共财政的监督

《人权宣言》第14条和第15条提出了对公共预算的执行和公共资金的使用进行监督的原则，规定公民有权"知悉赋税的用途"，社会有权"要求一切公务人员报告其行政工作"。

法国与大部分罗马—日耳曼国家（以及大部分发展中国家）一样，对公共财政的监督一直以来优先集中在对财政事项合法性方面的监督，以识破欺诈舞弊之处，并确保符合预算批准（参见99段）。所以常见的倾向是一方面本着对公共管理者的"怀疑原则"进行"先验的"监督，一般由财政部执行；另一方面进行司法监督，对未遵守其义务的管理者进行审判和惩罚。

不过，"财政良治"（这是欧盟法律的提法，法国法律称为"对经费的良好使用"）方面的监督越来越发展，这种监督能够验证《人权宣言》第14条所谓的纳税的必要性问题（尤其在如今这个高税负时代）。这种担忧也反映在欧盟财政原则层面，即著名的效率、经济和效益"三E"原则。

这种传统上在英联邦国家实施的管理监督，如今被引入许多工业国家，尤以实施了《财政法组织法》的法国为主（参见24段）。这导致公共管理者责任更重，需要更多的自我监督；也相应地导致对所使用的体系（不仅是法律文件）的有效性和责任人取得的结果进行评价（评估、审计），也就是"事后"监督。这种监督主要由高级机构（包括以非司法形式裁决的独立的监督法庭）执行。

从技术上说，审计依据的主要是体系内部标准，而评估则主要采用外部标准。

欧盟各国对这两大类监督的结合方式差异非常大，而且各国体系也需要至少最低限度的统一，以便欧盟和其他成员国可以对"共同出资"的项目进行监督。

在法国，对公共财政的监督由立法机关（1.1.2.1）、行政机关（1.1.2.2）和财政司法（1.1.2.3）机关执行，但它们在这方面的权力并不均衡。

1.1.2.1 立法机关的监督

374 　　每个公共机构的立法机关在法律层面拥有监督预算执行，并对行政机关在财年末向其提交的账目作出裁决的权力。另外，国民议会不仅有权监督中央政府的财政活动，而且有权监督所有的公共财政活动。

立法机关的监督自然也是最重要的，因为作为预算的表决者，它是预算执行的第一相关人。它的监督可以涉及财政管理的各个方面和任何参与财政活动的人员，可以在任何时候进行监督。

不过，在实践中议会的监督大部分时候比较弱，因为通常多数议员是执政党成员，同时议会的监督手段比较薄弱（而且议会任期有限）且议员对纯粹的财政监督一般缺乏兴趣，后者在他们看来不太符合政治关系的要求。因此议会大部分时候倾向将技术性监督交给其他机构（主要交给财政司法机关，在其他国家，可能是交给整个社会监督），只有其中纯粹政治性的方面能引起他们的兴趣，尤其在这些方面能够确立他们的权力之时：所以法国议会在波旁王朝复辟和七月王朝时期经常利用预算案来扩张其权力，欧洲议会从20世纪70年代以来，也利用其解除欧盟委员会预算执行义务的权力以增强自己在欧盟机构中的影响力。

不仅法国国家议会欠缺监督手段，而且各地方议会也是如此。而美国国会有总审计办公室（GAO），英国议会有由议员组成的监督委员会——"公共账目委员会"，加拿大议会自己设立了预算主任一职。法国议会尽管拥有包括财政委员会在内的各种委员会——拥有各种特殊权力，但并没有自己的专业机构，涉及财政方面的专业问题时，只能求助其他机构，如审计法院。后者逐渐成为议会监督的中心角色。

立法机关对财政进行监督的模式应按公共机构类型进行研究。

1.1.2.2 行政机关的监督

375　尽管让行政机关对自己进行监督看来似乎不甚可靠，但在实践中行政机关对公共财政的监督非常重要。因为，如果没有真正的自我监督，无论何种规模的政府都无法运转。另外，自我监督这个概念也是相对的，因为每个部门也接受其他行政机构的监督，包括财政管理机构（1）、支出管理机构（2）和欧盟管理机构（参见270段）。

（1）财政管理部门的监督

376　公共财政的行政监督主要由财政部门负责，具体由财政稽核署和财政监督员执行。

①财政稽核署

377　这个中央政府的大型机构成立于1831年，其前身是1801年创建的国库稽核署。在很长时间内财政稽核署的工作人员主要从国家行政学院的毕业生中招募（不过越来越向外招聘，国家行政学院出身的人员只占一半），分为两个级别（督察和总督察）。财政稽核署直接隶属于财政部部长，由1位总督察担任部门领导。它有近300名工作人员，其中相当一部分未在该部门内部任职，而是被派遣到其他公共领域或准公共领域的高级行政或政治岗位（部长办公室）（财政稽核署2013年活动报告提到有百余名工作人员在外"执行工作"，其中包括44名总督察，在财政稽核署内部任职的有210名）。

许多政治精英出身于财政稽核署，如约瑟夫·卡约、雅克·沙邦—戴尔马、莫里斯·顾夫·德姆维尔、吉斯卡尔·德斯坦、米歇尔·罗卡尔、阿兰·朱佩等人。另外，这个部门很多人后来进入私企任职（有些在该部门短暂任职便迅速进入私企）。

作为跨部委甚至部委外的主要督察机构，财政稽核署的稽查活动非常多样。它对除国防部门以外的其他公共行政部门、接受国家或欧盟资助以及接受公共监督的私人部门拥有原则性的权限（除少数例外）。其传统职责目前主要由年轻人执行（30余位"巡视"督察员，加上一些临时派遣的人员，加起来约有40多人），以检查组的形式（每组约12人）对某些会计岗位进行抽查。检查组可以暂停相关会计人员的职务，不过会计人员也可以向部长提交（对质）报告。但由于在任的督察员数量有限，这种检查的频率较低，所以此类检查如今多由隶属于国家高级会计官的督察部门执行。财政稽核署如今的职能更宽泛，主要与公共财政的"良治"（参见 52 段）相关，进行调查研究以及对公共政策和部门活动的评估。

举几个财政稽核署所做的研究的例子：《税收经费研究》《职业税改革对地方税制和企业的影响》《国家地方管理机构改革：预算管理和人力资源管理模式的优化》《医疗与医药定价》《公共政治总修正案总结及国家新政策改革的成功条件》《中央政府与其机构》等。

财政稽核署是"国家现代化审计"以及"公共政治总修正案"的主要参与者，如今还是"公共行动现代化计划"的主要参与者。

它在行政管理、经济和财政方面执行监督、审计、研究、顾问和评估的任务。这些任务一般由总督察（约有 40 余位）负责，每位总督察根据具体情况，一般负责一个地方区域（原则上负责一个地区）或一个专门领域（通常负责一个中央部门，与相关部委合作）。财政稽核署也可以根据需求提供检查服务，它可以为"其他国家部门、公共机构、地方政府或其组织、基金会或协会、外国政府、国际组织或欧盟"提供相关服务（2006 年 10 月 4 日法令，第 1 条）。总督察的活动由部长（或其委派的专员）领导的总督察委员会进行协调或组织。

财政稽核署完成过许多重要的任务，主要针对社会、经济、行政管理和中央政府改革等方面的评估和建议。

另外也可参见 1935 年 10 月 30 日关于对接受国家援助的公司、工会、协会和其他任何性质的企业进行国家监督的法令。

②财政监督员

378　财政监督员隶属于财政部，由两类人员构成，一类是公共财政总署的部门和负责支出监督的公共会计人员（参见 356 段），另一类是部委预算和会计监督人员。这种预算和会计监督可以是部级内部审计政策的对象。

监督针对四类部门：中央部门、中央政府派遣机构、其他各类机构和国有企业。

一是对中央行政部门的监督。

379　2005 年法国在每个部委内设立了一个部委预算和会计监督处（预算和财务制度管理第 2012－1246 号法令，第 87 条），具体针对一个或多个中央政府主要拨款审核者进行监督。该部门由一位部委预算和会计监管员领导，后者对预算部部长负责。

该监管员从国库主计官、公共财政主管官员、财经总监督处官员或其他高级官员中任命。

该监管员既负责监管工作又负责会计工作,因此是监管和会计两个部门的领导。有两位官员协助他工作。

预算监督局负责对主要拨款审核者进行财政监督。此类监督过去由中央"财政监督员"执行。"财政监督员"一职设立于1890年(当时名为"承诺支出监督员"),后来职责权限由1922年8月10日法律加以明确规定,并延续下来。

1890年12月26日的一项法律设立了承诺支出监督员一职,它从1922年8月10日法律规定后只隶属于财政部,1956年1月23日法令改名为"财政监督员"(在财政部内任职的监督员例外)。同时,主要的国家级行政性公共机构(从1935年开始)和巴黎市政府及其下属机构(从1939年开始)也由财政监督员进行监督。

这些财政监督员的主要职责是检查支出承诺项目的合法性(和财政后果),并加以盖章验证,如没有财政监督员的盖章,则通常不能承诺该笔支出,且必然不能支付。这种预先的监督经常受到批评,因为它造成效率低下和僵化,加强了财政部的控制(后者有时倾向于将这种监督改为抽查)。

《财政法组织法》提出的监督前景和要求从2003年开始使监督的规模更大,也变得更为灵活(《财政法组织法》规定由中央部委预算监督员协调各部委派遣机构的财政监督员的活动,因而监督的规模变得更大)。

预算和财务制度管理第2012-1246号法令第87条规定了此类监督的总任务,即"评估根据第66条实施的计划项目(协调各部门的经费预测,经费用途以及主要的管理行为)、与预算批准相关的管理的可持续性,以及公共核算的质量。为此,此类监督应有助于辨识和预测可能遭遇的风险,并有助于对公共政策支出和成本的理由进行分析"。

至于此类监督的干预模式方面,预算和财务制度管理第2012-1246号法令采纳了先前的模式。

在预算项目实施之前,财政监督员(在每年1月10日之前)先对其进行检查(包括经费、用途分配等,检查这些方面的"协调和合理性")。

此外,财政监督员检查经费在财年过程中的重新分配(可替换性要求,参见503段),以及新经费的申请。

如涉及财政监督员所负责的部委的项目取消或经费转移之时,他应确保《财政法组织法》第51条第4款第乙项规定的经费的储备,并提前扣留必要的经费以供后来使用。

他有权查看任何必要的文件和信息,可以监督并分析拨款审核者的决定和管理的机制和程序(预算和财务制度管理第2012-1246号法令,第101条)以及相关预算核算的质量(预算和财务制度管理第2012-1246号法令,第102条)。

他监督某些支出执行行为(特别是支出承诺和拨款审核),不过采取更加灵活的方式而非先前体系中规定的那种方式。一方面,只有某些行为需要事先检查(如财政监督员拒绝批准,则相关部委只能申请预算部部长的特别批准),其他行为只需事先同意(非强制性)。

另一方面,这种监督是可变的,因为具体的监督模式是由预算部部长根据相关风险、所涉金额和依每个拨款审核者的具体情况进行调整。

会计部门应为财政监督员执行对主要拨款审核者支付令合法性监督的会计方面提供便利。今后,每个部委,至少在大部分情况下,都会配备自己的会计人员。公共财政总署根据预算和财务制度管理第2012—1246号法令第170条设置了一套国家及其公共机构的内部会计监督机制(参见563段)。

财政监督员只有在没有专门会计人员且涉及需要拨款审核的活动时才承担指定会计师职责。他协调部委派遣机构指定会计师的行动。

二是对中央派遣机构的监督。

380　　如今(预算和财务制度管理第2012—1246号法令,第88条)对中央政府派遣机构的财政监督主要由公共财政总署下属的地区公共财政主任及其部门负责。这些部门在这个领域也执行两种监督。

首先是预算监督。预算监督始于2005年,其前身是1970年设立的"地方财政监督",后来在1996年改名为"派遣机构财政监督"。

法国政府曾在20世纪30年代初步尝试对地方机构进行预算监督。后来通过1970年11月13日的一项法令进行明文规定,按当时习惯称法,名为"地方财政监督"(这个名称比较含混,因为这种监督除了在1973~1983年涉及地区公共机构以外,并不涉及对地方政府的监督),之后由1996年7月16日法令进行修改,重新命名为"派遣机构财政监督"。

除特殊例外,这种监督一般由地区公共财政主任执行,并主要由省公共财政主任进行协助。

省公共财政主任在地区公共主任的领导下(由后者授权)执行任务,后者还由一位财经总监督处官员和一位受他指挥的"高级"专家进行协助,他可以对这些人员进行授权,"涉及拒绝批准的原则性问题除外"。预算监督有时也委托于其他机构的人员负责(如军工企业部门的会计人员、由使馆会计协助的涉外主计官、圣皮埃尔和密克隆公共财政主任以及针对附加预算和具有全国权限的部门任命的专门的监督员等)。

除特殊情况以外,这种监督一般针对国家次级拨款审核者(主要是各省省长），监督模式原则上与对中央部门的监督相同（参见 379 段）。

对地方机构的审计监督传统上由在省公共财政主任领导下的原"国库机构"执行（地区首府的省公共财政主任也是地区公共财政主任）。省公共财政主任原则上也是国家次级拨款审核者（省长或区长）。

三是对其他公共机构的监督。

381　对其他公共机构财政的监督也是主要由上述部门执行。

一方面，地方政府（少数地方公共机构除外）和大部分国家级公共机构（以及公益群体）的会计人员是公共财政总署的工作人员。

另一方面，公共财政主任还对公共资金的保管人（特别是公共事业预付款和收入管理人，参见 454 段）、下属公共会计人员以及接受公共财政补贴或由公权力监督的机构（接受补贴的机构、惩戒机构、赌场、马会、私营教育机构等）执行普遍的监督。受到监督的岗位或机构约有 3 万个，主要通过文件或现场检查进行监督。

四是财经总监督。

382　财经总监督活动以前由 1944 年设立的国家监督机构执行（主要受 1955 年 5 月 26 日法令管辖），其高级官员直接对财政部部长负责。2005 年以后，财经总监督活动由财经总监督处负责。

这一监督机制由四个监管或督察机制（主要是财政监督员和国家监督员制度）合并而成。

财经总监督处由 2005 年 5 月 9 日的三部法令和两项命令设立，由财政监督员、国家监督员、工商业总督察和邮政电信总督察四类人员合并而成，直接隶属于财政部部长。财经总监督处处长由一个战略委员会协助工作。

财经总监督处的监督员独立负责一个监督岗位或组成检查小组（由 10 余名成员组成）工作，他们被派遣到大部分工商业性质的国家级公共机构或国有企业（另外一些机构也需接受这种监督，不过有时由财政监督员或公共财政主任执行）。由于相关领域的商业性质，因此这些监督员（一个由财政部主要领导组成的指导委员会协调监督员的工作）除了进行合法性监督外，主要针对经济和金融管理进行监督，一般只是提供简单的意见，有时是事后提供意见（另外，监督员可以受财政部部长的授权以批准某些行为）。2005 年法令扩大了财经总监督活动的领域，除了 1955 年法令规定的监督活动之外，监督员还可以承担经济、金融、审计、评估、研究和顾问等领域的监管督查任务，以改善公共管理。因此，他们可以参与预算和会计监督。他们经批准也可以接受地方政府、外国政府或国际组织的请求为对方提供相关服务。

在国有企业中，除了财政部的财经监督之外，还有由一个代表该国企所隶属的部委的政府专员执行的技术性监管。

（2）支出机构的监督

383　支出机构是传统的称呼，与财政机构相对。支出机构也执行一种监督，这种监督未必一定是财政方面的，但有其财政目标。这些监督可以专门针对其自身或属于部委间监督。

①内部监督程序

384　　所有部级机构都有内部监督程序，那些最重要的部委内部甚至拥有独立的监督部门（最多的高达20多个）。它们之间的重组与合并导致监督机构数量减少，某些机构的人员有时非常有限。

这些监督机构的职权范围一般仅限于所属部委范围内（甚至只负责监督该部委的一部分部门），并负责监督其下属或资助的机构。

如教育部门总督察处（有100名工作人员）（不能与教育方面的总督察处相混淆）；农业总督察处（负责监督各农业补贴办公室）；由矿业总理事会和信息技术总理事会合并而成的工业、能源与技术总理事会（CGIET）；而拥有200多年历史的路桥总理事会与2000年成立的环境总督察处合并形成环境与可持续发展总理事会（2008年7月9日法令）；卫生与社会督察处；文化部门总督察处等。

385　　其中有三个内部监督部门特别重要。第一个是1964年由陆海空三军督察处合并而成的三军总监督处，由于国防部部门庞大而且组织结构相当特殊，因此这个机构相应地也比较特别。

它包括一个监督委员会、四个监督小组（支援机构与支援部队监督小组，军工企业与部门监督小组，人员、管理与预算监督小组以及督察小组，每个小组由一位总监督员负责），还有一些综合委员会以及调节、支援和档案部门。

386　　第二个是社保事务总督察处，随着社保财政体量的增大，该机构的重要性也与日俱增。而且从1996年开始，社保事务总督察处还负责跨部委监督，拥有极大的监督和评估权，尤其表现在该处处长向公共当局提交的年度报告上。社保事务总督察处"在行政和社保事务方面执行普遍的监管、审计、研究、建议和评估任务"。另外，社保事务总督察处可以由部级层面授权"应其他国家部门、公共机构、地方政府或组织、基金会或协会、外国政府、国际组织或欧盟的请求"而执行任务（参见273段）。

社保事务总督察处的权力如今已写入法典（《家庭与社会活动法》《社会保障法》《公共卫生法》）。法律尤其赋予它查阅相关机构组织的文件信息的权力，包括卫生和社保公共管理机构、接受这些行政机构或欧盟行政机构财政援助的组织以及申请公共补贴的机构（最后一类机构的范围可参考1997年9月23日第97—864号法令），甚至连账目稽核员也不能以职业秘密为理由拒绝向它提供信息。补充退休金机构和补充退休金联合会也需接受其监督（《社会保障法》，法律部分第 922 条第 14 款）。

387   最后一个是隶属于内务部的行政总督察处，不过相关法律文件也赋予它跨部委（前提是获得相关部长的同意或由总理决定）或部委外（出于地方政府的要求）的任务。
2007 年 7 月 9 日法令扩大了这些任务的范围。

内务部里面还有另外两个督察机构，一个针对国家警察，另一个针对巴黎警察局。

388   有必要指出，与当前普遍的趋势相应，这些督察机构的活动已很少涉及合法性监督，而是越来越倾向于对部门的组织和活动进行评估。

389   另外，1996 年 4 月 12 日第 96—314 号法律（第 43 条）强化了对接受（欧盟或国家）公共财政援助的私营机构的监督。这部法律明确将其纳入主要监督机构（财政、行政、社会事务、工商业、农业总督察处）的职权范围，并规定如抗拒监督，除处以罚金（15000 欧元）之外，还必须返还未能说明用途或未按规定用途使用的资金。监督主要通过文件检查和现场检查执行，如援助款未超过该组织所有收入的一半，则只检查援助款账目，如超过一半或该私营机构未能提供援助款项使用的证明文件，则检查全部账目和管理文件。

②跨部委监督机构

390   跨部委监督机构一般针对专门的对象，通常从机构名称便可看出。最著名的是监督法国与欧盟基金共同出资项目的监督协调部际委员会（参见 656 段）。

我们还可举出另一些例子，如 1993 年成立的保障住房监督部际代表团、公共市场和公共服务调查部际代表团（成立于 1991 年，1993 年被加以改组）、中央反腐败处（成立于 1993 年）。

1946 年建立的公共服务成本与收益调查委员会原先隶属于总理，2010 年 5 月 20 日的总统令将其改为由审计法院首席庭长管辖（参见 402 段）。

1.1.2.3 财政司法机关的监督

391   为了与政府执行的"内部"监督形成平衡，同时给予宪法规定机关执行其财政权力以必要的技术支持，有必要对公共财政进行"外部"监督。在某些国家，这一职能被赋予独立的高级监督机构，通常是议会的附属机构，如美国的总审计办公室和英国的国家审计署。在大部分国家，这种监督由财政司法机构执行，其中某些国家或组织（如德国和欧盟）的监督机构没有司法权限（只有监督职能），在另一些国家（如西班牙和意大利）则相反拥有"全部权限"。法国的这种监督机构是国家审计法院（1）以及地方和地区审计法院（2），这些审计法院的权责由《财政司法法》规定，后者集中了适用于审计法院的全部规定。

关于欧盟审计法院，参见 274 段。

以下我们将介绍近年涉及法国财政司法运作（程序、责任等）的一些改革。2007 年 11 月 5 日正值国家审计法院诞生 200 周年庆之际，时任总统萨科齐宣布的改革步骤在时任审计法院首席庭长菲利普·塞古安的推动下，使围绕审计法院的整套财政司法机制的组织和运行产生深刻变革，同时深度修改了公共财政管理者的职责，超越了传统的拨款审核者和会计人员的区分。

这场改革比当初预想的更为困难。2009 年提交给国民议会办公室的关于财政司法改革的法案（以及两个条例提案）似乎一直积压在议会未能通过。不过，如果我们关注新出现的法律，则会发现这次改革被一点一点地部分采纳，如涉及公共政策评估、年度公开报告、对公共行政机构账目的认证、与账目稽核员的关系等方面的改革内容。

不过，改革方案涉及的另一些内容也在关于财政诉讼案件分配和简化财政司法程序的法案的讨论中被重新提起，比如关于公共管理者职责包括部长在这方面的职责、撤销预算与财政纪律法院、加强国家审计法院对各地区审计法院的权力等方面。议员提出的一些修正案包括了当初改革法案的很大一部分，但最终由于两院委员会未能在具体内容上达成一致，因此参议院未表决。不过这些修正案显然受到政府和参议院的反对，参议院可能也觉得在这个问题上缺乏真正的议会辩论。事实上，机构和职能的现状使得结果必然是如此。

出于使各监督机构的标准统一化的目的，国家审计法院在 2014 年底推出一系列职业准则，既适用于国家审计法院的法官，也适用于地区审计法院以及预算与财政纪律法院的法官。从而形成了一整套职业准则，并制定了职业道德宪章（审计法院首席庭长迪迪埃·米古认为该宪章是"公共财政高级监督机关应遵守的国际标准"，不过它与国际货币基金组织的准则一样，在法律上也有争论，参见 55 段）。

（1）国家审计法院

392　　国家审计法院成立于 1807 年，其前身是成立于 14 世纪并于 1791 年撤除账目的审计法庭。审计法院的职权最初较为有限，后来极大发展，并由 1946 年 10 月 27 日《宪法》（第 18 条）和 1958 年 10 月 4 日《宪法》（第 47 条）加以确认。目前审计法院的权责主要由《财政司法法》第 I 篇规定。

2011 年 12 月 13 日关于诉讼案件分配和简化财政司法程序的法律落实了某些改革内容，既涉及审计法院及其人员的职权，也涉及审计法院与地区审计法院的关系，还涉及行政账目审核和程序的问题（第 38 条）。

首先有必要介绍审计法院的组织结构和权限。

①组织结构

393　审计法院的机构在很大程度上模仿了司法法院。它包括一系列工作人员，遵守的运行规则与"传统"法院十分接近。

一是审计法院的工作人员。

394　审计法院的工作人员可分为四类（2008年有685人，2011年为710人，2014年为725人）。

首先是由共和国总统通过法令任命的终身审计法官（最重要的为部长理事会成员），其后按级别分别为一级审计官（其中1/3从外部任命）、二级审计官（其中1/4从外部任命）和审计员（出身于国家行政学院）（外部任命主要从审计法院以外的公职人员中任命）。审计法院由8位庭长领导，他们从一级审计官中任命。其中7位每人担任一个法庭的庭长，第8位担任公开报告总委员会的报告人。首席庭长由政府自由挑选任命（由部长理事会任命）。

首席庭长是审计法院收支的主要审核人。他代表审计法院签署管理方面的合同及相关合约。

审计法官就职时应宣誓"忠实履行其职责，保守审议秘密，行事符合正派高尚的法官之身份"（2006年7月1日法律，第3条）。

其次是由1名总检察长领导的检察官办公室。总检察长由政府（部长理事会）自由任命并可以撤职，由1名首席代理检察长和若干代理检察长（从二级审计官中任命）协助其工作。他履行检察职责，监督法院的工作，确保程序的良好运行并领导各地区审计法院检察官办公室的工作。

审计法院除法官以外还有另一些监督人员，他们参与法院的工作但没有审议权，而且不担任司法职务，包括临时服务的一级审计官（任期为4年）、全职（由外部机构派遣或临时指派）或兼职（临时指派或签订合同）的外部报告人以及财政司法稽核员（需宣誓）和专家。

最后还有一位秘书长和若干助理秘书长（均从二级审计官中任命）领导的行政人员。

审计法院和其他财政司法机构的预算列于中央预算中"国家监督与顾问"任务下的"审计法院与其他财政司法机构"计划，2014年的预算支出款为2.06亿欧元。

二是审计法院的运转。

395　审计法院制度和运转方面有几点需要加以介绍。

审计法院最高理事会由2006年7月1日第2006-769号法律设立，它取代了2001年12月21日法律规定的咨询委员会。首席庭长领导最高理事会除纪律方面以外（《财政司法法》，法律部分第123条第5款）的事务。它在审计法官职业状况与升迁、任命规则、职业道德问题、法院的组织和运转等方面提供咨询意见。此外，它还可以提议进行纪律处罚。

审计法院内部有多种组织形式。最基本的组织是 7 个法庭（法庭下还可能细分为各区），每个法庭负责一个特定行政领域的监督，具体分管领域由首席庭长分配。除所有人必须出席的全年大会外，其他的组织形式一般由各庭庭长和一级审计官组成。他们组成顾问庭，负责纪律司法，并对最重要的行政文件（报告）作出裁决。根据 2012 年 3 月 21 日法令，今后顾问庭可以召开全体会议（有权对年度公开报告、《财政法组织法》规定的报告或社会保险融资法案规定的报告、账目认证作出裁决），也可以召开普通会议，也可以由首席庭长召集全体会议（涉及法律问题之时）或召集部分成员会议（主要针对撤销原判决后发回审计法院的案件）。此外还有一些跨法庭的组织形式和其他的咨询组织形式（委员会）。

审计法院的工作有三个主要特点。

第一个主要特点是审计法院的调查权具有"强制性"。除特殊例外（涉及只对拨款使用进行调查的情形），审计法院可以对其管辖范围内的所有机构索取资料或进行现场调查（1993 年设立了抗拒调查罪，可处以 15000 欧元罚金）。被调查机构不得以银行秘密、税务秘密或军事秘密为由拒绝向法院提供资料。另外，审计法院还可以邀请专家协助。

审计法院于 2000 年配备了记名信息自动处理系统，可以对国家公职人员获得的报酬进行监督。

第二个主要特点是集体决策。行政或司法案件的预审工作由 1 名报告人（审计员或二级审计官）领导的小组负责，其报告（对后续处理措施提出建议）提交给报告审查人（一级审计官）和检察官办公室，之后再交给一个审议组织进行裁决。

第三个特点是对程序公正性的追求，审计法院根据所执行职权性质的不同，相关程序也有所不同。

非司法权限方面的审议程序（参见 398 段），问题只涉及内部权利方面。审计法院内部权利的发展，特别是地区审计法院内部权利的发展，倾向于强化内部审议程序的论辩性质，并限制程序的公开程度，只公开最终意见。

相反，司法权限方面传统上是采用辩论程序，而且只采用书面（"对审判决"，2008 年被废除）和非公开的形式。这导致《欧洲人权公约》（更具体地说是关于个人上诉的条款）在法国生效时，这一传统程序与该《公约》相冲突，尤其是该《公约》第 6 条第 1 款要求必须采用口头（"被听见"的权利）和公开的形式。

最高行政法院判定该《公约》既不适用于对正式会计人员的审判，也不适用于对事实会计人员[①]的审判。不过，先是法规文件，随后法律文件（尤其是 2001

---

① 译者注：事实会计人员是非国家正式会计人员，但是越权执行会计职责。

年 12 月 21 日法律）针对事实会计人员的判决先后引入《欧洲人权公约》的某些规定（特别是庭审的口头性和公开性）。而且，欧洲人权法院裁定《欧洲人权公约》不仅适用于对事实会计人员的审判，也适用于对正式会计人员的审判。这迫使法国当局开始研究将庭审的口头性和公开性写入法律。在相关法律出台之前，财政司法机构从 2006 年开始已经提前执行这方面的要求。

审计法院首席庭长 2006 年 5 月 16 日发布指令决定以保全措施的名义将这些规则应用于"对所有会计人员的追索结欠的判决，无论预审还是上诉审判"：在追索任何会计人员的结欠之前，必须公开庭审，允许（但不强求）会计人员参加，报告人的报告和公诉人的结论在庭审前传达给各方，不再允许报告人和公诉方代表参加审判合议（我们知道，欧盟法院曾批评普通法行政司法机构允许政府专员参加审判合议的做法）。

最高行政法院也支持这种做法，它曾推翻了审计法院的一次判决，因为审判前并未赋予会计人员申请公开庭审的权利（最高行政法院，2007 年 5 月 30 日判决）。

另外，除了《欧洲人权公约》的直接规定，最高行政法院也提出了某些原则，尤其是对公正性原则的严格阐释。特别是规定财政司法机构不得审判其在先前报告中曾经谴责过的事务（最高行政法院，2000 年 2 月 23 日判决），审计法院（或预算与财政纪律法院，参见 423 段）宣布对此类案件无管辖权，应转给最高行政法院，"最高行政法院根据其调节行政司法执行的权力，对此类案件的审判进行合理安排，必要时可自行判决"（最高行政法院，2003 年 10 月 17 日判决）。

最后，立法机构也推翻了传统程序，尤其通过 2008 年 10 月 28 日关于国家审计法院和各地区审计法院的法律废除了"对审判决"制度。该法律明确规定审判程序的对质性，提出了公开当庭辩论的原则，法官审判前闭门合议，初审法官和公诉人代表不得参加（《司法组织法》，法律部分第 142 条第 1 款第Ⅲ项和第 272 条第 52 款第Ⅲ项）。

②审计法院的权限

审计法院最初只有司法权限，后来其权力逐渐增大，尤其在 20 世纪 30 年代期间，此后审计法院的活动大部分涉及行政权限。

一是司法权限。

审计法院的司法权限是对公共会计的账目进行裁判。如对审计法院的判决不服，可以向最高行政法院提起上诉。因此，大部分司法理论将审计法院归为行政法院系统。宪法委员会明文确认了这种观点，重申审计法院相对于行政权和立法权的独立因此具有宪法性价值，并明确指出即使在非司法权限方面，审计法院的这种独立性也有保障（2001 年 7 月 25 日，第 448 号合宪性审查决议）。

尽管审计法院的某些任务，"尤其是账目和年度决算稽核任务不具备司法性质，但它们可以揭露不合规之处，并要求实施司法程序"，因此与所有行政司法机构一样，也必须享有相应的独立性，享有共和国法律承认的一项基本原则（始于1872年5月24日法律）。审计法院2015年度公开报告提到它共对1485个组织拥有司法监督权。

不过，审计法院对拨款审核者并没有司法管理权，那些被它宣布为事实会计人员的除外（参见414段）。相反，它对正式会计人员（或事实会计人员）的账目具有完全的司法权，对会计职责的专门制度要求进行严格而公正的监督。监督模式（在399段和432段中有介绍）依相关会计的类型而不同。至于中央政府和（配备有会计专员的）国家级公共机构，其主计官的账目（有千余种）直接由审计法院裁判。不过，某些特殊公共机构（如高等教育机构、国立初高中、经济性公共机构、大学后勤服务中心和其他隶属于教育部的地区学生后勤服务中心等）的账目审核（以及年度决算监督），审计法院首席庭长可以授权（授权期为3~5年）地区审计法院执行（《财政司法法》，法律部分第111条第9款，法规部分第111条第1款）。另外，针对设在外国（或没有地方审计法院的海外领土）的机构，其账目审核由国库高级会计执行（《财政司法法》，法律部分第131条第5款，法令部分第131条第27款）。相反，从1982年开始，地方政府和地方公共机构的账目由地方审计法院裁判，如对地方审计法院的判决不满，可向国家审计法院提起上诉（参见407段）。

公共利益集团的账目遵守私权规则，除非组成该集团的各方选择公共结算或该集团的成员全部为需接受公共核算的公权法人（2011年5月17日关于简化并优化法律质量的法律，第112条）。这些集团的账目由国家审计法院（《财政司法法》，法律部分第133条第1款）或地方审计法院（《财政司法法》，法律部分第211条第9款）审核。如此类集团成员中包括中央政府或接受中央政府财经监督的机构，则该集团另外还需接受中央政府的财经监督。

二是行政权限。

398 审计法院的行政权限不表现为任何司法决定（但之后可能导致对责任人的审判，宪法委员会在其2001年7月25日决议中专门指出这一点，参见397段）。审计法院的行政权十分多样，主要执行两种职责：决算监督和对公共机关的协助。

• 对公共资金决算的监督

399 这种监督在于检查财政活动的合规性以及"对经费、基金和有价证券的良好使用"（《财政司法法》，法律部分第111条第3款）。审计法院可以提出意见，如涉及违规情况，可以宣布事实结算（414段所述的司法权限）或提请预算与财政纪律法院介入（参见419段）；在情形极为严重时，甚至可以提请司法部部长追究相关人员的刑事责任。自地方审计法院设立以来，这种监督主要针对国家级公共领域。

审计法院监督国家级公共管理机构（中央政府，国家级公共机构，公共利益集团）拨款审核者的核算。从2001~2002年改革之后，审计法院首席庭长也可以授权地方审计法院执行对某些类型的国家级机构的监督（具体制度与397段所述的账目审核制度相同）。审计法院通过各机关定期向其报送的收支证明文件执行监督，也可以进行现场检查。这种监督的结果可能是对责任人提出意见（由检察官办公室人员或庭长通知，包括临时意见和最终意见），涉及最严重的情形时，由首席庭长向部长提供参考意见，后者应在3个月内作出答复。超过这一期限，则整个案件将被转移给议会财政委员会（如议会调查委员会提出要求，亦可转移给调查委员会）。另外，审计法院也可以将其他意见自动转达给议会（《财政司法法》，法律部分第135条第5款）。

从1976年起，审计法院取代了1948年设立的账目核查委员会（由审计法院成员和财政部代表组成，其中审计法院成员占多数）监督国有企业。它自动监督一线企业（有上百家，包括工商业公共机构和国家控股的企业），也可以决定监督二线企业（分公司），包括那些公权力"拥有优势决策权或管理权"的机构（《财政司法法》，法律部分第133条第2款第d项），此类机构加起来约有数千家。后面这种监督采用对质程序的形式，邀请企业和监督部门的领导人参加，所形成的报告提交给该企业的监督部长，并供议会财政委员会查阅，但并不公开（只有一般意见会出现在审计法院的年度报告中）。

审计法院也监督社保机构（《财政司法法》，法律部分第154条第1款），无论是国家级社保机构（其中行政性公共机构还需接受司法监督）还是地区社保机构（受《医疗保险互助法》管辖的千余家机构）。另外，所有经营医疗、母婴、养老、伤残、人寿、工伤、职业病、家庭等方面强制保险的具有民事法人资格和财政独立性的私权机构及其协会或联合组织都需接受审计法院的监督（《社会保障法》，法律部分第134条第1款）。对地方社保机构的监督通过由公共财政主任领导的地区或省级账目审查委员会执行（《社会保障法》，法律部分第134条第2款），并由审计法院监督（审计法院设立"指导委员会"进行监督，必要时可以自行监督）。相关报告（以之为基础形成总报告）提交给监督部长，后者批准账目，并可能提出相关人员的责任问题。在对社保机构预算案执行进行监督的框架内，从2003年预算案开始，审计法院也被授权监督普通医疗中心的年度决算（其中司法和预算监督仍由地方审计法院负责，见《财政司法法》，法律部分第132条第3款第1项）（参见812段）。

另外，审计法院首席庭长可以决定监督任何从国家（或欧盟，或另一个接受审计法院监督的机构）获得财政援助（补贴、实物援助、任何性质的税收等）的机构（政党除外）。如此类援助超过该机构收入的半数，则对其所有账目进行监督，如未超过一半，则只监督援助款的使用情况。

最后，从1999年起，申请公共补贴的机构（1996年以后还包括接受这些机构援助的机构）应建立公共资金使用账户，并接受审计法院的监督，以便后者核查相关资金是否用于慈善事业（《财政司法法》，法律部分第111条第8款）。

另外，审计法院还负责各种外部事务，其成员参加各种监督和评估委员会（包括1988年设立的政治生活财政透明委员会）。

审计法院法官与账目专员的关系已由2010年12月20日第2010—1594号法律明确规定（《财政司法法》，法律部分第141条第3款）。这些法官可以要求其所监督的企业提供任何信息，以便"使审计法院能够合理确认相关账目是否存在明显的不正常情况"。这些信息属于审计法院的调查秘密（《财政司法法》，法律部分第141条第7款）。

2011年7月的财政法修正案还另外规定账目专员核查机构账目时，该机构会计人员不得以职业秘密为由拒绝提供资料（《会计法》，法律部分第823条第16款第1项）。

相反，审计法院无权监督《社会保障法》在社保税费征收方面的实施情况，它由宪法规定的司法机构监督，包括宪法委员会（2011年12月15日第642号合宪性审查决议；《宪法》，第6条）。

此外，审计法院还有一种特殊权限，首席庭长可以向总理或各部部长提出参考意见（《财政司法法》，法规部分第143条第1款）。这种特殊程序也有后续进展，可以对相关的公共管理提出一系列意见。在审计法院或地方审计法院进行调查之后，首席庭长向相关政府机关提出参考意见或提出一些建议。收到参考意见的机关可以在2个月内作出答复，该意见也同时通知议会。这种程序被广泛用于许多主题，如针对许多机构的税收减免建议，包括海外保障住房机构、养老和残疾人机构、法国滑雪协会和国家山地运动学校等。

• 对公共机关的协助

这是审计法院更常见的任务。

2008年7月宪法修正后，审计法院对国家级公共机关的协助被写入《宪法》第47条第2款。该条规定审计法院："协助议会监督政府行为。协助议会和政府监督预算案的执行和社会保险融资法案的实施，并协助议会和政府对公共政策进行评估。通过其公开报告，使民众知情。"宪法委员会明确指出，这种协助并非隶属关系（宪法委员会因此废除了一条要求审计法院向议会提供工作计划的法律条文），同时审计法院应在议会和政府间保持平衡（2001年7月25日第448号合宪性审查决议）。这种职能的传统表现是审计法院提交给国家元首年度报告（始于1807年），该报告同时发送给议会（始于1832年），并在《官方公报》上公布（始于1938年）。这一报告继承了过去的审计法庭向国王进谏的传统，综合了审计法院和地方审计法院的主要意见，也包含相关部门对这些意见的答复。

菲利普·塞古安在年度报告中引入了对上一年年度报告中审计法院提出的建议进行跟踪的原则。

2011年7月的财政法修正案规定意见接收机构必须向审计法院提供相关报告，并公布后续整改情况（《财政司法法》，法律部分第136条第6款）。

1991年以后，在年度报告之外，审计法院还不定期针对特定主体发布报告。另外，从20世纪50年代起，审计法院每年制定对决算法案的专门报告，而且从2006年预算开始，还附有对中央政府账目的认证；从1995年起，审计法院还发布关于社保的年度报告，两份报告都提交给议会。此外，审计法院还对议会提供其他协助，尤其是供预算指导方针年度辩论参考的报告。最后，新近出现的一个现象是从2013年起审计法院每年还发布地方公共财政年度报告。

1993年以前审计法院年度公开报告在春季发布，1993~1997年在秋季发布，从1999年开始改为年初（1月）发布。

值得关注的是2006年关于大学成人教育的报告，2012年的几份分别题为《巴黎政治学院：勃勃雄心与不完善的账目决算》《高校的法律教育与法律课程》和《巴黎综合理工大学的账目决算》的报告。

另外，2005年8月2日一项《组织法》通过以后，审计法院还负责国家级社保机构账目、社保各个分支关联账目以及上一年社保金征收活动的审核认证工作。

此后，账目审核认证成为审计法院的一项重要职能，虽然并非只有它独家认证。认证的主要法理依据源自2008年宪法修正后第47条的规定："公共管理机构的账目应合法且真实。它们的决算、资产和财政状况应给人以忠实的印象"。这条宪法条文后来由《财政司法法》法律部分第111条第3款第1项第A目加以贯彻落实，它将该领域主要任务委托予审计法院，由审计法院确保公共管理机构的账目符合上述原则，对它们进行审核认证并向议会汇报"其认证的公共管理机构账目的质量"（财政法修正案，2011年7月）。在这种普遍职能的框架内，上述账目认证报告必须及时提交给审计法院以进行综合整理，并发布关于这些账目质量的意见，该意见同时转达给总理、预算部长和议会两院主席（《财政司法法》，法律部分第132条第6款）。

审计法院在其2015年度公开报告中指出2013财年"公共管理机构支出总额15140亿欧元中的75%已由审计法院（其中8290亿）或账目专员（3020亿）审计"。审计法院在2014年第一次受邀对国民议会和参议院2013年账目进行审核认证。

我们注意到政府在2014年军队决算法案的动机阐述部分指出"法国是欧元区中唯一对账目进行认证的国家"，这可能使人对认证的"活跃性"产生疑问。

其他各种法律文件对审计法院的协助职能也有所发挥。

2011年2月3日的一项法律（修改了1958年11月17日关于议会运行的法令）使国民议会和参议院主席可以自行或在各种议会机构的提议下，邀请审计法院对公共政策（不包括财政法案的执行与跟踪、公共财政或社保财政的相关问题）进行评估。审计法院应在接到请求之日起最迟12个月内提交相关报告，经邀请方同意，该报告可以公布。

2011年12月13日的一项法律使总理有权要求国家审计法院或地方审计法院针对财政法案、社会保险融资法案或受其监管的任何机构或部门的账目决算问题进行任何调查（《财政司法法》，法律部分第132条第5款第1项）。

正是基于这条规定，总理让－马克·埃罗在2012年5月要求审计法院对公共财政状况（及2012年和2013年的相关风险）进行审计（传统上在议会多数党变更时进行的审计）。此次审计的报告被纳入审计法院2012年7月所做的《公共财政状况与前景的年度报告》中（《财政法组织法》，第58条第3款）。

至于欧盟方面，审计法院为欧盟审计法院提供协助。《欧盟运行条约》要求欧盟司法机构和各国监督机关进行合作，审计法院是欧盟审计法院的法国通讯员（第287条第3款）。

最后审计法院还主动将审计结果交给其他国家的审计机构评估，名为"同行重审"（由葡萄牙审计法庭、芬兰国家审计办公室和瑞士联邦财政监察署执行）。

审计法院的工作通过以下三个机构的工作进一步延伸。

一是必提费用委员会。2005年4月20日法律（《财政司法法》，法律部分第351条第1款）设立的必提费用委员会，取代成立于1971年的税收委员会（因为所涉事务不仅是税务方面，还包括所有必提费用，尤其是社保方面的提取费）。

作为审计法院的关联机构，必提费用委员会由审计法院首席庭长主持，职能是"评估必提费用的发展及其对经济、社会和预算方面造成的影响，并为必提费用相关的任何问题提供建议"。该委员会每年向共和国总统和议会提交一份报告，也可以应总理或两院财政或社会事务委员会的要求进行这一领域的相关研究。它由17位成员组成，包括8位高级官员（包括1名财政稽核署成员和1名社保事务总督察处成员）和8位有资格人士（其中4名由议会两院主席任命，1名由宪法委员会主席任命）。该委员会第一份年度报告发布于2007年，题为《偷逃必提费用行为及其监管》，2008年的年度报告题为《必提费用代际分布与公平问题》，2009年发布了两份报告，一份题为《家庭财产》，另一份题为《经济全球化背景下企业的必提费用》。2011年5月，在两院财政委员会的要求下，它发布了题为《对家庭征收的必提费用：累进性与再分配效果》的报告。2013年，它特别发布了《必提费用与金融领域企业》的报告。

402　　二是公共服务成本与收益调查委员会(《财政司法法》,法令部分第 320 条第 1 款)。2010 年共和国总统发布法令将该委员会交予审计法院首席庭长管辖,并由其担任主席。

举几个该委员会近年发布的报告的例子:《地方重组与青少年司法保护》(2009 年)、《用户的满意》(2009 年)、《可持续发展的承诺、目标与指标》(2009 年)。

403　　三是公共财政高级委员会。经 2012 年 12 月 17 日关于公共财政程序与治理的组织法令(第 11 条)设立,挂靠审计法院。

公共财政高级委员会被定义为一家独立的机构,由审计法院首席庭长担任主席,除首席庭长外,还包括其他 10 名成员:4 名审计法院法官(由首席庭长指定),4 名由议会两院主席和两院财政委员会主席分别任命的成员("考虑其在宏观经济预测及公共财政领域的能力",经相关议会社保事务委员会和财政委员会联合听证后任命),还有 2 名是在议会辩论时添加的成员——分别由所属机构主席任命的法国国家统计局代表和经济、社会与环境委员会代表,对他们的能力要求与上述议会任命成员的能力要求一致。公共财政高级委员会的一大特色是要求委员会成员必须一半为男性一半为女性,通过抽签决定各方应任命男性或女性成员(2013 年 2 月 18 日关于公共财政高级委员会初始构成的第 2013—144 号法令)。委员会成员任期为 5 年,初始成员部分续任 30 个月(此后不可再续任)以便轮换,其成员应进行利益申报。该高级委员会在财政立法程序尤其是遵守结构性余额承诺方面扮演主要的咨询角色(其意见赋予《公共财政程序法》、年度财政法案、财政法修正案和社会保险融资法案修正案)。其第一届成员名单已于 2013 年 3 月公布。

(2) 地方和地区审计法院

404　　地方和地区审计法院由 1982 年 3 月 2 日法律(第 84 条)和 1982 年 7 月 10 日的两部法律设立,相关法律条款后来被纳入《财政司法法》第 Ⅱ 篇。2011 年随着海外领地马约特变为海外省,其地方审计法院也相应变更为地区审计法院,从而使地区审计法院数量达到 27 个(另外还有新喀里多尼亚、法属波利尼西亚、圣巴托罗缪岛、圣马丁岛、圣皮埃尔和密克隆五个海外领土的地方审计法院)。尽管其法理依据和特色受到财政司法改革计划的威胁,但它们仍坚持下来并保留了主要的职能。相反,2011 年 12 月 13 日法律导致一些"小型"审计法院被取消(该法律第 46 条规定其数量不得超过 20 家)以便将地区审计法院进行整合。

如今地方和地区审计法院共有 25 家,其中 20 家为地区审计法院。在这 20 家中,15 家设在法国本土(如奥弗涅地区审计法院、罗纳—阿尔卑斯地区审计法院），5 家为海外省的地区审计法院（2012 年 2 月 23 日法令）。另外 5 家是地方审计法院。两个海外领地（瓦利斯和富图纳群岛、法属南半球和南极领地）的审计事务直接由国家审计法院管辖。

接下来，我们将逐次讨论地方和地区审计法院的组织模式及其权限。

①地方和地区审计法院的组织

地方和地区审计法院的组织模式参考了国家审计法院的模式。

主要有四类工作人员（2008 年共计 1122 人，2011 年为 1104 人，2014 年为 1050 人）。

首先是终身审计法官，包括审计官、首席审计官和由法令任命的院长，他们从国家行政学院或系统外招募（也可以包括派遣法官）或通过补充考试选拔。地方和地区审计法院高级委员会由国家审计法院首席庭长担任主席，大部分由选出的审计法官组成。该委员会负责审计法院的内部升迁（分为三级）和纪律（如对审计法院的司法决定不服都可以向国家行政法院提出上诉）。地方和地区审计法院各庭一般有庭长领导（约有 40 多个），他们由地方和地区审计法院院长（必然是国家审计法院成员）从法院首席审计官中任命。

地方和地区审计法院院长由共和国总统根据国家审计法院首席庭长的提名，咨询地方和地区审计法院高级委员会和国家审计法院咨询委员会意见后，通过法令进行任命。一般由国家审计法院派遣的一级审计官或二级审计官担任，在每家法院的任期为 7 年，不可续任。

其次是检察官办公室，由一位财政检察官和一位或多位公诉人代表组成，后者一般是被派遣执行该职务的审计法官（根据国家审计法院首席庭长和总检察长的提名任命），也可以结束派遣。

作为国家审计法院总检察长的地方通讯员（参见 168 段），他们与前者一样，监督法律的应用和程序的良好运转（并提出意见和建议）。

再次是全职或兼职报告人，尤其是财政司法稽核员（需宣誓，一般是派遣或征调到法院的官员）。他们没有任何审议权，也不能担任任何司法职务。

最后是行政人员（书记官、档案和资料部门等），由一位秘书长领导。

地方和地区审计法院院长是该法院的拨款审核者。

每个地方和地区审计法院的法官数量不同，从几位到几十位的都有（法律规定至少 3 位）。最重要的地方和地区审计法院下设分庭。工作组织形式方面，除全年大会外（所有法官、法院和法庭全部出席），根据执行的职能，一般分为审判组织和意见组织。

有法院的全体会议或部分成员会议，下设分庭的地方和地区审计法院还有分庭联合会议的形式。

地方和地区审计法院的工作如今须遵守适用于国家审计法院的类似的制度（参见 397 段），两者主要特征相同，如：调查权的"强制性"（如抗拒调查，可处以 15000 欧元罚金；见《财政司法法》法律部分第 241 条第 1 款和刑事终审法庭 2002 年 6 月 20 日判决）、集体决定原则（包括非司法行为也是如此，在报告人、报告审查人和检察官分别参与后采取决定）、程序的公正性、对质性和公开性等。

②地方和地区审计法院的权限

406　与国家审计法院一样，地方和地区审计法院的职权也包括司法权限和行政权限。不过其行政权限中与预算监督相关的部分，与国家审计法院的权限和程序不同。

一是司法权限（司法监督）。

407　地方和地区审计法院负责对地方公共会计账目的初审（如对审判结果不服则可向国家审计法院提出上诉），无论是正式会计人员还是被审计法院宣布为事实会计人员（拨款审核者）（参见 414 段）。1982 年地方和地区审计法院出现以前，最重要的账目直接由国家审计法院负责审核；其他账目在国家审计法院的监督下，相继由省级机关（1823 年以前）、省政府委员会（直至 1935 年）和国库高级会计裁决（由其对这些账目进行审核）。1982 年以后，地方政府和地方公共机构的所有账目以及某些国家级公共机构的账目的一审均属地方或地区审计法院管辖，只有某些小地方的决算账目的审核在 1988 年交由国家职能机关（公共财政主任）执行（类似于对某些位于海外领地或国外的机构执行的权力，参见 397 段）。不过，这种审核也是在地方和地区审计法院的监督下执行。

国家审计法院 2015 年年度公开报告提到接受地方和地区审计法院司法监督的机构共 17105 家（包括 2390 个市镇）。

最高行政法院认为相关监督程序的启动通知未由法律规定并不违宪，因为"公共会计账目的监督程序的目的仅在于收集与受监督的政府或机构的账目和决算的合规性问题相关的事实，并在必要时启动诉讼程序"。在这个意义上，"该行政程序的启动通知的相关规则并不属于法律领域"（最高行政法院，2012 年 12 月 20 日北部加莱海峡地区审计法院）。

其模式将在下文 485 段进行介绍。

二是行政权限。

408　地方和地区审计法院的行政权限不表现为任何司法决定（但之后可能导致对责任人的审判）。主要涉及两个方面：决算监督和预算监督。

• 对地方公共资金决算的监督

409　这与国家审计法院在国家层面执行的监督（1982 年以前地方层面也有国家审计法院监督）性质相同，尽管立法机构采用的模式有所不同。

最初，地方和地区审计法院与国家审计法院一样，负责检查"经费、基金和有价证券的良好使用"。由于某些地方和地区审计法院在监督方面热情过度，1988年1月5日法律开始采取更具限制性的规定：地方和地区审计法院"确保资金的合规使用"，但也明确规定地方和地区审计法院"检查地方政府的决算"。

2001年12月21日法律颁布以后，《财政司法法》（法律部分第211条第8款）规定："对决算行为合规性、实施的节约措施以及目标成效方面的决算检查由议会或审议机构决定。但不对这些目标本身是否恰当进行审查。"

这一针对目标本身适当性检查的禁令（与决算监督的定义和通常实践相符），与1988年法律一样，旨在防止某些地方和地区审计法院或审计法官超越他们的法定职权。

这一规定与"财政良治"（参见54段）的概念相符，只不过后者是更为现代的说法。它针对所有地方管理者执行，可能导致严重的政治（在选举辩论时攻击对手的常用武器）或法律后果（导致事实决算甚至追究刑事责任）。因此，其保证金的数量逐渐上升，而且它也广泛"司法化"。

行政程序尤其是决算检查程序已经引入对质和口头表述程序，但不像决算监督意见那样公开，后面这种程序在地方影响很大（参见661段）。

- 预算监督

410 这是1982年3月2日法律设立的一种新机制，其独特性表现在以下三个方面。

第一，国家审计法院层面并没有相应的权限。因此，在这个领域，它对地区审计法院并没有任何"监管权"。

第二，这种监督不仅针对预算的执行和预算执行人员，而且还针对预算本身和审议委员会进行监督。它旨在代替1982年以前部级或省级机关执行的财政监督，并组建或改组了地方政府预算办公室。因为这些预算办公室未遵守立法机构要求的某些主要的财政原则（如预算和政府账目由议会批准的原则、预算平衡原则等）。

第三，这种监督并非由地方和地区审计法院独自执行，而是与省政府联合执行。后者是唯一有权使财政司法机关参与行政决定，并根据地方和地区审计法院提议采取必要的纠正措施的机关。

这些机构的事务繁杂，不过各种具体事务数量不一。各地方和地区审计法院2014年共发布551份最终意见报告，2013年为661份；不过2014年结欠判决

202 起，而 2013 年只有 162 起；2014 年共进行 2404 次裁定，2013 年为 2014 次。国家审计法院 2014 年共进行 79 起结欠判决，2013 年为 37 起；2014 年进行 79 次裁定，2013 年为 111 次；2014 年发布 36 份特别报告，2013 年为 25 份。

1.1.3 公共财政的保障

411　虽然税务和社保部门拥有一整套"强制性"的配置，包括税务、海关和社保方面的刑法程序，以保障对公共收入的征收；但是公共财政的管理方面则多少有些难以用此类机制来监督。公共财政的管理另有一套庞杂的监督机制，其中某些措施具有普遍性，另一些则更具特殊性，可以针对任何行政或管理人员（1.1.3.1），或更具体地针对公共财政管理中的某些角色，比如公共会计人员（1.1.3.2）进行监督。

1.1.3.1 责任的一般制度

412　国库拨款审核者的责任，或者更普遍来说，公共机构中行政管理人员的责任（这里并不涉及被治理者的责任），总是比会计人员的责任更难构建。一方面来说，这些公务员中的一部分担任的是政治职务，除极端情况外，传统上会被排除承担非政治责任。但又很少会有（涉及个人责任的）文件要求追究政治责任；政治责任可引发对经营不善的处罚，但很少会引发对财务异常的处罚。另一方面来说，所有人都承担着一个积极角色——并不会像会计人员一样，实施的是限于文件明确界定的权力——而是更拥有着难以被明确规则约束的一项自由决定权。而纪律责任，对公务员和其他公共官员来说，是可能会被归咎的责任——并且根据需要，可与"拉吕埃勒案"（最高行政法院，1951 年 7 月 28 日的案例）和"让尼耶案"（最高行政法院，1957 年 3 月 22 日的案例）2 个判例中诞生的公法资金责任分开追究。这甚至也涉及对国家审计法院指出的违规行为的履行义务，但经常发生的情况是，上级对下属的行为进行包庇，出于原则上的原因，或者是因为上级曾命令或容许了此类行为。自 1817 年起提出的特殊民事责任，则指部长（根据 1850 年 5 月 18 日法律）和其他国库拨款审核者（根据 1922 年 8 月 10 日法律），可能会因其应审核款项的信用超支出数目（或者因其不准确出具认证）而作为个人遭到起诉，但其实这项责任从未得到追究，因为它涉及的是数目异常重大的公共利益支出。预算和财务制度管理第 2012－1246 号法令第 12 条对此有（并非十分明确的）规定："国库拨款审核者行使职权，尤其是发放认证，应在法定条件下承担责任"，其中并未对法定条件进行明确定义。文件也倾向于让有关地方行政单位来承担这项责任。而且，除去欧洲人权法院和宪法委员会与处罚有关的判例（这方面可查阅：2015 年 3 月 18 日第 453/454 号合宪性优先问题决议和第 462 号合宪性优先问题决议），法律中有以刑罚处分一些行为的整套条文

(1)，并且也可通过财务监督并由国家审计法院处罚的途径来抑制一些违规（2），或者以更随机的方式，让预算与财政纪律法院处理（3），而管理者的责任这个问题，意思上可说是衍生自《财政法组织法》，也是值得一提的（4）。

（1）公共管理中的刑罚

413　　立法机构制定了一整套条文（参见 416 段），目的是抑制履行公职的人"侵害"公共行政管理，尤其是违反廉洁义务。其实质可溯至法国《刑法》下名为"违反廉洁义务罪"的章节（《刑法》，第 432 条第 10 款）。因此，实施某些违法行为要承担刑事责任，比如贪污罪（不当征税或者免税），受贿和行贿罪，不正当获利罪（旧称"干涉罪"）——不正当获利可指涉案人员在其负责监督、管理清算或支付的一家企业或一个操作上所获的不正当利益（如将应给予受公用事业使命资助的机构的补贴，交给一家由自己家族成员管理的公司，这种行为即指对一家企业或一个操作进行干预，因此应在行为发生时承担责任，详见最高法院刑事终审法庭，2007 年 4 月 3 日第 06－82801 号案件），也可指在应对其进行监督、管理的私人企业中，当事人（在 3 年到期之前）"通过工作，加入董事会或投注资金"并以合同达成或作出决议的形式接受股份（除非不披露，否则应从参股结束那日起得到解除，详见最高法院刑事终审法庭，2014 年 12 月 16 日第 14－82939 号案件）——以及侵犯公共市场和公用事业委托规则罪，盗窃文书或侵占财产罪，所有目前会被刑事法庭（自 1993 年 11 月 23 日《组织法》规定）或负责审理部长的共和国司法法院进行追究的违法行为。公共权力受托人或者公共事业使命负责人可因这些不同形式的责任受到指控，根据有关违法行为的不同，受指控的范围可以得到或多或少的放宽。而不正当获利，如同公共采购领域对自由访问和候选平等的侵害，以及行贿受贿一样，也同样适用于公选职务的履行者；并且不正当获利更明确针对公务员或公共行政机构的官员（因此需要探究当事人实际履行职务的本质，最高法院刑事终审法庭，2012 年 6 月 27 日第 11－86920 号案件）。有时也正是因为刑罚的严重性，导致这项责任得到不平等归咎（旧刑法典以剥夺公民资格来惩罚会计人员信用超支）。因此，有一个重大刑事判例曾确定了，尤其涉及违法行为实施者可能从违法行为中获得的政治、物质好处，或者个人利益时，该在什么条件下对其实施控告（详见最高法院刑事终审法庭，2014 年 7 月 22 日第 13－82.193 号案件）。

（2）犯罪行为监督（在审计法官面前的责任）

414　　监督并不仅涉及行政官员，同样也覆盖了所有自然人或法人（组织，公司，甚至是已经出现的公共法人）。它主要涉及的还是行政官员，因此可将其交由审计法官审理，不过原则上来说也有例外，即国家审计法院或地方和地区审计法院对国库拨款审核者没有管辖权。这个例外是由判例形式引入法国法律中的（国家审计法院，1834 年 8 月 23 日判例），目前归于 1963 年 2 月 23 日的财政法修正案第 60 条第 XI 款之下，对财务犯罪的构成要件以及法律后果做出了限定（且已由最高行政法院 1995 年 1 月 6 日案件的判决书做出了阐述，参见法国《公共财政评论》,1995 年第 52 期第 207 页)。

①财务犯罪的构成要件

如果大家忘记了公共资金的存在条件(纯私人资金不会招致财务犯罪),来看看国家审计法院做出的提醒,"有关资金究竟是公共还是私人性质,这并不取决于支付这笔钱的人是公共或者私人本质,而是取决于这个人是否有意图要将其给予一个公共地方行政单位"(国家审计法院,2012 年 7 月 23 日判例)。因此财务犯罪的构成要件有以下两个。

第一个要件是无合法职权管理公共资金(或委托于公共机构的资金,即"受监督的私人资金"),并且可能存在多种情况。

通常来说涉及无权。一个人既非公共会计人员(或者受一个公共会计人员监督),又非预付款或收入的管理人,但却管理着资金;同样地,一个市镇的市长或者市政厅秘书自行对某一活动的收入进行收款。

但也可能涉及越权。一个会计人员或者一个管理人实施了本无管辖权或者会导致监督犯罪的操作,可能会(也已经出现过)被宣布为财务犯罪(因此,国家审计法院可在一审或终审时对一个涉及国家财产财务犯罪的当地公共会计人员进行判处:最高行政法院,2000 年 10 月 4 日案件)。

第二个构成要件是持有或使用公共资金,这一点能让审计法院法官传讯数量众多的人员。

首先,根据经典谚语,持有公共资金本身不过就是"引火上身"。

其次,使用这个词的概念也得到了大量解读。一方面,它涉及的并不仅仅是实质使用(其中的讽刺性例子如对法定货币的使用),而且还涉及不合规提取国库资金或阻止资金正常入库方面的任意操作。另一方面,这种使用并不仅是一种直接使用("短手拿"),也包含一种通过中间人进行的"长手拿"。这两种情况下,最经典的例子是通常由一些行政官员负责监督的组织,行政官员向其发放补贴或者负责为其放款,然后他们可以使用正常情况下应用于地方公共行政的部分补贴或款项,上述操作会为全体当事人带来严重的法律后果。

②财务犯罪的法律后果

除去少数情况(即公共会计人员对其账户进行的定时操作),监督后果都是非常严重的,因为原则上来说,监督者将与公共会计人员承担同责。此外,也会被国家审计法院判处罚金(2001 年 12 月之前,法律还规定过违法人员不可参选地方公共职务)。所有这些都表明,这一监督程序如今有了越来越多的法律保障。其中最为完善的保障是前述 2008 年 10 月 28 日法律和 2008 年 12 月 19 日关于国家审计法院、地方审计法院及新喀里多尼亚审计法院司法程序改革的第 2008—1398 号法令。

程序的形式是对审,除非有特殊情况,一般都会举行公开听证。初审双方可借此自行撰写或委托律师拟就答辩意见书,用书面形式表达跟此案相关的意见(第 1397 号法令,第 23 条和第 58 条)。合议庭结果不对外公开。预审法官和检察院代表不参与其中。

一是牵涉责任。

417 原则上，行政管理人员的责任应跟公共会计人员的责任一样，不过其追溯时效是不同的：实际上，如果对公共会计人员来说承担责任的时效是 5 年，那么（自 2001 年 12 月 31 日法律以来）提出财务犯罪的人员诉讼时效为 10 年（《财政司法法》，法律部分第 131 条第 2 款和第 231 条第 3 款）。

此程序在 2008 年得到深入改革。国家审计法院或审查地方公共账目的地方审计法院（初审），会发表判决来宣告管理者当事人的财务犯罪，但如果非法使用的款项全部交还给了公共会计账户，那么具有管辖权的司法机关可放弃宣告犯罪（最高行政法院，2000 年 2 月 23 日经济、财政和工业部部长案），甚至根据公正原则以及对辩护权的尊重，禁止在从前已公开告发过的案件上再次宣判财务犯罪（最高行政法院大法庭，2000 年 2 月 23 日钢铁工人案）。宣布为财务犯罪后，将会给当事人一定的期限交还账目。如证据不足，审计法官有权酌情考量（出于恶意或有意隐瞒的事实情形不在此列）。之后，如法院判定该次财务上行为不合规范，则可要求当事人赔偿损失的款项（一般会要求共犯多人共同赔偿），对此行政当局可以酌情减免。如法院判定该次财务上行为符合规范（特别是该次财务上行为乃是出于善意之时），或所涉支出已由预算当局（即议会或审议委员会）预先认可之时，则可向当事人发放所涉支出的交割证明书。

二是对财务犯罪的惩罚。

418 以下是可能发生的情况。

根据《刑法》第 433 条第 12 款，对"任何无职权之人干预公共职能行使的行为"，可以做出刑事处罚，包括判处 3 年监禁以及 45000 欧元罚金。当然这条在实际中应用得较少。

如果不实施刑事处罚，国家审计法院（自 1935 年起）也可就财务犯罪判处当事人罚金，总额可达到非法操作金额的总数（《财政司法法》，法律部分第 131 条第 11 款和第 231 条第 11 款）。此罚金（不可合并于预算与财政纪律法院的判决数额），通常来说应由法官酌量宣判。

即使宣称是公共用途，可以仅因牵涉干预而受到判罚（最高行政法院，2005 年 7 月 27 日第 261819 号案件）。但应考虑前述持有或使用公共资金行为的重要性及持续时间，对公共会计职务行使产生干预的环境特征，以及财务犯罪的具体情况和行为（2008 年 10 月 28 日法律）。

此外，地区委员会主席或市长如被宣判财务犯罪，将被中止国库拨款审核者的资格（由委员会指定的副主席或市长助理代为行使），直至收取关于其管理情况的清偿证明。

直至 2001 年 12 月 21 日法律制定了此条内容为止，被宣判财务犯罪的人都无法参选地方公共职务（详见《选举法》法律部分第 195 条、第 205 条、第 231

条、第 236 条、第 340 条和第 341 条，请查看在 2001 年改革之前的编辑版本）。不过现在这仍然是一项补充刑罚，即如果法官认定存在犯罪事实，他仍可宣判剥夺选举资格。

(3) 在预算与财政纪律法院面前的责任

419　　预算与财政纪律法院诞生自 1948 年 9 月 25 日的法律（并作为审计法院的相关机构于 1995 年编入《财政司法法》第Ⅲ篇），为应对第二次世界大战期间产生的因传统责任无法有效惩处的众多不合法行为而创立，并由宪法委员会根据《宪法》第 34 条规定赋予管辖权资格。这个法院的"基本使命"是惩罚"国库拨款审核者在公共会计操作中的违规"，其构成规则因此也从属于立法机构。因其职权介入了国家审计法院的管辖领域，2009 年也有意见提出要撤销这个法院，但因没有详细说明的文件得到通过，所以它一直得到了保留。这里介绍的是它的组织、职权和运作规则。

① 组织

420　　该法院的组织基于人数对等原则。2005 年以来由 12 名正式成员和 6 名候补成员组成。其成员实际上来自国家审计法院（预算与财政纪律法院院长由国家审计法院首席庭长担任）和最高行政法院（由最高行政法院财政庭庭长任预算与财政纪律法院副院长）。除院长和副院长以外，预算与财政纪律法院的其他法官由部长委员会通过法令任命，任期为 5 年。驻预算与财政纪律法院的检察院的工作，是由国家审计法院总检察长来主持，而案件预审则委托身为最高行政法院、国家审计法院、行政和财政司法机构成员的报告法官来进行。

至于政府稽核员，对他们来说，他们是挑选于所有财政或司法机构的法官，不过再之后却要跟报告法官一样由国家总理选出，这也是预算更多依附于国家审计法院而不再是预算部门后所产生的结果。

② 职权

421　　即使有着对等特性，但通常也会被作为国家审计法院的衍生，因为它在实践中非常依赖国家审计法院（而在同样拥有审计法院的外国，它实施的是跟财政纪律相关的职权）。其管辖权仅限于部分人员以及部分违法行为。

一是关于人员。

422　　法院管辖权扩展和对主要负责人豁免的对比经常会得到强调。实际上，法院对所有公务人员都是有管辖权的，只要这些实施犯罪的行政人员在法律上或事实上，在受国家审计法院或地方审计法院监督的机构中履行职务（参见 398 段和 408 段）。因此，预算与财政纪律法院可以传讯数目可观的人员（比如部长办公室成员、公共会计人员、住院医师、社保官员、享受公共财政补助的企业管理者，或是社保机构下属民事不动产公司的管理者，甚至经济、社会与环境理事会的主席和常任秘书长；预算与财政纪律法院，2012年4月23日经济和社会理事会案）质询。然而，如果他们用（在此案中合法得到通知的）上级机关出具的书面指令来进行抗辩，则不可对其施加任何惩罚，并且至少当上级机关还存在时，应将责任转加于上级机关承担。实际上，法院对以下三类人员（之主要职务行为或主要职务产生的必然附加行为）无管辖权：社保机构和慈善机构中志愿担任的主席和行政主管；政府成员；地方行政机关成员。但根据1993年1月29日法律（第78条）规定，例外的情况是，上述人员阻碍过一个司法判决，或者意在为他人谋求不正当好处曾开展过一次征款（《财政司法法》，法律部分第312条第2款）。

二是应受惩罚的违法行为。

423 本质上来说，这些违法行为是指违背财务合法性的行为（如不合法抵押，信用超支等），违反某些行政方面的制度（如对司法判决的不遵守，导致行政部门逾期赔款的行为；对公共采购准则和公共支出抵押准则的不遵守），以及某些不诚信情况（为第三人——而非为自己——谋求或试图谋求一项不正当好处）。根据《财政司法法》总则，预算与财政纪律法院只能以不直接方式惩罚管理不善（这方面于1990年提出过草案），但根据1995年11月29日的法律（涉及里昂信贷银行），它能惩罚国有企业领导层管理上的失职和重大过失。

也因此涉及机构（国有企业）"因显然与机构利益不符的不正当行为，或在监督上严重逃避应负责任，或在管理上产生重大失职，已给该机构造成重大损失"的领导层（《财政司法法》，法律部分第317条第7款第1项）。

法院可以判处罚金，根据情况，数额可从300欧元至年度工资总额或待遇的两倍不等，这让系统运作更为灵活而可靠。这些罚金在理论上有着个人特性（但也可以由职位继位者继续拖欠），它既不妨碍做出（法院可请求的）纪律惩罚，也不妨碍做出刑事惩罚（驻法院检察院可提交给共和国检察长），但是不可与"法律性质相同的"财务犯罪罚金进行并合（参见418段），除非这个性质已经得到了明确解释。实际上，最高行政法院在确认一些在先案例的基础上，明确过罚金的本质并不是一项纪律或刑事处罚（根据是1995年和2002年的赦免法），与因犯罪事实发起的刑事诉讼或者纪律惩罚相比，在预算与财政纪律法院发起的起诉更有着自主性（2006年11月15日案件）。

犯罪与刑罚的合法性原则并不阻碍以下这点的展开，即定义违法行为时应参考一个人因其实施活动、从事职业，或隶属机构所应负有的义务。此外，由预算与财政纪律法院评估这些被控罪行的情节，并且也可对被控人员的责任进行减轻（例如，预算与财政纪律法院，2013年3月21日国务秘书处案，此案审议部长们和行政服务部门间的"严重不和"，乃至"面对部长办公室提议时"，某些行政服务处缺乏建议或及时预警的行为）。

③运作

424　其运作可以从程序及业务两方面进行介绍。

一是程序。

425　在此类违法行为发生后五年内，下列国家最高财政当局中的任何一名人员均可对该行为提起诉讼：各级议会议长、总理和各部部长、国家审计法院和地方审计法院首席庭长、国家审计法院的总检察长（审计法院首席庭长或总检察长提起诉讼的情况基本相当于由它们自行审理）。

大部分诉讼是由国家审计法院总检察长以及要求行政机构赔偿的某些司法判决受益者发起的，其中他们如果始终没有得到回复的话，还可以向预算与财政纪律法院行使诉讼权（详见《财政司法法》，法律部分第 313 条第 12 款和第 314 条第 1 款）。检察院完全是这方面的专家，可将案件归档为处于讼诉程序的三个阶段之一（即行使讼诉权后、预审后、各级机关发布通告后），因此它便成为行使讼诉权的中间人。此种程序保障了受起诉公务人员的基本辩护权，其中包括了自 1996 年被法国司法机构认可的庭审公开，这一点最初是由当事人提出（预算与财政纪律法院，1996 年 3 月 20 日农业高级推广国家研究院案），后采用了简单直白形式（最高行政法院，1998 年 10 月 30 日洛伦齐案），再写入了《财政司法法》（法规部分第 314 条第 2 款）；此外，报告法官也不再参与合议（《财政司法法》，法律部分第 314 条第 12 款），判决则在公开听证会上进行宣读（《财政司法法》，法规部分第 314 条第 3 款）。另外需注意的是最高行政法院关于"结构性资格丧失"的判例（最高行政法院，2000 年 2 月 23 日钢铁工人案），据此法官不可对之前已于公众意见下进行宣判的案件再行判决。法院会在审判庭做出判决。可以组成大法庭对庭长的发回重审做出裁定，或者在院长要求下，也可以组成大法庭针对一个复审上诉（在预算与财政纪律法院面前，需要有新证据、或可证明当事人无责任的事实或文件，方可提出上诉）做出裁决。撤销原判上诉可以由当事人或由总检察长向最高行政法院提出（这也导致财政与预算纪律法院被划分在行政类别之下）；而终审判决书经由法院决议可整体或部分公开于《官方公报》。

二是业务范围。

426　法院业务在这几年来得到了"重振"，尤其是 2005 年 6 月 17 日关于预算与财政纪律法院改革的法令施行之后。

年度报告的重新采用是佐证法院业务多样性的一个方面，因为直至 1992 年，年度报告都遭遇弃之不用。而自 1995 年起，它却以国家审计法院报告附件的形式进行呈现，并且重新获得了极大发展；除此之外，法院运作模式的改革，法院对公共财政监督相关国际工作的更深介入，也都是法院业务多样性的体现。

预算与财政纪律法院自创立之始至 2014 年底，共发布了 196 份判决（2/3 都于最近 20 年内做出），涉及对 160 多人做出判罚，针对监督严重失职和自不同运营商处不正当得利的行为，每份判决判处罚金在 150 欧元至 10000 欧元不等（不过在涉及国有企业子公司领导层的案件中，故判处 100000 欧元和 59000 欧元的罚金）。哪怕法院的判决数量并非极其重要的参考标准（法院一次简单行使诉讼权或行使诉讼权产生的威慑，有时已足够解决一个案件），但特别考虑到像国家审计法院（它仍然是行政官员的主审机构）每年审理的十几个财务犯罪案件，应该说预算与财政纪律法院的相关业务似乎得到缩减（2011 年和 2012 年时数量最多达到 7 个判决，2013 年只有 4 个，2014 年只有 5 个）。这个情况的产生，一方面来说，有预算与财政纪律法院自身的责任，因为这个法院的性质是"准刑事性"（其构建目的是为了惩处最严重的不合规行为）以及对主要负责人的赦免（此外却在法律上和道德上阻止了对下属的处罚）；另一方面来说，更普遍的问题是，它也难以找到一种适用于行政官员的责任机制（参见 427 段）——即一种可以依据健全财务管理原则，通过《财政法组织法》来进行落实的机制。

法院自身也开始了"绩效"之路，并且阐明了实施目标以及绩效指标。

不论怎么说，宪法委员会已在一个"引人注目"的诉讼中宣布，关于预算与财政纪律法院的组织结构、其审判程序及其所做出的判罚等方面的规章制度并无违宪之处。并且它还宣布，只要遵守下述比例原则，且"事实可以由不同目的或结论定性时"，这里的惩罚可以跟其他惩罚合并：

"当针对一个事实做出的多个惩罚可能产生合并时，比例原则所要求的是，不论什么情况下，最终宣判的惩罚总值，不得超过任一应受惩罚的最高值；因此具有管辖权的司法和纪律机关需要确保自己遵守这一要求，并且在判决时，将那些已受处罚的同性质惩罚纳入考量"（宪法委员会，2014 年 10 月 24 日第 423 号合宪性优先问题决议）。

（4）行政官员责任中的无效性或不适用性

427　这种无效性或者不适用性，构成行政官员责任中的显著特征。会出现这种情况，首先是由于一些责任机制的不够完善。其次是由于过时的规章制度与人们对效率的追求之间的冲突：一方面，这方面的相关规定有些已显得过时；另一方面，公民与公共权力机关（甚至包括监督机关自身）对效率的要求越来越高，导致行政官员也经常试图追求效率。造成这种情况的原因，最后被归结为难以对管理不善进行界定和惩罚。即难以决定某一范围内所有操作的责任承担，难以评估一项管理的质量，除非能阻止错误产生，否则不能对所有管理过失进行惩罚。

与此同时，也应努力厘清《财政法组织法》关于"管理责任"的相关规定及其范围，分清楚哪些责任应交由司法审判（主要是违法行为和重大失职行为），哪些可以由行政部门内部进行处罚（可以通过降职、追究管理责任、扣除奖金、纪律处罚等方式进行处罚）。

资金责任是最近几年出现的责任之一。2006年8月11日法令规定，"为了将履行中央行政机构职务或同等职务的人取得的成果纳入考虑"，制定了对中央行政机构主管有利的绩效津贴，该津贴将在做出个人评估后进行发放。另外，需要注意一些国家比如英国，针对在英国非皇室公共高层职位上招募的"经理"，在目标合同的基础上，毫不犹豫使用了固定期限合同的格式。同样也不能忽略的是在公共职位上的评分改革，以及由2002年4月29日法令带来的评分个性化的改革。

但这些条件自身经常缺乏一个清晰规定每个人应付责任的定义。

2012年的预算和财务制度管理第2012—1246号法令将项目负责人、项目运营预算负责人及运营单位负责人的角色合并为单一的新兴角色——部门财务负责人，辨识并构建了这种与新兴角色相称的管理的行政架构（参见546段），但也导致适用于有关管理者的特殊和具体责任不再能够继续得到辨识的情况。

1.1.3.2 公共会计人员的责任

428　公共会计人员跟所有公民一样承担刑事责任，也跟所有公务员一样承担纪律责任（然而应保持其独立性）。他们同样承担资金责任，这种责任属于公共职务公法的例外情况，因为它涉及的是处理公款和负责监督公款使用合规性的公务人员。这种例行责任由经历多次修改的1963年2月23日财政法案第60条所规定。它有扩展的特性（1），并引发了独特（且复杂）机制（2）的实施。

（1）公共会计人员的责任扩展

429　与公共机构人员只向行政机关负有限责任的普遍情况不同，公共会计人员对其服务的公共法人要承担的是一种扩展的个人与资金责任（尤其不会区分个人过失和服务过失）。只要一些事实遭到"客观地"确认，就会承担这种责任，即可能会得到追究，会计人员应对这些犯罪事实进行负责。

①关于事实

430　"一旦"出现一项账目亏空或货币、证券缺少（"现金短缺"），一笔不合法支出（除非是出自国库拨款审核者的合法征用），或一笔未收到的收入，就应该承担责任；不过在最后一种情况下，会计人员有责任回收钱款，但对因基数应用不当而导致的计算错误，会计人员无须承担责任（故意计算错误的情况不在此列）。而对于二级公共行政单位（地方行政单位、公共机构）的会计人员来说，自1803年以来必须承担的尽职调查和警惕义务，迫使其务必采取一切行动来维护和讨回（他进行保管的）当事机构的应收款。

如果因公共会计人员的"犯罪事实"，当某公共机构本应赔偿另一公共机构或另一第三人时（1963年2月23日法律，第60条第1款），其也应该承担责任。不过这种责任很少被提起，只是最近被一些地方审计法院追究，它假设的是存在"过失"这种应受责备的行为。

此外，"材料会计"是指着重于对移动物品（商品、货物等）进出库进行核算的会计人员。除非法律能有明确衡量涉案财产价值的规定，否则公共会计人员不会承担会计的特殊责任。

②关于人员

公共会计人员可以分为以下三种类型的负责人。

第一种情况下，会计师不仅要对个人犯罪行为（包括牵扯进继任者的）承担责任，还要对在其管辖之下的其他人的犯罪行为（包括其他公共会计人员的）承担责任。

第二种情况下，会计师"在其应当实施监督的范围内"，针对"公共会计人员的操作以及在会计工作中重要联系者的操作"，以及"他们已知晓但却未向上级机关告发过的犯罪行为"承担责任。

此外，会计师原则上应对附属于他的（预付款/应收款）管理人员进行负责，但这些管理人员自身来说又属于一个由1968年11月16日已修改法令制定的、与会计师所应承担责任相近的特殊责任群体。这种情况下，会计师责任只会以有条件的辅助形式进行追究（符合"公共会计师在对文件或现场核实时被认定犯下过失或玩忽职守"这样的条件）。

这种辅助性先后通过最高行政法院的法规（2004年7月21日法令）以及立法（财政法修正法，2006年12月30日）进行确定。最高行政法院也因此要求，在哪怕已经获得责任解除或者减免的情况下，会计师也应对管理人员的行为全权负责。

此外，负责对证券和股票进行特殊会计操作的公务人员，与负责收入和支付托管的公共会计账户的管理人员一样，与公共会计人员承担相同的责任和义务，就好比管理者和财务人员都要对公共会计负责一样。

第三种情况下，公共会计师在取得这个职位后6个月内都没有根据前任的文书要求发放储备金，则应对这些文书负责。

（2）公共会计人员的责任归咎

在两种情况下会"牵扯"公共会计人员的责任但最后不会真正得到"追究"。

第一种涉及时效的情况，时效期限自2008年起基准为5年（2008年10月28日法律）。

"会计师向审计法官出示账目之年，或者是无此义务时出具操作证明之年，紧随其后第5年的12月31日之后，不能再对其发起初次责任追究"（1963年的财政法案，第60条第Ⅳ款）。开始时这个期限是30年，在2001年首次改为10年（2001年12月28日法律），然后在2004年改为6年（2004年12月30日法律，第125条）。

第二种是2006年12月30日法律带来的重要革新。其146条规定"当会计师所属部长、预算部部长或审计法官发现存在不可抗力的构成要件，则不对会计师的个人和资金责任进行追究"（这方面可查看《税法》第430条）。当出现（应当被自然察觉的）外部的、不可预计、不可抵抗的事件时，不仅可以（整体或部分地）免除会计师的责任，而且可以停止包括法官做出的所有追责的前置程序（当然，从前法官并不能对不可抗力予以确认，因为原则上，并不是在行政法官的监督下，而是由部长在法院做出账户鉴定后再收到一个解除责任的请求，才可以做出一个对不可抗力的评估）。

如会计人员责任获得免除，则相关结欠根据不同情况由中央政府或相关公共机构的财政进行承担（2008年3月5日第2008—228号法令，第11条）。在中央政府承担相应款项的情况下，则亦由中央政府代行所涉及的公共机构的所有相关权利。

涉及非中央机构，特别是地方政府的会计人员的责任免除，2008年3月5日颁布的关于公共会计人员的结欠款的确认与核查的法令，规定需征询"所涉公共机构或相关部委"的意见（第9条），即简单征询该机构或部委的相关委员会的意见即可。但多个部委发布的部长令却规定需获得拨款审核者的批准，这条规定似乎在两方面都涉嫌违法（即一方面拨款审核者替代了委员会的地位；另一方面，免除责任权需要由拨款审核者的批准来决定）。

除去上述这些例外情况，部委当局（即会计人员所属部委的部长或预算部部长。他们亦可将这一权限委托予各级公共财政主管、地区行政长官、大学区区长等人）和审计法官亦可追究会计人员的赔偿责任。这一程序将导致对会计人员的财务状况进行评估并追缴结欠。

被追责的会计人员有义务立即偿清缺失款项，除非他获得财政部部长的延期支付许可（有时这一许可亦可由公共财政主管签发）。不过延期支付许可只是一种保护措施，原则上并不能免除会计人员的赔偿责任。如果会计人员未支付相关款项，则可通过签发有执行效力的令状将该款项归为欠款。

另外，如相关部委要求审计法官审理针对公共会计人员的诉讼，公共会计人员可以立即向其所负责的账户支付一笔金额等同于其所造成的损失的款项（所造成的损失包括缺失的收入、不合规的支出、需向另一公共机构或第三方机构支付的补偿，或相关机构聘请人员核算缺失财产价值而产生的佣金）。

①审计司法判决前的行政干预

这种行政干预不是自动的，但出现概率频繁。它可以朝两个相反的方向进行干预。

第一种是做坏账处理（有时亦称"缓期处理"）：如出于独立于会计人员个人意志的客观原因（如债务人无清偿能力或债务人消失的情形）导致其无法收回应征收的收入，经会计人员提出申请，相关的中央政府各行政当局或二级公共机构的审议委员会可以免除其支付该笔收入的责任。但这只是一种优待措施，它不受诉讼限制（且债务人不得以此为由拒绝支付），对审计法官亦没有约束力。

在税收方面，根据涉及的是公共财政总署或海关的会计事项（参见37段），可以分别由主任会计、公共财政主管或地方海关主管宣布作坏账处理（如涉及的是城市规划税或地方政府负责征收的赋税，则应事先获得地方议会的批准）。

第二种则是朝相反方向的干预，即签发结欠令（归为行政结欠）。当发现会计人员有不合规行为之时，部委当局可以立即签发结欠令将该会计人员作为债务人。不过这项措施对审计法官也没有约束力。

②审计司法判决

434 审计司法判决由国家审计法院或地方审计法院承担。这种判决是系统性的干预（且无须事先起诉，这一点与通常的追责程序不同），其间亦有可能由行政部门进行账目审核（参见397段和407段）。考虑到财政司法机构原则上只直接查阅主任会计的账目（次级会计人员的账目已预先整合入主任会计的账目，不过这些次级会计人员并不一定是相关主任会计的下属。关于账目的建立模式可参考《财政司法法》法规部分第131条第2款和法令部分第131条第8款，以及预算和财务制度管理第2012—1246号法令第147条），使得判决的数量得以削减。不过后来这一规则有所减弱：从1977年起，国家审计法院可以直接向财政部门的会计人员（属于次级会计人员，其账目并入公共财政负责人的账目；后者相当于中央政府的主任会计，但不一定是相关次级会计人员的上级）发布指令，且可以直接对他们作出判决。

这种判决传统上遵循两项基本准则。

一是审判的客观性。按照一则经典格言的说法，财政司法机构"审理的是会计之账而非会计之人"，审计法官不得将会计人员的个人行为纳入考虑，因此会计人员哪怕是事先不了解或无法阻止不合规行为，也可能被追究结欠。不过，作为2008年10月28日法律的重要成果的2008年改革，使得财政司法审理越来越趋向于对会计人员本人的审判。

不过这一原则的范围始终是有限的，尤其在收入方面，法官应衡量会计人员是否"在适当期限内采取了所有必要的尽职行动以进行征收"（另外，法官可以在任何领域判处罚金，参见428段）。特别是在存在不可抗力之时，法官可以放弃追究会计人员的责任（参见432段），此时该原则的范围则更加有限。上述接受审计法官评估的"尽职行动"应"快速、完整并恰当"，审计法官不受行政部门所做出的作坏账处理决定的约束。

二是二次判决原则。这一原则长期以来一直是确保财政司法程序保持一定的对质性质的唯一办法，因为该司法程序是书面辩护性的且不公开审理的。

不过由于《欧洲人权公约》规定必须有口头辩护和公开审理（参见395段），后来这一程序也引入了口头辩护和公开审理的要素。

这一分两次审判的特殊机制，在欧洲人权法院的影响下，于上述2008年10月28日法律中被废除。

在对司法机构的最终判决结果不服时，也存在上诉途径。

435　如对地方审计法院的判决不服，可以向国家审计法院提起上诉。如上诉人被地方审计法院判决支付欠款或判处罚金，则上诉可使该判决暂停执行（涉及其他情形时，上诉人也可向国家审计法院申请暂停执行判决）。会计人员（或其代理人）、相关地方政府或公共机构以及驻地方审计法院或国家审计法院的检察机关在接到判决结果通知之日起的两个月内，均可提出上诉。

当地方审计法院的判决结果存在重大瑕疵（特别是形式或程序上的瑕疵）之时，国家审计法院可以撤销该判决，并退回初审法院要求重新审理，或亲自提审该案件（仍采取二次判决的形式）。国家审计法院可以改变判决结果（在初审法院应用法律不当或事实认定不清的情况下），但不得加重对上诉人的判罚，除非其中一方（特别是检察机构）向它提出此类要求。

436　如对国家审计法院的判决或命令不服，可以向最高行政法院提请撤销原判决（案由可以是无管辖权限、形式瑕疵或者违法，2008年10月28日法律，第30条）。此项上诉不能暂停执行原判决（且必须配有辩护律师）。在接到判决书或命令之日起的两个月内，会计人员或其代理人、预算部部长、相关部长、地方政府或公共机构的法定代表人均可向最高行政法院提起上诉（2008年10月28日法律，第30条）。如最高行政法院宣布撤销原判决，则案件将重新发回国家审计法院重审（参见395段）。后者应服从最高行政法院的决定，并会合其下属各庭重新审理。

向最高行政法院请求撤销国家审计法院判决的上诉向来比较罕见。不过近三十年来，受地方审计法院业务活动、《欧洲人权公约》规定的"公平审判"原则以及最高行政法院判例（参见661段）的影响，此类上诉案件有所增加，并经常推翻国家审计法院的传统判例。过去三十年约有百余次向最高行政法院请求撤销原判决的上诉，其中约1/4（全部或部分地）获得成功。

437　在重新找到有利证据的情况下，会计人员或其代理人可以要求财政司法机构对已经生效的判决进行复审。在发现事实错误、遗漏、法律应用不当或重复定罪的情形下，财政司法机构自身或其检察机构（预算部部长、相关部长、相关地方政府或公共机构的法定代表人均可以要求检察机构提出复审）也可以提出复审。复审仍由作出初始判决的司法机构受理。

会计人员提出复审要求的情况并不常见，因为只有在有争议判决做出之前，会计人员拥有相关证据但因不可抗力而无法出具，这种情况下法院才会受理该上诉。

438　此外，所谓的"结构性资格丧失"的判例的发展，导致出现了一种特殊的程序：即通常对此类案件具有管辖权的财政司法机构"有义务"回避，并交由另一司法机构审理，终审法院则为最高行政法院（参见 661 段）。
　　③对会计师财务状况的评估

439　此项评估由行政当局在审计法院宣布判决后执行。长期以来，会计人员可以以各种理由申请结欠减免，并经常获得批准。这导致对公共会计人员追责制度的效力受到很大限制。

对公共会计人员的结欠减免目前由 1963 年 2 月 23 日第 63—156 号法律第 60 条第Ⅸ款第 1 段所规定，该条曾经过多次修改。对罚金的减免规定于 2008 年被废除，2011 年则针对公共会计人员应承担的金额做出修改。

预算部部长或被授权的行政机关可以对公共会计人员的结欠给予减免。最近 2011 年的这次改革深度改变了减免制度，区分了不同的情况，在"保留"由审计法官对会计人员进行追责的情形的同时，引入了一种最低限度的处罚形式，大致相当于对会计人员未尽到"注意义务"的处罚。

440　如今的减免制度针对以下四种不同情形有不同的规定。
* 在公共会计人员的过失未给相关公共机构造成财务损失的情形下，对其应承担的罚款（由法律规定）不予减免。审计法官可以让其承担一定数额的罚款，但不得超过最高行政法院所颁发的法令规定的上限。
* 如公共会计人员的过失给相关公共机构造成财务损失，或导致相关公共机构需向另一公共机构或第三方机构支付赔偿，又或导致相关公共机构需支付聘请专人建立账目而产生的酬金，此时对其承担的数额可以给予减免。
* 在公共会计人员被审计法官追究个人和资金责任的情形下，部长不得全部豁免其应承担的数额（法律规定"部长有义务令其承担"），且该数额设有下限，其金额至少等于最高行政法院根据会计职位的保证金水平为上述第一类情形所设置的最高上限的两倍。
* 在下列两种情况下，当审计法官对会计人员追责时，仍然可以全部减免其应承担的数额：该会计人员去世；或经审计法官核查确认该会计人员遵守了支出分类检查规则。

2012 年 12 月 10 日的第 2012—1386 号法令，明确了在会计人员过失行为未对相关机构造成任何损失的情形下，可以让其承担的最大数额：具体数额视该会计职位需缴纳的保证金而定，上限为该保证金的0.15%（第1条）。

2012年11月23日的一份行政法令确定了公共财政总署会计职位需缴纳的保证金的最新规则，依会计类别不同而异（共21类，不过其中抵押保管员这一职位正逐渐消失）。具体的保证金金额以该类会计职位的最高年薪为基础通过一系列系数计算得出（例如，地方财政局第一类首席会计的计算系数为11）。

2008年3月5日法令（第8条）对减免程序的条件做了规定。

根据上述法令第8条，"公共会计人员可以向预算部部长申请对其应承担的数额包括利息给予减免"，申请文件由公共财政总署进行预审。由预算部部长"对减免申请作出裁决"（第9条第Ⅰ款），但事先须征询一定数量的意见，其中有些属于决定性意见。除了"上级机关的意见"之外，预算部部长还须征询"相关部长和公共机构"的意见（第9条第Ⅰ款）。这里所谓的"公共机构"，如涉及的是地方政府，则需征求的不是地方政府拨款审核者的意见，而是当地议会的意见。

任何减免草案，如其金额超过预算部部长的行政法令所设定的限制，须提交国家审计法院征询意见。预算部部长不一定要遵循国家审计法院的意见，但如其拒绝国家审计法院的意见，必须说明拒绝的理由并通知后者（2008年3月5日法令原第14条）。

2008年3月5日法令对减免金额的上限做出了规定：针对国家审计法院或地方审计法院宣判的结欠款，其本金最高可减免10000欧元；针对该公共会计人员所属部长宣布的结欠款，其本金最高可减免20000欧元。

不过，2012年12月10日第2012—1387号法令废除了这项规定，并限制了国家审计法院所扮演的咨询角色。根据该法令，只有2012年7月1日以前已经经过初步判决的案例的减免决定需征询国家审计法院的意见。

如对会计人员结欠款的减免需由相关二级公共机构的财政来承担，则该减免决定必须征得该机构的委员会的同意（而非该机构的拨款审核者的同意，一些部长命令中指出只需征得拨款审核者的同意，这实际上是不合法的）。一般涉及的是该公共机构自己的会计人员或拨款审核者建立或尝试建立违规账目的情况（2008年3月5日关于公共会计人员结欠款的确认与核查的法令，第9条）。针对会计人员结欠款的减免决定不受争讼（这一点曾遭到批评）。

在实践中，大部分情况下减免申请都会获得批准。被批准后，则结欠款由相关机构的预算来负担（2006年财政法修正案第146条对相关情形和条件做了规定）。如此类结欠款由中央政府的财政承担，则亦由中央政府代行所涉及的公共机构的所有相关权利。

至于这一新制度将如何实施，特别是财务损失将如何认定，仍然有待观察。

441　　国家审计法院曾指出"如会计人员的同一项行为导致产生多项结欠款，审计法官有权裁定其所应承担的结欠均不可减免，且其累加金额不受立法机构所规定的上限水平的影响"。此外，国家审计法院同时指出，如撤销其职务可能导致日后永远无法收回该笔款项，并从而导致出现财政损失的情况，则可将该笔款项作为坏账处理，但保留其可执行性质，待"对方经济好转后"再进行收回。例如要求赔偿一张无效的汇票可能导致财源枯竭，并最终造成财政损失，则可进行如此处理。

　　根据国家审计法院 2015 年年度报告，国家审计法院和地方审计法院 2014 年共做出 281 次判决，所宣判的结欠款金额约 7400 万欧元。

　　④收回结欠

442　　如会计人员未获得结欠减免，则可对其开展追回结欠。对会计人员的结欠追回由其就职前所缴纳的保证金或保证金协会来担保。

　　会计人员在就职之前必须缴纳一笔相当数额的保证金（数额为其年薪的一半至十二倍），或加入保证金协会，每年缴纳一笔年费（数额为保证金的千分之一）。该协会创建于 1908 年，目的在于使会计职务平民化。

　　保证金金额每三年审核一次（2006 年 9 月 26 日法令，第 2 条），从 2006 年开始，国库执达员的保证金定为 10000 欧元，巴黎大区地区公共财政主任的保证金为 103000 欧元至 818000 欧元不等。

　　保证金协会将保证金全部或部分缴纳给国家。不过由于该协会不是保险机构，它从会计人员的薪资（或养老金）中每月扣款进行补偿（另外，会计人员的不动产也可能被抵押，且国库有优先受偿权）。

　　不过这些担保并不能免除会计人员的所有支付责任。因此，他们也可以购买保险（一般是风险分担保险）；另外，会计人员还享有某些风险津贴，且可以以个人名义向造成结欠的任何个人进行追偿。

　　2008 年 3 月 5 日关于公共会计人员结欠款的确认与核查的第 2008－228 号法令后来经过修改。在此基础上，2015 年 2 月 12 日的一份行政法令进一步规定了委托地方机构对公共会计人员和公共经理人结欠进行确认和核查的条件。

1.2　共同限制

443　　财政"管理"措施促成了对不同公共行政管理的共同财政规范的定义、证实甚至是尝试推行的探索（1.2.1），与此同时则仍保留了一整套尤其对于中央和地方行政机关财政有着更多影响的会计条例（1.2.2）。

1.2.1 财政规范

444 财政规范来自于双重立法文件：2012年12月17日的组织法（《公共财政管理和程序组织法》）(1.2.1.1) 以及《公共财政程序法》(1.2.1.2)。

1.2.1.1 《公共财政管理和程序组织法》的贡献

445 这些年对遥不可及的公共账目的平衡的向往以及以此来达成控制公共财政的意愿是行不通的，立宪失败充分体现了这一点，也即2011年提出的与公共财政平衡相关的宪法草案，该草案本应当有利于落实公共财政平衡的法律框架，或者说有利于落实组织法条款的法律框架。2011年7月两院均通过了相同的法律条款，但由于在两院联席会议上缺乏足够多数的支持，该草案最终搁浅。

446 2012年法国参加了《欧洲经济货币联盟稳定、协调与治理条约》，为了适用该条约，法国当局并不对宪法予以修订，而是选择另行起草组织法（参见305段），2012年12月17日第2012-1403号《公共财政管理和程序的组织法》由此产生。该《组织法》涵盖了预算目标和财政目标，重新定义了结构性余额，具体指"除去个别临时措施、因形势变化而修正之后的年度结余"（第1条），全年限度为0.5%，也可以以连续两年每年平均0.25%的标准代替（第23条第Ⅲ款），《组织法》设立的公共财政高级委员会对是否遵守该条款进行监管（参见348段和403段）。

1.2.1.2 力推的多年度性

447 法国当局推广多年期财政的意图于1994年得到了首次落实，1994年1月24日通过了有关公共财政控制的五年期指导法，该法律计划减少赤字——并且（短暂地）起到了一定作用。（对法国来说）这是一种相对新的多年框架的财政活动，而当时在其他国家已是通行做法（尤其在德国、美国、日本和英国）。该法律很快便无人问津了，2006年的财政法案部分废止了该法律。

2008年7月23日推行的宪法改革体现了赋予公共财政多年期计划更为坚实的权力的国家政治意图。第34条中所增加的倒数第二款的法条内容将这一措施具体化了。据此，公共财政多年期指导文件由程序法明确，写入公共管理账目平衡目标之中。

448 2012年的《公共财政管理和程序组织法》明确并强调了程序法内容，尤其提到了其应当写入《欧洲经济货币联盟稳定、协调与治理条约》中所提到的公共管理中期目标框架中，详细说明年度结构性余额和实际余额的（变化）轨迹和两种余额之间换算方法本身，"结构性余额是指除去个别临时措施、因形势变化而修正之后的年度结余"(《公共财政管理和程序组织法》,第1条)。

这种做法一方面在程序法草案中引入了应当由议会核准的附加报告,另一方面,公共财政高级委员会审核政府宏观经济预测和作为法律草案基础的国民生产总值的估算,委员会出具的意见随法律草案一起呈递给最高行政法院。法律草案内容应当具有真实性(《公共财政管理和程序组织法》,第6条)。

在多次犹豫反复之后,并且经济财政形势并不利于制定长期可靠的财政预测,也就是说,即便在2008年秋季启动了紧急程序,第一部《公共财政程序法》(2009~2012年)也是直到2009年初才得以通过(2009年2月9日法令)。第二部《公共财政程序法》(2011~2014年)通过之后(2010年12月28日法令),第三部《公共财政程序法》(2012~2017年)也随之通过(2012年12月31日法令),此后伴随着对于和财政法特别相关的此类司法权力的显著而又持久的质询,又通过了第四部《公共财政程序法》(2014~2019年)(2014年12月29日法令)。

《公共财政程序法》(2012~2017年),经《公共财政管理和程序组织法》巩固加强,采用了《欧洲经济货币联盟稳定、协调与治理条约》所要求的程序。如今这些意图在每一部法律中都保持不变。该程序法明确了如下意图:减少公共支出,稳定社保分摊金比例——仅在期末做有限的下调——就像减少公共管理部门债务一样,对地方行政机构的财政转移控制在一定范围内,2014年和2015年两年在一定范围内实现从地方行政机构获得(增值税补偿基金之外)国家税收收入的稳定价值转变为有计划地减少部分捐税。这是中央和地方行政机构关系的完全创新。其他显著意图有:储备大量经费(能够以"绩效"来衡量的经费或是法律规定的储备)。

除这些不变情况之外,《公共财政程序法》(2012~2017年)首先明确了减少国家公共职位编制,大量增加社保法定基本制度支出,在医保资助实施之初留存部分资金(0.3%),到2017年实现结构性余额的最终平衡,随经济状况变化的余额则保持一定赤字(见表8)。

需要指出,这是基于"经过整顿清理"甚至是"有所盈余"的地方政府和社保部门情况而"做出预测"。其设想经济将会增长,但自2013年开始,这一假设并不符合实际。总之,尽管程序法也必须遵循真实性原则,但它总是自相矛盾的。

449   此外,法国政府也曾试图构建三年期预算政策,具体表现为国家多年期预算。该做法引起了解释法国政府决策的政治活动,试图对部分支出项目做中期解读,正如退休影响和债务负担。

由此编制的文件也包括税收收入和"用来应对预估风险的必要支出所做的预算储备"的统计说明。

表8 历年《公共财政程序法》预测的法国公共行政管理部门财政情况演变
（占国民生产总值）

单位：%

		2008年	2009年	2010年	2011年	2012年	2013年	2014年	2015年	2016年	2017年	2018年	2019年
2009年2月9日法令	余额	−3.2	−4.4	−3.1	−2.3	−1.5							
	负债	67	69.9	70.5	70	68.6							
2010年12月28日法令	余额		−7.5	−7.7	−6	−4.9	−3	−2					
	负债		78.1	82.9	86.2	87.4	86.8	85.3					
2012年12月31日法令	余额					−4.5	−3	−2.2	−1.3	−0.6	−0.3		
	负债					87.4	88.4	87.3	85.4	82.9	80.1		
2014年12月29日法令	余额						−4.1	−4.4	−4.1	−3.6	−2.7	−1.7	−0.7
	负债						92.2	95.2	97.1	97.7	97	95.1	92.4
法国国家统计局	余额	−3.3	−7.5	−7.1	−5.3	−4.8	−4.1	−4					
	负债	68.2	79.2	82.4	85.8	90.2	93.5	95					

注："余额"与"负债"分别指公共行政管理部门的实际余额及其所负债务。

资料来源：法国国家统计局和历年《公共财政程序法》。

此外这些不同的条款需要彼此呼应，特别是有关经济预测的部分——当经济预测在相似或相近阶段内获得通过或被推出（关于这方面，可参考2015年4月13日公共财政高级委员会第2015—01号关于2015~2018年稳定计划项目的宏观经济预测的"批评"意见）。

现在，我们大概敢于向整个欧洲提出如此的批评质疑：究竟是在何时，法国曾确实地遵守了它的财政承诺？

1.2.2 会计条例

450 会计条例是用来描述和规范预算执行，更广泛地说，是规范公共财政活动的。如今的公共会计制度是以2012年11月7日颁布的预算和财务制度管理的法令（RGBCP）为基础的，该法令取代了1962年12月29日颁布的财务制度总章程（RGCP）的法令。公共会计制度更是针对中央及其公共机构的财政管理。正是基于立法基础，公共会计制度基本原则才得以在地方行政机构推行（在社会保障财政方面，参见798段）。应当指出，在法国有一些特殊会计机构（1.2.2.1）。此外，法国还有一些特殊条例，这些条例就公共会计制度（1.2.2.2）及相关活动（1.2.2.3）的实施人员的特殊性进行了解释说明。

1.2.2.1 （公共）会计机构

451 由于想要进行相关机构改革甚至是机构兼并统一，因此于2009年设立了会计准则委员会（2009年1月22日条例），该委员会以规范形式确立了一般会计规定和行业会计规定，依照会计准则，负有编制会计资料义务的自然人和法人均应当遵守相关规定（第1条）。在该委员会存续期间，2009年4月29日决议设立了公共账户标准委员会，该委员会特别负责就所有会计准则草案提出预先意见，包括适用于从事非商业行为且主要为公共资源特别是社保分摊金所资助的公法人和私法人的立法和规定文件（2015年5月28日决议，第1条）；2013年，该委员会取代了社保机构部际高级会计委员会（2013年1月29日颁布的法令）。公共账户标准委员会包括审计法院首席庭长还有地方财政委员会主席。公共会计机构主要包括：中央和独立机构、地方行政机关和地方公共机构、社保机构和相似机构。

必须饶有兴趣地指出，为了构建公共账户概念框架——关于公共账户标准委员会有权管辖的所有公共管理部门的原则文件，2014年12月由公共账户标准委员会设立了国家咨询处。公共账户标准委员会将该框架定义为"适用于相关单位财政状况的会计准则中所使用的概念的严密整体。这些概念包括了可能引发会计后果的公共活动的主要特征，具体有：活动、应当加以考虑并用来编制财政说明的事件和情况、会计账目要求、评估方法的选择、对财政说明有指导作用的导向方针"（公共账户标准委员会关于"公共账户概念框架"提交国家咨询处的文件，2014年12月）。

1.2.2.2 公共会计人员（国库拨款审核者和会计人员的分离）

452　法国公共会计制度的基本特征之一是有两类独立的彼此分离的人员从事财政活动：国库拨款审核者（1）和会计人员（2），这两类人员都遵循分离原则（3）。

（1）公共（国库）拨款审核者

453　公共拨款审核者是指那些可以安排支出的行政管理人员（原则上，也可以安排收入，然而在这方面作用不太重要）。公共拨款审核者在面向预算经费的使用决策中担负主要责任（但并不总是专属的），这说明该资质是保留给最高行政机关的。据此，我们可以区分主要拨款审核者（部长、地方政府和公共机构的行政长官）——对于他们预算权力直接面向经费的使用，和次级拨款审核者（尤其是省长和部分公共机构当权者）——他们获得主要拨款审核者的信用授权（在地方行政机构当中不存在次级拨款审核者）。主要拨款审核者和次级拨款审核者可以签字委托拨款审核代表（或者，存在障碍的情况下，可以尝试由候选拨款审核者来行使职权）。

（2）公共会计人员

454　鉴于其职责，公共会计人员包括确定个人资金责任的特殊财政条款管理的公务人员（参见428段）。（除非对于部分法人而言）公共会计师由预算部部长任命，并给予许可或对任命文书进行会签。2012年11月7日的预算和财务制度管理法令将其定义为"专享管理资金职权并可持有第1条所提到的法人账户"。公共会计人员分为两类：主会计师——主要对审计法院法官汇报工作，和次级会计人员——由主会计师集中领导工作。

会计人员网络属于国家，其他公共机构也可以使用；财政部或者国防部对其进行监管（参见547段）；其他行政管理部门（特别是公共机构）有时也有自己的会计人员（但是地方行政机构不在此列），然而这些会计人员并不形成特殊网络。

公共会计人员的角色具有双重性。

一方面，他们负有个人资金责任，对国库拨款审核者发出的支付令（原则上也有收入令）的财政合法性进行监管审查，可以拒绝服从不合法的指令。这一角色，有时被称为"支付者"（过去对他们的称呼，现在有时也会使用），这构成了法国公共会计体系的本质特征和核心原则。

另一方面，原则上只有会计人员有权掌控或管理公共资金（本人或是他们委派的人员，这一角色有时被称作"出纳员"）。其他所有人，特别是国库拨款审核者，如若干涉此项职能，就有可能面临严格执行事实管理制度的风险（参见414段）。

预算和财务制度管理第2012—1246号法令第18条，适用于所有公共机构会计人员，详尽地列举了其职能，条款具体是"担任会计职务，并且是如下事项的唯一负责人：

- 负责管理基本会计制度；
- 负责管理预算会计制度，除非是国库拨款审核者的管辖范围；
- 负责执行国库拨款审核者发出的征收令和支付令；
- 负责以合同、所有权证明或其他执行证明收回征收令和确认的债权；
- 负责将现金税费和执行征收令而获得的收入存库；
- 负责根据国库拨款审核者发出的支付令或是债权证明或是其固有的主动权力进行支付操作；
- 负责止付及其他意思表示的后续工作；
- 负责基金和属于或交付给第 1 条所提到的那些法人（公共机构）的资金和票据的保管和存放；
- 负责资金和流动资金账户变动管理；
- 负责国库拨款审核者送达的操作凭证和会计资料的保存"。

然而，这一排他性目前随着预付款（支出）和/或收入管理人（兴起）而不断减弱。管理人是指经会计人员许可，由国库拨款审核者任命的（审核者本人不能兼任管理人），并且通常是部门成员的人员（部分私立机构自然人也可以有这一身份）。管理人在限制范围内有权将收入存库（非税收入，除非是得到财政部部长或是国境外税务局特许）和/或从收到会计人员支付的预付款时完成部分支出（活动）。不过这一活动必须在会计原则的监管下和责任范围内展开（参见 429 段），管理人也必须按照会计原则（要求）结转收入和汇报工作（根据国库拨款审核者发出调控凭证完成收入许可或基金预付款延期）。比起对于国库拨款审核者和会计人员相分离原则而言，这一做法更加减弱了会计人员管理基金的专属权力（这说明公共机构必须定期主张权力的扩张）。

长期以来，（条款）由特殊文件确认（1964 年 5 月 28 日颁布的法令），如今的条例制度由 1992 年 7 月 20 日颁布的中央、中央公共机构和地方公共教育机构法令和 1997 年 12 月 29 日以及 2005 年 12 月 19 日颁布的关于地方行政机构和地方公共机构概述的法令所确定——条例相关方式根据公共机构种类而变化（尤其是创造性条例，参见 649 段）。2008 年 3 月 5 日的修改后的法令确认了管理人个人资金责任制度。

(3) 国库拨款审核者和会计人员职位的分离

455　这是自法国现代公共会计制度实施起提出的基本规范。

该原则包括两项基本要素。一方面是国库拨款审核者和会计人员职能不相容性自 1822 年支出法令颁布提出（9 月 14 日法令）（18 世纪末出台关于收入的法令），1962年的法令覆盖了配偶，（要求配偶）不得在同一公共机构中担任这两项职务。另一方面则是会计人员独立性，构成了其在公法领域内的一项基本特征；该独立性并非必然法定，因为会计人员在国库拨款审核者行政领导或影响下实施监管（公共机构、军队等）或者为法定隶属（关联部委）；该独立性主要是职能上的，是法律要求会计人员进行活动的合法性审查并且对所有非合法性和社保基金赤字承担个人资金责任，除非是高级会计师发出的指令（则由高级会计师承担责任），（这种情况下）必要时，可以免除其遵守传统公共职能等级的义务。

  可以在有限范围内违反原则，有时这种违反原则的行为比实际上还要显而易见。

  一方面，会计人员有时从事部分通常是归于国库拨款审核者的职能。因此，在一些情况下，他可以在没有国库拨款审核者指令或预先指令的情况下进行清算和支付（参见105段，特殊支付程序）；同样地，在公共机构中（大部分时间都存在一个国库拨款审核者和会计人员的公共财政账户），会计人员经常指导国库拨款审核者的财政工作并且因此成为管理者；然而其所实施的职能并不涉及国库拨款审核者的内在资格并且在任何情况下都不能重审拨款审核者的决定权。只有在收入方面，主要是间接税征收（关税），会计人员——或是其直接上级——可以取代国库拨款审核者（在发出或执行征收令方面），事实上，拨款审核者和会计人员职位相分离的原则并非是针对收入确立的（参见462段）。

  另一方面，国库拨款审核者有时有权管理基金。仅仅是那些有关国家活动的，主要是军事方面的重要管理活动（参见547段）。其他情况下，审核者的管理活动是受限的或者仅限于间接管理，并且受会计人员的直接监管（预付款和收入管理，参见454段）；此外，国库拨款审核者无足轻重的作用也通过协会或是其他私营机构设立"非法小金库"的行为而得到体现，而这显然是经常性的。

  事实上，原则的作用正越来越受到争议，比起会计人员的"支付者"角色，"出纳员"所受的争议较少（然而难道不需要像一些大型私企那样，将"出纳员"和"账户持有人"分开吗，参见458段）。一方面，从组织角度来说，这一角色在大部分时间内都至少暂时性地赋予监管者及相关部委（尤其是财政部）"否决权"以及相应的监管权（不过这仍然只是主要涉及会计人员的行政所属问题）。另一方面，由于唯一的财务合法性原因（这并不能和"普通合法性"相混淆，参见67段），这一组织安排尤其在职能方面强调了对拨款审核者本可以参与的活动有所限制的监管，显然，这既无助于促进效率，也不利于责任承担，还不利于公共管理的公开透明。因此，该政策似乎更适合发展中国家（也就是现在这些公共会计制度条款诞生之初的法国），并不真正地、或完全地适合以绩效（和信息技术）为基础的体系，欧共体2002年的旧版财政条例如是说（2012年新财政条例又重提了），该财政条例取消了对国库拨款审核者的预先监管，以使其承担更多的责任（参见265段）。

1.2.2.3 公共会计活动

456 所有公共会计活动均遵循详细的规章（"支出链"），信息技术发展使得技术手段发生了深刻的变革，能够越来越多地进行非物质化操作并使用拨款审核者（提供数据）和会计人员（进行监管和使操作生效）所共有的资料。这一规章条例根据支出（1）、收入（2）和国库资金（3）而变化。

（1）公共支出

457　公共支出按照相对统一的程序展开，该程序主要用来保障活动的合法性。因此，在司法制度框架下将其分为一般程序和特殊程序，该司法制度框架以特殊时效制度为特征。

①一般程序

458　通常这一程序施行拨款审核者和会计人员相分离原则。

行政阶段从国库拨款审核者或其他管理者工作开始，具体包括三个阶段：

• 担保是指使管理者成为债务人（至少是假定的）（司法担保）以及为支出而冻结款项（会计担保）；若司法担保是自愿为之（比如：采购订单），那么必须有前置的会计担保；这是最重要的阶段，因为有司法担保的支出所形成的义务一般不能免除；也就是说司法担保义务是特殊监管的对象（参见 379 段、545 段和 563 段）；

• 决算是指在工作完成并得到确认之后，对支付的准确金额进行计算，因为条款规定除非法官明确许可（尤其是预付款）或接受，否则行政管理部门不得在工作未预先完成或是工作"完成得不理想"的情况下进行支付（应当符合行政管理部门的指示）。如果遇到罢工的情况，则根据现有的各种扣除薪资的模式加以处罚（如国家工程或服务，则每次罢工扣除罢工工人月薪的 1/30，涉及地方政府和医院的工程或服务亦按此比例扣除，同时均按 1982 年 10 月 19 日法律对发生罢工承担一项公共服务的企业加以处罚）。

特别地，公共合同预付款（因为预付款是任务完成后所需支付费用的一部分）、日常支出预付款（特别是出差费用）和津贴、公共采购预定和其他认购以及对暂停职务的公务员的处理等事项可以在任务未完成之前支付。

• （中央预算）拨款安排（部长）或付款通知（其他国库拨款审核者）是指国库拨款审核者（唯一有权限的）向会计人员发出的支付令（根据支付令会计人员为收款人）；支付令同时附有证明材料，其中的清单（目录明细）有时是限定的，以避免会计人员的全权评估（自 1983 年以来，对于地方行政机构采取了这一做法，自 1995 年以来，中央亦是如此）；该书面形式体系正在被渐渐取代，特别是在严格的审计监管中，可磁化载体可使拨款审核者之间信息化数据交换体系得到广泛应用。

会计阶段（支付）根据实际情况分为两个或者三个阶段：

• 会计人员（"支付者角色"）对支付令的合法性审查是主要阶段。该审查并非随机审查。也并非如财政部所愿是一项内部合法性审查（特别是，支付是基于该审查行为而完成的），因为会计人员取代了合法性审查官（《地方法》，法律部分第 1617 条第 2 款）。这是外部合法性审查，具体包括预算合法性（国库拨款审核者权力范围，经费流动性，支出列入出账）、债权有效性（会计人员审核清算的书面材料，已完成工作，时效规范）和决算的债务免除性（支付给真实的债权人，无异议），以及对次级机关团体的审查，还包括可自由使用的基金。

内部合法性审查（禁止）和外部合法性审查（必须）之间的区别并不总是轻而易举（并且有时甚至在法庭上也会引起分歧）；比如，会计人员应当拒绝支付（市级）决议所规定的津贴，但这同法定条款相冲突，但同时，会计人员不能拒绝支付（医疗委员会）决议所规定的津贴，这显然又和决议所援引的法令相矛盾（最高行政法院，1997 年 9 月 8 日经济部和财政部案，撤销了审计法院的决议）。同样可以指出地方会计人员已不再承担审查国库拨款审核者是否遵循了公共合同的界限的义务。

在 2002 年之前，任何合法性审查的期限均未以法律形式确定，审查之后会计人员发出检验文书（"已阅，可以支付"），或者在不合法情况下，可以中止支付，并且将其通知到国库拨款审核者。

- 支付令：如会计人员拒绝签名支付，则可由拨款审核者向会计人员签发支付令，会计人员收到支付令后应即时支付，因为此时他的责任已得到免除，相应的责任转由拨款审核者承担（某些拨款审核者出现责任事故时由预算与财政纪律法院审理，参见 201 段）。拨款审核者签发支付令时应通知财政部门和财政司法机构。在某些最为严重的情形下，不得使用支付令。虽然各级政府所规定的最严重的情形未尽一致，但主要包括以下几种情形：经费短缺（在此情形下，除非出于国防需要拨款予军事人员，否则不得使用支付令）、相关工作任务未完成、该笔支出并非用于其正当用途。对于次级政府而言，无法履行支付令的情形还包括可动用资金短缺的情形（在可动用资金短缺的情况下，如会计人员拒绝签名支付，则相关人员可以就此提起诉讼，但如拨款审核者已经签发支付令则又另当别论，此时可以针对会计人员拒绝执行支付令提起诉讼）。
- 支付操作在会计责任范围内进行（"出纳员角色"），是指向债权人支付资金，越来越多地采用转账的方式来支付。2012 年 12 月 24 日预算部决议详细规定（或是重申）了公共支出的法定方式，首先强调的是银行转账，但同时也提到了一系列相对多样的支付形式，尽管行政管理操作上更倾向于转账；该决议还规定了可以使用其他方式支付如银行扣款、远程支付、银行卡、购物卡甚至是现金（公共会计人员，军队出纳员，国有企业的经理人经手）、邮政汇票、国库支票或通用服务业支票等，直至指出受公共合同法约束的合同支出可以在国库拨款审核者许可下通过汇票承兑。

自 2013 年 5 月 1 日以来，在公共合同相关事项上，支付的行政阶段和会计阶段一般受到 30 天支付总期限的约束（公共卫生服务总期限为 50 天，公共企业招标授权则有 60 天），否则需向债权人支付法定延期利息。

　　根据 2011 年 2 月 16 日关于反商业交易中的延期支付的指示，2013 年 3 月 29 日法令对有关公共采购的所有期限制度做了改革（第 2013-629 号关于反公共采购合同支付延期的法令）。期限——可以由合同双方约定缩短，根据情况，缩短支付申请接收、细账承兑或是津贴支付执行等期限，一些处于某些原因不隶属于行政管理部门的国库拨款审核者和会计人员可以中止期限——包括资金交付，否则就要向债权人（合同所有人或是分包商）支付延期利息，原则上从合同到期之日开始计算（30 天之后，还有补充延期利息）；本金支付后 45 天内应当支付一笔定额税费补偿（40 欧元）。这就要求国库拨款审核者和会计人员之间有紧密的合作，尤其可以彼此商定一个支付期限；当会计人员和国库拨款审核者不隶属于同一机构时，会计的最长操作期限为两周（当支付不合法时，期限中止，但不可以用来抗辩债权人：参见 458 段），大部分地方行政机构均是如此。（除例外情况）地方行政机构配备有一名国家会计师（参见 648 段），此外，地区公共财政主任或是部门主任应当"在接到国库拨款审核者支付要求之后两个月内着手支付相关金额，在国库拨款审核者和会计人员就责任分配产生争议时，则应当在争议解决后的两个月内支付"（第 16 条）。责任归属纠纷可以提交给由中央代表组织安排的调解会议。

　　②特殊支付程序

459　　这些程序对拨款审核者和会计人员相分离的原则有所调整，尤其是减弱了国库拨款审核者作用（签发付款通知）。

　　无拨款安排的支付，至少在形式上取消了支付令，取而代之的是提供国库拨款审核者的清算材料，或者甚至不需要拨款审核者的介入。这些支付操作，涉及的金额巨大，并且鉴于信息技术的发展可以准确预计将来的公共支出（而完成）。（参见 2015 年 2 月 16 日决议，关于在无拨款安排、无预先拨款安排或在工作任务尚未完成的情况下，地方行政机关、地方公共机构和公共卫生机构可以获得支付）。

　　拨款通知之前的支付是指在国库拨款审核者发出合法支付令之前，会计人员或预付款管理人进行支付。从逻辑上来说，他们应当更加受限，涉及一些日常或是紧急支付（国库"预付款支付"）和一些司法裁定（或费用）。

　　③特殊时效制度

460　　需要指出，公共机构债务受特殊时效制度（4 年失效）约束，1831 年出于国家利益而设立，此后涵盖了地方行政机关（1934 年）和公共机构（配有一名公共会计师，1945 年），直到 1968 年 12 月 31 日颁布的法令对此进行了修改（1998 年 2

月 11 日和 1999 年 2 月 8 日法令对其有关规定性质的条款进行了修改），才有所缓和。这些（包括其他机构在内的）债务在到期后消灭，时效为 4 年（在债务产生后第 4 年的 12 月 31 日过期），然而法律规定了一些时效中止（债权人不知道）和时效中断（债权人或是行政管理机关行为）的因素，以及向应当获得利益的债权人支付过期债务的可能情况（议会委员会决定，或是国库拨款审核部长和财政部部长针对国家的联合决定，或是在会计人员给出意见之后相关拨款审核者针对无足轻重的债务所做的决定）。只有当拨款审核者能够对时效提出异议时，在存在争议的情况下（行政争议或是司法争议），只能在诉讼开始时提出异议并且不能以此对抗既决案件的判决羁束力（有关 4 年时效争议，参见最高行政法院，2012 年 11 月 15 日滨海卡瓦莱尔案）。

宪法委员会根据宪法宣布了 1968 年法令相关条款，认为"宪法没有任何条款要求公法债权人应当遵循同民事债权一样的规则"（2012 年 6 月 18 日第 256 号合宪性优先问题决议）。

461 必须再次指出，公共管理部门不能仅仅用普通法规定的实施方式来支付其债务，因为其垄断了公共力量，并且公共法人财产是免除扣押的（法律基本原则体现在：民事终审法庭第一庭，1987 年 12 月 21 日法国地质矿产调查总局案）。次级公共法人应当遵照"行政实施方式"（经费指定登记和中央机关指定付款），而政府本身则采用"司法实施方式"。特别是 1995 年 2 月 8 日颁布的关于司法组织和民事、刑事和行政程序的法令以及 1980 年 7 月 16 日颁布的关于逾期罚款和司法裁定法令，自 2000 年 4 月 12 日颁布的法令对其进行了修正之后，第 17 条规定国库拨款审核者必须在 2 个月内对既决案件裁决确定的金额进行支付（如果需要增加补充经费，期限则为 4 个月），否则会计人员将根据上述裁决予以支付（如果国库拨款审核者没有接受财政预先审查的话，则应当对拨款审核者进行预先审查，并且在合乎规定之前，不得进行新的支付）（《财政司法法》，法律部分第 313 条第 12 款；《行政法》，法律部分第 911 条第 1 款，法规部分第 911 条第 1 款）。欧洲人权法院也认可，公共法人负有服从司法裁决的义务。

（2）公共收入

462 在程序上，公共收入和公共支出并不对称。一方面，公共行政管理部门在这方面的评估权力相当微弱，因为其不能在无规定的情况下收取款项（会计人员会对此进行审查），并且原则上所有收入都应当有凭有据（详细说明）。《刑法》第 432 条第 10 款将公共机关如下行为定性为贪污类犯罪，具体包括：公共机关在非法定情况下，允许减免或是相反地收取债权（刑事终审法庭，2001 年 5 月 16 日屈皮亚尔案：地方行政机关对每一户所建住宅征收了一笔款项），或者违反法律或是规章条款，允许减免税费、捐税或税收（刑事终审法庭，2012 年 10 月 10 日第 11-85.914 号案例：自发免除对市镇土地转让价格的税收）。

规章的目标更多在于允许征收税款而较少保障合法性的审查（债务人对此负有责任）。另一方面，收入程序更加种类繁多并且在细节上适应各种收入。

同样的，公共债权时效制度不仅根据债权性质变化——原则上只有"普通债权"（非税债权）适用30年的时效，而且在税收债权内部也是多有不同（参见131段）。无偿减免制度也有多种，根据情况，有时可行（假设的普遍性）有时则不可行（独立行政机关做出的处罚，市长对城市规划逾期罚款的清算——同省长的罚款清算不同），有权批准减免的机关也各不相同。此外，还需指出，公共法人的仲裁和调解救济也是有所限制的，当法律没有明文规定许可时，对行政机构和国有工商企业的私立分支机构的解释非常困难。抚养费的情况需特别指出，自1975年7月11日法令颁布以来，其公共征收程序直接受私立机构管理（同样，可以向国家技术机构提供的公共工程津贴报酬提出相同的问题）。

再次说明，税收征收方面有两个主要行政参与机构：公共财政总署与海关和间接税总署。社保金（以及普通社会保险捐税和社会保险债务偿还税等主要税种）由社会保险金及家庭补助金征收联合机构征收，这引起了对于社保分摊金是否能由统一机构来征收的反思。

根据确认税费体系和现金征收可以将征税分为两类。

①依确认税费体系进行的征税

这分为两个阶段完成征税。

税基确认是指对债权进行确认和计算（清算），并向债务人发出税收令。这是所得税和地方直接税的规则，这两类税款由公共财政总署税基和监管部门计算，由省长（或其代表）发出统一执行令，发给每一位债务人的税收通知。同时，这也是非税收入的原则，非税收入由国库拨款审核部门计算，然后通过各种名目不同的执行令进行征收（但无论何种执行令，均应在其中指明计算的基数）。

执行令可以由中央、地方行政机关，及配有公共会计师的公共机构发出（1992年12月31日法令，第98条），必要时，由承担公共服务任务的私人法人发出（宪法委员会，1999年7月23日第99-416号合宪性审查决议）。如果没有预先向债务人发出执行令，则不能启动强制执行措施（民事终审法庭第二庭，1999年7月1日国立梅斯工程师学院案）。虽然最高行政法院在一个判例中默认公共法人也可以成为执行令状对象，但这种做法是存在争议的，因为执行令的本质可能就是强制执行。

自1992年12月31日法令颁布以来（第98条），执行令既可以确认债权的可求偿性（以前是用税收令，在执行令之前），又可以（不求助于法官）进行强制征收。原则上，债务人提出的异议（根据不同情况，向行政管理机关提出对国家的异议，向法官提出对公共法人的异议）可以中止强制执行，但无法中止可求偿性，因此可能导致税收增加（最高行政法院，2002年3月15日国际移民局案);法令规定在部分情况下,可求偿性也可以中止(关于税收,参见 144 段)甚至是取消(关于保单定额罚金,参见 391 段)。

除非有相反规定,否则征收交由公共会计人员执行。其负责审查条款和税收许可是否真实存在,以及出具税收证明,这使得公共会计人员对征收承担个人责任(公共会计人员也有权发出预付款支付令)。

2012 年 12 月 24 日颁布的决议规定了公共税收付款方式,即银行扣款、远程支付、支票、银行卡、邮政汇票等。预算和财务制度管理第 2012—1246 号法令(第 25 条)规定应当缴纳的金额可以通过《货币金融法》规定的一切方式支付,也可以通过其他更为特殊的方式支付,比如指定支付、股票交付、税票交付,甚至实物津贴支付,这又再现了古老的税债偿付形式。

立法机构倾向于强制规定一些税款支付形式,比如远程支付(参见《税法》,第 1681 条,尤其是关于企业税收的规定)。

2010 年 12 月 29 日颁布的第 2010—1658 号法令(第 55 条),2012 年予以了修订,统一了税收程序。

如今,如果没有按照征税通知或是税款征收通知要求支付金额,除非另有申请(附有延期支付申请),否则会计人员将发给纳税人催告函(对于所得税、社会捐税、居住税、土地税及其他相似税种,在纳税人搬迁或企业转让或终止,经营者或纳税人从事非贸易职业或是死亡时,一旦税款可求偿,即可进行催告)。如果催告无效或是没有延期支付申请,在催告通知发出 30 天后,会计人员可以提起诉讼。付款催告中断时效期限,也可能引发争议。如债权超过 15000 欧元,则在催告函发出之前需预先发出一封提醒函,但如涉及的是金额更正或强制征收的情况,则无须预先发送提醒函。

其他情况下,在催告通知发出一周之后,根据规定程序可以再发出一份催告通知,并说明可能提起诉讼。

(在债务进行可能的补偿之后)会计人员将根据普通法民事程序执行方式采取强制征收措施(扣押、变卖),通过司法执达员或是有权的行政管理机关人员执行。更为特殊的程序是:通知第三占有人,对抗第三占有人,行政对抗或者有时甚至是司法拘禁。

• 通知第三占有人是将归属于债务人的应当支付的税收、罚金和附带费用金额告知给第三人、保管人、占有人或债务人,这些税款的征收由国库特权保障(《税收程序法》,法律部分第 262 条)。

• 对抗第三占有人(2004 年 12 月 30 日财政法修正案所设立),向占有债务人资金的第三人提出,以回收不属于《税法》规定而属于地方行政机关或是地方公共机构的税款(《地方法》,法律部分第 1617 条第 5 款)。

• 行政对抗,也是 2004 年财政法修正案所设立(第 124 条),保障公共会计人员可以强制回收债权或是收取罚金。此类国库征收（罚款，罚金）通常都是面向占有债务人资金的第三人、自然人或是法人。

行政机关从对债务人的债权中抵消行政机关所负的债务是行之有效的税收方式，鉴于判例已经证明（其效力），这种做法可以免除发出税收证明（会计人员不需要证明即可实施抵扣），同时这种做法也会引起是否完全符合防御权利的一般规则的疑虑（由于相对于行政管理机关而言，私人法人并不对称地拥有相关权利，主要是因为这种做法可能有损于公共财产的不可扣押性）；最高行政法院也限制了其使用范围（只能用于同一部委内或是同一级次公共机构的同一性质的债权债务）。此外，还需指出，在司法纠正程序内，法官可以向国库规定征收时限。

某些款项不得被扣押（低保、抚养费、工资定额、待业期间临时补贴金等）。如账户被查封（且其中余额是以抵偿债务）的人员提出申请，应立即给予发放等同于一个月的就业团结补贴的金额，以保障其生活。

税收债权和其他债权（司法裁决）可以由个人担保（除了主要债务人之外的债务人）和实物担保进行保障（优先权、抵押；参见2007年4月17日关于债权人的国库优先权实施方式的法令），这些担保有时则会以税收援助国际协定进行补充（参见130段），使债权优先公共机构税收更为方便。

②现金征收

464 对行政管理部门而言，这一操作取代了税基这一前置程序，并且赋予会计人员（收入管理人）在无预先指令时将税款存库的责任。

这一体系尤其涉及最大一部分中央税收，因为社保税、工资税或是产品税（增值税、注册税、关税、产业产品税）（支付给财政管理部门会计人员）一般由债务人自行计算，在申报税款的时候将税款支付给会计人员。

但这一体系在司法上尤为特殊，因为在意外情况下（不合法、无自动支付），会采用确认税收程序，并且由国库拨款审核者（社保税、关税、非税债权）或是会计人员或其直接上级向债务人发出税收执行令；相关会计人员，尤其是财政管理部门会计师依据上述方式保证税收的征收。

(3) 国库资金

465 国库资金包括属于公共机构（公共资金）或是拨付给公共机构（私人管理资金，比如拨付给医院和公共养老院容留人员的资金，和公共资金隶属于同一制度）的资金和证券。

由特殊制度确保对国库资金的保护：公共资金，如公法法人所有财产，均不可扣押；只有公共会计师可以占有和使用国库资金，除非被处以刑事处罚或实施事实管理制度（参见414段），并且启用特殊个人资金责任制度（参见425段）；公共资金的追回通过由政府发布结欠法令的形式强力执行，关于执行内容方面的相关争讼由行政法院管辖,但向行政法院提起诉讼的过程中结欠法令并不中止执行(至于相关程序上的合法性问题则属于司法法院管辖,如就执行的程序问题提起诉讼,则此时结欠法令需中止执行)。

社保金管理机构统一,一方面是指每一个会计职位只能对应一个社保金管理机构,这使得监督更为容易;另一方面则表明该社保金管理机构的资金只能依据需求不加区别地使用,部分资金只能留给部分支出,这可能助长浪费和地方主义(国家审计法院第三庭,1891年4月22日布洛案)。

国库资金统一传统上是指,除非财政部部长特别批准,否则所有公共机构应当将他们的资金存放于国库。自《财政法组织法》颁布以来,这一统一操作(在法律上)不再仅仅涉及中央资金和地方行政机关资金,而且《财政法组织法》也规定了可以一些被允许的例外情况(参见150段)。

第 2 章 中央财政

466 长期以来，中央财政被认为等同于公共财政，事实上，中央财政只是其中的一部分，但是它扮演的角色却最为重要。

正如第一部分所介绍的那样（参见 13 段），中央财政仍受议会制下诞生的财政体制的约束，但在历经第四共和国（1956 年 6 月 19 日法令）和第五共和国的财政体制改革之后，中央财政主要被三层法律措施所规范。

第一层法律措施是 1958 年 10 月 4 日《宪法》中的相关规定（特别是第 34 条、第 39 条、第 40 条和第 47 条）和相关文本，特别是 1789 年 4 月 26 日《宣言》（即 1789 年《人权宣言》），这些文本在《人权宣言》第 2 部分中提及。

第二层法律措施是与财政法相关的 2001 年 8 月 1 日《财政法组织法》，这部法律逐步取代了 1959 年 1 月 2 日的《财政法相关组织法令》，后者于 2005 年彻底被废止。

1959 年《法令》共计被修改建议案提出修改建议 35 次，但最终仅修改 2 次，且做出的是细微改动，分别是：1971 年 6 月 22 日《组织法》就年度财政法案审查期限计算做出改动，1995 年 12 月 16 日《组织法》就政府年度经济和财政形势报告到期日做出改动。

与财政法相关的 2001 年 8 月 1 日《财政法组织法》源于 2000 年 7 月 11 日议员迪迪埃·米戈（预算总报告人）在国民议会提出的议案（该议案获得当时的财政部部长、前国民议会主席洛朗·法比尤斯支持）。该议案首先由国民议会的专门委员会（由当时的国民议会主席阿兰·福尔尼领导）修改，继而由迪迪埃·米戈和阿兰·朗贝尔（财政委员会主席，2002～2004 年任管理预算工作的副部长）分别向国民议会和参议院报告陈述。尽管没有得到大部分政见的支持，该议案仍顺利通过国民议会（2001 年 2 月 7 日、8 日和 6 月 21 日）和参议院（2001 年 6 月 7 日、12 日、13 日和 28 日）的双审，并最终被采纳。而在这里仍有一个问题亟待解答：参议院的批准在法律上是必需的吗（正如最高行政法院在一份 2000 年 12 月 21 日的意见中所指出的，《组织法》"和参议院有关"）。

《财政法组织法》第 61 条及后续条款就该法律于 2002～2005 年渐进生效做出了规定。1959 年《法令》于 2005 年废止，2006 年财政法案则彻底遵照新《财政法组织法》的规定。

有别于 1959 年《法令》，《财政法组织法》（关于该法的基本特点，可参见 24 段）曾被提交给宪法委员会以审查其合宪性。宪法委员会接受该法可以调整（甚至是抵触）宪法的有关规定，以更好地统筹财政法的特别之处。

在其 2001 年 6 月 25 日发布的关于该法的宪法委员会第 448 号合宪性审查决议中，宪法委员会接受了关于宪法的若干"调整"（财政委员会的强制职权，由决算法案衍生的额外期限，关于不可追溯情况的新制度……）。该调整的动机为：《宪法》规定财政法案在《财政法组织法》"规定的条件"下决定中央的收入和支出（《宪法》，第 34 条），并由议会根据《财政法组织法》"规定的情况"投票通过（《宪法》，第 47 条），这就赋予了立法者一定的裁量空间以考虑"财政法案的特殊性"（《宪法》，第 92 条）。不过，宪法委员会否决了其中一条：该条款规定禁止颁布未附有财政附录的法律（《宪法》，第 63 条），且要求国家审计法院向议会机构提供其工作计划以征询后者的意见（《宪法》，第 104 条）。

宪法委员会拒绝了（1960 年 1 月 15 日第 6 号合宪性审查决议）对根据《宪法》第 92 条所颁布的组织条例进行合宪性的审查。《宪法》第 92 条赋予了政府建立相关制度，其中包括 1959 年 1 月 2 日的《法令》，其中部分规定与《宪法》规定不符（特别是关于附加税及财政不可接受性方面的条款）。

《财政法组织法》后由 2005 年 6 月 12 日《组织法》（2015－779）以及与财政管理和程序有关的 2012 年 12 月 17 日《组织法》（2012－1403，LPGFP）所修改和补充。

2005 年的修订被宪法委员会认为有助于政府财政管理和加强议会的信息和管理工作（2015 年 6 月 7 日第 517 号合宪性审查）。

第三层法律条款是预算和财务制度管理第 2012－1246 号法令（2012 年 11 月 7 日），该法令取代了 1962 年 12 月 29 日颁布的财务制度总章程法令。

467 从上述法律条文中可以得出，和其他公共机构一样，中央需要建立预算，即按照《财政法组织法》第 6 条的规定："制订一年期的收支预算"（与国库的收入和支出相对，后者在中央层面把预算作为一种预示性的描述文书）。

至于确定下来并被批准的文件，则是财政法案。用《财政法组织法》第 1 条的措辞来说，财政法案"决定一个财政周期中央收支的性质、总额和用途，以及相应的预算和收支平衡"。

因此财政法应该和预算截然区分开来，前者作为征税和支出划定的授权法案，有着更为广义的使命。它需要考量国库的收支（参见 608 段），然而预算仅"限于"确保年度债务支出，即支付利息；同样地，财政法传统上会对国家资源征税做出授权，但也包括对除国家外的自然人和法人征税，比如地方行政机构。

在财政法上就有对欧盟和地方行政机构预算中收入征税的规定。财政法还包括一整套税务条款，包括"在不影响财政平衡的前提下，所有和征税基数、税率、征税方式相关的各种条款"等。

诸多财政法律中最重要的是年度财政法案。这一初始财政法案在年度中有可能接受财政修正法的修改，后者决定最终预算（修改后的预算），最终预算的执行可在预算决算和账户批准法案中查询。

根据《组织法》第1条，预算紧急法也具有财政法的特点（参见534段；《组织法》，第45条）。除此以外，还有确保政府出台预算计划的特别条例（参见534段；《宪法》，第47条）。

468 和其他的公共财政一样，从上述不同法案中得出的预算也要遵循一定的原则（2.1），来决定它的准备（2.2）、批准（2.3）、执行（2.4）。当涉及重大、复杂财政收入和支出操作的时候（2.6），必要时，预算还应用一些财政手段（2.5）。

2.1 中央预算原则

469 中央预算须遵循19世纪就已确定下来的一些原则，以确保议会对执行机构的监督。这些原则在20世纪和21世纪经过调整，以确保公众权力机关对行政机构的监督（参见26段和28段）；涉及的原则包括年度性原则（2.1.1）、完整性原则（统一性、广泛性、真实性）（2.1.2）和特殊性原则（2.1.3）；但是财政平衡原则并不直接适用于中央财政预算。

在2001年7月25日宪法委员会第448号合宪性审查决议中（《宪法》，第16条），宪法委员会进一步明确"年度性原则、广泛原则和统一原则回应了确保财政账户清晰和确保议会有效监督的双重要求。"

2.1.1 中央预算的年度性原则

470 本书第1部分中（参见71段）涉及预算年度性原则的一些基本特点。从大革命时期开始，该原则就应用在中央财政中。如今，2001年《财政法组织法》又强调了这一原则（第1条、第6条、第34条、第39条、第41条和第44条），除此以外明确"预算扩展到1个公历年度"。该原则也历经一些不可避免的调整（2.1.1.1），这于法于理上取决于多年期经费的存在（2.1.1.2）和多年框架的发展（2.1.1.3），年度预算是框架中的一部分。

2.1.1.1　年度范围内的调整

471　尽管年度性原则广泛适用，但该原则不能（完全）僵化地指导财政工作。在中央层面，该原则涉及三类财政工作调整：财政年度末开设新的预算项目（1），预算执行延期（2），提前使用一部分次年预算经费（3）。

（1）财政年度末开设新的预算项目

472　自法国第五共和国以来，该原则更好的确立应用起来。另外，与大部分地方政府的预算不同，中央政府的预算通常遵循事先预算原则，即在财政年度之前就通过财政法案（参见533段），而过去的实践并非如此，因此经常导致出现一些临时预算或分阶段预算的情况（有时是季度或者半年期预算）。

然而，预测的困难（现实的或者是假想的）不可避免地带来在财政年度中重新就财政法修正案（传统上又称为"集体预算法案"，因为该法案收集不同部委的修改要求）投票表决，或者说是修正法案的出台势在必行。财政法修正案（《组织法》第1条和第35条对此做出规定）不仅仅被认为是一项常规手段，同时也被认为是一项强制型文件，因为宪法委员会认为，当财政执行与初始财政法案规定的财政平衡重大原则有较大出入时（1991年7月24日第298号合宪性审查决议，2001年12月27日第456号合宪性审查决议，2002年12月27日第464号合宪性审查决议），行政机关应提交财政法修正案。财政法修正案同时也会对行政机构的临时预算法令予以批复。财政法修正案的披露完全或者部分照搬年度财政法案的披露（参见575段），但财政法修正案需要附带特别附件（参见576段）。

在实践当中，财政法修正案（曾经1年有过4个）可以分为两类。一部分为迎合政策的改动而出台（如1981年、1986年、1993年、1995年、2002年、2012年）。另一部分在年末出台（甚至是在下一年财政预算法表决之后出台），以配合年度发展做出调整，批准某些政府建议（临时预算法令，经费的取消……），这些操作在实务中不可避免，但却招致批评（特别是被审计法院批评），因为这种"集体预算法案"事实上变成了"第二套预算"；宪法委员会认为（1998年12月29日第406号合宪性审查决议），在一财政年末开设新的预算项目势必导致下一年经费预算的结转，因此其只能涉及限定金额，否则，会破坏预算的年度性原则和真实性原则（以及对预算的预测性带来破坏）。然而，宪法委员会认为"尽管在必要时刻没有提出财政法修正案应该受到批评，但却没有对法律的合宪性造成影响"（2003年12月29日第488号合宪性审查决议）。

（2）预算执行延期

473　年度范围内的第二种调整涉及预算的执行。如按年度性原则严格执行，预算执行应终止于12月31日，但预算会延期执行一段周期（参见72段）。延长周期逐渐被缩短，应用被限制，财政手段的进步也许会使得延长周期在一定时间内取消。特别是《财政法组织法》（第 28 条）明确规定预算延长周期不得超过 20 天，并应确保于当年 12 月通过的财政法修正案得以执行，且最终完成各项预算项目（可能对预算执行后的结余产生显著影响，这使得《财政法组织法》再安排一项特别附件，来规范那些尚未得到最终记账的收支）。

2007 年 5 月 4 日第 2007－687 号法令规定延期（不能超过 20 天，可以由预算部部长决定）收入和支出的记账只能经由上一年最后一季度（10 月 1 日到 12 月 31 日）的支付授权书和条例所决定，同非税收收入征收令一样，在上一年最后一个季度签署。除此之外，公共会计人员可以在这一期间进行不同的调整收支。

在实际操作上，中央已经几乎不再进行相关的延期预算操作。

（3）提前使用一部分次年预算经费

474 第三种调整既与经费项目开设有关，也与其执行相关，因为它涉及财政年度末开设新的预算项目，也就是说只能使用在下一年才开放的预算经费。传统上，法律允许类似的操作（特别是在军事领域），但是自从《财政法组织法》（第 9 条）出台后，此类操作的条件（完全）由财政法相关法规所规定。

2.1.1.2 多年期经费

475 因无法制定烦琐的多年期预算，国家发展了一套多年期经费预算体系，主要原因已经在第 1 部分说明（参见 73 段）。同时使用"分散经费"手段（参见 73 段）把多年期的承诺经费和年度的支付经费区别开来，也兼具了把未用经费推至年终的可能。

预算经费延期手段多在第三共和国和第四共和国（我们把上一年的经费转移到新的年度）时期使用，经法律通过的部门经费延期手段在第五共和国同样有效（2001 年《财政法组织法》明确这是一种非常规手段），并有可能在实际操作中引发多年期预算。

《组织法》第 8 条提出的原则实际上明确了"开放经费包括承诺授权（1）和支付经费（2）"，同时也确保实现经费报告的可能（3）。

（1）承诺授权（AE）

476 承诺授权由支出的最高上限（《组织法》，第 8 条第 2 款）构成，即成为把中央列为债务方的法令所调整的对象（参见 635 段）。这种承诺可能横跨多年（限于开放的承诺经费），在这种情况下，管理机构拥有了对其财政行为进行规划的可靠工具，这使得财政资金在法律、经济、财政使用规范和使用条件方面更加合理。

《财政法组织法》曾把这种方案扩展到各类支出（不过，人员薪资预算不在此列。尽管多年期预算是新式预算管理的基础,且涉及所有类型的支出,但人员薪资经费各年变动较大,因此不能像投资性支出那样预先限定)。

在合同方面(国家签署的多年期合同)和不可避免支出方面,多年期经费看起来更受青睐,因为这可以更好地处理预算结余(或者无结余)。

这种扩展带来的风险首当其冲就是公共支出过度僵化(特别是在财政紧缩时期),因为所有经费承诺都需依法兑现,事实证明,这有可能和形势、财政调整和节约财政的努力相佐。

法国在1954~1955年颁布了一系列法律和法令,决定在第二个五年计划的某些优先领域实施多年期预算,结果导致财政赤字恶化(特别是1957年),给法国财政部留下惨痛记忆。

因此《财政法组织法》努力降低这种风险,它不再像1959年《法令》那样规定已批准的承诺经费长期有效(这一规定曾导致未使用的经费长期累积,而法国政府直至1995年才开始着手解决这一问题)。此后,已批准的多年期预算框架下的承诺经费每年的相应部分原则上必须在当年使用,未使用的经费不再自动转移至第二年(参见478段)。

此外,《财政法组织法》还明确规定,如涉及投资活动,所批准的承诺款必须针对一个完整的项目整体,即该整体无须其他附带物便可直接投入使用。这一规定的目的在于避免对项目的局部进行批准,以免议会机关受到政府的"要挟",而后来不得不追加新的经费才能使项目能够运营起来。

(2)支付经费(CP)

477　　支付经费是指"在预算年内,可以拨款或者支付的支出上限,以覆盖在承诺授权范围内的合同承诺"(《组织法》,第8条第3款)。事实上,承诺授权并不允许拨款和支付支出,因为没有必要在一个财政年度中让纳税人支付多年期的项目(在承诺经费框架下决定的项目)。拨款因此分成多期,根据情况灵活调整,并根据项目和承诺完成的情况作出相应的授权。

《组织法》第51条规定,支付经费约定日程和承诺授权相关联,但是该约定日程仅有指导意义。

但是显然,程序的灵活不能抹杀严格的法律和实践原则,后者要求支付经费务必取决于已做出的承诺,这就解释了为什么预算政策要由承诺经费"导向",为什么在编制支出的特殊和敏感类别中。《组织法》(第8条第4款)规定"承诺授权的总额和支付经费的总额相等",这就说明在这种情况下经费(在法律上)

要保持严格的年度性。

（3）经费结转

478　财政年度结束未使用经费的结转制度也经历了变更（《组织法》，第15条）。传统的原则在《组织法》中进一步得到明确，"在一财政年度中限定的开放经费和使用授权上限在接下来的几年中不具备效力"。但是单纯取消未使用的经费也许会带来消极影响（无法进行多年期管理、年终突击消费、并行储备的存在、投资无法进行）。因此，1959年《法令》才允许大量结转存在，特别是在投资经费方面（可由财政部部长批准全部结转）。

在《财政法组织法》生效期间，年终可用经费也可以结转，也就是转入到下一年的经费当中，这需要财政部部长和相关部长共同发文，并在3月31日之前发布，限制条件也越来越严格——这也是为了避免时而出现的严重逾期结转（如10月1日之前发布）。在财政年度中未使用的承诺授权也可以延期，如未延期则作无效处理，在过去承诺授权是无限期有效的（参见476段）。

结转可以用在同一个项目上，如果无法继续使用在同一个项目，那么也可以用在同样宗旨的项目上，但操作不得使已编制的支出增加。

2006年的财政法案明确指出，结转经费可以系统地用在某些项目上，如军队武装或国家宪兵项目上，和其他我们能想到的类似项目。然而，结转经费似乎有扩大的趋势，扩展到一系列多样的类别中：国土、国家管理、人民安全、城市、住房、文化、经济，甚至是最高行政法院和监察局（特别是审计法院和财政审判机构）。

至于年终还有结余的支付经费，结转的比例可以占最初支付经费的3%，这个比例可以由议会改变，但是编制支出不在此例。

在同一个项目下的编制支出结转不得超过编制支出原计划的3%（需在同一个项目下，或是有类似宗旨的项目）。

在同一个项目下的非编制支出结转不得超过非编制支出原计划的3%，除非议会授权（需在同一个项目下，或是有类似宗旨的项目）。

3%的门槛（宪法委员会，2001年7月25日第448号合宪性审查决议；《宪法》，第37条）低于过去10年采用的结转比例（4%~5%）。

结转并不适用于基于公共机构投资基金的开放经费结余，但后者可以依据收入和支出的差额做出相应的结转（《组织法》，第15条第Ⅲ款）。

2.1.1.3　多年期框架

479　尽管预算常规以年度制定，但是中央预算有向多年期框架发展的趋势。

在《财政法组织法》之前，多年期框架并不适用预算，并且在原则上对多年期预算规划只有指导的意义（1），长期以来多年期预算规划需参照规划法（2），规划法中的相关规定已经由《财政法组织法》更新（3），加强了预算的多年期性。长期以来，实行的是（国家）社会经济发展计划，其在第二次世界大战之后30年成为主要参考标准。社会经济发展计划关系到的是整个经济面，但1960年之后，法国致力于建立一套和公共财政有关的规划（指导性质）。

（1）多年期预算手段

480　　多年期预算手段首先以部门设备支出的形式出现，接着又以财政预算优先项目的形式开展（在第6个社会经济发展计划中确定，是第7个社会经济发展计划的优先行动项目，也是第9个社会经济发展计划的优先执行项目）。

预算执行要实现多年期还有一定的难度，因为受经济环境和结构性影响，很难让预算完全忠实于计划（特别是计划通常很严格而且几乎难以实现）。于是法国几乎完全放弃了国家量化计划（一直到第10个计划，1989～1992年），并以一种传统的形式彻底消失（第11个计划1993～1997年没有通过），因为所有现代公共管理都需要多年期预算的模式作为参考。

（2）从项目法到规划法

481　　《宪法》（第34条）和1959年《法令》（第1条）曾对项目法做出规定，或者说，这些法律条文没有规定它的形式，其形式衍生成其他法律（规划法，指导法……）；项目法曾作为一种国家专门的、行业性的参考工具。

根据《宪法》第34条，项目法决定国家社会经济行动的目标，根据宪法委员会1986年6月25～26日第207号合宪性审查决议，它"包括对支出量化的具体规定"。

在第三共和国和第四共和国时期，项目法具有预算的性质，并从20世纪20年代开始，对战略领域（马奇诺防线）或者第2个社会发展计划的重点领域进行拨款（大规模拨款或者分期拨款），这使得预算更加僵化，同时也引发了财政部的反对意见。因此1959年《法令》否决了项目法的预算功能（只有财政法案中的开放项目授权才可以批复支出）。

宪法委员会（2002年8月29日第461号合宪性审查决议）进一步确认了项目法的纯指导性的特点（参考2002年9月9日司法领域的项目法）。

事实上，2008年7月修宪修改了《宪法》第34条规定，开始诉诸"规划法"的概念，旨在决定"国家行动的目标"。

在1959年《法令》生效期间，项目法的使用是多样的。应用最久的部门是国防部门，针对国防部门相继产生了12部军事规划法（2013年12月18日规划法覆盖了 2014~2019 年的计划)。

在第五共和国初期,项目法还大量存在,后逐渐被国家量化计划所取代,除了在量化计划中没有覆盖的领域(特别是在军事领域)。在 20 世纪 90 年代和近期,规则法快速发展。比如:2002 年 9 月 9 日司法领域的指导规划法,2002 年 8 月 29 日的国内安全领域的指导规划法。2008 年以来,除了在财政和国防领域,规划法屈指可数:比如有 2009 年 8 月 3 日与格勒奈尔环境保护和可持续发展实施有关的法律,2011 年 3 月 14 日与国内安全水平有关的指导规划法,2012 年 3 月 27 日关于刑罚执行法,2014 年 2 月 21 日城市和城市化协调法,2014 年 7 月 7 日与发展政策和国际教育有关的指导规划法。

(3)《财政法组织法》带来的新变化

482　　《财政法组织法》开始在公共财政及其内容上加入一些具有整体性和多年期的信息的文件,特别地,(审慎地)提及"法国向欧盟拨款"(第 48 条第 2 款,第 50 条),"以及在可能的情况下,那些建立在《欧共体条约》核心基础上和法国有关的决议"(第 50 条)。这个间接的提法十分谨慎,但事实上对三年期稳定和发展项目十分关键,自 1998 年以来,法国政府每年都需要依据《欧盟稳定与增长公约》(参见 301 段)重新向欧盟机构提交三年期稳定和发展项目,鉴于其影响,该项目比之前的国内法在预算准备和决定上更具强制和参考意义。

另一方面,需要特别指出的是,《财政法组织法》把多年期框架纳入预算当中,是因为中央财政机构所依托的预算项目,除了例外,不能只依托多年期基础,不论是预测(多年期论证,参见 515 段和 574 段)还是执行(多年期承诺,参见 476 段)。年度不能因此被看作是多年期的一种演变方式,年度性原则在于,在财政和政治计划下,它对采取或者放弃多年期性具有选择性。

尽管在《财政法组织法》里没有明确提出,项目法和规划法在 21 世纪初快速增加:2003 年 7 月 21 日海外领土项目法,2005 年 1 月 18 日社会和谐规划法,2005 年 7 月 13 日能源政策导向制定项目法,2006 年 4 月 18 日关于研究的项目法,还有 2006 年 6 月 28 日与放射性废料持续管理有关的项目法。

2.1.2　中央预算的原则:完整性原则(统一性、广泛性、真实性)

483　　完整性原则(这一术语并不常用)主要的特点在第 1 部分已经涉及(参见 78 段)。这一原则和中央预算息息相关,在《财政法组织法》第 32 条中,该原则已经几乎由另一原则所演绎,即真实性原则。《财政法组织法》第 32 条规定真实性原则,指出"财政法案需真实地呈现中央的全部收入和支出",该原则曾得到宪法委员会的确认。

在很长一段时间，宪法委员会的上诉信中多次援引真实性原则，宪法委员会主要通过 1994 年 12 月 29 日第 351 号合宪性审查决议来明确真实性原则的定义（同样可以参考影响较小的 1983 年 12 月 29 日第 164 号合宪性审查决议，1993 年 6 月 21 日第 320 号合宪性审查决议和 1993 年 12 月 29 日第 336 号合宪性审查决议），进而明确财政法案和社会保险融资法案的合宪性（1999 年 12 月 21 日第 442 号合宪性审查决议）。

《财政法组织法》用一章（第 32 条和第 33 条）名为"关于真实性原则"来阐述真实性原则的内容，但实际上只和预算真实性有关，其中第 31 条明确的是会计真实性原则。条款于 2002 年开始生效。

真实性原则涉及预算内容（2.1.2.1）和预算披露（2.1.2.2）两方面。

2.1.2.1 预算内容

484　真实性原则包括三方面内容（参见 80 段），预算内容需要遵守其中的两方面：评估真实性（1），预算范围真实性（2）。

（1）预算评估及其数据真实性

485　预算评估及其数据真实性主要涉及收入评估及预期收支差额评估，但也可以针对支出及支出的具体构成进行评估。在年度预算表决之时，不仅评估不得被低估，同时年度变化也要纳入考量：一方面，在收入预算执行和原计划的平衡（参见 472 段）有很大差别的时候，宪法委员会要求提交财政法修正案；另一方面，《组织法》第 33 条要求考量年度法律法规政策带来的财政影响。

《组织法》第 33 条规定："在财政年度中，如果法律法规的政策可能对中央预算的支出和收入带来影响，那么对财政平衡因素带来影响的每一条都需要在离这一年最近的下一部财政法案中有所评估和授权。"如果议会严格依照第 33 条中的第一段规定，那么对评估的要求则更为严格。它规定，任何法律或法令必须附有一份财政附录，以说明该法令或法律对当年及次年财政可能产生的影响，否则该法律或法令不得颁布。但是宪法委员会根据《宪法》第 10 条禁止了这一条款，认为它会对共和国总统颁布法律的权力带来损害。

1959 年《财政法相关组织法令》中的第 1 条更加严格，禁止通过所有不能评估其对预算造成影响的法律或者法规。鉴于其不可操作性、对议会的立法权的损害性，宪法委员会调整了这一条款，要求这一条款作为通过法律法规的前提之一，同时只要求把法律法规对可能评估的影响反映到财政法案上，以维护"根本原则"，即财政和经济的平衡由财政法案来决定（1995 年 7 月 27 日第 365 号合宪性审查决议，1999 年 12 月 21 日第 442 号合宪性审查决议，1999 年 12 月 29 日第 424 号合宪性审查决议，2000 年 1 月 13 日第 423 号合宪性审查决议，2001 年 12 月 27 日第 456 号合宪性审查决议）。

需要注意的是，预算只是一种预期，这里的真实性不同于会计文档（和决算法案）中的真实性，它具有主观性，正如《财政法组织法》第 32 条所明确的，财政法案中的真实性的评估建立在可获得的信息和从中得到的理性预测基础之上；宪法委员会在这点上指出"真实性以不违反财政法案建立的重大方针的平衡为特点"（2001 年 7 月 25 日第 448 号合宪性审查决议，2002 年 12 月 27 日第 464 号合宪性审查决议；《宪法》，第 3 条）。

直到 2012 年底，宪法委员会对真实性原则一直保持这一立场，然而政府在一部财政法修正案中引入了一项助力企业的新措施，其中关于对 2013 年财政法案的影响基本没有纳入其中，理由是根据立法者的分析，这项税费并没有影响 2013 年的预算平衡。如果预算平衡的重大方针有所修改，那么财政法修正案最终也应该将其纳入考量（2012 年 12 月 29 日第 662 号合宪性审查决议）。

这也解释了宪法委员会只重视"明显的评估错误"，截止到目前，宪法委员会并没有废除过与这项原则违背的措施。但是这种有时并不那么明显的震慑作用一直存在。

宪法委员会（第 441 号合宪性审查）决议中的规定具有启示性，它就财政法修正案指出"考虑到被低估的加入到预算基金的总额，预算平衡条款中所涉及的带有明显错误的评估，是不属于应该提交给宪法委员会的资料"；宪法委员会也越来越倾向"它只对它所获得的资料做出表态"（2000 年 12 月 28 日第 442 号合宪性审查决议）。最常见的是宪法委员会就收入评估做出判断（1995 年 12 月 28 日第 369 号合宪性审查决议，1999 年 12 月 29 日第 424 号合宪性审查决议，2000 年 12 月 28 日第 441 号、第 442 号合宪性审查决议，2002 年 12 月 27 日第 464 号合宪性审查决议），同时也会考虑特殊情况，如评估具有内在不确定性，2010 年经济运行的不确定性（2009 年 12 月 29 日第 599 号合宪性审查决议；《宪法》，第 5 条）。宪法委员会同时认为在财年年末开设经费数额较大的预算项目不合规则，此类项目应推迟到下一财政年度（1998 年 12 月 29 日第 406 号合宪性审查决议，参见 478 段）；此外，也应将已采取的决策对财政的影响纳入考虑。

除此之外，议会需要对财政措施的动机明确知情，以便予以通过（宪法委员会，1999 年 12 月 21 日第 422 号合宪性审查决议），并且在其对部委经费做出表态的时候，需要知晓具体中央正式编制工作人员的数量和拨付给他们的薪资（宪法委员会，1999 年 12 月 29 日第 424 号合宪性审查决议）。2006 年，宪法委员会似乎接受了这一原则，"即使发现一些延迟或者缺陷，并需要在今后改正，也不应该因为这些错误的数据或者规模来质疑立法程序整体的合规性"（2005 年 12 月 29 日第 530 号合宪性审查决议）。

（2）预算范围的真实性

486　　通过贯彻完整性原则，真实性要求中央的收支全部体现在预算上。或者说是在一定程度上"要求"，因为预算范围的真实性（然而议会制发源地英国并不遵循这一原则）在以下三种情况中有所减损和折中。

　　国库的交易属于不列入预算的国家交易，《组织法》第 2 条明确规定"中央的收入和支出包括预算收入和支出，以及国库的收入和支出"，《组织法》第 6 条在此基础上指出"预算描述的是一年期内中央预算收入与预算支出的整体"，也就是说其所列的只是中央所有收支的一部分。

　　《组织法》第 25 条规定了交易的清单，其中不仅包括基金交易，还包括即期投融资和短期投融资（流动资金调拨、票据贴现与收款、国库对应机构基金管理……），也包括"国家借贷和其他债务的发行、兑换、管理和偿还"，清单的设置源于国库交易概念的特别拓展，只有借款利息的支付才列入预算中。

　　这样的规定可以这样解释：短期借款基本上都不超过一年期（参见 622 段），长期借款具有持续性，它的利息是列入预算中的，所有才举足轻重（参见 610 段）——或者，因为债务的分期偿还，如有必要，（完全）授权给偿债基金（宪法委员会第 209 号合宪性审查决议，参见 160 段）来处理。1959 年《财政法相关组织法令》第 15 条主张这种做法，并得到宪法委员会确认（1986 年 6 月 3 日第 209 号合宪性审查决议，1993 年 12 月 29 日第 330 号合宪性审查决议），但时常受到严厉的指责。

　　《组织法》第 25 条体现了赋予执行机构最低层次的操作空间，它规定，这种制度安排不仅关系到借款，还关系到"其他国家债务"，这其中也包括中央对其他机构债务的接管。

　　《组织法》的这条规定借鉴了财务制度总章程的第 113 条规定。宪法委员会认为社保机构总局通过储蓄机构向中央转移债务是一种国库交易（1993 年 12 月 29 日第 330 号合宪性审查决议）。

　　如果这些交易不列入预算，也不会避开议会的监督。在这一点上，《组织法》扩大了议会的特权（已获得宪法委员会许可）。特别地，《组织法》不仅把借款的发起、兑换、管理置于"当年财政法案年度的、总体的、特别的授权之下"（《组织法》第 26 条，扩展了 1959 年的《财政法相关组织法令》第 15 条规定的原则），《组织法》还规定（第 34 条）财政法案的第一部分需要带有一张财政报表，同时列出国库收入和支出（1959 年的《财政法相关组织法令》也有类似规定，但最终没有施行），并加入一条新规定，议会需要给中央中长期债务制定上限

（在财政年度年底）。

具体而言,《组织法》第 34 条第 9 款规定,年度财政法案"制定年底评估的绝对变化的上限,制定超过一年期的中央可转让债务上限"。

1959 年的《财政法相关组织法令》第 310 条设定了一项评估,通过财政法案对借款来源和国库收入进行评估,但是最终没有得以施行,宪法委员会曾支持过这项规定,认为议会有必要充分知情(2000 年 12 月 28 日第 442 号合宪性审查决议)。

德国和日本议会对中央政府借款年度总额进行授权和规定(决定其中的章程)。在美国,国会制定联邦政府债务上限(财政部制定借款章程)。

除此以外,《财政法组织法》(第 43 条第 2 款)规定,在财政法案的第二部分,"国库的收支评估需要通过(一轮)投票来决定"。

另外,显而易见的是(但是长期以来并非如此),不是或不应属于国库操作的中央政府的其他操作业务也应列入预算中,对此审计法院很有意见,宪法委员会也警告拒绝通过财政法案(1997 年 12 月 30 日第 395 号合宪性审查决议,1998 年 12 月 29 日第 405 号合宪性审查决议)。审计法院和宪法委员会最终于 20 世纪 90 年代使得不透明的"预算外"交易纳入预算当中,除非这些预算已经自动被列入预算当中。

一些部委(农业部、装备部,特别矛盾的是还有财政部),凭借来源多样的收入(服务报酬,交易佣金,收支收益),长期在预算之外(或预算规范之外)进行大量操作,如运营支出,一些公务员的服务报酬,或者以公共建设支出(特别需要参见 496 段,有利于税收服务的"预算项目经费")形式出现,或者以国库账户的形式出现(第三方账户或者转账账户,主要用于为以下人员和项目提供报酬:设备和农业公务人员参与的"公共工程",税务总局中负责土地测量估价及财产抵押的工作人员,国库负责储蓄的公务人员,或者为公务人员提供住房的"住房公积金"公司)。

这些操作依据的法律依据已经落后且不确定,而且高达数百万法郎,最终由审计法院揭露出来,被宪法委员会宣布(至少部分)禁止,其中大部分(几年之后)依据 1996 年财政法案第 110 条被取消,根据该法案规定:"自 1997 年财政法草案起,中央所有管理机构的预算外收入和支出需全部并入总预算当中。"

自动预算操作是指具有和中央不同法人身份的机构的操作,并且依据所有法律惯例,无须列在预算当中,也不需要接受组织法原则的制约——正如宪法委员会多次强调的(参考 1998 年 7 月 29 日第 403 号合宪性审查决议,2001 年 12 月 27 日第 456 号合宪性审查决议)。

但是其中的一些机构（特别是一些公共机构和协会），主要甚至全部由中央经费来供养，成为"政府的分支"，他们注定和具有法国特色的机构共同扩张，如公共机构或者同类组织（参见553段）。

另有一些机构的经费主要或实质上从税收中拨予，也构成了另一种形式的"政府分支"。诚然，这是经过宪法委员会所批准的（1982年1月16日第132号合宪性审查决议，1982年6月28日第140号合宪性审查决议，1998年12月29日第405号合宪性审查决议），但是这股"政府分支"的力量也变得非常庞大。

我们将关注给地方的重要拨款和给中央预算执行机构的补贴。

所有这些都使得将新项目编入预算和将项目削除出预算的操作变得更为容易，从而使得年度预算的内容定期被更改，导致中央预算的年度性操作的意义大打折扣，也使各年度预算之间的界限变得不那么清晰。

将项目削除出预算主要是由1965～1975年这一时期主张新自由主义的政府和1981～1986年这一时期（参考1986年《热聂耳报告》）主张社会主义的政府施行。尽管出于经济考虑该行为是可行的，但是传统上认为将项目削除出预算是财政赤字的遮羞布，相反的，将项目编入预算被认为是"真实的操作"，且主要着力财政收入。

同时，将项目削除出预算手段还经常被临时性使用：例如，"住房公积金"公司原本是一个"准财政拨款"机构（参见486段），已经转化为行政性公共机构（1998年财政法案第112条，1997年12月24日第97—1181号法令）；军队供养机构，属于国库特殊账户，已经并入到军队总务处，后者是具有工商业性质的公共机构（2002年12月30日财政法修正案，第63条）。审计法院经常揭发这种操作，例如，在2008年审计法院预算审计结果报告上，指出能源管理和环境署，作为工商业性质的公共机构，接受税收分配。

原则上，这些将项目削除出预算的操作不能被禁止，因为这是一种政治、经济、社会乃至根本上的选择表达方式。宪法委员会认为，从议会监督的角度考虑，各种将项目削除出预算的尝试并没有损害真实性原则，也没有和宪法价值要求相违背（1999年12月29日第424号合宪性审查决议，2001年12月27日第456号合宪性审查决议）。

但是将项目削除出预算受到以下三方面限制。

第一，宪法委员会认为，对中央而言，"从根本上带有连续性的特点"（特别是编制支出）的支出不能从预算中脱离（1994年12月29日第351号合宪性审查决议），这就禁止了一些操作的开展，但是从公共活动的属性来看，也会带来问题。

宪法委员会反对中央公务人员薪酬（1994年12月29日第351号合宪性审查

决议，2001年12月18日第453号合宪性审查决议）和列入附加预算的某些农业社保补贴交易从预算中分离，但是认为一些转入到社会保险中的公共社会保障经费（1999年12月21日第422号合宪性审查决议），以及一些来源于捐税的资源（1999年12月21日第422号合宪性审查决议，1999年12月29日第424号合宪性审查决议），从本质上无须列入中央预算。

第二，《财政法组织法》（第51条第2款）规定应该以附件的形式（从2001年财政法草案开始施行）编制预算章程，分析从一个财政年度到另一个财政年度的预算披露变化，从而保障对稳定的预算范围进行评估，进而考量出相对于上一年度的变化。

第三，《财政法组织法》取消了附加税，一些私人机构和某些具有工商业性质的公共机构曾被赋予征收附加税的职权。《组织法》（第2条）明确指出"不得以第三方机构具有公共服务属性的理由而将税收职权赋予这些第三方机构"。《财政法组织法》要求将税收征收（可在财政法解释附件中追溯到该条要求）接受议会的授权，后者是唯一有权决定将有利于国家收入的税收权限赋予第三方的部门。

此外，每年需向议会提交一份描述必提费用的现状及其变化的报告，以供议会审查财政法案和社会保险融资法案时做参考（《组织法》，第52条），这份报告需加入到经济和财政报告中（《组织法》，第50条），以便议会可以有整体的概念。

在1982年，一项特别收入预算被附加在中央预算中，并获得议会通过，使得可以追溯（除了极个别以外）地方部门财政。

收入提取是一个个例，因为它"介于"预算和泛预算操作的界限。事实上，对于中央来说，它是指把获得的收入转给一些机构，而并不在预算支出上显示这笔交易，而是从预计收入中减去这笔经费，并附在财政法案中。

这种方式起源于1969年，目前得到快速发展，2015年收入提取已达710亿欧元，一部分（510亿欧元左右）用于支付地方部门人员的薪资经费和补贴经费（首先用于机构运行所需的薪资支出），这样的操作受到指责。因为一方面，收入提权来源于中央收入的提取，支付可能（或应该）列入预算支出当中；另一方面，法国向欧盟上缴的经费（参见234段），这笔经费（从1970年开始）不属于中央财政，列入欧盟的收入当中（参见269段）。

收入提取占中央拨给地方部门的公共建设投入的2/3。除去收入提取贡献的薪资经费（370亿欧元），还包括增值税补偿基金（60亿欧元）和不同的税收减免补贴。然而，地方分权和设备支出产生的经费列入了预算支出。

在实际操作中，1959年《法令》中并没有关于收入提取的规定，尽管收入提取招致批评，但还是得到了宪法委员会（并没有清楚和准确的论证）的认可（1982年12月29日第154号合宪性审查决议，1998年12月29日第405号合宪性审查决议）。《财政法组织法》中对收入提取做出了安排（第6条），但是对受益人（地方部门和"欧盟机构"，但并没有限制社保机构，后者仍暂时受益于收入提取）和客体（经费、补贴）做出了限制；除此以外，《财政法组织法》要求对这些经费（需在财政法案第一部分得到评估，《组织法》第34条）做出明细规定（第6条）。宪法委员会要求，为了确保账目清楚和议会监督有效，需要加入附加预算分析每一笔经费提取，并且相关的经费提取文件"需要带有明确的证明，收入和支出的标准参照要求"（2001年7月25日第448号合宪性审查；《宪法》，第19条）。总之，这些操作"近乎预算"。

原则上，这些操作不必接受《宪法》第40条（参见538段）提出的财政不可撤销机制的限制，这就可能使得议会的提议更为有利。

《组织法》第6条第4款规定如下："中央收入的一笔定额资金可以直接转拨给地方机构或者欧盟机构，用以支付上述受益人所支出的经费，及补偿地方政府因税收减免、税收天花板等政策造成的收入减少。中央收入的提取，需根据使用目的和金额来准确地、有区别地明确和评估。"

2.1.2.2 预算披露

487　预算中的操作在原则上（除部分例外减损，参见486段）要尊重第1部分所列出的传统规则（参见66段），也就是《组织法》第6条强调的统一原则和完整性原则，该条款特别指出"预算中所列的收入为所有支出的完整金额，不得将收支相互抵扣"（这项规定即所谓"非平衡原则"，旨在确保预算披露的真实性，这也是真实性原则的第三点，参见80段），且"整体收入确保整体支出的执行，所有收入和所有支出可以在同一专有账户上追溯，该账户被称为'总体预算'"（未规定用途）。

这些原则形成于19世纪，最初是吸取了旧制度的教训：旧制度下预算零散、收支抵扣以及将一项收入直接划拨给一项支出等现象造成政府对王国的财政几乎完全无法控制。

然而，正如第1部分介绍的一些基本原因（参见66段），公共机构不能也不愿尊重这些"基本原则"（宪法委员会，1994年12月29日第351号合宪性审查决议）；参照1959年《财政法相关组织法令》（第16条）制定了对上述原则的调整，并以如下形式出现：附加预算（1），特殊账户（2），或者特别财务程序（3），以确保专款专用，这些占到预算的1/3。

《组织法》第 18 条第 I 款和第 19 条为财政法案创立附加预算和特殊账户提供了法律依据。另外，没有经过《财政法组织法》批准的拨款——尽管由普通法所认可——仍属违法行为（宪法委员会，1991 年 1 月 8 日第 90—283 号合宪性审查决议，1993 年 12 月 16 日第 93—328 号合宪性审查决议）。

在财政年度中，由议会和行政机关通过的预算修正法案对年度财政法案的唯一性造成了一定程度的损害（如果是政府修正案，则会影响议会的决策），就如同过去因战争或者投资原因所采取的特别预算。此外，年度财政法案的唯一性始于 1956 年 6 月 19 日法令的生效。而此前，每年至少存在两部法律（收入和支出），更常见的情况是多部财政法并存（如 19 世纪的一段时间和 1948~1956 年由预算部颁布的法律，以及在第四共和国初期颁布的四部法律）。

（1）附加预算（《组织法》，第 18 条）

488　　附加预算附在预算法案中（预算法案可以添加或者取消附加预算），也是议会监督的对象，它被列在一般预算一侧，用于给一些中央部门拨款（因此不具备单纯法人的性质），这些中央部门"以提供需要支付使用费的生产或者服务作为主要活动"（《组织法》，第 20 条），因此他们有个性化操作的需求，并部分依据商业会计规则管理收支。《组织法》第 18 条明确指出，按照总账目规划标准的要求，附加预算以两部分披露：一般操作和资本操作（投资和负债多样化）。但对于其余的操作，需要"按照一般预算的标准计划、授权、执行"，这些操作包括限制经费和公共会计规则。每一个附加预算都构成一项"任务"，并且被规定了使用限额（参见 574 段）。和 1959 年《法令》一样，《组织法》也不再将"供给基金、备用基金和储备基金"列入附加预算。

这些附加预算是传统的预算手段，按照《组织法》的原计划并不打算继续沿用，且相比 1959 年《法令》规定的适用条件更加严格，附加预算最终没有被保留。

附加预算只关系到依靠"使用费"获得报酬的部门，而不再像 1959 年《法令》（第 20 条）所规定的依靠"价格"获得报酬的部门，这看起来就排除了纯粹的工商业性质的部门，他们可能更多地需要依靠商业账户手段（参见 493 段）或者自动预算操作手段（参见 486 段）。

从另一个角度来说，具有附加预算的部门明显拥有更大的自主权和责任。一方面，他们需要自给自足，原则上不能依靠税收和中央一般预算的支持，但他们可以和过去一样，诉诸借贷（这里是指被预算化的借贷）。

宪法委员会认为，"基本上"，附加预算需要由使用费来提供资金（1997 年 12 月 30 日第 395 号合宪性审查决议）。《组织法》（第 18 条）进一步明确规定不得在一般预算和附加预算之间进行任何经费划拨或转移。只有当该预算年度中出现收入高于预期的情况之时，方可（通过财政部部长和相关部长的联署命令）提高附加预算中用于偿还债务的经费（不过也可以通过预先发布法令来开启某些附加经费，参见 507 段）。至于诉诸借贷，参见《组织法》第 18 条和"负债多样化"有关的内容。

另一方面，中央一般预算不会吸收附加预算的盈余，这就可能会避免把税收作为经费来源的一般预算"提取"把使用费作为经费来源的附加预算，从而导致让支付服务或者产品经费的使用人承担了本该是纳税人应尽的义务。

在 1959 年《法令》施行期间，这种应用在邮政、电报、电话上的附加预算也得到了宪法委员会（1984 年 12 月 29 日第 184 号合宪性审查决议）和最高行政法院的许可。

另外，宪法委员会指出（2001 年 7 月 25 日第 448 号合宪性审查决议；《宪法》，第 49 条），迟至 2006 年，3 个附加预算应被取消。尽管不满足 1959 年《法令》提出的标准，这 3 个附加预算在实践中仍被使用并得到了宪法委员会的容许（1991 年 12 月 30 日第 320 号合宪性审查决议）。

其中涉及的包括：一方面，为确保账目清楚（2003 年该预算共计 160 亿欧元，占全部附加预算财政操作的 90%）而设立的（1949 年建立，1959 年得以改革）农业社保补贴附加预算（BAPSA）；另一方面，涉及为表彰而设立的法国荣誉军团勋章的预算，以及具有法人性质的部门。

2003 年，附加预算达 6 个，1990 年曾撤去了邮政、电报、电话附加预算（1923 年创立），要求附加预算在今后的中央预算中只起到有限的作用的呼声渐起。农业社保补贴附加预算被来源于指定用途的税收基金所取代：农业经营者社保补贴（FIPSA），后者于 2009 年消失。

自 2009 年以来，仅保留 2 个附加预算：航空经营和监管附加预算（2015 年该预算达 21 亿欧元）和行政管理信息和官方出版物附加预算（2015 年达 2 亿欧元），后者是官方出版物附加预算和商业账户"行政管理"合并之后的产物。

审计法院出台的一项关于附加预算的建议："建议 20：依照财政统一原则，所有属于中央政府活动的支出均排除在附加预算支出之列"（国家审计法院《2010 年度国家预算管理报告》，2011 年 5 月）。

（2）特殊账户（《组织法》，第 19 条～第 24 条）

489　　《财政法组织法》施行期间及之前，特殊账户一直被称为国库特殊账户，这种账户通过对部分收入和部分支出的比较，全程跟踪部分交易情况，这也特别解释了——除个例外——预算年度执行结果逐年延后，直到账户取消（《组织法》第 20 条）的原因。从起源上看，特殊账户在预算之外开通，第一次世界大战开始后特殊账户迅速增加（在 1947 年"舒曼清单"上达 400 个），也造成了预算的滥用、复杂、缺乏真实性等问题。自 1950 年以来，特殊账户纳入财政法案之中，特殊账户的数量（在 20 世纪六七十年代超过 70 个）逐年递减，到 2000 年，已经不足 40 个。特殊账户的制度由 1959 年《法令》（第 23 条～第 29 条）制定，后经《财政法组织法》修改，我们可以根据特殊账户在预算原则中引入的例外将其分成两类。

《组织法》第 20 条明确规定"禁止把各类接待、薪金、补贴、津贴的支出列入特殊账户之中"。

490　　某些特殊账户只把收入用于某些支出，具有收入和支出预算指标（"经费账户"），因为他们"在目的上和影响上都不会使中央的收入和支出避开议会的审批"（宪法委员会，1997 年 12 月 30 日第 395 号合宪性审查决议）。

每个账户都构成一项任务，经费根据不同的项目有所专用（参见 502 段）；在特殊账户和总预算之间不能进行任何转账（《组织法》，第 20 条第 Ⅱ 款）。一项任务包括一整套项目，根据 2001 年《财政法组织法》第 7 条第 1 款的要求，任务不能只包括一个项目，这就剥夺了议员们对项目和薪资修正的权力（宪法委员会，2005 年 12 月 29 日第 530 号合宪性审查决议）。

特殊账户包括两类：特殊用途账户，用以通过特别收入为一些操作提供资金；财政援助账户，用来追溯中央的借款和预支。

491　　特殊用途账户（《组织法》，第 21 条）在某种程度上说是属于普通法的一个类别，因为它涉及的是"由特别收入注资的交易"，根据《组织法》的最新解释，这些交易在本质上和涉及的交易直接相关，这就似乎否定了在 1959 年《法令》施行期间的一些开放账户。特殊用途账户包括对某些活动（影视活动、马术运动、社团日常活动）的支持基金，对国土治理（水、基础设施、海外省/海外领土……）的援助基金，和某些特别收入（电视服务费，对沙俄债务持有者的补偿）的使用基金。同样的，随着财政法案的发展，特殊用途账户数量也在增加。

上文提到的特别收入其中的很小一部分可以由一般预算来支付（最多占最初经费的 10%，但上述提及的两个账户除外），但是特别收入不能（除财政法案明确提出例外之外）用来资助（通过特殊用途账户支付的）预算的另一项目。这些收入决定着支出，即在财政年度内，该部分支出不能超过确认的收入，但如果确认收入有盈余，经费（限定性的）可以由财政部增加。转到下一年的经费不能超过已经确认的余额。《组织法》第 21 条第 Ⅰ 款强制创立了两个账户：第一个是建立在一个既有账户的基础上，命名为"国家金融投资"，该账户排除各类日常管理操作；另一个账户，通过对其他项目的支付（并且可能是特别收入），集中保障"养老金"和中央公务人员的附属福利，这就使得对该领域有一个更好的整体概念。

这个"养老金"账户需要更加清楚的予以解释，因为它揭示了关于"编制"支出的国家政策的一个重要因素。

该账户额度的稳步增长本身就是由这个政策因素来决定的，见表9。

表9　　　　　　　　　特殊用途账户总额度变化　　　　　　单位：10 亿欧元

财政年度	2008 年	2009 年	2010 年	2011 年	2012 年	2013 年	2014 年	2015 年
总额度	47.99	50.13	51.12	52.6	54.21	56.10	56.6	57.5

2015 年统计的其他特殊用途账户有：无线电波段租用和国家电信基础设施租用的管理开发，道路运行和停车场监管，农村和农业发展，农村供电资金援助，国家不动产管理，国家便民交通服务，清洁汽车补贴，继续学习发展的国家补贴，减免希腊债务的国家财政参与（法兰西银行和法国政府于 2012 年 5 月 3 日签订一项协议，法兰西银行对该协议的基本问题起到了特殊贡献，免债达 309 亿欧元）。2009 年的财政法案取消了"电影、电视、地方无线广播"特殊用途账户，将其收支转移到了"国家电影中心"账户。我们也注意到了"应对气候变化框架下的森林保护承诺"账户的消失。

宪法委员会对一项新的特殊账户采取了限制措施，对"违反交通法规的自动监管和惩罚"账户的使用条款予以监督，因为这类账户的收入在本质上与其支出没有直接关系，该账户的支出是用于补贴那些为准备考取驾照者提供贷款的信贷机构（宪法委员会，2005 年 12 月 29 日第 530 号合宪性审查决议）。

492　　　财政援助账户（《组织法》，第 24 条）用来记录中央发放的借贷和预付款（根据 1959 年《法令》，可以分为两类截然不同的账户）。财政援助账户带有限制经费性质，但是一些对其他国家以及央行开放的账户并不具有，这些账户通过国际货币条约和法国联系起来。这些合作伙伴主要是法郎区①的成员，如今，他们已经不能在法国国库账户上透支，但可以无限制地（预算）接受财政援助（参见 300 段）。根据借方或者贷方的分类，该特殊账户可以记录财政援助及其分期偿还。这笔可观的数目（共计 1130 亿欧元）主要涉及给地方部门的直接税的"预付款"，2015 年这笔款项估计达 1010 亿欧元（参见 279 段）。

我们注意到一个和当下经济危机背景有关系的特殊账户，即汽车业借款账户（0 欧元），另一个相关的就是社会经济发展借款账户的更新和发展。

---

① 译者注：法郎区，以前由使用法郎的前殖民国家和海外领地组成，并由法国国库制定平价。

其他的账户同时进行指定用途拨款和决算，因为议会授权只控制一个财政年度中（收入和支出的预测只具有名义上的作用，但执行细节最终要通过决算法案来呈现）不能超过的透支最大额度。这些"透支账户"传统上列于（和借款及预付款账户、某些特殊用途账户的收支类似）临时收支之列（不管怎样，事实上透支就体现了这个特点），同样可以分为两类：商业账户，记录不具备附加预算（参见488段）的国家部门执行的工商业收支（附属的）；货币收支账户。

《财政法组织法》取消了和外国政府的结算账户这一类别（《组织法》，第27条），该类账户记录一些国家协约的执行（例如支持某些基础性产品的协约），后逐渐被淘汰（2003年仅存一个账户），根据不同的情况，该类账户被特殊用途账户或一般预算中的收支所替代。

493 商业账户（《组织法》，第22条）记录不具备附加预算的国家部门执行的工商业收支（附属的），相关国家部门操作需依据一般账户计划的规定。鉴于附加预算的新定义，这看起来限制了政府个性化工商业性质的部门要求——即只能以一个价格来获取他们的服务。2015年共计有10个商业账户，其中有和债务及国库管理有关的账户（192亿欧元，商业账户总额198亿欧元）和收监在押犯人食堂及工作有关的商业账户等。此外，创立于2000年的一项旨在记录债务管理和国家国库管理的账户，依据《组织法》第22条第Ⅱ款进一步得到扩大，该账户不包括一般管理收支（股市交易费、佣金，等等）。除此以外，《组织法》第22条第Ⅰ款明确规定，所有的商业账户都禁止进行金融投资、借款、预付款、贷款操作，"财政法案有明文规定除外"，例如财政法案也可能因此把某些贷款编入到预算之列。

494 根据《组织法》第23条的明确规定（《财政法相关组织法令》第27条重申），"货币收支账户记录带有货币特点的收入和支出"，该条法律适用于汇率损失和收入——2015年为4亿欧元（如给法郎区国家提供的汇率担保），适用于与国际货币基金组织的操作（参见333段），适用于金属货币（包括收入部分中的流通硬币面值和支出部分中收回的硬币面值）的发行。

(3) 特别财务程序

495 特别财务程序确保在一般预算、附加预算，甚至是特殊账户内部（《组织法》，第16条和第17条）的拨款及时执行。

《财政法组织法》对特别财务程序体制予以修改，并划分了以下三类不同的特别财务程序。

496 援助基金（《组织法》，第17条第Ⅱ款）一部分由投入到国家的（由自然人或者法人、私人或者公权机构来完成）公共利益支出的自愿参与（非财税性质的）构成；另一部分是由带有附加使用条件、以法定货币形式出现的捐赠给国家的遗产和捐款组成，该部分使用须"遵照捐赠人的意愿"。因此，收入也体现到预算中，财政部部长相应设立一笔同样金额的经费。

每一笔用于公共利益支出的援助基金都会促使主要拨款审核者或者相关的次级拨款审核者发放税收证书。该税收证书等同于国家接受了发放方的援助基金。依据负责预算的部长的相应的决议，经费也会对项目、总预算项目、附加预算项目，或符合发放方要求的特殊账户开放。开放的实现方式包括承诺授权或者基金入库后的支付经费。然而，同样存在为投资支出、以发放税收证书形式而存在的承诺授权（2007年1月11日第2007-44号法令）。

自《财政法组织法》生效以后，财政法案需要将这些基金纳入收入评估和支出上限当中（这种做法提高了预算的总量，但并不能增加其收支差额）。但是宪法委员会明确指出，如果在财政年度中，收入超过了支出上限，则议会需要增设必要的经费项目以确保尊重捐赠方的意愿，否则，则有可能侵害1789年《人权宣言》所提出的财产权（2001年7月25日第448号合宪性审查决议）。

这也解释了在财政年末，有关经费结转的例外规定（参见478段），未使用的经费将全部转结到下一财政年度（《组织法》，第15条第Ⅲ款）。这也促使中央自2013年起取消和合并（根据收入的地理来源）不活跃基金。

497 收益分配（《组织法》，第17条第Ⅲ款）指（通过法令）向某一部门分配该部门通过自身提供的服务（"经常性地"）所获取的收入（如复印使用费），如果没有明文允许，这种操作不可能进行（收入应该统一转入公共账户中）。这一形式上新颖但程序上更加严格的程序，事实上继承的是在《组织法》出台之前的"吸纳性"援助基金[①]程序，该程序可以把所有非财政性的收入都纳入援助基金中，进而引发滥用。如今，该程序已经得到较好地限制，同时，其余应用到收益分配的规则是"天然性"援助基金[②]规则，见上文（参见496段）。

"吸纳性"援助基金程序最初设计就有扩大和滥用之嫌。在20世纪90年代中期，"吸纳性"援助基金达600个，所有基金在很大程度上都逃避了议会的监督，因为这些基金并不显示在财政法案中（除1985年以来以追溯附件的形式出现，1994年起以预测附件形式出现以外），后来只是列入到了决算法案中。除此以外，一部分援助基金并非一般性的，因为他们和财政资源（或编制人员的支出）息息相关；这些"预算项目经费"（约1200亿法郎）确保财政部（财政部门）向公务员分配一部分（至少1/10）经税收调整后增加的收入、基准经费和地方直接征税提取的收入（参见704段）到他们的工资当中。这些操作遭到了国家审计法院的批评，并在宪法委员会审核废除的震慑下（1997年12月30日第395号合宪性审查决议，1998年12月29日第405号合宪性审查决议），于1999

---

① 译者注："吸纳性"援助基金的资金来源是非税收入。
② 译者注："天然性"援助基金的资金来源是公共机构或私人的捐赠。

年和 2000 年重新纳入预算体系。

498 经费返还（《组织法》，第 17 条第 Ⅳ 款）是向国家部门转入之前本不应该或者临时支付的款项，该款项以返还之前所花费（这就抵销了最初的操作，等于一种补偿）经费的方式，将资金分配给该部门。这种手段也可以实现分配给某一部门转让的收益，或向某一部门分配之前属于该部门的物资，以促使其尽快将该物资进行分配。

该程序需在财政部规章规定的要求下完成。《财政法组织法》取消了允许援助基金手段取代经费返还手段的规定。

2.1.3 中央预算的特殊性

499 中央预算特殊性原则的基本特点，我们在第 1 部分已经涉及（参见 87 段）。根据 2001 年《财政法组织法》的规定，从 2006 年起，中央预算按项目进行专门拨款（2.1.3.1）。另外，2001 年《财政法组织法》也保留了某些用以更改议会批准范围的规定程序（2.1.3.2）。

2.1.3.1 各项目经费专款专用原则

500 各项目经费专款专用原则是《财政法组织法》的主要创新之处。1831 年以后，中央预算原则上分章节专门拨款，虽然从 1934 年之后，无论在法律还是在事实上，都不再按章节进行表决（参见 23 段）。受 1959 年《法令》的影响，预算改成整体表决（对过去已表决过的拨款事项进行整体表决，对新事项则按款目或部委进行表决），不过仍分成章节，即将预算经费按性质进行划分，性质相同的归入同一章节。

《财政法组织法》为这一领域带来了三点不同之处。

首先，《财政法组织法》废除了章节。尽管此前政府一直努力削减章节的数量（1950 年预算有 4000 章，1996 年削减到 1200 章，到《财政法组织法》通过之时已不足 1000 章），但分成章节仍然不足以对预算项目进行有效的整合。

其次，它试图以结果导向预算或绩效预算代替传统的用途预算。用途预算将经费按其性质进行归类，结果导向预算或绩效预算则按目标划分经费。这样就造成今天的预算经费在法律层面上是这三个方面交叠的。

最后，2005 年对法律的一项修改规定可以在预算中预留一份储备金以应对可能出现的预算失衡恶化的局面。宪法委员会在解释这条法律时认为如果该储备金"只占预算经费的一小部分"则可以接受，但设定该储备金并非硬性规定，而且该规定不得损害政府在执行预算方面的权限（2005 年 7 月 7 日第 517 号合宪性审查决议)。

关于这一点的具体操作方面,参见526段和273段。

(1) 预算经费分任务进行表决

501   所谓"任务",指的是"指向某一特定公共政策的一系列预算项目的集合体",这些预算项目"可以涉及一个或多个部门或部委"(《组织法》,第7条第Ⅰ款)。自2006年以来,任务的数目变化不大,基本在32~35个之间。2015年财政法案的一般预算包含31个任务,附加预算包含2个任务,专门账户预算方面包含14个任务,加起来是47个。这些任务的设计是按功能(而不是按部门管理范围)划分,将功能相近的并入同一任务,所以每个任务有可能涉及多个部委,也可能旨在达成一般目标或单一部委的目标(如2013年一般预算的31个任务中,22个涉及单一部委,9个涉及多个部委)。

有必要指出,《财政法组织法》起草之时最初对任务并没有规定,只是后来才将任务表述成项目的集合体(参见前引《组织法》第7条第Ⅰ款)。因此,对于纯粹跨部委的任务的设置当时有争议。这一点在当时未被保留,因为决策者们认为公共政策的"灵活性"实际上并不体现在这一层面:与其设置专门的跨部委任务,似乎更应由此出发对相关部委的部门设置进行重组。不过,2009年设置的一项特别附加任务——"重振计划",显示出政府在这一方面的灵活性:该计划由一个部委牵头,联合其他部委进行推进。

每个附加预算(《组织法》,第18条第Ⅱ款)和每个专门账户(《组织法》,第20条第Ⅱ款)都构成一个独立的任务。每个任务对应一项"公共支出","每项任务的设置必须由政府起草的财政法案的一款条文加以规定"(《组织法》,第7条第Ⅰ款),以遵守《宪法》第40条关于财政可接受性的规定(参见538段),或更广泛地说,以符合《宪法》第20条和21条第C项关于行政当局决定国家政策的规定,因为预算任务的设置也属于国家政策的范围。根据宪法委员会对预算任务界定标准的裁定,"政府有权根据所实施的公共政策,确定不同任务的范围。它亦有权以单一或多个部委的经费来组织这些任务。因此这些任务的界定标准并没有任何明显的错误"(2005年12月29日第530号合宪性审查决议)。

不过,宪法委员会同时也指出有两项任务不适用这一定义(2001年7月25日第448号合宪性审查决议):一项涉及不按项目分配的整体经费(参见506段);另一项是(宪法设置的)公共权力机关的经费,这一方面始终是(有时非常)例外的。它们被称为"配给经费"。

正如宪法委员会所指出的:"宪法设置的公共权力机关决定其自身运营所需

之必要经费的规定……乃是……内在于其财政自主原则，以确保三权分立"（2001年12月27日第456号合宪性审查决议），因此财政法案所选择的任务应"保卫相关公共权力机关的财政自主权原则，这一原则是对三权分立的遵守"（2001年7月25日第448号合宪性审查决议）。这些经费被归入"公共权力机关"这一专门任务下，2015年预算中这一任务内所涉的公共权力机关包括共和国总统、国民议会、参议院、议会电视台、宪法委员会、共和国法院，以及对欧洲议会的法国议员的津贴。这一任务并不隶属于财政部。至于最高行政法院、各行政法院、经济社会与环境委员会、审计法院以及其他财政司法机构，它们隶属于总理负责的"委员会与国家监察"任务。至于一般法院，其运营经费预算隶属于司法部负责的"司法"任务。

一般而言，宪法设置的公共权力机关的经费并非专门拨款，且无须遵守专门拨付和专款专用的规则，因此也不能按预算和公共审计的通常原则去衡量。

专门基金的设立古已有之。关于它们在制度上的规定则始于1946年4月27日法律（第42条），并于2002年财政法案通过之时做了局部修改（第154条）。这些经费过去用于多种用途，有时用于与国家利益并无关系之事。不过如今原则上用于国家安全行动（拨予外部安全总局和其他致力于类似目标的部门），其用途由一个主要由议员组成的委员会（两位众议员、两位参议员和两位审计法院成员）进行查核。不过根据宪法委员会的裁定，该委员会不得在行动之前或行动之中介入（2001年12月17日第456号合宪性审查决议），并须将核查结果向国家元首、总理、议会各财政委员会主席和总报告人作（秘密）汇报。在实践层面，这些基金的经费打入一个银行账户（或附属账户），并由总理自由使用。

（2）按项目区分并专门拨款

502　　预算经费按项目区分并专门拨款。所谓"项目"包括"用于某个行动或同一部委管辖的某一系列相关行动的所有款项，每个项目必须根据公共利益目的定义明确的目标和预期成果，并需接受评估"（《组织法》，第7条第Ⅰ款）。2015年的预算项目数量为172个，其中122个属于一般预算，5个列于附加预算，还有45个是专门账户的预算项目。这些项目同时具备两个特征：一是它们只涉及单一部委，二是实效性（即款项不是按性质而是按目标归类，并配有相应指标，这就构成了操作上的很大困难，参见526段）。

宪法委员会一项涉及法官高级委员会的裁定认为，根据《财政法组织法》的规定，针对那些立法者认定的预算自主的机构，每一机构涉及的所有预算款项可以整合纳入同一项目中（2010年7月18日第611号合宪性审查决议）。

与1959年《法令》针对章节的规定一样，各个预算项目也列于财政法案的解释性附录中。在财政法案表决通过后，通过一项经费分配法令拨付予这些项

(3) 款目

503 项目又可按经费的经济性质细分为款目（参见579段）。不过，款目的根本特点在于"款目是指示性的"（《组织法》，第7条第Ⅱ款），这就使法国在预算和会计方面出现了一种真正的革命，因为此后资金只是在项目层面进行综合，而具体的款目是可以替换的。在项目的内部，管理者可以更改预定支出的性质（包括运营支出和投资支出，这是前所未有的情况），因此就可以更改最初规定的某些具体款目的经费的用途（经费上限只适用至项目层面，因此在项目内部自由操作的空间较大，尤其考虑到可能有将上一财年的经费结转至本财年的情况，这种操作自由度实际上更大，参见478段）。

不过这项原则有一处例外，即在每个项目的人员薪资支出款目方面设有支出上限，不得通过其他款目的经费来增加人员薪资，除非该经费来自某些普通措施的整体拨款（参见506段）。不过，根据所谓"不对等替换"机制，人员薪资经费可以被用以增加其他款目的经费。这或许是一种极端机制（因为它与新的公共管理所要求的利益激励和责任精神相抵触），不过这种机制乃是源于当局在控制行政人员数量方面的决心，这种决心如今更被强化，从以下这条规定便可看出：法律规定为每个部委设定每年批准的职位数量上限（《组织法》，第7条第Ⅲ款），即由财政承担的职位数量的上限（不过这个限额在各个部委间的分配则是指示性的，参见574段）。至于在人员薪资支出的承诺款批准方面，其数额与支付款相等（参见477段）。

2.1.3.2 按项目专门拨款的范围

504 根据预算经费的必然性（参见69段），它被拨予一个受益单位（1）、有一个目标（2）、一个具体数额和一个特定期限（3）。具体数额和期限原则上只能通过财政法案进行修改，但《财政法组织法》（第7条第Ⅳ款）明确规定，"在特殊情形下"，可以通过行政法规进行修改（这一点也为宪法委员会所接受，参见宪法委员会2001年7月25日第448号合宪性审查决议）。

关于期限问题，可参见478段，经费的延期。

（1）受益单位

505 受益单位原则上是部委，但其并不拥有不可撤销的权限。

原则上，财政法案通过后，按分配法令进行分配之后的经费"由各部部长支配"（《组织法》，第7条第Ⅳ款）。分配法令应遵循财政法案解释性附录中提供的分配方案，并按项目分配经费（《组织法》，第44条）。不过，解释性附录中的分配方案可以由议会进行更改（参见574段）。

各部部长可以对项目内的经费（通过发布再分配指令）加以自由分配。一方面，将经费在项目内部进行分配，另一方面，将其在中央部门和地方部门间进行分配（次级拨款审核者、委派的拨款受益单位，参见 545 段）。

在法律层面，所谓经费由部长"支配"，传统上意味着部长并不一定要用完全部经费（宪法委员会通过 2002 年 12 月 27 日第 464 号合宪性审查决议确认了这一点），即使按项目分配的预算在政策和技术逻辑上都要求部长必须达成既定的目标和结果，以表明项目经费的合理性。

但经费并不绝对由部长支配，因为总理可以（听取财政部部长的报告并告知议会财政委员会之后）发布会计指令，执行以下两项操作，且无须经过相关部长的同意（不过相关部长似乎需要复核该会计指令）。

一是经费转移令：不改变支出的目标，但改变经费在各部委项目之间的分配（有时也相应地改变相关职位隶属）（《组织法》，第 12 条第 Ⅱ 款）。

二是经费撤销令（《组织法》，第 14 条）："当一项经费已无对应目标时"（1959 年《法令》中已经用过类似表述），或者是"为了避免财年预算失衡恶化的情况"，总理可以下令撤销某些经费。《财政法组织法》受 1959 年《法令》的影响，专门通过法规途径为此设定了预算调节方面的内容。但 1959 年《法令》早已受到审计法院和管理部门的批评，因为这一规定的法律依据不明确，有时甚至可能大幅度改变议会通过的预算，并影响了部门管理的稳定性。

这一点是受到美国所谓"扣押经费"的做法的影响。它的法律依据是《财政法相关组织法令》第 13 条，该条规定"任何在当年已无对应目标的经费可以由财政部部长在征得相关部长的同意后发布指令加以撤销"。

《财政法组织法》考虑到某些此类批评，规定了通过会计指令（撤销令或预先"抵押"令）撤销的经费每年不得超过预算经费的 1.5%，且必须事先通知议会财政委员会。不过这项要求只涉及经费撤销的情况（而财政法修正案可以自由决定撤销经费）。

财政法修正案提出需撤销的经费，在该法案提交后不得再使用（或不得再承诺拨付或通知付款）（《组织法》，第 14 条第 Ⅱ 款）。

但该要求并不涉及其他形式的经费调节，特别是经费冻结。《组织法》（第 14 条第 Ⅲ 款）对此也有规定。该款规定"任何旨在或导致冻结某项经费而使其不可动用的行为，无论何种性质，都应通知财政委员会"。

在这些冻结行为中，有一种形式出现于 1999 年，即财政部与支出部门签署"管理合同"的形式，主要涉及哪些作为储备，或被撤销，或不转入该财年的经费。

在宪法委员会看来，所谓"预防储备金"，如果是旨在"预防可能出现的预算失衡恶化的情况"，则哪怕是在财年初预留，也是可以接受的，前提是必须通知议会（2004年12月9日第511号合宪性审查决议）。不过，宪法委员会也指出这种做法只能涉及"预算经费的一小部分"。2005年1月27日的一项法令（第2005—54号法令）第5条在国家行政部门内部财政核查的框架内设立了经费储备制度。

这条规定似乎并未预见到某些此类行为的合法性问题，但宪法委员会似乎接受了这一原则，并认为经费并非一定要支出出去，也不宜"妨碍政府根据《宪法》第20条在财政执行方面所拥有的权力"（2002年12月27日第464号合宪性审查决议）。

(2) 项目经费的目标

506 每个项目经费的目标原则上是确定的，因此款项不得转作他用（参见545段）。

不过，自《财政法组织法》颁布以来，由于经费的整体化以及预算案由分章节过渡到分项目，使得项目经费的目标变得不那么严格。而且专款专用原则自身也在两个方面被弱化。

首先，存在一些整体经费，它们在预算案生效之时并未被按项目分配。《组织法》规定了两种情况。

公共权力机关的经费本身是整体拨款，此外，预算中有一个特别任务包含两种配给经费，也是整体拨款（参见574段）。

一是"偶然性支出配给经费"，"用以应对灾害和其他不可预见的支出"（《组织法》，第7条第Ⅰ款第1项）。这项经费在必要时可以（根据财政部部长的报告）通过会计指令按项目分配。

二是薪资方面整体措施的配给经费：此类配给经费"在预算投票表决之时无法精确地按项目分配"（《组织法》，第7条第Ⅰ款第2项），因此只能在年中通过财政部部长令来分配到各个项目（人员薪资款目）。

其次，由于总理可以根据财政部部长的报告发布会计指令将经费在同一部委的各项目间进行转移，这样一来也可能使经费的用途被改变。不过，这种做法实际上损害了专门性原则，因此，它每年不得超过每个相关项目经费的2%，而且必须接受议会的监督（事前预先通知议会财政委员会，之后由相关部长在其年度绩效报告中汇报相关用途，参见526段）（《组织法》，第12条）。

另外，根据"不对等替换"机制（参见503段），不得将任何非人员经费款目中的经费转移到人员薪资款目，而且给任何项目划拨或转移经费都必须由财政法案加以规定（参见505段）。

(3) 项目经费的数额

507   项目经费（以及允许的相关职位数量）都有数额限制，原则上不能超过这一数额（《组织法》，第9条）。不过，这一根本原则也有两方面的例外情形。

此外，还存在一些"可透支的"专门账户，即可以在一个最大透支金额范围内自由支出（参见492段）。不过，需要指出，这一金额可以通过法令加以削减（参见505段）。

第一，存在一些估计性经费。这些经费涉及某些必需支出（如偿还债务或利息、退税或税收减免、国家担保的某些项目、向法郎区各成员或其中央银行开放账户等）。这些支出也会列在财政法案里（《组织法》，第10条和第24条），但只能列举数量有限的一部分。财政法案在这个方面简化了1959年《法令》的应用办法，并强化议会的监督，因为财政部部长必须在该财年过程中针对相关超出上限的情况，向议会财政委员会做出解释。

另外，如出现超过上限的情况，必须在财政法修正案或调节案中开设项目附加经费，以完成其法律程序。

据《组织法》的规定，此类估计性经费的支出不仅由该法本身进行规定（第9条），而且必须将其列入每年的财政法案附录，并标明乃是F型经费，即估计性经费。此外，混合性的"临时经费"也涉及某些必需支出，但在一定的限制条件下（如涉及从一项整体经费中提取，或预先发布法令加以规定）可以自由超出金额上限。

但《组织法》取消了上述第二类，将那些可以足够明确地预见的必需支出纳入限制性经费中（亦可能从某项整体经费中提取款项加以补充，参见506段）。

第二，政府有时也可以通过预先发布法令开启某些附加经费（实际上几乎每年都这么做）。这些法令实际上违反了"只有财政法案才能开启新经费"（《组织法》，第7条第Ⅳ款）这项根本原则（但实际上此类措施自有预算法以来就一直在实施），因此，必须有严格的条件限制（《组织法》，第13条）。

原则上，只有在紧急情况下才能发布类似法令（但在实践中，这一条件至今未得到遵守），且事先必须征求宪法委员会的意见，2001年后还规定事先必须征求议会财政委员会的意见（后者必须在7日内做出答复）。另外，附加经费（累计金额）不得超过当年财政法案批准的预算经费总额的1%，且不得影响预算平衡，这也就意味着如果开设附加经费，必须撤销其他某些经费或增加额外收入来抵偿。而且这些法令必须在下次财政法案（修正案或调节案）会议之时请求批准。

"在出于国家利益迫切要求的紧急情况下"（《组织法》，第13条），这些法令可以更改财政平衡,但是相关附加经费(在简单"知会"议会财政委员会后)需由部长委员会(在征求最高行政法院意见后)通过法令进行开设,并尽快提请议会批准(可以立即申请议会批准或在下一次财政法案会议之时申请批准)。

这两道程序的主要模式与1959年《法令》规定的模式相符。

另外,财政部部长也可以(根据具体情况单独或联合其他部长)增加特别会计程序(参见495段)和专门账户(参见491段)名义下的经费。

此外,具体项目也可以通过经费转移(参见505段)、划拨(参见507段)、整体经费分配(参见506段)或经费结转(参见478段)等方式增加自身的经费。

由此我们不难看到,虽然《财政法组织法》将经费按项目进行综合,但在这一制度下,仍有较大可能通过法规途径来更改经费。不过,这种做法在《财政法组织法》中受到更加严格的限制(宪法委员会承认这种可能性,见于2001年7月25日第448号合宪性审查决议),且受到议会越来越严密的监督。

2.2 中央预算准备

508 财政法案的准备是中央财政运行中关键的一个部分,经验证明在后续的讨论和投票表决中,财政草案被修改的部分只占很小的一部分。这一环节并不是公开的(在英美国家,该环节是保密的),从法律角度看,预算准备阶段也是相对次要的(因为只是筹备性的),但是它几乎不会被法规所修改,不管是在准备程序上(2.2.1)还是在准备手段上(2.2.2)。

2.2.1 准备程序

509 准备由政府负责(2.2.1.1),工作根据横跨至少三个季度的日程表进行调整(2.2.1.2)。

2.2.1.1 负责准备的政府部门

510 根据《组织法》第38条,也是关于该方面的为数不多的法律条文之一,"在总理的授权下,负责财政的部委负责准备财政法案草案,草案交由部长会议讨论"。因此准备是政府的专属职能(1),财政部在预算上有传统的掌控权(2),而如今财政部明显处于从属地位(3)。

上文引号中的说法，除两处细微差别外，引自1959年《财政法相关组织法令》第37条，也是《财政法组织法》对政府工作组织的"涉足"；这一说法得到了宪法委员会的允许，认为该说法是从《宪法》中提取要义的结果（《宪法》，第13条、第20条、第21条和第139条；宪法委员会，2001年6月25日第448号合宪性审查决议）。

（1）一项政府的专属职能

511　　这里首先涉及对分配给政府准备财政法案草案专属职能的肯定，这就排除了议会各种形式的财政法案"议案"（《宪法》，第39条和第47条）。这种分权的具体体现符合当代政治体制的发展趋势（包括在美国也是如此），在法国第三共和国和第四共和国时期，它的出现在法国有特别的意义，这使得政府可以有效应对来自议会财政委员会的干预。这也说明议会曾一度长期涉入预算准备工作中。

　　自1994年，基本一直延续到1997年，议员们和通过的预算拨款审查工作紧密联系起来。
　　一个特例涉及议会的预算，宪法委员会强调该工作应该由议会来负责。
　　一度我们曾向目前存在的40多家独立行政机构赋予更多的预算自主权，这些机构拥有多样的身份（比如有法人的存在），在执行预算的时候有一定的操作空间（参见545段），但在编制预算上操作空间却不大。

　　20世纪90年代，在每年春季举办预算导向辩论（DOB），使得政府可以展示和发动讨论（无须投票）下一年预算的重大方向。

　　该辩论最早在1990年试水，1996年得到重新启用，自1998年来成为每年的规定动作（1997年议会的解散导致其没有如期进行）。

　　《财政法组织法》（第48条和第58条）对这种形式的辩论做出相关规定，"国民议会和参议院可能会对政府在普通财政年度最后一个季度提交的报告进行辩论"，"以便在下一年度议会对财政法案草案进行审查和投票"，该报告涉及"国民经济的发展和财政的走向"。每年6月1日之前提交的决算法草案中公布了上一年预算执行的结果，该结果对辩论有重要的参考意义，这就与在法国议会制早期存在的"道德框架原则"联系起来，后因为需要向欧盟机构特别是欧盟委员会报告财政法案草案，该原则得以强化。
　　《财政法组织法》维持了行政机构的特权，因为预算动议仍属政府职能，辩论由总理来决定，无须投票（如果总理没有提出投票要求）。

　　根据"最新规定"开展的辩论于2003年6月举行。

(2) 财政部在预算上有传统的掌控权

512 《财政法组织法》第 38 条确认了财政部在预算上有传统的掌控权,特别是其在预算上的领导权,如准备财政法案草案;但是在《财政法组织法》施行之后,准备工作需按照一定规定和日程进行,这就要求财政部和其他支出部委展开更为深入的对话和合作,以上工作同样需要在明确关键步骤下的日程和规定展开。

(3) 财政部明显处于从属地位

513 不同于之前的法规(特别是 1956 年法令,第 49 条),1959 年《法令》和《财政法组织法》落实了由《1958 年宪法》(参见第 21 条)建立的等级制度,事实上明确了财政部在法律上的从属地位。一方面,财政部明显处于"总理的领导之下",因此,争议卷宗交由总理进行预算仲裁和决断。另一方面,财政法案草案需交由"部长会议"进行"商议",该部长会议由共和国总统领导,总统的角色非常关键,但也取决于总统与政府的关系,这种集体成员制衡的变化需具体情况具体分析。

2.2.1.2 准备日程

514 准备日程历经多次修改,旨在实现节约(时间和金钱),更好地将所有相关部门统筹到预算程序当中,并于 1996 年起,要把法国对欧盟的承诺纳入考量(参见 291 段)。2002 年以来,《财政法组织法》又提出了新的要求。最后,在预算准备过程中加入多年期预算的合理性的诉求促使准备日程进行改革,准备日程被分成几个步骤(1),在这个过程中,议会的监督仍然存在(2)。

(1) 决策步骤

515 决策步骤必然要考虑到法国的三年稳定项目,该项目需提交至欧盟委员会(以及议会的财政委员会),该项目还明确了财政的多年期计划的内容(多年期计划和上一年度的财政法案相关联),多年期计划最终需要囊括进欧盟机构的修改建议或者决定(参见 301 段)、多年期预算的内容。每一年的财政决策日程首先取决于发布给各部长的最初经济规划函,这一步骤围绕预算管理部门的规划展开。

准备工作在预算执行之前的每年 1 月到 9 月进行。准备工作基于两个程序:传统预算日程和所谓的"绩效"日程,这两项程序在每年夏季的时候汇集对比。

2012 年 12 月 17 日的《公共财政管理和程序组织法》规定,(除非日程上有专门的说明)政府应向公共财政高级委员会提交宏观经济预测,财政法案草案建立在该宏观经济预测基础之上。

在每年 5 月、6 月的时候,总理会确立"封顶函",该信函建立在由程序法确立的基础之上,并根据项目确定支出的上限,确保从项目的角度理解支出上限

（承诺授权和支付支出）。

6月以按照项目分配资金和使用的会议为主，该会议遵照下一年度资金分配的最初的要求进行（"从1欧元算起"）。这一过程分为两个阶段：前半个月进行分配工作；后半个月依据两份文件进行调解工作（通常较为艰巨，在总理领导下开展）；依据为下一年制定的按项目分配资金的上限及按照部委确定人员编制数量的上限。分配按照如下两个要求进行：第一个是确保每一个项目的真实性，第二个是一个越来越系统化的概念，但因为分配的预测性而不易把握，即分配的可行性。

上述工作围绕春末确立的预算导向辩论所展开。

与此同时，在这些阶段结束之后，"绩效"日程开始启动，从春季召开的绩效会议开始，到7～8月的绩效年度计划确立为止。

在这样的程序之下，政府会根据最新的经济预测和政府的财政决定（决定财政法案草案的预计盈余）做出最终的调整。草案最终送往国家印刷厂印刷。

财政草案最迟需在其送交最高行政法院进行法律咨询一周之前送交公共财政高级委员会，以征求其意见。

公共财政高级委员会在收到财政法案草案之后，依据《公共财政程序法》确定的结构性结余多年期走向对其开篇预算项目的合规性予以审核。公共财政高级委员会出具的意见涉及对宏观经济的预测和结构性结余，并附在财政法案草案上，一并交给最高行政法院。

在最高行政法院，财政草案由各部门逐次审查。在情况紧迫时，由最高行政法院财政部门税务方面和预算方面的两个报告人以及全体顾问大会进行审查（只有政府不希望立即对媒体公布的那些纲领性项目——包括预算平衡项目——例外，此时由常务委员会闭门审查）。

财政法案草案通常在9月中旬由部长会议敲定，然后由预算部部长呈交给议会的财政委员会，并在媒体发布，最迟于10月的第一个星期二提交给国民议会办公室（《组织法》，第39条）。

公共财政高级委员会附在草案上的意见也需要在其提交到国民议会办公室时一并呈上。接下来公之于众。

《财政法组织法》（第39条）明确，10月第一个星期二的规定也适用于解释附件（参见574段），解释附件需要和草案一并提交；每一个一般附件都要在国民议会一审（至少）5天之前提交，国民议会对该附件相关的收入和支出予以审核。但是，根据宪法委员会之前的判例（1982年12月29日第154号合宪性审查决议，1997年12月30日第395号合宪性审查决议），事实上，附件（解释附件或一般附件）的延迟提交并不会阻碍草案的审核，如果延迟提交导致真实性受到影响，鉴于国家工作日程连续性的要求（宪法委员会，2001年7月25日第448号合宪性审查决议；《宪法》，第75条、第79条、第80条和第89条），延迟提交不会使程序无效。

（2）预算准备的议会监督

516　尽管在预算上有政府专属职能原则（参见511段），议会监督仍得到加强，并以两种方式存在：在相关法规授权下，于春末举行的预算导向辩论（参见511段）；议会报告人（特别报告人，且需要以意见的形式提出问题，参见530段）有权在7月10日之前，将预算调查问卷发给政府，政府需要以书面的形式在10月10日之前予以回复（《组织法》，第49条）。

由总理敲定的任务和项目清单（列有绩效目标和指数），其中特别参考了项目审计部际委员会的建议，需要在春末辩论时提交给议会。

2.2.2　准备手段

517　准备手段一度相对简单，但随着预算的增加和公众的参与，准备手段变得更加复杂。随着信息技术的快速发展，准备工作也得到简化，特别是建立了一些名字充满魅力的系统［潘多拉（Pandore），小精灵（Elfe），小夜曲（Sérénade），琶音（Arpège），法朗多勒舞曲（Farandole）……］。信息技术也加入了大量的数据，来考量预算背景（2.2.2.1）、细化预算评估（2.2.2.2），如有可能，进行预算选择（2.2.2.3）。

2.2.2.1　预算背景

518　考量预算准备的背景的重要性愈加突出（考虑到需要对外公开，该工作也同样被认为是最困难的），涉及经济预测（1），财政预测（2）（与国家的经济、财政背景的评估和欧盟委员会的评估相对照）。

（1）经济预测

519　预算是经济活动中重要的一环，是经济活动的引擎，经济预测在预算准备中处首要地位（《组织法》第1条规定，财政法案要"考虑到明确要求的收支平衡"）。"经济预算"——事实上是对经济主体的活动的预测（包括自然年度和财政年度）——由国库总署制定（参见363段），并在财政年度中被修订，从中可以把握经济和财政政策（特别是全体公共机构释放的经济影响）和预算准备（特别是经济形势的财政影响）。这些预测需提交给国家经济委员会，后者在1999年（5月26日第99—416号修订的法令）取代了于1952年成立的国家经济预算和账户委员会，由法国和国外的经济专家组成，负责审核作为预算基础的经济预测，经济预测附在财政法案草案的关于国家经济社会和财政状况及前景的报告中（参见 574 段）。

（2）公共财政预测

520　　和其他工业国家相比，公共财政预测的重要性要弱一些。1994 年 1 月 24 日的五年发展规划和三年稳定项目所做出的多年期财政预算使得这一差距大幅度减小。法国需要每年向欧盟委员会提交三年稳定项目（参见 303 段），其中主要包括公共财政的中期预测（通常和实际不符）。

这一中期展望（或者说展望"尝试"）得以推广，在法律上，被《财政法组织法》（和欧盟法规）要求强制开展，并要求发布多年期性质的信息文件，用以明确一整年的预算过程。

综上所述，政府需提交：

在春季预算导向辩论之际做出的中期收入和支出（根据国家主要职能分配）评估（《组织法》，第 48 条）；

在普通会议开幕期间做出的一份关于全部必提费用追溯和预测报告，以明确财政法案的投票表决和社会保险融资法案的投票表决（《组织法》，第 52 条）；

附在当年财政法案草案上的一份介绍至少未来四年的公共管理机构的收入、支出和结余报告（《组织法》第 50 条，该规定促使从 2003 年预算起，公共财政中期预测纳入关于国家经济社会和财政状况及前景的报告中）。

2.2.2.2　预算评估

521　　根据涉及收入（1）和支出（2）的不同，预算评估的性质也截然不同。

（1）收入评估

522　　我们过去所做的评估是建立在——参考的是上一年的收入——现在的评估则直接基于具体的数据模型，后者可以同时评估规划的政策（通过多次模拟）和经济活动的影响。在这方面，因为某些预算收入（增值税）易受经济形势（一个百分点的国内生产总值的变动意味 30 亿欧元收入的变化）和经济活动（投资和开发几乎不会带来增值税收入，这与消费活动不同）的影响，技术则显得尤为关键；错误同样也会带来和最初预测相比巨大的差异（可达上百亿欧元），比如 20 世纪 80 年代末出现的增值，或 90 年代初出现的比较危险的减值，在这个过程中，财政赤字（或者收入的减值）比原计划多出 210 亿欧元（1992年）甚至将近 230 亿欧元（1993 年）。问题并没有这么简单，因为除技术层面外，我们还要考虑到可能出现的政治层面的影响——根据具体情况——导致比预算预期数值减少（为了保持财政年度运行平稳）或者增加（降低预期出现的财政赤字）。

1999 财政年度的收入预算比预期多 75 亿欧元（根据当时的说法，这是"财政中彩"），2002 年比预期少了 100 亿欧元，2008 年比预期少了 120 亿欧元（因为偿还债务的猛增和税收紊乱）；2009年收入大幅缩减，引发1380亿欧元的财政赤字，远超预计的670亿欧元。

（2）支出评估

要求支出评估进行深化改革的呼声很高。传统上，支出评估实际建立在之前的未结算经费基础上，根据1959年《法令》，体现在预算上，即对通过表决的预算（大致代表上一年的预算）和新措施予以区分。

这一区分也招致了激烈的批评，质疑这一区分会强化参考过去支出来衡量所需资金的趋势（已经习以为常），这就会加大预算扩张的惯性（经验证明，几乎没有部门负责人会要求降低资金的需求）。

"追求预算节约"的主旋律之一变成了对通过表决预算的审查，几十年来政府一直承诺做该审查，并不时地以多种形式、投入资金进行尝试。

在某种程度上，《财政法组织法》果断取消了（参见534段）对通过表决的预算的参考，建立了一套基于项目定义，基于"零基预算"（BBZ）或者叫"从1欧元算起"原则的制度，并在近几十年（特别在法国）进行实验和推广。

"零基预算"最初由美国的卡特政府所使用，曾被法国一些地方政府所应用，在法国中央政府层面，于20世纪80年代末尝试在转移支付和投资支出上使用"零基预算"。

实质上，这种评估取消了所有对上一年使用资金的参考，而是通过项目对每一年的全部必要资金进行论证。

每一个项目的资金需建立在与该项目紧密相关的会计分析基础之上，并参考该项目收入和支出。

但是在技术层面上，落实起来有一定困难，在财政层面上，表现也是令人失望，因为通过表决的预算也许只是"假配偶"①（在这里借用1989年A.杜普莱西斯的说法）。

一方面，我们不得不在年度预算中体现出之前所做选择产生的结果，特别是为了兑现之前多年期承诺；"从1欧元算起"在实际上也只能适用在新的项目上（且需要一定的准备时间，无法适应财政年度节奏的要求）。

另一方面，"全方位的审核"预算的请求也突显工作过于死板，甚至会刺激预算需求的增长，这会带来预算扩张的惯性。

2007年财政法案表决时，这种矛盾被暴露出来，议员们惊讶地发现《财政法组织法》规定的内容使财政操作空间不足。

---

① 译者注：法文"假朋友"（faux amis）意为产生望文生义的表达，这里的"假配偶"套用了这一表达。

在中央层面，除了上述提到的原因外，支出的僵化（主要是薪资支出、社会援助支出和就业支出）、政客们的惯有思维（认为部长的成功在于能够尽其所能谋得资源）、各种各样的法律因素（其中包括重新确立禁止议员们"重新自由调整"收入和支出的财政不可撤销制度）都导致了预算扩张的惯性。

如果说这一工作有助于实现"全方位审核"预算，有助于明确要做出选择的决策，该工作同样会碰到各种意外，这两年出现的情况就表明了这一点。

2.2.2.3 预算选择

524　公权机构作出的预算选择涉及政府层面（1）和部委层面（2）的选择。

（1）政府层面选择

525　政府层面的选择至少由两种方式表达出来。

第一种，也是最为传统的，也是唯一直至《财政法组织法》实施还继续保留的，是以经验的方式进行上限设置和份额规定。随着20世纪70年代经济危机的出现和90年代法国加入欧盟所履行一系列承诺，最新的趋势旨在同时制定强制提取（和传统的认为"国家首先应当支出"的理论相反）和财政赤字（现在由欧盟来限制）的上限。这就导致出现支出上限限制（至少大致上是），在政府进行优先选择之后，具体以"封顶函"的形式出现并转发给各部委，强制他们进行全局性的不可规避的调整，但只是微调（参考机制），这样的举措并不受管理部门和被监督者的欢迎。

第二种通常被认为最合理，它不再按部委来划分预算，而是根据经费的功能用途（如教育、社会行动、住房等）来对预算进行介绍和表决，以使之更为清晰并更易裁断。这种功能预算的主张在20世纪六七十年代曾备受争议，后来被《财政法组织法》所采纳，但加以调整，使它变得更灵活且更切合实际。这项法律规定预算以"任务"为单位进行介绍和表决，每个"任务"原则上对应一项特定的（有可能是跨部委的）公共政策（参见501段）。"功能用途"是一个相对固定的，甚至是统计学意义上的概念。相比之下，"任务"更为具体也更灵活，它可以成为真正的"宏观财政"性的预算选择的基础，而这一点功能预算未能做到。但是，"任务"难以定义，更难以组织，因为它有两个方面的障碍需要克服：一方面，"任务"是"项目"的集合体（《组织法》第7条第Ⅰ款虽然没有明确规定，但实际上暗示了这一点——虽然或许是无意的。参见501段），这导致它不具备任何专门性、目的性或自身的动机性；另一方面，"任务"只是一个笼统的概念，不具备可操作的明确范围，这也导致它重蹈功能预算的弊端。

中央预算从没有按照功能分类进行准备和投票表决过，公权部门只是建立了（1950～1965年，1973～1989年）一个按功能分类（10个）的财政法案未进行决算经费的预算附件（"黄色封皮"）。

《组织法》第 48 条再次提出建立同等类型的附件，并规定在预算辩论期间政府编写的报告需对按重大功能分配的中央支出做出中期评估。

（2）框架内的部委选择

部委选择是在分配给各部门的资金范围内进行的（尽管部委选择涉及的是中央支出，在行政上却常被划归为由他们所提供支出的部门的"收入"）。显然，部委选择依据多个参数（法律、财政、政治，等等），但常被诟病缺少多年期性和合理性。

在 20 世纪六七十年代，公权部门尝试推出"预算选择合理化"（RCB），具体体现在"项目预算"，即以信息文件的形式，以多年期、理性、数字化的方式介绍部委的行动项目。但最后遭到了失败。

在六七十年代，"预算选择合理化"（RCB）是预算管理和项目管理的主导思路。该手段最早于 60 年代在美国试水，代号 PPBS［是英语 planning（计划），programming（项目）和 budgeting system（预算体系）的首字母缩写］，旨在推广一种科学预算选择方式（或者说数学方式），通过连续制定目标的方式［planning（计划）］，进而确立项目确保实现上述目标［programming（项目）］，并把年度成本体现在预算之中［budgeting（预算）］（最后通过指标，必要时通过追溯目标和项目的方式对执行情况进行评估）。

"预算白皮书"或者说"项目预算"是"预算选择合理化"应用带来的主要结果（该手段的实施给一些部门带来了好处，如国防和装备部）。项目预算于 1973 年开始试水，于 1978 年扩大到所有部委部门。项目预算决定"行动范围"和每一个部委的"行动结构"，并显示出行动结构的追溯成本（3 年）和不同的指标，以衡量完成结果。但是这些文件只是简单的（且选择性的）信息工具，从没取得过成功：部委的预算从没有按项目筹备（尽管曾偶尔被尝试过）或者表决过（尽管曾偶尔被建议过），"预算白皮书"从没有激起过议会和部委的配合热情，前者更倾向于传统的监督模式，后者对这一完全出自财政部设计的"专家治国模式"缺乏信任，认为这样会导致多余的束缚；在这样的情况下，"白皮书"几乎被完全放弃（1995 年放弃了 4 本），取而代之的是蓝皮书（参见 574 段）。从此"白皮书"只用来记录每年每个部委的预算执行清单。

90 年代末，部委按项目进行预算的理念被重拾，这有益于兑现法国对欧盟做出的预算多年期性和理性承诺。2001 年《财政法组织法》对这一做法做出明确规定，从此，预算须按项目准备和执行。

这里需要回顾的是（参见 50 段，《组织法》第 7 条第 I 款），对每个部委来说，须围绕一个具体的目标来布置系列行动的每一环，其中每一个项目的成本、收支差额和指标需要借助预算方案呈现在"绩效年度计划"（PAP）中，进而来证明其资金申请的合理性（《组织法》，第51条第5款）。接下来需要写入附在决算法案草案（《组织法》，第54条第4款）的"绩效年度报告"（RAP）的执行汇报中，正常需要在下一年度的财政法案草案之前被讨论。

从理论上说，部门层面的项目更吸引人，这使得传统公共监督没有和管理监督剥离——因为"功能性"预算失败的原因之一就是忘记了预算不只是合理的管理工具，也同样在根本上（参见69段）是对政府和行政部门进行监督的政治工具。

从实践上说，这一工作则显得比较棘手（比如英国受邻国影响实施"收支差额目标"带来的教训），并且项目不会一直对应《财政法组织法》的界定，因为中央预算有时并不适应最终的项目，且事实上，中央预算包括可立项领域和不可立项领域。

对于一些行政管理部门，或者说对于某一行政部门的项目，很难提前界定真实的项目目标（并界定项目负责人），这就导致有时会混淆目标和手段。此外，很难界定某些成本和某些收支差额；随着纯商业化的活动在预算中的减少，困难更加凸显。同时，在项目之间分配一般费用也同样棘手。这就导致使得项目的重心放在部门上而不是放在既定目标上，项目也因此仅满足服务管理组织。项目最终结合了功能预算特点（仅在《组织法》中有所涉及）和对中央部门与地方部门职能划分的特点（参见573段）。

但是这一工作可以激励预算"合理化"，或者至少促进选择（不恰当地说，是"预算"选择）的"分级"，同时促进（特别是通过和项目负责人的责任相对接）国家改革。

2.3 中央预算批准

527 和预算准备不同，从法律角度讲，中央预算的批准是关键的一个环节，很大程度上被一系列法律法规所规范，后者同时适用于初始财政法案（大部分在下文有所介绍）和修正法案（宪法委员会，1986年7月3日第209号合宪性审查决议，1992年6月9日第309号合宪性审查决议）。出于抵制第三共和国和第四共和国议会制弊端的需要和财政正统做法（参见22段）的启示，并在后来经宪法委员会补充和明确，继而由《财政法组织法》所调整，这一规章深刻地变革了预算批准方式（2.3.1），或者说，财政法案通过条件（2.3.2）。在《2008年宪法》修订的背景下，一些程序的特别性仍得以保留，并适用于全部法律法规。

2.3.1 财政法案的批准方式

528　一旦提交到国民议会办公室，财政法案草案接受逐个大会审查（2.3.1.1），继而接受国民议会和参议院的审查（2.3.1.2）。

2.3.1.1　逐个大会的审查

529　自 2008 年 7 月 23 日修宪以来，财政法案草案按照适用于财政法案的流程接受每一个大会的审查（1），并在强制的审核程序下进行（2）。

（1）审查程序

530　如同其他法律一样，审查程序包括委员会审查和质询辩论。

委员会审查工作主要隶属于财政委员会（自《财政法组织法》实施起），事实上，这是财政法案草案不必呈交的部门，该委员会一方面任命一名总报告人，负责协调和汇总（总报告人同样审核收入），另一方面任命数个特别报告人，每人负责一项任务。与此同时，其他 7 个常任委员会也分别派出报告人对涉及本部门的方面提出意见。

向各部委（需要回答上千个问题）发放的调查问卷（在 7 月 10 日之前）、报告人的大量工作、部长听证会三者构成了财政委员会拒绝、通过、修改提交草案的基础，和之前的共和国做法不同的是，第五共和国在第一场质询辩论中讨论的财政草案稿件由政府提供（而不是委员会的修改稿件，参见《宪法》第 42 条）。

在议会对上一年的决算法案草案（《组织法》第 41 条，参见 568 段）做出（第一审）表决（支持或者反对）之前，质询辩论不能召开，但宪法委员会认为这一条件（能够对宪法规定的草案审核期限造成影响）不应绝对化，不同的情况（国家工作日程连续性的要求）也证明了这一规则并没有得到遵循（宪法委员会，2001 年 7 月 25 日第 448 号合宪性审查决议；《宪法》，第 89 条）。

关于程序，政府有权要求进行第二次商议（进行再次表决），有权反对任何修正案（《宪法》第 42 条几乎没有被应用过），有权要求对提案部分或者全文进行一揽子投票①（《宪法》第 44 条第 3 款常被应用），可以向议会宣布对提案承担责任，并使其直接通过（无须投票表决）（《宪法》第 49 条第 3 款常被应用，2008 年宪法改革把这条应用到所有财政法案中，但每次议会会议期间只可将其应用于一份法案）。此外，第一部分的审查和第二部分的一些条款的审查遵循此类传统辩论，在辩论中，原则上由负责预算的部长来代表政府。按项目进行的审查遵照由 2005 年以来新设立的特别程序，每一个大会按照国民议会和参议院主席会议所设定的预算日程对其进行审查。

---

① 根据《1958 年宪法》规定，一揽子投票，即议会对政府提出的提案部分或者全文的修改进行一次投票。

(2) 强制的审核顺序

531　　设定这一顺序旨在使审核依据《公共财政管理和程序组织法》的调整和补充按部就班进行。

事实上，这一顺序要求财政法案草案和其他类型的财政法案一样，在动机陈述中加入分析，依据上一年的基础，对结构性结余的计算进行推测；还要加入一个开篇，呈现（当年）所有公共机构的结构性结余和实际结余的预测状态的汇总报表：其中包括指出"从上一步到下一步"的计算（第7条），以及上文提到的"基于上一年和本年度执行预测"的所有公共机构的结构性结余和实际结余的预测状态。

议会首先需要对财政法案草案第一部分进行表决（《组织法》，第42条），如果第一部分被否决就意味着整个财政法案被否决，也就不再会就第二部分进行讨论；1979年12月24日（宪法委员会，第110号合宪性审查决议），宪法委员会据此取消了议会（国民议会）通过的1980年财政法案，因为其没有遵守这一规则。

这一决议也明确了对1959年《财政法相关组织法令》彼时适用的第40条的理解，该条禁止在"对（财政法案）第一部分表决"之前对第二部分进行讨论，同样也引发了一项争议（按照正式的说法，"表决"不等同于"通过"）；《组织法》第42条则规定在第一部分得到"通过"之前禁止对第二部分进行讨论。

之所以确立这一规则，因为第一部分确立的是重大方针，特别是支出大类的上限，这在议员们就第二部分细节表决时起到约束作用（类似的体系在第四共和国出现过，但遭到了失败，议员们在制定上限的指导法案推出之前就通过了发展法案）。但是，宪法委员会认同议员在对第二部分进行表决时，对第一部分进行修正，但前提是不得修改第一部分提出的方针（1982年12月29日第154号合宪性审查决议）。

这也解释了为什么收入评估是在遵照第一章"预算项目平衡"原则的一揽子表决下进行的（并不排除按惯例进行的修正）；自2006年预算起，在同样的前提下，又加入了对国库收入（和支出）的（分离）一揽子表决。

除此以外，第一部分同样制定中央支付薪资的职位授权上限（《组织法》，第34条第Ⅰ款第6项），在第二部分按部分分配的时候同样要遵守该规定（《组织法》，第34条第Ⅱ款第2项）。

宪法委员会承认在财政法案第一部分中"很遗憾"错误地加入了一些规定，但这些条款并没有对相应预算项目通过辩论的清楚性和严肃性带来违宪的危害（宪法委员会，2010年12月28日第622号合宪性审查决议；《宪法》，第5条）。

当涉及普通法的法律条文时，财政法案第二部分的表决在原则上遵照常规程序。

在1959年《法令》实施之时，我们对保留项目的预算（被当年措施所修改的上一年的经费）和新措施（肯定的或者否定的）予以区分，后者按部委（部委的业务部门）或者类别（根据属性区别大类）进行表决。这一规则避免了按项目表决，同时，至少是在法律上保留了议会的扩大监督（议会的扩大监督可以减少通过表决的预算，并通过修正案来减少项目的经费，并要求提供经费支出细节来体现）。

保留项目的预算则进行整体表决（对总体预算进行一次表决，对国库特殊账户按附加预算和分类进行一次表决）。议员们有权通过否定的"新措施"。该措施会减少通过表决的预算，在实际上，和法规的规定相反，新措施在通过表决的预算之前即被通过，由此可见，对后者的表决近乎多余。

新措施应按照类别和部委进行表决，如按类别表决的话，则更多的是应用经济手段。在实践当中，自1959年以来，这种做法（必要时对项目授权和支付经费进行区分）综合地运用了传统手段、行政手段、政治手段和化整为零手段。议会对项目仍然有审查权；财政法案草案蓝皮书中附有的蓝皮书可以追溯项目，议会也有权对项目进行修正，增减其中的薪资报酬（薪资报酬增加的建议是不可撤销的）；因此修改的项目经费则不予结算。

自《财政法组织法》（第43条）实施起，经费按照项目进行表决（参见501段）并"从1欧元算起"（通过表决的预算和新措施的区别被取消了）。理论上，这就使得预算手段更加协调、更具功能性（项目也可以跨部委展开），同时减少了表决的次数，但加强了议会对取代旧项目的新项目的监督（参见502段）；此类项目通常列入预算附件，并接受议会对其进行修正。

一般预算依据项目进行表决，涉及承诺授权和支付经费。附加预算的经费和特殊账户的经费依据附加预算和特殊账户（而不再是依据类别和特殊账户）进行表决，每一项附加预算都构成一个任务。经费不再按部委进行表决——除非想让项目和部委的交集刚好重叠——只有职位授权上限才（几乎都）按部委进行表决（《组织法》，第43条第4款），也因此要求按部委进行审核，因为正如上文所说，预算不仅是管理行为，对于议会来说，这是一种对部委工作进行监督的基本手段。

2.3.1.2 国民议会和参议院的审查

532 和第三共和国、第四共和国的实践不同，第五共和国的国民议会和参议院的审查遵循以从预算年度之初起即确保"国家工作日程连续性"（宪法委员会经常使用这个表达）为宗旨的要求。该审查在一项常规程序下开展（1），以促使议会做出高效的决定，在财政法案草案延迟提交的情况下，还需要同时遵循紧急程序原则（2）。

（1）常规程序

533 常规程序适用于任何场合，同时对议会构成两层约束。

第一层，也是第五共和国的一项财政创新，要求议会在 70 日的总体期限进行表决（《宪法》，第 47 条；《组织法》，第 40 条）。如果在规定期限内，议会"没有表决"（需要指出，这就意味着排除了否定预算的可能），预算的措施"将由特别条例宣布生效"（《宪法》，第 47 条），这一条例和常规条例（《宪法》，第 38 条）不同，无须经议会对其进行批准。这一方案较为激进（并且，似乎在当代民主国家中没有类似的方案），但其是非强制性的，并且由政府来支配，或者说，是由政府的首脑来支配（由其签署条例，由部长会议进行讨论）。

除此以外，根据对议会部门的监督措施的不同，期限也有所调整：期限起始日从财政法案草案和解释附件一并提交的时间开始算起；如果议会不在会议期间，或者政府正在履行职责期间，日期计算将中断；如果国民议会解散或者国家元首要求二次评议，日期计算也将中断（并归零）。

迄今为止，该程序还未被使用，但是，正如宪法条款中的一些"重型武器"条款一样（尤其是解散议会条款），该程序起到的是震慑的作用。自法兰西第五共和国执政以来，在预算上议会推陈出新，这一程序在这一大背景下并不显得突兀。

两院制规则构成了第二层约束性因素。

国民议会即法国的下议院的审核优先权是过去时代的遗留问题，彼时下议院的财政优先权接受税收同意原则指导，与代表精英的上议院不同，下议院代表纳税人。在法兰西第五共和国之前的这一优先权体现在赋予第一议院更高级别的预算权（相对于第二议院）；在第五共和国时期，这一优先权体现在政府需要首先向国民议会提交财政法案草案（而非其他税收财政法案草案）的义务（参见《宪法》第 39 条），体现在司法解释禁止，禁止参议院在商议期间在草案中加入"全新"的措施，但是"全新"措施的判定较为困难，且变化较大。

参见宪法委员会，1976 年 12 月 28 日第 73 号合宪性审查决议，1989 年 12 月 21 日第 320 号合宪性审查决议，1993 年 6 月 26 日第 320 号合宪性审查决议，1995 年 12 月 28 日第 369 号合宪性审查决议和 2003 年 12 月 27 日第 464 号合宪性审查决议。

议会两院的相持取决于多个因素（《宪法》，第 45 条和第 47 条；《组织法》，第 40 条）。自提交财政法案草案及其附件之日起，国民议会有 40 日的时间来宣布审读草案结果，否则，草案原稿（最终可能会按政府的意愿进行修改）由政府（政府可以接受参议院一定程度的延迟，但后者需要在 15 日之内进行表决）转交给参议院。自接收财政法案草案起（政府提交的草案，或者由国民议会通过的草案），参议院有 15～20 日（自 1971 年起，如果国民议会在规定日期内进行表决，那么参议院有 20 日的时间进行一审）的时间进行一审。如果出现国民议会和参议院意见分歧，总理会决定让相持继续，直至总期限 70 日结束为止，如果分歧仍然存在，总理可以通过颁布条例的方式让草案生效。总理也可以按照惯例，召集由《宪法》第 45 条规定的调解委员会（由 7 名国民议会议员和 7 名参议员组成），调解委员会在两院各自进行一次审查（在预算方面，紧急程序属于法律范畴）后协商，接收"有待商榷"的建议。如果调解委员会（两名财政委员会的主席和两名总汇报人扮演压倒性的角色）达成妥协，且政府接受该妥协，那么政府将妥协后的草案交给议会。如果两院没有达成妥协，或者政府不接受该妥协（政府可拒绝将妥协后的草案交给议会），总理需要重新做出选择。他可以在总期限 70 日之内继续维持现状，且不需要两院之间的同意，通过颁布条例的方式让草案生效。他也可以在两院重新进行一次审查草案之后，将最后的决定权交给国民议会（在一些时期，这种方式较为常用）。

两院制规则和赋予财政法案的特别期限相融合——特别是因此带来的 70 日期限的规定——这个组合解释了在财政年度实施之前颁布财政法案是第五共和国的一项专属规定。

(2) 紧急程序（《宪法》，第 47 条；《组织法》，第 45 条）

紧急程序适用于提交财政法案草案延迟的情况。这一延迟并不排除申请常规程序，特别是不排除在 70 日总期限截止之内的应用特别条例的可能性。但是这一期限在 12 月 31 日之后到期，因此需要在财政年度之初、财政法案通过之前采取临时措施。直到 1956 年，在大多数时间法国还使用 1/12 临时额度①，议会通过该财政手段将上一年度的预算月度部分分摊到几个月。这一财政手段也因其带来的混乱和资源浪费招致诟病，现已被其他程序所代替。

在 12 月 11 日之前（一直到 1995 年，要求都是至少在自然期限结束 10 日之前），政府"可以要求"（《组织法》，第 45 条）国民议会，并根据紧急措施，要求参议院采纳财政法案第一部分的规定（主要包括征税授权），并即刻颁布。这就确保政府可以根据法令开放通过表决的预算相关的拨款（《宪法》，第 47 条；《组织法》，第 45 条），同时等待财政法案第二部分得以批准。1962 年末我们据此对 1963 年预算展开操作，因为当年 10 月国民议会解散导致草案延迟提交。

如果说第一部分没有被采纳，政府在 12 月 19 日之前"提交"（《组织法》，第 45 条），或者"立即"提交一项特殊草案，后者按照紧急程序的要求进行磋商，授权政府继续征收现行税收，特别草案的颁布使其在等待财政法案通过期间，根据法令开放通过表决的预算相关的拨款。

1959 年针对提交草案延迟设计的第二程序得以扩展，应用到财政法案在期限内违宪这一假设。据此，宪法委员会裁定 1980 年财政法案无效（1979 年 12 月 24 日第 110 合宪性审查决议），在等待（1980 年 1 月 18 日）财政法案表决之时，1979 年 12 月 30 日由宪法委员会通过生效的财政紧急法案授权征收税款（和附加税）。

---

① 法国政府在议会通过预算前，有权动用预算的 1/12 临时额度。

我们注意到，在这些前提下，《财政法组织法》保留了"批准服务"这一概念（《宪法》第47条对此有相关规定，不过如今"批准服务"只在紧急情况下采用，而在常规的预算准备、介绍和表决过程中已被废除）。

《组织法》第45条给"批准服务"下的定义是："政府为继续执行上一年已经由议会通过的公共服务认为所需要的必要最低拨款。"这也是继续沿用了1959年《财政法相关组织法令》的定义，但是和其不同的是，《组织法》明确规定这些服务所需经费"不能超过上一年度财政法案所拨付的拨款总额"。

2.3.2 财政法案批准的条件

535　　1958～1959年，对财政法案批准的框架进行了深刻的改革，改革的意图是限制议会的财政权，而后者的财政权则被《财政法组织法》扩大（2.3.2.1），该项改革同样建立了一整套约束公权机构的财政纪律，被2001年《财政法组织法》所保留（2.3.2.2）。

2.3.2.1　议会的财政职能

536　　《财政法组织法》扩大了议会的财政职能，涉及议会预算权（1）和议员建议权（2）。

（1）议会预算权的扩大（或者增强）

537　　这一扩大体现在三个方向上。

在开篇，我们指出，在财政方面，法律不能出台对政府专有的建议权和其他特权（例如拨款的取消和转账：宪法委员会，2000年5月30日第249号合宪性审查决议）损害的禁令。

三个明确的方向如下。

第一点是取消附加税。1959年《法令》生效期间，附加税征收属政府职能，在2001年《财政法组织法》生效后，附加税被指定用途税、优惠税收制度、补贴等法律权限的形式所代替——但社会分摊费仍不完全属于（还会坚持多久？）议会职能（但是法律判例中扩大了其特权）。

需要提醒的是，在税收上存在规章层面。

第二点，涉及国家的一些资源。实际上，议会具有授权在12月31之后设立征收使用费行政法规的权力（只能通过法令的形式征收）。

《组织法》第4条指出："国家提供服务的收入可以建立在最高行政法院法令的基础上。如果下次的财政法案没有批准，这些法令则作废。"然而，宪法委员会认为（2001年6月25日第448号合宪性审查决议）该要求只涉及基础性法令

(因此不涉及应用型法律文件),且仅授权超过12月31日征收的使用费(如1959年《法令》规定的附加税)。此外,宪法委员会把国家资源中的产品和工商业活动的日常收入从该法案中的应用领域中排除(2001年12月27日第456号合宪性审查决议)。

如非源于财政法案条款的规定,不得将任何应归于国家的收入全部或部分划拨给另一公共或私有法人(尤其是社保机构),哪怕该收入出自行政法规的规定(《组织法》,第36条)。

最后,过去财政部部长有权特许某些地方政府可不将其资金存于国库(《组织法》第25条第3款对此有规定,参见151段),如今这一批准权也被收归议会。

第三点关系国家承诺。一方面,由议会确立国家中长期债务的上限(在预算年度末,参见486段)。除此以外,在借款方面(需要提醒,相关收益和偿还不列入预算当中,预算仅列出借款利息:参见486段),根据具体情况,议会保留总体和年度借款授权(传统上在财政法案的"平衡条款"中)或者特殊授权(当借款具有一些个别的特点时,《组织法》第26条要求"财政法案明确条款予以说明")的权力。

《组织法》第26条第4款继承了1959年《财政法相关组织法令》第15条(未作明显改动),"借款的发放、保留和管理需要遵循年度财政法案的总体或者特别授权。除非财政法案另有说明,国家借款以欧元作为单位。不可要求免除税费。国家或者任何公共法下的法人发行的借款不能用作公共支出的支付。借款的偿还需遵守发行合同"。

我们注意到借款的额度变化没有包含在该规定中,"公共支出支付"的定义也会时而引发争议(宪法委员会,1982年1月16日第132号合宪性审查决议,1993年6月21日第320号合宪性审查决议)。

另一方面,是由财政法案(第二部分)来授权国家担保和其他单边承诺(负责或者承认债务),以及制定其制度。

(2) 财政拒纳制度

538 《财政法组织法》放宽了财政拒纳制度,这个制度,曾是议员行使建议权的主要障碍(在诸多方面障碍仍在持续),而且会构成对法案(尤其是财政法案)或普通法律提案的威胁。

拒纳制度的作用不容小觑。议员可以给政府提出的任何财政举措投票(借助法案,法案修正文书,后经过法理方面的反复衡量后,又加入了修正案的方式)。同时,由于只需自律,议员的自由度一直极高(只要权力的行使不存在"明显过分"的情况:宪法委员会1995年12月30日第370号合宪性审查决议),可自由提出改善财政状况的举措(如增加财政收入,减少开支),这就在法律上,杜绝了取消议会决议的一切可能。然而,对于一些会造成财政状况恶化的决议(如增

第 2 章 中央财政

加开支,减少收入),进行一些限制似有必要,因为议会成立之初本是为了限制王室的开支,自身反而成为了开支巨大的组织机构(现在岂非是颠倒过来了?)。因此,从第三共和国时期进行过一些尝试之后,第五共和国时期的限制就更加严格了。

关于拒纳制度的法律条文主要有以下两条。

一是《宪法》第 40 条。

《宪法》第 40 条规定:"议会成员提出的举措和修正案,若采纳可致减少公共收入,或加重公共开支,则不予采纳。"

这个条款适用于"普通规定"(确定支出的相关法规外的规定),无论是普通法案中的,还是在财政法案中的"普通规定"(尤其是其中税收方面的规定:宪法委员会,1983 年 12 月 29 日第 164 号合宪性审查决议,1984 年 6 月 4 日第 170 号合宪性审查决议)。不仅不允许议员提出会造成国家财政状况恶化的决议,也不允许提出造成其他公共财政状况恶化的决议来火上浇油,这项规定更为严厉,同时也使公共财政如何定义、其范围如何界定的问题被提出来(参见 1 段)。但是它只是禁止削减公共收入,而非某一项公共收入,因此可采用"补偿性修正条款"的解决方法,也就是一项收入的减少通过另一项收入的增加来代偿(只要步骤快捷、有效,且用于同一事项:宪法委员会,1976 年 6 月 2 日第 64 号合宪性审查决议,1999 年 11 月 9 日第 419 号合宪性审查决议)。

另外,议员可削减或撤销政府关于增加收入的提议。

但是收入和支出之间的代偿当时是被禁止的,直至 2001 年,《财政法组织法》允许支出间代偿,按照《宪法》第 40 条的规定,只是严禁增加或加重某项支出(而不是所有公共支出)。

《财政法组织法》第 47 条是这个方面的第二项规定,允许议员通过财政法案修正条款的方式,提议对同一事项进行债务间代偿。

《财政法组织法》第 47 条规定:"根据《宪法》第 34 条和第 40 条,对于适用于债务方面的修正案,事项使用同一支出。所有修正条款须附加相应解释。不符合本组织法规定的修正条款不被采纳。"

据此,本规定仅涉及"债务"(而非能产生费用的其他法条),而不能创建新的事项(根据《财政法组织法》第 7 条,只有政府才有此权力),也不能增加事项的债务额度。

《宪法》第 40 条的调整幅度很大,但宪法委员会仍予以通过(2001 年 1 月

25 日第 45 号和第 97 号合宪性审查决议），这个事件，至少在理论上有着巨大意义。尤其当遇到由各种项目组成的大型事项时，议会可对债务进行讨论和提议。由此可知，事项应当包括一系列项目（而不是一个项目：宪法委员会，2005 年 12 月 29 日第 530 号合宪性审查决议），从而保留了议会调整同一事项中不同项目之间债务分布的权力。

议会尤其是参议院，在初始阶段的工作中指出，有许多议会修正案用来规范项目里的预算名目，但效果甚微。2006 年的财政法案只有一点轻微改动，也就是政府在"域外行动"事项中增加了"域外视听项目"。

这项规定继承的是 1959 年的《财政法相关组织法令》第 42 条，这一条款对待议会决议比《宪法》第 40 条还要严苛，但是其适用范围被宪法委员会缩减了。

第 42 条第 1 款规定："财政法案不可附加任何条款或修正案，除非能有效削减支出，设立或增加税收，确保公共支出得到控制。"

这项条款适用于财政法案的讨论，但长期以来，不过是一个纸老虎，因为，从字面意义上讲，这个条款无授权则禁止，尤其禁止了所有修正案的编订，所有象征性的债务削减，以及补偿性的修正案，尤其是税收方面的（另外，它被宣告也适用于政府自身提出的修正案）。随后，这项条款却被束之高阁。一方面，宪法委员会说明它不适用于财政收入相关的规定，尤其是包含在财政法案中税务方面的规定；因此，《组织法》第 42 条主要适用于财政法案支出方面的规定。另一方面，议会的机构放宽了关于支出方面的禁令，由此《宪法》第 42 条和第 40 条并无本质区别；且《宪法》第 42 条在第 40 条规定的基础上，允许议员提出"确保公共支出得到控制"的举措，扩充了《组织法》第 1 条定义的"公共财政"的范围，其意义不容忽视。

这个规定在实践中不断补充，虽非正式规定，但对政府来说，议会的"保留权力"是（只在非常细微的程度上，占预算的 1%）细化或修正其提出的法案，弥补立法方面的空白，这些空白经常是地方性的或临时性的，由（各个党派的）议员提出（通过财政委员会，尤其是主席和预算总报告人）。每位议员由此可以得到有利于他的选区或地区的法案的财政支持。

这项"保留权力"饱受争议。后来，在支付法案的框架下细化了这项规定的使用。众议院议长巴特隆先生率先开展透明化的程序，将这项权力的行使公开化，以避免某天这项权力遭到终止。随后，巴黎行政法院根据 2013 年 4 月 23 日的判决，令内政部公布了一份关于行使这项保留权力的条件的行政文件，完成了此次透明化进程。

这项财政"实践"在行政领域有类似的形式,行政法案中规定了"部长保留权力"(尤其是内政部长),共和国总统在地方的管理中会使用此项权力。

拒纳制度的管理方法是,根据情况,首先由各议会(主要是决议办公室、财政委员会或修正法案的负责人),在提交时进行系统的检查(一旦拒绝采纳会导致拒绝交付印刷),如有必要,会对尚在进程的拒纳进行额外检查。随后,如符合普通管辖权(宪法委员会,1961 年 1 月 20 日第 11 号合宪性审查决议)的条件,对可能会通过的法案可提交宪法委员会审议,但如果议会机构的决议在辩论的过程中就被质疑,那么宪法委员会便不会行使拒纳的权力(1977 年 7 月 20 日第 82 号合宪性审查决议,1996 年 12 月 19 日第 384 号合宪性决议,1999 年 11 月 9 日第 419 号合宪性审查决议,2002 年 12 月 27 日第 464 号合宪性审查决议)。

拒纳制度的范围就此确定,因为第五共和国初期,议会机构的态度相当严苛,宣布了许多法案(1959 年有 102 个法律),由于可能造成严重的财政后果,都拒绝采纳(比如反卖淫的法案,因为有可能会增加警方的开支)。随后,经由更理性的推敲,由宪法委员会确认(1975 年 7 月 23 日第 57 号合宪性审查决议,1999 年 11 月 9 日第 419 号合宪性审查决议),只禁止那些确实会造成财政危机的决议。

财政法案在任何情况下都不会有影响三权分立和权力保障的内容(宪法委员会,2005 年 12 月 29 日第 531 号合宪性审查决议),也不会有其主要内容对确定国家收入和支出没有作用的,与财政运作无关的,或者无益于议会对公共财政管理进行了解和管控的,无益于给公职人员确立财政方面的职责的,或者不能创造或者转化就业的,以及与税收无关的规定(宪法委员会曾禁止设立强制征收委员会,2004 年 12 月 29 日第 511 号合宪性审查决议)。

议会被赋予的灵活性,在 2001 年的《财政法组织法》得到强调,但是政府以其对议程的掌控,投票权的封锁,以及责任承诺的权力,在极度危急的状况下,可撤销议会的决议。

2.3.2.2 公共权力的财政纪律

539　第五共和国不仅仅要限制议会权力,而且,要通过确立财政法案的权限(1),和设立违宪检查机制(2),对所有的公共权力进行财政纪律监督。

(1) 财政法案确立的权限

540　该权限以下述三种方式确立。

第一,财政法案排除了一些财政规定。

这些规定(只有一部组织法中做出了类似规定:宪法委员会,2000 年 7 月

27 日第 433 号合宪性审查决议）不能出现在其他类别的法律中（包括组织法），也不能出现在《宪法》第 38 条的条款中，因为根据宪法委员会的规定，不能在此领域使用这项条款（1995 年 12 月 30 日第 370 号合宪性审查决议，1999 年 12 月 16 日第 421 号合宪性审查决议，2003 年 6 月 26 号第 473 号合宪性审查决议）。

另外，普通法条不能预判组织法的使用（宪法委员会，2002 年 8 月 22 日第 460 号合宪性审查决议）。

《财政法组织法》出现（第 34 条和第 35 条）的这些规定分为两个部分：

"必要性部分"要求在当年的财政法案条款中写明保留条款，尤其是中央的征税和收入（预算收入和非预算收入）许可，中央收入（预算收入和非预算收入）的评估，确定债务和准入限额。

"排除性部分"是指那些只在财政法案条款中有所表示但是并不系统做出的规定：中央的担保和其他承诺（参见 537 段），税收的摊派（附加预算）或者地方拒向国库交付基金（国库保证金）。

根据《财政法组织法》第 34 条第 Ⅱ 款，财政法案的第二部分"允许对中央担保进行支付，确定了其制度"（第 5 项），"允许国家承担第三方债务，以及其他基于单方认可的债务承诺，确定了承担的机制"（第 6 项）。

据宪法委员会规定，"在财政法案中只能出现中央收入和支出相关的规定，以及与财政运作，给公职人员确立财政方面的职责，创造或者转化就业有关，或者税收相关的规定"（2004 年 12 月 29 日第 511 号合宪性审查决议）。

"2001 年 8 月 1 日《财政法组织法》的第 34 条第 Ⅰ 款第 3 项，《宪法》第 34 条与之相对应，在法条中保留了中央预算中有关税收摊派的规定"（宪法委员会，2009 年 3 月 3 日第 577 号合宪性审查决议）。

第二，建立"共管领域"，允许一些规定既可以在财政法案条款中出现也可以在普通法案条款中出现。

传统上讲，应称为税务法案条款，因为，如同宪法委员会强调的（1984 年 6 月 4 日第 170 号合宪性审查决议，1995 年 7 月 27 日第 365 号合宪性审查决议），议员可以提交税收方面的法律提案（《宪法》，第 34 条、第 39 条和第 40 条），但如果政府提出的财政法案条款排斥这些规定的话，是不可能实现的。这种情况下，通常要加入"普通"立法条款，即使会给中央造成支出（比如财政公约的许可）。但是需注意要秉承诚信原则，在财政法案条款中注明新的税务或财政规定的后果（《组织法》，第 33 条）。

从 2001 年《财政法组织法》颁布以来，出现了两种类型的规定，由 1959 年的《法令》予以规定，为财政法所特有，出现在财政法案（初始法案或者修正法案）、法律规制或普通法中。一方面是"中央公职人员必须承担财政责任的制度",尤其是公共会计人员。

《财政法组织法》第34条第Ⅱ款第7项和第37条第Ⅴ款同时涉及了"所有公共会计相关的规定",但是前提是这个方面的立法和监督权力得到合理分配。

另一方面是"一切关于议会对公共财政管理进行监督的规定",可以扩展到(但并不是毫无法律问题)议会监督的"一般性条款"(参见541段)。

第三,也存在一些"禁止性领域",需要在财政法案中去掉"无关条款",也就是并无财政含义的规定,但是它附着在财政法案中,一旦法案通过,它也可借机使用特殊规则。这项特殊的操作(尤其产生了1905年4月22日法律第65条,强制公务人员用文件交流),自第三共和国以来成为禁止性条款。然而在1995年因缺乏有效的惩罚措施,(尤其在财政法修正案中)没有被遵守,死灰复燃。然而,在20世纪70年代,由于法案经常提交到宪法委员会,(几乎)系统性地进行了禁止。

原则是禁止出现对中央收入和支出无直接后果的规定,或者未出现在组织法(宪法委员会,1997年12月30日第397号合宪性审查决议)其他相关领域中的规定,比如议会了解信息,或者公职人员的财政责任。但是如要拒绝采纳,证明后果的存在还是非常困难的,尤其是在宪法委员会准许关联性举措(比如改善税务申报诚信度的规定)的情况下;因此与预算"寄生性规定"的界限有时非常模糊,结果是显而易见的,这种情况下,宪法委员会起到了决定性作用。

在2010年6月4日通报中,设立了税收措施,以及影响社会保障收入的措施,法国总理弗朗索瓦·费永试图通过部委在普通法案中插入税收规定。这项尝试是为了给财政法案和社会保险融资法案创立新的排斥性领域,延长财政赤字会议的会期,启动违宪审查机制,从而发起"公共财政管理"的改革。

2011年的宪法涉及公共财政平衡,不仅将这个领域的新法规加入到组织法的法律框架中,而且将重心放到财政法案和社会保险融资法案上来,取消了《宪法》第34条第1款中的规定,即由法律来规定关于"一切税基、税率、税款征收制度"的问题,将与"任一税收问题"相关的立法权限交给财政法案和社会保险融资法案,这点在第34条有所涉及。

这项变革设立了法条的保留领域,在议会工作中会产生重要影响。然而,在通过法案的讨论中,当时的政府于2011年7月撤销了这项保留领域,寻求找到多数人的同意,甚至于得到反对派或其中一部分人的共鸣。通过新任预算部部长贝克莱斯女士牵头,达成一项针对政府自身法案的纪律检查。这项工作由2012年产生的多数党政府继续开展(2013年1月14日,总理说:"政府提出的税收或与公共收入相关的举措只能列入财政法案或社会保险融资法案当中")。

(2) 宪法委员会的监督

因为这项监督是保证纪律的又一重要因素，与之前的体制不同，宪法委员会在第五共和国时期维持着财政法规的有效运行。

1974 年 10 月 29 日的宪法改革使得宪法委员会司法判例有所发展，通过对审理权的扩展，宪法委员会对全部财政法案的初始法案享有发言权（1974 年后，只有 1980 年、1989 年、1993 年和 2007 年的法案未经宪法委员会改动），从 1981 年起，大部分（多于 2/3）的修正法案也纳入到宪法委员会的监督范围。有时，会出现极特殊状况（1979 年圣诞节前一天全部预算被推翻），要大法官亲自出面（尤其是为了管理拒纳制度的情况），宪法委员会为维护宪法的完整性不遗余力。它推翻了约 24 个规定，一项预算和一项决算法案（公共财政高级委员会），另外警告要宣布一些财政法案违宪（商品分配）。宪法委员会也会承担法律解释的任务，甚至重新编写了 1959 年《法令》，因为其中一些规定字面意义不清晰，或因过度严苛，有违宪法。20 世纪 80 年代起，宪法委员会重新确认了法律之间的层级，如有抵触，以宪法为准（尤其在公共收入方面）。20 世纪 90 年代中期，宪法委员会对财政法案和社会保险融资法案进行了协调。21 世纪初，宪法委员会再次展现了它的影响力，对与决算法案（2001 年 7 月 25 日第 448 号合宪性审查决议）相关的组织法进行了表态，而这些组织法大量汲取了既往判例的经验。2008 年违宪审查时制定的第 61 条第 1 款第 C 项，使得这项新的监督更加有效地发挥了作用，保障了权力和自由，一旦有财政法案没有经过审查，可根据第 61 条进行驳回。

宪法委员会的预算法律原则大致有三项（需注意 2007 年、2008 年和 2009 年对财政法案的反对意见以及修正法案并未交付宪法委员会审查）。

第一，确认 1958 年宪法改革（财政制度规则）中新出现的法原理，即赋予议会"监督之义务"（1980 年 12 月 30 日第 126 号合宪性审查决议），但议会须向委员会告知财政方面的信息（1964 年 12 月 18 日第 27 号合宪性审查决议）。

第二，保持议会传统的解释权，保证其对 1958~1959 年修改规定做出利于自身的解释（从税务方面开始），且不溯及既往案例（尤其在支出投票方面）。正是在这个方面组织法扩展了委员会的判例，通过委员会的相应规定，为议会赢得了特权。

第三，限制多数原则的使用。宪法委员会发布的许多禁令是限制政府和财政部的权力，而保护议会的特权（尤其在财政法案的专有领域制定预算诚信原则和授权禁令），以及纳税人之权益（公权力有时对此会有所疏漏）。

2.4 中央预算执行

中央预算执行，如同大部分公共预算执行一样，遵循公共会计准则规定的办法（2.4.1），其背景特征一是中央与预算执行者之间管理分离（2.4.2），二是中央对国有企业股份管理的影响（2.4.3）；中央预算执行在公共财政方面受到预料中的各类监督（2.4.4）。

2.4.1 中央预算执行办法

543　　主要来自预算和财务制度管理相关规定的中央预算执行办法，既关系到执行人（2.4.1.1），也关系到执行操作（2.4.1.2）。

2.4.1.1　执行人

544　　执行人，即拨款审核者（1）和会计人员（3），符合传统的拨款审核者和会计人员职位分离原则（4）。然而需要指出的是，伴随着《财政法组织法》出现了一种新的管理人员，即项目负责人，但要介绍这类人员，应当以更加全面的方式、通过管理负责人（2）来介绍。

　　我们会发现，这种非常特殊的组织形式（同样应用于地方财政），未必存在于国外，并且长久以来被认为是将职能转移给拨款审核者和会计人员的一种演进，后者也会发现其作用仅仅相当于出纳员，其他职能则统一转归给了拨款审核者。

　　(1) 拨款审核者（预算和财务制度管理第 2012－1246 号法令，第 74 条）

545　　正式的拨款审核者以及指定的或者代理的拨款审核者，后者在需要时依据每个部委的规定被归并为正式的拨款审核者，在法律上包含两类，在实际中则包含三类。

　　主要拨款审核者是各部部长。他们根据不同的情况，发出"支付命令"（当他们要求会计人员支付费用时）或者"委托命令"（当他们将拨款委托给次级拨款审核者时）。

　　次级拨款审核者（发出"付款通知"）人数已经减少。

　　相关原则于 1982 年提出，经由 2004 年 4 月 29 日一项有关省长权力、大区内及省内国家行政部门的组成和行为（针对法兰西岛有一种特殊的组织方式：2010 年 6 月 24 日法令）的法令恢复，并由预算和财务制度管理第 2012－1246 号法令确定。这项原则即为：省长（或大区区长）"是国家财政部门分布于地方上的行政机构的次级拨款审核者"（预算和财务制度管理第 2012－1246 号法令，第 75 条）。地方分权，自 1992 年以来被强化（2 月 6 日《共和国行政区划法》，7 月 1 日法令产生"地方分权宪章"），因此赋予了省长极大的权力，这一权力甚至能施加于传统的自治机构（特别是大学区区长和学区督学），省长要（按照地区公共财政主任的建议）负责所有重要的财政文件，并有权自行签署或审查这些文件（如支付令、禁止付款令等）。但省长毕竟无法包揽所有事情，因此他可以将签字权委托给其他主要人员。于是此后由大区区长负责分配拨款。在这个意义上，大区区长在国家预算导向的框架内，成为该大区"全部或部分次级拨款审核者"（第20条）。

此外还存在其他次级拨款审核者。例如军事拨款审核者（以及军事拨款审核助理）（包括军队各部门负责人、国防部某些下属部门如军事工程部门的主管，另外，各省省长也逐渐成为当地驻军的拨款审核者），以及在民事拨款审核者当中，那些中央政府内部人员（某些高级官员）、某些国家职能部门人员（1997年5月9日的一系列法令规定的新类别，包括比如全国无线电频率事务所所长）或者驻外职能部门人员（大使）；在竞争、消费和反欺诈总局（2007年4月2日法令）中也是这一情形，同样，根据2004年4月29日法令（第33条第Ⅲ款），还包括在地方上负责"执行与税基和税收直接相关决定"的代理人。

国防部在这方面的组织长久以来都非常特别（关于其组织构成：2009年10月5日第2009—1178号法令），在部长和主要拨款审核者之下，有一位负责行政的总书记，作为指定的主要拨款审核者，他尤其依靠财政部的指导机构，后者主要包括财政和会计职能次级指导机构。次级拨款审核者的资质被为数众多的地方职位上的军方官员所承认。在军方官员向财政部和公共财政总署明显靠近的背景下，另外考虑到军队的地方重组，军方官员的税收指令由公共会计人员负责执行。

最后，还存在一系列特殊的拨款审核者，他们被赋予可变的（有时是不确定的）财政身份，被置于行政体系之外，并因此拥有更大的独立性，无论是在法律上还是在现实中（包括宪法公共机构或者独立行政机关主席，后者拥有次级拨款审核者身份，除非法律有相反的规定）。

对于普通法行政司法机关来说，主要拨款审核者是最高行政法院副院长，负责运转支出的次级拨款审核者是行政上诉法院或者行政法庭的司法负责人（在任何情形下都可以是指定的拨款审核者）（《行政法》，法规部分第222条第12款）。对于司法机关来说，主要拨款审核者是司法部部长，次级拨款审核者是上诉法院第一院长和法院总检察长，他们负责其管辖范围内有关人事组织、机构运转和转移支付行为的司法收支（《司法组织法》，法令部分第312条第66款）。他们还负责证券交易收支，以及在不动产方面，总额低于部委间决议规定的最低额度的投资业务收支。他们能够在其责任范围内，根据上诉法院的权限，共同将签署权授予法官或者代理人。

（2）从项目负责人到管理负责人（预算和财务制度管理第2012—1246号法令，第69条及之后多条）

事实上，伴随着《财政法组织法》，又出现了一个新的参与者，那就是项目负责人。作为行政和预算间的新纽带,他是通过管理负责人建立。管理负责人不能处理全部问题,还引发了部长的地位和身份确认的难题,尤其是部长作为拨款审核者的资质问题。

2012年11月7日预算和财务制度管理法令事实上明确了"预算管理"(第63条)的范围和管理"参与者"的范围。

项目负责人,现在是由部长在高级行政长官(中央行政部门领导或总书记)之中挑选任命,负责一个或者几个项目。每个项目在不同地方上的不同表现形式对应不同的经营预算方案(通常是大区级或者省级),方案负责人面对项目负责人,亲身参与到方案当中,朝既定目标努力,并相应地拥有中央负责人拨付给的款项。每个经营预算方案又被划分为几个经营单元,每个单元的负责人在经营预算方案负责人的指导下行动。这种组织方式很复杂,它需要不同负责人之间的"管理对话",以及不同经营预算方案之间的地区协调,这种地区协调在原则上由省长来确保。我们可以认为项目负责人和经营预算方案负责人通常应当是指定的拨款审核者。

然而,虽然2012年11月7日预算和财务制度管理法令在其第73条的规定指向这一方向,明确了项目负责人以及指出的另外三类负责人(下文会展开说明)应当具备拨款审核者资质,或者拥有主要或次级拨款审核者授予的签署权,但这一法令也提供了一个新的维度,引入了在其他国家体系中一位众所周知的参与者:部级财政负责人。

因此,在每个部委内部都存在以下四种类型的管理负责人。

部级财政职能负责人,由部长任命,负责协调并执行预算。

每个项目的负责人,由相关部长任命。项目负责人有一整套明确的职能:

- 建立年度绩效计划(战略方向和计划目标,拨款凭证和要求使用拨款的许可凭证);
- 确定经营预算方案范围和经营单元并指定各负责人;
- 建立年度绩效报告;
- 在"管理对话"范围内,与项目的经营预算方案负责人保持联系,建立整体规划,呈现经营预算方案层面的绩效目标,确定贷款额度,必要的话,(根据各省权限)确定交由负责人支配的使用许可。

经营预算方案负责人向项目负责人提议经营预算方案的拨款和使用规划。他"停止"经营预算方案在各经营单元之间的信贷分配,将这些贷款交由各经营单元负责人来支配(这里同样,有关省级职权不在此限)。他向项目负责人汇报经营预算方案的执行情况以及取得的成果。

经营单元负责人决定经营单元的收支执行并将执行情况汇报给经营预算方案负责人(这里同样,省级职权不在此限)。

在每个项目内部,必须要有一个规划,目标是使"行政部门的预期业务符合通知和期待中的拨款及其使用目的",同时形成该年度主要管理活动预测。这一规划在经营预算方案内部"展示",要(基于功能标准或者地理标准)呈现出一个项目预期的目标和结果(2012年11月7日预算和财务制度管理法令,第64条)。

针对这一管理提出了一个总条件:年度预算许可以及《公共财政程序法》规定的"可持续性"(这是符合预算检查员意见的特性,2012年11月7日预算和财务制度管理法令第94条,这一条款定义了属于它的组成元素:对必须和不可避免的支出的覆盖,贷款使用和规划之间的一致性,后续年份的预算影响;只要这一意见未被拒绝,除非检查员明示授权,否则负责人的支出不能超过承诺许可的,以及有关拨款初始分配文件规定的支付拨款总额的25%)。

每个部委都有一份有关拨款和款项使用的初始分配的文件,展现经营预算方案(无保留)的分配,本年度的预测拨款总额,必要的话,还有项目之间款项使用许可上限的分配。

建立的纲要在某些部委的组织架构中得以迅速实现。
由此,2013年初,外交部对其预算负责人的任命如下:
部级财政职能负责人,财务司司长;
项目负责人:
105项目"法国行动在欧洲和世界",政治和安全事务总理事;
185项目"文化和影响力外交",全球化、发展和伙伴关系总理事;
209项目"团结发展中国家",全球化、发展和伙伴关系总理事;
151项目"法国人在国外和领事事务",法国人在国外和领事事务总理事。
(2013年2月11日决议)。

需要指出的是,总理于2013年1月14日发给各部长一份通报,这份有关负责任地管理公共支出的规定的通报,强调了管理公共支出的三项原则:"自我确保"原则,意味着遵守方案多年支出上限,用某些职位上"最少"的支出来抵消意料之外的开支——总理明确宣称储备的支付款项"不能使用";通过节省开支来为全部新支出融资的原则,这一原则方法广泛使用,因为它不仅将国家支出考虑在内,还考虑到了国家机构或者社会保障机构的支出;最后,财政支出使用补偿原则,一项新的财政支出要通过另一项支出的减少来补偿。

(3) 会计人员(预算和财务制度管理第2012—1246号法令,第77条)
会计师职位仅存在于少数几个部委,主要的会计人员都隶属于财政部。
以前最重要的当属公共会计师。这些会计人员拥有原则上的财政权限,主要执行大部分公共支出、一部分公共收入以及国库和中央(及地方)账目管理的操作。自从归并于公共财政总署(海关和间接税总署保留其公共会计师)以后,他们受到公共财政总署与公共财政总署内部税务管理部门融合的影响,他们在账目方面的业务和权限被公共财政总署收回。

预算和财务制度管理第 2012-1246 号法令明确指出，主要的公共会计师应"集中管理由其他公共会计人员、预付款和收入管理人、国库地方联系人为国家利益实施的操作，以及由其他公共会计人员为主要公共会计的利益而实施的操作"。

这一法令区分出中央公共会计人员的类型主要有：预算检查和内阁会计人员、公共财政总署与海关和间接税总署部门会计人员、辅助预算和特殊账目会计人员、特殊法规下的特殊会计人员，以及中央账户中心会计人员（第 79 条）（参见 356 段）。

财政部门会计师以前只负责收入（直接税收和工资税）；这之后他们一方面属于公共财政总署，另一方面属于海关和间接税总署。

某些海关和间接税总署的会计人员同时也是海关总局的会计人员，海关总局已成为公共机构。

至于国库特殊会计人员，他们以前按法令规定，负责某些特殊业务，但现在该职位已取消。

同样在 2012 年 12 月 31 日取消职位的还有：对外总财务官、公共援助—巴黎医院总财务官、特别国债总财务官、在海外领地和新喀里多尼亚的财务官和会计师。这些职位的取消带来了特别管理部门的创立；由此，特别国债总财务官于 2010 年被特别国债管理处代替。其他的职位则更换了名称，以便"澄清"自己的身份和职能，例如国库律政专员在 2012 年更名为国家律政专员。

我们会注意到这些特殊情况：司法法院书记室管理人，主管司法支出相关重大款项（《司法组织法》，法规部分第 123 条第 20 款）；以及国家公共事业经理人，负责银行和金融业务（2000 年 5 月 19 日第 2000-424 号法令）。

国防部则拥有自己的会计人员，以便必要时军队机构能够自主持续运转。在这些会计人员中，有一个重要职位是：军队财务官（总发饷员、主要发饷员或特殊发饷员），他们仅在危机时或有军事行动时才会发挥作用。就个人和资金上来讲，军队财务官和副财务官负责兑现由他们掌管的收支，资金和证券的保管与使用，簿记操作管理，以及保存有关证明文件和会计凭证（《国防法》，法律部分第 5221 条第 1.1 款）。其他就是普通的会计人员，他们负责跟进某些业务，主要是军贸账户（参见 493 段）：他们当中最重要人的是军备工业部门会计。2010 年 12 月 30 日的一项法令对涉及军队财务官的各个方面做出规定。2011 年 2 月 10 日的一项决议带来了国家宪兵队财务官和副财务官的创设（例如共和国卫队就配有一位副财务官）。

军队总发饷员由法令指定。军队财务官体系中的成员们则是经过财政部部长和国防部部长一致同意后,提前在预算司的志愿公务人员中指派。军队总发饷员的职能由公共财政部门主管承担。必要时,军队财务官和军队总发饷员由国防部长召集。

其他部委不再有自己的会计人员体系,但仅仅在必要情况下,会有某些会计人员(民事)负责跟进补充预算业务或者某些公共事业部门的业务(主要是教育部门)。

(4)拨款审核者与会计人员职位分离

548　　在法国,这一分离遵循初始的一个经典模式,这一模式主要表现为:拨款审核者管理行政会计,会计人员管理账户。然而分离方式经历了三次小变动。预算和财务制度管理第2012—1246号法令第9条明确重申了拨款审核者与会计人员职位分离:"拨款审核者和会计人员的职能不相容。"

首先,为会计师(或会计人员)保留了管理公款权的原则遭到数次削弱,偶尔几次削弱严重。

一方面是传统的收入和/或预付款管理(参见454段)不断扩张。

自1992年改革以来,涉及国家方面,收入和/或预付款管理根据预算司司长和其他相关司长的共同决议所确立的条件创立,此决议屡次将这一权力委托给部长拨款审核者或省长(根据公共财政管理人的意见)。当局已决定推动这一已经扩张的进程,以求避免公众会计准则带来的缺陷和偏差。

另一方面,更确切地说,是特殊地位资金,由某些民事机关管理(总理的专项资金、拨给立宪机关的资金,参见501段);军事部门自很久以来便能够享有这类财政机制的便利,从而实现军队的自主运转。

因此,军事部门之前在财政方面具有自身自主运转的特性(有诸如军事经费、维护军事支出之类的特殊名目)。筹划多年的改革随着2010年12月30日第2010—1690号法令的颁布而实现,这项关于军队财务程序和特殊会计的法令随着2012年11月7日一项关于预算和财务制度管理的法令颁布而得到修改。此外,2012年7月31日一项关于2011年决算和管理报告的法规废止了有关经费和已被国库预付款取代的预付款体系的立法框架,事实上是将国防部的预算和会计并入到了普通法规中。这些明显违背2012年11月7日法令的程序。这一条款建立在名为"军队中央准备金"的财务准备金基础之上,财务准备金由唯一一位公共会计师交付给军队财务官(公共会计师拥有证明文件和会计管理文件的提审权)。这种准备金是一种财政预付机制(任何支出都不能由这一准备金实现),对三种财政工具有利,即:业务财政预付、军事活动财政预付、军饷财政预付。业务财政预付与军队内外的业务相关,由军队参谋长决定;军事活动财政预付会明显增加运转支出,并遵循两套体系(限制体系和扩大体系),甚至能够支付军饷;军饷财政预付则关系到一种明显更加独特的开支——军饷——只能由军队总发饷员来保证支付(参见586段)。这些预付款项的支出预估总额或是由预算司司长及相关司长联合决定,或是由相关司长提议再由预算司司长决定。相关资金放入国库特别资金存储账户,"当作战需求不允许使用此类账户时",还可以将其以货币形式放入军事司库。

另外,需要指出有一类人员的情形比较特殊,即负责国防物资的人员,包括"拨款审核者—分配者"(国防部长、次级拨款审核者和特派审核者)、"国防物资持有者"(物资保管人或使用者)以及"国防物资会计人员"(会计人员也可以是国防物资持有者)。对这些人员的地位、组织和责任另有专门规定。

其次,技术上的进步促进了拨款审核者和会计人员共用的信息技术工具的发展,并使得一些传统上由管理人负责的具体任务可以交由会计人员负责,这时会大大改变预算的执行操作。

最后,《财政法组织法》为中央建立了一套预算体系,这一体系建立在信贷全球化和项目管理人责任基础之上,必然需要扩大拨款审核者的权力,并削弱会计"付款人"的作用。发展管理负责人(财政管理负责人、项目管理负责人等)无法解决这个问题。但是,《财政法组织法》指出,中央会计人员不仅是出纳员和账目管理员(第28条和第31条),而且是负责监督会计原则执行情况,尤其是监督"会计记录准确性和程序合规性"的官员(《组织法》,第31条),这促进了他们向会计专家角色的转变,尤其是在综合会计方面。

2.4.1.2 执行操作

549　　执行操作以国家金融机构规模宏大为特点,这要求在不同的支出(2)和收入(3)执行之前,一部分最初面向各部委开放的拨款交由其他管理人支配(1)(关于财政情况,参见608段)。

(1) 拨款支配

550　　拨款支配的重要性与日俱增,它与现今权力下放的大趋势相适应,权力下放旨在给予省长或其代理人普通法下的财政权。首先,政府保证项目拨款开放,项目拨款由各部长(或其他主要拨款审核者)支配。其次,一部分款项必须拨给地方财政部门,这部分款项由省长或者省长任命的次级拨款审核者支配。其他拨款由项目负责人在中央层面使用。拨款的支配关系到两大类支出,有人呼吁这两大类支出要随着《财政法组织法》引入的拨款可替代性原则进行演进发展。投资拨款可以在中央层面或者地方层面使用。涉及民间投资,国家利益投资目录已在1999年12月21日法令第99—1139号中(根据功能)确定,国家利益投资由主要拨款审核者管理,主要拨款审核者将其一一分类,也就是说在进行支出(预算准备）之前，决定各类投资用于何种项目并将其拨出（会计人员记账）。大区区长会得到有区域影响力的相关公共投资项目和计划的讯息，主要拨款审核者将支付拨款分配给这些项目和计划，各类决定会通知到主要拨款审核者（必要时，也会通知省长）。地方政务委员会（人员包括各省省长、大学区区长、地区事务总书记、地方财务官等，必要时还有其他负责人）提出意见，大区区长可以向相关部长表达其看法。相关投资的支付拨款可以委托给大区区长或省长来处理。相关地方部门负责人提出意见并呈报给地方政务委员会之后，大区区长决定一个项目的拨款分配。

当部长将预算准备"托付"给次级拨款审核者时，次级拨款审核者会接到拨款项目的授权通知；当部长将预算准备和拨款均"托付"给中央机构次级拨款审核者时，他们会收到个别项目授权委托或者总体项目授权委托通知。

普通支出的拨款（运营支出、转移性支出）无须经过正式的权力下放程序，即使有程序，亦仅限于发通知函。这一趋势始于1990年，当时创立的"责任中心"旨在将拨给地方的经费整体化，以便使地方部门能够进行更灵活的管理，而各种经费转拨的手段（援助基金、将经费在总预算与附加预算之间转移的经费返还程序等，参见496段～498段）也增加了这种灵活性。此外，中央也尽可能减少拨款使用指令（包括投资方面的拨款使用指令），这些指令在过去实际上限制了法律赋予地方的自治权。当前约有一半的日常运营支出由地方决定，相反，人事支出仍很少由地方决定。

(2) 中央支出（预算和财务制度管理第2012—1246号法令，第125条）

中央支出遵循两种程序。

普通程序遵循传统公共支出纲要（参见458段）。行政阶段由拨款审核者发出支付命令为终结，支付命令的发布会伴随一系列证明文件，证明文件目录于1995年建立。

公共财政总署不再每年对"成捆的钞票"重新分类，但对其重新分类并管理的权力紧接着落入审计法院手中。

然而应该指出的是，2000年4月12日第2000—321号法令特别要求中央（以及其他担负公共服务责任的公共法人或私人法人）在提供给私人法人的资金超出一定财务限额时，必须签署协议书，法定财务限额为23000欧元。

在合法性审查过后，由会计人员付款，必要时要求付款。

然而，付款要求在下列情况下无法实现：缺少相关部门的证明，结算具有债务不可解除性，未经预算检查员同意，暂无拨款（预算和财务制度管理第

2012—1246 号法令，第 136 条）。在付款要求被拒绝的情况下，会计人员须马上报告预算司司长（其将付款命令转给审计法官），后者会与相关司长协商，找出付款要求被拒的解决方案。

中央发饷操作机构的负责人对拨款的可用性进行检查。

特殊程序是针对中央而专门设置的。

无手续支付，目前是中央特色，包含两种情形：
- 第一种是传统的无拨款审核者参与支付，由拥有立法机关或行政机关授予、债权人认可的永久权的会计人员执行。因此使用这种支付形式的有：借款服务（利息、还款），退回增值税或者支付养老金（"终身债务"，由国家养老部门跟进，"算出"养老金从而准许支付）；
- 第二种由技术进步而得以实现的程序则更加现代化，与第一种支付程序相反，要在拨款审核者检查下支付，拨款审核者主要（通过管理部门）检查那些在没有正式支付命令下计算和付款的会计部门的结算要素，这便减少了手续和成本（然而并未僭越拨款审核者的特权）；自 1965 年起，这种所谓的"无预先手续"支付，尤其关系到中央文职官员的待遇，他们的工资每月由公共财政总署的信息中心支付，由"电脑代替拨款审核者"进行计算。

参见 2013 年 4 月 18 日决议，这项决议针对预算和财务制度管理第 2012—1246 号法令第 233 条的应用而做出，确定了中央雇员薪资和无预先手续服务的会计分配，以及税收凭证的会计分配，这些税收凭证与雇员利益背道而驰，与不合法薪资有关，并关系到附加服务合法性以及教育年限赎回权。

手续前支付符合公共机构的一致情形，即由债权人或支出管理人做出财务预付款，然后在拨款审核者发出合法化命令之后编入预算。

最后，特殊支付涉及特殊地位资金（参见 501 段）。

（3）中央收入（预算和财务制度管理第 2012—1246 号法令，第 107 条）

中央收入根据公共收入普遍机制执行（参见 463 段），在这些机制之下，近年来经历重大改革的中央收入使用办法千变万化，但可以归为两大类。

税收收入是根据《税收程序法》或《关税法》的规定而征收（参见 127 段），国有资产收入则是根据《公共法人财产法》的规定来征收。

国有资产收入由公共财政总署的会计人员征收，按照《公共法人财产法》指定的程序进行（法律部分第 2323 条第 4 款），一项由《森林法》制定的特殊制度适用于森林资产收入（由公共财政总署的会计人员或者国家森林办公室的会计代理人征收，法规部分第 123 条第 10 款）。

我们注意到国有资产财政管理发生了转变，产业任务落在了由国家产业干预总局支持的法国国有资产部门总计划上。自此全部事务都由公共财政总署负责。重提一下，国家资产（使用中的土地和建筑）在公共财产总表中列示。

普通收入（非税收收入）的征收制度于1992年进行了部分改革（1992年12月29日第92—1369号和第92—1370号法令）。

普通法制度规定相关拨款审核者（或者由预算司任命的国家司法人员——法律事务总管）发出被称为"税收令"（以前被称为"可执行令"）的收入命令，此命令须立即可执行，税收收入通常由一位公共会计人员负责征收。

这一会计人员原则上是债务人居住地的会计人员（债务抵偿的情况除外）。他负责征收并保证以友好协商的方式收取税收，必要时依照直接税规定的方式强制征收。然而，（除非有抵偿，否则）债务人在向会计提出预先（必要）请求后，可以提出上诉，在法官（行政法官或司法法官）面前反对执行债权（如果债务人对债权的存在、总额或可要求偿还性提出异议），或是在司法法官面前反对债权执行诉讼（如果债务人对诉讼的正式效力提出异议）。这可能能够达成和解或者无偿延期审理的情况（根据具体情形，在诉讼委员会表达意见之后，由会计、司法人员或预算部门负责人同意方可）。

例外制度主要涉及有关公共资金持有人或被法院罚过款的人的债务，这些制度对债务人更加不利。

被称为结欠决议的收入命令面向公共资金持有人（会计人员、政府采购负责人、预付款受益人或者指定给公共机构的款项的受益人）发布，该命令由相关部长给予可执行性，由国库特殊债务总管部门负责执行，这是公共财政总署下的一个专门管理机构（参见357段）。此决议在行政法官面前可作为不可中止上诉，即使诉讼充满争议。1992年以来，也可通过在执行法官面前表达反对或者提出中止，对诉讼文书的正式有效性提出异议。

由法院实施的经济处罚（罚金、损害赔偿等，参见预算和财务制度管理第2012—1246号法令第108条）通常由公共财政总署的会计人员收取（偶尔涉及盈亏差额：参见《刑事诉讼法》，法令部分第322条）；具体制度随具体情形而变化。

2.4.2 中央预算的执行者

553 在近20年以来，随着政府组织体制的调整、地方分权和去中心化的改革，国家建立了一套公共政策运行和管理程序。这套程序在部委机构、地方政府和其他主体之间的二元性特点凸显，上述主体又称为"执行者"，具有公法或者私法规定下的不同身份（公共管理机构、工商业性质的公共机构、公共利益集团、协会、股份有限公司等），它们的名称多样（所、中心等）。这使得人们对公共机构的未来和命运、执行者的自主性产生疑问。总之，一种类似于英国的新自由公共管理模式的管理体系通过上述程序显现出来，这种管理又称"治理"。

与上述现象相关的报告帮助我们明确，国家行政机构人员的增加的直接原因是上述执行者人员的"膨胀"，与此同时，部委的编制则处于稳定甚至下降的趋势（这也和地方分权的转移效应有关）。另外，执行者在国家政策和国家预算拨款（和其他来源的拨款）实施上发挥越来越重要的作用。

国家审计法院2008年报告强调指出，直接由国家支付薪资的编制人员的减少还应考虑到如下事实，上述执行者在2008年支付大约24万公务人员（相当于全职工作人员）的薪资，还要加上由国家财政支付的执行机构的工作人员（16万相当于全职工作人员的薪资）（2009年12月国家审计法院发布的报告做出了同样的分析：《国家编制人员：1980～2008年汇编》）。2012年3月财政监管总局发布的与国家及其机构有关的报告有效地补充了国家组织和机构情况的总体分析，财政监管总局指出，法人身份的标准"不足以概括"隶属于国家、履行非商业公共服务任务的全体机构的特点。

然而，执行者还要受一系列由国家确立的预算、会计、财政规则和政策的制约，同时还要遵守由《财政法组织法》规定的原则，上述原则通过项目（资金去向目录、任务、项目和行动）和绩效措施（绩效年度计划和绩效年度报告）得以体现，执行者还需接受公共政治总修正案及其执行措施的制约。基于此，2010年3月26日，总理签发了一份面向全体政府部门和国家执行者运行策略有关的通报，进一步强化了政府对执行者的监督（定义了监督的战略维度），并要求其接受适用于行政机构的预算和管理规范，以确保对"财政的管控"。除此以外，预算和财务制度管理第2012-1246号法令向全体公私机构引入了一整套预算和会计内部管理措施。接下来将介绍财政法视角下的执行者的总体分析（2.4.2.1）；基于上述分析，将对大学的身份界定问题进行更具有针对性的分析（2.4.2.2）。

2.4.2.1 中央预算执行者的界定

我们很难给执行者划定一个界限。尽管执行者经历了多次重大的机构重组，仍然难以给出其定义。预算部依据（在国家审计法院的监督下）三条累积标准为执行者下了定义，以上标准于2012年得到进一步完善，为理解执行者带来了新的解读（1）；同时，中央也加强了对执行者的管理，以确保其最大限度地遵从中央所做出的决定（2）。

(1) 经过完善的三条标准

555　　这些标准可以界定该类型的执行者。预算部用以下三条标准来界定。
　　· 提供和国家政策相关的公共服务；
　　· 主要（并非全部）由中央拨款，预算部予以直接补贴或者提供资金来源（但也通过商业活动自给自足）；
　　· 中央通过如下方式进行监督："中央监督并不局限于经济和财政层面，但该监督应确保可以引导执行者的战略决定。"
　　通过以上三条标准可以看出，从财政层面上看，执行者的资格并不取决于机构的身份，而是取决于其是否依赖的国家的政策和财政管理。
　　直到2012年该标准的实施才得以落实。
　　然而，公共账户标准委员会于2011年3月15日的一项意见中，提出撤销国家政策执行者的概念，并在中央的会计规范基础之上，发布了一整套更为复杂的标准，用来规范对具有不同国家自然人或者法人身份的执行者的直接或者间接监督。
　　该意见明确了监督的总体标准，如果监督指标反映出标准存在问题，意见还给出了备选标准。
　　2012年8月9日出台的一份与2013年中央执行者及中央公共机构预算和会计规范相关的部级通报重新启用了这一方法，以期更好地"建立"2013年财政法案。这一发展基于以下分析："对中央预算执行者从会计角度给出的定义不能完全涵盖预算执行者的重点内容。"预算部重申执行者的资格需要建立在一系列的指标之上，所有纳入和脱离执行者范畴的行动都需得到有正当理由的部级提案的支持（需要向预算主任提交资格审查表）。

　　任何符合上述三条标准的机构都会列入执行者名单之中。
　　然而，名单也会扩大，囊括符合一定"指标"的其他机构。
　　至少满足下述标准之一的机构可被确认为中央预算执行者：
　　· 在监督权上：国家在机构的决策组织中拥有大多数投票权，拥有任命或者撤销机构决策组织中大多数成员的权力，在机构领导部门拥有集结大多数选票的权力（假定至少有40%以上投票权，除来自高层的第三方参与外），或者可以根据措施的不同拥有相应控制的权力。
　　· 在国家承担的收益和风险上：国家应有中止该机构活动的权力，并从中获取相当程度的经济收益，承担其一定程度的债务，或者有权从利己的角度对机构的财产予以转移，并且（或者）有偿还该机构的部分债务的责任。
　　· 在不满足上述标准的情况下，则会（部分或者全部）参考监督指标：运行或者投资的预算监督，拒绝、取消或者修改相关机构领导层决定的能力，通过任命、调动或者撤销领导层的能力，机构的任务由法律来确立和规范，国家持有其中的特别资产以确保对资产的变动拥有否决权，以及其他和国家承担的收益和风险相关的指标（持有资产或者偿还债务，通过法令来实现某种合作以体现国家的意志，国家对机构的债务所履行的责任）。

(2) 特别整合处理

从行政层面上看，中央预算执行者的定义相对宽泛。

在预算上，执行者要遵守双重要求：

• 按项目进行预算整合（通过承诺授权和支付经费的方式），按照项目设定的目标进行执行，落实零基预算的实施以及接受绩效考评；

• 拨款主要建立在公共服务费用的补贴（公共支出项第 3 项）、基金（公共支出项第 7 项）和转账（公共支出项第 6 项）上，排除属于公共支出项第 2 项的支出。

除此以外，（自 2009 年起）执行者还要接受公共政策对职位授权上限的约束（中央拨款的职位和自收自支的职位上限约束有所区分），薪酬经费的制约，甚至是税收减少的要求（根据他们的财政"活力"作出相应的安排）。

此外，执行者和其他隶属中央行政机构（ODAC）的国家公共机构接受 2010 年《公共财政程序法》的限制，不得和贷款机构缔结超过 12 个月的借款条约，不得发行超过 12 个月的债券，《公共财政程序法》生效时间为 2014 年至 2019 年（参考 2011 年 9 月 28 日法令列出的相关组织清单）。

从每年对国营机构数量的统计数据可以看出国营机构的范围有所变动：一批不符合或不再符合上述评判标准的机构被剔除出国营机构名单，一些机构被撤销或合并，同时也有一些新单位被列入这一名单，如大巴黎公司（近年一些主要的变动如下：各地的教师培训学院被并入当地的大学，某些大学合并，农业办公室被并入另一机构，国家就业局被解散，一些协会被列入国营机构名单，科学与工业城和探索宫合并后重组为 Universcience 科技馆，国家艾滋病和病毒性肝炎研究所并入到国家医疗卫生研究院，等等）。2015 年财政法案草案附录的预算黄皮书列出了 550 家国营机构，分为大学、地方医疗机构、国家剧院等 18 类。这些机构的性质各不相同，计有十余种之多，其中最多的是行政性公共机构，其数量占到所有国营机构的 59%。

这种变化的不确定性可能也体现出了国家审计法院在其中的审慎心态，因为它要负责国家账户的验证工作。

关于执行者的界定也不无争议。他们的存在属于同一逻辑吗？他们同受相同的指导"机制"约束吗？这些问题的答案都不确定。我们能马上区别出来两种类型的执行者，他们有着不同的运行和政策逻辑：第一种执行者以"行会"形式运行，拥有选举产生的机构，在国家承认的自主决定权、财政权下开展工作，这类执行者不受《财政法组织法》、公共行动现代化计划或公共政治总修正案的制约。第二种是"创立者型"的执行者,他们和国家的行政机构类似,并在这种指导逻辑下运行。在这样的分类视角下,大学的界定就提出了一个现实问题:对于预算部和高等教育研究部来说,大学属于《财政法组织法》类型的执行者,然而,法国大学所宣称的自由使得大学脱离了《财政法组织法》类型,除非我们承认大学在事实上并不具有"政治"自主性。

2.4.2.2 大学预算执行

557　尽管大学自 2007 年以来开始进行"自主"发展进程,但其属于中央预算执行者。在这种自主发展下,大学活动的框架和条件也有所调整(1)。然而,如果我们仅对改革进行财政学的分析,我们发现大学对中央的依赖性还存在,按照上文提及的标准,预算部仍称他们为中央预算执行者,并把他们纳入其中(2)。

(1) 明显的自主性

558　2007 年 8 月 10 日《大学自由和责任法》(LRU)的出台加强了大学的自主性。该法再次确认和明确了大学的任务(《教育法》,法律部分第 123 条第 3 款),这也是成为中央预算执行者的条件之一。

在上述条件下,大学可以要求在预算和人事上享有更多的责任和权力。除此以外,大学还可以要求中央转移完全公有的固定资产和流动资产,分配其使用。最后,大学的账户每年都要接受账户特派员(而不是审计法院)的核查。

大学和中央的关系受多年期合同的约束,该合同明确了中央对其支出的总体基金(薪资经费、运营拨款、投资拨款),但这些要求不过是上文提及的中央预算执行者界定标准的重现。

大学的预算和会计体系接受 2012 年 11 月 7 日预算和财务制度管理第 2012—1246 号法令指导。

特别地,1994 年 1 月 14 日《大学预算规则指导法令》历经多次重大修改。2008 年 6 月 27 日颁布的三项法令(第 2008—618 号、第 2008—619 号和第 2008—620 号法令)实现了预期调整目标。第 2008—618 号法令应用最广,涉及享有权责扩大化的公立科学和文化机构(EPSC)。第 2008—619 号法令涉及基金的创立,第 2008—620 号法令涉及第三方参与办学和分校管理。

与公立高等教育和研究机构预算和财务制度相关的 2014 年 6 月 6 日第 2014—604 号法令整合了相关规定。这些规定位于《教育法》中的法规部分。

作为 2012 年 11 月 7 日预算和财务制度管理第 2012—1246 号法令的前期会计指令,负责预算的部委于 2012 年 8 月 9 日发布的通报再次明确了适用于中央预算执行者的预算和会计框架,同时指出,即将发布的法令将再次规定两条与预算会计和一般会计有关的预算原则,以及编制职位和经费管理的预估文档的普及。

因此，可以说这些法规赋予大学一定程度的预算和财政自主了吗？我们要打一个问号。

（2）对执行者的有效分析

559　　这里的分析对象不是分配给大学的公共服务任务，而是分析大学的财政自主性，在任务层面，大学需接受国家制定的导向的约束（第2008-618号法令第5条，大学任务需要接受年度绩效计划指标的限定，后者的制定需要和部级项目相匹配）。

大学和中央签订的多年期合同整合了三类不同的财政拨款（薪资经费、运营拨款、投资拨款）；拨付给大学薪资经费的资金有年度限制性，并且存在职位上限要求（合同工也纳入上限要求之中），对于享有权责扩大的院校来说，薪资经费不得超过中央批准的薪资经费的年度基金（年度基金的增长来自"机构运营获得的自有资源"）；大学需接受审计系统的考评，并需要把结果告知高等教育部；除此以外，大学区区长和大学训导长负责审核大学的活动；另外，大学还要在向大学管理委员会提交预算草案之前把草案交给大学区区长和训导长，在管理委员会会议期间，草案的批准需由区长和训导长决定（第16条），例如，如果主要预算没有列出与大学债务和承诺相匹配的拨款——这也是财政督导的重要领域。大学区区长可以拒绝批准预算，接下来需要重新对预算进行商议，商议的结果同样需要接受区长的批准。最后，如果在每年的1月1日，该预算仍然无法执行，则会被大学区区长所终止（替代权）。在得到管理委员会批准之后，财政账号会转移到预算当中。

2.4.3　中央对国有企业股份的管理

560　　法国国有企业的数量在20世纪80年代中期达到巅峰，约有3000家，占国内增值总额的1/5，使法国在这方面位列欧共体第一位。此后20多年间，国有企业的数量减少了一半以上，到2005年已剩下不到1200家（其中大型企业少于100家），占国民经济比重不到10%（不包括国家少量参股的千余家私企）。从2010年起，国企数量保持在一个相对稳定的水平，其员工数量不到80万名，约占法国总工作人数的5.5%，而这个数字在1985年超过10%。

国有企业的"核心部分"传统上由两部分组成：在垄断经营领域（后来逐渐开放竞争），包括能源、交通、邮政等领域的"大型国有企业"（如法国电力公司、法国燃气公司、阿海珐核能公司、法国国家铁路公司、法国铁路网公司、巴黎大众运输公司、法国邮政公司以及各大机场各大港口等），这一领域受自由化政策的影响很大；在竞争经营领域，20年前国有企业所占比重相当大，不过受1986年7月2日和8月8日以及之后1993年7月19日法律所引导的私有化浪潮（即允许其他资本进入）的影响，如今已几乎完全绝迹。在这一趋势下，许多国有企业放弃了"工商性公共机构"的地位，改为股份公司，并针对政府或其盟友的持股设置了具体的保护防线。这种私有化浪潮一直持续，如 2004 年的法国航空公司、法国电信公司和法国电力公司，2005 年的斯奈克马飞机制造公司，特别是在能源领域，如 2006 年 12 月 7 日法律导致法国燃气公司私有化，以及最近法国邮政公司的私有化（2010 年 2 月 9 日法律）。如今，只有第三产业的国有企业地位仍然较稳固（国有企业总雇员数的 80% 分布在第三产业）。

国家投资局在其 2014 年报告中提到所有国有企业中国有股份的总额为 847 亿欧元（2014 年 4 月数据），其中最主要的几家公司分别是巴黎机场（占股 50.6%，2009 年占股 60.38%）、法国电力公司（84.5%）、法国燃气苏伊士集团（36.7%）、Orange 电信（13.4%，2009 年为 26.65%）、赛峰集团（22.4%）、泰雷兹集团（26.6%）、法国航空－荷兰皇家航空集团（15.9%）、空中客车集团（11%）和雷诺公司（15%）。最近十年法国政府基本上对这些股份都进行过减持（有时甚至大量减持）。经济部长 2013 年宣布一项转让股份以进行某些战略性投资的政策，考虑到国家的财政需求，这只是一个暂时性政策，而非根本性政策（而政府后来又入股了标致公司）。

在此有必要指出，1996～2005 年期间转让国有股份所得的资金总额达到约 820 亿欧元，但其中大部分并未拨予养老金储备基金，而是用于国有企业的再注资。从 2006 年 1 月 1 日起，转让国有股份所得被划入名为"国有股份"的专门账户，该账户下分两个项目：第 731 号项目"国有股份相关资金操作"和第 732 号项目"国家或国有公共机构的债务偿还"。

1986～2002 年，中央政府拨予国有企业的配给资金总额累计超过 500 亿欧元（即平均每年约 30 亿欧元，其中 1997 年拨款最多，达到 90 亿欧元，1998 年为 70 亿欧元，2002 年为 25 亿欧元）。从 1997 年到 2001 年，中央政府给予法国国家铁路公司的经营补助约为 210 亿欧元（即每年平均 40 多亿欧元），给予法国铁路网公司的财政补助超过 170 亿欧元（即每年约 35 亿欧元）。

最后还有必要指出，根据国家投资局的数据，法国国有企业的债务总额已上升至约 1200 亿欧元，而相关营业收入在 2013 年为 1470 亿欧元。

2.4.4 中央预算执行的监督

561 与指导财政监督的一般规则相符，中央预算的执行接受行政监督（2.4.4.1）、司法监督（2.4.4.2）和议会监督（2.4.4.3）。

2.4.4.1 行政机关监督

562 在行政机关实施的监督当中，只有财政监督（1）在此需要几条补充性的详细说明，其他的监督则只需重提一下（2）。

(1) 预算和审计监督

563　预算和审计监督能够根据预算许可,评估"预算方案的可持续性(预算方案要使行政部门的预算估计与通知的借款和记账一致,与年度决算的主要文件一致),现行年度决算的可持续性,以及预算会计的质量。由此,预算和审计监督有助于鉴别和预防可能遭遇的风险,并有助于分析公共政策的支出和成本的说明性要素"。

当涉及国家的时候,这一监督在两个层面上执行,即中央层面和地方层面(参见 376 段)。

中央层面的监督(参见 379 段)由内阁预算和审计监督司下面的预算监督处负责。因此,安排给国家教育部和高等教育与研究部的监督员是指定的会计人员,负责部长的付款命令。

自此,预算和审计内部监督便存在于每个部委,根据预算和财务制度管理第 2012—1246 号法令第 170 条,该监督旨在控制"风险",总目的要以预算会计和审计质量为核心。

这一双重措施(预算内部监督措施和审计内部监督措施)会促使内部审计内阁委员会制定预算和会计审计政策,内阁预算和审计监督员是审计委员会的正式成员,拥有提案权,完成的报告提交给负责国家审计的总会计师(参见 376 段和 584 段)。

(参见公共财政总署《有关国家及其公共机构审计和财政内部监督的报告》,2013 年)。

这一评估措施经过内部审计,由 2011 年 6 月 28 日法令规定,在经济部、财政部和国家改革、地方分权与公共职能部之间通过 2013 年 4 月 23 日法令组织实施。该法令制定了共同内部监督和内部审计机制。在控制"与公共政策管理相关的"风险的趋势下,这项机制与预算部部长领导的内部审计委员会联系在了一起。该委员会制定各部委的审计政策,并参与与该部委直接相关的任务。地方层面的预算监督,原则上由地区公共财政主任或者其代表负责(参见 380 段)。

除了"基于原则性问题的许可被拒"之外,其他情形下地区公共财政主任可以委托他人签名。在服从其许可或是其先决许可的框架内,地区公共财政主任监督"有关支出入账、预算和记账的可用性、评估的准确性及其对公共财政的影响等文件草案"。

(2) 其他监督

564　在预算执行过程中,首先由相关管理部门、继而是指定的会计人员实施监督(参见 383 段、454 段和 458 段)。如有必要,接下来的监督由不同的监察机构实施：国家财政稽核署（参见 377 段），通常由高级会计师代理（参见 381 段）；主要部委监督机构（参见 384 段）；跨部委监督机构（参见 390 段）或欧盟监督机构（参见 272 段、273 段和 390 段）。

2.4.4.2 财政司法监督

565　　国家的财政执行属于审计法院的管辖范围（参见 396 段）。审计法院对拨款审核者的管理实施监督，同时对正式会计以及实际公共资金会计账目实施初始和最终的司法监督。此外，审计法院还给行政当局（参见 400 段），尤其是议会（参见 567 段）提供多种形式的援助。

预算与财政纪律法院（参见 419 段）的权限则针对国家行政人员的监督。

2.4.4.3 议会监督

566　　为了监督预算执行情况，议会既拥有知情权（1），又拥有投票通过规章法律从而裁定审计的权力（2），这些是一个更加普遍的监督系统的组成要素。在这些要素之中，除了公共管理的现代化，革新已经成为《财政法组织法》实行改革的第二轴心。

（1）知情权

567　　这一权力来自《宪法》第 47 条，在 1959 年《法令》（第 1 条和第 42 条）中被正式提及，随后影响范围扩大。首先，宪法委员会对法律的解释将知情权变为普遍权力（1964 年 12 月 18 日第 27 号合宪性审查决议，1991 年 5 月 23 日第 292 号合宪性审查决议：参见 541 段）。随后，2001 年 8 月 1 日出台的《财政法组织法》专门有一章（第 5 章），对"有关公共财政信息和监督"（第 48 条）作出规定，另在 2009 年又作出补充。

《财政法组织法》允许所有法律包含与议会在公共财政管理方面的知情和监督有关的条款（第 34 条第 II 款和第 37 条第 V 款）。

议会主要拥有知悉权、询问权，以及方便这两项权力行使的获取审计法院协助权。

首先，议会拥有知悉权。

行使知悉权的传统形式是当预算有争论时，政府必须向议会提交多个文件，包括《财政法组织法》（第 48 条～第 55 条：参见 574 段和 579 段）列举的文件（"预算蓝皮书"），"专门针对议会知情和监督的法律法规规定的'总附录'（'预算黄皮书'或'预算橙皮书'）"。

这些应提交的文件清单，一部分由 1958 年 12 月 30 日的第 58—1374 号法令（第 164 条）确定，后来的一些条款又对其进行了大幅度增加和更改，包括经由

2006年财政法案确立的立法性条款（单独由1959年《法令》规定），（《财政法组织法》认可的）规章性条款，以及2009年4月15日第2009—403号法令确定的条款（给《财政法组织法》第51条加入了一个第8款，提及一种预先评估，评估针对《财政法组织法》第8条提到的全部文件——在这一点上，宪法委员会将会从国家利益角度评估预算行为是否遵守这一条款的规定——宪法委员会2009年4月9日第2009—579号合宪性审查决议）。

除此之外，议会知悉权还表现在由预算部定期传送和/或公布的各种报表（参见576段）。

除了制定预算和审计文件，财政部有时会公布预算信息（预算管理部门的电子公文），也会公布财政部的司法消息函（每15天公布1次）。

因此，过大的信息量可能使监督员无法详尽地了解被监督对象的情况。

《财政法组织法》也规定，通过法定路径对拨款进行管理，尤其是进行更改，必须告知议会委员会，有时还须预先告知（甚至在某种情况下，需要作出公告）。

简单紧急情况下的预付款会计指令预先需要议会财政委员会的公告（第13条）；转账法令（第12条）、重大紧急情况下的预付款会计指令（第13条）、某些取消付款会计指令（第14条）皆需要向议会财政委员会做预先告知；在支出超出预估拨款（第10条）或者在文件规定拨款不可用（第14条）的情况下，要向议会财政委员会做事后告知和/或说明。

宪法委员会（2001年7月25日第448号合宪性审查决议；《宪法》，第31条~第34条）参考由《人权宣言》第14条（参见16段）提出的批准税收和跟踪公共资金使用的原则，承认了议会知悉权的合宪性。这些原则也使得《财政法组织法》（第56条）指出，其规定的会计指令和规章必须在官方报纸上公布，"以及介绍预算使用动机的报告，除了有关涉及国防和国内外安全秘密以及涉外事务的主题"也必须在官方报纸上公布。

其次，议会拥有询问权，从而也拥有一定程度的调查权。

这两项权力主要由议会的财政委员会（国民议会和参议院各有一个）执行，《财政法组织法》大大提高了议会财政委员会的地位，扩大了其权力。

《财政法组织法》使得议会财政委员会在财政问题上拥有了"垄断"地位（参见530段），扩大了委员会（或者说其成员）的权力，并且在很大程度上赋予了某些条款以组织法的价值，而这些条款之前只有普通法的价值（1958年12月31日法令）。

根据《财政法组织法》(第57条),议会财政委员会可以"跟踪和监督财政法案的执行情况,对有关公共财政的所有问题实施评估",这为其完成任务提供了极为广阔的施展空间。然而,议会财政委员会的任务很集中,因为它的任务仅委托给委员会主席、总报告人以及"在其权限范围内"的特别报告人(参见530段)。特别报告人"进行现场调查,开展其认为有用的听证会。他们需要的有关财政和行政的所有信息和文件,包括由负责行政监督的部门和机构制定的全部报告等,都要提供给他们"。被调查者"免除保守职业秘密的义务",从传统上来说,除非是"涉及国防和国内外安全秘密以及教育和医疗秘密的主题,如果委员会主席和总报告人认为对某人听证有必要,则此人必须参加听证"。

拒绝传唤或者拒绝在调查委员会前宣誓会被处以7500欧元的罚款(1958年11月17日第58—1100号法令,第6条第Ⅲ款)。

另外(《组织法》,第59条),如果"在监督和评估任务框架内"要求的信息"在合理期限以外、由于信息汇集的困难"未能取得,财政委员会主席"可以要求主管法院进行紧急审理裁决,强制中止该阻碍"。

宪法委员会认为这一诉讼程序只能以紧急审理裁决告终,紧急审理裁决使行政法官能够强制命令"拥有公共权力特权的法人"披露信息。

但是至少,若涉及其他相关人员,1958年12月30日修正的法令规定,阻碍执行调查权,特别是阻碍财政委员会特别报告人执行调查权,将面临刑事处罚(罚款15000欧元),这意味着议会主席或相关委员会主席要向司法法院检察官提起诉讼。

然而需要指出的是,2011年2月3日法令倾向于强化议会在监督政府行为和评估公共政策的手段,这一法令(第2条)认可由调查委员采取的听证人员有权力知晓听证报告、有权力提出意见的措施。

这些措施主要涉及评估和监督小组,该小组于1999年在国民议会财政委员会内部设立,旨在革新议会直到那时还一直在采用的方法。

评估和监督小组于1999年2月第一次设立,原则上每年在财政委员会内部产生;它由不同政治党派的两位代表(和两位替补)组成,由议会多数党的一位成员和反对党的一位成员共同主持(事实上,这在法国很新奇)。该小组主要通过议会委员会的汇报人(为了了解其他委员会的意见,也可能还有其他委员会的汇报人),依靠(与预算方案紧密联系在一起的)审计法院的技术鉴定,在预算期以外,开展一系列(公开的但是准备阶段禁止旁听的)听证会,听证会面向行政和政策负责人,使得该小组可以得出有关公共支出在某些领域使用情况的结论

（每年大约考察四个领域，例如高速公路修建政策、就业帮助、高校管理、司法行政、海军装备计划等）。

通过1996年6月14日的两部法律，以议会代表团的形式创设了两个议会评估署（立法评估署/公共政策评估署），但这两部法律被2001年的财政法案取消（并通过1998年11月18日法令补充创立了面向总理的全国跨部委评估委员会）。为力图避免这种失败，需要依靠常常被提及的国外的两个案例：一是1983年于英国创设的国家审计署，在一位（由总理在下议院的提议下任命的）总审计官的带领下，加强议会对公共资金使用的监督，并主要联合英国议会公共账目委员会进行监督，公共账目委员会是创设于1978年的14个专责委员会之一，负责持续监督各大部委；二是美国国会的一个机构——总审计办公室，其评估由三个专门机构的评估作为补充，通常是决定性的，这三个专门机构中包括创设于1974年的美国国会预算办公室，旨在准备预算。

更为特别的是，我们会发现，尤其在核查政府的预算指标方面，参议院不惜请求独立机构的鉴定。

这种评估和监督小组与社会保险融资法案特设的评估和监督小组对等（参见783段）。

其他议会机构（其他常设或特殊委员会、常设机构、调查委员会、议会代表团、信息考察团）也可以参与，但只是例外情况和/或作为补充。

国民议会于2009年对其规章做出了修改，催生了评估和监督委员会的建立（宪法委员会，2009年6月25日第581号合宪性审查决议），这一委员会具有评估跨部门公共政策的职能，并对有关法律草案影响的研究提出意见等。

根据《宪法》第47条的规定，审计法院对议会的协助与对政府的协助并行（宪法委员会要求二者之间平衡）；审计法院对议会的协助慢慢增加，《财政法组织法》（第58条）明确了审计法院对议会协助的要素。

2008年7月23日修改的法国宪法新增条款，对审计法院的两个行动方向做出了说明：一方面，审计法院协助议会监督公共行为；另一方面，审计法院协助议会和政府监督所有财政法律的执行、所有社会保险融资法案的实施，以及公共行为的评估。

有关最后一点针对公共行为的评估，我们已经指出这里与初始草案在表述上的细微区别，初始草案的规定是，审计法院参与公共行为评估。针对公共行为的考查，2011年2月3日的法律倾向于强化议会在监督政府行为和考查公共政策方面的手段，这项法律加强了审计法院对议会在考查方面的协助。自此以后，审计法院由国民议会主席或者参议院主席掌控，在他们的提议下，审计法院可以实施对公共行为的考查（参见400段）。

从《财政法组织法》独有的条款来看：

一方面，审计法院必须提供有关上述监督行动执行结果的报告（"如有必要"，附上相关部委的答复），以应对有关预算的辩论，以及应对随后针对决算法草案的审查，草案会单独附有一份国家审计说明（参见 400 段）。

除了在 574 段介绍的那些报告，还有一份有关经由政府部门实施的经费调拨的报告（主要是预付款会计指令：参见 507 段），通过提议批准来支持财政法案。

另一方面，审计法院必须配合议会的财政委员会，因为审计法院要（在一周内）开展（其权限范围内的）全部调查，调查是由议会的财政委员会要求的，必须满足协助由委员会组成的评估和监督小组的要求。

相反，宪法委员会曾指责《组织法》中的一项条款（第 58 条第 1 款），因为这项条款强制审计法院将其对财政委员会的监督方案作为公告提交。

此外，则只有通过《组织法》对某些三十多年来审计法院和议会进行的更广泛的合作内容进行突出强调说明。

自 1976 年起，审计法院的年度公共报告就常常引来议会的讨论，并引发参议院的议会辩论。

审计法院的首席庭长能够直接将某些看法告知议会委员会，对于审计法院的通知，如果部长们 6 个月内都没有做出回应，审计法院也会把通知直接发给议会委员会（《财政司法法》，法律部分第 135 条第 5 款）。另外，议会委员会要定期对审计法院的首席庭长和法官进行听证，尤其是在对决算法案进行投票的时候。议会委员会此前已经能够要求（这一点它们之前不常做）审计法院实施某些调查（参见《财政司法法》，法律部分第 132 条第 4 款）。

（2）决算法案（《组织法》，第 1 条、第 37 条、第 41 条、第 46 条和第 54 条）

568   目前，该法律由政府命名为预算和审计决算法案，《财政法组织法》将其列入财政法律之中（《组织法》，第 1 条）。但事实上，该法案与财政法律甚至有明显的不同，并且，宪法委员会不得不多次对此进行确认。

决算法案的不同之处首先表现在它的法律性质非常特别（见《组织法》，第 37 条）。

事实上其主要目标是确认某些已发生的预算执行：预算收入和支出（以及相应盈亏差额）、财政收入和支出（由财务报表呈现）、中央财务会计（不再是预算会计）的财政年度损益表（参见 581 段）。此外还有中央政府决算：首要性质是"客观"可靠性的全部预算执行情况，这些执行情况自 2006 年起便由审计法院认证（参见 400 段），因此与预算指标要求的"主观"可靠性不同；以及宪法委员会曾指出的"决算法案的可靠性很明显……如同账目准确性强制要求的那样"（2001 年 7 月 25 日第 448 号合宪性审查决议，2006 年 7 月 13 日第 538 号合宪性审查决议）。但是宪法委员会不能"对决算法案进行修正"（2009 年 8 月 6 日第 585 号合宪性审查决议）。

议会此后只是附带地执行一下决定权，这项决定权还分为两部分。大部分时间，议会实施决定权就是批准或者使某些预算执行合法化，尤其是某些"按照规定合法的不可抗力情况导致的"借款超支（《组织法》，第 37 条第 Ⅳ 款）。

议会实施决定权还包括批准预付款会计指令（参见 507 段），取消"既没有被使用又没有被结转的借款"，批准特别"透支"账户的透支金额许可超支（参见 492 段），确定下一财政年度未被结转的特殊账户的余额（这是下一财政年度余额自动结转原则下的特殊情况），以及确定每个特殊账户的盈亏。

这些监督措施传统上包括认可中央财政实际年度决算的公共资金使用，这一认可对于审核中央财政实际年度决算很有必要（参见 414 段），并且如同其他监督措施一样，很少遭到拒绝。

因此，在 1833 年，议会拒绝批准 1830 年蒙贝尔男爵打击七月革命者的作战支出。1976 年，议会又（临时）拒绝某些借款超支。1983 年（在被称为国家种马场的事件中）和 2001 年（在昂蒂布商业法庭事件中），议会拒绝"批准"实际年度决算，那时不无围绕在此领域拒绝政府的提案是否在议会权力范围内的讨论，或者说是否符合议会传统的讨论（2001 年只有把最终决定权交由议会，政府才获得批准决议）。

自《财政法组织法》颁布以来，议会实施决定权还包括投票决定在决算法案中"所有有关议会对公共财政管理知情和监督的条款，以及有关国家审计和公务人员财务责任制度的条款"（《组织法》，第 37 条第 Ⅴ 款）。

在决算法案中，传统上会设置某些分期决算措施，主要适用于为外国减免债务。

决算法案的法律体制很大程度上源于设立该法案的主要目标。决算法案草案只有在所决算的年度预算执行之后才能确立。《财政法组织法》（第 46 条）确定该期限为 6 月 1 日（2001～2004 财年确立的时间是 6 月 30 日：《组织法》第 64 条），首先这就确保了春季预算导向辩论的顺利开展（特别借助审计法院的预备报告），以及接下来进行的秋季预算辩论（特别借助自 20 世纪 50 年代审计法院开始建立的年度报告：参见 576 段），原则上，在宪法委员会确立的保留条款之下（参见 530 段），秋季辩论不得在就决算法案草案第一次投票之前在各议会展开（《组织法》，第 41 条）。

接下来，除极特殊情况，财政法案的采纳期限（宪法委员会，1983 年 7 月 19 日第 161 号合宪性审查决议，这也排除了特别命令适用的可能性）和紧急自动程序均不再适用（宪法委员会，1985 年 7 月 24 日第 190 号合宪性审查决议，该决议取消了政府依照惯例应用紧急程序的决算法案，因为实际上政府并没有明确指明紧急之处所在）。

自 1968 年（1966 年预算决算）起，决算法案每两年通过一次；极个别情况除外，如被法官所取消（1983 年预算决算）、议会之间的分歧（1998 年预算决算），多数党的变化（1979 年、1984 年、1986 年和 1995 年预算决算），导致决定发布的延迟（通常延迟时间是一年，但 1995 年预算是在 1999 年决算的）；《财政法组织法》的施行将延迟的周期进一步缩短。

不管从什么角度来看，决算法案的政治身份理应有所恢复，但实际并非如此。

自 1817~1818 年确立以来，"账户法"① 起到了不可忽略的作用，因为该法可以在较短期限内通过（预算年度的二三年之内），这就使得刚刚兴起的议会制可以对预算执行进行监督。但是，在获得政治权力和财政权力之后（参见 17 段），议会很快放弃了决算法案，决算法案的批准变得无足轻重，其通过期限也变得很漫长（有时长达 10 年，如 1913 年预算是在 1927 年进行决算的，1915 年预算在历经 20 年之后于 1936 年决算）。第五共和国缩短了预算决算的期限（参考上文），同时也对议会的权力加以限制，但在 1974 年之后，议会又重新获得了部分事后监督的（断断续续、小部分的）权益。

《财政法组织法》的实行进一步加强了决算法案的地位，一方面，决算法案的审核从此位于预算导向辩论之先（参见 530 段），这样以"用过去之光照亮未来之路"（引自奥古斯丁·佩里埃②）；另一方面，资金从此将按照项目进行分配，把更多的关注点放在项目的实施上更符合逻辑，以便更好地测评收支差额，因为国家和欧盟的公权机构都在竭力实现一种"收支差额文化"。

2012 年 12 月 17 日《公共财政管理和程序组织法》进一步加强和扩大了决算法案的权益。

事实上，如同其他财政法案一样，决算法案前加入了一条卷首条款，在动机陈述部分加入了对关于结构性差额假设的分析。

在向国民议会办公室提交决算法案草案之前，如果收支差额较大（不少于一个财政年度的国内生产总值的 0.5%，或者连续两个财政年度平均不少于国内生产总值的 0.25%），则需公共财政高级委员会出面提出意见。该意见也会附在财政法案草案中，并进行公示。

---

① 译者注：此为决算法案的别称。
② 译者注：奥古斯丁·佩里埃，法国商人、工业家、政治家。

程序的有趣之处在于观察政府是否因此需要在议会两院解释差额的原因，并提出弥补措施。我们也许会对该部决算法案对政治讨论影响有限而感到遗憾。

2.5 中央财政方法

569　为了同时实现遵守财政原则、确保必要的日常行政行为和考虑当今公共收支的覆盖广度，中央应该实施相当精密的财政方法，不论是预算方法（2.5.1）还是会计方法（2.5.2），其具体实施都越来越依靠预算和会计信息技术（2.5.3）。

2.5.1 预算方法

570　预算方法经历了大量修改，《财政法组织法》改革了整体预算（2.5.1.1）和预算文件（2.5.1.2）。

2.5.1.1 整体预算

571　直到《财政法组织法》的改革前，无论哪个部委，（总预算）经费都整体统一根据按支出的行政性质分类。

《财政法组织法》要求按任务、项目体现，并按科目、栏目（收入按照惯例排列出来）列出，如下文（参见500段）所示。

任务应该符合"特定的公共政策"，并带有跨部委性质（《组织法》，第7条）。

任务下分为各项目，项目必须是部委性质，并通常有明确和可评估的目标。项目基本要"落实行动或一系列协调的行动"（《组织法》，第7条）；通常而言项目分为"行动"（并可能出现"分行动"），该系统接近从1997年起实行的预算记账方式。

每个项目的经费都分别列出（除了人员支出），根据经济性质（公共权力/人事/行政/国家债务/投资/转移支付/金融业务）分为7个科目，科目又细分为18个小科目（《组织法》第5条中有详细列出）（参见579段）。

要注意到项目在资金方面极其不平衡。

2.5.1.2 预算文件

572　预算文件目前的数量很多（平均每个议员要阅读的预算文件重量超过100公斤），这些文件按一套特定的方法进行安排整理，以便既能凸显预算细节，又能使人有整体上的把握；既能遵守预算的相关原则，又能保护每个相关政治机关的权限。而《财政法组织法》颁布后，这一套方法还对预算各阶段的文件加以区分，依次区分预算准备（1）、编制（2）、修改（3）以及年度预算执行情况确认（4）等各阶段的文件。

（1）预算大纲文件

573 预算大纲文件于春季提交到议会，是讨论下年度预算的主要纲要。在技术方面，该文件包括的内容在《财政法组织法》颁布后变得丰富，成为政府大纲报告和审计法院对上财年余额的联合报告。

《组织法》第48条规定，"关于国家经济发展和公共财政大纲"的政府报告实际上包括观察到的经济发展分析、"描述法国在欧盟方面的经济预算政策大纲"、预估中期收入和按大类别划分列出的中央经费及下年度预算支出的任务、项目和绩效指数。

《组织法》第58条规定，审计法院要联合提交"关于上个财年执行的余额和相关账户"的初步报告，以通过任务和项目分析费用的执行情况。

（2）编制年度预算的文件

574 该文件分为三类。

年度财政法案毫无疑问是中心文件。根据《组织法》第34条的规定，财政法案的内容包括一份序言、两大部分正文内容（正文内容又分为各条目）和一些附录。这种编排方式实际上是受到过去的预算案编排方式（即分为预算上限法案和发展法案两个部分）的影响（参见531段）。

第一部分规定了财政收支平衡的总条款，不仅限于收入。该部分首先确保了财政活动的延续性：征税（包括分配国家税收，宪法委员会，1999年12月29日第424号合宪性审查决议）、中央非财政收入的收取和贷款。其次便是该部分规定了年度预算产生影响（尤其是财政）的条款（宪法委员会，1990年12月18日第285号合宪性审查决议），或在中央预算内确定分配的条款，《宪法》第34条在财政法案中保留了中央预算中收入分配相关的所有条款（宪法委员会，2009年3月3日第577号合宪性审查决议）。最后该部分通过"收支平衡条款"确定了预算收支平衡的总数据，出现在"收支平衡表"中，以评估收入（自从《财政法组织法》颁布后包括援助基金）和收入的提取金（参见486段和496段），确立支出的最高限额（和以下领域的职位人数最高限额：中央付薪资的工作人员、中央机构执行人员、自主收支的机构人员、拥有法人资格的独立行政机构人员或者人员人数在中央层面不会考虑的独立行政机构），从而决定产生的余额，实际操作中是赤字；涵盖流动资金（和其他国库费用，尤其是偿还贷款）的国库必要收入都要在融资表中列出，以便议会确立中央政府1年期以上的（可转让）债务的变化最高限额（该限额在年末评估，以便政府拥有根据经济形势变化进行操作的余地）。

《财政法组织法》规定的收支平衡表在很多方面和1959年《法令》规定下的表格有所不同：新表不再区分最终收支和临时收支（导致了"线上预算"和"线下预算"的区别），确立总预算的支出整体（而不是按类别）最高限额（最高限额是由每个附加预算和每个特殊账户类别确定的）；而且第一部分包括职位人数最高限额、融资表、债务变化最高限额、允许地方政府不在国库存入资金的条款。收入评估时，收入要包括援助基金（抵消支出）；自从1973年，人们开始区分"总收入"（减去收入提取金后的全部收入）和减去偿还款和减免税得到的净收入，减免税是"收入减少产生的支出"，也是"总支出"减去后得到的"净支出"。

第二部分主要按任务描述经费额度（要区分经费限额和支出或者透支限额）和各部委的职位人数限额，同时该部分按第一部分规定的最高限额和在解释性附件中列出的项目（议会可能会对此做出修订）来计算费用额度。

《财政法组织法》带来的创新很显然就是不再区别投票通过的服务类型，而是放在一起陈述，新的方式便是按照科目和部委分别陈述（参见503段）。每个附加预算都有其任务，并且会有相应的职位人数最高限额；每个特殊账户都会有其经费或者透支限额（参见489段）。第二部分可以按项目规定允许超支的限额（3%的最初经费），以便支出经费的余额结转（参见478段）。随着财政法案的不断完善，职位人数最高限额更全面和具体方法出现在财政法案中，通常体现在《财政法组织法》的最初纲要和2008年财政法案中，自2009年起加入了中央机构执行人员内容，2010年加入的是特殊类型的自主收支的公共机构内容，2012年特别指出不属于该财政类型的独立公共机构和行政机构，其人员不由中央支付薪资。

职位的变化可以更方便地让人们了解国家就业政策产生的结果，尽管该政策可以随着情况变化而修改，例如2012年财政法修正案重新提高了"部委"职位最高限额，主要受益领域是国家教育、农业、渔业、农村和地方整治（见表10）。

表10   职位人数最高限额变化   单位：人

项目	2010年	2012年	2014年	2015年
中央付薪资的工作*	2028724	1936014	1906424	1903238
中央机构执行人员（相当于全职）	339423	373518	391874	397664
自主收支的机构*	3400	3540	3564	3489
独立行政机构*	—	—	2269	2561
总计	2371547	2315349	2304131	2306952

资料来源：财政法案；*相当于全职工作时间。

涉及中央职位人数最高限额，2015年财政法案确立了以下人数分配额：

国民教育：983831；国防：265846；内政：278591；财政和公共账户：139504；农业、农产品和林业：31035；司法：78941。

附加预算：11609，其中航空业：10827。

但第二部分依照惯例也包括一系列不同的条款（其中包括长期以来的非财政预算文件：参见540段），根据情况可以把该条款归入收入类型（对当年中央预算没有影响的财税条款，例如相对而言是地方税方面）、经费类型（中央保证金或者其他财政经费、中央支援地方政府的方式）、议会监督法律或者国家审计制度（参见540段）。

法律要求补充的一览表会对某些法律条款展开陈述，这也属于财政法案不可分割的部分。

《财政法组织法》体制下附表的数量减少到5个，分别是：表A，方式和方法；表B，按任务和项目分配总预算经费；表C，按照任务和项目分配附加预算经费；表D，按照任务和项目分配特殊账户和财政援助账户的经费；表E，透支限额的分配（2011年财政法案）。

由于经费需全面陈述并体现功能，因此要求（此外每年可能增加过快）阐述和解释的（第50条、第51条和第52条中有规定）内容增多。随着《财政法组织法》对预算内容要求的扩大，因此年度财政法案附加文件的数量显著增多。

附加文件可被称为框架文件。其中一份比较传统：自从《财政法组织法》颁布以来，为了实现回溯和前瞻性，目前法国、欧洲以及国际上都会在财政法案中附加关于国家经济社会和财政状况及前景的报告。

该报告源自经济报告和财政报告，这两份报告于1956年公布并于1959年合并，1998年该报告添加了"社会"内容。根据《组织法》第50条，"本年度财政法案要附上关于国家经济社会和财政状况及前景的报告。该报告应包括陈述本年度财政法案的基础，即假设、方法和预测结果。该报告阐述和解释至少提交财政法案4年内的变化前景，细分类别并根据国家财政制度惯例详述所有公共管理机构的收入、支出和余额，法国在欧盟方面的经费支出也是如此，若有必要，该阐述要符合《欧共体条约》的规定"。

"该附件中要有包括陈述上年账目的中央账目报告"。

此外还有三份报告由《财政法组织法》规定：财政法案、社会保险融资法案和必提费用的变化报告（《组织法》，第52条），以便投票通过；按行政部分和投资部分进行预算阐述的报告（《组织法》，第51条），让其他公共预算相互比较，并提供经济和财政分析；分析预算相对于上年变化的报表（《组织法》，第 51 条），该"预算表"可以更好评估预算的真实性（参见 486 段）。

预算阐述报告按照官方要求分为两个部分（行政/投资），地方政府和公共机构的预算也采用该方式，但这和中央预算有所区别，因为该预算阐述报告不可替代项目经费的编制。然而该报告通过法律规定阐述了预算年度内的重点项目。

该区分的优势在于能（至少在执行方面）细微比较并指出预算支出的"用途"：2015 年财政法案的预算阐述报告在行政部分出现了赤字（大约 600 亿欧元），而根据多种分析方法该赤字可以列入国家服务总费用或者收入结转。投资部分体现了国家在该领域很薄弱，该部分的收支基本集中在国家财政收支领域（其中主要是金融不动产售卖）。

接下来是解释性附件。解释性附件用于阐述法案中规定的条款，其文件除了宪法委员会有特别说明外，都应和法案一同提交。附件清单数量在《财政法组织法》中有规定（第 51 条），2009 年 4 月 15 日《组织法》对此进行了调整。

该附件严格而言包括动机总报告、按条款陈述的动机报告和总表。

最著名的附件是传统的"预算蓝皮书"，详述所要求的经费分配方案，这可能成为议会的修正案（参见 531 段），其具有很强的法律效力，通过后会成为政府颁布经费使用的会计指令。

根据 1959 年《法令》，这些附件要分章节（和条款）详细陈述，按照《财政法组织法》规定是分项目（或者拨款）、科目和细分科目详细阐述并要提到上一财年的经费分配情况（参见 496 段）。

自从《财政法组织法》颁布后，蓝皮书也包括年度绩效报告。该报告既不用修正、法律上也不强制要求，但其在政治和技术层面仍是预算的原创和预测方面的主要文件，它们全面说明每个项目（不含拨款）内容。

根据《组织法》第 51 条，每个项目的年度绩效报告需大体上详述：（a）项目结构，包括设想的行为、相关经费、追求目标、所获结果和"根据详细的已解释的指数衡量"理由；（b）估算通过该项目涉及的税收支出；（c）相关经费的（回溯和前瞻）变化说明；（d）与职位数量限额相关的经费；（e）职位的预测分配和估算（按类别、团体或者职业）。这些文件要求源自几个其他国家（尤其是美国），采用预算选择的理性方法，从 20 世纪 70 年代使用该方法编制"预算白皮书"，90 年代开始用该方法编写"预算蓝皮书"部分内容（"整体"陈述，指数和统计相关的行政结构)分析。

自 2006 年起,绩效指数(及其数量)可靠性问题引起了大量疑问,出现了许多修正、替代和取消情况。2008 年有 1276 个指数。预算部在 2009 年统计时为 1150 个(但根据 2009 年财政法案为 1165 个)。虽然指数质量的提高(2007 年年度绩效报告可使用的指数比例为 80%,2006 年该比例仅为 50%)有利于绩效衡量的发展,预算部门仍希望"审核"2009 年财政法案附件中的年度绩效报告指数,以衡量"项目管理中"的可靠性和可操作性质。

无论如何,项目指数(2015 年 98 个指数中 14 个不是出自项目)变化的同时,指数数量和目标数量都显著减少(见表 11)。

表 11　　　　　　　　　　目标和绩效指数的变化　　　　　　　　　单位:个

项目	2010 年	2011 年	2012 年	2013 年	2014 年*	2015 年*
目标数量	499	487	490	484	475	393
指数数量	1030	1008	1012	999	967	780

注:表中数据为当年中央预算中的所有目标与指数数量,*代表表中数据不包括"未来投资计划"项目的相关数据。

资料来源:财政法案。

"预算蓝皮书"(严格而言只涉及支出)中要附上两个收入相关的解释性附件,一个是中央收入附件,另一个是其他法人征税附件(尤其是地方政府)。

中央收入附件包括税收支出和收入提取金,和目前的"方式和方法"分册相对应。其他法人征税附件应包括"按受益人或者受益人种类分类的评估清单",在地方税的某些方面,如分开陈述则和旧的"方式和方法"分册相对应。

最后要涉及总附件,按照惯例被称为"预算黄皮书";黄皮书还附有一种称为"预算橙皮书"的附件,这是 2005 年财政法案的成果(第 128 条)。

黄皮书受"议会信息和监督法律法规规定"(《组织法》,第 51 条);其内容不一定涉及预算,但要在其内容进行收支讨论之前按照宪法委员会规定的格式陈述并提交给议会。其数量之前很多(20 世纪初 30 多个),某些部分纳入解释性附件后其数量渐渐减少;2015 年财政法案附有 25 个黄皮书文件。

最为知名的便是国家社保方面文件(年度社会保险融资法案附件和 1989 年废止的中央"行政预算"附件)。

黄皮书主要是综述某些领域(未来投资、能源、欧盟、文化和传播、地方行政、中小企业、自然和环境保护等)的发展、某些机构(中央财政支持的社团、水务机构、团结互助基金等)的管理和某些行业(研究和高等教育、职业教育等)的总结。这些领域、机构和行业均得到了财政支持。此外黄皮书还要综述管理人员(公职人员、部委内阁人员、委员会人员、部委咨询机构人员或者部委内部审议咨询机构人员)和公共管理的重要部门(国家所有、国家管理的部门)与财政活动相关的内容。黄皮书最近几年不断更新,力图重新定位于多年期内的行业领域并分析其活动。其数量曾一度因为担忧合理性和出现横向概括的"橙皮书"而减少。

2005年财政法案规定设立"橙皮书"附件。橙皮书指的是"阐述每个相关政策的实施策略、经费、目标和衡量指数"的文件。这些文件被称为"横向政策文件",包括国家财政投入和实施机制的"具体"项目。其目标是"某些涉及部委间合作项目或涉及几个部委的行为通过主管部委协调能够达到共同的社会经济效果"。每个"橙皮书"应该包括三部分:横向政策(项目清单及项目陈述)、横向政策的战略阐述和附件。

其数量根据财政法案而变动(12个、13个、14个、16个、17个、18个……)。例如可以引用与国家对外活动、民政、防止气候变化或者争取矿工权益相关的报告。

这些横向政策报告可以修改,且直接和年度绩效报告(目标和指数)相关。

要注意到两类附加文件一共有40多个附件,数量上减少的愿望一直未实现。

财政法案实施文件在财政法案颁发后再公布,有如下形式。

分配会计指令(《组织法》,第44条)"自财政法案颁布之后"(同一天或者几天后)发布在《官方公报》上,包括(在总预算和附加预算层次上对整个国库特殊账户而言)分配项目经费或拨款,并规定每个项目(或拨款)的经费额(职位数量额和支付费用额);且区分人事支出(科目2)和其他支出。总理(按报告行动,并和负责预算的部长会签)有着相关的全权职能,要对预算蓝皮书内提到的项目经费重新分配,蓝皮书在议会投票时可能会出现修改(《组织法》,第44条;宪法委员会,1983年12月29日第164号合宪性审查决议,1999年12月29日第424号合宪性审查决议,2001年7月25日第448号合宪性审查决议;《宪法》,第26条)。

在财政年度末若没有财政法案通过,政府在议会允许其继续征税后,发布投票通过的征收服务费用会计指令。

细分决议(法律文本没有对此做规定)由每个部委编制,在项目内部实现经费的分配。

可以编制预算绿皮书(绿色封皮,法律文本中未有规定)描述每个部委(或者对应机构)"投票通过的预算",甚至可以详细描述总预算,并附上补充情况。绿皮书通常都是内部材料,不会公布在《官方公报》上。

(3) 财政法案修改的文件

575　该文件分为两类。

财政法修正案"部分或者全部采用当年度财政法案一样的形式陈述"（《组织法》，第35条），要求有卷首文段并分两部分陈述，但考虑到收支的范围较小，财政法修正案的附加文件较少。

《组织法》第53条规定，经济和预算报告要解释其修订，解释性附件要详述修订内容，表格要概括修订产生的费用行为（通常根据审计法院报告在修正法案中会提前批准会计指令）。而且《组织法》第55条要求所有影响国家收入或支出的条款都要做出数字评估。

修订预算（公布在《官方公报》上）的法律条款（主要依据《财政法组织法》的规定）通常在理由陈述前，以条款的形式体现出来，详细描述中会出现附加的表格。

(4) 预算执行相关的文件

576　这些文件无疑要遵循时间顺序。

财政部在当年度内发布的文件中确定并公布预算执行情况的文件，通常是国家财政状况文件（尤其是国库收支的简要情况，1936年开始内容不断增多）。

在电子版《官方公报》上公布（几个月的延迟）该财政情况，从财政年度的角度（所有与预算有关3年内执行的收支）和管理角度（所有1年期和涉及三类预算的收支）描述财政资产负债情况和国库财政收支情况。

每周应向总理和预算部部长递交预算和财政信息"概述报表"，按照规定，每两周要向总统和议会财政委员会总报告人提交预算情况表。

而且议会财政委员会总报告人会接受经费（尤其是本年度出现的变更）、收支每月情况表和中央财政监督报告。

财政年度结束后，要编制预算执行的最终结果相关的文件。

预算决算法案以一系列的条款形式出现（之前提到的卷首部分），并有法规条文规定的附加表（法律中要求的不可缺少部分）来阐述并规范某些情况，在可能的情况下规定所有的补充条款。

该法案内容主要有：在卷首部分涉及财政执行年度公共管理机构的结构余额和实际余额、执行总表（与年度财政法案的收支平衡表相符合，从2006年以来，需加上国库收支的融资表）；该法案要列出收入支出的大类别，有必要的话会判定账目的合规性并结转或分配余额；之后便是各类条款。

该法案的附加文件在《组织法》内会有详细的要求和说明,这在以 "只重结果的风气" 为基础的体系内很正常。这些文件可以按本年度财政法案一样的顺序来陈述内容。

所谓的 "框架文件" 主要由审计法院发布,在该领域 "对等的专业性" 十分必要。审计法院自从 20 世纪 50 年代起发布中央预算执行特殊报告,该报告列在预算决算法案中。

《组织法》第 58 条规定,该报告要和 "上个财年的相关账目有关" "尤其通过任务和项目分析预算情况"。

审计法院从 2006 年起在预算决算法案附件中列入了账目证明书(根据《组织法》第 28 条表明 "中央账目的合规性、真实性和可靠性")。该证明书代替了预算合规性总声明书,以前审计法院根据该声明书检查会计管理账目和财政管理总账目之间是否相符。

起初在复辟时期,该做法主要是证明会计管理账目和拨款行政账目保持一致,之后该管理账目(除了附加预算)成了简单综合的财政管理总账目。

账目证明书针对所有的中央账目,这便意味着既有中央总财务制度的前期改革(参见 581 段)成果,又有审计法院业务和方法的重要改革成果。

审计法院的业务和账目委员会的有所相似,其使命与在 1966 年 7 月 24 日颁布的《商业公司法》(第 228 条)中的描述几乎一致。审计法院主要审查财政年度的收支情况(宪法委员会不会查出收支可能出现不合法律法规的情况,并且不会由此导致预算决算和法案不合法:1986 年 1 月 16 日第 202 号合宪性审查决议)。

审计法院 2006 财年编制了第一份中央账目证明书,却并未 "从适用的财务规则和原则方面",完全证明 "中央总账目在所有重要的方面都合规,并真实和可靠地反映了直至 2006 年 12 月 31 日中央财政和财产情况"。审计法院系统地进行审查,并每年发布大量的数据报告:2006 年 13 个、2007 年 12 个、2008 年 9 个、2009 年 8 个、2010 年 7 个、2011 年 7 个、2012 年 5 个、2013 年 5 个。可以注意到审计法院每年在中央财政和财务信息系统方面都会有实质性的数据。

解释性附件(《组织法》,第 54 条)严格并自然地模仿年度财政法案附加文件的格式和要阐述的内容。

《组织法》第 54 条第 3 款规定,解释性附件要分为行政部分和投资部分来阐述预算执行，而且该阐述要解释投资经费没有全部用完的原因。

陈述费用的"预算蓝皮书"附件比较了最终的支出和记录的支出（尤其是援助基金）情况；年度绩效报告按同样的结构阐述实施情况，并解释实际与预估之间的差别（参见582段）。"蓝皮书"涉及中央收入的部分是一份关于实际现金收入的详述文件。

项目的年度绩效报告"应该体现2006年财政法案中年度项目绩效的执行情况，经费使用情况、中央收支的绩效情况等"（2007年2月26日预算通报）。

中央总账目代替了预算方面的财政管理总账目，朝着更加注重总财务制度的方向转变（参见581段）。

2.5.2 会计方法

577　1959年《法令》参照最高行政法院会计指令（其中包括1962年关于公共核算一般条例的法令）制定会计方法的适用规则，《财政法组织法》与之相反（除了一点，预算收支的记账），一个整章节都在谈论"中央账目"，而宪法委员会也认同了该做法。

"虽然这些条款包含某些本身不是组织性质的条文，但却是机制整体不可分割的组成部分，以确保中央账目的真实和明晰；该机制和法律规定的真实性紧密相连"（宪法委员会，2001年7月25日第448号合宪性审查决议；《宪法》，第57条）。

在此处要指出新宪法第47条第2款规定的原则的重要性："公共管理机构的账目应该规范真实，并能真实反映出财产和财务变化情况以及管理水平"，当然该原则不仅仅适用于中央账目。

该条款从宪法层面阐述了会计原则，该原则不再仅停留在组织法层面，有了新的法律效力。

中央在执行《财政法组织法》第27条的规定时，要进行预算记账（2.5.2.1）、总账目记录（2.5.2.2）和费用分析记账（2.5.2.3）。

该行为不排除特殊记账，尤其是物质资料按传统惯例记账时。

2.5.2.1　预算记账

578　中央和大部分的地方政府不同，无论是在总预算记账（1）方面还是记账方法（2）方面。

(1) 总预算记账

579　总预算记账和总财务制度规定的记账不同（参见 582 段），因为一直以来预算记账的目标是记录预算执行的方式，细分预算项目。预算记账根据《财政法组织法》以两种方式体现：

- 活动的记账；
- 入账和出账的记账。

两个角度可以反映经费的分配：按照最终用途分类，侧重领域、支出方向；按照性质分类，着重于支出目标。

按照最终用途，支出的描述如下。

根据《财政法组织法》第 7 条，中央的预算经费按照和一个或几个部委部门相关的任务分配、再按照项目细分。每个特定任务会有一系列的公共权力经费，每类经费都对应一项或几项拨款。经费的分配可以通过经费许可和支付费用体现。细分之下的结构以行动和分行动体现（若有必要，会附上目标和指数）。

因此，可以在 2015 年预算中找到以下结构。

- 任务：地方政策
- 项目（3）：

分项 1　地方整治政策的推进和协调（项目 112）——行动（3）
　　　　——地域的经济吸引力和竞争力
　　　　——地域的共同和平衡发展
　　　　——引导和研究工具

分项 2　中央对地方转移支付（项目 162）——行动（4）
　　　　——布列塔尼地区的水和农业
　　　　——有益于科西嘉岛投资的项目
　　　　——马莱普瓦图—波瓦图夏朗特的政府计划
　　　　——马提尼克和瓜德鲁普的氯酮计划

分项 3　城市政策（项目 147）——行动（4）
　　　　——地方行动和城市政策措施
　　　　——经济和就业振兴
　　　　——战略、资源和评估
　　　　——城市修整和生活环境的提高

地方政策任务的解构如下：

项目 112——地方整治政策的推进和协调

目标 1——支持地方的竞争力和吸引力（2 个指数）

目标 2——产生经济变化、加强社会和地方的团结和谐（2 个指数）

项目 162——中央对地方转移支付
目标 1——布列塔尼地区的水质量恢复（1 个指数）
目标 2——确保科西嘉岛的基础性投资建设（1 个指数）
目标 3——维持马莱普瓦图湿地的生物多样性、栖息环境和特征（1 个指数和 2 个小指数）
目标 4——降低马提尼克和瓜德鲁普地区人口受氯酮影响的程度（1 个指数和 2 个小指数）
项目 147——城市政策
目标 1——加强优先发展城市的行政合作
目标 2——改善学业困难学生的教育环境和学业成功机会
目标 3——防止贫困加剧
目标 4——改善国家城市修正项目中涉及的居民区生活环境

按照性质分类，根据《财政法组织法》第 5 条，支出按照科目和类别描述如下：

T1——中央机构的拨款
T2——人员支出
　　——工作薪资
　　——社保金和社保分摊费用
　　——社保津贴和各类补贴
T3——行政支出
　　——除了行政人员之外的行政支出
　　——公共服务补贴
T4——中央债务费用
　　——可转让债务的利息
　　——不可转让债务的利息
　　——各类融资费用
T5——投资支出
　　——中央有形不动产的支出
　　——中央无形不动产的支出
T6——转移性支出
　　——给家庭的财政转移性支付
　　——给地方政府的转移性支付
　　——给其他团体的转移性支付
　　——担保型招标
T7——财政运营的支出
　　——借款和预付款

——自有资金的拨款

——资金分红的支出

该阐述形式非常接近中央会计准则（但并不完全相似），其准则更细化，账目整体依托于 7 个细分账目（参见 582 段）。

（2）预算执行记账的方法

580　　预算执行的记账方法和总财务制度规定的记账方法不同，因为传统的原则便是根据收付实现制记账：如《财政法组织法》（第 28 条）规定，收入和支出在进账或者支付时记账，无论债务或贷款的起始时间，都记到入账或者出账的年度；但可以记入《财政法组织法》允许可选择并变短（至多 20 天）的财政年度缓期之内，使得 1 月还可以把收支记入上个年度（参见 473 段）。

该体系的优势便是简便（在所有相当复杂的情况下），能毫无疏漏地反映出国库的状况。

直到目前，该体系的劣势便是降低了余额的真实性（人们不清楚一个财年内真正出现的债务或贷款，可能出现把一年的收支执行放在另一年的情况），但应该有记录"财政年度记账"的补充文件。

2.5.2.2 总账目记录

581　　一直到 20 世纪 90 年代末，中央政府的总账目记录始终不受重视；主要在财年末进行，用以反映预算执行情况。它的记录方法已部分向普通财务会计靠拢，但也保留着许多独有的特点，特别是在会计方法方面。它原来主要针对财政活动和债务，而在很大程度上忽视了对（非金融性）财产的会计和对可能的风险的评估。这些缺陷反映在每年向议会提交的作为决算法案附录财政管理总账中。财政管理总账忠实、完整地描述了预算执行、财政操作和金融债务的情况，但并未对中央政府的财产状况进行可靠的描述。

总账目包括（总预算和特殊账户的）账目总余额、损益表、资产负债表及阐述记账方法和估算国家表外业务的附表（《组织法》，第 11 条）。

《财政法组织法》（第 27 条）提出了"中央总账目应该规范真实，切实反映财产和财务状况"的原则，这导致了公共财务制度规范（咨询）委员会的改革（甚至是变革），并使得中央"财务制度参考标准"重新得到编制，而该标准又是参照公共部门的国际标准制定而成。

《组织法》第 30 条规定，由于 2009 年该委员会被取消，其职能由公共财务制度规范理事会接管（在财务制度准则尤其是公共准则的国际编写方面参见 101 段）。

该参考标准源自"仅考虑到中央行为的独特性，中央总账目适用的规则才会与企业适用的规则不同"（《组织法》，第 30 条）原则，这便产生了中央政府会计准则、记账方法和记账文件的改革。

公共财务制度规范理事会在公共管理账目方面的职能很全面。理事会起草财务制度标准汇编，同时试图建立确保"标准和财务状况一致"的公共财务制度设计框架。

(1) 中央政府会计准则

中央政府会计准则经过 1969 年和 1987 年两次修改，特别是 2004 年发布的《中央政府会计准则汇编》参照了国际会计准则，如今与企业使用的会计准则已十分接近，即趋向于 1962 年就已提出的原则。因此预算和财务制度管理第 2012－1246 号法令规定，政府通用会计准则，"除因这些法人活动的特殊性造成的区别以外"，不得区别于企业使用的会计准则（预算和财务制度管理第 2012－1246 号法令，第 56 条）。

然而该会计准则还是保留了国际准则承认的几个特别之处。其实某些公共收支在私人领域没有对应，而私人领域的某些概念直到目前在公共法人中也都没有对应（例如资本金）。

中央政府会计准则和商业会计准则接近，分为以下几类：《总会计方案》（2014 年后简称为 PCG），资产负债账目；分类 1 "净财务状况、风险和费用准备金、贷款和相似债务"；分类 2 "不动产账目"；分类 3 "内部联系的股票、行情和账目"；分类 4 "第三方账目"；分类 5 "财政账目"以描述财产状况管理账目或者余额的变化（分类 6 "费用"和分类 7 "收入"）、详述财政年度的费用和特许许可收入以及表外账目（分类 8 "表外业务"），这样可以阐述贷款的保证金和无效证券，即不属于整体证券（第三方存放的证券）或者在流通时刻（入场券、食堂票等）不计入资产的证券（除了法定货币），这些证券都应有特别的后续监督。

考虑到中央账目的特殊性，其内部存在着很多不同之处：中央账目包括某些分账目，如财政收入分类 7 账目 77 "国家权力收入"（和 771 账目 "税收收入"）、分类 3 "内部联系的股票、行情和账目"中的 398.8 账目 "财税收入：通过职能征收的直接税"。同样地在分类 2 "不动产账目"中存在着比较特殊的账目 217 "军队装备"，下面包括账目 217.12 "潜艇"和账目 217.16 "战略导弹"；而且在账目 218 "其他有形不动产"中还有账目 218.6 "油画、艺术品和相似不动产"。

该领域适用的准则和《中央政府会计准则汇编》相关。公共财务制度规范理事会发布意见后，负责预算的部长发布会计指令不断修改该汇编。

因此 2011 年 12 月 16 日的决议依照 2011 年 3 月 15 日公共财务制度规范理事会第 2011－02 号意见，取消了中央政策执行者的概念，该意见的条款适用于

2012年12月31日之后的中央财政状况。

（2）记账方法

583　　记账方法已经并将继续引起重要的转变。

首先，该方法采用了《财政法组织法》规定的财政年度财务制度，要求"收支要在财政年度内进行考虑，单独地列出其支付或入账时间"（第30条）。这涉及在确定的时间记账"应记收支"（购入债券、提供服务产生的债权），在财年中记入还未进账的收入和还未支付的费用，同时不包括已发生的费用以及提前支付的款项（下个财政年度的债务），这能真实反映财务状况出现的变化。

自1999年起便在债务和增值税方面引入了某些内容。

其次，该方法真实地体现了国家财产情况：财政财产（例如需要计提准备金的不良债务）和物质财产。该方法可以估算（自然公共领域或者"商业外"财产的估算并不容易）国家财产随着时间推移减损的价值和折旧。

该领域近几年内出现了显著的进展：设立准备金以防财政上的不良债务；尤其是（需要一次性）估算非金融不动产（"有形"），其中某些不动产（装备、设备、基础设施）需要采用直线折旧（记录在中央财产总表内的建筑原则上不能折旧）。而且，中央总账目内要包括附加预算账目，目前只有流动资金出现在中央资产负债表内。

《中央政府会计准则汇编》根据记账时处于初步估算时期（收支期间内）还是后期估算时期，提出了几种估算方法。若处于初步估算时期，根据相关财产的性质适用普通准则或者特殊准则，要考虑购买时价格，否则就是市场价值，不然就是置换费用、象征性价值或者重新生产同类物品的费用。若处于后期估算时期，适用财产折旧的普通准则时，要考虑年度市场价值或者购买价格；否则适用特殊准则，这时要考虑象征性价值、历史价格或置换价格。在历史文化古迹价值的估算方面还是存在着疑惑。

最后，该方法使"表外业务"得到确认。该业务给中央带来了大量"隐性债务"。中央总账目力图确定该业务的范围，并认定其包括各类担保、住房金（中央在财政上需给以补助）和下个几十年内要支付给中央公务员的退休金。

（3）记账文件

584　　与企业年终账目汇总的要求一样，这些文件也应汇总成一份中央总账目（并制作一份报告加以介绍）。

根据《组织法》第54条规定，中央总账目包括账目的总结余、损益表、资产负债表及其附件、国家表外业务的评估。该账目还附有陈述报告，该报告要指出财政年度内适用的会计方法和准则出现的变更。

根据预算和财务制度管理第2012—1246号法令第86条的规定，中央总账目中心的会计师负责中央收支、附加预算和特殊账户的会计记账和整合。记录收支能让负责预算的部长决定中央的总账目。中心会计师也负责编制中央预算执行情况、国库及其财产状况的定期文件。然而，该会计师不享有主要会计人员或次级会计人员的地位。

2013年2月28日决议详述了中央总账目中心会计师的职责。除了预算和财务制度管理第2012—1246号法令规定里描述的职能，该决议提出了"职能部门"的会计主题。这些职能都被赋予了公共财政总署的国家会计主管部门。

2.5.2.3　费用分析记账

2001年《财政法组织法》规定，中央采用能在项目框架内分析各行动费用的记账方法（第27条）。这便是"估算功能、项目、产品或服务的费用，以便阐释组织和管理的决定"（预算和财务制度管理第2012—1246号法令，第59条）。这样的记账方式由拨款审核者管理（预算和财务制度管理第2012—1246号法令，第165条和第166条）。费用账户照此设立，并在每个部委都开发预算和会计信息技术。预算部和相关部委通过决议确立相关规定、条件、中央公共服务的清单或某些收支应采用某种记账方法。《财政法组织法》规定初始财政法案要附有按项目列示的年度绩效报告，尤其要指明行动相关的费用。

该费用分析依托于方法论的基础上，该年度绩效报告成果指明了预算的方向。自2009年起，预算部使得部委预算和会计监督部门成为了每个部委的单一沟通者，每个项目负责人都有名为"CAC"的文件。该应用名为"法兰多舞"，能存储数据（2008年7月28日预算部门的一封信件指出，应该把"法兰多舞应用给预算监督者"）。该方式通过按行动分析分配经费、在项目框架内实施。这些项目都会有预算部门办公室的后续监督。该程序建立在行动费用分析和公共政策的指导、"法兰多舞"应用年度绩效报告的费用分析指导之上。不可能还存在着收集记账数据的其他整合工具。通过直接费用（每个项目的直接费用方法），部委用资源消耗产生的总记账数据把费用直接记入行动中。部委依靠以下两类工具做好该分析：INDIA应用（费用分类6）和ORCHIDEE应用（应付费用）。本年度内的最终数据也应考虑在内。

2.5.3　预算和会计信息技术

如今政府的许多部门和各类财政操作都已采用信息技术，因此后者在会计领域（以及管理方面，如系统采用无纸质化、电子发票的发展等）扮演着重要的角色。

信息技术的发展从 20 世纪 60 年代开始，推动了财税收支操作的信息化发展。通过国库各大区信息中心确保了几百万受益人工资和养老金在无拨款命令条件下的支付。从 1987 年起，国库（中心）高级会计师根据掌握的信息开始编制流动资金的日常情况。

公共权力机构为了防止信息系统无序开发产生的风险和费用，在 1981 年提出了方法统一集中的原则，并区分了总财务制度、分析财务制度和管理财务制度（1981 年 4 月 15 日修改后的第 81-371 号法令）。从此所有的信息系统须由预算部和相关部委批准。

因此，主要拨款审核者和中央财政稽查者的人数不断增加，其管理财务制度要符合共同部委间模式（SIGMA 系统）。

地方公共机构的财务制度整理进入拨款审核者的共同地区数据库，使得会计人员能在 20 世纪 80 年代确立的会计管理系统、90 年代推出的新地方支出系统中检验和确认操作。

中央支出财务制度、拨款命令和清算协调应用系统的目标更加宏伟，2005 年底其系统便已延伸至所有的管理机构。该系统应用于中央管理机构，包括所有的相关人员（拨款审核者、项目管理者、中央财政稽查者），成为总财务制度（执行财务制度和财产财务制度）、分析财务制度和管理财务制度的基础；使用该系统能让各管理机构"通过网络查询情况"，并且能加速其债务清算速度。

由于第二代中央支出财务制度、拨款命令和清算协调应用系统过于昂贵，于 2004 年被废止，财政部转向了名为"2006 平台"的部委间项目，以协调现有的系统。从 2009 年起，名为 CHORUS 的新信息化应用系统开始使用，该系统从 2012 年 1 月 1 日起适用于所有的中央和地方国家机构。该系统可以重组各类功能（管理、支出、非财税收入），并能同时遵照《财政法组织法》提到的三类财务制度（第 27 条）：预算财务制度、总财务制度和费用分析财务制度。

2017 年 1 月 1 日起电子发票将通过"发票 CHORUS 系统"的发票门户网站实现信息技术化。

审计法院一直都在强调国家现行实施的信息系统存在的困难（参见 576 段）。审计法院把这种局面视为监督机构的"实际限制"，并提到如果提出新的信息系统，CHORUS 系统便"予以辅助"，哥白尼（简化版财税账户）系统在 2010 年或 2011 年前难以完成，工资的国家操作系统（适用于所有国家公务员）在 2010 年至 2014 年才正式展开。2009 年成立了部委间性质的国家机构，旨在开发"国家工资操作系统"。其中一个部门的职能便是维持"国家人员工资支付的必要支付规则"，促进"国家账户的设立和保护"，确保"会计记录的真实性，遵守国家会计程序"（第 2 条）。

在此要陈述该类内部开发信息系统所遇到的问题。事实上，国家推进的大型项目实现了运营成本的节省，但并不一定就是成功。名为"卢瓦"的军队军饷工资软件以其支付运营不良而闻名，于2013年废止；国家工资操作系统里的公务员工资支付系统难以计入1850种国家公务员的工资和补助，于2014年被废止。难道简化工资制度不更合理吗？

2.6 中央财政收支

587 虽然中央财政收支在公共财政收支的比重大量下降（参见194段），但中央的财政收支仍占国内生产总值的大约20%（一个世纪之前不足10%），在支出（2.6.1）和收入（2.6.2）方面占据着重要作用，国库的收入来源如今是中央财政收支（2.6.3）的重要部分。

2.6.1 中央支出

588 支出可以从经济性质（2.6.1.1）、功能性质（2.6.1.2）和管理方面（2.6.1.3）来陈述。

2.6.1.1 按经济性质分类

589 该分类基于之前支出按经济性质划分的7个科目（参见579段），呈现出中央支出的大方向。据此，中央支出可区分为行政支出（1）、转移性支出（2）和投资支出（3）。

(1) 行政支出

590 中央行政支出是中央预算最主要的部分。

2014年度预算部依托于预算费用科目的分类（除去总额中的减免税和特殊分配账户费用——养老金），在中央账目层面设立了行政净费用，占到了总额的57.3%，该总额要加上大约1.8%的财政净收支（科目7）。

行政支出比重主要集中在占预算支出39.9%的科目2"人员支出"和17.4%的科目3"行政支出"；债务费用（科目4）部分占到了14.2%。

(2) 转移性支出

591 转移性支出大量增长后，成为了最近几年预算支出比重最大的支出项目（23%）。国家再分配十分重要，因为再分配形式以财政转移的方式大量转向地方政府，其比例很高，达到了总支出的大约60%，逐渐成为了中央财政的主要支出。其中，对家庭的转移支付比重很高（从2009年起就业团结补贴代替了行业间最低收入），企业所占比重较少。

债务利息费用的比重很大，但相对而言在可控范围内。这得益于金融市场上长期的低利率，但在未来几年内利息会重新自动增长。2014年债务利息支出占预算支出的14.2%，这使得预算较难控制，即使根据预算部部长所言总行政支出需要维持稳定，最近几年审计法院对此持不同意见。

（3）投资支出

592　　投资支出出现了大幅回落。2014年科目5"投资支出"比重占到了预算支出的3.7%。

最初的观察便是中央资金中投资支出的减少；而且这些投资支出首先就是军事支出。民用支出在第五共和国初期超过了预算的20%，最多占投资补助形式的3/4，仅仅是一小部分，民用直接投资大约为1%的预算；在该领域，主要的资金来自于地方政府，中央预算仅仅是整体或局部的调整。现阶段该用词便不准确了，国家采取了依靠于刺激计划和大型借贷的支出政策和投资政策（甚至是"未来投资"）。2014年中央支出占到了公共管理投资总额的10%（如果算上各中央管理机关支出则占到了20%），而地方公共管理机构为70%，社保管理机构为10%，这些数据表明这是最近十多年来的一种普遍趋势。

审计法院在2013年国家审计报告中指出，中央的净支出高达3395亿欧元，其中和人员支出相关（工资和养老金）的支出有所增加（大约占总额的40%），接下来是给地方政府的财政转移支付，大约占总额的24%（即大约1000亿欧元），之后是占11%的家庭转移支付和占7.2%的各类财政费用，等等。

2.6.1.2　按功能性质分类

593　　中央支出按功能性质分类可分为国家福利支出（1）、维护国家秩序和稳定支出（2）和非功能性支出（3）。

（1）国家福利支出

594　　国家福利支出在19世纪仅为预算的一小部分，如今大约占预算支出的一半。最近几年教育、培训和科研支出在明细账中占到了预算的20%～25%（在复辟时期大约为1%，1914年少于10%，1958年稍多于10%），而医疗、社保和住房补助支出（很明显不应把社保支出和地方政府社保补助支出混淆）在明细账中占到了10%～15%，经济活动支出（少于10%）通常用于对财政困难领域的资助。

（2）维护国家秩序和稳定支出

595　　维护国家秩序和稳定支出占到预算支出的25%，其中大约10%是国防支出（不包括宪兵警察），还有10%的强力管理部门支出（司法、警察、外交等）。

法国"国防支出"（广泛而言北约和联合国会费也包括在内）在1985～1989年大约为国内生产总值的3.7%，2015年不到2%；德国的国防支出比例在1985～1989年稍多于3%，2011年降至大约1%；英国的国防支出在之前较高，大约为国内生产总值的 4.5%，2000～2004 年降至 2.4%，之后有所回升；美国在 1985～1989 年国防支出占比大约 6%，1990～1994 年降至 3.3%，2009 年又回升至 4.7%，2013 年起实施"自动预算减少"以来出现了相对的军事支出减少。日本在该方面费用曾有所减少，但在抛弃了第二次世界大战后简单自我防卫的政策后，军事预算大量增加。全球整体而言，军事预算在过去十年大量增加，2014 年为 17760 亿美元，主要集中在 3 个地理版图区域：北美洲（37.7%）、欧洲（23.4%）和亚洲（23.2%）。

(3) 非功能性支出

596   非功能性支出占到了预算支出的 25%，一方面是债务利息支出在明细账中占到了 10%～15%，另一方面是给地方政府（2015 年大约是 950 亿欧元）和欧盟（2015 年大约是 210 亿欧元）的转移支付。

2.6.1.3　按管理性质分类

597   该分类通常以部委的收支为基础，倘若加上"财政业务"管理和"共同费用"预算管理会体现出财政部的重要性。

考虑到"共同费用"预算管理任务的设立，该分配很难实现。然而每个项目都归单独一个部委管理，事实上有可能很难印证预算费用及其最终用途的稳定性，更何况部委都会改变或修改项目的目标，部委目标的变化可能使过去的比较更困难。

如果采用按部委项目分组的部门分类，会出现三个主要的部门。

在这方面引入《财政法组织法》无疑使得预算更难懂，但并没打破中央支出的大平衡。

财政部目前的称呼是经济和财政部，是中央预算的第一执行者。该部委在 2015 年有 49 个项目。

国家教育、高等教育和研究部管理 9 个项目。

国防部有 8 个项目。

国防预算采用"调整可变化"的支出形式，中央在该领域的支出显著减少对其他部委的预算有益，该经费是国家性质，和其他公共政策的经费不同。

每年的财政法案要能根据部委的职责变化甚至是改组去评估部委目标的变化。

2.6.2　中央收入

598   中央征收的收入并非所有的都是中央财政收入：一方面财政部征收大部分的

地方税，并且大部分的地方税都提前给了地方政府；另一方面欧盟和地方政府可以对中央税收收入提取资金（参见486段）。

几年来这些收入的总趋势就是在财政法案编制过程中过高估计了其数额（见表12）。

表 12　　　　　中央主要财政收入的变化（财政法案）　　单位：百万欧元

税收	2006年	2007年	2008年	2009年	2010年	2011年	2012年	2013年	2014年
企业所得税	45	46	52	31	35	40	37	42	33.6
个人所得税	53	49	51	46	47	51	60	65	70
增值税	127	129	131	127	129	132	136	138	139
注册税	18	16	15	15	14	13	12	12	17
国内能源产品消费税（原国内石油产品消费税）	21	18	16	13	14	13	15	15	12.5

这些直接税（2.6.2.1）和间接税（2.6.2.2）占到了中央预算收入的90%以上，大约国内生产总值的15%，非税收入（2.6.2.3）仅位居次要的地位。

2.6.2.1　直接税

599　　直接税（定义在111段中有描述），占到了中央财政收入的大约40%（根据2013年总财税收入的预计）。直接税主要包括个人所得税（1）和企业所得税（2）两类税收，其他税收的收入比较有限（3）。

（1）个人所得税

600　　2015年估计该税收带来了大约750亿欧元的收入，占到了中央总财税收入的大约20%，净财税收入的24%。然而法国的个人所得税并不占第一位，普通社会保险捐税多年来才是第一位。

个人所得税在第一次世界大战（参见209段）设立，征收对象是自然人的收入（个人、个体户、合伙企业的合伙人），但是征税是通过家庭实施（纳税的家庭可以是单身，或者是共同生活3年以上并签署协议的伴侣，但不能仅是同居的伴侣），要考虑到通过家庭商数得出的家庭费用。

该收入要算上每个家庭成员都有的份额或者一半份额。总收入除以家庭部分的总数得出家庭商数。税收的累进性是相对家庭商数而言，人口众多的家庭便不会出现在较高税率的级次中。该数目乘上各份额数量可以得到家庭应该缴纳的（总）税收额。该体制通过不断设立上限额限制了高收入家庭获得的益处。其他欧洲国家没有该体制，仅在法国存在了一段时间，该体制取消后又通过某些其他项目的设置来考虑家庭支出；其他国家更喜欢采用配偶分开征税，（有时候）通过免征额（西班牙）或者减税（意大利）来考虑家庭支出。

2012年12月29日，宪法委员会第662号合宪性审查决议禁止对高收入者征收特殊团结互助税，因为该收入未考虑到家庭商数，没有考虑到纳税能力（"宪法"，第73条），也体现了按家庭征收个人所得税所担忧的问题。

总体来说，个人所得税综合课税方式根据单一征税表对家庭的总（净）收入征税，出现了附加的各类收入类别（"同类收入报表"）。

但是每个类别中应缴税的收入都是特殊确定的，有时候税率很独特并按比例征收（增值收入、某些动产资本收入）。

该税收按家庭收入分类征税，最重要的是薪资、养老金和房租；非工资薪金收入列入工商收入或农业收入类别中（企业高管收入适用另一套系统）。财产收入（少于总收入的10%）根据该收入来自不动产（地产）、动产（动产资本收入）、特殊方式或者增值不同分别对待征税。

公共财政总署的统计数据对该分配形式有更深的解读；由于菲永政府决定冻结部分栏目类别（同时降低家庭商数的最高限额），2011～2013年征税通知大量增加（增加了200万份）。因此征税通知从1720万份增至1920万份（1160万份非征税通知），之后政府在2014年和2015年重新审核了该重大政策的影响。

累进税的税率随着收入提高而增加（累进级数一直都在变化，趋势是级数减少），有时候还有附加的特殊分摊金。

2015年财政法案详细修改了该体制，变成了四级累进税率：14%（9690欧元为免征额）、30%、41%和最高的45%（1983年最高税率为65%）（《地方法》，第197条）。

家庭商数税制能确保不达到最高级税率（但逐年最高限额递减），如同给最低收入减免税一样（"减免税"，对小金额不征收）；而且2001年起出现了"就业补贴"（2013年大约640万人受益），该补贴给拥有就业收入微薄的家庭以鼓励，可以促成"递减税"，即由中央财政支付部分金额。2016年，该补贴和就业团结补贴合并为一项新的补贴。

该体制对税基产生了影响，减少了应该缴纳个人所得税的家庭数目。

10%的家庭纳税最多，占到了应纳税收入的1/3以上，并贡献了70%的税收。

该税收通常采用申报制，纳税人每年都要申报（从2002年起开始实施网上申报，从2016起逐渐要求必须网上申报）；小额收入适用于某些特殊体制，一次性征收或者根据简化的形式征收。

《税法》第168条规定，还可以根据个人财富的某些"外部迹象"对其进行一次性征税。对那些住所（或主要居留地，或职业活动，或"经济利益中心"）不在法国的个人，采用特殊的规定，即除非国际公约有不同规定，则（在法国）只对其源于法国的收入征税；如其在法国拥有住房，则以三倍于该住房当地价值的数额为一次性征税基数（前提是该基数高于其源于法国的收入，不过在现实操作中，此类税收有时会有大幅度的减免）。

相比之下，美国的个人所得税是由纳税人自行申报，并从其收入中扣除（如工资）或分期缴纳（如租金、分红、增值等）。美国纳税人的申报相对复杂，有一系列文件需要填写；同时也存在一整套税基扣除和抵免（例如需要抚养的孩子的数量）的规定。2014年的税率表分为七级超额累进税率，税率从0%到39.6%不等。美国政府还有另一项创举：居住在美国的外国人离境时必须获得清税证明（证明其遵守美国税法）。

该税收由公共财政总署负责征收，并列入两类预付款征收对象中，或者非强制性地按每月征收，然后在秋季汇总计算，多退少初。在某些特殊情形下（如对某些动产资本收入的征税），（由雇主或银行机构）从其收入中扣除。这套制度在国外广泛使用，但法国目前仍不考虑加以普及。

在法国，收入扣除制度主要针对居住在国外的法国人的收入、艺术家和运动员的收入、地方议员津贴的征税，以及普通社会保险捐税和社会保险债务偿还税的征收（并预计在2017~2018年推广到个人工资的扣税）。这种制度的推广，意味着将扣税操作的任务转移给"第三方支付者"（雇主、银行、退休金管理机构等），并取消征税收入和税收支付之间的一年的间隔。不过，这一演变遇到实际困难，也使普通社会保险捐税制度及其性质本身成问题，甚至出现了它是不是当与个人所得税合并的问题。

(2) 企业所得税

601　　2015年企业所得税带来了大约570亿欧元收入，大约占中央总财税收入的18%；该税收收入自2007年起便停滞不前。1948年该税收以特殊形式存在。除了特殊情况外，该税收的纳税人是企业（和其他某些以营利为目的的私人或公共法人）。

350万个工商企业中大约190万个企业缴纳企业所得税，但2/3的收入由2%的企业承担。

该税收的征税对象事实是企业财富的"利润"，出现在年初和年末的资产负债表比较中。其为比例税率，除了特殊情况外（涉及非营利目的机构），从1993年起均为33.33%（1948年为24%，1968年为50%）。该税收极不均衡，实际上对中小企业的影响要比对大型公司的影响更大。

与企业所得税特别税（源于《税法》第 235 条第丙 ZAA 款的规定，宪法委员会曾裁定该条合宪）、企业所得税社会税（源于《税法》第 235 条第丙 ZC 款，税额为企业所得税的 3.3%）、企业所得税附加税（源于《税法》第 235 条第丙 ZCA 款）一样，企业所得税也曾多次增加，这已成为法国的常态。由于这些捐税的存在，将法国企业所得税的"面值"与其他国家的企业所得税进行对比几乎没有任何意义。

对中小企业的某些利润征收 15% 的优惠税率。对非营利性质的公共机构、协会和地方公共机构的某些"收入"采用 24% 或 10% 的税率。

不应忘记对企业征收其他种类的税收，其中尤其是企业车辆税。相反的是某些税收取消了，如年度一次性税在 2014 年 1 月 1 日取消（企业团结互助税的逐渐取消）。

该税收实行每年申报制，通常由企业计算并根据上年度的税额基础提前支付四个季度的税额（公共财政总署的会计人员负责）。

营业收入少于 2500 万欧元的企业需要重新申请并提高最后季度的提前支付额，这可以提高中央的财政收入，但对于利润突然减少的企业却后果很严重，2008~2009 年的情况便是如此。立法机构规定如果支付的预付税额高于应缴纳的税额，在汇算清缴表提交之日 30 日内应把多余税款退还。

（3）其他直接税收入（不足 10% 的收入）

其他直接税主要是 1948 年设立的工资税（2013 年税收收入为 120 亿欧元，在财税"篮"中用于补偿社保一般性减免造成的支出），该税收由不缴纳增值税的雇主支付（大学目前免交该税）。在可以把该税收认为是直接税的情况下（考虑到该征税制度接近注册税制度，而且该税收由预算文体规定而不是税法规定），财产税作为象征性、实际收益有限的税收（2011 年税收收入为 43 亿欧元，2014 年税收收入为 52 亿欧元收入），每年影响大约 30 万纳税人。

1982 年该税收设立时名称为巨额财产税，1986 年取消，1988 年"恢复"，财产税征收的对象主要是自然人（家庭）的部分私人（净）财产（除了就业财产和某些其他财产），（在某些情况下）扣除负债后其相应价值（可征税净值）还能达到某个财产征收最低限额。其税率曾有过修订，2012 年随着 2013 年财政法案引入了累进的征税表（5 个级次，征税最低限额为 130 万欧元，最高限额为总收入的 75%）。而且之前提到的"税盾"把财产税计入直接税内计算。2011 年取消税盾的决议并未取消财产税，而是重组了该税收，实行税盾而产生的退还多余税额权益也取消了。

宪法委员会认为财产税征收表的修改"本应避免最高限额和退还多余税额权

益的同时取消会导致一部分纳税人相对于其纳税能力纳税过多"（2011年财政法修正案，2011年7月28日；《宪法》，第18条）。宪法委员会并未质疑该改革的主要方面，仅提出财产税不列在收入征税中会"影响财产和权益总体持有人的纳税能力"，除非不了解纳税人的"纳税能力"要求，如同不能在纳税人的非职业财产中包括不由纳税人支配并和纳税能力无关的财产（2013年财政法案，2012年12月29日；宪法委员会，第662号合宪性审查决议）。

财产税相继不断的制度改革使得依靠该税收（中小型企业和企业创新）的某些财税支出机制得以保留，因此目前很难取消该税收。

该税收和继承税一起被认为使得某些纳税人"排除在财税制度外"，因此引进了新的财税机制，如同"退出税"的扩大化或对住宅概念的改革，如同在2012年总统竞选宣传中提到的税收要基于国民基础。

2.6.2.2 间接税

603 间接税（定义参见111段）税收收入占中央财政收入50%～55%（总预算收入的大约55%）。间接税包括增值税（1）和国内能源产品消费税（2）两类主要的税收，其他间接税（3）补充了在法国中央层面一直处于主导地位的间接税制度。

（1）增值税

604 增值税作为主要的税种，占净财税收入的50%。该税收是在莫里斯·劳莱的推动下于1954年开始设立（参见111段），主要对增值额征税，会影响企业的收入（而非利润）。

不过，也存在税收减免的情况。税收减免一般是出于社会或经济层面的考量（比如考虑纳税者的健康医疗状况），或者针对一些特殊的税种（比如对银行或保险业务的征税）。但是税收减免未必一定总是好事（因为享受一种税收减免后，就不能再免除增值税）。某些业务可以选择缴纳哪一种税（比如地方政府的供水、卫生和垃圾处理方面的服务）。另外，还存在针对某些地区（如科西嘉省和海外领土）或某些特定行业（如农业、传媒业、二手市场、旅游业、艺术品行业等）的专门或特殊的税收优惠政策。

相应地在消费阶段也有征收增值税，由商品和服务最终消费者缴纳，因为在每个生产和流通环节（缴纳分成多个部分），相关企业把增值税转嫁到消费者身上或者算入财税服务中，但是企业向供货商付款时减去增值税（甚至可以获得国库的增值税退还，如果购买中支付的增值税高于售卖获得的增值税）；以至于只有企业的增值（主要是支付的收入和总利润）事实上是征收的（但是税收不是基于增值）。该税收采用申报机制（远程申报）。

增值税是按比例征税，但是根据征税的经营类型不同而税率不同（甚至有十多种的税率,其中对奢侈品征税的税率高达 33.33%)。但是欧盟一直都大量地依靠税基来协调,只有两种税率(5%和 15%),这导致法国增值税税率的数量和水平都下降,最近几年出现了财政赤字。事实上,许多接连不断的改革修改了适用的普通税率和优惠税率,有时调整了征税时间表(例如法国前总统提倡的改革,以"社会增值税"的名义替代了向企业征收的部分"家庭"分摊金,并提高了增值税的普通税率,从 2012 年 10 月开始实施)。

目前的原则便是普通税率(《税法》第 278 条规定是 20%)适用于不属于 10%的优惠税率情况(《税法》,第 279 条),某些不能被列为必需品的商品和服务(如鱼子酱、巧克力和糖果)税率为 5.5%,某些文化、农业和医药活动适用的是 2.1%的"超级优惠"税率。但是事实上某些行业或者地理因素(科西嘉岛、海外省)出现的特殊税率或者政策导致会有 10 多种税率。

欧盟主要国家的税率都在提高,以面对不同国家的预算困难;因此德国的普通税率于 2007 年 1 月 1 日提高至 19%,西班牙为 21%,英国为 20%,波兰和葡萄牙为 23%,匈牙利为 27%,28 个成员国中有 24 个达到了 20%及以上。

而且由于地域原则,所有的进口(或者所有来自欧盟国家的货物)都要征税,而所有出口(或者交付给欧盟国家的货物)都要退税(出口商适用零税率,收回其采购中缴纳的税收)。出口的商品只缴纳出口国的税收,但该原则自 1993 年欧共体内部增值税设立以来(实施依据是由 1991 年 12 月 16 日欧共体法令而形成的 1992 年 7 月 12 日法国法律),欧盟大部分的个人购物都可免税,除了购买新车要在该购买国纳税;原产地国原则原本应在一段保护期结束后推广至欧盟内部的所有行业。该保护期原定于 1996 年底结束,但后来被延长了。欧盟委员会不再依托原产地原则建立新体制。

增值税由公共财政总署(国内和欧共体内部增值税占到了收入的大约 90%)或者海关和间接税总署(与欧盟外的国家贸易)确立和征收。

(2)国内能源产品消费税

2015 年估计国内能源产品消费税(《关税法》,第 265 条)大约为 140 亿欧元,占财税收入的 3.5%,该税收源自之前的国内石油产品消费税(其财政收益减少),是 2003 年 10 月 27 日第 2003/96 号法令的实施成果,也是欧盟内该类税收的协调成果,税收范围扩大后适用于取暖的燃料。该税收的征收对象也有在国内市场(这些产品在存放或者出口时不缴税)消费时的各类汽油产品(根据数额或者重量)。该税收和"石油产品增值税"(根据一次性价值计算)、各类其他收费一同由海关和间接税总署征收。

对能源产品征税有多种形式,如天然气国内消费税,煤、褐煤也称为"含碳税"的焦炭税,实际上部分国内能源产品消费税转由大区来征收,出现了两套平行体系。

(3) 其他间接税

606 其他间接税税种数量很多，但税收收入甚微（不足财政收入的10%），包括以下两个方面。

一方面是"间接税"或"商品消费税"（不包括国内能源产品消费税）是主要的间接税来源，间接税自从增值税的发展便不再是次要地位了，能监督某些行业并调整某些产品消费的财税费用。目前有20多种间接税，主要征收对象是农业产品和其他消费品（尤其是烟草和酒精），其部分征收制度需同欧盟框架协调。从1993年起，该征收职责由海关和间接税总署承担。

另一方面是印花税和注册税，由公共财政总署设立并征收，涉及大量售卖（例如售卖商业财产）或无偿转让（捐赠、继承）的财产变更费，2015年总额估计为208亿欧元，2009年为196亿欧元；经济危机对不动产交易财政收入产生了深刻的影响，这些税费的受益人为中央和地方政府，而地方政府成为了该收入减少的最大受害者。除了不动产交易市场的部分改善，某些部门经历了注册税等收入的显著减少；这也解释了国家设立援助基金帮助地方政府的原因。

在2007年改革以前，除了针对某些财产继承（特别是企业和人寿保险的继承）和某些人员（针对某些逝者或某些受益的组织，如协会）的特殊规定以外（这些规定一般更为优惠），继承税根据每位继承人所继承的份额，扣除其可享受的免税额以及该笔财产需承担的债务和其他费用后，按相应的比例进行征收。考虑到继承可能在10年内会有益于相关人，该税率在配偶和签署协议的伙伴之间（从5%~40%分为7个级次）和兄弟姐妹之间（分为35%和45%2个级次）是直线累进的。在其他情况下该税收按比例征收（根据亲缘关系征收55%或60%）。由于2007年改革导致免税额大幅度提高，2012年议会多数党对此提出反对，并加以部分修改，将被继承者的直系亲属或子女可享受的继承税免税额上限定为10万欧元（《税法》，第779条）。

2.6.2.3 非税收入

607 除了特殊情况外，债券没有记入预算（参见486段），非税收入对于中央而言重要性有限（少于中央财税总收入的4%，并少于净财税收入的5%）。该收入主要包括财产收入（地产收入、利息和贷款偿还款）、经营收入（提供服务或担保获得的费用收入）和公职人员养老金储备基金，以及援助基金（参见496段）。

还要加上私有化过程中取得的收入。

这要提到主要的三个年度：1987年、2005年和2006年的资产售卖额超过了100亿欧元。这些收入的用途不一，并没有统一的用途，但首先可以想到的便是偿还债务。私有化收入分配特殊账户（第902—27号）在1997年变成了"售卖企业名称、产业和权益收入分配账户"，2006年成为了预算账户中的"中央财政收入"（《财政法组织法》）。2006年的财政法案确定了该账户的使用用途：公共支出、偿还债务（尤其是公共债券基金）、养老金储备基金的援助。

财税收入的骤减（在此也要加上刺激计划的财政影响）成为了2009年赤字出现的主要原因。2010年的情况有所不同，该年度的财税收入稍微有所增加，但是没有回到2008年的水平，最终的赤字仍然扩大，（尤其）是国家借贷刺激创新投资、研究等的影响，使赤字从最初预计的1170亿欧元扩大到了实际上的1490亿欧元。中央财政的情形有所改善，但根据审计法院数据，某些账户的情况恶化，出现了"资产相对于负债而言不足而导致的严重赤字"情形。

2.6.3 国库收入（债券）

608　　20世纪中央特殊债券的倡导人会留下姓名，债券制度会考虑到储蓄人获得的收益（如第二次世界大战后1952年比内债券、1973年德斯坦债券和1993年巴拉杜债券）。中央财政需求的扩大使得国库总署在法律框架内推动实施了真正的财政技术，此时国家央行的干预减少，法律框架也要符合严格的欧盟规则，而法国国库的公共债券基金依托于"国库有价证券专业机构"（SVT）[①] 网络发行。

国库有价证券专业机构的数量不断变化；有19个机构（4个法国机构和15个非法国机构，其中有6个北美机构），这些机构多为欧元利率市场协会成员。要注意到该机构清单相对于其他国家而言并没有什么特点。意大利国库部门债券发行专业机构清单中有20个银行机构，其中16个也出现在法国清单中。比利时债券机构列出了14个"比利时皇家国库有价证券初级交易商"清单，其中12个和法国重合。简而言之，十多个银行机构成为了各国市场的交易人。

1994～1996年曾存在"国库有价证券养老金专业机构"，1998年以前有"国库对应合作机构"，后来这两者都被并入"国库有价证券专业机构"。国库有价证券专业机构通过合作享有两类特殊优惠：可以在招标中提出"无竞争力的报价"，解构或者重组OAT国债（参见285段）。比较活跃的有价债券专业机构参加法国国库部门的"市场委员会"。法国国库机构对有价证券专业机构的参与度进行普遍分类，2014年巴黎国家银行的排名在法国兴业银行、农业信贷银行、巴克莱等银行之前（市场的覆盖度、服务质量）。

公共债券基金管理委员会成员包括一位财政监督总局成员、一位最高行政法院成员、一位最高审计法院成员以及两位由财政部长指定的代表。委员会主席在

---

① 译者注：即法国国债一级交易商。

上述成员中产生，领导并对外代表公共债券基金。该基金要遵守公共工商机构的会计准则（但要根据金融机构适用的规则），并配有一位公共财政总署的会计人员。2003年1月31日关于该机构的法令指出法国国库"在需要的时候可以供基金差遣"（二者的角色难道要转换）。自2006年12月23日法令颁布，公共债券基金的财务制度要遵守银行和金融规范委员会确定的企业适用规则。会计人员应该是经济、财政和工业部的预算和审计监督员（第5条）。

该基金可以"在金融市场上实施促进各类有助于提升国家信誉的操作"（因为在竞争、资金自由流动和公共财政有需求的条件下，信心或更精准而言"公信力"在政治和金融方面很重要）。该机构可以"购买国家发行的债券、国家担保的债券、其他机构发行的债券，以便于债券的保管、取消或者终止""购买国家发行的所有可转让公债"，并可得到国家给予的"赠予、贷款、预付款或流动资金预付款"。

该基金既"继承"了公共债券分期偿债基金的"权力"，即可以取消已购入的证券，又"继承"了租金支持基金的"权力"，即可以干预二级市场。该基金（和/或法国国库的）干预方式千变万化。可以回购证券以调节偿付期限或者享受减免税，回购可以是直接回购也可以是所谓的"逆向"招标（因为和"传统"招标相反）；基金回购而不是国库回购的优势便是，不会由于适用《民法》第1300条取消债务和债券而导致该债券的取消，而基金既是债权人又是债务人。回购也可以使养老金和证券联系起来，国库把养老金发行成证券（可以获得资金流动性）或者用养老金购买证券（把临时的流动资金进行投资）。回购还可以是国库在欧元区银行间拆借市场的存款、国家间拆借市场的存款或者衍生品的交易存款：货币或者汇率掉期、购买和/或出售国家债券远期合同或期权。而且，公共债券基金可以购买国库的有价证券，可以借出（如同租金支持基金从1992年以来的做法）或出售该有价证券，以满足市场流动性的要求。

国库收入不列入预算，其主要包括长期债券（2.6.3.1）和短中期债券（国库券）（2.6.3.2），国库对应合作机构存款（2.6.3.3）和长期以来央行的援助（2.6.3.4），一切都在债务结构（2.6.3.5）整体一览中变化。

2.6.3.1 长期债券

609 长期债券（通常称为中长期债券）在法律层面上发行期限应超过5年。债券形式随着时间演变（1），最终形成了目前最重要的OAT国债（2）。

(1) 债券形式的显著演变

610 直到第一次世界大战时，长期债券还是永久债券，（在一段时间内禁止）国家偿还债务，其利息支付会形成受储蓄者欢迎的"长期租金"（其行情长期都是国家政治和财政的真实晴雨表）。第一次世界大战后出现的货币不稳定让人们放弃（也许是立刻）永久债券的形式（最后的永久债券在1949年发行，1987年全部偿还）开始计算"分期偿还利息"。作为特长期债券（75年期）记录（如同长期利息）在1793年（参见216段）设立的公共债务总账中，有利于期限更短的债券管理。这类债券不记录在总账中，而是与利息一样，受一套专门的法律制度约束，并由一位专门的会计人员加以管理，以确保其安全性，但这套制度由于过于刻板，与商业生活不易兼容。因此中长期国债制度从20世纪70年代起向债券制度靠拢，而债券形式随着大量预算赤字的重现变得复杂和多元化，并在80年代简化，首先产生了暂时的"国库可延期债券"（3年后可延期的6年期债券，到期支付利息），发展到了现在的形式。

（2）目前形式：OAT[①] 国债

611　　OAT国债于1985年设立（5月31日法令），有四个主要特征。

相似性是最新颖独特的特征（租金支持基金实践已体现）。事实上OAT国债是由财政部发行的债券，沿袭了之前债券所拥有的特性（由总理提出或者在1990年由获得了设立大部分OAT国债权力的财政部部长提出）。该相似性可确保操作简化：几种债券由同一个发行人上市管理，债务出现了资本化；每个发行人都拥有大量资金，以利于资金的流动性、交易的安全性，从而吸引外国资本大量投资。

该流动性也可通过1991年财政部启动的可交换债券实现。

招标是第二个主要特性，只有由银行联合会发行的某些特殊债券例外（银行联合会受财政部委托代为发行债券），另有一定份额的OAT国债以优惠条件配给财政部下属的专门证券机构（参见160段），直到1993年可以配给国外央行。除此之外，OAT国债通过法国央行招标，投标人向财政部提出贷款优惠的金融条件，其条件和金额都由投标人提出（"要求价格招标"）。该体系主要针对大投资商，1994年有一定配额的OAT国债通过金融网络面向自然人出售。如今这一渠道虽然已不复存在，但财政部下属的专业证券机构也做了很多努力，以便利个人购买此类债券。

存在着逆向招标使得财政部能回购债券，投标者可以提出售出价而不是买入价（财政部可以不管对方意愿进行回购债券）。

普遍是第三个特征，自从国库出现大量赤字而需要持续借贷，该特征便成为了主要目标。OAT国债在年度计划中公布并经常性（通常每月）招标，虽然发行时并没有大肆宣传，但有时能筹集大量金额（1986年3月～4月为600亿法

---

① 译者注：即可替代国债。

郎），而《债券公共法》中关于司法和税收方面规定的调整更增强了人们购买此类债券的积极性。

精准是最后一个特征，以满足不同的需求。从 1999 年起以欧元（以前以法郎或欧洲货币单位）发行，票面价值 1 欧元，其期限从 7 年～50 年不等，根据情况分为固定利率、预先确定的浮动利率变化范围（1996 年以来发行的十年期长期 OAT 国债）、按法国通胀率（1998 年以来发行的通胀 OAT 国债）或欧元区通胀率（2001 年以来发行的欧元通胀 OAT 国债）为基数的利率；自 1991 年以来，这些债券可以出现剥离情况（按照利率支付和资金偿还的方式）。

2005 年是 OAT 国债发行的第 50 年（2055 号 OAT 国债在 2005 年和 2006 年发行了 4 次，平均利率为 4.1%）。

十年期长期利率 OAT 国债每季度支付息票（利息），利息率参照"十年期长期利率"预先确定。所谓"十年期长期利率"，即一份虚拟的十年期国债每天公布的收益率。

法国通胀 OAT 国债和欧元通胀 OAT 国债的本金（还款金额）以通胀率（除烟草之外的消费价格指数）为基准（借贷的初始金额可以确保偿还），而每年支付的利息是本金的固定比例。

剥离 OAT 国债源自美国的资产剥离证券（债券的利息和本金分开），可以分别提出偿还款和不同的利率期限。

而且法国财政机构在 2005 年 12 月设立、并于 2006 年 1 月启用针对个人的二级市场。

2.6.3.2 短中期债券（国库券）

612　短中期债券（长期被称为短期债券）从法律角度而言大部分都是国库券，发行最长期限为 5 年。在此阐述其演变（1）和目前的种类（2）。

（1）国库券的演变

613　国库券正式诞生于 1824 年（皇室债券的设立），但是短期公共债券的历史更为悠久，至少可以追溯到 17 世纪。而且这些国库券直到 20 世纪仅是以大额票面形式存在的国库调节手段，只发行给金融机构和某些公司（尤其是铁路公司），主要是满足短期资金的需求。

1914 年国库券才面向公众发行，关于国防方面的国库券，面额较小，旨在让全民从资金上和心理上积极参与到战争中。该类国库券的成功和增发（1914 年发行少于 20 亿法郎，1921 年发行大约 600 亿法郎）使得赫里欧政府受到国库券持有人愈加不信任的影响，而普恩加莱政府（"国库券持有人全体投票"的受益者）从 1926 年起实施了债务的整合（延长）和分期付款政策。但是该做法在 20 世纪 30 年代开始越发盛行（1945 年发行 7000 亿法郎）。

该做法的成形是在 1945 年，通过"资金转型"协调公众对流动性的偏好和国家重建的大量资金需求。从此主要有两类国库券。

票据式国库券如此称呼是由于通过票据体现，主要发行给个人。1948年起该债券设立了利率递增的债权（实际操作变化更多）并大量发行，在第四共和国时期成为了重要的资金来源，在第五共和国时期逐渐被公共部门弃用；1966年其财税优惠政策取消，从80年代起其发行量不断减少，1998年底取消其发行（12月28日第98－1206号法令）。

该类国库券发行给自然人和非营利性公共或私人机构（1986年起认购企业需要获得特殊批准），通过公开窗口（随时都可以认购并且没有金额限制）发行，5年期债券，每3个月一次部分还款，利率逐渐升高，随着持债期间增加其利率（吸引力减少）增加。

活期账户式国库券仅仅在法国央行进行账户记录，主要针对专业机构。最初该债券被设计成国家和经济流动现金的管理工具，银行在1927年要认购最低限额的债券（"公共债券的最低限额"）。经济流动性的管理转由法国央行进行后（尤其是1967年设立了银行保证金的强制机制），该类国库券由此被认为是国库短期融资的最佳工具。其认购对象最初为信贷机构、某些货币市场准入机构和保证金基金，但从1985~1986年起，该国库券可以通过直接协议发行给包括企业在内的所有投资者，从1990年起，可以发行给在法律和金融方面允许的地方政府。

活期账户式国库券的法律地位在《货币金融法》法律部分第213条第23款中有规定。

（2）国库券目前的种类

国库券种类主要是活期账户式国库券，即可转让国库券。这些国库券主要发行给大投资者（票据名义面额仅为1欧元，但至少要认购100万欧元），其地位和OAT国债相近（两者一起构成了"国库有价债券"），通常使用转化和招标的方式发行，并且（稍微有所区别）使用同类财税账户。两者仅在法律性质（可转让国库券是可转让债务票据而不是债券）和期限方面不同。

年利率固定国库券是中期债券，通过每月招标发行，期限为2年或者5年，从2013年1月1日起更名为OAT国债，类似长期债券（10年及以上），满足"长期"融资需求。2015年1月该债券的平均期限为3年72天，2015年其发行总额为14039亿欧元。

预扣固定利息国库券（提前付款）是短期债券，通过每周（每季度一期）招标发行，期限为3个月、6个月或12个月，以满足国库的临时需求。某些国库券在"日程表外"，期限为4周~7周。发行数额从2007年的大约800亿欧元增到2011年底的1630亿欧元，2015年5月为1780亿欧元，2015年1月的平均期限为172天。

该国库券可由在 284 段中详述的债务积极管理工具中补充。

而且，国际机构持有的国库券地位独特，作为法国交给这些机构的"债券"形式会费，相关机构可以随时要求法国支付兑现。

整体而言法国国库有价证券系统大部分都是模仿美国的体制，而美国的债券主要由三类构成：期限高于 10 年的长期国库券，期限为 2~10 的中期国库券，期限不足 1 年的短期债券（现金管理票据对此补充）。该体制实行招标，实质上由美联储管理，国库可以面对初级市场交易商，也就是法国国库有价证券专业机构。

2015 年 1 月底法国政府发行的可转让债券高达 15300 亿欧元，平均期限大约 7 年。2015 年底预计该金额大约为 15820 亿欧元。

2.6.3.3 国库对应合作机构的存款

615 国库对应合作机构不应和联盟机构（参见 358 段）混淆，是公共机构或私人个人，自愿或者强制将其所有或部分可支配流动资金存入国库（2013 年有 44536 个账户，大约 785 亿欧元）。

虽然有时候采用"即期债券"的说法，但是法律方面该存款并不是债券，而是活期存款，即存款者可以随时取出的存款，和债券有严格的区别。但是这些款项可以进入广泛的债券概念中，因为这笔资金随时都可能要支付给相关人。

存款者最多的便是地方政府和公共机构。根据公共财政统一性原则，地方政府和公共机构按照惯例要免费将其主要资金存入国库，可能获得其他补偿，有的时期保证金额占到了总存款的 1/4~1/3，倘若考虑到有些机构最近取消了强制性保证金，该比例可以达到流动资金的 1/2。特别是邮局系统直到 1999 年都在国库存入邮政支票基金（有时超过了保证金的 50%），公共会计人员的保证金要存入"特殊基金"（2001 年底取消）。

1999 年财政法案第 126 条（该条依据欧盟 1997 年 12 月 15 日关于邮政服务的指令而制定）规定在 2001 年底前关闭公共会计与公共企业管理人的邮政支票账户，并在 2003 年底前将所有这些邮政支票账户内的资金转移至邮政银行。

至于那些特殊基金，则是指在公共法规定的范围内，在国库财政主计官和特别财政官那里自愿开设的银行账户（始于 1814 年）。国库财政主计官和特别财政官对这些账户行使银行之职能，并对此负责。

直到 20 世纪 80 年代，法国国家储蓄银行（参见 368 段）在国库存入大量资金，若有必要，该银行可通过贴现（需征得财政部同意）部分债券组合（尤其是担保债券）提取其存入的现金。

其他的存款者主要是公共机构或者受公共监督的机构，尤其是"国家级公共性机构和半公共性机构"，用官方的说法便是银行和国外发行机构，尤其是法郎区（参见 300 段）和欧盟在法国运营的机构。这还有可能是自愿存入。

国家公共机构在《财政法组织法》的影响下，（法律上）在国库不再必须存入资金，某些机构（国家社保基金、退休金储备基金等）甚至把其流动资金存入其他金融机构。法郎区债券发行机构在国库的账户不再是借记方，而是根据新的流通形式，取消了强制受益人把其基金存入国库的做法。

2.6.3.4 国家央行的援助

616 法国央行的财政援助（自 1999 年并入了欧洲中央银行系统）长期以来既有直接援助（1）又有间接援助（2）。

(1) 直接援助

617 直接援助主要是货币发行机构的基金预付款，指的是印发钞票却没有对应的产出，这也是为什么自 1848 年该援助正式产生，便有相应的严格规定，至少在和平年代如此，而战争时期、经济危机时期有时会产生大量复杂的直接援助。直接援助系统先后在 1959 年和 1973~1975 年被加以改革和简化。1973~1975 年改革后的直接援助系统主要是规定了"国库援助金"的最高上限，这一金额根据汇率稳定基金的盈亏差额每半年变动一次（以便消除汇率变动对国家财政的影响），因此该金额在 0 法郎至约 500 亿法郎之间浮动（另外，国库可以不偿还这些援助金。自 1982 年以后，它们完全变成无偿援助）。1993 年 8 月 4 日的法律取消了该援助（《货币金融法》，法律部分第 141 条第 3 款），执行《马斯特里赫特》条约中禁止央行向公共机构和国企"提供透支或者其他类型信贷"（《欧盟运行条约》第 123 条尤其规定了欧洲中央银行要遵守该规定）；因此国家和法国央行之间的协议（1993 年 7 月 23 日法律批准的 1993 年 6 月 10 日公约、法国央行 1998 年 5 月 12 日法律实施后通过的 1999 年 3 月 31 日公约）规定到提供的援助（1993 年以 5% 的收益率收回 240 亿法郎）最迟应在 2003 年底归还。2002 年 5 月 1 日签署了新公约。

预算和财务制度管理第 2012-1246 号法令在第 143 条中指出，国库的对应合作机构不能出现透支。

而且法国央行掌握并管理所有的黄金和外汇储备，不像央行之前部分操作还需要通过外汇稳定基金进行。外汇稳定基金是 1936 年设立的特殊账户，央行替国库代为管理，债券发行机构免费协助央行谨慎干预外汇市场。央行现在不再具有该职能（除非国库出资重启该服务），基金不再享受法国央行给予的免费预付款，除非该款项是国际货币基金的债券，但不适用禁止公共管理机构的援助的命令，该类基金可继续使用央行的支持进行管理。

(2) 间接援助

618　欧洲中央银行系统的财政援助是有可能出现的，主要是公共债券的间接认购。事实上，公共债券的直接认购会提出贷款方面的规定，按照惯例是不允许的（如《欧盟运行条约》和《货币金融法》的规定）。但欧洲中央银行系统可以干预市场控制流动性，购买或者临时购入公共债券（参见 296 段），这会（多种方式）有助于国库有价证券的成功发行。然而国家央行不能再如以前一样为这些公共债券，或者更通俗而言为公共部门提供优惠措施，因为《欧盟运行条约》（第 124 条）不允许公共行政机构和国企在金融机构方面"享有优惠特权"（该禁令导致了人们审查了法国央行提供的某些优惠，尤其是国库在央行保留日常账户开放时间）。而且欧洲央行会有各种回收债券的操作，可以看成是某种形式的补助。

2.6.3.5　中央债务结构

619　公共债务结构（数额和法律形式在以下详述）的变化很大。近年来流动资金的信贷发展很快，主要是中长期借债（1），通过财政机构举债，现有两类债务（2）。

(1) 债务期限

620　国家的债务直到第一次世界大战，80% 都是永久债券或者超长期的分期利息债券。从第一次世界大战至 20 世纪 70 年代，债券的期限不断缩短，第一次世界大战之后永久债券消失了，长期债券越来越少（在 40 年代末大约是债券总发行量的 20%），第四共和国通过法国央行的预付款发行（发行量在 15%~20% 之间）、第五共和国通过国库对应合作机构的存款发行（70 年代发行量大约为 40%，确保了赤字较少、经济快速发展时期的主要流动资金）的短期国库券的数量飞速增长（1914 年占债券总发量的 2%，20 年代是 1/3，在第二次世界大战超过了 40%）。最近 20 年，债务基本结构实现了新的平衡。为避免出现预算赤字需要发行货币进行补充，公共机构开始倾向发行长期债券（却并未排除各类货币创造形式），长期债券在 2015 年初占到了债务总额的 70%（主要是国债形式）。但是赤字的范围和债权人对债券不同期限的流动性展现出来的长期偏好，使得融资保留了大约 40% 的份额使用短期和见票即付债券：国库对应合作机构的存款（其数额在减少，不到 10% 的债务）和国库券（大约 30% 的债务）。应该在这些国库券中把应对资金流动性需求、主要是期限少于 1 年（大部分都是固定利率的国库券）、实际上指的是短期债券（大约 12% 的可转让债券），和法律地位是短期、其最长期限可达 5 年（大部分是标准年利率债券）、实际上更多是中期（大约 18% 的债务）的短期债券区分开来。该经济和财政方面的描述便于区分满足预算要求的中长期债券（大约 60% 的债务）和满足资金流动性要求的短期债券（大约 20% 的债务，还要加上国库对应合作机构 10% 的存款）。

(2) 两类债务

621　在此应该区别内债和外债。

内债指的是在国内市场上发行的债券，直到 20 世纪 70 年代主要都是通过向公众举债的方式发行。公众是传统的利息债券认购者，自第一次世界大战起，大约一半的国库券和几乎所有的长期债券也是公众认购。自80年代起，除了特殊（1993年的"巴拉杜债券"）或象征性情况外，认购大部分长期债券（中央债券）和国库券的金融市场成了发行的重点。

外债指的是在国外市场发行的债券，出现在第一次世界大战和第二次世界大战间隔期，在第四共和国时期其重要性剧增（1949年占到了债务总额的30%，1959年为20%）。戴高乐将军任期执行国家独立政策，在60年代偿还了所有的外债，1982~1983年出现了两笔大型外债（总额大约为700亿法郎）以增加外汇储备（因为公共机构通常不能在预算中使用法郎的等值外币）。但国库偏爱通过中介机构（尤其是国企）增加外汇储备，至80年代末国库不再持有外债，至少法律上没有外债。由于资本的自由流动，非法国居民持有的内债可转让债券的比例（目前50%由比利时持有）从1/10增至1/3，2003年初大约为35%，2008年底超过了2/3，2010年最高纪录为70.6%，2013年回落至61.7%，之后回升并稳定在64%，该情形减弱了内外债的区分特点（这迫使国家公共机构行事十分谨慎，因为债券认购和偿还要求和法国财政政策体现出来的公信力及利率相关）。而且内债和外债的分类在2003年结束，国库提出了更有说服力的欧元债券和外币债券分类。

2014年12月11日的法令针对的是可转让债券和国家流动资金管理操作方面的总体规定。

第 3 章 地 方 财 政

622　地方财政的基本特征在 42 段中已有描述，最近 20 年来在国家财政中占有非常重要地位。特别是 1980 年地方分权后，地方财政的比重（税收占大约国内生产总值的 6%，预算比重超过了国内生产总值的 10%、公共支出的 20%、公共投资的 70%，并拥有超过 190 万名工作人员）超过了中央财政的一半。

地方财政和中央财政不同，由不同的公共主体人实施，共计大约有 37000 个地方政府（城市、省、地区、海外省和特别的地方区划），15500 个团体组织（联合会和社区）、50000 个地方机构（除去议会和公立教育机构仍有 40000 个），还未考虑到私法机构，共计 90000 个地方行政机构。因此，地方机构的类别繁多，且每个类别都有自己的特点，其概况会在第 3 章末描述（参见 720 段）。

然而要区别两个财政领域：地方公共行政机构账目（参见 3 段）更重要，因为包括大量的公共机构，尤其是地处各地方的国家机构（例如工商会、农业商会、手工协会等），地方政府账目仅是组成该账目的一个部分，比例占大部分，但不是独有的。

地方财政遵循 1982 年 3 月 2 日通过的法律和之后的法律所确定的统一原则。其规定在《财政司法法》（法律部分于 1994 年颁布，法规部分于 2000 年颁布）、《地方法》（法律部分于 1996 年颁布，法规部分于 2000 年颁布）均有系统描述。

而且，自 1982 年以来，便出台了许多增强地方政府和团体组织权限及修改地方机构形式的法律文本。我们也可以引用 1988 年 1 月 5 日出台的地方分权改良法、1992 年 2 月 6 日颁布的法国地方管理法、1999 年 7 月 12 日颁布的市镇合作法、2000 年 12 月 13 日颁布的城市团结互助和革新法、2002 年 2 月 27 日颁布的社区民主法等。2004 年 6 月 13 日颁布的地方自由与责任法、2008 年 12 月 1 日颁布的团结税收入及改革社会融入政策的法律，里面的规定更加具体。2010 年 12 月 16 日地方政府改革法确实使某些地方发生了重大变化，尤其是出现了大都市、城市中心和新城镇；2014 年 1 月 27 日颁布的地方公共行动和城市展示现代化法引起了城市的巨大变化，如将里昂市与其所在的罗讷省的一部分合并形成了里昂大都会。

法国政府在不同时期曾创设了各种专门的国家级机构对地方财政加以统筹管理，如地方财政委员会（1979 年）、公共核算可信性最高行政法院（2010 年）、地方政府机构适用规定评估最高行政法院（2013 年）。

地方财政方面，从 20 世纪 90 年代开始出现了法律文本予以规范：1994 年 7 月 22 日颁布的预算和会计规定，2003 年 2 月 19 日颁布的改革省预算和会计规定法，2004 年 7 月 29 日颁布的地方财政自主组织法，2005 年 8 月 26 日颁布的地方政府、团体组织和机构预算与会计规则简化改良法令，2010 年的财政法案（而之前主要是取消职业税）。由此而来出现或设置了地方财政的某些专业化机构。

三十多年来，在不断适应修改的漫长岁月中，海外省经历了大量的改革改良法律文本的出台。例如 2009 年 5 月 27 日的海外领地经济发展法。这一改革进程的特点是赋予海外领地更大的自治权，同时进行了大规模的机构改革，甚至几乎"打散"了法国海外领地原先的体制架构（如新喀里多尼亚、法属波利尼西亚，也涉及马约特、圣马丁岛等海外领地，又如将两个单省大区马提尼克和法属圭亚那的大区级和省级政府整合为单一政府），并寻求更符合地方实际的特殊的经济发展模式。

相反，随着科西嘉和阿尔萨斯公投的失败，法国本土反而没有什么改革。唯一较大的创新之处是设立了里昂大都会。未来可能会将大区合并，将法国本土的 22 个大区整合为 13 个。

本书展示的便是对地方政府影响较大的主要市镇，相关的财政制度（3.1）、财政技术（3.2）和财政运营（3.3），最后还要介绍地方财政层级（3.4）。

3.1 地方财政制度

623　1982 年 3 月 2 日颁布的法律给了地方财政制度较大自由，但相对而言，地方政府在财政方面的自由度远比不上它们在行政方面享有的自由度，因为财政活动特别重要且有特殊的要求，因此它必须由严格的制度加以约束。这种财政制度和对财政活动的监督经常与普通法中关于地方政府自治的规定相悖，不过在法国历史上，这种法律规定与现实的脱节并不罕见。同样，虽然地方政府决策自主权不断增强，但其财政活动仍然受到一系列（有时十分明显的）限制，且这些限制逐渐被强化。

这些限制同时也体现在预算原则（3.1.1）、预算编制（3.1.2）、执行（3.1.3）和监督方面（3.1.4）。

3.1.1 地方的预算原则

624 目前，市镇、大省和地区对地方预算的定义都是相同的，均是地区"法案规定和批准每年的收入和支出"（《地方法》，法律部分第 2311 条第 1 款、第 3311 条第 1 款和第 4311 条第 1 款）（收入大体也相似，需要财政法案批准）。大都市的预算也是同样如此（2014 年 12 月 11 日颁布的第 2014-1490 号法令；《地方法》，法律部分第 5217 条第 10 款）。

地方政府和中央其他公共机构一样，预算均要遵守年度性（3.1.1.1）、整体性（统一性和普遍性）（3.1.1.2）和专款专用（3.1.1.3）原则；但与中央不同的是，和其他次级公共机构一样，还需遵守收支平衡原则（3.1.1.4）。

3.1.1.1 地方预算的年度性

625 地方财政预算年度性的原则，其主要特点在第 1 部分第 1 章（参见 71 段）有详述，自法国大革命时期提出后，该原则便被不断提出（考虑到每年必须要有议会的批准才能征收地方税，参见 47 段）。这导致了实施相对灵活（1）、有时候甚至有某种程度超期（2）的年度预算。

（1）年度性原则的灵活实施

626 年度经费的启动都是通过初始预算实现，不同于财政法案，在执行初期后便不断修改（这便必须对临时措施制度化，参见 644 段）。该预算可能在该年度由于修改决议（过去称为"特殊审议"）随时更改（条件是要遵守预算收支平衡原则），重要的修改决议会编录在秋季的额外预算里，虽然 1982 年后该项举措不是必要的，大部分的地方政府依然执行该规定。

自 1988 年起，法律文件（《地方法》，法律部分第 1612 条第 11 款）说来确实有点不合传统，在预算年度结束后允许（行政）经费的修改，将本应该在上一年度 12 月 31 日前（合法化经费超期）使用的经费推迟使用。

预算和会计方面的两个惯例方法也使年度经费的使用更加灵活。

一方面是本年度预算使用时期（参见 72 段），地方政府在 1 月底前（1980 年前可以到 2 月底）的经费可以计入上一年度的行政经费（但无投资经费），或本应在上一年度 12 月 31 日就记入使用的公共服务（支出）和税收（收入）计入本年度预算使用时期。

另一方面是将余额推至下个财政年度，余额可以指可收回的正当收入（收入凭证）和可使用的经费但仍未被通知拨付（参见 458 段）或记入已结束财政年度的经费。

事实上，该余额制度虽然使操作环境较为宽松，但是也使财政年度报表结果呈报有误。从1994年6月22日颁布的法律（尤其提出了检查其真实性）起，对该制度的监督日益强化。大型市镇的余额制度从1997年开始被深度改革，即此后一财年中执行的所有一定金额以上的操作（包括未通知付款的承诺支出和未征收的确定收入），即使未在财政上结算（即未签发支出或收入、支付或存库命令），也都必须计入该财年的收支。另外，原先将财年结束后尚未分配的投资经费视为待执行的余额（即可以结转至下一年）的做法如今也已被禁止（根据《地方法》法规部分第3312条第8款，投资经费部分的待执行的余额即是未通知付款的承诺支出和未征收的确定收入）。此后，无论在投资经费部分，还是行政经费部分，待执行的余额都只包括未通知付款的承诺支出和未征收的确定收入。

预算年度性原则，适用于地方政府和所有应遵守预算收支平衡原则（参见88段）的下属公共机构，通过将本财年的余额计入下个财年（该余额计入下年度不应与未使用经费计入下年度混淆）缓解年度要求的僵化性。

一直以来法律（《地方法》法律部分第2311条第5款针对市镇、第3312条第6款针对省、第4312条第9款针对大区）系统阐述了把余额计入下个财年的必要性，1999年12月28日第99—1126号法令重申了该必要性。该行为应在行政账目表决之后的第一次预算决议（参见691段，将金额计入下一财年的预算文件一般是预算修正案，最常见的是补充预算）之时起进行，但在某些情况下（如快速决算，或479段所述的特殊程序），也可以是初始预算（初始预算也可以预期的方式将金额计入下一财年，并负责在账目决算后加以调整）。

行政部分的余额原则上首先用于平衡投资部分的赤字，议会可以之后选择将该余额计入行政部分还是投资部分。如果投资部分没有出现赤字，该余额可以在某些操作中计入行政部分。

《地方法》法律部分第2311条第6款、第3312条第7款和第4312条第7款规定，如果投资部分在余额转入后出现盈余，允许地方审议机构将相应的余额计入行政部分收入（对于以捐款遗赠、预算投资和额外补贴获得的收入可以不用做不动产处理）。

（2）年度性原则的超期

该概念已在很大程度上有了变化（尤其是在2005年8月26号法令颁布后产生的影响）。

对于市镇和其公共行政机构（《地方法》，法律部分第2311条第3款）、省和大区（《地方法》，法律部分第 3312 条第 4 款和第 4311 条第 3 款）有如下规定：

• 定向分配给投资支出的预算拨款可以包括项目批准款、支出费用（参见 75 段）和投资补贴。

项目批准款是使用的投资资金支出上限，拥有多年性的特征，无时间期限限制，一直有效，直至取消。支出费用是该年度通知支付的在相应的项目批准款框架内活动支出上限。

项目批准款指的是地方购买或获得不动产资产的支出，或者是给第三方的设备补贴（《地方法》，法规部分第 2311 条第 9 款）。

• 定向分配给行政支出的拨款可以包括活动批准款和支出费用。

活动批准款的数额是可承诺的投资支出的上限。该经费为多年性质，长期有效，直至被取消为止。而支付款的数额则是在相关活动承诺款范围内，每年可通知付款的支出上限。

上述方法在执行之时也有例外，它不适用于人事费用支出、支付私人机构的补贴。

预算收支平衡可以根据支付费用的进度做出估算。

在机构运营支出方面，对省与地区这两级行政区的承诺经费的覆盖范围与市镇的不同。如果人事费用支出明确地不算在该款项内，支付给私人机构的补贴可以不受影响享有多年期的益处。

地方政府在没有项目批准款（或者规定项目批准款）的情况下，可以投票通过项目决议，作为多年期的投资预估款指导预算决定。但该决议仅具指示性作用（仅为市政府的正式预估），不能由此产生支出，并很少以该种形式出现，因为大的地方政府大部分都使用其他形式的预算项目编制，特别是在设施的项目编制方面通常更为精确。

3.1.1.2 地方预算的整体性（统一性、普遍性和真实性）

628 预算调整（1）和预算外业务（2）减弱或违反了地方预算的整体性原则（统一性、普遍性和真实性，参见 78 段）。

(1) 预算调整

629 预算调整以三种形式出现。

第一种，附加预算允许在一般预算外列出某些有特色的收支业务（参见 681 段）。

强制性的附加预算主要涉及租赁或特许或公共事业服务代管（直接代管或者

由开发委员会代管）开发的工业和商业劳务服务（或者与实现增值税相关的劳务/服务）。除了例外情况（人口少于3000人的市镇在供水和卫生服务领域），应当遵守商业管理和商业会计规则，通过自有收入实现收支平衡（《地方法》，法律部分第2224条第1款和第3241条第4款）。政府定价的社保或医疗社保或医疗社保服务以及政府经营的国土整治和土地租售服务（协议开发区）也是如此，即必须列入附加预算（如该单位由自然人或私权法人代管，则自然也应如此）。有些具有混合性法律地位的行政机构（如市镇的下属区及某些市镇联合体）的预算有时也列入附加预算。

原则上，非强制性的附加预算只有在法律（最高行政法院，1987年7月10日法国西岱岛大区判例）允许的情况下才能列出。但1993年1月29日和1999年7月12日颁布的法律允许社会、医疗保险和教育领域的公共事业机构预算列入，也就是工业和商业运营机构、某些公共服务管理机构的预算列入。

《地方法》法律部分第1412条第2款（源自1999年7月12日法律第62条）规定，地方政府、地方公共机构或者社区间合作机构可以"对由其管辖的下属公共行政部门的预算进行特殊化管理"，除了那些"由于公共服务的特性或者法律规定，不能由地方政府自己管理的公共服务机构"（《地方法》法律部分第2221条第2款，出自1993年1月29日颁布的法律的第29条，仅适用于市镇）。2001年颁布的法令（《地方法》，法规部分第2221条第1款）规定了适用方式。

第二种，是收入的定向分配，其数额在地方预算中很大。一方面，某些收入（有时称为投资实际收入）必须定向分配（但是对新的地方会计制度而言会有不同）给投资支出（资产售卖、公债发行、城市规划和设备补贴等）。另一方面，某些特殊收入应该分配给之前就确定的支出（或者在附加预算中分离出来）。长期以来，由于收入数额很大，因此定向分配成为国家监督的一种方式。自从国家监督放松后，在20世纪70年代后被纳入整体预算，但是定向分配仍存在，不仅是某些财政援助收入（特殊补助和贷款、援助基金），而且包括某些其他税费收入（屠宰场使用税、电梯或滑雪场使用税、宾馆住宿税、警察罚款收入等）。

没有任何确信的标准能分辨出定向分配的其他税费收入性质是否一致或者不一致：因此交通补助应该定向分配给交通支出，承包商分摊费应该定向分配给公共场地和交通连通的公共工程，但是生活垃圾税或公共道路维修费没有定向分配。

第三种，是某些独特的会计方法，能在经费返还（参见498段）范围内平衡部分收支，但是数额规模极有限。

（2）预算外业务

近年来，这些预算外业务如同显示所展现的一样，造成了越来越多的问题。

地方机构业务与中央业务不同，范围要比中央业务小，因为地方政府要在预算中（投资部分）列出公债发行收入和公债还款付息支出。相反，财政预付款——即预先收到的财政收入——及对财政预付款的偿还款，不列入预算。而大型地方政府的这部分款项，随着传统的"国库预付款"（参见155段）、银行透支款和其他各类银行贷款的发展（参见653段），其数额也越来越大。

这也解释了行政机构要求这些业务必须列入附加预算的原因，目的在于规范该业务的操作。

自主预算提出了另外广为人知的问题，自20世纪80年代开始，该预算以附属公共机构（公共机构和团体）或私人机构（协会等）的形式不断增加（有时候是立法者的有意为之），通常的结果便是地方政府的预算和账目不能或不足以真实反映地方财政状况、并难以做出正确的比较。1992年2月6日颁布的法律曾多次修订，要求大的地方政府（居住人口为3500人及以上的市镇）附加预算里要包括其附属机构情况的报告，以便整体了解账目（《地方法》，法律部分第2313条第1款，法规部分第2313条第1款）。

预算的全面性通常被称为"账户合并"，从技术角度上说该称呼不确切，因为没有账户的整体规范和合并，除了一般预算、附加预算或添加预算（社保中心、教育基金）的合并。会计专业所谓的合并，只有在地方公共会计准则、私人会计准则规范化后才能进行有效地合并。而且，合并会对具体操作（合并的范围、对象和方法等）产生诸多的问题，很明显这样的尝试对于许多地方政府也有困难。

3.1.1.3 地方预算的专款专用原则

631 与所有其他公共机构一样（参见87段），地方政府也应遵循预算专款专用原则（1）。该原则对地方政府越来越重要，其适用范围部分（这一点有时被忽视）由审议机关（议会）决定（2）。该原则在地方预算中的具体应用模式与《财政法组织法》的规定有所不同（3）。

(1) 预算项目专款专用原则

632 预算分章节与项目专款专用原则，指的是预算首先分为章节，章节下按性质或按功能细分为项目，而项目下有时亦细分为设施配备或享受补贴等小项（享受补贴项也可以单独构成一项目，参见677段）。有必要指出这些细分是由国家主管机构规定的。

这也表明，如果议会通过章的形式确定支出，支出是以章的形式公开的。但是文本的烦琐性注定仅仅分科目列出支出并投票通过，并不能以科目的形式公开支出；还需要预算机构（制定不可更改的各科目清单）专门列出该科目的特殊性。

根据《地方法》法律部分第2311条第7款、第3312条第7款和第4311条第2款的规定，审议机构对于没有授予条件的补贴，既可以在预算中设定补贴的受益人，也可以在预算的附件内列出受益人、补贴的对象和数额。该设定需要补贴的分配决议。

(2) 预算项目专款专用原则的适用范围

633 该专款专用原则适用范围主要有以下三个方面。

首先，行政机构不能将经费从其中一个科目转到另一个科目（需要获得议会的修改决议）。大区议会可以允许大区区长在该部分实际支出的7.5%的限额内，并且在同一章节内进行经费转账。相应地，议会可以在同一章节内转账，除非是有特殊规定的章节。

其次，章节或者特殊的科目可以使用的经费是有限的：地方政府不能超过该总额。因为和中央不同，在地方预算中没有（除非特别罕见的情况）估计性支出（参见507段）。

最后，突发支出有点用类似于中央预算的意外和不可预见支出（参见506段），可以面向预算每个部分。必要时，行政机构可以要求向某些经费配备不足的账户拨予突支出经费，则此时该经费（自动）转账到这些账户。不过，突发支出经费的数额有上限（上限为每个部分的经费的7.5%）。

(3) 与《财政法组织法》机制的相对分离

634 地方政府及其团体组织的实际操作都与《财政法组织法》所规定的机制相差甚远。然而，许多地方政府（尤其是巴黎、里昂和马耶讷省）在某些管理方式上部分照搬了《财政法组织法》的目标/项目结构、支出可替换性和绩效评估（参见500段），但是这种照搬仅限于预算外操作。

3.1.1.4 地方预算的收支平衡

635 本书在第1部分第1章（参见88段）中便指出，与中央政府不同，地方政府应该和其他附属公共机构一样，遵守预算收支平衡的法定原则。该古老而传统的原则是考虑到要保护地方和中央（被称为担保）的财政状况，让中央保留有主要的经济行为（允许出现赤字）。该原则要求遵守收支的可预见性，规定预算要保持真正的收支平衡（1），并消除预算执行中可能出现的赤字（2）。

(1) 预算的真正收支平衡

636 法律上认定收支平衡是合法性的一个条件（最高行政法院，1988年12月23日判例），是初始预算和修改后的预算均要遵守的原则（参见626段）。

收支平衡要考虑到之前（积累）的余额：预算法案中若支出额比收入额多，

并可以提取之前的盈余（2002年4月2日里昂的做法）确保收支平衡，这也是合法的。

真正收支平衡的概念是在1982年3月2日颁布的法律（《地方法》，法律部分第1612条第4款、第6款和第7款）中提出的，并包括三个方面。

首先是收入（没有高估）和支出（没有低估）评估的真实性。很明显，在可预见的行为中这不是最难监督（处罚）的。

其次是"公债的相互抵销"。地方政府和中央政府不同，可以通过将公债收入计入预算维持预算收支平衡。但是地方政府不可无限期地这样做，这样一来收支平衡原则会仅仅变得形式化和账面化。因此，不仅公债回购要计入预算，而且地方政府要能够用最终收入（不论是自有收入还是补助）偿还本年度到期的公债。不允许出现"用发行公债偿还公债"的情况出现，很明显诠释了收支平衡原则的含义。

行政机构和某些大区审计法院认为特殊补助（也就是之前就规定好的设备定向补助）不能算在最终收入中，但这种观点要么显得不足（如果要剔除该补助，那就应剔除所有补助），要么显得太过（考虑到这一制度的目的是为防止举债，那么就应将所有的补助都纳入最终收入）。

最后是预算部分内收支平衡。预算的两个部分都应该实现收支平衡。一方面，投资部分可以通过行政部分的税收收入加以平衡；另一方面，"平衡"这个术语越来越倾向于指没有赤字。实际上，按照法律学和财政学上的正统解释（某些判列也显示了这一点），也应杜绝盈余，因为它损害了年度性原则和税收必要性原则。不过，如今财政盈余越来越被立法者所接受。

如适时发现预算失衡，则可由地方行政长官在地区审计法院的建议下强制矫正预算，亦可由行政司法机构宣判废除该预算（参见643段）。否则将出现预算执行赤字，需要加以消除。

（2）消除预算执行赤字

对行政账目中出现的执行赤字的消除实际上是从平衡原则引申出的一项义务，因为如果平衡原则只针对预算制定阶段，它就没有实际效力。

执行赤字的概念与预期赤字的概念略有不同。

前者指的是一种总赤字，即行政账目的两个部分的盈亏差额（也可以是总预算与附加预算的盈亏差额）。

后者指的是"将待执行的余额纳入计算"而得出的一种净赤字。这使得"待执行余额"的重要性上升，也导致立法机构越来越强化对这些待执行余额的真实性的监督，在某些情况下，甚至安排它们的执行（参见626段和672段）。

对执行赤字的处理方法依该赤字的数额而异。如赤字数额很小，则应在该赤字被确认的当年（通过纳入当年预算）加以消除，且不需要经过特别程序。如赤字数额巨大（数额巨大的认定各地不同，一般为行政收入的 5% 或 10%），则应在被确认的当年或接下来数年加以消除，且事先需要施行由地方行政长官在地区审计法院建议下强制纠正预算的程序（参见 660 段）。在这两种情况下，财政年度原则都不可避免（参见 626 段）。

3.1.2 地方预算的编制

638 地方预算除非是强制执行（参见 660 段），一般是由行政机构编制（3.1.2.1）并由议会批准（3.1.2.2）。

3.1.2.1 地方预算的编制

639 事实上，地方预算的编制在所有的地方公共机构财政活动中都是尤为重要的部分，其方式随着地方政府的规模不同而有所不同，包括预算编制的机构（1）或方法（2）。

（1）负责预算编制的机构

640 预算由行政长官（市长或省长），也是此领域的唯一负责人所领导的财政机构负责编制。在规模大的地方政府，预算编制要通过预算大纲辩论阐明"估算的多年期业务"，但不需要强制列出项目批准款和活动批准款清单。该辩论应该在（初步）预算审查前 2 个月在议会举行，大区层面的辩论可以在审查前 10 周在议会举行。而且，这些地方政府机构拥有强大的财政部门，通常这些部门拥有广泛而现代的方法，能在现实中自主编制预算。与之相反的是，在小型市镇，人力和财力资源都很缺乏，导致市长及其秘书人员一般只能请求会计人员（市税务官）的帮助，这固然是传统的解决办法，但相对不够正规。

（2）预算编制方法

641 编制方法首先要由中央机构将所掌握的某些不可或缺的信息，尤其是公共财政总署设定的税基和某些补贴总额，国库支付的所有行政补助等（《地方法》法令部分第 1612 条第 1 款规定了信息清单）告知地方政府。这些信息应该在每年 3 月 15 日之前告知地方政府，否则地方预算的通过期限（参见 644 段）将会被推迟（告知日后 2 周）。但是规模大的地方事实上可以提前估计该信息，该预估十分必要，因为是预算的编制耗时长而且复杂，还会遇到很多中央编制预算时遇到的问题（预算内容的滞后，尤其是大量法律规定的支出加剧了该现象；此外还有预算结构的僵化、经费分配的合理化等问题），也有可能是所有大型机构所遇到的问题。显而易见，这些都是小城镇政府不会遇到的问题。

3.1.2.2 地方预算的批准

642 地方预算的批准通常是以其延期（2）而不是批准程序（1）区分。

(1) 批准程序

643 地方预算批准程序通常包括两步。

议会（现实操作中根据地方不同会有变化）组成的一个或者几个委员会（非强制性）通常进行计划的初审；而且，大区政府的草案文本都必须经过大区经济、社会和环境委员会的同意；在大省和大区层面，预算计划和"相应报告"均要在第一次预算大会（大型市镇的议员应该至少在5日前收到"综合解释说明"）12日前通知议会成员。

再者，全部或者部分预算在市镇法律（《地方法》，组织法部分第1112条第1款，法规部分第1112条第1款）条件下是"市全民公决"的一部分，按照法律的规定需要获得市民委员会的同意。

要注意到某些地方参与式预算现象的发展（普瓦图—夏朗特大区、北部加莱海峡大区和巴黎）。

所有地方议员均享有知情权（《地方法》，法律部分第2121条第13款、第3121条第19款和第4132条第17款），行政法院尤其在财政方面对此十分重视。

通常认为要选用最合适的方法来确保信息沟通，必要的时候可以使用电子方式。根据地方政府规模不同，其沟通方式也有所不同：在市政级别，居民人口为3500人以上的市镇，会议召集时需要有综合说明；而在大省和大区级别，至少要在会议召开12日前向大省和大区议会提交要通过事项的具体报告。

如果市长提交给议会的"综合解释说明"太过简略（最高行政法院，1995年7月12日判例）、拒绝向议员提供市镇的附加预算（最高行政法院，1996年2月2日判例）、市镇人员经费方面的信息（最高行政法院，1996年11月20日判例）或某些详细文件的信息（最高行政法院，1994年6月8日判例），法院可以取消预算审议。若会议召开提交的解释说明过于简略，可以附带其他资料，如市镇财政状况综合数据、以章节科目细化的初始预算总计划并按功能分类有详细陈述，则法院不能取消该预算审议（最高行政法院，2003年12月8日马赛判例）。

然后议会举行讨论和投票，法律赋予了大区议会拒绝或修改预算计划（但是需要遵守预算原则，尤其是收支平衡原则）的权力，修改中尤其不能出现两院意见对立的情况，这会导致预算不被接受批准（最高行政法院，1998年2月12日巴黎预算案例，1998年6月4日南希预算案例）。

然而议会不可以将该权力授予出去。尤其是大省和大区议会不能如同在非预算方面一样将其权力授予给常设委员会（更何况常设委员会的审议不全是公开的：最高行政法院，1996年12月18日中央大区判例；宪法委员会，1999年1

月14日第407号合宪性审查决议）。根据仍未被法院确定的行政法律解释，常设委员会至多可以被赋予指定某些类别补助受益人的权力。

议会按照科目审议预算，并以章节形式通过预算，但最高行政法院的判例指出，不必要每个章节都正式投票通过，可以几个章节一起通过。

要记住不能认为预算章节的通过就表明该章节的预算支出就是定向的，定向支出应该（除了补助章节）是专门的。

项目批准款和活动批准款方面需要单独投票通过（《地方法》，法规部分第2311条第9款）。

事实上，每项批准款都是通过相应的经费支出进行可预见性分配。批准款及其可能的修订案均由行政长官提出，审议机关单独审议财年预算或修订决议并投票通过。这之后有特殊后续监督活动。然而，在大区层面，如果批准款成为投资支出项目，该项目要作为预算附件列出。大区议会投票通过项目批准款及其相应的支付经费。

（2）预算批准时间延迟

644 预算批准延迟是传统沿袭，不能单独算地方机构特色，因为采用财政法案后（参见527段），中央机构仅在该年度第一季度才通知编制预算的必要信息。因此1982年3月2日颁布的法律（《地方法》目前条款法律部分第1612条第1款）制度化并限制了延迟时间。

自此，大部分的情况下，初始预算批准的时间期限被定为每年的4月15日。

议会批准新预算的时间期限会推迟至4月30日，如果上一财年的预算需要强制修正（议会延期至当年度的6月15日），该时间期限会推迟至6月1日。如果中央机构在3月31日之后才告知预算的必要信息，该时间推至在告知日后两周之内；如果是新成立的地方政府，该时间推至成立日后3个月内。

如果行政机关在预算通过期限15日后仍未收到初始预算（实际操作中给地方额外的延长时间），行政长官在大区审计法院的提议下可以提出强制执行预算程序（参见660段）。

与财政法案适用的系统不同，预算规定（《地方法》，法律部分第1612条第1款）的临时措施仅对审议机构有所限制。

事实上，从本年度1月1日开始，行政长官可以在没有议会允许的情况下，在上年度预算期限内追缴收入、支出行政经费（该行为要符合中央预算机构的定义）并支付到期的公债款。

只有本年度投资经费（不包括债务分期付息，而且有可能包括补助支出），才需要议会的批准（详细列出数额和定向分配方案），但是批准的支出不能够超过上年度经费的1/4，除非是上年度项目批准额或活动批准额已规定了本年度的支出费用（大区的经费支出按章节被限制到上年度项目批准额的 1/3 以内）。

3.1.3 地方预算的执行

645 地方预算的执行需遵守财务制度的总原则，即预算和财务制度管理第 2012-1246 号法令（参见 450 段），但是根据《宪法》（第 34 条和第 72 条），只有通过立法方式（1982 年 3 月 2 日通过的法律）才能强制地方机构执行。而且，地方预算的执行有时候在执行人员（3.1.3.1）和执行操作（3.1.3.2）方面会有自己特殊的模式。

3.1.3.1 执行人员

646 拨款审核者（1）和会计人员（2）等执行人员要遵守传统的职位分离（3）原则。

（1）拨款审核者

647 拨款审核者是地方政府的行政长官（市长或省长），由他们审核并签发"收入凭证"或者"支付通知"。这便是法律地位上的主要拨款审核者，而且是单一的，因为地方公共部门不存在次级拨款审核者。然而地方有（主要拨款审核者）授权的代理拨款审核者（参见 453 段），包括地方行政的主要负责人（他们可以被授予传统的签字权）和某些民选官（副市长、行政委员会副主席，他们可获得更为广泛的职务授权）。

而且，自 2001 年 12 月 21 日的法律实施后，如果主要拨款审核者实际上成为了会计人员（参见 418 段），审议机构指定的特殊拨款审核者可以代替主要拨款审核者。

（2）会计人员

648 对于地方政府及其机构组织，无论如何都必须有被公共财政总署承认的国家公共会计师，由预算部部长通知地方拨款审核者后进行任命（《地方法》，法律部分第 1617 条第 1 款）。

1982 年地方分权法草案规定了地方拨款审核者的配合工作。

在某些地方公共机构（工业和商业公共管理局，巴黎、里昂和马赛的学校基金会等），议会可以向省长提名特殊财政员。大型市镇也可以实行该政策，一直持续到 1941 年。

在大省和大区，自 1982 年起，会计人员仅负责地方会计的职责，这便可解释为何必须得设立区别于（大省或大区）公共财政主任领导的"大省付款人"和"大区付款人"。相应地在市镇，"市镇财政员"继续同时履行中央会计（"收税员"）和地方会计的职责；甚至该财政员可以同时担任多个市镇和地方财政机构的会计。

这些会计人员作为地方主要会计师（参见 407 段）均要在地区审计法院前宣誓，并向审计法院提交账目。他们一般免费为地方政府服务。不过，除了从地方政府那里收取必要的材料制作费用之外，还可以根据其顾问期长短收取一定的顾问津贴，这笔津贴有些地方需要由当地议会批准（根据 1990 年 7 月 12 日法令，该笔津贴的最高限额依预算支出的年度平均数来确定）。

(3) 拨款审核者和会计人员职位的分离

649　　该职位分离在法律和事实上都是十分严格的，会计人员有时候看起来像是财务制度和国家的代表。

该制度的严格性体现在会计人员独自拥有"追收市镇所有收入和所欠款项的征收权力"，并通过司法修正程序宣布市镇的债务（商业终审法庭，2001 年 6 月 12 日判例，2003 年 4 月 29 日判例）。

该严格性尤其体现在两个账户的设立，一个是拨款审核者设立的行政账户，另一个是会计人员设立的管理账户。

但是，某些地方公共机构使用单一财政账户（公共事业服务部门、廉租房管理局等）；该单一账户设置方式至少在小型地方政府不断被提出来。

这种严格性甚至还体现在收入或预付款代管的严格上。传统上这一方面比较宽松（参见 431 段），地方议会可以批准代管，如今则需要获得会计人员的同意（而通常只有指定管理人之时需要获得会计人员同意）。

地方政府和地方公共机构（教育性公共机构除外）的代管当前由 1997 年 12 月 29 日法令和 2005 年 12 月 19 日法令规定（这两项法令已编入《地方法》法规部分第 1617 条第 1 款。不过，1998 年以前设置的代管无须遵守这些规定，而可以继续遵守 1964 年 3 月 28 日法令的相关规定）。这些代管由地方议会机关（如系医疗卫生公共机构的代管，则由该公共机构的负责人）经会计人员同意后进行设立。市议会也可以将这项权力委托给市长（根据《地方法》法律部分第 2122 条第 7 款，及最高行政法院 1995 年 1 月 6 日关于"巴黎市"的判例），在省和大区，则可以将其委托给议会常设委员会（而行政当局则可负责详细说明代管的具体模式)。公共事业服务代管者由拨款审核者征求会计人员意见而任命，应该是自然人，但不必要是公职人员（在必要时可以寻求外部合作），而且可以聘请为其工作的工作人员（例如公共汽车司机、医院医务者或廉租房的收费人员）。公共事业服务代管者不能是拨款审核者或拥有相应授权职责的人员，他个人负有资金和票据的征收或预支等财政责任。公共事业服务代管者不能征税，除非预算部部长给予特权才能行使投资性支出。市镇人员确认的违反治安规则罚款应由国家指定的管理人员（省长指定）收取。公共事业服务代管者可以收取其行使职责的费用作为其报酬。

财产审计方式和新的信息系统（参见693段）的建立必然能加大拨款审核者和会计人员的合作，因此可以弱化二者职位分离的严格性。

要注意，最高行政法院发布了地方账户可行性公告后（2014年1月7日第41515号共和国政府公告），政府保留了调整权，并表示要保留地方账户使用的"预算审计系统"。

3.1.3.2 执行操作

650 预算执行操作在支出（1）、收入（2）和存入国库（3）方面有如下几个特点。

(1) 支出

651 支出除了特殊程序外，通常均是分两个阶段（参见458段）进行。

首先是行政阶段。在这一阶段，地方拨款审核者可以承诺、清算并通知付款。不过，虽然承诺款——尤其是项目批准情况下的承诺款——的核算对年度决算至关重要，但却长期被忽视（而在法律上是必需的），这促使1992年2月6日法律对此作出强制性规定（至于核算的模式则由1996年4月26日法令加以规定）。而清算行为有时则需遵守特殊的规则（尤其在对已完成的服务的清算方面）。至于通知付款，则需附带证明文件。从1983年（1月13日法令，后经2003年4月2日法令修改）开始，这些证明文件清单（详见《地方法》法令部分第1617条第19款）由法令规定，以减弱会计人员自行衡量的权力（2007年3月25日法令，第1条："在执行一项非由支付令命令的支付之前，地方政府、地方公共机构和不动产业主联合会的会计人员只能要求出示相关支出的法定的证明文件"）。

其次是审计阶段。审计阶段的第一步是传统的合法性监督。这一点在地方财政方面尤其重要，因为它是由中央政府工作人员执行监督，因而可以成为中央政府对地方政府和地方行为的合法性进行监督的一种间接办法。这也正是预算部所期待的（预算部1990年6月18日曾发过一份通令，要求对会计人员进行此类监督，不过该通令后来被撤回）。同样，1982年3月2日法律（收录于《地方法》法律部分第1617条第2款）根据传统判例，专门排除了各种临时性的监督，在大部分情形下，将对会计人员的监督局限在外部合法性的常见方面，尤其禁止会计人员拒绝基于地方行政决定的付款通知。

最高行政法院再次重申地方可以"评判债务的有效性、为行政行为按照现行的规则做出解释，但是没有权力对其合法性做评判"（2006年7月13日经济、财政和工业部判例）。

而且，1982年的法律让市长（以前不享有该权力）和其他地方拨款审核者（作为省长的继任者享有该权力）有权对拒绝（积极主动的书面决议）支付的会计人员提出请求支付指令。

但是许多情况下请求支付是不可能的，这体现了监督的特殊使命都交付给了会计人员。

请求支付在以下通常情况下绝无可能：经费或者资金不足、支出记账错误和完全缺乏公共服务的说明文件（拨款审核者可以通过证明文件弥补该不足）。会计人员可以拒绝"非正常开启的"经费及其请求支付，自1994年起，可以拒绝"缺乏行政行为的"经费及其请求支付。

此外，请求支付要转达给地区审计法院，这关系到拨款审核者（尤其在某些情况下，需要面对预算与财政纪律法院：参见419段）的"自身责任"，同时要转达给省级机关，否则省级机关可以向行政法院提出申诉，要求延缓执行。

支出特殊程序在地方层面没有在中央层面完善，如果不考虑强制执行程序（参见459段），则地方的特别支出程序仅限于几种由会计人员（小额支出、地方政府预先同意的自动划账）或预付款管理人（参见431段）执行的不经拨款审核手续的支付。

（2）收入

652　收入需要遵循同样的模式。

地方公共机构的相关收入可以分成两类。

税收收入基本都是中央管理机构征收，该收入的大部分都作为"预付款"拨付给地方（参见155段）。

主要的直接税由公共财政总署确定（和地方委员会一起制定税基），通过公共会计师（"征税员"）的职能征收。城市规划税由中央部门（或以其名义）制定，1990年以后由中央公共会计师根据执行令进行征收。中央负责的间接税（尤其是注册税）由公共财政总署征收和监管。海关和间接税总署也负责征收某些地方税。

（重要的）非税收入不能强制执行拨付，如果中央拖欠未拨付需要走法律程序解决。但如果是次级的公共机构拖欠,地方债权人可以采用行政执行方式即由省长和地区审计法院或监督机构(中央公共机构)签发命令强制执行拨付。

针对私权法人应缴的收入,可以进行强制征收。

从1996年4月12日法律生效后开始,强制征收的通常程序是由拨款审核者发出征收执行令并由会计人员进行征收(不过如果会计人员决定起诉债务人,应获得拨款审核者的批准,参见《地方法》法规部分第2342条第4款)。这一程序甚至适用于公共地产债权(要知道新的《公共法人财产法》法律部分第2125条第1款引入了一项原则,规定占用任何公共地产都应支付资金。该原则普遍适用,很少有特例)和非由中央政府征收的税收债权。1996年4月12日法律后来由2005年财政法案加以补充,后者第63条引入一项新的规定,即第三方持有人可以提出反对意见。不过,如债务人对债权的合理性提出异议,则可以向债权法官申请暂停征收(也可以事先向拨款审核者申请宽限);如其对起诉程序的正当性提出异议,则可以向执行法官申请暂停征收(如涉及的是税收债权,也可以事先向公共财政主管官员申请宽限)(《地方法》,法律部分第1617条第5款)。此外,债务人还可以向议会申请债务减免。

(3) 存入国库

653　地方政府必须将其财政资金存入国库(参见151段)。

地方政府可以不遵守这一原则的特殊情况始终比较有限。这些情况主要列在根据《地方法》法律部分第1618条第2款内容进行改革的2004年财政法案第116条中。地方政府及其公共机构(甚至公共住房机构)可以自行决定是否在国库存入以下来源的资金:财产收入、公债收入或者特殊收入的部分捐赠与转让(2004年6月28日法令中有规定:保险赔偿金、诉讼获得的金额、自然灾害后从灾区回收的财物售卖所得的收入、合同执行获得的违约金和处罚金)。上述资金可以投资欧盟成员国发行的证券,有价证券的股份或股票价值,以欧元计。地方政府可支配资金也可以存入国库开放账户中,地方政府(林业管理的跨市镇部门)可以将部分木材出售的收入存入信贷机构批准的林业储蓄基金专门开放账户中。

而且,如果行政法官确定地方之间的流动资金预支是违法的,是因为这些行为不在"地方政府必须将其资金存入国库"这一规则所允许的例外情况的范围内。相反,法院似乎认可一个地方政府有权向其他地方政府提供借款或垫款,只要这种行为不是经常性的,而是一种例外、临时的操作,且所涉金额已事先计入提供借贷的地方政府的初始预算中。

存入国库的资金并没有利息,但可能产生费用(当这些资金源于借贷时)。因此,从20世纪80年代中期开始,最重要的那些地方政府努力削减这些流动资金的数额,并通过与银行的协议,达到所谓"零库存"。这也使他们能够迅速提取必要的金额，并在有盈余时迅速返还，这就是所谓的"透支贷款"。后者有时包含在拥有多重选项的融资工具内。

3.1.4 地方财政的监督

654 地方财政的特定监督可能来自民众，他们有权阅读预算文件，该原则很久以来（1837 年）就有了，并经过多次修改和完善。预算和行政账目（大型地方政府从 1992 年起还要求有附件，参见 680 段）在通过的 15 日内要向公众公布，预算或者账目的副本可以从地方政府和中央机构获得（城市规划税的登记簿可以在市政府查到）。

任何自然人和法人都享有知情权，这一点在许多法律文本中都有阐述，尤其是在 2005 年 6 月 6 日法令、2005 年 8 月 26 日法令和《地方法》法律部分第 2121 条第 26 款和第 2313 条第 1 款中的说明及阐释，这样在提倡行政透明的同时也是在提倡"财政透明"；法院也认为费用支出报表（最高行政法院，1992 年 11 月 13 日判例）或付款通知（最高行政法院，1995 年 7 月 12 日判例）是可以告知的。而且，2000 年 4 月 12 日的法律扩大了大省和大区纳税人的权利（《地方法》，法律部分第 3133 条第 1 款和第 4143 条第 1 款），甚至允许市镇的纳税人经行政法院批准，可以代为执行被地方政府遗漏而未执行的业务（《地方法》，法律部分第 2132 条第 5 款）。

如同国家文件公开，可以预见到毫无疑问立法者将会对大型地方政府的预算文件采用"公开数据"方式。

监督主要是通过地方自身（3.1.4.1）、中央政府（3.1.4.2）和地区审计法院（3.1.4.3）进行。

3.1.4.1 地方政府的监督

655 地方自身的各类监督性质并不相同，既可以是内部监督（1）又可以是通过议会进行的监督（2）。

(1) 内部监督

656 在比较重要的地方政府，内部监督部门或者采取活动方式进行监督，或者采取管理方式进行监督，具体方式由地方拨款审核者自由决定。而在小市镇，由于没有相关部门，因此并没有内部监督。

(2) 议会的监督

657 议会的监督可以在投票通过预算草案的时候（参见 626 段），尤其是在投票通过管理账户的账目决议时展现。自 1992 年起，应该在 6 月 30 日前进行投票

（甚至有些时候 6 月 1 日前），否则便要提交给地区审计法院处理（《地方法》，法律部分第 1612 条第 12 款）。

财政年度结束后，会计人员应该向拨款审核者提交年度财政结束情况报表（执行的支出或将要执行的支出）。会计人员设立管理账目，其余额应该由地方会计隶属的高级公共会计师证实，并于 6 月 1 日前告知拨款审核者（如果上年度预算曾经被要求强制审核，该日期为 5 月 1 日前）。拨款审核者设立行政账目，需要有管理账目，并于 6 月 30 日前通知议会寻求通过（如果上年度预算曾被要求强制审核，该日期为 6 月 1 日前，如果是议会选举年度该期限可以推迟至 6 月 15 日）。议会一方面对管理账目进行裁决（管理账目应在每年 12 月 31 日之前提交给地区或地方审计法院），另一方面对行政账目进行裁决（除了在拨款审核者的主持下，此类情况下拨款审核者要在投票时离席）。如果大部分的投票没有反对其通过，行政账目便视为通过，并需在 15 日内的时间期限内通知政府机构（否则行政机构可以向地区审计法院提出起诉，参见 660 段）；1992 年前，时间期限定在 10 月 1 日，而且没有告知不会导致任何直接的处罚。行政账目若未通过但和会计人员的管理账目相符，在地方审计法院发布通告后，可以作为相应地方政府某些应缴税的计算基础。

在大省和大区层面，监督的加强通过省长发布的相关地方情况年度报告、大区区长发布的相应地方选区的政府服务活动年度报告实现。

3.1.4.2 中央政府的监督

658 中央政府的监督有多种形式，然而不会确保监督有效。

事实上，某些监督只是断断续续进行的。有些部委监督机构（参见 377 段）和财政监察总局的监督也是如此。如果这些机构对地方政府的监督职能完全建立，或者是由反欺诈的机构执行（参见 390 段），监督效果会更加有效。然而，从 1982 年起并不是一直都是该情况，这些机构对地方政府监督职能是最近才正式确立的。

其他的监督是连贯经常性的。在财政方面，最重要的监督是地方会计人员（参见 458 段）置于上级会计部门的监督之下。而且中央行政机关也实行监督，产生财政影响的行为（自 1994 年起支付请求也包括在内，参见 458 段）需受到合法性监督，并应该与预算监督联合起来，由中央行政机关和地区审计法院一起合作执行。

3.1.4.3 地区或地方审计法院的监督

659 地区或地方审计法院同时进行的是预算监督（1）、管理监督（2）和对地方政府会计人员的司法监督（3）。

(1) 预算监督

660　　预算监督可以导致地方预算的强制执行。大部分时候强制执行是由行政长官向审计法院提议执行，因为除非特殊情况，行政长官必须在地方审计法院的建议下才能执行此类行动。地方审计法院对强制执行拥有"否决权"，如行政长官对审计法院的否决有异议，可以向行政法院提出诉讼。但是只有行政长官才能做出强制执行的决定，在做出决定的时候可以提出明确的动机解释便可以不采用审计法院的建议（而且审计法院的通告和行政长官的决议都应告知议会，《地方法》法律部分第 1612 条第 19 款）。在以下三类情况下可以开启强制执行（这也导致各级审计法院每年收到的强制执行申请总数超过一千份）。

　　初始预算通过时间延迟（《地方法》，法律部分第 1612 条第 2 款、第 3 款和第 8 款，法规部分第 1212 条第 16 款至第 18 款）从 1982 年起才被批准。如果法律条文中规定的通过期限 15 日后，初始预算仍未通知给行政长官，行政长官可以向地区审计法院"立即起诉"，审计法院（在 1 个月的期限内）公布"公共通告"，列出提议，基本思想便是行政长官（在 20 日期限内）强制执行预算。

　　该假设是唯一不提前向地方政府提出建议和进行催告，而且地方政府在程序中失去了预算权力。

　　实际操作中，很少时间的延迟会导致行政长官向地区审计法院提出起诉，行政长官一般喜欢"友好解决"。

　　预算不平衡会有两个方面。

　　一方面是预算赤字（《地方法》，法律部分第 1612 条第 5 款、第 9 款和第 10 款，法规部分第 1612 条第 19 款至第 25 款），如果预算文件交给行政长官后，行政长官认为预算未实现真正的收支平衡（参见 636 段），便会向大区审计法院提出起诉。

　　行政长官应在一个月的期限内提出起诉，否则任何利益相关人均可在两个月内向行政法院提出起诉，取消讨论收支失衡预算的投票审议会（宪法委员会，1988 年 12 月 23 日塔尔纳省判例，1997 年 5 月 27 日布朗判例，1997 年 7 月 9 日加尔日勒格尔勒市判例）。

　　倘若审计法院认为预算存在收支失衡，会向地方机构提出修正建议。

　　地方机构和审计法院拥有一个月的时间重新审核预算，在此期间地方机构的预算职权会由于被起诉暂停。拨款审核者执行存在争议的预算命令时，其权限限制在上年度行政经费数额、偿还贷款和预算规定的一半投资额度内。

　　审计法院若认为确实收支未能平衡，行政长官可以强制要求重新编制预算，而预算也应受到特殊监督。

预算的修改要告知大区审计法院，下个财年的初步预算（投票通过的期限推迟至 6 月 1 日或者 15 日）应包括强制修正的预算执行余额并提交给大区审计法院。

大量出现财政困难的地方机构选择自愿投票通过收支失衡的预算。各大省的做法旨在让负责人看到其严重的预算困难归咎于行业最低收入补贴（就业团结补贴）方面未收到转移支付以平衡账目，因此某些地方机构如 2010 年塞纳－圣德尼省议会自愿投票通过赤字预算，在行政法院前提出诉讼，反对总理拒绝拨付其要求的补助，并在合乎宪法框架内质疑法律条款，导致宪法委员会之后将其与合乎宪法区别开来（除非地方政府的自由管理未受到阻碍，宪法委员会 2011 年 6 月 30 日第 2011－143 号宪法优先性问题塞纳－圣德尼省判例）。

另一方面是行政账目赤字（《地方法》，法律部分第 1612 条第 10 款、第 13 款和第 14 款，法规部分第 1612 条第 26 款至第 31 款），议会作出决议并告知行政长官。

倘若在规定期限内，议会未能告知账目情况，行政长官可以向大区审计法院提出诉讼，若预算失衡，可以强制要求其修正。而且议会若驳回行政账目，应立即向审计法院提出诉讼（《地方法》，法律部分第 1612 条第 12 款）。地方机构应该在本期财年结转上期财年的预算执行余额（参见第 626 段和《地方法》法律部分第 2311 条第 12 款），否则投票通过行政账目后产生的任何预算决议都会被判为不真实（并应进行预算修正，《地方法》法律部分第 1612 条第 5 款）。

这一点有最高行政法院 2007 年 6 月 4 日海滨圣巴勒市的判例为证。

检验预算数字的真实性后，预算执行出现的净赤字较大（大型地方政府赤字占到预算行政部分收入的 5%，或者人数少于 20000 人的市镇赤字占到预算行政部分收入的 10%），行政长官向大区审计法院提出诉讼。

行政长官就此向审计法院提出诉讼没有期限限制。

审计法院向地方政府提出预算修正方案，可以是多年期方案，以消除赤字。之后的预算应该通知审计法院，预算的执行在等待决议期间受限，审计法院必须向行政长官提出采取强制修正措施。

法律专门规定，省区行政长官可以向中央政府申请预算平衡特别补贴。这也是省区行政长官可以不采纳审计法院建议的原因之一，不过他需要向法官说明其做出该决策的理由。

必要支出在 1982 年 3 月 2 日颁布的法律中定义为"到期债务偿还产生的必

要支出和法律特别规定的支出"（规定中详述到债务应该有确切数字、是否到期且并未有严重的争议）。1982年以前，必要支出源于政府监督办法的规定；1982年以后，又设置了多种机制加以确保（涉及这些机制的相关诉讼约占地方审计法院关于预算监督诉讼案件的一半）。

"大区审计法院只能考察支出对于市镇是否是必要的，如涉及的是应付的、确定的且其来源及金额无争议的债务，无论该债务源于法律或合同的规定，或犯罪或违法行为的赔偿，大区审计法院应敦促该市镇将此类债务列入其预算。如该笔债务的来源或金额存在争议，则大区审计法院应驳回该请求"（最高行政法院，2005年10月14日摩泽尔河畔帕尼城镇判例）。

如不存在足以支付必要支出的经费，则可以将该笔必要支出强制登记入预算（《地方法》，法律部分第1612条第15款，法规部分1612条第32款至第38款）。在此情形下，无论省区行政长官、"相关公共会计师"（"相关公共会计师"这一表述比较含混，可能造成某些困难）还是"任何利益相关人"（特别是债权人）都可以提请地方审计法院进行强制登记。很多债权人迅速发现这种程序极为便利（快捷且免费）（地方审计法院半数以上的诉讼涉及必要支出）。

如审计法院认为该申请理据充分、应予受理，则在收到申请的当月向地方政府发出敦促令，地方政府应在一个月内将其登记入预算，否则省区行政长官可以在地方审计法院的要求下进行强制登记。

大区审计法院若认为请求不可接受或理由不充分（或者该要求并未提交给行政长官），其决议可以约束行政长官（最高行政法院，1988年11月4日瓦勒德萨尔中学判例），但是可以由于滥用权力对该决议提出上诉（最高行政法院，1984年3月23日库埃龙城镇判例，1998年11月18日路易弗洛德霍大众教育组织判例）。如果倘若审计法院向行政长官提出强制执行的建议，行政长官需要在20日内做出决定（最高行政法院，1987年6月26日圣博里约福利判例），但若有理由可以驳回强制登记（最高行政法院，1988年6月10日布里夫—拉盖亚尔德城镇判例）。

倘若当地行政机关在经费充足的情况下拒绝支付，会出现强制支付通知（《地方法》，法律部分第1612条第16款）。债权人提出请求，行政长官必要时可以执行付款（催告后一个月内地方行政机关未支付时，由行政长官强制执行支付。如支付额等于或高于初始预算行政部分的5%，则此期限放宽至两个月）。

行政法院在符合法律规定的条件下（《行政法》，法律部分第521条第1款），可以暂停执行强制支付的命令（最高行政法院，2001年6月29日罗讷国家公司判例）。

司法决议的执行"能强制解决判决的事件"，需遵守特殊的体制（《地方法》，法律部分第1612条第17款）。

如审计司法决议判决地方政府支付该判决书中所提及的一笔款项，则地方拨款审核者应在两个月内通知支付该笔支出，否则可以（且只能）由省区行政长官发出敦促令，如敦促令发出一个月后（特殊情况下可以为两个月）未有回应，则必要时省区行政长官将该笔款项登记入预算，并强制通知付款。

如该司法决议不具有强制执行力（或行政诉讼中的非终审判决），则此时原则上适用关于强制登记与强制通知付款的公共法。这种双重机制有时会造成一些问题。

由于地方政府日益遵守司法决议，该机制的使用越来越少。

无论如何，2003年12月18日颁布的2003—1212号会计指令明确引入了1980年7月16日颁布的与行政逾期罚款和执行公共法人决议相关的法律（《行政法》，法律部分第911条第1款），补充了《地方法》法律部分第1612条第17款的内容。

2005年11月18日最高行政法院的决议（康普罗若承租人和港口管理案例）明确指出，倘若缺乏相关行政机构以确保判决决议的执行，并支付判决决议的罚款，行政长官可以代替这些行政机构执行其职权范围内出售对于公共服务的良好运营并非必不可少的财产，在出现预算经费不足时可以找到履行司法决议所需的收入。这也导致2006年12月6日欧盟颁布了人权决议（第57516/00号），并指责法国没有在有效期内确保国家司法决议的执行，违反了与"法庭权力相关"的公约第6条和第1号议定书（第1条）。

地方机构由于清算延期公共采购而出现的延期支付利息，按照2013年改革后的特殊体制进行，在需强制执行时可以强制支付利息和本金，企业无须提出请求，会计人员可以代替企业执行后续程序（《地方法》，法律部分第1612条第18款）。

上文描述的预算监督体系存在某些特例，仅在某些地方政府（阿尔萨斯—摩泽尔地区、海外省）或某些地方公共机构（教育机构、医疗机构、住房机构和建筑机构）适用。

倘若判决决议是地方政府胜诉，从1994年起地方行政机构在2个月内获得该强制性收入，否则行政长官在催促（1个月内没有执行）后签发强制收入凭证，若有必要可授权会计人员执行后续程序。

（2）管理监督

该监督由涉及所有地方公共领域的大区审计法院（参见409段）实施。

监督对象首先是地方公共管理机构（地方政府、地方公共机构），大区审计法院"确保其会计账目的判决有效"；并逐一当场检查拨款审核者的业务（《地方法》，法律部分第1411条第18款，法规部分第1411条第6款；《财政司法法》，法律部分第211条第8款、第234条第2款，法规部分第234条第1款）。

监督对象其次是地方国有企业，包括地方政府拥有"主导决议或管理权力"的企业（《财政司法法》，法律部分第211条第4款和第5款）。对于地方混合经济企业，由大区审计法院院长决定（或者在某些情况下属于省长的职责范围，《地方法》法律部分第1524条第2款和《财政司法法》法规部分第235条第1款）监督。根据2009年3月25日颁布的《住房保障法》第33条规定、《地方法》关于地方混合经济企业的管理和监督（法律部分第1524条第1款）条款规定，依据2006年7月13日法律设置的地方国有企业也在此监督范围内；2010年5月28日颁布的法律将监督拓展至地方国有企业的开发（《地方法》，法律部分第1531条第1款），因此监督涉及了治理领域、建设、工商业公共服务的经营或者其他与"地方政府及其团体组织职责范围"相关的公共利益活动。

监督对象最后是其他机构，主要是接受地方政府和地方公共机构财政补助（不低于1500欧元）的协会和私人企业，即无论何种法律地位的企业、团体组织和机构。大区审计法院院长确定其监督范围，涉及补助使用的单一账户（补助额不超过机构收入的一半）或者整个补助受益业务。只要地方行政机构在该机构单独或者共同占到资本金的一半以上或在董事会的票数超过一半以上，或主导机构的决议或管理权力，那么该机构便在监督对象之列。

大区审计法院或地方机关对提议的管理审查形成意见报告，最终的报告自1990年起向大众公布，因此该程序拥有政治威慑力，越来越需要规范和"确定管辖范围"（虽然审计法院和立法机构目前不认为该行为可能会出现滥用权力的上诉理由）。在经过双方书面和口头的对质程序之后会形成最终的意见报告，包括相关人员的书面文件，这些文件是保密的，在地方政府选用前3个月内不会公布，并可以在1年内对此进行修改。

管理审查（审计法院院长致函宣布开始至最后提交最终报告都应遵守职业保密原则）第一步是由一位报告官员通过现场调查和查阅文件进行预审（期间可能有审计法院的预审听证会），该报告官员在提交报告之前，需要会见（该会见对于审查私法机构不是强制性的）地方机构的拨款审核者（若有可能还有以前的拨款审核者）。报告呈交给审计法院法官组成的审议团（报告官员也要参加），审议团编制临时的意见报告。相关人员在审查的所有阶段都要有律师在场（经常如此），可以在2个月内提交书面文件，并要求确定最终意见报告（报告数量逐步减少）的审议团听证词。最终意见报告应包含提交的书面材料（附在报告内），并在1个月内通报给相关人，若有可能，通报给附属机构或其财政资助机构；最终意见报告也会提交给一直跟踪该审查的审议团。任何指明或明确的相关人员在

1年之内，可以向审计法院提出修改请求，而修改要反馈给提出请求（可以提出书面和口头的意见）的任何指明或明确的相关人员，之后提交给大区审计法院以做决议。议会在针对2011年12月21日颁布的法律的辩论会上，参议员提出可以对最终意见的滥用职权提出上诉，结果该请求被最高行政法院的判决驳回（1995年12月8日留尼旺省判例和1999年2月8日斯约塔镇判例）。最终意见报告也要上报给国家公共财政部门。

该监督可能会影响地方行政人员的行政职能，尤其是公布实际管理情况（参见414段）。某些情况下，该监督涉及预算与财政纪律法院（参见419段）或者国家监督机关的职责。

在此要注意到预算与财政纪律法院有时试图减少其对地方行政人员行政职能的影响。因此在2006年6月30日滨海埃塔普勒大区市镇间联合会相关行政人员职能的判决中，法院强调"法律监督和公共会计师在实施其监督时有限制"，不能惩罚在公共收支框架内行使其征用权力的拨款审核者，同时法院注意到相关的补助"没有合规的法律理由"，但该局面并没有造成损害。

同样如此："考虑到几名经验丰富的人员离职，相对经验较少的人员接手工作，中学的财政业务受到了影响。拨款审核者未能对相关部门行使行政、预算和财政方面的监督"（预算与财政纪律法院，2011年4月4日莫格利判例）。

这也成为了地方财政的依据（参见400段），大区审计法院不应只编制年度报告（单在审计法院的网站上了解其年度业务报告）。有关地区平衡与地方民主促进的法案规定，大型地方机构的账目的审核（《宪法》，第47条第2款）属于审计法院的职能范围。

(3) 司法监督

662 司法监督（参见407段）是地区或地方审计法院对地方公共会计师的监督（《财政司法法》，法律部分第211条第1款、第2款和第231条第1款，法令部分第231条第18款），或中央职能机关（公共财政总署）"自上"对管理账户进行监督（小的行政机构，如小的地方政府2012年居民人数不超过3500人、且今后年度内居民人数不超过5000人；或者小的地方政府或相关公共机构2012年年末行政账户中的一般收入不超过100万欧元、且今后年度不超过300万欧元；市镇间合作公共机构在2012年人口不超过5000人、且今后年度不超过1万人，2012年的一般收入低于200万欧元、且今后年度不超过500万欧元）。该审核于1988年设立（参见407段），并于2001年和2011年有所修改，涉及的机构有联合会组织、重组协会、地方公共教育机构（2012年起一般收入总额不超过300万欧元）。这种审核解除了大量大区审计法院的判决职责，大部分情况下该判决都由地方账目相关的审核机构决议所代替。

上面提出的收入限额是修改后的 2001 年 12 月 21 日颁布的法律提出的，每五年都要重新估算，从 2013 年起，以除烟草消费外的指数为基础进行估算。

2008 年 10 月 28 日颁布的法律修改了有关账目判决的程序，从此根据法令可以做出判决。

这两个现象解释了判决数量大量下降的原因（参见审计法院的年度报告，尤其是第Ⅲ部分"活动篇"）。

但是地区审计法院可以审查账目以自己做出判决，改正（在某些限制的条件下）中央职能部门的判决决议，这是唯一最终能够做出实际管理的判决决议。

这些中央职能部门可以做出临时的然后是永久的判决决议（或者移交证明书决议），并通知给地区审计法院。在 6 个月内，行政长官或会计人员可以对此向地区审计法院进行上诉，地区审计法院可以在 6 个月内审查并更改判决决议。如果超过 6 个月的期限，只能向审计法院上诉再审（错误或遗漏、假账或者重复记账），或者发现管理问题再上诉。对于欠款（和罚款），相关职能部门做出临时决议，之后将决议通知给审计法院。

至于其他方面，地方会计师要遵守第 2 部分第 1 章提到的普遍原则和特殊原则（审慎原则、勤勉原则等）（参见 454 段和 457 段）。

3.2　地方财政技术

663　20 世纪 80 年代中期，法国对地方财政技术进行了深入改革，这使得地方政府的财政技术不断发展变化。这次改革的目的在于使地方财政技术尽可能贴近 1982 年制定的《会计基本准则》（此后于 1999 年修改），该《准则》为会计从业人员设置了新标准；此外，此次改革还在地方公共部门中引入了一些新的财政技术方法，以便能对地方财政进行更好的管理，更准确地反映地方的财政状况，并达到不逊色于私人部门的财务管理水平。

这些改革使得 20 世纪 80 年代末，地方医疗卫生和工商业领域适用的会计方面的法律文本被大规模修改（主要包括 M4 号会计指令[①]和相关衍生指令，其中

---

① 译者注：法国 1982 年的《会计基本准则》是私人领域的会计从业人员需遵守的准则。而公共领域的会计准则称为"会计指令"，每类公共机构的会计人员需遵守的会计准则，或者说针对每类公共机构的会计准则都不一样，由 M＋数字加以编号，分得非常之细。例如 M14 号是针对市镇的会计准则，M21 号是针对医疗卫生类公共机构的会计准则，M71 号是针对大区的会计准则等。

适用于供水和污水排放领域的 M49 号会计指令几乎完全参照了商业会计准则）。之后，住房领域的会计法律文本也被加以修改，其中一个显著的创新之处是 2007 年设立了住房办公室（据 2007 年 2 月 1 日法令；其中一部分住房办公室采用商业会计准则）。

从 1997 年起，行政领域适用的主要是 M14 号会计指令。该指令适用于所有市镇（即适用于市镇的行政性部门）和市镇联合体，经过某些调整后，也可适用于市镇的行政性公共机构（如市镇社保中心或多个市镇的联合社保中心，以及学生资助机构）。

2003 年 2 月 19 日法律的改革延伸到各大省，从 2004 年起，该法律作为 M52 号会计指令的大框架，在 2006 年 12 月 1 日形成体系。2005 年起大区开始实行 M71 号会计指令。

M14 号会计指令自 1997 年实施后便有许多次修改。例如，居民人数在 500 名以下的市镇，其公共会计方法可以适用不同的机构。

该会计指令（连同社保中心和学校基金适用的修改版本）基本适用于所有的市镇及其社会团体。涉及商业活动的会计指令包括 M41 号（针对电力和燃气供应领域）、M42 号（屠宰场）、M43 号（交通运输）、M44 号（地方房产公共机构）、M49 号（供水和污水排放）等。而修改后的 M4 号会计指令则针对上述这些活动以外的其他商业活动（机场、殡葬业、电缆通信等）。M832 号会计指令适用于管理中心，而 M1 号－M5 号－M7 号会计指令适用于联合会组织，2013 年 12 月 31 日该会计指令取消后，这些机构便开始使用本适用于 500 名居民以下市镇的 M14 号简版会计指令。其他值得在此提及的会计指令：M61 号会计指令适用于大省消防领域，M31 号会计指令适用于采用公共财务制度的住房办公室，M21 号会计指令适用于公共医疗机构，M22 号会计指令适用于公共社会或者医疗社保机构。

议会提出的公共财务制度标准化（参见 451 段）通过后才开始实现财务制度方面的标准修改。在所有的公共财务制度方面如此，地方的财政债务和衍生金融工具，或者历史文化财产均改变了财务方法。自 2012 年起，基本的账目监督便是由国家地方公共账目委员会执行，该委员会由财政法院、财政总署、地方总署和代表地方的主要组织（法国市长联合会、法国各省联合大会、法国大区联合会、法国社区联合大会，还包括一些更专门的组织，如大型城市市长协会、中等城市联盟等）组成。该委员会被认为在全国有效地推广并普及了一系列的财务制度的"正确做法"。

会计制度的调整可以出于各种不同的考虑，包括谨慎性考虑，如将必要举债与其偿还以及相关预算储备纳入考虑；或出于根据新情况进行调整的考虑，如将未来招聘新人员所需的相关经费或开征新型税种（如货物运输车船税、企业增值税相关捐税平衡基金等）的情况纳入考虑。

法国（经常以法令的形式）已引进新的预算和会计制度，以鼓励构建新型地方政府财务制度。

会计制度改革不仅会产生新的财务制度（3.2.1），还会形成新的预算（3.2.2），其影响力通过现行的信息技术（3.2.3）革命而推广。

3.2.1 财务制度

664 根据预算和财务制度管理第 2012—1246 号法令第 56 条面向所有公共机构重申的一项原则，由地方会计人员单独执行的（一般）会计业务也应遵守通用会计准则，以便使地方账目能够有所统一，也使它们能够更接近于其他公私会计账目，并从而更便于将其纳入国家账目中。该条规定："适用的通用会计规则，除因业务活动的专门性不同而造成的区别以外，不得区别于企业适用的会计准则。"而第 57 条更明确指出："企业法人因遵守会计准则而使其账目的质量有保证。"

665 在 20 世纪 50 年代到 60 年代期间，地方公共财务制度开始接近 1947 年和 1957 年的基本财务制度规范，80 年代到 90 年代期间接近 1982 年的基本财务制度规范（目前是 2014 年基本财务制度规范）。一般而言，M14 号、M52 号和 M71 号会计指令（参见 663 段）的改革使所有的市镇、大省和大区都适用新的财务总规范（3.2.1.1），而 3500 名及以上居民的市镇、大省和大区则遵守新的财务原则（3.2.1.2），这必然对财务报表（3.2.1.3）内容产生影响。

3.2.1.1 财务总规范

666 财务总规范出自适用于市镇、大省和大区的 M14 号、M52 号和 M71 号会计指令，其原则也是以适用于私人领域的《会计基本准则》为基础的（该准则的简化版用于 500 名居民以下并不想采用完整会计准则的市镇）。不过由于地方政府乃是公共部门，因此需要对该准则进行某些调整，从而引入了某些在私人财务制度没有的账目（首先便是引入了税收收入相关的账目），并相反地排除了某些于企业而言很重要的部分（首先便是公司资本），并在某些情况下打破财务制度的惯例原则（比如投资部分的投资补贴记账原则）。这应该区分资产负债表账目（1）、损益表账目（2）和特殊表账目（3）。

（1）资产负债表账目（第 1 类～第 5 类）

667 资产负债表账目描述了资产的变化状态，可以大概将其分为两大类。

预算账目同时出现在会计人员的账目（管理账目）和拨款审核者的账目（预算和行政账目）中。这便是大部分的资产账目（第 1 类，除了账目 11 和账目 12 的转入下年度的金额和年度余额）、固定资产账目（第 2 类）和大部分的股票账目（第 3 类，除了账目 32、账目 27、账目 392 和账目 397）。而且，从 2005 年起，大量涉及资产的命令交易（其他人拥有支配权的财产、某些准备金等）根据情况，可以不列在预算中。

现金流量表账目涉及现金的流动，根据拨款审核者和会计人员职位分离的原则，该账目大部分都是属于会计的范畴，并且不会出现在管理账目中。这便是第三方账目（第4类）和财政状况表（第5类，尤其是账目515——地方在国库的账目）。自从M14号会计指令颁布后，某些账目——第三方账目贬值操作相关账目（账目454、账目456～账目458）、转入其他几个年度的金额相关账目（账目481）、第三方账目贬值的准备金账目（账目49）或者财政账目贬值的相关账目（账目59）——可以列入预算中，允许地方机构的特别后续监督。

（2）损益表账目（第6类和第7类）

668　　该账目描述本财政年度的行政活动。该账目都是预算性质类的，包括费用账目（第6类，包括支付的行政补助——账目657、特殊行政补助——账目674，及支付的设备补助——以前记录在第1类、后来记录在第6类、现在记入第2类"不动产账目"）和收益账目（第7类）。

（3）特殊表账目（第8类）

669　　该账目记录表外的业务（尤其是公债担保）、按时间列出的分期还款和保证金业务（参见671段）和无效账款（不属于该地方拥有的票据或者不立即记入资产的票据）。第8类之前阐述的是本年度的行政余额。该余额在账目12中可以查到（第6类和第7类出现的年度余额），然后依据该年度的财务状况和决议并根据情况，通过将盈余或亏损计入下期（账目11）保持收支平衡，或者将盈余计入资本公积金（账目1068：行政盈余资本化）。

3.2.1.2　财务原则

670　　大区、大省和3500位居民及以上的市镇必须遵守某些源自商业财务制度的财务原则，但是要注意的是有时这会使财务原则既有教学性质又有真正的操作价值。然而，地方政府规模无论大小，只要愿意都可以超过法律文本规定的最低要求，更加接近真正的资产管理。这些地区既要遵守审慎原则（1），又要遵守真实原则（2）。

（1）审慎原则

671　　该原则导致了计提固定资产折旧费或无形资产摊销和准备金机制的发展，这之前都是非强制性的（除非特殊的情况），现实中很少操作（或者有时候规定仅仅只是会计人员的通知）。因为传统以来都认为这没有什么效果，理由是地方政府和其他公共机构与企业是不同的，拥有税收权力，能够一次性取得维持其资产的必要收入，其财务状况并不基于资产，而是基于每年征收的税收（或者可能获得税收支持补贴）；何况折旧和准备金并没有税收收益，而且构成对地方议会决定当年税收额度之权力的一种限制（因为地方每年必须自动征收一定数额的税收用于计提折旧费与准备金）。不过，由于某些地方政府财政紧张又尽量避免举债，从而推动了最低征税额机制的设立,并由相关地方政府自由地加以补充。

大型市镇(3500位居民及以上)及其团体组织必须在一些固定资产上实行计提折旧费或摊销,包括拥有使用权或分配的固定资产。因此这涉及的是除了艺术收藏品以外的动产、生产性的不动产和除了可续交的学费和注册税之外的无形资产。某些资产的计提折旧或摊销并不是强制性的,如少于3500位居民的市镇的所有可计提折旧费或可摊销资产。实际操作中,对财产价值需要正确估值,而对古迹资产或/和非商业性资产其实是很难估值的(凯旋门、埃菲尔铁塔或者阿维翁桥的价值是多少)。

大省所有2004年之后获得的(有形或无形)固定资产均必须计提折旧费或进行摊销,包括拥有使用权或分配的固定资产,道路和下水道例外(计提折旧费或进行摊销是非强制性的)。不包括的事项有大省拥有所有权、并重新拥有使用权或分配的固定资产,除了矿地之外的土地、艺术及收藏品。

大区所有的(有形或无形)固定资产均必须计提折旧费或进行摊销(2009年12月31日颁布的第2009—1786号法令),例外事项(道路和网络)和不包括的事项同大省一样。

折旧费的计提基础是"历史价格"(即购入价格)。至于折旧方式,当地议会机关可以采用平均折旧、递减折旧或可变折旧(即实际折旧)。所有已开始的计提折旧的固定资产,除非出现转让或出租等情况,否则必须持续到底。议会也可以为那些低价值资产或在一年内消耗完的快速消耗的资产规定单独的折旧期限。同样,由议会为每一样或每一类资产规定折旧期限,为此它可以参考由主管地方事务的部长和预算部部长命令规定的折旧计算表。不过,某些资产的折旧或摊销是有强制性的期限的。比如,针对市镇一级,科研经费摊销的最长期限为5年;至于设备补贴,如受益人为私权法人,最长期限为5年;受益人为公共机构时则为15年;城市规划的相关经费最长摊销期限为10年,等等(《地方法》,法规部分2321条第1款)。针对省一级,关于科研经费的最长摊销期限,如科研项目成功,则该期限为5年,如项目失败,则立即全部结束;设备补贴与市镇一级的规定相同(《地方法》,法令部分第3321条第1款)。针对大区一级,相关规定与省一级类似,尤其在科研经费和设备补贴方面基本相同(《地方法》,法令部分第4321条第1款)。由地方政府拨发的设备补贴的摊销制度,可以经咨询财务制度规范化委员会的意见后进行调整。财务制度规范化委员会将设备补贴的摊销与无形资产的摊销统一起来,并使设备补贴的摊销期限接近于该补贴所投资的设备或资产的使用寿命期限,如该资产为动产,则最长期限为5年,如为不动产,则最长期限为15年(2011年12月23日第1951号和第1961号法令)。

公共准备金(用于风险、资产贬值)的规定遵守以下机制:
- 大区可以使用,如果出现风险或者贬值(《地方法》,法令部分第4321条第 2 款）；

• 大省可以使用，如果出现风险或者能够察觉到贬值（《地方法》，法令部分第 3321 条第 2 款）；

• 市政在以下三种情况可以使用：市镇认为债务或者分红可能会出现不可收回或贬值的风险；若在法律诉讼中，市政认为可能会出现费用，而且可能根据财政风险会产生费用金额；如果在第三方账目需要收回的余款遭受损失，市镇通过公共会计师通知的信息预计可能会出现收不回的风险（《地方法》，法规部分第 2321 条第 2 款）。

"一旦出现被证实的风险"，其他准备金便可以使用。

对于大省和大区，准备金记录在非预算账目的投资部分。这其实是延时的自有资金。

市镇遵循这种半预算制度，除非它决定将所有经费都列入预算。不过，它仍然可以在风险出现之前的数个财年中设立一笔准备金，以应对可能出现的风险。

该准备金依据风险的变化情况每年度进行调整。如果风险已过或者该风险不可能再发生，则可以收回该准备金。准备金报表需阐述准备金的金额、变化和使用情况。

要注意的是，大省需要在账目表中建立账目 152"公债的风险和费用准备金"。

地方投资方面，自有资金其中一部分需要由折旧费和准备金来确保，且该部分所占的比重越来越大。

从会计学的角度看，折旧和准备金属于行政部分的支出，因此投资部分必须要有相应的收入，以用于资产折旧和准备金计提，除非实施的是半预算制度。

由于这些折旧费和准备金是由行政收入（特别是税收）支持，因此法律专门作出规定，以防止这种做法导致税负过度增长。

市镇、省和大区（根据情况）可以或必须将它们的某些投资收入（特别是城市规划税和收到的设备补贴的一部分）转移到行政部分。它们也有时也可以用于"抵销"某些折旧费或准备金。

(2) 真实原则

2008 年 7 月 23 日的《宪法（修正案）》强化并巩固了该原则，将某些财务制度原则提升至宪法层面。地方政府的账目应该和中央政府账目、社保管理账目一样，需要合规并真实，能够真实反应账目的管理、资产及财政状况（第 47 条第 2 款）。实践中，该原则要求 3500 位及以上居民的市镇、大省和大区都要提供本年度的行政费用和产出附表（对余额有"很大影响"），在该年度有劳务支出（即使该支出仍未强制通知）或者财产购入（即使购买的财产没列入资产）一并记入附表，以防止每年度的余额不会由于通知支付的数额（或收入票据）出现时间延迟而有误。

拨款审核者因此在财政年度末（也就是说在上年度预算执行期间，参见 626 段）发出该年度交易产生的付款通知或者附属凭证，调整在下个财政年度进行（在下个年度采用"红字冲账"方式进行）。

真实原则同样会导致预算会计的记账和分配方式的修改，参见 691 段和 692 段。

3.2.1.3 财务报表

673　主要的财务报表是会计人员每年提交的（数字）管理账目及其说明文件（附带票据的管理账目）。该账目主要是在财务技术支持的条件下阐述预算的执行和地方的财务情况。

该账目包括三个部分。

第一部分描述预算的执行（费用支出情况、支出和收入状况、执行中预算的余额、主要预算和附加预算的余额；在 3500 位及以上居民的市镇和大省，需要按性质分类和按功能分类的报表；参见 675 段和 682 段）。

第二部分叙述普通会计准则下的财务状况：财务总表、损益表（本财年的运营情况，分别列出当年非金融性收益、当年金融性收益和特殊收益）和资产负债表（资产、负债和上个财年的赤字），该资产负债表的显著特征便是要完整而真实地反映资产变化。

第三部分阐述无效账款的情况。

3.2.2 预算

674　拨款审核者及其下属工作人员所编制的预算，根据市镇和大省的规模和意愿，是按性质分类的预算（3.2.2.1）或者按功能分类的预算（3.2.2.2）。其执行遵守更严格的预算会计制度（3.2.2.3），而且从两个方面呈现出的预算的总体规则均由法律法规规定，增大了预算时间表（3.2.2.4）的重要性。结果，中央政府在这些年来寻求简化这些机制，尤其是通过市镇的单一预算计划。

3.2.2.1 按性质分类的预算

675　对于人口少于 10000 人的市镇必须按性质分类，对预算进行投票，10000 人及以上的市镇、大省和大区可以自行选择；居民为 3500 人及以上的市镇、大省和大区若使用按性质分类预算，需要以信息补充的方式提供按功能分类方面的信息。该预算分为两部分（1），部分下细分章节（2）、章节下细分科目（3），还有可以综合分析相关运营情况（4）的表格、预算信息（5）和分开陈述的附加预算（6）。

(1) 预算分为两部分

676　财政运营依据是否对资产产生影响可以分在行政部分（过去的"普通部分"）或者投资部分（过去的"特殊部分"）。

这种区分不一定容易，有时是按习惯的标准来区分。传统上最主要的习惯标准是资产的价值，或维修规模的大小，近来也有按某些投资补贴的类型来区分。

除了要证明其持久性，单一价值的实物不含税价格低于800欧元列在行政部分；而且改善性支出（大型支出，修缮屋顶、粉刷建筑外墙和扩宽十字路口）被视为投资支出，而维护性支出（小型支出，检修屋顶、粉刷建筑内墙和路面的翻新）被视为行政支出，该区分可能会导致一些困难，例如，涉及增值税补偿基金规定。投资补贴记录在投资部分，2005年之后被列入行政部分，大部分的地方政府目前将其记录在投资部分（投资补贴与受补贴资产的折旧期限相关，最长折旧期限为15年）。

根据地方政府独特和惯用的原则，不允许将某些资产进行转化以用于行政支出。两个部分之间的转账（即命令转账：参见679段），通常是从行政部分转向投资部分。

两个部分之间转账主要涉及把折旧费和准备金补贴列入预算后（参见671段），记入投资部分的收入（通过行政部分的支出）。出让不动产的收入会列在预算案中投资部分的章节024，但在预算中的职能仅限于预估，其执行在行政账目中有具体阐述，但该收入最初记录在行政部分中，之后被"归还"到投资部分。因为地方政府不允许为了行政运营而减少其资产。最后，自M14号会计指令颁布后，从行政部分提取的资金（如今称为"向投资部分的转账"）以后不再结算。

然而存在从投资部分向行政部分转账的可能性（自M14号会计指令颁布后该概率增大）。

该转账主要涉及计提折旧费和准备金的结转，将某些投资部分的收入（尤其是城市规划税收入和某些设备补助）转到行政部分。市镇可以购置某些不动产（公共事业代管的投资工程）或者负担后面年度将要承担的费用（该费用将由投资部分名为"几个年度分摊的费用"账目481进行"偿还"，该账目可以临时负担所有费用），这些数额都会在行政部分体现。

(2) 部分下细分章节

677　每个部分下面都分章节，基本上，市镇的（按性质分类）会计账细分两位数的章节（特殊情况下位数会更多）。

例如行政部分分为数十章，其中重要的有章节 66 财政负担（特别是其中的公债利息一节）、章节 68 折旧费和准备金补贴、章节 73 征收的税收和章节 74 收到的补贴和分红。同样，投资部分的章节 10（补贴、各种基金和准备金）和章节 13（接受的投资补贴）阐述了以投资名义接受的转账，章节 16 公债和 OAT 国债（这些为收入，不过其分期摊销为支出）、章节 21（有形资产）和章节 23（在建资产）构成主要的设备设施支出（由资产购入、新建和大规模修复等构成的固定资本形成总额），并作为增值税补偿基金拨款的计算基础（参见 714 段）。也要注意到之前的账目 481 "几个年度分摊的费用"目前记录在省级预算章节 040 和账目 656（议员们的费用）之下。

这一原则有两类例外情况，这些例外的章节（或预算项目）以数字 0 开头。
首先是包含多个会计账目的综合章节。综合章节设立的目的在于能够拥有更整体的视野和更柔性的管理。

除账目 010（市镇储备、省一级的最低生活保障金）以外，这些章节涉及行政部分，包括一般性的支出（011）、人事支出和相关费用（012）、税收减返（014，在预算中属于支出，但在中央总会计分类中记为第 7 类）、支出减返（013，在预算中属于收入，但在中央总会计分类中记为第 6 类）以及省级最低生活保障金（015）、老年生活自理个人津贴（016）和就业团结补贴（017）等保障金的运营收支。至于章节 024 "资产转让收入"则只列出预计的资产转让收入，但并不记录资产转让具体执行产生的收入。

其次则涉及那些包含未列在会计准则中（或会计准则中无确切对应物）的财政运营的章节。会计准则之所以未列出这些活动，主要是因此这些章节的活动是预测性的，并未有后续结算。

其中最主要的是章节 021 "向行政部分的转账"和章节 023 "向投资部分的转账"，它们都不能产生后续的会计结算。此外主要还有涉及未预见的支出的章节（020 和 022，它们也不能导致通知付款，而只是转移到承担支出的章节中）和将上一年度的盈亏差额结转到当年的项目（001 和 002，它们遵循特定的预算会计制度）。另外，章节 024 "资产转让收入"在预算中只是一个预测性的章节，其具体执行则采用更为复杂的方式。

另外，在投资部分，议会可以决定让一个章节对应一个设备设施运营项目。所谓"设备设施运营项目"，即"不动产的购买、整修以及为确保一项或多项同性质的工程的施工而支付的相关研究费用"。自 2005 年 12 月 27 日法令颁布以后，这种操作项目还可以包括支付的设备补贴款（《地方法》，法令部分第 2311 条第 4 款；M52 号会计指令）。

这类章节由议会分配一个特定的编码，并依此跟踪该项目，直至其完工。

这种按项目表决的做法是 M14 号会计指令的修改所带来的创新之处，它可以使管理更为灵活且更清晰。由此，也可以将一些理论上属于非专门性的科目（涉及土地的购买、为该建筑配备的动产的购买以及专门拨予该设施的收入如补贴、贷款等）纳入同一个章节。不过，这项技术只针对设施（而投资的金融项目则不能采用该技术）且只是一种特殊的手段（某些设施项目并不专门列成一章节）。

(3) 章节下细分科目

678　　章节下（除了例外情况）细分为科目，即对应相关章节的（按性质分类）账目表细分科目。对于少于 3500 位居民的市镇，章节只允许细分到第四级。

细分小类可以一直到第六级，这已反映了对行政机构来说按科目分类是多么的有局限性。

(4) 运营情况

679　　至于各项财政运营，则按不同的方法在预算中被加以综合介绍。

必要时，预算中会包含一个表格，概述上一财年的盈亏差额并详细说明上一财年待执行的事项（关于差额的填补，参见 691 段）。其后是一份财政平衡表，旨在对预算进行经济和财产上的介绍，并按性质列出行政部分（一般运营、金融运营和特殊运营）和投资部分（设施支出、自有财源、确定的或未确定的外部财源）运营的大类，说明预算各部分和各财年之间的联系、余额及融资模式，还对实际运营（实际运营影响到地方财政状况并决定预算的体量）和一般收入支出命令反映的运营情况（即只在预算内的部分间或同一部分内的收入和支出间进行经费转移）做出基本区分，这两者结合起来总称为"预算运营"。之后，则是一份对各章节进行概述的试算平衡表，每个部分前面有一份总体介绍（并回顾上一份预算的情况）。如涉及的是 3500 人以上的市镇、省或大区的预算，则之后还有一份按性质和功能交替介绍的附录（参见 682 段），该附录自身又包含一份按大类和功能分类的总体介绍，以及一份按章节和功能对每个部分的介绍，然后在每个部分中，对每个功能进行详细介绍。另外，每个市镇的预算还包含一份对总预算、附加预算、社会活动中心和学校预算的综合介绍。

(5) 预算信息

680 主要信息体现在预算本身中，包括地方的统计数据、财税方面的指数（财税潜力）、费用支出，而且 3500 名居民及以上的市镇、大省和大区从 1992 年 2 月 6 日法律颁布以来还必须包括用于估算的比率、地方的财政状况（《地方法》，法律部分第 2313 条第 1 款，法规部分第 2313 条第 1 款）。其他的信息体现在预算附件中，根据地方规模不同，其信息数量和内容也各不相同。

大型地方政府的预算附件可以超过 20 个（但是某些附件仅附在行政账目中），小型市镇的预算附件主要是债务和流动资金状况、债务担保、购房和租房分期付款合同、人事情况以及直接税税率方面的决议。对于 3500 名居民及以上市镇、大省和大区，预算附件还需有分摊在几个年度准备金和费用，所有的市镇还需有议会成员签字的页面。

1992 年 2 月 6 日颁布的法律和 1993 年 3 月 27 日实施的法令在 2005 年有过补充和修改（《地方法》，法律部分第 2313 条第 1 款，法规部分第 2313 条第 1 款），要求 3500 位居民及以上的市镇、大省和大区需制定财政比率、反映地方账目及相关账目总体情况的附件、地方团体组织账目的综述、（按照要求）监督机构对大量援助受益机构（补助超过 75000 欧元或者补助在机构的账目上占到了收入的 50% 以上）审核的资产负债表。

(6) 附加预算

681 附加预算其特性是通常有自身的结构，分开陈述。由于其主要涉及增值税相关的交易和业务，或者工商业性质的预算（尤其是供水和卫生，M49 号会计指令有规定），（完全或者部分）遵守商业财务制度的原则。附加预算还涉及社会和医疗社保领域（M22 号会计指令）、领土规划和整治、公共管理服务的代管（参见 629 段）等。

而且，自 1992 年 2 月 6 日法律颁布后，3500 位及以上居民的市镇的行政账目需要有一般预算和附加预算余额的合并账目（所有预算附件中的结转和并入）。

3.2.2.2 按功能分类的预算

682 10000 位居民及以上的市镇从 1997 年起，大省从 2004 年起，大区从 2005 年起，便可以自由选择是否采用按功能分类的预算，议会在每个任期的初期可以修改该选择。选择预算按功能分类投票通过的地方政府（目前 900 多个地方政府采用该方式，包括所有大区、20 个省和 80 个市政——资料来源：《法国公共财政杂志》第 129 期）需要提供按性质分类的信息补充预算。

预算按功能分类投票以前是强制性的，目前作为非强制的选择，在多次激烈讨论和许多切实的变更后才保留了下来，已经完全修改了预算的功能总表（1）

及结构（基本财务制度是预算按照性质分类），附件中有按功能分类的章节（2）、非按功能分类的章节（3）和其他信息资料（4）。

(1) 预算功能总表

683 无论是在按功能分类的预算还是在按性质分类补充说明分类的预算中（参见675段），如今的功能总表已经完全不同于过去大型地方政府所使用的预算功能目录，因为它参考了法国国家统计局、国际组织和欧盟机构出于经济统计目的而采用的政府功能目录（NFA），以便将各种政府机构的活动都纳入其中。不过，这种政府功能目录，至少在理论上，并不能确保完全适应地方预算管理的需要。这一点，在预算功能总表最新的版本中，也已被纳入考虑。

总表目前有10个大功能类别（第一级），细分为小功能类别（第二级）和栏目（细分中第三级，并不是所有的小功能类别都有该栏目）。市镇、省和大区预算按功能分类如下：0. 地方公共行政机构的基本公共服务（省级和大区级预算的第0类为"基本公共服务"）；1. 公共安全与卫生（省级预算的第1类为"公共安全"，大区级预算的第1类为"职业培训与技术学习"）；2. 教育与培训（省级和大区级为"教育"）；3. 文化（省级和大区级为"文化、社会生活、青年活动、体育与娱乐"）；4. 体育与青年活动（省级为"卫生防疫与社会问题预防"，大区级为"卫生与社会活动"）；5. 卫生与社会介入（省级为"社会活动"，大区级为"国土整治"）；6. 家庭（省级为"网络与基础设施"，大区级为"保留职能"）；7. 住房（省级为"国土整治与环境"，大区级为"环境"）；8. 国土整治与城市服务（省级与大区级均为"交通"）；9. 市镇级与大区级预算为"经济活动"（省级为"发展"）。

(2) 按功能分类的章节

684 与某一功能相关的预算执行被纳入相关功能章节，该章节的编号以相关功能的编码结尾。不过，在同一功能中，也区分行政章节和投资章节，因为预算部分间（按性质）进行的基本区分以及由此引发的结果被加以保留（参见676段）。

按功能分类的预算中（对应数字为9），市镇的投资部分还有章节900～909（90组：设备项目），行政部分还有章节920～929（92组：个性化的公共服务）。例如，在大功能类别第2项教育中，章节902教育（投资部分）和章节922教育（行政部分），通过简单的相近分组，能够概括性地呈现其功能（之前的系统没有该功能，在投资部分没有发挥作用）。在大省，整体结构是一样的，但是设备项目被分为两组：90大省的设备和92非大省的设备。大区的结构也是相似的，从章节900～909。

这些章节细分为科目，对应的是更加具体的分类（小功能分类），并对应着相应的功能（参见683段，或者补助按每个受益者分类）。

然而，在投资部分，如果议会审议同意，科目（其对应章节不再是按性质分类的）可以对应着设备项目，会有相应的数字并入章节的编号中。

（3）非按功能分类的章节

某些收支不能划分入某个特定的功能内，这是按功能分类的预算的缺点，于是只能记在非按功能分类的章节，其内容（M14号、M52号和M71号会计指令中确定）基本上遵循按性质分类，此处只是区分投资部分和行政部分。

在按功能分类的预算中（对应数字为9），主要有两个非按功能分类的组。投资部分中的91组"非分摊交易"包括记录收入和支出章节（标题有点误导人）：资产交易（章节910）、债务和其他金融交易（章节911）、未定向分配的补贴、补助和分红（章节912）、未定向分配的税收（章节913）和部分之间的转账（章节914）；行政部分中的93组"非分摊公共服务"，大部分时候既包含记为收入的章节也包含记为支出的章节：金融交易（章节931）、未定向分配的补贴和分红（章节932）、未定向分配的税收（章节933）、部分之间的转账（章节934）、议员们的行政费用（章节938，仅有支出）。

在此加入预估章节（并不是一定后续有收支发生，章节918和章节938）和不可预料支出章节（章节919和章节939）记录行政部分可能向投资部分的转账，以及涉及第三方账目的设备收支特殊章节（章节915～917的细分）。

自从M52号会计指令适用于大省，编号便出现了不同，非分摊章节是92组（投资部分）和94组（行政部分）的变组，特殊的章节和95组有关。

M71号会计指令关于大区的部分，章节的结构有点不同：90组和93组是投资和行政部分的非分摊交易，92组和94组是同类型的非分摊交易，95组是未执行的支出。章节900～909是投资部分，章节930～946是行政部分（章节953是未执行的支出）。内部结构反映了大区职能方面的特征：章节900是基本公共服务，章节901是专业培训和学艺，章节902是教育，章节903是文化、体育和休闲，章节904是医疗卫生和社会活动，章节905是领土整治，章节906是"其他职能"，章节907是环境，章节908是交通运输，章节909是经济活动。

这些章节除了例外情况，按性质细分为科目，这些对应相应章节中账目表的细分科目可以一直细分到第七级。

M14号会计指令去除了"简介支出和收入"方法，该方法在M12号和M51号会计指令的框架内实施，不但是关于行政总费用使用的（在某些章节）部分记账，而且还有将费用分在行政部分章节中，以便得出确切支出的方法。该方法纸面上很吸引人，实际很复杂，实施起来不尽人意，尤其是缺乏足够真实并能分配总费用的方法。

(4) 预算的其他信息资料

686 预算的其他材料（其中自然也包括综合介绍性质和功能的材料）主要是那些供大型市镇在表决其按性质分类的预算时做参考的材料（参见675段）。各市镇的此类材料大致相似，只有某些整体概况有所不同。在表决按功能分类的预算时需要将这些整体概况纳入考虑。

通过按功能分类和分组的章节，我们对预算会有个大概的了解。而财政收支平衡表（如同按部分陈述的一览表）是以章节的形式出现（区分实际交易、命令交易、本年度的交易和之前的余额），但是都要在行政和投资部分之间按经济性质分类，而且试算表也要按性质制定（市镇财务总表的账目）。

3.2.2.3 预算会计制度

687 预算执行的财务制度，也称为"预算会计制度"或者"管理会计制度"，由拨款审核者（简单部分）负责，需要阐述公共支出（尤其是简要地阐述公共收入，参见67段）。

对支出承诺款，应确保通过会计支付承诺"冻结"住地方政府具有法律效力的承诺所需支付的必要款项，以便随时知道实际上可动用的款项（扣除预算中的承诺经费）。

该制度主要是用于预算管理，长期被忽视。其强制性特征（之前是《市镇法》法规部分第241条第11款，后来成为《地方法》法令部分第2342条第10款）在1992年2月6日法律中有阐述（《地方法》，法律部分第2342条第2款、第3341条第1款和第4241条第1款），并在1996年4月26日决议中有系统描述，尤其规定预算监督机构可以向地方政府要求查看支出明细表。

另外，由于地方政府一财年内的收支必须保持平衡（参见626段），因此它必须明确列出当年应支付而尚未支付的支出，以及当年应征收而尚未征收的收入。

会计人员，应确保能够将拨款审核者发给他们的支付令和征收令按时间顺序或按项目进行清查。

这些支付令和征收令包含对相关预算执行的三个识别区域（可以按性质、项目或功能进行识别），这使这些命令的接受者可以将依照功能预算发出的支付令或征收令，按性质记入其会计账目中。

该一制度也规范着行政账目的预算会计（参见691段）。

3.2.2.4 预算时间表

688 M14 号会计指令提升了预算时间表的重要性，时间表实质上包括四个阶段。对于 3500 名及以上居民的市镇、大省和大区来说，预算草案在年度预算总纲领和规定多年期费用辩论之前必须准备好，而且要在预算审查前两个月的期限内准备好。四个阶段具体如下：初始预算（1）、修正预算（2）、行政账目（3）和余额的结转（4）。

（1）初始预算

689 议会首次（按栏目）投票通过的预算，在每一部分后面列出行政机构的新提议（有可能投资里包括上个年度要结转的余额）和之前的预算数字（或者在小市镇预算中的投资部分出现上年度要结转的余额）。

（2）修正预算

690 追加预算或者修改决议（参见 626 段）只考虑修改过的账目，采用初始预算同样的结构（按栏目出现），但是用修改后的预算余额代替上年度预算余额。其重点在于要将上年度的余额和结转金额加入本年度预算中。

（3）行政账目

691 拨款审核者在本年度结束时建立行政账目，该账目实质上有四个目标。

该账目（以"预计款"为题）记录（最终）预算收入和支出的预测，需要同预算分类一样细分（附有同样的信息，但在年度末需附上更多的附件）。

该账目汇总了本年度的收支情况，即支付通知和收入票据情况（因此对于大型市镇的行政部分预算，支出和收入都要附在已完成的年度预算案中）。

这些收支情况决定了每个部分（考虑到上个年度结转的赤字或盈余）在议会审议后转入本年度的执行余额中（赤字或盈余，参见 692 段）。

这些收支情况不考虑预估预算的章节，而且尤其从 M14 号和 M52 号会计指令颁布后，不考虑行政部分转向投资部分的预计额（以前一般收入的提取款），虽然该预计额（为了收支平衡）记录在预算里，但是在执行中不能记入账目中，因此每个部分的余额都是暂不考虑的（仅作为历史记录）。在更一般的情况下，该行为会导致行政部分的执行出现盈余、投资部分的执行出现赤字因此在下个年度这需要做平账处理（参见 692 段）。

以前，预算规定的一般收入提取款是在对行政支出和投资收入的结算之前便已提取。这样，即使行政部分并未产生足够的盈余来支撑这一提取款，也依然可以提取。但这会导致对预算执行结果的估计出现差错。

该账目描述了未完成的收支，即未通知支付（或者未计入本年度）的费用支出和未有征收凭证（或者未计入本年度）的收入。

这些待完成的收支将转到下年度的预算中（在对该事项规定的栏目中）。

待完成的收支及余额数额（构成了已使用的费用和可使用的费用）能够确定（基本）赤字，预算监督机构可能会采取干预行动。这也解释了待完成的收支多年以来一直是严格监管的对象，因为其真实性（自1994年起由省长审查）有时候让人怀疑；尤其是鉴于在年度末列入预算但没使用的经费不再是（即使是投资部分）可结转的余额，而需要取消清零，因此行政账目中有一个附加栏目阐述取消清零的费用（该费用和待完成的收支一起构成了列入预算而没使用的经费）。

该账目通过附件材料成了市镇议会重要的信息来源，这些附件材料主要包括：援助清单（包括实物援助和现金补贴），市镇持股、担保或资助（资助金额超过75000欧元或占该机构账面收入的50%以上）的机构名单，承担公共服务的企业或人员的名单，以及市镇的资产和财务状况、市镇所签订的各项合约及市镇不动产出让或出租等方面的相关材料（据《地方法》法律部分第3213条第2款的规定，这些材料汇总后附于所属省份的行政账目后，而据《地方法》法律部分第4221条第4款的规定，它们应汇总成简表附于大区行政账目后）。

（4）余额的结转

692 财政年度的连续性原则（参见626段）规定本年度的余额必须结转至下年度；基本上都是在行政账目被公布（参见691段）之后才进行结转（但可以提前预估该结转的余额，最终的余额由《地方法》法律部分第2311条第5款规定）。

行政账目投票通过之后，结转的余额会记录在预算表内，这样在预算初期用以提醒上年度的余额，而预估的结转余额仅列在预算的附件内。

一旦行政账目投票通过后，议会审议（如果财政状况允许的条件下）余额的分配（参见691段），更确切地说是在行政部分正常情况下会出现的盈余（由于投资部分的预计转账没有记账，参见691段）；该盈余在下年度全部或者部分转成投资部分的资金（账目1068的收入中），填补了行政账目中投资部分通常会出现的赤字（来自行政部分的预计转账没有记账，参见691段），并结转至下年度的投资部分；行政部分可能出现的多余盈余，在议会的同意下，可以转成下年度投资部分的资金，或者结转至下年度的行政部分。

如果在投资部分没有注资要求的情况下，行政账目出现的行政部分余额可以结转至投资部分，除非议会的决议不允许该操作（参见627段）。

所有余额的结转（如同上年度未完成的收支，参见691段），根据情况，都在下年度的初始预算或者修正预算（这些预算在该执行年度中加入了上年度的余额和待完成的收支，参见691段）中执行。

3.2.3 信息技术

693　地方的预算和会计信息技术在过去 20 年内得到了长足发展，无论在拨款审核者方面，特别是那些有能力重组预算核算制度的大型地方政府的拨款审核者，还是在会计方面，根据会计人员所负责领域的大小，配备相应的微观信息技术或由财政部地区信息中心开发的电子处理系统。而"太阳神计划"则对这些信息技术进行了统一化和标准化。

"该自动处理系统的任务是确保地方政府及其公共机构的财务会计管理，包括公共医疗机构、公共社会机构、公共医疗社保机构和公共住房机构。这能够实时监管地方政府负责管理的支出和收入的支付命令及执行。太阳神计划的实施可以对预算管理、财务制度、收入的征收、支出的支付、资产的监管、债务和第三方账目的管理等方面进行统一化"（2005 年 8 月 3 日颁布的规定，关于建立个性化特征的数据处理系统，命名为太阳神计划，第 1 条）。

M14 号会计指令的实施成为发展各个地方政府及机构的信息系统和它们之间信息化交流的机遇，相互交流可以通过审核拨款者向会计人员提供（预算、收入票据和支付通知）信息（拨款审核者/会计人员管理信息交流界面协议）、会计人员向拨款审核者提供"详细"（尤其是在第三方账目和流动资金）信息（会计人员向拨款审核者反馈信息协议：小型地方政府使用该程序的简化版，采用向拨款审核者反馈协议）实现。

从 2006 年起，不同的协议逐渐被标准交换协议代替，该新协议能确保拨款审核者和公共会计师相互间的真正交流和后续监管，太阳神系统代替了之前所有的协议。

公共财务制度的非纸质操作的条件和方式在 2007 年 7 月 27 日决议中有详述。

从 2009 年起，标准交换协议第 2 版的系统化（2011 年 8 月 3 日决议），自 2015 年 1 月 1 日起对于地方部门来说是强制性的（这已成为地方的费用要素，地方要在信息技术硬件方面投资）。这能方便拨款审核者和会计人员之间的会计账目和说明文件的交流，提高"预算和会计方面的绩效"，并能在地方电子传输合法监控方面实现会计文件和行为的非纸质化，如同非纸质化监督支持项目一样。

3.3 地方财政运营

694　地方财政运营的特征便是支出（3.3.1）数额大，收入（3.3.2）与之越来越难以匹配，而一系列的收支平衡体制（3.3.3）加剧了该复杂性。

地方的财政状况接受地方议会财政委员会的监督，该委员会由40多位委员组成（其中30多人为地方议员，10多人为中央代表，几名国家议员）。该委员会由1名地方议员主持，其基本职能便是研究（尤其是通过对地方财政的观察）、建议（对地方政府的财政法案草案的建议是强制性的），特殊职能便是对行政总补贴（《地方法》，法律部分第1211条第1款，法规部分第1211条第1款）的监督（甚至有时候做出决议）。2004年8月13日法律颁布后，该委员会也召开部分成员会议（此时名为"支出评估咨询委员会"），负责对中央向地方的每一项职权转移产生的支出以及中央政府拨发的相关财政拨款进行评估。该机构后来被取消，并被国家标准评估委员会所取代，后者有36名成员，由一位议员担任主席（2013年10月17日第2013—921号法律）。

财政状况，更普遍的是财政问题时常出现在报告中，其中有《德拉弗斯报告》（1995年）、《布尔东报告》（1997年）、《莫鲁瓦报告》（2000年）、《梅西耶报告》（2000年），2002年内政部为了实行地方财政改革而进行的研究、《富凯和佩伯罗报告》（2005年）、《理查德和瓦勒图报告》（2006年）、《拉丰报告》（2007年）和《巴勒图报告》（2010年）。

事实上，该方面的反思是紧密地和地方的规定职能联系的。在该领域，2010年12月16日和2014年1月27日颁布的法律并没有打破1982年以来前后相继出台的多项法律规定的中央与地方的职能分配。《地方法》法律部分第1111条第4款提到"每个方面的职能和对应收入被定向分配给市镇、大省或者大区、中央"，但地方政府"资金优先支持法律上确定是其职能领域的项目"，同时目前不会禁止向其他地方政府提供财政援助。

3.3.1 地方的支出

695 地方支出根据"地方"一词含义的不同计算其支出数额的方式也不相同。它可以指"地方公共行政机构"，则地方支出不包括地方政府间的转移支付和偿还债务的支出，但包括各类公共机构（包括经济类公共机构）的支出。也可以指"地方政府"，则此时不包括各项商业操作的支出及法律上不属地方管辖的机构的支出，但包括债务支出。

根据欧洲经济核算体系（SEC2010，是对SEC95的更新，参见3段），地方公共机构包括某些中央公共机构（如水文机构）和地方政府（尤其是文化组织）主要出资的机构，但不包括（除了医院）经济型（屠宰场、供水、殡仪等）的或社会型的（托儿所、按日计费的机构等）公共服务的机构，这能将工商公共服务机构与一部分的社会团体、医疗社保机构区别开来。而且，某些征税（生活垃圾清理、下水道清理和清洁打扫）并不被视为强制性的收费（而是被视为服务费用），行政总补贴不再被视为税收转移（而被视为通常的财政拨款）。

696   但是这些不一致对地方支出增加这样的总趋势来说并没有大的影响，目前地方支出占国家预算支出的一半，而且在50多年间从占国内生产总值的5%增加至11%。

要注意到的新要素是，2014~2019年的地方公共支出发展目标（参照社保支出演变情况设定）融入目前2014年12月29日颁布的《公共财政程序法》。地方公共支出被定义为"扣除债务还款以外的行政与投资部分的总账目的实际支出总额"。该目标经咨询地方财政委员会意见后确定。困难或许在于法律层面：如何让这一指标具有特殊的权威（在这一点上，减少拨款特别是行政总补贴未必是决定性的手段）。地方支出数额变化比例目标见表13。

表13   地方支出数额变化比例目标   单位：%

项目	2014年	2015年	2016年	2017年
目标	1.2	0.5	1.9	2
行政支出的变化比例	2.8	2	2.2	1.9

要注意到该目标注重行政支出，而该支出增长率变化要比目前的通货膨胀率高；总体下降最明显的当属投资支出的下降。

国家公共财政中地方公共支出的占比使法国地方政府在欧盟中处于比较小的占比份额（如果把德国州一级政府排除出地方政府的范围，那么德国地方政府支出占公共支出的比例也相当小），和其他非欧盟国家相比也是如此（例如，日本的地方公共支出占到了将近整个公共支出的60%）。但是这一总体比例仍然反映的是过去地方政府支出较少的局面，并不能正确反映如今的经济现实。

由于各国体制和政府组织结构相互之间区别非常大，因此很难进行比较。联邦制国家的计算方法应与单一制国家不同。另外，许多国家的地方管理和地方政府的组织结构曾有过许多重大变革且至今仍在不断变化，如比利时，又或英国、丹麦、德国（德国州一级的自治权在2007年被强化）等均是如此。

2013年，法国地方政府的整体公共支出占国民生产总值的11.9%，相比较欧盟其他国家的地方政府支出占比状况，法国的比例相对还比较高。如果在可比较国家中，法国高于欧盟国家地方支出占国民生产总值11.4%的平均水平，意大利和荷兰大约14%，英国为11.6%。芬兰的比例为23.9%，瑞典为25.3%，丹麦为36.3%。爱尔兰（4.1%）、葡萄牙（6.7%）和卢森堡（5.2%）的比例较低；希腊（3.5%）、塞浦路斯（1.5%）和马耳他（0.7%）的比例非常低。联邦国家总是比较难比较。根据欧洲统计局数据，欧盟内有四个国家采取该体制：比利时、奥地利、德国和西班牙。这些联邦国家的地方行政机构支出占国民生产总值比例：比利时为7.2%，德国为7.6%，西班牙为5.8%，奥地利为8.5%。

地方支出可按以下标准分类：经济分类（3.3.1.1）、功能分类（3.3.1.2）和管理分类（3.3.1.3）。

3.3.1.1 经济分类

697　地方支出按照经济分类，分为行政支出（1）和投资支出（2）事实上突显了地方投资（3）的重要作用。

(1) 行政支出

698　该支出与中央的一般支出（民事支出）相近，事实上占地方政府预算不足2/3（在欧盟是占比最少的国家之一），包括了两个重要的类别。

严格意义上的行政支出（占到了地方支出的大约68%）主要是购买资产和服务（大约占行政支出的20%）以及人事费用支出（大约占比36%，但是该比例掩盖了类别的巨大差异，该比例随着中央实行人事转移支付而不断增加）。

要注意到目前地方政府在人员职位方面的比重接近中央政府（自2004年8月13日法律颁布后，最近中央政府向地方政府支付了大量的人事转移支付，该支付占地方人员编制增加数额的50%），大区在人员编制方面数量最少，之后是大省，"市镇整体机构"的人数是绝对性较多的（见表14）。

表14　　　　地方政府人员编制的变化（除了马约特）

单位：千个工作岗位（数字取整）

机构	2004年	2006年	2008年	2010年	2012年
市镇及其机构	1076.2	1111.8	1132.6	1184.4	1193.7
市镇间合作公共机构（自有资金）	109.7	130.7	149	177.1	195.8
市镇整体机构	1186	1302.5	1344.4	1428.1	1458.6
大区	13.9	22.1	75.3	80	82.1
大省（包括各种大省机构）	248.5	206	277.1	361.4	365.3
总人数	1524.9	1667.9	1807	1881.8	1912.8

资料来源：《地方财政观察报告》。

值得注意的是，地方政府的人员主要都分布在市镇整体机构中，占到了地方机构人员的76%。

考虑到补助、补贴和分红的份额不断增加，转移支付占到了行政总支出的41%，社保救济金占到了行政总支出的23%，公债的利息是随时变化的，目前占比在3%以下。

（2）投资支出

自2007年，行政部分盈余的总趋势是在下降，减少了行政部分对投资部分的财政支援（由此可见大区和大省的投资补贴对地方政府的重要性）。2009年投资支出的下降减缓，这得益于政府一直加大力度的刺激计划，2013年投资支出数额达到了534亿欧元。"市镇整体机构"支出占总支出的绝大部分（60%以上）。地方政府在固定资产的总构成方面占有决定性的比重，大约占到了公共投资的70%和固定资产总构成的11%。

直接投资（基本设备），即固定资产的购置和固定资产总构成（固定资产总构成包括：新工程支出、大型支出）占到了总预算的将近20%。直至2002年，直接投资一直在减少，从2003年起开始增加，使得法国地方政府不仅是法国而且是欧盟主要的公共投资者。

间接投资占到了总预算的将近14%，主要由债务偿还构成，债务偿还款和利息列在行政部分，以记录债务的年度还款额（2013年大约7%）。

地方政府可以将支付给第三方的设备补助直接记在投资部分中。

（3）总支出（除了债务偿还）

2013年总支出中，39.6%为行政支出和债务利息支出，18.9%为（直接）投资，35.8%为补贴、补助和社会费用支出。

3.3.1.2 功能分类

目前按功能分类阐述地方总支出很难，因为只有大型地方政府会采用以功能分类编制预算（参见682段）。而且，某些支出（尤其是投资支出）采用功能分类方法会比其他方法掩盖更多的地区间的差异。如果地方支出可以按功能分类，该分类也是按大类别来阐述的（参见720段）。

3.3.1.3 管理分类

管理分类突出了市镇支出的重要性（和稳定性）。由于市镇联合体的支出主要由市镇间合作公共机构通过自有收入来执行，从而形成了"市镇群"，导致市镇支出所占的份额持续增长，占到地方政府公共支出的近56.4%，其中64%的是投资支出。大省的支出占到了总体支出（包括至少5%的非地方公共机构支出，但按照惯例不包括医院和住房机构的支出）的大约31%，大区的支出超过了12%。

3.3.2 地方的收入

地方机构的收入形成了独特而复杂的整体。从宪法角度看，财政自主权赋予了地方政府（参见42段），其收入可以分为两类：各类地方政府自有收入（这是地方收入的主要部分）和外部收入。

2004年7月29日颁布的地方机构财政自主相关组织法确定了自有收入定义，第72条规定自有收入是指各类税收、服务收取费、金融收入和捐赠遗产（考虑到市镇间合作公共机构拥有自有收入）组成的所有收入。

该法律把地方机构分为三类（市镇、大省和相似行政机构、大区和相似行政机构），并且每一类都规定自有收入应记入总收入中（除了公债）。

2003年这三类地方政府的财政自主比例为历史最低，一般认为如低于这一比例，则地方政府的自由行政将受到影响，因此必须在两年内改变这种局面。宪法委员会在2004年7月29日的一份相关决议中明确解释了地方税收收入的意义，将它与自有财源区分开来。宪法委员会认为，税收收入指地方政府规定税率和税基的任何性质的税收产出（同样，职业税改革所创立的地方经济捐税、企业地产捐税、企业增值捐税等均属于地方税收收入。不过，企业增值捐税的税率全国统一规定。参见宪法委员会2009年12月29日第599号合宪性审查决议）。

地方政府的财政自主性比例情况见表15。

表15　　　　　地方政府的财政自主性比例　　　　单位：％

项目	2003年	2006年	2008年	2009年	2010年	2011年	2012年
市镇和团体组织	60.80	61.8	62.5	62.3	64.7	64.9	65.5
大省	58.60	65.50	66.4	65.5	68.1	67.4	67.7
大区	41.70	48.10	55.7	54	55.6	54.3	54.2

资料来源：《地方财政观察报告》。

总体而言，自有收入主要是税收（3.3.2.1）和经营服务性收入（3.3.2.2），目前这两项占到了总收入的将近60％；外部收入大约为40％，是转移支付收入（3.3.2.3）和公债（3.3.2.4）。

3.3.2.1　税收

704　　法国地方政府税收占收入的比重不到一半，高于欧洲大部分地方政府的水平，却明显低于中央政府的水平。

十五年来对税收的观察有点令人费解：首先中央取消了部分地方税（汽车税、居住税大区征收部分、职业税、人行道税、铺路税等），同时也设立了其他税收，如垃圾税、地方经济捐税、网络企业一次性征税、某些中央税收的部分或整体转移（保险合同税、商场税），并采取了一系列旨在减少企业（地方经济捐税的附加值最高限额、农业劳动者非建筑用地地产税的部分减免）或个人（如居住税）税收负担的地方税收措施。

地方税收体系（2013 年税收总额接近 1000 亿欧元）传统上以直接税为主，至今仍是如此，虽然中央给予地方政府的税收转移导致间接税所占的比重有所上升（直接税与间接税所占比重分别约为 80% 和 20%）。

这一直接税体系主要由数种"强制性的"直接税（1）和 40 多种其他税种（2）构成。

（1）直接税的重要性

705　　地方财政出现在大革命时期，主要依靠市镇上缴给中央和地方政府的分摊税（专利税、地产税、1790～1791 年期间个人动产税和 1798 年门窗税，这被称为"四大旧税"），另外地方政府可以根据其需求投票通过征收给中央的"附加十一税"。"卡约改革"（1914～1917 年）通过 1917 年 7 月 31 日的法律结束了这些分摊金和税收；但这些税收仍在地方层次存在，通过"虚拟计算"可以让地方议会投票决定"十一税"的征收数额。1926 年 1 月 1 日完全取消了门窗税。"虚拟计算"的系统在 60 多年后才结束，并设立了以下税收：职业税在 1975 年取代了专利税，2010 年由地方经济捐税、居住税（1973 年取代动产税）、非建筑用地和建筑用地地产税（1973 年取代了同样名称的税种）取代。

这些税收占到了地方预算的 35%，但仅为税收收入的 3/4。

这些税收的税基是规定好的，不仅仅是税收本身，大部分相应的中央补助也是如此。

这些补助通常考虑两个方面：税收潜力和财政潜力（《地方法》，法律部分第 2334 条第 4 款）。市镇的税收潜力以地方四大直接税的全国平均税率乘以市镇的这四大直接税的基数来计算。其中两类地产税和居住税共三类税种出现了分离，其税基都是上年的初值，其数额用平均税率是可以算出的，其税率是在上年总额知道的情况下算出的。已取消的职业税税基和平均税率都是用来计算税收潜力的。从 2012 年起，税收潜力的考量源自市镇征收的各税收适用国家平均税率后得出。这些税基都是上年的基本总数，其总额也是使用市镇征税税基得出。税收潜力会出现调整和修正。财政潜力于 2005 年提出，包括人均税收潜力和上一年度市镇一次性收到补助数额，巴黎市的评估方式有所调整和特殊对待。实际上，人均财政潜力不过是潜力总值除以市镇的总人口数计算得出。

居住税和地产税（"家庭税"）主要对房产的租金收益进行征税，即市场通常条件下房产获得的年租金。该设想租金由税务部门一次性（按照参照地产的类别）估算，估算基础应该追溯到 20 世纪 60 年代（非建筑用地）和 70 年代（1980 年修订，建筑用地），并且年度系数应该不断更新。立法机构提出应根据房租市场的状况对价值确定进行更新实验（2013 年财政法修正案，第 74 条）。

价值确定（依照房产种类每平方米价格）考虑到了该财产的性质、情形和该房产或其需纳税部分的牢固状况。然而立法机构规定该项改革应该保证财政收入不变，这使得同一个政府内部出现了大量的财政转移。2015 年该实验在五个大省推进：奥恩省、滨海夏朗德省、瓦勒德马恩省、北部省和巴黎。该实验旨在 2016 年推广该项改革，并在 2018 年实施新价值收益的计算。

地产税由业主缴纳（2013 年有 3040 万份征税单），除非出现强制性（收入微薄的老年人）或可选择性（企业补助）的免税或减税（或者特殊情况下出现增税）。

居住税由房屋居住人缴纳（2013 年有 2910 万份征税单），除非省议会决定或者调整税收起征点（家庭开支、总起征点和特殊起征点），或者出现完全（没有就业团结补贴的个人）和部分（收入微薄的个人）减免税。

"家庭税"的免税和减税自 1997 年起由"参照收入"决定，尤其是不包括特殊或者延迟的收入。

自 2010 年 1 月 1 日起，地方经济捐税替代了职业税。该税依托于两类不同"税基"：企业地产捐税沿袭了职业税的部分地产税基，由地方开发商支付；而比较新的是企业增值捐税，融合了以前的职业税最低分摊金（增值的新定义写在《税法》第 1586 条）。但两者区别较大：企业地产捐税是地方投票通过税率，而企业增值捐税不同，它有国家统一的税率表（这在宪法委员会 2009 年 12 月 29 日的第 599 号合宪性审查决议和《宪法》第 61 条中得到了体现）。该改革减轻了大部分企业，尤其是工业领域企业的税收比重。

地方经济捐税的缴纳主体主要是原先缴纳职业税的主体，即除工人和某些特殊职业（农业工作者、艺术家、个体手工业者等）以外，从事任何独立的职业活动都需缴纳该税种。不过，亦可由地方政府提议或地方政府不反对的情形下，在国土整治和企业援助的框架内对该税收加以临时性的宽免。具体的宽免情况各地有所区别，尤其因大区的不同的发展区域而异。职业税涉及 300 多万家企业，不过其中 2/3 的税额由 1‰ 的企业缴纳。1997 年，税收委员会在其第 15 号报告中建议职业税在全国范围内按议会决定的统一税率进行征收，然后以拨款的形式返还给地方政府。企业地产捐税及附属税种约涉及 470 万家企业。2013 年企业增值捐税的税收总额约为 140 亿欧元，企业地产捐税和附属税种以及网络企业一次性税（IFER）的总额为 98 亿欧元。从这些数字，我们并未能感觉到企业的地方税负担有明显下降。

1990 年 7 月 30 日颁布的法律修订了地方收入，但从未真正实施。2010 年 12 月 29 日颁布的财政法修正案废止了该法律，并于 2012 年 1 月 1 日对经济用途的建筑用地地产收入修订版（《税法》，第 1498 条和第 1492 条）进行了部分实验性的修改。

该原则来自"根据地产市场的状况或参考其他标准确定的"地产收益。原则的修订在几年之间慢慢变化，2011年在五个大省试点（埃罗、下莱茵、加莱海峡、巴黎和上维埃纳）。2016年起该改革全面推广，对不同的行业产生了深远的财税影响。

这些税收的受益人是各级地方政府（法兰西岛大区的制度特殊）及其自收自支团体组织（参见723段）。

"税率叠加"原则经常备受指责，理由是不能清晰地体现每类地方政府在税收征收中的职责（但是纳税人可以通过自己对征税的看法确认其职责），应该通过税权的划分取代该原则。

除了这些提议，地方直接税并没有完全的税权划分。

地方税收的分配仍然不平衡，市镇和市镇间一级受益最多（大约50%），大区受益最少。

立法机构决定大省（自1996年）不再享有农业用地地产税、大区（自1993年）不再享有农业用地地产税并（自2000年）不再征收居住税，从此区别便出现了。

公共机构设计的税收分配体制将"能源税"（对电力、燃气和石油产品征税）给了大区（而且是按照二十多年前提出的提案），地产税给了大省，居住税给了市镇，职业税给了市镇间机构（当然经过调整）。二十多年前立法机构就曾计划在大省对自然人所得（按比例缴纳）征税代替大省征收的常住住宅居住税。立法机构结果设立了空置居住税和附加的居住税，以打击在某些所谓的"紧张"地区购置的第二套住宅。

自1980年1月10日法律颁发以后，原则上由每个地方的议会分别表决其有权征收的每一种地方税的税率（有时这些税收减免亦由地方议会表决。而此前地方议会只表决地方税的总税入，且不能在各税种之间自由分配这些收入）。不过，立法机构仍然保留了各种地方税税率之间的（灵活）联系，以免对某些类别的纳税人过于区别对待；也保留了税率上限，以免各地之间的税率差距过大。取消职业税和替换为地方经济捐税的改革并未改变这种方法（《税法》，第1636条）。

在市镇和自收自支市镇间合作公共机构内，两类地产税、企业地产捐税和居住税的税率既可以在相同比例内变化，也可以依照独特的机制自由变化，但有基本限制使得两类地产税和居住税之间逐渐建立联系，"直到下次审议"。无论如何，这三种税收税率变化的最高上限为该同类税上年在大省所有市镇平均税率的2.5倍，或者是相对比较高的国家平均税率的2.5倍。企业地产捐税税率由市镇投票通过，大省和大区采用的税率不能够高于上年该税收国家所有市镇或者所有同级地方政府平均税率的2倍。大省征收的建筑用地地产税税率采用的最高上限和企业地产捐税方式一样。这些机制主要涉及的是各市镇间的调整。另外，企业增值捐税的税率由国家规定（如企业销售额超过5000万欧元，则该税率上升至1.5%。如企业销售额低于760万欧元，则税基上限为该销售额的80%；高于760万欧元，则上限为85%）。

税收由公共财政总署相关部门计算和收取。

每个纳税人的征税税率都是地方政府投票决定的（或者由省长强制规定决定）。除在该税率基础上计算得出的收入外，还要加上国家提取的费用。这项费用的费率一直以来被指为过高：为4.4%或8%，对那些房屋租赁成本过高的地方还再征收0.2%~1.7%的附加费。这些包括了减免税和无法征收的税额（3.6%）、税基计算和征收成本费（地方政府为4.4%，征收的5.4%税收收入受益者为其他公共机构和各类机关）。取消职业税的改革随之而来的便是财政补偿款，以"弥补不能获得"的部分税费收入，因此中央从2011年1月1日起降低了这些税率：2%代替了之前的3.6%，1%代替了之前地方的4.4%。纳税大户可以支付地方经济捐税的预付款，所有的纳税人都可以选择按月缴款，而不是长期以来的年末付款。

大省议会投票通过的收入通过国库的预付款系统拨付给地方政府。

不过，地方政府的税收未必全部来自当地纳税人。由于缺乏整体的税制改革（尽管自第一次世界大战以来法国多届政府曾作出改革承诺），立法机构做出了一系列规定，让一个地方1/4以上的税收由其他地方政府和中央政府承担，其中其他地方政府约承担5%，剩余的由中央财政承担，目的是确保这一税制在经济和社会层面可以承受。因此，中央政府一直以来且可能将继续是地方的"第一纳税大户"，因为它长期以来承担了地方直接税的25%以上。

中央以征税权下放提供的财政支持在2014年大约为299亿欧元，即29.6%的中央财政支持（总财政支持大约为1010亿欧元）。即使在之前提到的财税改革后，中央转移支付给地方政府的资金仍然很多。转移支付根据情况，通过直接承担费用或者通过基金或平衡基金（该类支付十分复杂）实施。

中央承担的费用可以是由于投票通过减免税、代替纳税人负担该资金（对于地方政府而言该情形是有利的，因为税基和税率的调整可能性不变），或者自1992年以来补偿给地方政府规定的最高限额和减免税（地方政府不再控制该税费，税基、收入和发展趋势不再受地方决议影响）。

平衡基金和补助同样也是由其他（地方或非地方）机构纳税人缴纳；大部分的规定对纳税人都有描述，参见719段。

(2)"次要的财政收入"

706 次要的财政收入的增多主要是中央转让了部分税收,2004 年 8 月 13 日法律的延伸条款和地方财税改革确定了该征税权的让渡。"次要"一词恰如其分地形容了"重要"地方直接税之外的 40 多种地方税,但该恰当性也是相对的,因为该类财政收入在 20 世纪 60 年代变得很少,之后便不断增加,成了地方财政不可忽视的一部分(大约 20%)。地方财政的改革不仅仅只涉及职业税,还有城市化财政的融合。而且对公共设施企业一次性征税须在市镇总体、大省和大区(影响到铁路公司、电力分配公司等)之间分别征收,该实施比较困难并微妙,并未形成地方财政结构的清晰解释。

因此对公共设施企业一次性征税的征收权由三级行政机构共享,但根据相关的设备设施其具体划分是不同的。例如,电力设施市镇整体征收 100% 的税收,水利设施市镇整体和大省各征收 50%。

如果直接税的部分税率和预算的通过(原则上在 4 月 15 日之前)在一起投票表决,地方税的审议通常都要在 10 月 1 日之前进行(2002 年之前该期限一直为 7 月 1 日),并从次年 1 月 1 日起开始生效。

间接税长期以来是重要的收入来源,最早是督政府期间设立的入市税,1941 年后渐渐演变成了地方营业税。但该税收和增值税不兼容,于 1968 年取消并由中央转移支付替代(参见 710 段)。

间接税一度曾成为某些领域保留的"传统税种":博彩税、旅居税、广告税、消费税(尤其是家用电器消费税,是法国电力公司代缴给市镇和大区相对创收的一种税)。财产变更税的最高限额提高,成了大省重要的收入来源。

海外省还征收一类特殊税,即 2014 年 12 月 17 日最高行政法院决议授权可以保留的海洋权(欧盟第 940/2014 号)决议。

在 1972 年,尤其是在 1983 年,随着中央政府大量的税种转移到地方,地方的税收变得更为丰富。但自从个人和企业向大省政府缴纳的汽车年税被取消之后,这些税种也逐渐衰落。它们约占地方税收收入的 20%。不过后来这些税收又重新增长,主要涉及汽车税(主要缴纳给大区,包括汽车牌照税和驾驶证税等)和一部分国内能源产品消费税(原国内石油产品消费税,该税的税率可以由大区进行部分调整)、各种交易税(主要缴纳给省级政府,包括省级地产广告税、省级不动产变更登记税等,这些税种的税率在 2001 年经立法降低),又或 2005 年设立的保险合同税(缴纳省级政府),或近年设置的商场税。

直接税或类似税收(除了"四大旧税")也经历了某些发展。

"传统税"一方面是与垃圾场相关的税收,尤其是迅速增长的家庭垃圾清运税(可以由根据提供的服务相应收费替代),另一方面是替代税,取代了职业税(矿产市镇和大省收费)、地产税(高压电缆塔税)或甚至是"四大旧税"(法兰西岛或者某些地产公共机构征收的特殊设备税）。此外某些逐渐被取消的税收有铺路税、人行道税等。

大部分市镇设立的家庭垃圾清运税是附加在建筑用地地产税之上的，并根据各区域（涉及工厂会实行特殊减免）进行调整。小部分市镇设立了家庭垃圾清运税。其他市镇及团体组织未设立相关税费，通过一般预算提供该服务的资金，该类情况罕见。该类公共服务越来越多地由市镇间合作公共机构管理（2/3 的情况如此）。也要注意到 2006 年设立市镇和市镇间合作公共机构受益的垃圾收集税。

但是国家建设税（或类似税费）也大量发展，尤其是以建设和城市规划税（法律性质）的形式出现。该税收是 2010 年财政法修正案的基本改革对象，整治税（《城市规划法》，法律部分第 331 条第 1 款）和人口密度过低缴费（《城市规划法》，法律部分第 331 条第 35 款）代替了所有的相关城市规划税；法兰西岛设立办事处向政府缴纳一定费用和考古保护收费依然保留了下来，某些整治（下水道连通、停车场施工、垃圾场等）的"分摊金"已取消，但特殊公共设备经费（《城市规划法》，法律部分第 332 条第 8 款）和交通（某些条件下企业在某些大城市支付的交通费）的分摊金保留了下来。

地方税的"类别确定"（但市镇间机构代替了市镇的许多税收职能，参见《地方法》法律部分第 2331 条第 1 款、第 3 款，第 3332 条第 1 款和第 4331 条第 2 款）要考虑到 2015 年地方政府职能的调整。关于地方政府征税种类具体见表 16。

表 16　　　　　　　　　　地方政府征税种类

地方政府	征税种类
市镇	建筑用地地产税、非建筑用地地产税、居住税、企业地产捐税、网络企业一次性税（50%或 2/3）、企业增值捐税（26.5%）、家庭垃圾清运税、商场税、海洋风能税、电力税、俱乐部和博彩税、公共交通税、电梯税、电缆塔一次性税、旅居税、矿泉水附加税、整治税、水域管理和防涝税等
大省	建筑用地地产税、企业增值捐税（48.5%）、网络企业一次性税（50%和 1/3）、矿产开发税、注册税、旅居税、电力税等
大区	企业增值捐税（25%）、网络企业一次性税、驾驶证税、汽车牌照税、航空和海洋公共交通税、（法兰西岛）整治税等

3.3.2.2　经营服务性收入

707　　经营服务性收入大约占到地方政府收入的 10%，但是其重要性和性质在每个地方政府都会不同。商品收入分为三大类别（1），并记录在行政部分，但是其对投资部分（2）也有影响。

（1）三大类别

708　　经营服务性收入按照传统记录在预算行政部分，并分为三大类别。

经营收入被视为向当地公共服务和设备（食堂、图书馆、游泳池、交通运输、卫生、遗址参观等）使用者提供服务获得的报酬。其重要性主要是通过收费政策和服务设备的使用实现其功能，从而达到使用者和纳税人之间的平衡。

需要强调的是，公众对公共服务价格设置的依据及价格的演变情况存在疑问。例如，《社会供水定价办法》（据2013年4月15日法律及2015年4月14日法令）的试行，使人们对该收费的性质、地方工商业公共服务账目的收支平衡办法及收支平衡情况提出疑问。

地产收入包括不动产收入，尤其是森林地产收入（某些市镇如阿尔登、奥维涅、茹拉长期以来可以不用征收四大旧税）、农村或城市住房收入（租金、港口税等）。

金融收入与服务设备管理模式（授权收取的费用）、可支配基金（利息）投资和贷款的（有限）可能性有关。

2014年《地方财政观察报告》显示，与财政相关的收入有40多个确定的收费事项，主要是在市镇整体。2013年这些收费获得的金融收入估计为470亿欧元。

（2）投资部分

709　　经营服务性收入也有财产出售的收入，在大型地方政府，该收入可以有大量的操作空间。

3.3.2.3　转移支付收入

710　　转移支付收入是地方财政收入（1）的重要部分（大约30%），该款项来自中央政府（2），在某些情况下来自其他地方公共机构，如地方政府（3）或者欧盟（4）。

（1）重要的财政收入

711　　总体而言，2015年财政法案体现了中央收入向地方政府及其团体组织分配了大约990亿欧元。

这些转移支付大部分（参见486段）来自收入的提取所得（2015年大约507亿欧元）。其余额记录在预算费用里。地方财政在两方面有所涉及：一方面是"和地方政府的关系"，有"地方政府及其社团组织财政捐助"和"特殊捐助与行政"两个项目（2015年）；另一方面是"退税与税收减免"（2015年该任务金额994亿欧元，2013年为960亿欧元），其下分两个项目，其中一个项目是对地方财政的补贴,即"地方税退税与税收减免"项目,该项目金额达到 116 亿欧元。

这些转移支付的重要性不断增加,以至于中央设立了"财政稳定协议"(1996~1998 年),之后是"增长和团结互助公约"(1999~2002 年,直到 2007 年才更新),2008 年"稳定合同"由于要遵守法国在欧盟的财政活动和国家财政活动节俭原则,总体上限制了主要补贴的增加。《公共财政程序法》(2009~2012 年)限制了财政转移支付应以消费价格的变化而增长(在固定的区间内)的机制。从 2009 年起,"稳定合同"消失了。在财政补贴通胀机制受限制的情形下,某些补贴在 2010 年经历了增长的"冻结":地方分权总补贴、设备总补贴、农村发展补贴等。中央补贴主要是在 2011~2013 年"冻结",2014 年和 2015 年起开始减少。

《公共财政程序法》(2014~2019 年)确立了中央财政转移支付"在固定的区间内"减少,加剧了该现象(见表 17)。

表 17　　《公共财政程序法》确立的向地方政府转移支付的金额　　单位:亿欧元

2014 年	2015 年	2016 年	2017 年
568.7	534.5	497.9	461.2

2015 年财政法案规定了中央的收入提取所得大约在 507 亿欧元,在"和地方政府关系"项下加上 28 亿欧元资金。

中央财政补贴的结构十分复杂,而且近年来经历了深刻改革。其补贴主要集中在行政总补贴,2015 年为 366 亿欧元;该补贴相对复杂并有一些特殊的制度,例如法兰西岛。

2011 年 5 月 10 日关于中央给地方政府补贴和大省财税收入均衡的第 2011—514 号法令确定了各种模式,尤其是在补贴制度和财税收入均衡方面。

①行政拨款和补贴

行政拨款和补贴占到了补贴总额的 1/3 以上,其变化历程是 1968 年地方营业税取消,该税种在一年内被工资税(1948 年确立,1968 年由中央征收变为地方政府收取)取代,后来在 1968 年底又被中央拨款所取代(即"工资税等额拨款",工资税原本面向大部分企业按工资数额进行征收,后来因为失业问题,该税种变成一种不稳定的收入,故被取消),随在 1979 年又被行政总补贴代替,后者经多次改革后成了中央财政向地方政府转移支付的主要财政工具。事实上,看到中央在支出减少的新战略下注重该补贴是很正常的,该补贴在 2013 年数额稳定,2014 年和 2015 年减少,以至于宪法委员会估算到该减少额只占到地方政府收入减少的 1.9%（财政法案草案参考的是地方的实际行政收入），而且"其影响并未妨碍地方的自由管理"。中央收入提取所得用于行政总补贴的变化情况见表 18。

表 18　　　　中央收入提取所得用于行政总补贴的变化　　　单位：亿欧元

2012 年	2013 年	2014 年	2015 年
413.8	415	401.2	366

资料来源：财政法案。

2004 年财政法案改革使得行政总补贴进入地区不平衡修正基金，主要是大省地方分权总补贴（95%），除了社保援助市镇配额的取消。

该行政总补贴（《地方法》，法律部分第 1613 条第 1 款和 2334 条第 1 款）提取自中央财政收入，在中央层面其总额直到 1990 年都按增值税收入指数计算，后来考虑到中央预算的困难，便按照（除烟草以外的消费）价格和国内生产总值（1994 年和 1995 年的单一价格）增长的一部分（1996 年起为 50%）的指数计算。

行政总补贴每年不同，其增长比例等于拨款当年的家庭平均消费价格（不含烟草）预期增长率与当前年份实际国内生产总值增长率（如其为正值）的一半相加得到的数值。行政总补贴显然被作为涉及地方税制的各项改革的一个蓄水池。行政总补贴很明显是各种地方财政改革的集合。

行政总补贴的主要部分最初是用于市镇及其自收自支的团体组织。行政总补贴也有利于大省、大区和目前的新市镇（《地方法》，法律部分第 2113 条第 20 款）。

市镇及其团体组织的行政总补贴自 1994 年起既要符合相继推出的财政法案又要遵守特别法律，使得情况比较复杂。分配给各市镇的行政总补贴可以采用两种形式：一种形式是一次性补贴（这是主要形式）；另一种形式是向市镇间合作公共机构发放治理补贴；如有剩余，则剩余部分由相关市镇平分。

一次性补贴自身包含五类补贴：基本补贴、所谓的面积补贴、保证补充金、部分"补偿金"、2006 年后目前市镇享有的部分"国家公园"和海洋自然公园补贴。

整治补贴的受益人是市镇来间合作公共机构，分为两个主要部分：补偿性补贴和市镇间机构补贴。

余额用于三类市镇来均衡：城市团结互助和社会团结补贴（与 2009 年财政法案改革相关，也与 2009 年第一次实施改革后的人口普查有关，《地方法》法律部分第 2334 条第 15 款)、农村团结互助补贴(《地方法》,法律部分第 2334 条第 20 款)和国家平衡补贴(《地方法》,法律部分第 2334 条第 14 款)。

2009 年财政法案设立了所谓的"城市发展"补贴,享有城市团结互助和社会团结补贴的市镇可享有该补贴,并且"在城市政治方面会遇到尤其沉重的负担"的市镇有资格获得该新补贴。之后该补贴更名为城市政治补贴(2015 年财政法案,第 107 条;参见 2015 年 6 月 8 日的通告注解 NOR:INTB1507982N)。

除了特殊情况外,行政总补贴都是按月支付;该补贴由支付给市镇或相关受益人的民办教师特别住房补贴(《地方法》,法律部分第 2334 条第 26 款),以及各类由部委支付的专门补贴加以补充。

由于民办教师逐渐被纳入公办教师群体,因此其特别住房补贴的数额在减少。

另外还有一种补贴值得强调,即各类证件申请和安全证书发放方面的相关补贴(《地方法》,法律部分第 2335 条第 16 款)。该补贴用于补偿那些配备有护照和身份证申请站点的市镇在这方面的成本费用(每个站点每年补贴 5030 欧元)。这一补贴的设立乃是为了回应许多市镇的要求,因为近年甚至有些市镇就此向行政法院对中央政府提起诉讼(它们认为此类服务是中央向地方转移的负担,但却未提供相应补偿),甚至向宪法委员会提起上诉(但被宪法委员会驳回)。

1992 年设立了少量"地方议员补贴",2006 年财政法案对此进行了改革,以行政总补贴为指数计算,对总人口少于 1000 位居民且人均财政潜力较小的小型农村市镇给予拨款,以支付它们的培训支出和议员补贴。

而且,立法机构似乎希望慢慢满足财政困难的地方政府的期待。也许考虑到自身的因素,也许是由于中央在领土重新整治方面作出的选择,最近几年转移支付工具越来越多。

通过拨付(根据记载)行政款实施的特殊转移支付目前有以下几种形式。
• 通过特殊平衡补贴(其特殊性是有道理的)支付给"出现异常情况、可能会引起财政极度困难的市镇"(《地方法》,法律部分第 2335 条第 2 款,法令部分第 2335 条第 3 款),前提条件是其财政困难不是源于混合经济公司的资本金参股或者这类企业的贷款担保(《地方法》,法律部分第 1524 条第 4 款);
• 2008 年 12 月 27 日颁布的第 2008—1425 号法律设立了一项财政工具——受军队在地方重新分布整合影响的市镇支持基金(《地方法》,法律部分第 2335 条第 2 款),其中一个独特性便是公共工商部门可以从中受益,补偿"军队在地方重新分布整合造成的经营影响"。

第一种形式最为传统,使得中央主要是以有限的资金支持市镇。第二种形式的影响更大,其特别补贴记录在"和地方政府关系"目标框架内,并出现在项目

122"特殊和行政援助"中（效果指标：从经费拨款起三年之内地方政府的状况要有快速恢复）。

在2010年12月29日财政法修正案（第83条）的基础上，财政困难大省支持基金的资金来源既有国家自主团结基金收入的特殊提取部分，也有"财政赤字方面评为财政特别困难的大省"获得的特殊补贴。《地方法》法律部分第1612条第4款和第14款对此有定义，并进行了阐述（可以在行政部分支付）。2011年5月11日的会计指令定义了费用分配标准（财政潜力、平均收入和年纪超过75岁的老年人人数）。

最后则是面向发行复合结构公债的地方政府或其联合体的援助基金（2014年财政法案，第92条）——这类公债被某些人视为"不良公债"。该援助基金总额达到30亿欧元（银行和国家分担该资金，最高限额为应付数额的45%，除了"最贫困"的地方政府）。

②设备补助和补贴

该补助补贴占了大约1/10的中央支付转移，在财政或者经济上有着不可忽视的影响。

有些是真正的补助。通常中央以特殊补贴的形式发放这些补助款，立法机构虽然对"取消监督"表示担忧，却在1983年尝试取消该补助，将其包含在设备总补贴中。设备总补贴的金额目前是以公共管理投资的指数计算，在进行投资的各地方政府之间分配；但是同时拨给每个地方机构的数额很小，使得1985年只有大省和大市镇享有（大区从未享有该优惠）该补贴，1996年之后仅大省享受该补贴。

大省设备总补贴在2006年财政法案中进行了改革。该补贴记录在投资部分，分为三个部分：第一部分最为重要，相应地是对土地整治支出和农村设备工程实施的补贴（76%），第二部分用于补充大省上个财年土地整治支出（9%，用于农村和土地设备工程），第三部分是人均税收潜力低于某些标准的大省补贴（15%）。

自各项改革以来，人口不超过20000人（除了财政潜力巨大、人口多于2000人的市镇，而人口多于20000人的市镇团体组织均有申请设备总补贴的可能性）的市镇（及其团体组织）享有该设备总补贴。

2011年财政法案取消了市镇设备总补贴，将其融入了新补贴内。

农村地区设备补贴是2011年起市镇设备总补贴和农村发展补贴的综合体，涉及小型市镇（法国本土人口不超过2000人，海外省的人口不超过3500人）和市镇间合作公共机构（法国本土人口在2000~20000人，海外省人口在3500~35000人，或者本土人口超过20000人、海外省人口6000~35000人的市镇间合作公共机构）。而且从 2012 年起，自收自支的市镇间合作公共机构不能是由 50000 人以上城镇形成的一片没有区分的整体，而是一个或几个人口超过 15000 的市镇中心（2011 年 7 月财政法修正案）。

财政"一揽子"计划分配给各省，考虑到市镇和市镇间合作公共机构平均财政潜力，其分配机制有些特别。分配标准需要考量人口、财政和税收潜力。立法机构采用的机制在申请人资格方面界定相对模糊宽泛，使得补贴用于各领域（经济、社会、环境和旅游）开发或者农村地区公共服务的维护投资，却不能构成用于人员奖励和维护支出等行政补贴。

该补贴不可和中央的其他投资补贴叠加。值得注意的是，2011 年 2 月 17 日的一份关于该拨款的部长令宣布预计在年底仍未使用的经费最迟应在 2011 年 11 月 15 日前返还给中央政府，以便重新安排。该部长令同时明确指出"任何未使用的经费都不得在年底时返还"。

而且从 2008 年起中央便设立了受自然灾害的地方政府及其团体组织团结互助基金（《地方法》，法律部分第 1613 条第 16 款），"严重气候或者地质原因造成财产损失的"法国本土的市镇、大省和大区均可享有该基金。该基金的来源是 1987 年财政法案在地方政府及其团体组织收入遭受损失后形成的补偿补贴每年提取款。从 2011 年起，根据财政法案规定该基金对规定的收入提取一定数额资金，应该"资金充足"。由于此独特的方式仅具有预测性，该基金并未实现"资金充足"。

除了设备总补贴外至多还有 40 多个特殊补贴（其数额超过了设备总补贴的金额，其法律规定经历了 1999 年 12 月 16 日法令的改革），其中一个特殊的补贴便是对警察罚款收入的应用（《地方法》法律部分第 2334 条第 24 款规定，地方议会财政委员会分配该收入，用于提供资金改善公共交通和运输）。罚款收入有时会被提取掉一部分用于其他用途。

1999 年 12 月 16 日颁布的法令代替了 1972 年 3 月 10 日的两个法令，中央拨付的设备（特殊）补贴考虑到给一个项目的所有直接公共补贴，除了特殊情况，至少 20% 应该由提出申请的地方政府提供资金。工程可以在补贴拨付之前动工（但是补贴若被驳回，不能借此理由重新审查）。工程启动可以有预付款（除了特殊情况，最多是补贴的 5%）和工程进度相关的部分付款（除了特殊情况，至多为补贴的 80%）。补贴的比例最初是固定的（少量的支出导致了相对少量的补贴），除了特殊情况，补贴总额有最高限额（最初金额经过了计算）。拨付补贴的机构在 6 个月内没有回复（在递交完整的资料后），除了特殊情况，便是驳回了该请求。另外，政府还颁布了一系列法令规定某些设备的补贴可以不遵守上述限额。

道路交通的交警罚款收入按照违章数量的比例返还给相关的居民超过1万人的市镇或者团体组织，或者返给大省，让大省分配给人口少于1万人却要改善公共交通和运输的市镇或者团体组织（《地方法》，法律部分第2334条第24款和第25款，法令部分第2334条第10款至第12款）。自动探测器的财政收入记入特殊分配账户"交通违章自动监督和处罚"，收入出现盈余时可以根据罚款收入的相似方式分配给地方政府。

714　　增值税补偿基金占到了设备补贴的大约60%（2015年大约为60亿欧元），从1975年开始设立（最初名称是地方政府设备基金），以便将地方在投资之时向中央缴纳的增值税加以"返还"。该补偿在经核查确认投资确实执行后再行支付。

除非涉及特殊情形（如市镇的投资、与自然灾害或灾难相关的特别工程、经济刺激计划的相关投资等），这种"返还"（实际上，从法律角度说，并不算一种"返还"）一般有两年时间的延迟。

（2）（除增值税补偿基金以外的）补偿补贴

715　　该补偿补贴数额超过了中央转移支付的一半，主要针对两种现象进行转移支付。

首先，中央对地方政府设有税收限制，对此产生的收入影响需要转移支付解决。

补贴一方面涉及中央给某些地方纳税者实施的"法律减免税"，这是地方财政缺乏真正改革造成的。该补贴对于中央而言代价很大，暂且不论职业税的补偿补贴，此外该补贴也不能进入限制中央财政转移支付的"增长和团结互助合约"的使用范围。但中央越来越把该类补贴体制融入标准的"一揽子"计划中，其变化总体能够被控制。而该程序最终会导致这些特殊机制依照财政法案的规定消失，出现更加一体化的方式。

补贴另一方面涉及"税收改革"部分，主要是逐渐取消职业税中涉及"工资"部分的征税，次要的是取消或减少某些地方和大区税收。

职业税补贴款2003年超过了90亿欧元，2007年大约为110亿欧元；2010年取消职业税的补贴款全部由中央承担，因此该年度中央预算超过了300亿欧元；其他补贴款涉及大区（居住税和注册税附加税的取消）和大省（财产转让税的降低和个人汽车税的取消）。

其次，20世纪80年代地方分权改革产生的费用需要（直接）转移支付。该补贴款由转让给大省和大区某些税收来实现，并通过地方分权补贴进入余额。主要的是地方分权基本补贴，以行政总补贴为指数计算，每年都支付给地方政府预算的行政部分，有时候采用特殊的方式；因此职业培训是属于大区的特殊职能。2004年财政法案把主要的地方分权基本补贴并入了行政总补贴。地方分权基本补贴从此只是按时调整的预算余额（在金额转账给行政总补贴后剩下经费的5%）；地方分权基本补贴经常同市镇及其团体组织的城市化相关职能转让的特殊补贴合并重组。该补贴由财政转移支付补偿基金加以调节。如对某些省份的转移支付高于其应获的补偿，则由该基金加以削减；反之，则将该基金的金融收益支付给那些未获得足够补偿的省份。学校特殊设备补贴支付给大区（高中）和大省（初中），并按设备总补贴的指数计算。

如果中央向地方转移的税收收入超过其向地方转移的负担，则相关地方政府（主要是某些省份）不仅不能从中央那里获取地方分权总补贴，反而要缴纳某种相反的"地方分权总补贴"，即从该地方收入提取相关差额（每月提取一次）。从1997年起，这一提取的差额被注入财政转移支付基金。具体提取何种地方税收的收入由省级议会议长根据相关部长指令经公共财政主任同意后决定（一般提取的是注册税、地产广告税，必要时还包括地方直接税预付款）。最后有必要指出，如对建筑用地地产税的减免构成了市镇的"一种实质性的收入损失"，市镇也"有权获得中央的补偿"（《地方法》，法律部分第2335条第3款）。

(3) 地方政府之间的转移支付

716   地方政府之间的转移支付通常不出现在统计数据中，因为该转移支付有时候（通过行政机构之间的操作抵消）合并在账目中。但是该转移支付是切实存在的。

某些强制性的转移支付出现了"份额和配额"的形式，通常由市镇支付给其联合会。最近几年最常讨论的问题无疑是市镇、市镇间合作公共机构和大省在消防方面（《地方法》，法律部分第1424条第35款）支付的大省服务预算费用（定义为强制性支出）；也会讨论支付给小学和中学的市镇间、大省间或大区间份额费用。

市镇支付给大省的初中强制性份额在20世纪90年代取消了，如同1999年7月27日的关于设立基本医疗保险的法律取消了当时一直需支付给大省的社保补贴的市镇配额。

其他转移支付是可以自由选择的，主要是大区支付的补贴，或者大省给市镇的补贴，尤其是大省给农村地区的设备补贴（有时候以整体形式）超过了其收到的中央补贴的好几倍。

然而2010年12月16日法律提出的改革质疑了某些财政转移支付相对自由的程序，除非地方的利益是首位。事实上，地方政府应该按照重要性为其职能范围内的项目提供财政支持。地方政府可以为不直接管理的项目提供支持：大省可以给市镇及其团体组织的项目支持，大区给大省、市镇及其团体组织和公益组织项目进行支持。立法机构规定了利益的限制，该举措并不新颖，在投资交易方面强制投资者"自己出资"至少公共项目资金总额的20%，除非中央批准其特别豁免，或者该项目在中央—大区项目合同框架内。

立法机构规定地方政府拨付同一个项目的补贴概括表要有该地方政府的审议说明。

而且地方机构可以将其职能让渡给其他类别的另一个地方机构或者市镇间合作公共机构行使（条件是有规定方式的协议，参见《地方法》法律部分第1111条第8款）。

（4）来自欧盟的转移支付

717　　来自欧盟的转移支付通常以欧洲基金（参见239段和241段）的形式实现。该转移支付称为地方政府的外部资金，但经常通过中央转拨，通常不出现在统计数据中。

3.3.2.4　公债

718　　公债是地方投资融资的传统方式（原则上公债是单独分配的），数额较大（大约占总收入的10%），但并不能反映出主要的特征。公债通常是实现融资的方式，根据具体情况和年份的不同，新设备所需资金的1/3～2/3通过公债融资获得。

公债同时也是有风险的财政方式，柯尔贝曾经力图限制，直到20世纪80年代才进入法律框架（向私人部门举债一直需要批准）。尤其是在实际操作中，因为公债主要是由公共机构发行：（第二次世界大战后）法国国家储蓄银行、储蓄基金和地方设备资助基金（1966年设立的公共管理机构）组成的集团；这些公共机构可以决定优惠利率，事实上确保了这些机构可以独自控制地方投资。

该情形在20世纪80年代由于1982年的地方分权改革消失了，导致了发行债券的提前批准取消和金融市场的自由化。从此优惠的公共利率只针对保障性住房，地方政府贷款时也不再享受优惠条件，而是与市场一致，也需要参与竞争（考虑到由于通过膨胀率的降低，导致地方政府需要与银行"重新谈判"以减轻其债务，可以说这种竞争更为激烈）。

理论上，通过公共认购、发行价值高于76000欧元的债券需要财政部的提前批准（《地方法》，法律部分第1611条第3款和第23款）。该批准于1989年3月9日第89—154号法令取消。地方政府需要遵循金融市场管理局制定的规则。

该普遍化导致了公债形式的多样化（自2001年起包括可转让债券），以至于有时候使得某些传统的概念相对化。

因此,发行债券的机构可以延迟还款使得债务的年度性失去了其部分含义。同样,流动资金界限的重新定义使得流动资金操作的概念失去了其传统的局限性特征。

在贷款者方面并没有出现多样化,市场主导力量仍是某些机构,首先便是法国德克夏银行(1987年前,该银行是地方设备援助基金,是国有企业;于1993年进行了私有化)。经济危机影响了德克夏银行,导致了该银行的逐步分离,最近的变化便是2013年设立法国本地基金－德克夏共同机构,这是集团重组的成果。

德克夏银行表示2005年承担了法国市场上40%的地方政府贷款;该数字在2011年变为了12.6%。

其他贷款机构主要是法国国家储蓄银行、储蓄基金、农业信贷银行、共同信贷银行、法国兴业银行、法国巴黎银行和欧洲投资银行,大量的公债由大省和大区的金融部门持有。而且,地方政府通过债券公共认购的方式面向个体(大型地方政府)或者集体(团体债券)发行,这种债券融资方式占到了2011年贷款总额的8%。

金融危机没有使某些地方机构幸免,有时地方机构甚至指责中央,认为地方政府在某些"有风险"公债的认购方面享有了过度自由,因此对公债的管理应置于中央的监督之下。而且,各地方政府在2013年设立了法国地方机构,旨在在互惠的基础上让公债的发行更加可靠。该地方机构于2015年初由负责银行与保险业监管的法国银行和保险监督局批准。

3.3.3 地方之间的均衡

719 地方的财政状况主要特点便是不均衡,任何地方自治的加强均会导致立法者发展一些平衡机制,其原则由2003年3月28日《宪法(修正案)》中第72条第2款规定,表明"法律规定了均衡机制,以促进地区之间的平衡"。

这种"地区团结互助"方式并不是法国独有的,许多国家也有该形式(德国、瑞士、西班牙、意大利等)。该方式通常在《宪法》中被提及,例如意大利《宪法》第119条规定了国家"未规定分配的特定目标、为人均地区财政能力较低的地区"设立平衡基金。

目前,这些机制同时在国家、地区和地方存在。

宪法委员会认为对财政均衡机制的误解"本身不能成为根据《宪法》第61条第1款提出合宪优先性问题审查的理由"。该均衡涵盖两个方面：纵向方面，国家通过补贴等财政转移支付提供财政支持；横向方面，地方政府之间通常以平衡基金的形式实现。

地方财政改革的主要特点是取消职业税后，立法机构不断修改均衡机制，并在地方行政机构所有层面引入了新的财政机制。该均衡保持着其两个方面的特性，并通过新的均衡基金在地方间的团结互助领域不断加强，重新关注处于弱势的地区。

因此，2013年4月26日颁布的国家补贴地方和财政收入均衡相关法令对其中补贴和基金修改了几次，其中包括国家增值税平衡基金、国家财产转让税平衡基金。之后2014年5月19日关于六类基金和补贴的法令补充规定了行政实际收入、总收入、基准收入、税收潜力的定义。

从2011年起，大省层面实施财产转让税平衡基金（同时考虑到年度征收的税收总额、人口和财政潜力，参见《地方法》法规部分第3334条第23款）。增值税平衡基金补充该机制。

在市镇整体层面实施市镇和市镇间财政收入平衡基金。

《地方财政观察报告》（2014年）记录了8类纵向均衡（主要）补贴或基金、6类横向均衡（数额较少但在渐渐增加）补贴或基金；其中，横向方面总共涉及90亿欧元，而数额最多的补贴是市镇间补贴，其次是城市团结互助补贴和农村团结互助补贴。

国家层面某些均衡机制包含在权力分配中，由地方财政和行政总补贴委员会执行（整治补贴、城市团结互助补贴、农村团结互助补贴、大省均衡补贴的"财政潜力"补贴）；这些补贴占到了总额的大约15%。其余机制以国家均衡基金的形式实现。

2004年财政法案整合了这些平衡机制，尤其是设立了大区行政总补贴，包括一次性补贴和均衡补贴。均衡补贴的设立有利于法国本土和科西嘉岛的大区（财政资源和人均国内生产总值），而且海外省大区也受益于补贴的分摊额，地方议会财政委员会可以提高分配的资金数额。

城市地区均衡补贴分为均等的两部分，2013～2015年为过渡期（分配金额不得少于上年收入总额的90%），2016年起进行了修改（分配金额不得低于2011年收入总额的70%，参见《地方法》法律部分第4332条第8款）。

大省行政总补贴包括特殊的均衡补贴。

大省均衡通过两种机制实现：一方面是城市均衡基金（30多个大省）用于有以下特征的城市大省——财政潜力低于或者等于所有城市大省平均财政潜力的两倍，该补贴根据人均收入、行业间最低收入受益人的比例分配等；另一方面是最低行政补贴用于非城市大省（根据交通网络长度等指标分配，参见《地方法》法律部分第3334条第4款）。

国家均衡补贴包括在行政总补贴内，代替了之前的国家均衡基金。

国家均衡补贴分为两部分：主体部分给予符合某些条件的城市型市镇（考虑到人均财政潜力和税收潜力），在某些机制下根据"同样人口的所有市镇人均财政潜力和该市镇人均财政潜力相对差距"分配。该补贴的第二个部分是附加额，分配给某些符合资格的市镇，20万人口以下的市镇其人均税收潜力低于同样人口类型市镇人均税收潜力的15%。立法机构之前通过制定"2012~2013年"及"2014年以后"这两个阶段的补贴分配的最低和最高限额，缓解了这些机制实施的影响。

该补贴的份额也用于海外省和海外地区的市镇。

地方政府及其团体并不能总是自由地使用这些补贴，有时候受到国家确定或不确定的影响。城市团结互助补贴很明显使用起来比较自由，但是其目标是"致力于改善收入不足、费用较高的城市型市镇的生活条件"（《地方法》，法律部分第2334条第15款）。事实上，市长应该就此议题向市镇议会提交报告（《地方法》，法律部分第2334条第19款）。

在大区层次，法兰西岛大区市镇团结互助基金于1991年设立，在缺乏市镇间加强合作情况下，实现该地区市镇间的均衡（《地方法》，法律部分第2531条第12款）。

今后该基金只从相关市镇的税收收入中提取资金来注资，并将市镇的人均财政潜力和大区内市镇的平均财政潜力纳入考虑，那些财政潜力高于平均财政潜力的市镇将为该基金提供资金（不过设有上限）。这使得市镇间合作公共机构不能享有该基金（这些机构可以享有市镇和市镇间财政收入平衡基金）。

2014年财政法案设立了大区和科西嘉地区收入平衡基金。

在地方层面，财政均衡官方上采用省级（或省际）职业税平衡基金这一渠道。该基金由省议会（或省际委员会）管理，通过扣除特殊机构职业税与普通职业税之间的差额来提供资金。职业税改革后仍然保留了这一机制。

通常，实施的平衡机制获得的均衡效果仍然有限（相比德国、丹麦和瑞典效果有限得多），因为转移支付系统要同时实现几个目标，而有时候这些目标之间难以协调。这些平衡机制需要确保地方政府资源合理配置，分配相应税费，促进某些机构发展（尤其是财政自给的市镇间机构）并实现均衡。

倘若同时实现这几个目标是完全可能的，则可以通过重新更广泛地分配地方职能实现，一方面是地方税收系统（该系统自身需确保收入并合理分配税收收入），另一方面是转移支付系统（该系统主要与均衡保持一致）。

某些补贴记录在《财政法组织法》规定的系统框架内，通过绩效指数进行评估。而且，可能在某些补贴间实现费用的替代。

预算黄皮书《国家地方政府的财政能力》（2015 年财政法案）显示，总行政补贴的均衡部分比例随着年份不断地（自然是缓慢）增加。

大量的机制足够了吗？很明显没有。但是《宪法》第 72 条第 2 款明确的目标到底是什么？

3.4 地方财政层级

720　　地方财政的种类繁多，此处仅简单指出地方财政层级的几个特点，考虑到地方的层级，分为市镇整体财政（3.4.1）、大省财政（3.4.2）、大区财政（3.4.3）和地方分支机构财政（3.4.4）。

从此在财政方面，市镇和市镇团体组织之间越来越接近，出现了真正的税收和财政一体化。

在此可以忽略海外省和属地以及科西嘉岛，这些地方都有各自的特点。

3.4.1 市镇整体财政

721　　随着"新市镇的崛起"，市镇一直是法国行政机构的基本组成单位，而法国本土自有资金运转的市镇间机构使得其在职能和财政方面都有独特之处，主要特征是市镇（3.4.1.1）和相关团体组织（3.4.1.2）之间不断增加的相互依赖。

3.4.1.1 市镇财政

722　　市镇（2014 年为 36767 个市镇，其中 36552 个是城市）的财政制度主要由《地方法》的两个部分（法律和法规）规定，《地方法》在 1996 年和 2000 年取代了《市镇法》（该法在 1977 年替代了《市镇管理法》），并修改和完善了所有公共机构的共同条款和原则（参见 60 段）。总体而言，市镇的财政状况相对较好，拥有60%的自有资金收入。

通过对法律文本的梳理，可以发现市镇层面运用的是"双轨"体制，将3500位居民以下的市镇（2014年该数量为32781，大约占法国所有市镇的89%，其人口总和占全国的30%）和3500位居民及以上的市镇（2014年该数量为2987，但其人口总和占全国的70%）区分开来。

2010年12月16日颁布的法律建立了新市镇（受20世纪70年代的联合市镇的影响），试图再次促进市镇的合并，新市镇可以由拥有独立预算的市镇组成（该体系源自模仿巴黎—马赛—里昂），其目标不仅仅是几个市镇的合并，而且若有必要，市镇间的结构也合并。2015年1月1日将出现由63个市镇合并而成的22个新市镇（2015年3月16日颁布的法律完善并加强了该规定）。

双重性在财政方面也有体现，在预算上区分10000位居民以下的市镇（2014年该数量为34815，占全国总人口的55%和预算支出的40%）和10000位居民及以上的市镇（2014年该数量为953，但占全国总人口的45%和预算支出的60%）。1997年起，该预算制度的临界值降至3500人。

"市镇整体"的运营（和债务）支出占到了地方政府的大约56%，其财政支出体现了财政的年度性、多样性和重要性。

支出相当好地体现了（只要行政方法是可能的）市镇的社区职能，其预算的目标不可避免地是多种多样的，没有主导的转移支付领域。根据经济方法，市镇具有"很少借款"的特性，如同寓言故事中的蚂蚁，其预算都很贴近现实：补贴相对较少（接受的转移支付大部分都是强制性的，除去债务，占预算的15%以内），但基本上都是购买性支出，尤其是大量的人事支出（占实际行政支出的大约50%和预算的1/3）和设备支出（与债务偿还一起共同占到了预算的大约1/3，如果算上团体组织的支出，该支出更加显著，占到了公共投资的2/3以上）。

收入一直体现了收到的转移支付（约占预算的30%）的独立性和财政收入的多样性，市镇征收大部分的附加税。直接税在"四大旧收入"来源中占比最大，占到了市镇总收入来源的大约45%，而间接税占比不到10%。总体而言，财政收入（包括财政转移支付）占到了市镇行政总收入的60%。2010~2011年的改革导致了市镇中心（市镇—市镇间机构）在税收方面的加强，定向分配商场税、地产税、居住税、企业地产捐税、部分网络企业一次性税（参见706段表格）。如有必要，这些地方财政可以得到国家收入个人保障和平衡基金的支持。

城市和市镇议会的投票内容由《税法》第1636条和附件规定。各种税率间的关系是固定的，尤其是居住税、企业地产捐税和地产税之间。

在职业税相关改革的框架内，中央政府承诺对地方政府的收入损失通过两种途径加以补偿：一是进行全额补偿，二是为地方设置收入下限。这种补偿采用拨款的形式。2011年7月的财政法修正案从中央政府收入中提取资金，设立职业税改革补偿拨款。不过，该拨款只是暂时性的，到2015年逐渐被取消。该拨款以2009年市镇向市镇联合会缴纳的分摊金（由《地方法》法律部分第5212条第20款规定）为基础计算，并视职业税以及市镇联合会职业税附加税的收入而定。2012年拨款数额等于依此算出的总额，2013年降至该数额的67%，2014年进一步降至33%。

市镇种类的分析导致了之前评估的区别，因为历史和地理因素使得市镇类型多样化。一方面是财政状况多样化，根据市镇规模的大小，财政情况不尽相同；某些经常需要"财政援助"，但这并不妨碍整体上市镇能完成一半的自有收入，某些市镇还能有大量的租金收入（林业财产等）。另一方面是财政地位的多样化，通常沿袭自历史或者受地方事件的影响，表现出各不相同的独特性，大都市、郊区（市镇的区划）、边远地区（阿尔萨斯－摩泽尔地区市镇、海外省和领地市镇）、甚至"历史性"市镇（没有人口的市镇，如莫雷纳岛、桑岛和苏赞的市镇）均没有共同特性；大型城市（巴黎、马赛和里昂地区的独特地位）也有独特性，首先要提出的便是巴黎，更不用说发展起来的新型市镇。

由于政治和财政原因（预算大约90亿欧元，其中大约70%都是团结互助金的支出，投资支出约占2015年初始预算的19%），巴黎一直是采用独特的体制，其中央机构的监管更严格、其地方财政方法通常与中央相同。虽然巴黎将其财政原则尽量与1975年12月31日颁布的《市镇法》保持一致，但仍然有其独特性，尤其是存在三个预算（大省、市镇和警察局），如同里昂和马赛在1982年12月31日法律规定下有各区议会（《地方法》，法律部分第2511条第3款，法规部分第2511条第3款）。

3.4.1.2　团体组织的财政

团体组织的财政制度和财政方法要依情况，分别适用地区（地区间团体组织）、大省（大省间或者混合性质团体组织）或者市镇（市镇间合作公共机构）的财政制度和方法。2010年12月16日颁布的法律规定了市镇间合作公共机构的种类包括市镇联合会、市镇共同体、城市共同体、城郊共同体和大都市（《地方法》，法律部分第5210条第1款第1项），并在2014年1月27日颁布的法律中有所修改。

我们有必要将自收自支的团体组织与历史更为悠久的地方市镇联合会区别开来。地方团体组织的工作人员数量在经过一段时间的迅猛增长之后，由于地方格局的重组而开始逐渐减少。地方格局的重组主要表现为城郊共同体的迅速发展和市镇共同体的衰退（因合并、解体或被吸收等原因导致数量减少）。传统的地方市镇联合会的人员数量曾因上述团体组织的发展而显著减少，如今则趋向于稳定。中央政府的目标是让自收自支的团体组织覆盖法国全境。自收自支的团体组织的变化情况见表19。

表 19			自收自支的团体组织的变化				单位：个	
	2002年	2004年	2006年	2008年	2010年	2013年	2014年	2015年
大都市	—	—	—	—	—	1	1	11
城市共同体	14	14	14	14	16	15	15	9
城郊共同体	120	155	164	171	181	213	222	226
市镇共同体	2032	2286	2389	2393	2387	2223	1903	1884
新城郊联合会	8	6	6	5	5	4	4	3
总计	2174	2461	2573	2583	2601	2456	2145	2133

资料来源：地方政府总署。

无论如何，宪法委员会通过一系列的合宪性优先问题决议阐明了市镇和市镇间合作公共机构、市镇间合作公共机构之间的关系要符合法律规定，"市镇间格局的加强和合理公共利益目标"要高于自由管理。

市镇间的整体财政深受近年来不同改革的影响。因此，市镇与市镇间机构可以说在财政方面必须要有一个统一、可靠而完整的方案，显示出市镇总体水平（尤其是要考虑到财政一体化系数）。团体组织除了自有财政收入，还享有行政总补贴衍生出来的特殊补贴。

该方法应该从两个方面实施：税收和财政。

在税收方面，取消职业税并由地方经济捐税替代，其两个主要构成部分便是企业地产捐税和企业增值捐税（26.5%）。该税收的更替导致收入减少，不能补偿职业税带来的财政收入，立法机构为此另行设立了公共事业企业税。在此环境下，自2011年，市镇和市镇间合作公共机构得益于地方税的大量收入分配：居住税、地产税、企业地产捐税、企业增值捐税的部分收入（26.5%）、公共事业企业税、商场税，甚至是部分国家管理费用的重新分配等。

立法机构在《税法》第1379条附加条款中写入了征税的条件，同时规定了市镇机构间征税的内容。

首先某些城市共同体、大都市、城郊共同体、某些市镇共同体（源自人口等于或多于50万人的城市共同体和地区共同体）或者新城市主要征收地方税（企业地产捐税、企业增值捐税、网络企业一次性税、建筑用地地产税、非建筑用地地产税、非建筑用地的地产附加税、居住税）；其次，某些城市型市镇和至多50万居民的市镇共同体征收两类地产税、企业地产捐税、居住税和企业增值捐税。最后，某些城市共同体和某类市镇共同体拥有征收企业地产捐税和企业增值捐税的权力。

在这三类机制中，后两种性质的市镇间合作公共机构有选择的权利。

而且，市镇在征收天线收视税、公共事业企业税、非建筑用地的地产附加税时可以出现替换。

自有财政支持的市镇间合作公共机构征收50%的公共事业企业税、城市型市镇和大都市征收家庭垃圾清运税完全可以替换。此外，其他市镇间机构可以征收特许税费，而城郊共同体也可以选择是否替换电力税、旅居税（市镇的人口少于或者等于2000位居民）。

总而言之，税收分布导致了市镇间的真正税收一体化。

财政方面，该改革进行的同时设立了国家收入个人保障和平衡基金。

特殊补贴框架内，团体组织也尤其得益于行政总补贴，该补贴分为两部分：一个是市镇间补贴包括基本补贴和平衡补贴，另一个是补偿补贴（2011年法国电信业提取税费支持该补贴，但是考虑到市镇可以直接征收商场税而减少了该提取税费）。

市镇间补贴（2013年为27亿欧元）的分配会考虑到税收一体化的层次（税收一体化系数）、市镇间的类型和补贴下降程度等因素。其中税收一体化系数的设置仍需等待规则制度的实施（《地方法》，法律部分第5211条第4款第1项）。

在财政自主的市镇间合作公共机构内，市镇和团体组织之间建立起了财政关系，实施必要补偿和市镇团结互助补贴的分配。

这些财政操作主要由市镇间合作公共机构执行，约占到地方财政总额的15%。

这些操作的一大部分（50%少一点）仍然由无自有收入的地方团体组织（市镇联合会、区际团体组织、省际团体组织或混合型团体组织）执行。这些团体组织为此从其成员那里收取分摊金。受拥有自有收入的团体组织的影响，此类团体组织近几年明显衰退，但仍得以维持下来。

不过它们仍然数量众多。据2014年统计数据看出，当时存在8971家单一职能联合会、1235家多职能联合会。它们执行大部分的投资支出（约占预算的一半）和少数的人事支出（不到10%）。它们通过所管理的设施设备和提供服务获得的商业收入有时数额较大（甚至可占到其收入的1/4）。

另外，我们也注意到混合型联合会模式近几年大获成功（共有3187家），大都市往往采用混合型联合会的模式。

拥有自有收入的团体组织拥有大量的自有税收（约占其收入的一半），而且它们还有权获得国家的某些补助（特别是行政总补贴、设备总补贴和增值税补偿基金，参见533段）。自1999年7月12日关于地方合作的法律颁发以来（该法律导致城市共同体和城郊共同体的消失，并废止了新城郊联合会），并经2010年12月16日地方政府改革法加以补充之后，我们仍然可以区分出此类团体组织的两大征税模式。

第一种模式由城市区域的团体组织（大都市、城市共同体、城郊共同体和某些市镇共同体）采用，以单一职业税制为基础。

第二种模式适用于乡村区域的团体组织（大部分市镇共同体），采用"地方四大旧直接税"的附加税制度，由成员市镇征收。不过，也可以在某些经济活动区域设置一种区域职业税，由共同体为其成员代征（但纳税人亦可以选择缴纳单一职业税）。另外，我们也注意到，近几年有向附加税制发展的倾向。

上述模式受到职业税改革、地方政府改革和上述财政法律修改的深刻影响。这些改革使得地方团体组织的财政模式变得有点过于复杂，尽管设立附加税制、单一职业税制、区域职业税制等制度。

自收自支的团体组织目前涉及 90％的法国民众。2015 年 1 月 1 日，团体组织涵盖了 36658 个市镇（仅有 70 个市镇未加入）和将近 6300 万居民。

2010 年 12 月 16 日颁布的法律导致了自收自支市镇间机构的系统化和市镇联合会数量的减少。该过程建立在省长创立的区划上，并有该省的省内市镇合作委员会的支持。

法兰西岛大区要再次单列出来，四个大省——巴黎、上塞纳省、塞纳圣德尼省和瓦勒德马恩省——不在该规定内。而且，2010 年 6 月 3 日颁布的"大巴黎特别法"提出"符合国家利益的城市、社会和经济项目将法兰西岛大区的战略行政大区都联合了起来，首先便是巴黎和巴黎市区中心"，并产生了名为"大巴黎社团"的公共交通市镇间合作公共机构和另一个名为"巴黎－萨克莱公共机构"的市镇间合作公共机构，旨在创建"萨克莱高原科技区"。

自收自支的团体组织的财政特点各异。它们虽然仍比较接近乡村共同体中的联合会的财政，但如今越来越向大城市区域中的市镇的财政特点靠拢。

自收自支的团体组织的支出发生了深刻变化。它们的支出长期以来受到市镇共同体的控制，如今首先依赖于城郊共同体。它们过去约 45％的支出由市镇共同体执行，如今只有不到 1/3 的支出（无论是整体支出还是投资方面的支出）是如此，而约 45％的支出由城郊共同体执行（40％的支出为投资支出），另有一部分支出由城市共同体执行（约占其整体支出的 20％强，其中约 27％为投资支出）。

2004 年 8 月 13 日法律（收录于《地方法》法律部分第 5214 条第 16 款、第 52116 条第 5 款和第 5215 条第 26 款）使得各种拥有自有收入的工商业性质的公共机构可以通过"援助基金"来资助"设备设施的运营或建设"，无论是支付设备补贴还是行政补贴，都可以使团体组织的成员市镇受益（设备补贴记入投资部分，并应用折旧规则，参见 2005 年 8 月 26 日法令）。

3.4.2 大省财政

724　101 个省份（随着马约特设省，并成为法国海外的第五个省，法国省份的总数上升到 101 个。不过，未来随着马提尼克和圭亚那的省和大区合并为单一行政区，预计省份的数量将减少至 99 个）的财政制度目前主要由《地方法》的法律部分和法规部分规定，并加入了所有公共机构共同的原则规定（参见 60 段）。该制度和大市镇、大区的相似，相似处主要体现在财务制度方面。

大省的财政收支占到了地方财政的 1/3，与市镇明显不同。

大部分省份一直到 20 世纪 90 年代初都执行所谓"实际活动政策"，这导致支出用途出现某种形式的多样化。

目前行政支出主要占到了大省支出的 81.5%（除了债务的偿还），而投资支出仅为 17.1%。

大省预算传统上被戏称为"援助与道路预算"，因为它长时间以来很大一部分投入到道路方面，更大的部分投入到卫生与社会保障活动中。到 2000 年以后，随着最低生活保障收入、最低就业收入、老年生活自理个人津贴、就业团结补贴以及相当一部分公共设施（港口、机场）支出特别是道路支出被转移到大省预算，使得这种现象更加强化。

《地方财政观察报告》指出，大省初始预算的支出具有很强的社会保障性质。2013 年，如果加上社会补助、自主个人补贴、就业团结补贴、残疾人补偿金和医疗社保金，该支出占到了记录的可预见总支出的 50%（有时大约是某些大省行政部分的 2/3），高于网络和基础建设支出的 10%。在这方面，不平衡显得相当明显。

面对这些大量支出某些大省出现了财政困难，尽管某些社保性支出是非强制性的。一些农村型大省人口老龄化现象出现且自主个人补贴等支出增多，城市型大省便是就业团结补贴支出过高，而国家财政的补贴不断减少。

1983 年职能的下放也引起了"教育预算"的出现，因为大量的预算（2013 年大约是 10%）用于学校教育和校车支出。而且，数据显示大省预算的 50%（包括债务支出大约为 60%）用于转移支付，尤其是就业团结补贴和自主个人补贴的比重很大，这并未排除投资补贴的重要性，只是投资补贴是通过财政援助而不是直接设备补贴实现的。经济发展仍是大省支出的小额部分（大约 2%），却占到公共投资的 1/5（收入中一部分是人事支出，大约占预算的 8%，不考虑消防部门的支出，大约占预算的 3.7%）；通过国家转移支付获得收入比重很大（大约占预算的 30%），大省预算一定程度上充当着重新分配（或者"过滤"）的功能，需要不断地加强以实现市镇间均衡。所谓干预性支出（事实上通常是转移支付）占到了大省行政支出（不包括债务的偿还）的大约68%。

至于税收收入，则具有特殊的重要性。首要的便是地产税。另外，在二十多年时间里，省级税收有一大部分是间接税，以汽车牌照税为主（不过该税种后来被取消），不过长期以来收入更大的税种是注册税和地产广告税（其税率进行了调整，允许财政困难的大省可以提高该税率），这也显示出了与经济的联系，如同2009年的情形。在地方财政改革的背景下，大省得益于企业增值捐税（48.5%）和网络企业一次性税，并保持着建筑用地地产税的部分。这些财税收入在2013年占到了行政收入的66%，而国家援助的部分占比是23%。

而且要注意到经营服务性收入较少（大约是总收入的5%），大省征收个人所得税，但自1996年起不再征收农业用地地产税。

2013年，大省债务利息支出占到了支出的7%。大省的还债能力由于不同的管理方式极不平衡，而且该失衡在加剧。

大省类别的分析体现了财政状况（财富的差距很大）和财政地位（考虑到大区的单一大省性质，海外大省体现出了独特性；要记住两个单一大省性质的大区放弃了该地位）的多样性。

3.4.3　大区财政

725　　大区的财政制度之前由1972年7月5日颁布的法律修订版（尤其是1982年3月2日的修订和1986年1月6日的修改）规定的，现在主要是由《地方法》法律部分和法规部分规定，所有公共机构均适用的条款和原则作为补充和修改（参见60段）；这与大市镇和大省是相似的。大区在自有收入方面以前和现在都比市镇和大省更受益；某些大区正在进行合并，但在法律文本方面并没有改变该情形。圭亚那和马提尼克两个海外大区取消并和相应的大省合并成为特别行政地区。

预算审查之前需要遵守1998年3月7日和1999年1月9日法律引入的特别条款的规定（毫无疑问文字应该提到），直到2004年大区议会的改革。该机制使得在某些情况下，可以对预算进行整体表决、甚至是预算不投票就能通过。初步预算审查之后（初始预算审查之前的10个星期之内必须举行预算辩论），大区议会议长可以要求对初始预算案进行整体表决，也可以在委员会的同意下，以讨论期间受到支持或被采纳的一项或多项修正案对初始预算加以修改（《地方法》法律部分第4311条第1款，该规定也适用于财年内的其他两场预算审议，但行政账目的审议例外)。如果预算草案在3月20日(在议会换届时是4月30日)未通过,大区议会议长可以在委员会批准后(10日内)提交由初始预算修改而来的新预算草案或者讨论中支持的修正案;除非绝大多数的议会议员提出并投票通过了包含新预算草案(当时投票通过)和新议会议长(当时可以立即替换前任)的罢免提案,该草案便被视为通过(《地方法》,法律部分第4311条第1款,同样适用于财政年度内的其他两场预算审议,不包括行政账目审议)。这些条款规定源自《宪法》第44条第3款和49条第3款,受到1998年大区选举之后政治和财政冻结的影响,被宪法委员会接受(1998年3月6日第397号合宪性审查决议,1999年1月14日第407号合宪性审查决议),主要是在宪法委员会眼中这可以确保地方政府(因为这可以避免国家的强制规范)财政生命的持续性和自由管理(如果不是自由民主),而不是其过渡性质。这些条款有机会得到实施(但有时会出现困难)。

而且要记住大区经济社会环境委员会应该对预算草案的"大纲要"发表意见,甚至可以指定一位报告人向大区议会委员会陈述意见。但是最高行政法院认为(与初次审判相反,参见1994年7月5日里昂判例)经济社会环境委员会提出建议后大量修改的草案没有重新提交给该委员会(1997年7月4日罗讷—阿尔卑斯大区判例)。

财务制度本身是建立在M71号会计指令基础上,参见602段。

财政收支数额迅速增加(1972年大约是10亿法郎,2003年为150亿欧元),从2009年起开始止步不前,2009年是280亿欧元,2013年是287亿欧元。但是该收支仅占地方财政的小部分(12.2%),法国大区和国外地方机构在这方面不在一个量级上(单个德国巴登—符腾堡州的预算便是所有法国大区的3倍)。

大区的支出在行政和投资方面比其他类型的地方行政机构更平衡:2013年,行政支出(不包括债务偿还)占64%,投资支出占34%左右。

大区的支出长期以来较为多样。不过,自从地方分权法颁布以后,大区支出的约42%被用于教育(特别是中学)和职业培训,另外铁路交通(1997年以后管理权逐渐下放到地方)又占到大区预算的约15%。这些都大大限制了大区预算原先的自由行动空间。而且数据显示大区预算如同大省预算,大约2/3(包括债务支出大约为3/4)的预算用于转移支付,而且在此不包括投资部分,因为大区一开始就未被设计为管理机构。严格意义上的经济行为支出只占总支出的8%,但是行政支出开始很少(大约占预算的12%),在地方分权实施后迅速增加;这些支出包含很少的人事支出,随着国家转移支付给教育领域(不包括2013年债务偿还大约为总支出的11.7%)大量资金,该支出才不断增加。大区的支出主要用于转移支付,在投资领域有少量的直接投资(不包括债务偿还占总支出的10.5%),主要用于投资补贴(不包括债务偿还大约占预算的22%)。2013年债务利息及其偿还款占到了大区总支出的大约10%。由于接受大量转移支付（占预算的一半以上），大区重新分配的职能如同大省一样。

2004 年 8 月 13 日颁布的法律允许大区发放经济援助、管理欧洲结构性基金、负责不属于国家利益性质的基础设施（机场、管道、桥梁等）、管理议员投资的部分融资和计划规划各项职能（这些职能支出不大）。2014 年 1 月 27 日颁布的法律重现将欧洲结构性基金的管理权下方给大区的思想。

收入体系同样也出现了变化。税收（直到 1986 年收入都设立了最高限额），最初占到了收入的 3/4，在 20 世纪 90 年代大约为收入的一半，主要由份额相当（根据具体情况有所变动）的两个部分组成。一是 1972 年和 1983 年转移至大区的几种间接税（汽车牌照税和驾驶证税，以及省级注册税附加税，后者 1998 年以后被取消），这些税收收入在很长时间内所占比重较大。二是根据 1989 年公共法征收的直接税（1989 年以前，由大区投票表决税收额，并在地方"四大旧税"之间分配），它们逐渐成为主要的税收（1998 年占税收收入的约 60%）。不过后来这些直接税逐渐被取消一大部分，2010 年改革后只占大区收入的很有限的一部分。2013 年地方税仅占行政收入的 20.9%，其他税收收入占 34% 左右，国家援助占 40.6%。

自从 2004 年颁布的财政法案之后，大区获得了一次性的行政总补贴，并有均衡补贴作为补充（《地方法》，法律部分第 4332 条第 4 款）。

事实上，自 2006 年议会将一部分的国内石油产品消费税分给了大区，大区便从 2007 年 1 月开始调整该税率（后来为国内能源产品消费税）。而且，自 2005 年起，大区征收学徒附加税。

2010 年地方税收的改革主要涉及职业税，导致了地区税收的大量修改，把企业增值捐税的 25% 部分（考虑过大区人口、面积、中学和职业培训机构的受教育人数）和公共事业企业税分配至铁路机车车辆和主要电缆配线的用途上。

大区类型的分析反映了法兰西岛大区举足轻重的地位（大约占大区层面财政的 1/5）和财政状况的极大不平衡。该分析也体现了海外大区（单一大省型）和巴黎大区的独特财政地位。

海外单一大省型大区还存在着海洋权，1992 年海外省的进口税延伸到了某些当地生产的产品，2004 年经历了改革，直至 2014 年仍被允许征收。该税根据大区不同，占收入比例也不同，大约占地方收入的 15%～55%。

法兰西岛大区是 1979 年巴黎大区的延续，享受着特别收入待遇（包括取代"四大旧税"的设备特别税，该税种按财产种类和所在区域进行调整；向位于法兰西岛大区的商业场所征收的区内商业场所特别税，该税的一部分收入划归法兰西岛大区；另外还有国土整治税附加税，该税的税额为国土整治税的 1%）。大约 25% 的预算用于旅客的交通（由公共机构法兰西岛大区交通联合会协调）；注意到该大区的市镇存在特殊的财政工具，1991年设立了法兰西岛大区市镇团结互助基金，而大区区长拥有支配的职权。很显然该大区要区别对待。

3.4.4 地方分支机构的财政

726 地方政府有两种类型的分支机构。

第一类是公共法人的分支机构，拟人化后由地方公共机构代表，至少确实是依赖地方的机构。

在该类别包含多个特殊机构，如地方公共行政管理中心、市镇社会活动中心、学校基金等。

公共医疗机构（医院）并未真正归属于地方政府，而是采用自治方式，仅采用适用于地方政府的法律和法规。

同样地，地方公共教育机构（在预算、财政和会计规则方面遵守M9.6号会计指令，这便是地方公共教育机构改革的成果，参见2012年10月26日第2012—1193号法令）和公共住房机构（2007年2月1日法令）成为了正式（特别在财政方面）的附属机构，这些机构需遵守特殊的制度（参见《建筑居住法》），还要遵守公共会计规则或者商业会计规则。

公共管理机构的数量明显减少（2012年有27259个市镇或市镇间社会活动中心、1863个学校基金、96个地方公共行政管理中心和97个大省消防机构），其财政地位通常独立于或附属于地方政府机构或者社保机构。公共工商机构（要指出的是，主要是682个拟人化的公共事业服务代管机构，而2010年该数量是619个）应该在除了某些特殊情况（公共地产机构）外，从商业活动中获取收入，而且相应地实施某些商业管理规则。行业工会尤其多种多样，各行各业（如供水、污水净化、家庭垃圾处理、交通、旅游、能源、学生接送、文化活动、体育活动等）都有自己的行业工会。2012年统计时数量为13534个，支出额约为120亿欧元。

这些机构都有着大量的财政活动，（除了医院和住房机构，但包括大省消防机构）占到了地方公共领域收支的大约5%。

市镇或市镇间社会活动中心、学校基金、公共事业服务代管机构、大省消防机构、地方公共行政管理中心的支出超过了100亿欧元，其中市镇或市镇间社会活动中大约为17亿欧元（2/3的资金都是接受的转移支付款，主要来自市镇），学校基金将近6亿欧元（70%的资金都是接受的转移支付款，主要来自市镇），公共事业服务代管机构为15亿欧元（2/3的资金都是售卖物品或者提供服务所得），大省消防机构为44亿欧元（大约97%的资金来自地方政府转移支付款），地方公共行政管理中心大约为5亿欧元（2/3的资金是接受的地方转移支付款）。通常还要再加上10537家不动产业主联合会（包括不动产业主联合会、农村土地联合会和城市地产联合会）的2亿欧元（其中1.4亿欧元为自有收入）。从法律上说，这些联合会不隶属于地方政府，但却是公共机构，其预算的80%用于农业、林业或水利工程（在这一混合类别之外，从2002年起还包括文化合作类公共机构。后者不隶属于任何地方政府，但可以是行政类或工商业性公共机构，并受《地方法》管辖）。

第二类分支机构是属于私法主体的地方附属企业，包括地方混合经济企业、2006年设立的地方整治公共企业（其法律地位为股份有限公司，参见《城市法》法律部分第327条第1款）、2010年产生的地方公共企业（法律地位是股份有限公司，参见《地方法》法律部分第1531条第1款）、最近出现的单一业务混合经济企业（参见《地方法》法律部分第1541条第1款）和扩展地方政府财政活动的团体组织（法国登记的上百万个团体组织中也许有将近十万多个地方政府财政活动团体组织）。除某些特殊情况（如委托管理），这些企业的财政地位仍然等同于私权机构的地位，但它们主要甚至完全由公共出资，这导致它们必须接受额外的义务和监督，也使它们越来越受公共财政法律的约束。

地方混合经济企业其资本金很多，2/3都是地方政府持有，而一半多来自市镇；这些企业的营业额超过了150亿欧元，雇用几十万员工，简单而言，一半企业在服务领域（停车场、交通等），1/4在房地产领域，1/4在整治领域。法国混合经济企业联合会改为了地方公共企业联合会，其更名体现了新的联合视野，但该名称会引起混合经济企业与其他经济企业相近及特点延续的问题，于是2014年要求1214个法国混合经济企业和地方公共企业的"代表"加入欧洲公共企业中心——25000个地方公共企业组成的欧洲网络。

应该也要强调团体组织的重要性。2000年最高行政法院公共报告的数据显示大约有80万个团体组织，这些组织雇用了大约120万人，管理500亿欧元的资金。资金来源有捐赠（少于10%）、收费收入（1/3以上）和60%的公共补助（在德国该比例为60%，英国少于50%，美国、西班牙和日本大约1/3），而公共补助大约30%来自国家、5%来自社保机构、25%（大约125亿欧元）来自地方政府（市镇占到一半多、大省约为1/3、大区少于15%）。其他最近的研究也证明了团体组织的经济和社会重要性。2007年有将近110万团体组织，有17万雇主并雇用190万员工，总预算将近590亿欧元，其中50.7%是公共资金，其资金来源主要是市镇，其次是国家、大省（参见2007年的《团体组织的关键数据》）。2013年，法国有16.5万个至少雇用一位员工的团体组织，所有团体组织大约雇佣180万（长期）员工，其工资总额大约为370万欧元。

在这种地方格局内,如今所谓的"社会合作与团结互助经济"(联合会、合作社、基金会、互助会等)对发展经济和促进就业具有决定性的贡献(它们约创造了法国12%的就业)。因此,立法机构颁布2014年7月31日关于社会合作与团结互助经济的法律,决定在这一领域实施更为全面的框架并不令人感到意外。该法律主要针对合作社、互助会与联合会,将这种经济定义为"适应人类所有活动领域的经济发展模式",且"那些符合某些条件的私权法人可以加入这一领域,特别是那些不单纯以追逐利益为目的,拥有民主管理、符合某些原则的经营方式的私权法人"(2014年7月31日法律,第1条第1款)。

第 4 章 社会保障财政

727 公共立法提出的社会保障其实在法国社会中很早就有了。很自然要提到法国国王查理六世于 1407 年 1 月 7 日颁布的保证"合格并长期为国王服务"人员的养老金法令。各个时期都设立了特别的体制，某些体制一直持续到今，其载体便是如同在 1673 年设立的国家海军伤残军人保险机构这样的特殊机构。其他同样古老的体制却在最近几年消失了。社会主要担忧的是退休金问题，这使得立法者给公务员、军人、铁路员工、银行职员、歌剧院演艺人员和矿工等设立了一些制度，而且 1910 年设立了第一个员工退休金体系（1910 年 4 月 5 日颁布的法律）。

长期讨论的问题是法国在解放后采用的社会保险模式来自俾斯麦模式，受到了历史"事件"的影响：阿尔萨斯—洛林地区重回法国共和国版图。实际上，该地区回归前采用的正是这一社会保险模式（基于从工资中扣除的社会保险缴纳金）。该社会保险系统只针对职业阶层（即以工作为基础），扣取的缴纳金由相关合作机构管理，只有职业者（及其权益人）才有权根据其所缴纳的社会保险金金额按一定比例领取保险金（该模式最初由俾斯麦在 19 世纪末所创，故称为"俾斯麦模式"）。该模式启发了第一次世界大战后第三共和国的立法者，投票通过了主要法律文本，即 1928 年 4 月 5 日颁布的社会保险法律，1930 年 4 月 30 日颁布的法律对此进行了补充和修正。

728 最终"社会保险覆盖了疾病、早期伤残、养老和死亡，目前的法律规定在特定条件下包括家庭和生育补贴"（第 1 条）。然而，该制度仅涉及了私人领域的工作人员，其"不包括家庭补贴"的总年终收入不超过某个数额，当时定为 15000 法郎，而且两个修改条款——工作人员生活在 20 万人口以上的城市并且是工业区域，且工作人员有家庭负担使得法国社会保障制度迅速发展。

这种条款的修改也引起了机构改革，因为当时已有保险和其他社会救助基金会的存在。社会保险的管理（除了特殊情况外）交付给了大省或者（许可的）大省间基层基金会。该机制的法律依据是 1898 年 4 月 1 日关于互助公司的法律，现有的社保机构可以联合设立此类基金（尤其是 1910 年 4 月 5 日法律设立的退休工人互助基金）。

在财政方面，这些社会保险基金一方面拥有国家社会保险金管理机构的拨款，另一方面拥有由被保险人（从其工资中扣除）与其雇主平摊缴纳的保险金。

最后，如果这些社保基金的库存资金超过一定数额，则应将超额部分存入法国国家储蓄银行或法兰西银行。法国国家储蓄银行负责向每个基层社保管理机构拨予相应的款项，以供其赔付之用。另外，另一些法律对这一机制加以补充完善，例如 1935 年 10 月 28 日关于适用于工商业投保人的社会保险制度的法律，或 1935 年 10 月 30 日关于农业保险以及农业社会保险制度的法律。

国家对社会保险的推动或影响也是一个由来已久的现象。

729 当前的社会保险体系的创新之处首先在于放弃了"完全积累制度"，而采用"现收现付制度"。直到 20 世纪 30 年代为止一直是以"完全积累制度"为主，尤其在养老保险方面，后来逐渐过渡到"现收现付制度"。真正完成这一过渡是——这一点或许出人意料——在维希政府时期（1941 年 3 月 14 日法律），主要是因为当时采用完全积累制度的社保金管理机构遭遇财政危机，因此维希政府颁布的这部法律规定："社会保险的退休金和养老补助采用'现收现付制度'"（第 9 条）。代际之间的养老关联就此确立。1944 年全国抵抗运动委员会所采取的方案与此并没有根本区别，因为按该委员会的计划，"待全国解放之后"，在社保层面，其中一个将要实施的措施是"制定完整的社会保障计划，以现有资金为所有市民承担保险——即使他无法通过工作获取保险，并由国家及相关机构的代表加以管理"。

730 至于其他国家，德国保持了其传统的社保制度，而英国则在经济学家威廉·贝弗里奇的影响下于 1945 年实施了一套与之相反的制度。贝弗里奇在 1942 提交了一份旨在改革 1911 年《国民保险法》的报告，建议采用以税收为基础的统一的普遍社保制度，这就是后来被视为奠定了英国福利国家基础的 1946 年《国民保险法》。该法主要围绕医疗保障（通过国民保健服务）和家庭补助展开，养老则仍以保险为主。这一套制度由公权力管理，以便满足所有国民的相关需求。至于美国，则通过 1935 年 8 月 4 日的《社会保障法》建立了初步的社保制度，主要针对贫穷的老人和失业者（由联邦预算出资，并由社会保障委员会进行管理）。

法国 1945 年 10 月 4 日关于社会保障组织的法令仍延续了俾斯麦模式，即仍以对在职人员的保险为基础，该保险为强制性保险，其收入来源以一种特殊的必提费用——社保缴纳金——为主，不过社保缴纳金的数额仍根据相关风险而有所不同，同时不再像之前那样由单一机构管理，而是设置了多个社保金管理机构。另外，鉴于部委对社保机构缺乏有力的监督，立法机构从 1950 年开始将最高审计法院的监督范围扩展到社保机构（1949 年 12 月 31 日法律），这一监督直至今日仍采取的是一种特别的方式（参见 812 段）。

法国的这一套社保制度在财政方面已变成（或者说回归到）两头收入：以社保缴纳金为主，但也有较大的一部分来自税收（如普通社会保险捐税），而且这些都尚未纳入通常的公共会计制度。

在欧洲，受贝弗里奇模式影响的主要是北欧国家（丹麦、芬兰、瑞典），它们的社会保障制度主要以税收出资，并给予国民大量的补助（对在职人员另有某些额外的补助），这使得救济变得无关紧要。奇怪的是，这套制度在英国（和爱尔兰）反而不那么发达。在英国，除普遍的国民保健服务以外，大部分领域仍需自行投保（由于基础补贴过低，因此由企业或保险公司出资的附加保障制度扮演着重要的角色）。至于俾斯麦模式，则仍然影响德国、荷兰、比利时、卢森堡、法国、西班牙、葡萄牙、希腊、意大利等国，不过社保收入来源中税收的比例逐渐上升，而且普遍覆盖的社保也逐渐发展（西班牙和意大利甚至设立了国民医疗保障系统）。有些观察者认为这两种模式趋向于互相靠拢。

731　法国的社会保障制度曾多次受到质疑，特别是其强制要求缴纳社保金的规定备受争议。不过欧洲共同体法院在其1993年2月17日的一份判决书中对该制度的法律依据进行了巩固："医疗保险机构或社会保障公共服务管理的相关机构只履行社会保障性的职能。这一活动基于国民团结之原则，不应带有任何营利性目的。所给予的补助乃是法定补助，不得与其所缴纳的社保金挂钩。"而宪法委员会最近在关于在瑞士工作的法国侨民的保险制度方面，重申指出社会保障制度框架内的风险互助，是一种基于国民团结原则的公共利益。

尽管社会保障财政——至少其中一部分——被宪法委员会视为属于公共财政（宪法委员会，1961年1月20日第60-11号合宪性审查决议），并被纳入公共行政机构的经济核算中（参见3段），但社会保障财政仍然采用一种特殊的、混合性的制度，主要由《社会保障法》加以规定。至于其中各个领域的相关规定，则分别见于《公共卫生法》《农业与海洋渔业法》（涉及农业社保互助）和《家庭与社会活动法》（主要涉及社会保障机构和医疗社保机构）。根据《财政司法法》的规定，这些财政属于最高行政法院的管辖范围。这就导致了双头体系：一方面是互助社保，另一方面是由个人缴纳和国家拨款相结合的财政层面的社保，而宪法委员会在"保护"这两种体系使之并存方面起到了重要的作用。

732　社会保障财政的这种特殊情况（其中一大特点是国家一直以来的强势干预）既源于社会保障财政极其复杂，也由于各种不同的社会保障政策的堆叠，而且其中一大部分是由"负责执行公共服务"的私权法人实施。其财政收支（4.1）的重要性及其不断增长的失衡，推动了社会保险融资法案（4.2）的制定和对社会保障机构财政制度（4.3）的改革。

4.1　社会保障的财政收支

733　社会保障的财政收支特点是支出（4.1.1）和收入（4.1.2）之间的差距增大，最终导致了严重的财政失衡（4.1.3）。

4.1.1 社会保障支出

734 社会保障支出的范围和/或对象根据社会保险账户（4.1.1.1）、社会保障管理账户（4.1.1.2）和社会保障账户（4.1.1.3）而不同。

这些账户的细分并不会总是相符，其每个金额都不能简单而纯粹地相加，尤其是涉及相互转账。

4.1.1.1 社会保险账户

735 社会保险账户（或者"社会保险账号"）每年都由社会保险账户委员会发布。

该委员会由代表各公共机构和相关专业机构共计 50 多位成员组成。主管社会保障的部长主持该委员会，至少每年召开两次会议，在审计法院首席庭长任命的秘书长管理下制定出递交给政府并上呈给议会的报告（《社会保障法》，法律部分第 114 条第 1 款，法令部分第 114 条第 1 款）。

该账户所体现的内容很丰富，应该区分基本账户（1）和工薪人员退休补充账户（2）。

（1）基本账户

736 基本账户（其支出在 2013 年大约为 4630 亿欧元，比国家预算的支出更多）是主要账户（仅遵守社会保险融资法案），自身数量较多却不平衡。在此要提及总账户、特殊账户和自主账户。

①总账户

737 总账户是核心，于 1945 年设立，以普及和统一必需的社会保障。在 20 世纪前 30 年间旨在帮助私人部门（收入微薄的）工薪人员（代替 19 世纪实施的自愿互助系统）。其目标未完全实现，但是总账户仍然是基本账户中最重要的账户，因为总账户既确保了私人工商部门的工薪人员基本保险，也涵盖了部分其他基本账户的保险内容。

自 1994 年，该账户包括四个分支账户：医疗、生育、伤残和死亡（其保障扩大至国家和地方公务员、法国电力公司和燃气公司职员）。医疗分支账户在医疗领域占到了社保支出的 86%，2013 年大约为 1680 亿欧元，工伤事故和职业病分支账户 2013 年大约为 113 亿欧元，养老和孤寡老人分支账户 2013 年大约为 1140 亿欧元，家庭分支账户 2013 年约为 580 亿欧元。

然而各分支账户目前通常都是赤字状况（除了 2013 年工伤事故和职业病

账户)。

总账户由基金管理，均是私人共同基金机构，沿袭自1945年前的机构，1945年起由国家基金管理，1967年起该国家基金分为四个国家公共管理机构：国家工薪人员医疗保险基金（2013年有5920万受益人）管理"医疗"和"工伤事故"两个分支账户，管理基本医疗保险基金与职业医疗保险基金，而职业医疗保险基金在2010年失去了医疗和医保政策的职能，该部分职能转给了大区医疗机构；国家工薪人员养老保险基金（2013年有1350万退休人员）；国家家庭补助基金（2013年有1200万领取补助者），管理各家庭补助基金；社保机构总局管理社会保险金及家庭补助金征收联合机构。国家基金和负责医疗的部委把某些管理职能赋予了国家社保基金联合会。这样的基本组织构架在海外省被简化，只有4个社保总基金和马约特的1个基金。

总账户还添加了国家自主团结互助基金，于2004年6月30日设立（第8条），是具有管理性质的国家公共机构，以资金支持失去自主能力的老年人和残疾人员（2014年预算为217亿欧元）。2007年提出设立第五个分支账户"无自理能力账户"的想法直到2015年仍未实现。

②特殊账户

特殊账户由100多个账户组成，主要涉及的是公共部门工作人员，并没有并入总账户的分支账户中（尤其是退休金），公共部门人员享有的补助比在总账户中的更多且时间更久。

因此国家公务员的退休金直接由中央预算提供，地方公务员的退休金（如同医疗工作人员的退休金）由地方政府人员退休金基金管理。该基金本身由法国国家储蓄银行或一些大型国企管理（如法国电力公司、法国燃气公司、法国国家铁路公司等。根据2007年5月7日法令，法国国家铁路公司管理的社保基金被另一家国有基金代替，后者是"承担一项公共服务任务、具有法人地位的社会保障机构"），另外还有一些"历史遗留"机构，如国家海军伤残军人保险机构（其起源可追溯至柯尔贝尔时期）、全国军人社会保障基金（设立于1948年，其退休保障制度可以上溯至七月王朝时期），又如矿工社会保障特别机制从2011年8月30日法令颁布后交由国家自主基金管理，矿工及其权益人残疾养老风险管理及社保缴纳金征收从2005年1月1日起由法国国家储蓄银行负责管理（由相关部委与国家储蓄银行订立目标与管理协议规定双方的承诺和义务）。然而，在这些社保机制中，相比领取社保的人数，在职人员的人数可谓极少，此外，在职人员所缴纳的社保缴纳金数额也能说明问题：只占2%，而拨款数额占到了50%。同样，其互助保险方面，只有30%的资金来自公共缴纳金，5%来自税收。另外，创立于1928年的国家工业机构工人特别养老基金（由法国国家储蓄银行管理）的情况也很值得注意。这些社保机制有时也涉及某些特殊或工作人员很少的领域（如国家剧院、巴黎工商协会、各类议会等），其中某些机构（公证机构、法兰西银行、鲁贝商业协会、神职人员医疗残疾养老基金等）的工作人员已在很大程度上被纳入普通的社保制度。

该体系经常重组，以简化这些机构的"面貌"，让人能看懂，某些机构一直有相似的部分存在，如医疗补助方面通常都大同小异而且可以合并成统一的系统。这些改革中要指出的是 2005 年 8 月 2 日关于巴黎工商协会的法律，使得总账户适用于养老和伤残保险，而特殊账户适用于医疗保险。其中最重要的改革之一便是 2004 年 8 月 9 日关于电力燃气公共服务和电力燃气公司的法律，规定设立了国家电力和燃气产业基金；从 2005 年 1 月 1 日起，该基金负责电力和燃气公司的养老、伤残、死亡、工伤事故和职业病保险账户的运营。

特殊账户的改革在退休金方面保持了其现状。2007 年 1 月退休金指导委员会递交给总理的评估报告总体上对退休金的未来提出了警告，并建议在特殊账户（法国电力公司和燃气公司、法国国营铁路公司、巴黎公共交通管理公司、海军、矿工和法国央行）延长工作和保险的年限，更何况主要涉及的账户已经到期（国家伤残人员和海军机构、法国国营铁路公司）或即将到期（法国电力公司和燃气公司、巴黎公共交通管理公司），这些账户领取退休金的人员远远高于公共缴纳社保金的人员。

2007 年特殊账户的改革目标是和其他（公共功能）账户保持一致，尤其是涉及关于侨民退休的规则。2010 年进行的退休金基本改革之后该侨民退休规则也做了调整，延长社保金缴纳期限并逐渐使社保金所占的比重向总账户看齐。

2008 年初实施了特殊账户的相关改革，涉及法国国营铁路公司员工、巴黎歌剧院员工、法国戏剧院员工、电力燃气公司人员、巴黎公共交通管理公司员工（国家工薪人员养老保险的支持源自 2005 年，但是欧盟委员会不能接受该账户 2009 年以收支平衡名义获得国家补助）和公证处办事员。不确定的是在这些法律文本通过前的协商中，账户的财政费用大量减少。如果按照该领域的审计法院的分析，结果应该是相反的。

③自主账户的终结

自主账户主要针对仅在 1945 年后才并入社会保险系统的职业，但在自有组织结构的框架内其保险金通常比其他账户少。这些账户逐渐并入了总账户，虽然还存在着"对应"的机构。

（非农业）非工薪人员账户管理工商业、手工业和自有职业的医疗保险和退休金。2005 年该领域经历了深刻的改革（2005 年 12 月 8 日法令），设立了独立社保账户。根据《社会保障法》法律部分第 611 条第 1 款的规定，该账户覆盖《社会保障法》法律部分第 613 条第 1 款所提及的人员的生育与医疗保险，及该法法律部分第 621 条第 3 款所定义的工商业与手工业从业人员的养老保险、伤残与身故保险以及强制性养老补充保险。该账户受到了广泛的批评（大量自由职业人士寻求不履行缴纳社保金的义务，并用独特的称呼，称自己为"自由人"和"被搜刮者"），独立社保账户是要遵守《社会保障法》的社会保险机构。该账户分为三个部分：医疗和生育保险、手工业养老保险和工商业养老保险，之前提到的强制补充账户也由该账户管理。

独立社保账户从 2008 年 1 月 1 日起成为相关职业的唯一社保联系人。2013 年成立了独立补充账户（2015 年社保金额减少，1970 年成立的企业社保分摊税取消）。

独立社保账户从此在财政方面并入了社会保险总账户（2015 年 4 月 14 日总账户和其他账户财政关系第 2015－420 号法令），国家医疗保险基金和国家养老保险基金负责填补该账户的赤字。

一些数字可以说明该账户的困难：610 万侨民、280 万社保金缴纳者、210 万养老金领取者、420 万医疗保险受益人，医疗和养老两个部分的财政补贴金高达 163 亿欧元（资料来源：独立社保账户）。

医疗保险的管理主要是由国家非工薪人员医疗和生育保险基金负责，其在各地有分支机构和大区基金。

退休金分支机构分为工商业（国家工商业自主管理补偿基金）、手工业（国家手工业者养老保险补偿基金）、自由职业（国家自由职业养老保险基金）和十多个自主基金，法国国家律师基金不包括在内。

该账户很少出现账户委员会核对的情况。

农业保险制度（属《农村法》管辖，并受农业部监管）有两种类型：一是针对农业经营者的保险制度（其收支情况过去主要列于农业社保补贴附加预算，后来被农业经营者社保补贴基金替代，而该基金又在 2009 年被撤除）；二是针对农业工人的社保制度，由农业社保互助基金管理。

农业社保互助基金是一家私权机构，如今上述两种农业保险制度均由其管理。该基金全国层面的管理机构为农业互助社保中央管理局（CCMSA），该机构与安盟保险（Groupama）农业互助保险分部及另外两家农业工人补充退休保险机构联合组成农业互助保险中央管理机构联盟（UCCMA）。

（2）（非农业）工薪人员退休补充账户

大部分工薪人员退休补充账户对于参加了总账户养老保险的人而言都是强制性的（1972 年），因为总账户养老补贴金是不够的；但是工薪人员退休补充账户主要是私法账户，在集体合同框架内由社会机构管理，其财政状况和涉及退休的改革息息相关。

法国有数十家工薪人员退休金机构。涉及管理人员的养老保险的部分，由创立于1947年的管理人员补充养老金基金（AGIRC）加以协调；涉及非管理层的工薪人员，则由创立于1961年的职工补充养老金基金（ARRCO）加以协调。此外，还有政府非正式雇员补充养老金机构（IRCANTEC，由法国国家储蓄银行和法国国家人寿保险公司管理）以及各种附加养老保险或人寿保险机构。

最后，有必要指出，2003年8月21日关于退休金改革的法律（从2005年1月1日起生效，无追溯效力）设立了公职人员额外退休账户（RRAFP）。

2013年退休补充账户的净支出高于净收入，分别为大约520亿欧元和515亿欧元，该财政状况仍会持续甚至恶化；管理人员补充养老金基金的财政状况也很相似，240亿欧元的支出却只有229亿欧元的净收入；即使这些机构能实现财政盈余，很明显长期赤字会对保险金或者参保的补助金产生不可避免的影响。

公共机构普通职员的补充退休金机构的财政状况仍为盈余。

这种额外退休保险每年应缴费的数额（2013年该项收入的总额为18亿欧元）以公职人员的基本工资以外的其他薪酬（即奖金与津贴）为基础计算，但如该项收入超过该人员的税前职级年薪的20%，则超过的部分不纳入计算。每年缴费的比例为其当年此项收入的10%，公职人员与其雇主各承担一半。这一账户由公职人员额外退休保险机构管理。审计法院在2013年向经济和财政部提交了关于公职人员额外退休账户及其管理的决议。在该决议中法院强调，"虽然终生养老金数额微薄，不应对此大幅度改善，如果其他情况都一样的话，这些将在2045～2050年退休的人员的收入也是如此"。该账户被某些人认为是主权基金，其投资规则修改使该基金的管理更加"积极活跃"，"以加大其对企业融资的贡献并改善收益期望值"（2015年2月3日第2015—117号法令）。

4.1.1.2　社会保障管理账户

741　社会保障管理账户被用于经济核算（参见3段），尤其是法国国家统计局每年发布的国民经济核算。

其支出数额（欧洲统计局数据显示，2013年支出为5629亿欧元，大约占国内生产总值的26.6%）和社会保险账户（参见735段）的数额相似。该支出迅速增加可以有两点解释：医疗支出从2007年的1387亿欧元增至2013年的1640亿欧元，社会保障支出从3178亿欧元增至3924亿欧元，即7年内总共增加了1000亿欧元。

这些社会保障管理账户结构上并不完全相同，因为它们要根据情况从某些账户中扣除或注入相应资金，以平衡社保管理机构的某些内部收支。社会保障管理账户大体上有两类操作：必要账户的合并（1）和社保附属机构账户的合并（2）。

（1）所有社保必要账户的合并

742　社保必要账户可以分为三类。

基本账户归在不包括公务人员和类似人员（其他公共管理机构人员也包括在内）在内的社会保险账户中（参见 736 段）。

必要补充账户本身就可以分为两小类。

（非农业）工薪人员退休补充账户也归在社会保险账户中（参见 735 段）。

医疗保险补充账户主要涉及全面补充医疗保险和（单独）适用于阿尔萨斯—摩泽尔地区的账户。

与就业相关的补助在 2012 年为 400 亿欧元（占国内生产总值的 2%），增长迅速，法国研究评估及统计局注意到失业补助在一年内就增长了 6%。要注意到法国和其他国家不同，失业补助账户并未重视而且设立得较迟（1959 年），这也揭示了其在账户中的次要地位。直到 2008 年该账户都保持着盈余，之后出现赤字。

审计法院在 2013 年 1 月发布的《劳动市场：面对较高的失业率并制定更有针对性的政策》报告中指出，失业保险账户在许多方面都很脆弱，其财政状况自 2009 年以来不断恶化，其债务从 2009 年的 90 亿欧元增至 2013 年的 185 亿欧元，并强调这种状况主要应归咎于对临时演员的补贴制度（尽管如今已非如此），"该补贴的赤字额达到 10 亿欧元，而受益者只占所有待业人员的 3%"。

（2）社保附属机构账户的合并

743 社保附属机构主要指的是社保机构的社会机构，尤其是公共医疗机构（医院和参与公共医疗服务的私人机构）。其支出（医疗和医药物资的消费在 2013 年高达 1867 亿欧元，大约占国内生产总值的 9%，其中 867 亿欧元是医院医疗支出，668 亿欧元为公共医疗部门支出）的大约 76% 都是由医疗保险基金承担（资料来源：法国研究评估及统计局发表的《2013 年国家医疗账户》），因此这些机构被要求控制公共支出，其削减额在该领域 10 个方面大约为 30 亿欧元。

4.1.1.3 社会保障账户

744 社会保障账户比社会保障管理账户的范围更宽泛，是经济账户的附带账户，因为大体上还要加上其他公共或私人机构批准的社保补助。

根据《社会保障法》的第 2 条，应该通过社会保障表示，"所有公共或私人机构的转移支付都旨在减缓家庭和个人在风险和需求方面的所有负担，如果没有同时互惠的协议和相关的个人协议"。其适用范围如下：疾病和/或医疗、伤残、养老、生存、家庭/儿童、住房和社会边缘化。社会保障账户的目标是"一个或者几个机构遵循着一系列明显的规则，管理着社会保障补助的提供和出资"。

社会保障账户大概分为三大类支出：社会保险支出（1）、公共机构的社保转移支付（2）和私人部门的社会保障支出（3）。

（1）社会保险支出

745 社会保险支出指的是社会保险账户的支出，包括通过社保管理账户支付的补充养老金和失业补助（也包括社保支付给医院和公共部门工作人员的养老金）。

国家（直接或者通过转移支付给社保机构）支付的（退休和伤残）养老金大约15%来自公务员的社保金，15%来自各类分摊金，其余的由国家承担。

(2) 公共机构的社保转移支付

公共机构的社保转移支付指的是严格意义上的（其他）公共机构（国家、地方政府、除了社保机构之外的公共机构）承担的社保（或家庭，或税收）性质的补助金，该金额占到了社会保障支出的大约11%。

这些补助金的传统部分由市镇和大省的社保补贴构成，通过2001年设立的个人自主能力补助发放给儿童、残疾人员和老年人，该补助支出逐年增加，约有120万受益人。该补助最初由国家和大省联合出资（50%来自国家，50%来自大省），大省承担的部分大量增长（目前30%来自国家，70%来自大省）（资料来源：2012年12月5日参议院发布的第183号报告，M.罗兰的《收取遗产高于15万欧元需向个人自主能力补助缴纳遗产税的报告》）。根据法国国家统计局的数据，超过85岁的人需要依赖他人的比例达到了36%，60岁及以上老年人的比例方面2012年法国在欧盟国家中排名第13位，意大利和德国比例最高（分别为26.8%和26.6%，而法国为23.4%）。

20多年来主要由国家和大省出资的补助金不断发展，通过"最低社保金"渐渐"普及"保障制度。因此1988年12月1日法律设立了"最低生活保障金"，100多万人享受了该补贴，自2004年，该补贴由大省"管理"（并由"最低就业收入"补充）。从2009年起该补贴由就业团结补贴代替，并设立了资本收入的1.1%附加税以财政支持该补贴。就业团结补贴建立在两类机制之上："基本"就业团结补贴代替了最低生活保障金和单亲家庭补贴，"低薪"就业团结补贴补充最低保障并只针对贫困的劳动人员，该机制要和就业保险金联系起来；就业团结补贴在2014年涉及大约230万补助家庭，支出超过了90亿欧元。2016年宣布合并就业保险金和就业团结补贴。从1998年起，普遍医疗保障确保所有人都进入了基本医疗保险账户（社保普通机构管理），并且给予穷困人员补充医疗保障（国家公共机构"财政基金"负责，国家补贴和补充保障机构提供资金）。普遍医疗保障补充保险基金于1999年设立，在2013年支出达到了24亿欧元，大约有500万受益人。该类补助金可包括如残疾成年人补助、残疾儿童教育补助或伤残人员额外补贴一样定向给残疾人的补助，支付给医疗社保机构和服务、就业帮助中心的补贴，以及住房补贴。在2011年，个人自主能力补助和住房社保补助涉及50多万人，大省支付了42亿欧元（资料来源：2015年3月法国研究评估及统计局报告）。而且，一直由国家和社保共同承担的个人住房补贴于2015年完全交由国家负担。

而且"社会服务补助金"（免费或者价格低廉的公共服务）和"减免税补助金"（税收优惠通常被称为和"社保减免"相比较的"减免税支出"）也要包括在内，减免税补助金在社保方面的金额大约为 300 亿欧元，其中因"家庭商数"税制（参见 600 段）减免税数额占到了该数额的一半。

社会保障管理机构和其他公权法人批准的全部社保支出，以另一种形式或稍作调整，列入国家社保支出（或预算）。国家社保预算过去称为预算"黄皮书"，政府每年将该预算附录于当年的社会保险融资法案中。

（3）私人部门的社会保障支出

747 该支出指的是法律未强制规定但企业（"雇员账户"）支付的补助金，占社会保障支出的 2%。

该支出也可指"私人管理机构"提供的补助金，主要是慈善机构和互助基金，占到社会保障支出的 5%。

互助基金不总是限于补充社会保障，在某些情况下通过基层基金代为管理（尤其是教师和学生的社保），保险公司在管理非工薪人员退休补充账户中扮演着相似的角色。此外，还有一百多个互助机构（在企业集体协议的框架内平等管理）和一百多个额外退休金机构（该机构列入补充账户中，参见 740 段）。

该领域不断集中整合，尤其是在医疗互助基金领域，根据某些资料显示医疗互助基金在 20 多年内从几千个减少到了几百个。

根据法国研究评估及统计局的数据，社保总数额在 2012 年达到了 6530 亿欧元（大约占国内生产总值的 31.2%）。

2013 年社保提取金的比例（社保金和定向征税/国内生产总值）是 30% 多。该比例在 1990 年为 25.1%。

法国研究评估及统计局的数据体现了欧盟内的国家社保发展三个趋势：
- 社保支出的总增长高于国内生产总值的增长；
- 丹麦、法国和瑞典等国（支出占国内生产总值的比例超过了 30%）与波兰、爱沙尼亚、斯洛伐克、罗马尼亚、保加利亚等国（支出占国内生产总值比例低于 20%）长期以来的巨大差异；
- 社保领域支出主要方面相似，均是养老、医疗和丧失工作能力方面。

2013 年法国的补助 90% 都是养老金（大约为总社保补助的 49%，1960 年仅为 33%，而 1970 年后为 40%）和医疗保险（占总社保补助的 40.5%）。其他补助主要用于家庭和生育（9%）、就业（6.9%）、工伤事故和伤残（6.8%）、住房（2.6%）和防止贫困与社会边缘化（2.4%）领域。

4.1.2 社会保障收入

748 虽然法国在 1945 年进行了改革，社会保障资金基本上还是来自社保金（4.1.2.1），但由于职业劳动人口基数和享有社保的人数的差距越来越大，财政资金（4.1.2.2）和公共分摊金（4.1.2.3）的比重才渐渐增多，税收分配比重也增多，这使得事实上法国实行的是同大部分国家一样的混合收入模式。

4.1.2.1 社保金

749 社保金是法国社会保障的最初形式，但面对着财政分配的不断增多，其重要性不断降低。在此应该阐明其定义（1）和重要性（2）。

（1）定义

750 社保金的独特性首先在于它被宪法委员会判例定义为"必提费用"，且缴纳该费用即意味着有权获得补贴（宪法委员会，1992 年 7 月 29 日第 311 号合宪性审查决议，1993 年 8 月 13 日第 325 号合宪性审查决议）；在《宪法》第 34 条中未被视为"任何类型的税"，也不属于议会的职责范围。因此根据最近的决议，也可以引入"提高收入不高的工薪人员购买力"的机制，慢慢减少部分工薪人员的社保金而且"所有工薪人员的社保金基数和社保金相关的补助金及优惠"保持不变；在立法机构看来，在同一社会保险体系内，被保险人所享受的待遇的差异不应基于其财务状况的区别，且与其所缴纳社保金数额无关（2014 年 8 月 6 日第 698 号合宪性审查决议）。

这种混合社会保险制度的具体条例根据情况由法律或行政法规进行规定。法律根据社保基本原则，规定社保金的主要基数（及保险对象），至于所缴纳的比例（某些属于约定性的保险体制如失业保险的缴纳比例不在此列）则由行政法规规定（并受行政法院监督）。

宪法委员会规定在制定缴纳的比例方面，立法机关不能"在社会行业类别之间造成不平等的明显裂痕"（宪法委员会，1997 年 12 月 18 日第 393 号合宪性审查决议）。最高行政法院认为社保金基数的决定因素（最高行政法院，1996 年 7 月 10 日上加龙省判例）和除补助金之外部分社保金的分配（最高行政法院，1998 年 4 月 27 日自由医生协会判例；宪法委员会，1995 年 1 月 25 日第 357 号合宪性审查决议，1997 年 3 月 20 日第 388 号合宪性审查决议）等社保的主要原则对于社会救助也适用（最高行政法院，1998 年 6 月 12 日法国视力障碍人员的判例）。

这些社保金由就业的自然人及其雇主缴纳。双重性使得两类纳税人的出现，和两类不同的理论有关，因为企业不会从社会保障体制的补偿金中受益，于是造成了不同的宪法判例。因此在工薪人员社保金问题上出现了宪法委员会2014年8月6日第698号合宪性审查决议和《宪法》第12条和第13条的规定。

社保金的特殊规定根据工薪人员和非工薪人员分类而不同，经过几年的改革之后，倾向于大幅度减轻（特别是低薪人员的）社保缴纳金基数和缴纳比例（职工医疗保险缴纳金在很大程度上被普通社会保险捐税取代，参见753段）。社保的财政收入紧密依赖于工薪人员收入总额及其演变。

对工薪人员的规定是，这些社保金由工薪人员及其雇主负担（但家庭补贴和工伤保险例外，只由雇主缴纳）。该基数是总就业收入（或者在某些特殊规定下包括养老金），缴纳的比例根据风险（和社保缴纳者的种类）不同而不同。

对非工薪人员的规定是，社保金由相关人支付，基数是个人所得税（根据税收规定而不同）的就业净收入，其中某些缴纳金按单一比例缴纳（家庭补贴和农业经营者医疗保险），另一些缴纳金如数额超过一定上限则缴纳比例降低。

2013年总社保金占到了社保总收入的58%，而2000年该数字是65.9%。

立法机构可以在社保金之外引入额外分摊金。国家团结互助基金便是该情况，其自主筹资（2004年12月22日颁布的法令）有三类额外分摊金，其中一类最初缴纳比例是0.3%，由公私雇主支付，其基数和雇主缴纳的医疗保险金相同，遵循同样的收款模式。在经过一段时间社保缴纳金上涨后，从2013年起，国家政策导向开始转变，2014年通过就业竞争力公税（CICE，2015年该税收年度总额预计为200亿欧元）减轻企业的社保金负担。之后从2015年1月1日开始，通过《责任和团结公约》，使雇主无须再承担其雇员的最低工资的社保金缴纳额，同时将社保缴纳金降至最低工资的3.5倍。这一改革还伴随着对税收制度的局部改革（并承诺至2020年将企业的税率降低至28%）。

退休金改革的特点便是公务员社保金缴纳比例的增加，使其慢慢与社保体系的工薪人员缴纳比例看齐。而且，立法机构逐步寻求将某些来自企业管理的收入或者部分财产列入社保提取金的范围。

我们注意到，地方议员的职业津贴如今也需要缴纳社保金（参见2013年4月26日法令）。另外，在工伤与职业病保险方面，保险金缴纳比例也同样适用于地方政府的非正式职员。

收取社保金采用混合模式，由公权力机关以不同的方式进行征收。

严格意义上的社保金也是采用现金征收方式（参见464段），非工薪人员或者雇主（包括工薪劳动者的社保金以收入扣款的形式预先缴纳）应该每个月或者每个季度向社会保险金及家庭补助金征收联合机构或者负责收取的基金（尤其是农业社保互助基金）申报缴纳，否则将会面临缴纳额外款项。

社会保险金及家庭补助金征收联合机构（2014年1月1日开始建立，有22个大区分支机构和88个大省分支机构）和社保机构总局均属于国家级社保金管理机构（由自由职业者社保金机构、工商业就业协会和工薪保障机构所收缴的社保金均汇总至社保机构总局），2013年总计大约4590亿欧元（其中大约940亿欧元来自"社保机构总局之外的合作机构"），这使得希望按照同公共财政总署建立单一财政对话机制一样设立一种"单一社保对话"机制。不过，有些人亦认为，在更高的层面上，税收和社保金在近期内不大可能由单一政府部门或国家税收执行机构进行统一征收。

这些机构拥有监督权（或下设监督机构），有权查阅相关资料或进行现场调查。如发现问题，则启动对质修正程序，在规定期限内修正问题（涉及社保金税基问题，该期限为三年；涉及征收方面的问题该期限为五年，参见《社会保障法》法律部分第244条第3款和第11款；而对于不当支付的社保金的返还问题，修正期限仅为一年）。

强制征收的一般程序是由负责征收的机构的主管人员发布敦促令，如对方未在规定期限内缴纳，则可命令强制征收，从1951年开始，法律规定相关主管人员还可以采取"强制措施"（《社会保障法》，法律部分第244条第9款）。不过，被征收人如对敦促令有异议，可以申请和解委员会介入和解；如和解无效，亦可以向社会保障事务法院提起诉讼（如被征收人提出异议，则在起诉后可以暂停强制征收）；如对该法院的判决不服（不过，如数额较小且不涉及普通社会保险捐税或社会保险债务偿还税，则不得上诉），亦可以向上诉法院提出上诉（但上诉法院的判决可能提高强制征收的数额），最后还可向最高终审法院（参见《社会保障法》法律部分第142条第2款，但该法法律部分第143条第2款、第244条第2款，法规部分第133条第3款、第142条第1款和第144条第6款规定的情况不在此列）提起上诉（此时必须配备律师）。2009年社会保险融资法案将这一强制征收制度推广至所有社会保障机构。

在征收方面，这些机构拥有优先扣押被征收人的动产和不动产的权力，特别是有权扣押作为被征收人之债务人的第三方的财产（1991年7月31日法律，第42条）。此外，在非工薪人员的社保方面，它们还有权扣押该被征收人由第三方持有的财产，但被征收人可以对此向执行法院提出上诉，上诉时执行征收暂停（《社会保障法》，法律部分第242条第11款、第652条第3款，法规部分第652条第2款；《农业与海洋渔业法》，法律部分第752条第12款，法规部分第725条第12款；1999年12月29日第99—1166号法令）。社保金减免权属于社保金管理机构而不是法院。

不过，社保事务地区主任（属于国家公务员）可以在发出通知后，启动简易程序，即除非被征收人提出异议并被接纳或向社保事务法院提起诉讼，否则由地方行政长官委托公共会计人员"按征收直接税的模式"征收这些拖欠的社保金，此外还可以向违警法院提请追究被征收人的刑事责任（《社会保障法》，法律部分

第 244 条第 1 款，法规部分第 133 条第 2 款；《农业与海洋渔业法》，法律部分第 725 条第 3 款及之后数条，法规部分第 725 条第 9 款）。

至于工商业就业协会，直到 1992 年才获得强制征收权（1992 年 12 月 31 日法律）。其他机构如欲强制征收，需走普通法程序。针对某些特殊的社保制度（如律师社会保障基金），由于普通法未有相关规定，因此强制征收需要由上诉法院首席庭长进行批准（社会终审法庭，2003 年 1 月 6 日判例）。

面对某些人员（尤其是商人和手工业者）对这些社保机制的反对，以及在外国私人保险机构那里进行个人基本保险投保的趋势，立法机构引入了一项新的惩罚制度，以惩处怂恿被保险人拒绝服从社保立法机构的规定、特别是怂恿他们拒绝缴纳社保金的任何人员（《社会保障法》法律部分第 114 条第 18 款规定，处以六个月监禁与/或 15000 欧元罚款）。

（2）重要性

751　　社保金（其经济分量在 204 段有所讨论）独特性也是来自于其重要性，其重要性随着时间逐渐降低（考虑到财政分配资金的增多），但是法国社保金的份额在欧盟国家中仍是相对很多的。爱沙尼亚、捷克、比利时、德国、西班牙、希腊、荷兰等大量国家社保金比例超过 60%，而在英国和爱尔兰该比例在 50% 以下，其他国家的社保金比例一般在这两者之间，不过还有一些国家（如丹麦）的社保金比例极低（参见 204 段）。

总社保金方面该比例趋向下降，虽然我们将国家承担的社保金数额——"财政"支持增多的标志融入了总社保金。根据该体制，由于社保金占收入的份额从不到 15% 到大约 100% 变化，其比例非常不平衡。

从技术角度看，也有必要区分两类社保金：一类是由被保险人和雇主或其他机构支付的"实际社保缴纳金"；另一类是在某些情形下，由雇主直接提供的补贴（如国家公务员的养老金或某些专门保险机制提供的养老金，参见 738 段），也可以被视为某种形式的"社保金"。

由于法国并不存在统一的全民社保系统，该情形导致了立法机构（从 20 世纪 60 年代起）设立了各社保机构之间的补偿机制，以减缓某些机构由于人口少（或者缴纳费用能力弱）而陷入不利境地。

各种专门的退休基金的资金便在这一制度框架下（主要通过地方公务人员退休金中央管理机构和公务人员退休金管理机构）进行相互"调剂"，而这种调剂的主要受益者是法国国营铁路公司的退休基金（2003 年 8 月 21 日法律）。

4.1.2.2　财政资金

752　　拨付给社保机构的财政资金（2013 年超过 1410 亿欧元拨付给养老团结互助

基金）于 1949 年设立，1991 年设立了并于 1998 年扩展了普通社会保险捐税（1），这占到了 1/10 的财政收入，从 1998 年起占总收入的 1/4，该比例在某些领域更大（主要是医疗保险，其中在工资中扣除部分从 1998 年起大量由普通社会保险捐税代替，此外还有历史更悠久的农业经营者社保制度）。2004 年这一比例减少，主要原因是雇主社保金改革融资基金在这一年被撤除（参见 759 段）。划拨给社保的税收范围此后多年不断调整，例如从 2013 年开始，不再将各种"行业总增值税"划拨给社保基金，而是改为划拨增值税的一部分。划给社保基金的税收数额迅速增长，多种附加税也逐渐被划入其他定向税（2）。

（1）普通社会保险捐税

753　　普通社会保险捐税于 1991 年设立（1990 年 12 月 29 日颁布的第 90—1168 号法律），目前占到了大约分配的财政资金的 2/3（2015 年大约为 940 亿欧元）和总社保收入的大约 20%。

普通社会保险捐税涉及的是分配给社保机构的赋税，这也解释了在某些情况下欧盟法院会把普通社会保险捐税当作社保金，而法国法院认为这是一种税收，因为和社保金不同，纳税人缴纳该税收的金额对其享受的补贴的金额毫无影响。

宪法委员会也确认了该观点（1990 年 12 月 28 日第 285 号合宪性审查决议，1996 年 12 月 19 日第 384 号合宪性审查决议），社会保险债务偿还税也是如此，最高行政法院（1996 年 11 月 4 日大省跑马场比赛支援协会判例）和社会终审法庭（1998 年 3 月 25 日大区共同农业费用基金判例）已采用了该观点。

但是欧盟法院（2000 年 2 月 15 日欧盟控告法国判例）认为普通社会保险捐税和社会保险债务偿还税应该适用欧盟法规，并在劳动人员自由流动的框架内禁止收取双倍社保金，如不能像法国一样征收法国之外的跨境工作者社保金。

然而同样是欧盟法院在 2007 年 1 月 16 日颁布了与之前有区别的判决（北部加莱大区医疗保险基金第 265/05 号判例），认为补贴的性质取决于普通社会保险捐税和相关补贴之间是否可证实有关联，但即使普通社会保险捐税提供了补贴的部分资金，在现金方面却不会显现。最近 2015 年 2 月 26 日关于普通社会保险捐税、社会保险债务偿还税和社保提取金等涉及财产收入的判决分析也证实了这一点。

普通社会保险捐税收入（大部分）被拨付给了医疗保险机构（主要是总社保机构，占到了医疗保险收入的 1/3 以上）、国家家庭补助基金和养老团结互助基金，而从 2009 年也开始分配给了社保债务分期偿债基金。

与社保金（和部分个人所得税）不同，该税收的税基扩大不仅仅影响（或者主要）就业收入，还会涉及收入形式（和所有财产在法国的自然人）。但是出于对效率因素考虑（避免设立新机构）或者为了避免税收受到不平等的指责，法律上对普通社会保险捐税进行了明确地分类（1997 年税基扩大，该分类可以使其税基与社会保险债务偿还税的税基保持一致：参见 760 段）。

个人所得税和普通社会保险捐税可能合并的问题是几项政治提议的议题，在上届总统选举时甚至对此进行了辩论和思考。该合并前景甚至会让人反思保持两个"国家预算"即国家财政预算和国家社保预算的合理性。

就业收入与替代收入税（还有社会保险债务偿还税，参见760段），按社保缴纳金模式进行征收，其征收对象有两种：一是就业收入，该范围比个人所得税、甚至比社保缴纳金更广（且该分摊金的减免范围比个人所得税狭小得多）；二是所谓"替代收入"（包括养老金、失业补贴、社保日常补贴等），只针对某些特殊收入（奖学金、医疗报销等）或某些特殊人群（残疾人士、无须缴纳个人所得税的人员）进行减免，但这些人员的某些收入（住房补贴、主要的家庭补贴等）有时需要缴纳社会保险债务偿还税。

财产性所得税（此外，财产性所得还需缴纳社会保险债务偿还税和一种"社保提取金"）有两种：一种是产业性收入（特别是地产出租转让收入或地产增值收入）社保税，按征收个人所得税的模式进行征收且从1997年开始征收对象范围变得更广；另一种是投资收入社保税，与投资收入提取金一起征收，从1997年起，该税种的征收对象还扩大至所有的储蓄账户（储蓄账户此前一直免税），只有储蓄银行A类账户的利息或类似收入以及某些资产增值例外，同时，针对博彩行业，还存在特殊的征收模式。另外，资本性所得社保附加税被划拨给就业团结补贴。

考虑所得税分为多种，难以个人化，因此普通社会保险捐税被设置为一种比例税，并有望（像1948~1959年的"比例税"一样）成为宽税基、低税率的直接税，而后面这些特点是个人所得税未能做到的（个人所得税与1948~1959年的"累进附加税"一样，通过个人化征税，完善了税收体系）。

普通社会保险捐税的税率起初是1.1%，之后先后演变为2.4%（1993年）、3.4%（1997年）和7.5%（1998年）；自2005年1月1日起，资本收入的税率为8.2%（财产和投资收入）和9.5%（赌博娱乐）（《社会保障法》，法律部分第136条第6款和第137条第7款）；此外还有用于社保债务偿还的税率为0.5%的提取金和设置于1998年的对财产所得征收的2%的"社保提取金"，后者从2001年开始被划拨给养老保险机构。某些情况下该税率有所调整：就业收入税是7.5%，失业补助和社保每日补助为6.2%，退休人员、伤残人员和提前退休人员的养老金是6.6%（审计法院的提议与就业收入税的适用原则保持一致，但是没有被采纳，而是作为"补偿"立法机构在2013年4月1日设立的有利于退休和伤残人员的团结互助附加税，税率为0.3%）。个人收入未超过某个最低值并且参考是否有要负担赡养的人，可以减免普通社会保险捐税和社会保险债务偿还税；个人收入超过了某个最低值、但其缴纳的个人所得税低于某个设定值，则其需缴的普通社会保险捐税税率降低到了3.8%（而社会保险债务偿还税税率保持不变）。

这一切表明财政投资的收入尤其受税收的影响之大。

普通社会保险捐税的"双重纳税"表现在缴纳个人所得税时而该税收只能做部分扣除，2013年财政法案把普通社会保险捐税的可扣除比率从5.8%降到了5.1%，加剧了该现象。而且某些国家正在考虑普通社会保险捐税采取非扣除措施，这便是自身提高了个人所得税。

普通社会保险捐税是一种收入型税收，其收入明显多于个人所得税（参见600段），不仅是因为税基更广泛，而且是征收几乎所有税款的技术更加有效、快速并不易引起不满。这也解释了普通社会保险捐税和个人所得税合并总被提议的原因。

除了财产收入，其他收入的普通社会保险捐税都是由各单位（约450万家）从其工作人员（共约2100万人）的收入中代扣代缴的。普通社会保险捐税主要依赖于就业收入。

（2）其他定向税

754 其他定向税收入不如普通社会保险捐税那么多，但其数额大幅增长，特别是划拨给社保系统的各种消费税（占社保收入的10%以上）的数量近二十年大量增加。不过，由于雇主社保金改革融资基金被撤除（参见759段），导致相关定向税的数量和收入显著减少。其他定向税主要划拨给普通社保机构和农业社保机构。由于它们属于《宪法》第34条所定义的税收，因此尽管有些定向税名为"分摊金"，但其税率仍不由行政机构规定（宪法委员会，2014年12月18日第706号合宪性审查决议）。

征税目前可以从两个方面定义其他定向税。

首先，该税收是主要针对企业收取的"团结互助税"。

企业团结互助税于1970年设立（税基是营业额），2005年添加了附加税以在独立职业的社保体制框架内分配给非工薪人员的退休金机构；该税收划拨给养老团结互助基金和退休金储备基金。

其次，该税收是象征性的定向税，因为它们的征税对象是对社保支出有直接影响的产品、服务或企业（相关税种包括烟草税、酒税、医药税、制药工业税、社保提取金、食品税、酒精饮料税、保险税等），但是这其中也包括企业车辆税等。

各类税收收入的财政收益2012年为477亿欧元，2015年为594亿欧元。

该定向财政资金的增多导致了争端的出现，尤其是通过合宪性优先问题提出。因此宪法委员会审查了名为"红牛"税的能量饮料税，因为其他饮料含有同样比例的咖啡因，而该饮料和其他饮料产生的差异导致了征税待遇的差别，实质上和征税对象无关，这相反的是使得政府统一了该税收（2014年9月19日第417号合宪性优先问题决议，红牛饮料征税社保案例）。该事件使得最高行政法院取消了正实施的法律文件，这次是在欧洲人权法院初次附加议定书的基础上质疑宪法委员会决议的时效性（最高行政法院，2015年4月10日红牛饮料征税社保案例）。

在此值得指出两类现象：

首先，社保金税基不断改革，定向提取的数额也在逐渐增多。社保一次性缴费（《社会保障法》，法律部分第137条第15款）于2009年设立，其税基是要缴纳普通社会保险捐税的利润和收入（但社保金的税基不包括在内），其税率从2009年的2%提高至2012年的8%，而2013年实行8%和20%两种税率（尤其是劳动合同的中断要支付的补偿金需要适用该税率）。另外，工资税按累进税率计算（法国本土的工资税税率分为四级），其中税前年薪超过151208欧元部分的税率为20%。根据社会保险融资法案，还有一些提取金也和工资税一样，划拨给多个社保机构（工资税2015年总额预计为106亿欧元，其中53.5%拨给养老与孤寡社保机构，18%拨给家庭社保机构，28.5%拨给养老团结互助基金）。其次，国家希望澄清和社保之间的"财政关系"。至少这是2013年社会保险融资法案中附件第10个条款提前预估分析到可以征收的税收。该分析显示了定向给社保所谓的"行为"税收，国家也可受益，因为该税收"体现了和社保支出的较强互补性，有益于政府即将推行的公共卫生政策"。

4.1.2.3 公共分摊金

755 由国家、地方政府和公共机构向社保机构支付的"社保公共分摊金"在社保预算中的比重相对较小，它们经过一段时间的迅速增长后，随着分摊金减免返还机制的设立而趋于停滞（2005年此类分摊金占社保机构收入的14%，2007年约为10.3%，2009年为10.2%，2013年为近10%）。不过，这些分摊金只占政府对社保机构的拨款的一小部分（政府对社保机构的资助远不止于此，特别是在低保、社会融入保障、住房保障和就业保障方面的支持力度很大）。

该分摊金虽然是国家向社保领域财政转移支付的一部分，但其数额实际上高达870亿欧元（参见2015年财政法案"国家和社保的财政关系概述"），具体分为两类。

随着雇主社保金改革融资基金被撤除（其职能转由国家承担），这些金额近年有所变化。

第一类（2015年大约516亿欧元）是国家为雇主，国家直接承担了退休金、伤残养老金、医疗费用的支付，（像其他地方政府一样）支付社保雇主社保金并加入到社保机构之间的补偿机制中。

国家支付医疗保险和住房补助的社保金。国家直接向公务员发放家庭补助，只向国家家庭补助基金支付社保金和提供的补助之间的差额。

随着公务员退休金向普通退休金制度看齐，公务员和军人的雇主缴纳金比例逐渐上升，同样，这些人员工资中的退休保险扣除比例也相应上升。直到2013年12月31日国家欠社保的债务大约在2020亿欧元左右。

第二类转移支付的类型是国家公共机构给出现赤字（2015年大约为63亿欧元，2011年是59亿欧元）的特殊机构拨付收支平衡补贴，补偿（或者直接支付）所有或部分国家决定的社保费用减免款（40亿欧元），此外，国家还可以向某些机构拨付财政保障金（至2013年12月31日为止，该保障援助金总额为148亿欧元）。减免政策通常出现在就业或是地方和某些地域优惠政策中（例如：城市免税区、国防结构调整区、海外省费用减免等），减免机制却不是永久的。

国家支付的补贴（主要支付给国家家庭补助基金和农业社保互助基金）主要涉及的是单亲补贴、残疾人补贴和普遍医疗保障的补充保险。

所有主要的补贴、补助和救济都应和就业团结补贴、就业补贴一起算在整体内，这有可能促使这些与最低收入概念相关的各种保障机制在未来统一成单一机制。

2015年平衡补贴主要支付给了法国国营铁路公司（32亿欧元）、巴黎公共交通管理公司（6亿欧元）、海军伤残军人（9亿欧元）、矿业部门（14亿欧元）和烟草火柴开发公司（2亿欧元），其次支付给了海外省铁路管理公司、巴黎歌剧院、法国戏剧院、电力和燃气公司、海外省及海外领地（瓦利斯群岛和富图纳群岛）。

关于社保费用减免措施的财政补偿，2004年8月13日医疗保险相关法律在第70条规定了国家总补偿原则，涉及分摊金的减少或减免原则、国家和所有相关机构之间的费用转账："从法律颁布之日起……所有国家和第一条中提到的机构之间的费用转账使得所谓的机构和国家预算之间出现整体补偿。"在后一点方面，该"原则"不会总是被遵守，而且这很快就会出现。在该方面，宪法委员会在2004年12月16日关于2005年社会保险融资法案做出了第508号合宪性审查决议，表示不能采纳《社会保障法》法律部分第131条第7款规定，并指出立法机构"有意将就业困难青年雇用合同排除出《社会保障法》法律部分第131条第7款规定的适用范围"，政府无意于对"在社会保险融资法案"初审之前就已签订的就业困难青年雇用合同的社保金减免进行补偿。简而言之，该整体补偿原则只有立法价值，该价值在另一个法律中可以明确隔离。国家整体补偿问题一直是一个现实和充满争议的问题，社保机构总局通常使得大众关注于"国家在社保方面的总债务"。在该议题的延伸过程中，宪法委员会审查了2007年社会保险融资法案第115条，并将该条款视为"社保税盾"（参见780段），使得国家"在国家公共服务的体制下以年满服务名义承担支付给公职内全部公务员的所有养老金"。根据2006年财政法案第56条，2006年社保金总体减免原则的对象或者计算方式的修改"若有必要，可能会导致税收列表的调整"。因此不再是预算补贴，而是新的财政收入补偿措施。

立法机构设立了社保费用缴纳减免的补偿机制，并把因此变动的财政收入视为"财政一篮子"的构成部分，并随着时间不断变化。"财政一篮子"在2010年有10个税种、2011年有3个、2015年才1个。

最后，有必要指出，对社保支出进行控制的必要性，不仅推动非补偿措施和医药部分自付措施的发展，而且立法机构甚至设立了基于医药部分自付制度的新的财政机制。例如2008年社会保险融资法案规定各种医疗行为（如医疗护理、呼叫救护车、购买药品等行为）费用的一部分由被保险人自行承担，并将该笔收入用于资助某些专门行动计划。这些医疗自付费由国家医保基金征收，之后划拨给相关的政策体系。

宪法委员会认可了该机制，认为立法机构可以对社保参保者的费用免税"以符合社保财政收支平衡的宪法价值要求"（2007年12月31日第2007-558号合宪性审查决议），规定"如果基本而言平等原则要求对同样境遇的人一视同仁，却不会导致不同境遇的人会受到不同的待遇"。

4.1.3 社会保障财政的失衡

756 社会保障财政的失衡一方面是社保机制的部分失衡（4.1.3.1），另一方面是社保赤字和债务的整体失衡（4.1.3.2）。

4.1.3.1 部分失衡

757 法国的社保体系是个异质而复杂的整体，造成了其内部之间大量的财政转移支付（1），并且通过频繁设立的团结互助性质和/或财政预估性质的"社保基金"（2），以消除某些失衡。

（1）社保体制间财政转移支付

758 该财政转移支付有两个类别。

第一类为"内部转移支付"，这是由社保机构复杂造成的。该类别包括某个机构向另一个机构支付补助，或者一个机构向另一个机构支付费用。

例如，1972年，立法机构规定国家家庭补助基金向国家养老保险基金支付某些数额的老年保险金，或者医疗保险体系向总社保体系上交学生社保财政分摊金。

第二类是补偿性转移支付，以寻求社保体制实现某种平衡，减缓某些机构由于人口减少、分摊金减少（或者分摊金缴纳意愿下降）造成的困境。具体实施的机制尤其复杂。

所有劳动者在医疗和养老方面有两类补偿机制：一类是工薪劳动者之间的补偿，另一类是工薪劳动人员和非工薪人员之间的补偿。这些系统（建立在每个体制和作为参考的虚拟体制比较计算而出）导致了机构之间的大量转移支付，主要由总社保体系、地方政府和国家支付款项给农业、矿业和铁路等，该程序已经中止。

（2）社保基金

759　　社保基金比较特殊，因为该基金实施中与某些收支分离（有时候不计入预算），而且大部分情况下可以有多个资金来源。其中最重要的是来自国家公共管理机构（国家为主导）的资金。该基金的目标不同，其分配到的资金数额也相差甚远。

还要加上没有法律地位的各类"基金"，主要但并非全部用于给医疗领域提供资金支持：药品创新和现代化（1996年）、石棉相关工作者职业中止（1999年）、城市医疗质量支持（1999年）、医疗和医疗经济信息的发展（2001年）、医疗质量和协调发展基金（2007年）。在这些没有法律地位的基金里还可以加上国家就业团结互助基金，该基金2009年设立，经济来源是资本收入税。

养老团结互助基金是1993年设立的公共管理机构，为团结互助性质的养老金提供资金，主要来源是定向分配的税收收入，这是普通社会保险捐税的一部分，但是在《责任和团结公约》框架内改革（企业团结互助税及其附加税的逐步取消）。

2013年该基金收入为215亿欧元，赤字为28亿欧元，这种赤字状况从2003年起就出现了且一直持续；其支出大约55%用于退休金和失业期间救济金，其余用于老年人养老最低补助和配偶儿童补贴。退休金补充体系从2001年起开始有收入。2013年该基金75%的收入来源是普通社会保险捐税，大约15.5%来自国家家庭补助基金，其余来自社保提取金（从2014年起不再分到养老团结互助基金内）、企业团结互助税等。养老团结互助基金在财政方面不能够通过借贷保证政府交给其的职能，于是不得已在其 2005 年报告中陈述道，"自 2003 年起，基金未能在正常的期间内提供其职责所承担的资金"。现在该基金仍被要求为某些基金提供资金，如工薪人员退休金机构和管理人员退休金机构，这两个机构和国家达成了协议（2015 年工薪人员退休金机构大约是 2.9 亿欧元，管理人员退休金机构为 3500 万欧元）。而且，养老团结互助基金的职责越来越多。2008 年法国总统决定养老团结互助基金承担起养老最低保障金（大约 55 万人）的额外支出。该基金的债务连同总社保债务转到社保债务分期偿债基金。

退休金储备基金自 2002 年明确其为独立公共机构，创建初始便可以筹集多种资金，在经济上支援以分配为主的退休金制度。

该基金 1999 年依据社会保险融资法案成立，起初由养老团结互助基金管理，之后通过 2001 年 7 月 17 日颁布的法律成为了自主的公共机构。

拨给该基金的资金主要是财产和投资收入 2% 的社保提取金、部分资产私有化和售卖获得的收入、国家养老基金和养老团结互助基金的某些盈余（目前非常有可能）；整体收入的增加源于储备基金投资获得的收入。

该基金的财政收入每年都不一样，2007 年总资产大约为 3500 万欧元，2013 年底大约为 3630 万欧元。该基金建立时定下的目标是 2020 年资产达到 1.5 亿欧元，其收入自 2003 年便被结转；该基金自 2011 年起便没有了收入。退休金储备基金的目标便是为社保债务分期偿债基金提供资金，2011~2024 年每年提供 210 万欧元资金。因此该基金会渐渐消失，不会完成其初始目标。

雇主社保金改革融资基金是于 2000 年设立的公共机构，2004 年 1 月 1 日取消，并将相应的税收移至国家预算中，现在国家直接承担最低工资补助减少的责任。国家给总社保体系的减免款 2003 年达到了 1860 万欧元，而雇主社保金改革融资基金包括在内后，该金额在 2006 年大约为 2300 万欧元。

农业非工薪人员社保融资基金的设立代替了 2004 年财政法案（第 40 条）提出的农业社保补助金附加预算，其长期赤字很多，虽然国家负担了部分赤字，从其创立初始累积起来的赤字达到了 600 万欧元。从 2009 年该赤字不见了，国家再次负担了其积累的债务，并将医疗部分融入到了总社保体系中，农业社保互助基金在允许借贷的条件下确保养老部分的财政支出。

2005 年设立了电影、视听和演出艺术家受益的过渡基金，在新体制下把艺术家和技术人员纳入进来，法国工商业就业协会管理由国家出资的该基金。从 2007 年起，国家设立了一个新的基金——演出艺术家及技术人员团结互助基金，以帮助那些未纳入就业机构管理的基金而且状况堪忧的人员。

普遍医疗保障补充保险基金是个负责给相关机构付款的公共机构，而不是普遍医疗保障的基础保障（承担各类医疗保险资金，其分摊费日渐增长），但是补充性保障主要通过国家补贴帮助那些贫困者。值得注意的是，收入水平略高于享受医疗补充保险补助的标准而未能享受该补助的群体（收入高于该标准20%以内），如今也可享受普遍医疗保障资金的补助。

2013年普遍医疗保障补充保险基金的数额大约为17亿欧元，大约有500万的受益人，其数字在增长，起初该基金大约70%的资金由国家提供、28%由社保补充机构提供，现在不再享有国家补贴。现在资金来源是酒精和烟草税、社保机构总局的补充机构补偿的特殊分摊金和附加团结互助税（《社会保障法》，法律部分第862条第4款）。

该基金受益者在法国本土的地理分布极其不均衡，主要集中在五个大区：朗格多克—鲁西永大区、普罗旺斯—阿尔卑斯—蓝色海岸大区、北部加莱海峡大区、皮卡第大区和法兰西岛大区。

在此需提到：

石棉受害者补偿基金依照2001年社会保险融资法案设立，体现了一类受害人整体需求基金的发展，其收支业务快速增加，主要是通过劳动工伤部分提供资金。

2013年的社会保险融资法案"要求"劳动工伤部分提供与石棉工作相关的两类费用（总计大约10亿欧元），一类是受害人补偿基金，另一类是石棉劳动者预计中止工作基金。

石棉受害者补偿基金2013年补偿金数额大约为5.48亿欧元（2011年为3.92亿欧元），自从其建立之日起便支付了将近39亿欧元。2013年其余额为净负值，赤字为3.16亿欧元。

宪法委员会2007年审查了社会保险融资法案，规定国家对该基金增加补贴，并将其称为"社保先锋"（2006年12月14日第544号合宪性审查决议）。

保障基金事实上融合了赔偿必要保险保障基金、恐怖事件受害者保障基金和其他基金（2013年支付资金大约为4.13亿欧元）。

而且，国家医疗事故赔偿金办公室要管理一些补偿金（由于输血感染丙肝的感染者赔偿金、由于必须接受禽流感疫苗出现事故的感染者赔偿金、艾滋病感染者、医院感染的疾病、克雅氏病、苯氟雷司受害者）。2013年补偿金高达将近1.62亿欧元。

4.1.3.2　整体失衡

由于社保的普及、人口老龄化、团体组织发展迅速和医疗支出的增加，社保支出逐渐增加，而其收入来源主要基于职业工作——相对而言较狭窄，而且与经济形势紧密相关，这导致了赤字的出现。赤字最早在20世纪90年代出现，在十年间达到了国内生产总值的1%；该赤字在20世纪末消失，主要归功于社保的财政收入增加（参见752段）。但是2002年又出现了赤字，主要是失业、医疗和退休金支出增加所造成的。

总社保体系的赤字（参见737段）在1991~1992年不到30亿欧元，而在1995年达到了107亿欧元（主要一半是医疗支出、一半是家庭补贴引起的），直到20世纪90年代末消失，2002年开始重现出现（34亿欧元），这次仅是由于医疗支出引起的，而且赤字一直未消除，2012年达到了61亿欧元，是国内生产总值的0.4%。社保机构的总赤字（参见741段）在1993年达到了150亿欧元，同样在90年代末消失，2002年起重新出现（大约45亿欧元，占国内生产总值的0.3%），在总社保体系赤字中加入了事业补偿金引起的亏空（参见742段）。其财政状况的特点便是长期赤字，而且主要归咎于医疗保险和养老保险；总社保赤字在2011年高达174亿欧元（占国内生产总值的0.9%），2012年为133亿欧元，2013年为125亿欧元，2014年降至97亿欧元，和国家预算赤字相比稍微少些。总社保体系在最近二十年间仅在1999~2001年三年间出现了盈余。

该赤字过去和现在都非常需要流动资金，社会保险融资法案对此有规定，而且赤字导致了债务的形成，这些债务（最初376亿欧元）被转至社保债务分期偿债基金，该公共管理机构于1996年设立（其机构年限在1998年时延长了5年），负责在18年内管理债务和分期还债。社保债务分期偿债基金要偿还的债务高达近2270亿欧元，直到2014年12月31日的分期还款金额是967亿欧元。

社保债务分期偿债基金依照1996年1月24日的法令和1996年4月24日的法令设立，机构年限为13年，1998年社会保险融资法案将该年限从1996年1月1日起延长18年，到期日为2014年1月31日，目前又延至2025年。2011年社会保险融资法案修改了该机构的目标，并为之赋予了新的使命，即退休金改革的收支平衡目标（2012~2018年还清债务），社会保险债务偿还税一直持续到该基金完成其目标。社会保险债务偿还税在预算和社保事务相关部委的严格控制之下，其收支情况需要写入年度报告，并要附上审计法院的意见。

在新的特殊法律文本框架内，即2010年11月13日颁布的第2010—1380号社保债务管理相关组织法，宪法委员会审核了其中一项条款（2010年11月10日第616号合宪性审查决议），上文提到的新增债务、社保债务分期偿债基金的目标变化及其机构的改革、该基金年限的增加、分配收入的发展都得到了实现。

2015年该基金的收入是164亿欧元，主要是社会保险债务偿还税（各类收入的征税率是0.5%，税基从95%扩大至97%，直到98.25%）。

该税收税基相对于普通社会保险捐税的税基有所区别，但是非常相似。

该税收有各类收入，主要是营业收入，也有投资收入、财产收入或者售卖珍贵物品的收入。2015年收入总额大约为68亿欧元。

基金慢慢有了其他收入来源。

其他收入，尤其是国家社保基金的个人地产售卖财产收入（未售卖的财产应该最迟于1999年底交付给社保债务分期偿债基金，财产售卖最迟于2008年底完成），财政收入（参见149段，基金的资金可以进行投资）也可以计入基金收入中。普通社会保险捐税的一小部分从2009年起补充了该机制。2010年社保债务管理相关组织法通过新的收入分配完成该过程。

基金53%的资金来自营业收入，16%来自财产和投资收入，17.6%来自置换收入，13.1%来自退休金储备基金。2015年，社会保险债务偿还税占到了总收入的41.4%，之后的普通社会保险捐税占总收入的36.9%，退休金储备基金支付款占13.1%，资产收入提取金占8.6%。

基金（在财政部部长的允许下）可以发行公债，这对于偿债基金看起来有点自相矛盾，但是在社保债务分期偿债基金承担的债务结构下势在必行。

2006年财政法案第73条详述道，从2006年1月1日起，主管预算的部长可以"根据机构的责任和目标"批准社保债务分期偿债基金的账户发行长期和短期公债，选择性地进行外汇兑换，以国家的名义收取养老金，在欧元区银行拆借市场存储现金，回购公债，购买或售卖期权、期货合约或者其他期货金融工具。因此在2014年，社保债务分期偿债基金发行了180亿欧元的公债，该债券投放在金融市场，最早由银行认购，之后由各央行认购。

社保债务分期偿债基金在2015年接受了社保机构100亿欧元的新债务。

考虑到2009年、2010年和2011年的债务偿还，宪法委员会承认了新授予的收入来源（普通社会保险捐税），要注意到社会保险融资法案指出，"不得向（收入划拨给相关社保机构的）社保债务分期偿债基金和向此类资金注资的机构，进行无补偿的转账，因为此类转账将使来年社保财政平衡受到影响"（2010年12月16日第620号合宪性审查决议）。

社保债务分期偿债基金的最终收入收益性特征使得政府机构可以让该基金承担与社保债务没有关联的费用。

例如，2003年社会保险融资法案要求社保债务分期偿债基金承担雇主社保金改革融资基金的一部分支出，作为雇主社保金负担减免（参见759段）的财政支持（10亿多欧元）。这其实在某种程度上绕开了宪法委员会的判例（而该判例也确实比较模糊），宪法委员会判例认为社保债务偿还金不应出现在社会保险融资法案中，因为该费用由社保债务分期偿债基金征收，而后者设立的目的并非为资助强制性的基本社保机构。另外，这一点也可以解释为什么社保债务分期偿债基金并不被列入社保管理机构，而是属于中央公共行政机构。2010年新的国家账目介绍将社保债务分期偿债基金和退休金储备基金列入社保管理机构，无论如何，这一分类仍然存在争议。

4.2 社会保险融资法案

761　制定社会保险融资法案，一方面是为了消除社会保障制度财政失衡，另一方面，也有利于议会在社会保障财政事务上权力的扩张。事实上，议会权力仅限于社会保障基本原则（判例的确对此做了相对扩张的解释，参见752段）、社会保障拨款（不包括社保金，并且议会既没有确定税率，也没有准许征收），以及财政法案规定的拨付给社保制度的信贷资金。然而，尽管议会对此的了解逐渐深入，有大量提案，议会总决权却形同虚设，其中也包括宪法委员会所通过的决议（无效）。

　　1987年，议会通过了一项组织法提案，该提案旨在对法律领域进行补充（《宪法》，第34条），并且规定，议会两院应当对社会保障法定基本制度预算账目报告进行年度投票。然而该提案内容本身违宪，宪法委员会声称这仅是一部程序法，而不会在立法上有所补充（1988年1月7日第134号合宪性审查决议）。

　　此前数年，议会两院还就1980年的财政法案第2条进行了投票（如今已成一纸空文），该条款规定议会"每年应当就国家社会事务的收入和支出的发展变化进行表态"。

　　立法机构当机立断，在《社会保障法》中加入了如下表述：国家对医保负有广泛全面的、不可推卸的连带责任（2004年8月13日法令，第1条），这是对《公共卫生法》法律部分第1110条第1款确认健康保障是一项基本权利的条文的补充。

　　此外还有1996年2月22日颁布的《宪法（修正案）》（1996—138）（对《宪法》第34条和第39条做了补充，同时新增了第47条第1款），1996年7月22日颁布的《组织法》（1996—466）对社会保险融资法案进行了补充（《社会保障法》，组织法部分第111条第3款，其中最早的社会保险融资法案是1996年12月27日颁布的，1997年实施）。随后，2005年8月2日颁布的社会保险融资法案相关的新《组织法》（2005—881）对1996年法律中新增的社会保障法内容进行了大幅调整和补充。研究社会保险融资法案的特殊性（4.2.1）、编制（4.2.2）和执行（4.2.3）很有必要。

4.2.1 社会保险融资法案的特殊性

762　社会保险融资法案的特殊性一方面源自其对象（4.2.1.1）的特殊性，另一方面则源自目标的特殊性所造成的适用原则（4.2.1.2）的特殊性。最后介绍社会保险融资法案结构（4.2.1.3）。

4.2.1.1　社会保险融资法案的对象

763　《宪法》第 34 条规定："社会保险融资法案明确了财政平衡的基本条件，根据收入预算，确定支出目标。"1996 年的《组织法》（《社会保障法》，组织法部分第 111 条第 3 款）和宪法委员会的判例进一步明确了该条款内容，指出社会保险融资法案的对象由 4 类条款概括。这 4 类条款是：特殊条款（1），补充专有条款（2），共有条款（3）和禁止条款（4）。

（1）特殊条款

764　1996 年的《组织法》对特殊条款内容做了限定。

由于社会保险融资法案固有的特殊性，它确定了支出的首要目标和次级目标。这些目标不同于预算支出目标（参见 69 段），既不是支出许可（因为社保机构仍想要保持一定的相对于议会的自治权），也不是支出限制（考虑到社保制度的现状，参保人拥有法律规定的权利，社保机构不得以资金不足为由拒绝支付）。但这些目标绝非无关紧要，它们可以用来限制专业人士，特别是处方医生。这些专业人士可谓是这一领域真正的拨款审核者。

根据政府审计员克里斯蒂娜·毛谷埃的精彩论述，1996 年的改革"确立了医生作为公共支出拨款审核者时的经济责任"（最高行政法院，1988 年 7 月 3 日安省医生工会判例）。

首先，是有关主要社会保障法定基本制度各个分支类目的支出目标（参见 736 段）。

这里仅指那些有超过 2 万缴纳人的制度，大约是 150 项中的 20 余项制度（然而涵盖了社会保障法定基本制度 95％ 的支出）。

其次，是关于医保支出国家目标，这项支出受到特别监督，这里是指所有法定基本制度的支出（参见 736 段）。《公共财政程序法》（2014～2019 年）推出了一项基于国家模式的创新尝试，对此采取了较为审慎的做法，预留了至少是医保支出国家目标总额的 0.3％ 的金额（参见 2015 年 2 月 26 日颁布的第 2015-224

号法令），该准备金按地域减少，因为公共卫生地方机构的每一位主任都是按机构所需确定额度的。

该法律确定了主要社会保障法定基本制度（参见 736 段及上述段落）可以申请的国家预付款上限，这一点不可或缺（此外，社会保险融资法案还明确规定了，对于那些未设定国家预付款申请上限的重要制度，"不得申请临时性资金"）。

该预付款上限设置至今已惠及普遍保险制度，地方政府人员退休金基金，矿工社会保障特别机构以及国家工业机构工人特别养老基金均设置此上限（参见 738 段）。

然而，一般在遇到紧急情况时，政府可以发布法令提高上限额度（根据各部委依据最高行政法院意见出具的建议），并在最新的社会保险融资法案中追认（《社会保障法》，组织法部分第 111 条第 5 款；1997 年社会保险融资法案第 8 条增加了在法令发布后两周内必须提交证明报告的内容）。

（2）补充专有条款

765　　2005 年《组织法》的颁布，明确了只有社会保险融资法案能够决定社会保障专属收入的规定用途。

因此，只有社会保险融资法案能决定（资金）规定用途，决定社会保障法定基本制度的专门收入的全部或者部分是用于偿还债务还是储备以自行使用还是用于那些资助和管理医保支出国家目标中支出的机构——甚至是其他法人；此外，只有社会保险融资法案可以创立或是修改不用于贴补法定基本制度的社保金的减免方式（减免社保金，减免税基等）。

（3）共有条款

766　　这部分内容一方面涉及那些促进"议会就社会保险融资法案的实施管理做出改善"的条款（这些条款很可能也收录在财政法案中），另一方面则是关于那些"直接影响法定基本制度财政平衡"的条款，或是针对宪法委员会的解释做出的对社会保障财政平衡有"重要"影响的再解释（宪法委员会，1998 年 12 月 18 日第 404 号合宪性审查决议，1999 年 12 月 21 日第 422 号合宪性审查决议）。

该条款表述可灵活变通，给主管法官预留了确认影响是否"重要"以及在社会保险融资法案条款中选择适用的自由裁量权（参见 540 段）。

宪法委员会不得不审查 2010 年 11 月 10 日关于社保债务管理相关组织法中的一条条款："属于对财政平衡有影响的法定基本制度，并且社会保险融资法案有关支出规定赋予机构一定自由裁量权的，立法者可以不遵守《宪法》第 34 条的规定"（2010 年 11 月 10 日第 616 号合宪性审查决议）。

(4) 禁止条款

767 　　该部分所涉条款不属于上述各类，包括一些同预算规定（参见 540 段）相平行的"社会保障规定"，以禁止条款来规避（或试图规避）将社会保险融资法案转化成各种有关社会秩序的法律，由此非法地享有获得通过的简易程序。如今，这使得宪法委员会不得不就该类条款进行一些主导审查（例如 2010 年 12 月 16 日颁布的，2011 年实施的社会保险融资法案第 18 条已经完全废除，第 1 条部分内容被宣布无效）。

　　自 2000 年 12 月 19 日第 437 号合宪性审查决议和 2001 年 12 月 18 日第 453 号合宪性审查决议颁布之后，宪法委员会才对相当数量的社会保障规定进行了审查，委员会按照较为严格的审查原则，将未计划予以审查的法条排除在审查之外（从那些社会保险融资法案范围之外的领域开始审查，例如社会扶助条款等）。尽管解释言之有理，审查结果却匪夷所思。根据结果，普通社会保险捐税（和其他税种一样）可"入选"社会保险融资法案（1996 年 12 月 19 日第 384 号合宪性审查决议），而同普通社会保险捐税的征收条件和征收时间都一样社会保险债务偿还税（参见 760 段），只能作为社会保险融资法案条款或至少可以直接纳入社会保险融资法案（2000 年 12 月 19 日第 437 号合宪性审查决议），因为部分关于社会保障债务管理基金（完全来源于社会保险债务偿还税）的条款可以收编入社会保险融资法案（1997 年 12 月 18 日第 393 号合宪性审查决议）。另外，法条规定的界限模糊，尤其是那些是否会很大程度上改善社会保障财政平衡的法条，或者对法定基本制度或是融资促进组织的收入没有影响或是只有非常间接的影响的法条之间的区别相当细微（例如，不在法国境内消费使用的、但可在国（境）外销售的药物的销售条件，2009 年 12 月 22 日第 596 号合宪性审查决议；有关新生儿听力缺陷检查的应用，2011 年 12 月 15 日第 642 号合宪性审查决议；关于看管儿童补贴第三方支付的试点许可，2012 年 12 月 13 日第 659 号合宪性审查决议；补充医保机构对第三方的诉权，2014 年 12 月 18 日第 706 号合宪性审查决议）。尤其是，那些作为被采纳的措施的必要附属随之被认可的条款，本不应当被接受认可（2003 年 12 月 12 日第 463 号合宪性审查决议），或是关于社保金管理组织的非财政条款（2001 年 12 月 18 日第 453 号合宪性审查决议；《宪法》，第 75 条）。此外，考虑到社会保险融资法案第 4 部分条款内容的特殊性，宪法委员会在 2005 年推出改革的同时，做出一项决定。2006 年 12 月 14 日宪法委员会第 544 号合宪性审查决议，宪法委员会应当审查那些"社会保险融资法案中所规定的对社会保障法定基本制度年度支出没有影响的措施，包括那些关于未来支出的条款"，这些措施条款并不涉及导致社会保障财政平衡基本条件被修改的风险管理规则（参见 722 段）。同样，尽管发现该情况异样，宪法委员会也并非总是介入审查；对用于国家设立的国家性投资资金的社保税也面临相同的情况（为了应对公共卫生威胁），公民健康保护"是宪法价值所包含的基本权益，推行该项政策到 2006 年底是合法的"（2005 年 12 月 15 日第 528 号合宪性审查决议）。

相反地，社会保险融资法案不应当包括确定社会保险融资法案内容的《组织法》中的条款，正如分门别类的比较财务报表，或是针对医疗分支下的质量和效率计划内容，又或者是关于普遍权益任务融资和促进医疗机构合同化的国家补助金额的年度性确认（2010 年 12 月 16 日第 620 号合宪性审查决议）。此外，有关国库资金和地区医疗中心财务会计的条款并未列入社会保险融资法案之中（2012 年 12 月 13 日第 659 号合宪性审查决议；《宪法》，第 73 条）。

4.2.1.2 社会保险融资法案适用原则

768 适用原则来自社会保险融资法案对象和内容，同财政法案不可相提并论，这是因为原则本身并不是仅仅涉及一个组织机构，而是涉及诸多特殊机构所形成的（复杂）整体，并且它也不是一项预算许可（参见 67 段）。确实，原则包含预算行为，然而特别是由于并不直接涉及信贷，因此原则仅仅是部分的非直接的许可行为（参见 774 段）。同样，社会保险融资法案适用原则并非总是那些关于公共预算，特别是国家预算的原则。应当对年度性原则（1），完整性原则（2），专款专用原则（3）和平衡性原则（4）进行连续检验。

（1）年度性原则

769 鉴于每年都会推出一部社会保险融资法案，该原则由此而来。

由于社会保险融资法案修正案可以在年中颁布，因此对该原则做过几次接近于财政法案适用原则的修订（《社会保障法》，组织法部分第 111 条第 3 款）。在 2005 年《组织法》实施前，宪法委员会承认下一年度的社会保险融资法案可以对现行的社会保险融资法案进行修正。除了提高财政预付款上限的法令，只有这些修正案才能修改最初的社会保险融资法案——不是普通法，或者《宪法》第 38 条的规定（1999 年 12 月 16 日第 421 号合宪性审查决议）——更不必说法定条款了，自然也不能涉足该项内容，因为，宪法委员会再次重申，应当避免上述法律未提及的内容妨碍到社会保险融资法案对财政平衡条件的定义（1997 年 3 月 20 日第 338 号合宪性审查决议，1998 年 6 月 10 日第 401 号合宪性审查决议，2000 年 12 月 28 日第 441 号合宪性审查决议）。正如对于修正后的财政法案，这些执行年度中推出的修正法案一样必不可少（比如 2002 年），社会保障基本制度财政平衡的基本条件又被重新提交讨论。

此外，年度社会保险融资法案越来越多地通过年度法律附件或程序法而被置于多年框架之下，现今已被列于基于《公共财政程序法》而产生的预测方法框架之下。

（2）完整性原则的组成要素（统一性、普遍性、真实性）

770 各要素的适用情况不同。

统一性原则，在于形式上的不偏不倚（参见 79 段），应当遵循该原则以实现议会的全面管理——社会保险融资法案是由诸多文件形成的统一体。

普遍性原则（参见 80 段）只是部分适用。

真实性原则，由宪法委员会的判例所确定（1999 年 12 月 21 日第 422 号合宪性审查决议），主要涉及评估的真实性。这有点类似宪法委员会为国家所做的审查（以前毫无动静，直到现在才采取行动），审查一项收入预算和支出目标中的明显错误（2001 年 12 月 18 日第 453 号合宪性审查决议，2002 年 12 月 12 日第 463 号合宪性审查决议），并要求在执行年度中通过一项修正案以对此进行修改。

表达的真实性主要归结为对于账目的清晰性要求，由于社会保险融资法案所设立的（追求平衡）这一目标的原因，非补偿原则很少被遵循，并且社会保险融资法案所明确限制的是社会保障的内部转账行为。考虑到已掌握的已知数据，同时鉴于社会保险融资法案是"在这种情况下不可避免会受到其内在变化所影响"的一系列预测，宪法委员会所关注的是那些无意违反平衡目标的重点条款（2004 年 12 月 16 日第 508 号合宪性审查决议……2012 年 12 月 13 日宪法委员会第 659 号合宪性审查决议）。因此，宪法委员会于 2005 年 12 月 15 日就社会保险融资法案做出一项决定：政府依据"所得到的关于所有制度的最新情况信息"做出决策，在部委评议结果出台之前，"医保支出国家目标同社会保障审计委员会的结论相符"（2006 年 12 月 15 日第 528 号合宪性审查决议）。近来，还应当考虑到可能的突发法律状况和将社会保障法定基本制度的财政平衡基本条件重新提交讨论这一情况，政府有权告知议会以及"修正最初的预测"（2011 年 12 月 15 日第 642 号合宪性审查决议）。

有关范围的真实性，应当符合条文规定，然而由于社会保险融资法案和部分条款的适用范围层面较低，使得条文本身就引发了数次争议，不仅是社会保障账户（参见 744 段）和社会保障管理账户（参见 741 段）面临这一问题，还包括社会保险账户（参见 735 段）。同时，应当特别排除失业保险和补充退休金，这些条款尤其不能适用于失业保险和补充退休金，这导致既无法对社会保障的状况有一个整体的了解，在方法和清晰度的层面也产生许多失真之处，从而影响对此问题的分析和讨论。

再次重申收入预算没有将失业保险和补充退休金考虑在内，而支出目标则没有将除医疗保险之外的纳税人数不足 2 万人的法定制度包括在内（参见 736 段）。

关于未规定用途的原则（参见 80 段），目前则无法予以考虑，这不仅是因为社会保险融资法案中不存在以支定收，更是由于社会保障体系是建立在一系列规定收入用途的机制之上的（社会保险融资法案对此有大量规定）。

(3) 专款专用原则

该原则（参见 87 段）也不适用于社会保险融资法案中未作规定的信贷部分。

但是，一些国库财政许可可以由制度作出特别说明，同各类部门各自确定自己的支出目标一样（参见785段）。

(4) 平衡性原则

772　　这里说到的平衡性原则不是预算和会计原则。社会保险融资法案并非要保持收入和支出的预算平衡，社会保险融资法案所涉及的机构组织也不负担保持收入和支出平衡的义务。但是，有点类似《欧盟条约》中对于公共财政总体平衡的规定（参见301段）。该原则确立了一个目标：所有社会保障制度的总体财政平衡（或者更加确切地说，财政整体可行），并且社会保险融资法案应当明确相关要素（参见761段）。据此，宪法委员会也强调"宪法价值要求关注社会保障财政平衡"（1999年12月21日第422号合宪性审查决议），此外，还应当结合各分支部门必要的自治权力综合考虑。

　　宪法委员会认为，"宪法要求的关注社会保障财政平衡并不是要求各分支或是制度在每项事务执行中都严格遵循平衡性原则"（2001年12月18日第453号合宪性审查决议；《宪法》，第20条），而是"如果各分支部门的自治权力没有得到宪法价值原则的授权，立法者也不能出台关于各分支部门之间资源和费用的互相转让的条款，这些行为显然包含目标的实现，并将引发《宪法》根据任务设立的相关部门存在与否的再讨论"（2001年12月18日第453号合宪性审查决议，2002年12月12日第463号合宪性审查决议；《宪法》，第64条和第27条）。

4.2.1.3　社会保险融资法案结构

773　　这里应当区别两种类型的社会保险融资法案：年度社会保险融资法案（1）和社会保险融资法案修正案（2）。

(1) 年度社会保险融资法案介绍

774　　同财政法案（必然分成两部分，参见531段）相反，年度社会保险融资法案没有规定的结构，分类也一直在变：1997年有4类，1998～2001年分成了3类，2002年又分成了4类，2003年达到7类，自2005年8月2日的《组织法》颁布以来，一直是4类。社会保险融资法案的特殊内容形成了其独特性。根据《宪法》第34条规定的目标（参见761段），社会保险融资法案应当实施4类条款，以此确保社会保险融资法案的框架。

　　年度社会保险融资法案第1部分内容由"关于上一个封闭财政年度的条款"所组成。此处，社会保险融资法案"认可"3类内容：首先，"社会保障法定基本制度、普遍保险制度和社会保障制度融资促进组织上一个封闭财政年度按分支类别所制的平衡报表，以及该财政年度中所确认的医保支出国家目标内的支出"；其次，"用于负责为社会保障法定基本制度预留收入的机构的收入金额和偿债金额"，并且最终形成一份"在前述平衡报表许可范围内的关于使用盈余或是填补亏空的计划措施报告"。最后，必要时，还要确定关于上一封闭财政年度的使用盈余或是填补亏空的方式的法定措施。

第 2 部分则为"现行年度条款"。包括收入预算修正、平衡报表、各分支类别支出目标、医保支出国家目标和负责社会保险法定基本制度债务偿还和储备预算收入的机构的目标。

第 3 部分是"关于收入和下一财年总体平衡的条款"，首先包括关于社会保障法定基本制度收入预算和分类支出目标的报告，社会保障制度融资促进组织的收入和支出预算，以及下一个四年的医保支出国家目标。其次，特别考虑到整体经济情况及其可预见的变化，该部分内容"直接"明确了社会保险财政平衡的基本条件。同时，还规定了所有社会保障法定基本制度按分支类别的收入，以及特别规定了普遍保险制度收入和融资促进组织收入，社会保障制度中负责偿还债务的机构的年度还债目标。并且，用于收入储备的机构的分类收入。该部分内容再次确认了平衡报表中的社会保障财政平衡，明确了享有非永久资源的社会保障法定基本制度和融资促进组织名单。

这些组织包括养老团结互助基金（参见 759 段），不包括社保债务分期偿债基金（参见 760 段）和普遍医疗保障基金（参见 759 段）。

第 4 部分也是最后一部分是关于下一财年支出的条款，预先确定社会保障法定基本制度和融资促进组织的支出，社会保障法定基本制度和有权决定次级目标的普通保险制度的各分支类别支出目标，以及所有社会保障法定基本制度的医保支出国家目标和次级目标（参见 786 段）。

由此可知，最初的社会保险融资法案附加了一份各类制度的多年收入和支出预算情况报告，这些附加资料尤其应受《公共财政程序法》框架的约束。

（2）社会保险融资法案修正案

社会保险融资法案修正案的结构不同于年度社会保险融资法案的结构，由截然不同的两部分组成：第 1 部分包括规定了影响收入的纳税人和执行年度总体平衡的年度社会保险融资法案的实施，第 2 部分则是年度社会保险融资法案中有关支出的条款，和最初的社会保险融资法案一样附带有一份各分支收入和支出预算多年变化发展情况报告。

同其他财政法律条文一样，《公共财政管理和程序组织法》也制定了同样的条款，内容为"提交一份有关全部公共部门的全年结构性余额和实际余额预算的概览表，需要包括可使两类余额彼此转换的计算指数"（第 7 条）。

长久以来，一直在强调这一类型的法律条文的缺位。第一部社会保险融资法案修正案于 2011 年获得通过，修正案主要是为了将新设立的劳动者津贴的影响后果增加到法律条文中，并且修正平衡报表和 2011 年税收收入和非税收入的统计数据。2014 年 8 月 8 日颁布的社会保险融资法案修正案最显著的成果就是落实了法国总统弗朗索瓦·奥朗德先生宣布的《责任和团结公约》的内容，其他条款则是关于财政法案上的所得税,这些内容完全呈现出一种逐渐的融合,甚至是经济政策和社会政策的整齐划一,以及财政工具的联合使用以发挥其最大效用。

4.2.2 社会保险融资法案的编制

776 社会保险融资法案必然包括一部年度法案,可能还包括几部修正法案(参见769段)。修正法案不是必须附有年度法案的附加材料,但遵循相同的审核时限。更广泛地说,社会保险融资法案准备工作(4.2.2.1)、法案批准(4.2.2.2)和议会监督(4.2.2.3)都遵循相同的原则(不过是以一种较为宽松的方式)。

4.2.2.1 社会保险融资法案编制的准备

777 和财政法案一样(参见511段),社会保险融资法案只能由政府创制,因为它只是"草案"对象(《宪法》,第39条和第47条第1款),而不是"提案"对象。

编制准备的责任人最初是社会事务部部长(总理授权)和在行政管理层面上的社保机构总局局长。正如社保委员会重申的(宪法委员会,1997年12月30日第395号合宪性审查决议),由于财政法案相互影响,这就要求财政部和预算局之间有良好的合作互动(这尤其涉及作为计算基础和社保征税的经济假设)。

2007年对部委权力的缩减导致了一个重要变化,那就是对贝西权力的加强,因为2007年5月31日颁布的法令宣布预算部部长贝西为社会保险融资法案编制准备主要负责人,特别由就业、劳动和社会团结部部长予以协助;同时,贝西还负责条款的后续执行工作。

2012年选举中胜出的多数党也维持了这一分工安排。

2012年5月24日颁布的有关经济财政部部长职权的法令保留了这一职权分工安排,由经济财政部部长负责社会保险融资法案编制准备工作和后续执行工作,由社会事务部部长予以协助。经济财政部部长同时也是社保账目和社保融资措施整体平衡的负责人。对于社保机构总局和研究评估及统计局,经济财政部部长拥有统领权。

《公共财政程序法》包括社会保障组织机构发展目标(例如,《公共财政程序法》(2014~2019年)是关于社会保障法定基本制度支出发展和社会保障支出国家目标),关于国家经济社会和财政状况及前景的报告中保留经济和财政数据都为社会保险融资法案的编制提供了支持。两部法律条文之间的衔接会尤其关注提出的修正案,如今,仅由一个部委负责此事(包括属于经济和财政部监督的税收部分)。

编制准备工作日程安排相当紧凑,因为该工作是夏末启动的,需要数个部委部门（和最高行政法院）的核查，并且最迟于 10 月 15 日（如遇假日，则顺延至此后的第一个工作日），连同报告和附件一并上交国会办公室。

因此，社会保障基本制度的管理机构应当在有效时间内将数据汇总递交（上一个封闭财政年度、当下财政年度、未来四年发展的收入和支出）。

法律草案基于最新的经济假设（9 月 15 日前后为人所知的）和社会保障审计委员会工作内容拟写（参见 735 段）。尤其应当考虑到普遍社会保险国家管理处的意见（《社会保障法》，法律部分第 200 条第 3 款），同时也应当考虑到全国卫生健康委员会的报告以及高级健康署的报告（成立于 2004 年，《公共卫生法》，法律部分第 161 条第 37 款）。还应当考虑全国家庭委员会的意见。医疗保险国家管理局应当在 6 月 30 日前将有关下一年度经费和收入的变化以及为达到医保支出多年财政框架所计划的收支平衡而需采取的必要措施的提案递交给社保机构总局局长和议会。

和财政法案一样，宪法委员会允许稍稍推迟递交材料（1997 年 12 月 18 日第 393 号合宪性审查决议），更何况事实上在正式提交之前，议会委员会已经掌握了基本资料。

同财政法案草案一样，《公共财政管理和程序组织法》也规定了公共财政高级委员会应当受政府监督，并且应当知晓宏观经济计划以便于社会保险融资法案编制。该监督遵循同财政法案草案相似的方式。

此外，公共财政高级委员会应当受（制定）宏观经济计划的政府部门监督，以便于社会保险融资法案修正案的编制（《公共财政管理和程序组织法》，第 15 条）。

4.2.2.2 社会保险融资法案的批准

778 在最后一季（春季）例会上，政府应当就公共财政的定位做报告，阐述关于法国欧洲用工的社会保障政策的主要方向，以及实行对社会保障机构的收入和支出变化及社会保障支出国家目标的多年评估（必要时，还包括次级目标）。

社会保险融资法案的批准方式（1）尽可能地参照财政法案的批准方式（参见 535 段）。2008 年宪法改革使得政府能够在国民议会大会上按照第 49 条第 3 款使法案获得批准，正如财政法案获得批准的方式一样。不可接受原则在这里仍然有效（2）。

(1) 批准方式

779 两院批准方式必须完全一致。

议会两院的审查从委员会研究审查开始，委员会即为社会事务委员会（及其报告人），社会事务委员会事实上受财政委员会监督（或许跟其他委员会一样），财政委员会只派一名报告人提出意见。同样的，公共会议审查也遵循普通法的程序，草案受相关部长的支持。

社会事务委员会同财政委员会一样，无法区分一般报告人和专门报告人。然而，委员会通过将审查分成好几个部分从而一定程度上区分出不同的报告人：由一位报告人负责收入和（财政）整体平衡，以及其他按部门区分的报告人（医疗、养老、家庭等）。

两院的审查则表现出更多的相似性。

事实上，议会规定了一个50天的总期限（《宪法》，第47条第1款）。期限到期后，"国会未表决的"（这不代表否决），"在同财政法案相同的实施条件和保留意见下，法案条款可以由特别条例颁布生效"（《宪法》第47条第1款，参见533段）。

不过，这种相似性仍会引起争议，因为尽管得到不少肯定，但对于国家财政活动的延续性而言，在社会保险融资法案缺位时便予以实施，将会遇到和首部财政法案缺位时一样的风险。此外，证据之一便是，在法律草案提交过迟，以至于无法在实施年度开始之前获得批准的情况下，紧急程序的缺位。

两院也认可国民议会审查优先权（《宪法》，第39条；《社会保障法》，组织法部分第111条第6款）和国民议会20天的优先审查期以及参议院随后的15天审查期（《宪法》，第47条第1款；《社会保障法》，组织法部分第111条第7款）；如果参议院没有在规定期限中做出表决，政府应当重新提交国民议会，在两院未达成一致意见时，可能还要同时提交经政府许可的参议院修正案，总理可以允许草案文本在两院间往返穿梭，或是根据紧急程序，在50天的总期限内召集两院代表人数对等的委员会，就财政法案的相同问题一并讨论（参见533段）。此外，宪法委员会也可以确认"关于政府在社会保险融资法案中引入新措施的修正案必须首先提交国民议会审查"（2006年12月14日第544号合宪性审查决议）。

2005年8月2日颁布的《组织法》明确规定了议会立法程序条件（《社会保障法》，组织法部分第111条第7款）。因此，在议会就草案第1部分有关上一封闭财政年度内容进行投票表决前，法律第2部分内容不能提交议会讨论。对于第3部分和第4部分内容亦是如此，不能在前一内容未经投票表决前提交讨论。

在不影响到第2轮法律草案宣读审查期限的情况下，参议院比规定期限晚一天做出表决并不会使得程序无效（宪法委员会，1999年12月21日第422号合宪性审查决议）。

（2）不可接受原则

不可接受原则会影响到社会保险融资法案的禁止条款内容中的"社会保障规

定"（参见 767 段），甚至会影响到财政法案条款，这可能违反《宪法》第 40 条的规定（宪法委员会，1996 年 7 月 16 日第 379 号合宪性审查决议）或是无法"提出实施生效的证明"（《社会保障法》，组织法部分第 111 条第 3 款）。

关于 2005 年 8 月 2 日的《组织法》，"根据《宪法》第 40 条规定，社会保险融资法案支出目标草案修正案的范围包括各分支的支出目标，以及医保支出国家目标"。所有修正案都应当说明理由、提出证明。"不符合本章条款的修正案不可接受"（第 7 条）。

（法律草案的）不接受的监管和批准的执行条件同财政法案相类似（参见 538 段），包括在讨论过程中没有对首先进行表决的议会机关的决定提出质疑时，宪法委员会的否决决议（1996 年 12 月 19 日第 384 号合宪性审查决议，1997 年 12 月 18 日第 393 号合宪性审查决议，1998 年 12 月 18 日第 404 号合宪性审查决议），问题应当在首次议会会议时提出，以便委员会审查是否符合《宪法》第 40 条的规定。

然而在提交此类修正案时，议会是否仍然应该启动有效而系统的可受理审查程序呢？因为 2006 年的参议院并非如此操作（宪法委员会，2006 年 12 月 14 日第 544 号合宪性审查决议）。

4.2.2.3 议会对社会保险融资法案的监督

781　议会掌握信息资料（1），拥有调查手段（2），以对社会保险融资法案进行监督。

（1）信息资料

782　信息资料分为两类。首先是附件材料。

社会保险融资法案（《社会保障法》，组织法部分第 111 条第 4 款）将年度社会保险融资法案草案附件材料进行了有限的罗列（宪法委员会，1998 年 12 月 18 日第 404 号合宪性审查决议）。附件材料量十分大，包括 11 类展望或是回顾的描述性资料（和有关社会保障法定基本制度及其特征的三年期附件材料——拥有特别权利的社会保障缴纳者和退休人员的数量），尤其是描述过去三年国家在社会事务上的付出以及社会保障审计的说明。

《社会保障法》，组织法部分第 111 条第 4 款所要求的附件材料包括：（1）社会保障各分支部门支出和收入的质量和效率计划；（2）多年管理目标和社会保障基本制度管理部门为达到目标而采取的推进方式；（3）有关本年度社会保险融资法案条款生效实施以及关于税收收入和补贴管理的简化办法；（4）社会保障法定基本制度和特别收入的清单和评估；（5）罗列了所有拨付给社会保障法定基本制度和融资促进组织的社保金或社保税的减免方式以及减少税基或是此类社保金或社保税税基的方式；(6) 对社会保障实施领域、国家转移支付领域和其他公共机构所介入的领域等分别产生影响的措施以及这些措施对社会保障法定基本制度、普遍保险制度以及此类制度的融资促进组织的收入、支出和年度平衡报表的影响效果；(7) 医保支出国家目标的范围和分成的次级目标以及该目标下受资助的医疗发展；(8) 上一封闭财政年度的最终账目以及本年度和下一个年度的预算账目；(9) 国家财政需求和当年社会保险融资法案草案措施的影响以及草案中包括的针对各类社会保障制度和医保支出国家目标的账目采取的法定或约定措施；(10) 经 2009 年 4 月 15 日颁布的《组织法》修改后的第 8 条所要求的文件，即关于法律草案影响研究的相关文件，并且尤其应当结合欧盟法及其对司法内部秩序的影响来解释法律草案；(11) 在预算执行和预算编制两者间结构性余额特别巨大的情况下所采取的纠正措施的分析报告。

审计法院提交给议会的社会保障年度报告中对这些材料做了说明（《财政司法法》，组织法部分第 132 条第 3 款），1994 年 7 月 25 日颁布的法令确立了该项内容（1996 年修改），研究（连同所提到的机构的回复）社会保险融资法案的执行、社会保障机构审计和关于这些社会保障机构的监督报告以及一份关于检查执行的报告（《财政司法法》，组织法部分第 111 条第 3 款）。

预算附件补全了信息，其中的一份关于社保分摊金的发展报告（2001 年《财政法》组织法，第 52 条）适用于社保分摊金和社会保险融资法案（参见 752 段）。

其次涉及其他监督检查材料，在该类资料缺失时，议会可以根据其对融资法案的监督权要求附加。这会导致议会两院就数条法定普通条款进行投票表决。

这些监督检查材料包括社会保障审计委员会的报告（参见 735 段；《社会保障法》，法律部分第 114 条第 1 款），政府对提高国家财政预付款上限的证明（《社会保障法》，组织法部分第 111 条第 10 款），审计委员会出具意见之后的政府年度报告、医保支出国家目标的发展变化的年报（2003 年财政法案，第 4 条~第 7 条）以及社保金免除的五年报告（2003 年法令，第 9 条）。

(2) 调查手段

783　　调查手段也有数种。议会也应当参与到对社会保障机构进行监督的某些部门之中。

议会两院的社会事务委员会（可能还有其他相关委员会），在 7 月 10 日前就社会保险融资法案的实施向政府提出问题列表，政府应当最迟于 10 月 8 日做出解答（《社会保障法》，组织法部分第 111 条第 8 款）。此外，委员会部分成员会自发参与草案拟写。另外，委员会有权要求审计法院进行调查（《财政司法法》，法律部分第 132 条第 3 款）或委员会自行审查（通过其报告人）"社会保障机构、国家部门、其他所有管理一项社会保障法定基本制度的私人机构以及相关公共机构"（医疗秘密、国防机密、国家内部或外部安全机密和遵守命令等情况除外，参见《社会保障法》，组织法部分第 111 条第 9 款）。

2003 年社会保险融资法案设立了议会医疗卫生政策评估办公室。该办公室实际上是一个议会两院联合委员会，由议会两院的社保事务委员会和各政治团体的代表组成（其中国民议会和参议院代表各占一半），并由一个专家委员会进行协助。该办公室曾提交多份报告，其中 2006 年 6 月的报告名为《预防医院内传染：医疗服务质量亟待提高》。2008 年宪法修正之后，特别是根据此次宪法修正精神制定的 2009 年 6 月 15 日法律（内容涉及修改 1958 年 11 月 17 日与议会运转相关的第 58—110 号法令）颁布之后，该机构被撤除（同时被撤除的还有议会立法评估办公室和议会国土整治与可持续发展评估委员会等机构），其职能此后由两院的社保事务委员会承担。

公共卫生高级委员会由 2004 年 8 月 13 日颁布的关于医保的法令所设立（《公共卫生法》，法律部分第 1411 条第 4 款）。

公共卫生高级委员会负责对公共卫生的多年目标进行定义，为公共卫生的风险管理、对未来的设想和对公共卫生问题的建议等提供专家鉴定。相关部长和议会相关委员会主席可以就预防、卫生安全或卫生系统成效等各类问题咨询公共卫生高级委员会意见。

最终，2004 年 8 月 13 日颁布的、其部分条款经过 2005 年 8 月 2 日《组织法》修正的《医疗保险法》也规定了，可以在负责社会保险融资法案起草的参议院和国民议会委员会内分别设立评估和监督小组，负责对这些法律的永久性评估（《社会保障法》，组织法部分第 111 条第 10 款）。国民议会是在 2007 年设立了社会保险融资法案评估和监督小组（MECSS），由 20 余名来自各个党派的议员组成，目前由两名国民议会议员联合主持，两人分别来自多数党和反对党。除了分析研究社会保险融资法案草案，该小组另外还承担一些主题更为特定的工作，例如：反逃避缴纳社保税、医院运营、长期疾病、停工和病假日津贴、家庭补助等。2006 年参议院也在社会事务委员会内部成立了社会保障评估和监督小组，由 12 名成员组成，主席由社保委员会总汇报人担任。

4.2.3 社会保险融资法案的执行

社会保险融资法案的执行方式繁复，执行原则应当追溯至 1996 年 4 月 24 日颁布实施的条例，即"茹佩－巴洛计划"的实施（plan Juppé－Barrot），然而其具体执行方式历经数次修改调整，特别是2004年社会保险融资法案就医保所做的修改。该条款旨在通过支出目标的确定来控制社保支出（4.2.3.1），以此确定医保的主要用途，这涉及医院部门（4.2.3.2）、社会医疗部门（4.2.3.3）以及城镇医疗部门（4.2.3.4）。

4.2.3.1 支出目标

785　应当以越来越受国家管控的程序（2）来制定目标及其后续执行跟踪的措施（1）。

(1) 支出目标及其后续执行跟踪措施的确定

786　议会每年就社会保险融资法案的支出目标进行投票表决，除了针对信贷的部分，也即有限的支出许可，是用作社保金管理机构社会保障支出时的参考。

支出目标涉及所有的分支类目。

在所有分支类目中（除了工伤部分），每一家全国性的社保基金管理机构（也包括社保机构总局和各种独立的社保基金）[①] 都同国家签订一份目标和管理多年协议（至少三年，作为平等交换，国家则减少监督），"在遵守社会保险融资法案的前提下"，确定目标展望、行动计划和互惠约定，尤其是社会保险融资法案内提到的支出目标。医保这一分支由于受到特别监督，并且考虑到医保支出国家目标的变化，相关多年协议应当签订一年一度的补充条款。

然而其中最重要的则是医保支出国家目标，由于医疗保险金亏空相当严重，因此需要特设监督并采取特别措施。

自2004年8月13日对医保制度进行改革的法令颁布实施以来，医疗保险建立了双轨制。在国家层面上，就医保支出的变化设立了预警委员会（尤其包括法国国家统计局局长），负责在6月1日之前根据本财政年度的医保支出国家目标提出意见。在医保支出的实际情况（严重风险）偏离经议会投票表决通过的医保支出国家目标时，也即医保支出规模超过了法令所确定的不应当超过的1%的警戒线，预警委员会能够（以通知形式）向议会、政府、国家医疗保险总局和补充医疗保险机构国家联盟发出警示（《社会保障法》，法律部分第114条第4款）。

各家社保基金管理机构都可以提出修正措施，措施方案应当提交以征询委员会意见，国家提出的措施也是一样（如果国家意图介入并提出部分修正措施意见

[①] 译者注：这是指专门管一种或几种社保金的收支的机构。不同职业的不同种类的社保各有自己的社保基金管理机构，比如农业工人的退休金，就有一个专门的社保基金管理机构，农业工人的退休保险金交给它，国家对这方面的补贴或税款也拨给它，然后农业工人的退休金也向它领。各地方有地方的农业工人退休金基金机构，中央层面有全国性的农业工人退休金管理机构。至于社保机构总局，是协调这些"社保基金管理机构"的。

的话)。此外，委员会应当最迟于 10 月 15 日提出另一项意见，依据该意见，委员会能够监督下一年度医保支出国家目标的起草所涉及的相关因素，以及考虑到医保支出的可预见变化，就违背医保支出国家目标的风险提出保留意见。

在地方层面上，如今也设立了公共卫生和自主管理的地方委员会，就大区卫生局（ARS）职权范围内的目标和行动的确定提出意见（参见 787 段）。

这一特别措施本身也经过革新，以更好地控制（社保资助部分的）医保支出的发展以及使医保支出符合当下的经议会投票通过的医保支出国家目标（但在实际操作中，往往是纸上谈兵）。

自 2005 年 8 月 2 日《组织法》颁布以来，规定议会不仅要就医保支出国家目标进行投票，还要就（至少 5 个）次级目标进行投票（《社会保障法》，组织法部分第 113 条第 3 款）。

这些次级目标由政府提出，经议会社会事务委员会讨论确定。

2015 年，设立了 7 个次级目标，共计支出约 1823 亿欧元，由 3 大类组成：卫生机构（约占 42%），社会机构和社会医疗机构（约占 10%）以及城镇医疗机构（约占 46%）。

还有一个占比微乎其微的其他各类支出目标（不到 1%），包括海外法裔侨民、医疗网络发展资助以及一些特殊医疗（例如酒精中毒治疗中心）。此外，还有（医保支出国家目标）预算拨款之外的融资项目，特别是对公立和私人卫生机构现代化的医疗保险资助（现代化建设基金的资金资助）。

(2) 地方层面越来越受国家管控和协调的执行（方式）

787　2009 年 7 月 21 日颁布的医疗、公共卫生和地方医疗卫生系统的法律强调了自 2000 年以来吸收引进的用于大区卫生局的管理原则和管理方式，这些大区卫生局很大程度上取代了公共卫生政策下设立的拥有广泛权能的区域医院管理局（宪法委员会，2009 年 7 月 16 日第 584 号合宪性审查决议）。

此外，新的国家机构就此成立，按卫生机构和社会医疗机构规模为依据设立的机构，是存在于国家、医疗保险管理处联盟、国家自主团结基金管理机构和卫生机构与医疗社会机构的代表性联盟之间的（以现代化管理、管理审计为依据）公共利益集团。

区域医院管理局是法律上的公共利益集团（实际上是公共机构），由 1996 年 4 月 24 日颁布的法令设立，2003 年 9 月 4 日颁布的法令强化巩固了这一条款。在政府授权下，区域医院管理局集中管理各个大区内国家部门和医保机构医疗保险的支出。

这些机构拥有非常广泛的职能权力（机构行政首脑有时被称为"公共卫生省长"），这尤其使得机构能够根据经各个公立或私人机构所认可的确定战略方向和财政多年目标（3~5年的）及措施，制订计划、理顺结构、合理配备设备并确定机构之间的合作。

事实上，在财政层面，这些机构负责国家所确认的行政管理范围内的公共和私人卫生机构的"资源确定"。

然而，在2004年，立法机构以志愿服务为基础，计划在卫生部和社会保障部下设若干大区卫生局（公共利益集团），联合医保机构、地区和国家，以保障相关区域医院管理局的职能实现。具体包括区域医院管理局主要负责确定"风险管控年度计划以保障住院和门诊治疗等公共领域的管理和跟踪监督"工作（《社会保障法》，法律部分第162条第47款）。

大区卫生局为区级的国家公共行政组织机构（在各部门中有地方代表），具体实现了前述分析研究（的理论）；大区卫生局也可能是跨地区机构，它集中了国家服务部门、医保卫生支出机构以及国家自主团结基金服务资源。

大区卫生局由颁布的法令设立，有行政和财政自治权，受卫生部门、医疗保险部门、老龄和残障人士部门监督。大区卫生局由颁布法令任命的局长主持工作，以"国家名义"行使职权。他向机构监督委员会和地方卫生及卫生政策自治委员会汇报工作（关于扩张的职能部分参见《公共卫生法》，法律部分第1431条第1款）。大区卫生局承担的任务很多，在同社会医疗机构合并之后，更有所加强。它承担上述医疗机构的职能（现在多年合同最长期限为5年）。在重大过失情况下，大区卫生局可以解除合同。此外，大区卫生局应当确定社会和社会医疗服务原则。

2011年7月5日颁布的接受心理治疗的患者权利、保障及其方法的法令增加了大区卫生局承担的职能。现在，大区卫生局还负责家庭支持与陪伴工作和由卫生机构与从事精神治疗业务协会所管理的护工工作质量和协调的监督工作。在公共卫生的各个领域中，必须有一个心理危机干预应急措施的机构（《公共卫生法》，法律部分第3221条第4款和第3222条第1款）。

在财政方面，大区卫生局同区域医院管理局的职能一样。大区卫生局局长可以根据具体情况灵活调整数额等。大区卫生局的服务内容多样：它们监督地区卫生医疗事业的状况，并且担负公共卫生紧急事件和危机情况的应对等组织任务。履职之时应当考虑到地方特色。应当指出大区卫生局有利于卫生从业人员培训评估和医疗卫生资源的地域分配，应当拓宽弱势群体接受医疗照顾和社会心理服务的渠道。大区卫生局可以同专科医生签订全科医疗地方实践服务合同，若该医生承诺在一段时间内在大区卫生局指定的"医疗资源匮乏或是求医困难的地区提供全科医疗服务"，则他可以获得补充报酬（2013年社会保险融资法案，第46

条）。这些需要大量介入的领域必然促成了地方机关的成立，这些地方机关并不仅仅是对国家政策的简单执行，显然它们涵盖了中央财政、地方财政和社会保障财政的三种组织形式。

自 2012 年以来，大区卫生局对地方转移支付基金拥有财政支配权，该基金由 2012 年社会保险融资法案设立，最初目的是为医疗活动、质量和调配，卫生预防等工作和实验提供资金支持。该基金将门诊医疗服务和卫生机构的资助、医疗资源的质量和调配的资金，甚至是一部分公共和私人卫生机构的现代化资金集中起来。最后的一类资金由医保法定制度提供，不由地方转移支付基金提供，被重新定位为用于资助全国规模的医疗机构项目（2013 年社会保险融资法案，第 73 第条Ⅶ款）。

从财政制度方面来看，大区卫生局应当遵循 2012 年的预算和财务制度管理第 2012－1246 号法令（2012 年 11 月 7 日）。

2010 年 3 月 31 日颁布的法令对大区卫生局的财政组织、通过预算的方式、会计人员的角色和地位做了定义，财政监督由地区公共财政主任实施，由卫生部预算和会计稽查员协调。

4.2.3.2 在医疗领域内的执行

788 医保支出国家目标对医疗领域的影响最为直接，这是因为社保资助是拨付给相关机构而非个人的，而拨付的税款几乎占到医疗经费的 90% 之多，并且在制度上，医疗领域受大区卫生局监督。有必要对该领域以下方面的变化发展进行研究：融资原则（1）、在行业领域中作为融资基础的两个次级目标（2）、行业领域发展的标志是地方医疗团体的出现（3）。

（1）融资原则的变化发展

789 直到 2004 年社会保险融资法案颁布，公共领域（公共卫生机构和不以营利为目的的私人机构均选择归属于同一种制度）由（医疗保险管理局拨付的）一项总补贴予以资助，该总补贴于 1983 年取代了被认为导致医保费用膨胀的所谓"每日价格体系"（即按患者住院的天数计算给予医院相应的医保费用，从而导致医院尽可能延长患者的住院时间）；然而事实上这种总补贴同机构真正的医疗活动只有微乎其微的关联。从医疗机构角度来看，"私立诊所"则采用不同的体系，在通过医保支出国家目标之后，由部级机关每年确定国家量化目标，国家和私立诊所联盟根据该目标标准商定国家收费标准，大区卫生局根据这一收费标准逐一同各个机构确定包括每日费率和定额资金在内的拨款金额。

2004 年社会保险的融资法案对条款予以了修订，规定了三项原则，仍然只是对于支出目标的规定。

第一项原则是"行医收费标准"原则。社会保险机构出资应当基于其真实医疗活动（相同服务应当获得同等资助），这尤其可以突显对良好的经营管理的重视（尤其是使得那些支付较少费用的机构在其成本和拨付经费之间保留一定差额)。然而该行医收费标准原则仅仅是部分实施（其只涉及某些医疗活动和某些机构）并且在相关领域内也只是逐步推广。事实上，其目标是在2012年全面施行（2007~2008年占50%的比例）。然而，原则推广太过于循序渐进，且常常延迟；2013年社会保险融资法案虽然肯定了这一目标的必要性，却将原则在地方非公立医院内推行的时间推迟到了2015年3月1日。

在该措施延期执行的同时，门诊服务和咨询以及住院等可开具医保个人直接发票制度应当最迟于2016年3月1日得到普及。

第二项原则是进行相同医疗活动的公共机构和私人机构疗法的一致性，以显示司法制度的中立性以及两类机构之间的合作。然而这项"跨机构"整合却难以实现，究其原因，是情况不尽相同以及当前采用的计算方法所致（私立诊所医生计薪方式不同于公立医院医生，仍然包括在"城镇医疗体系"转款内）；因此该原则的推广也只能循序渐进——2008年只占50%，2012年实现原则要求的完全整合。2009年相关政府机关将这一期限推迟到2018年，2013年的社会保险融资法案的第59条中止了这项原则，取消了2004年社会保险融资法案中医疗领域整合统一的相关条款（对于社会医疗机构、长期医疗护理机构、无自理能力老人收容所等，该条款则予以保留）。

还有第三项原则：国内收费标准统一。显然，考虑到地域成本差异，该原则还是存在争议的。该统一性原则很可能需要再次提交讨论，不止因为成本问题，还因为考虑到医保支出国家目标，因为立法机构（在条文中）引入了减少国家住院津贴收费标准的可能，在预警委员会就医保支出变化出具意见之后，按照机构类型确定不同的系数比率（以减少津贴收费），这使得国家有可能设立一类准备金（2013年社会保险融资法案，第60条）。宪法委员会既不能损害平等原则，也不能违背其他社会保障基本原则（2012年12月13日第659号合宪性审查决议）。

(2) 两个次级目标

790　　考虑到原则的目前状态和执行情况，融资方式在社保支出国家目标中的医疗部分区分出两个次级目标，这本身就体现了为控制支出所需要付出的大量努力。须知（政府）要求公立医院一起行动以减少公共支出，计划到2017年共减少30亿欧元公共开支（强制规定卫生部门减少10亿欧元开支）。同时，公立医院也是"恶性"借款的受害者，跟地方行政机关一样，使得国家必须予以特别支持以及对其借款能力予以司法控制。

第一个次级目标是"有行医收费标准的卫生机构"的支出目标（2015年大约是570亿欧元），而实际上，只有部分纳入了该收费体系，主要有两个原因。

第一个原因是,行医收费目前只涉及部分领域,包括内科、外科和妇产科。因此,根据医疗活动标准,为落实医疗改革的"坚实核心",针对此类医疗活动设定一个支出目标。

支出目标主要涉及内科、外科和妇产科等短期住院费用,此类费用随医疗信息系统计划启动而设立,而行政和医疗信息的收集有利于在国家层面确定患者及其(住院或是没有住院的)平均费用和额外费用所属类别。此外,还要加上不包括住院费用在内的行医费用(门诊、在家住院、部分急诊等)以及某些药物和特殊治疗的费用。

原则上所设立的国家收费标准为公立部门和私人机构所共同执行,然而考虑到改革的不断推进(参见上述内容),实际的补助操作方法则千变万化。

为施行内科、外科和妇产科收费标准,公共机构可直接收取一笔补助,在这笔补助上临时增加一笔按定额计算并且每年递减的补充补助,这笔补充款项计划于2012年取消(部分年费则得以延续)。

私人机构则可按内科、外科和妇产科国家收费标准基础计算获得一笔补助,不过,考虑到地域性、改革的过渡期以及部分行医活动所要求的高技术性,该笔款项需经"校正系数"调整后才予以拨付(由大区卫生局进行调整)。

宪法委员会在其2009年7月16日第584号合宪性审查决议中明确指出,"任何宪法条款均不能保证公共卫生机构的管理自治权"。此外,2009年7月21日法令强制规定此类机构必须提供账户认证。该条款的独特之处则在于能够保障账户稽核专员或是审计法院拨付津贴;然而,规定账户认证应当在审计法院的配合下进行的条款通过了宪法委员会的审查,立法机构忽略了审计法院的权能范围,并未对"该项权力的范围和界限"做出明确规定。

2011年8月颁布的对2009年《财政司法法》补充条款进行修正的法令的第16条也同样受到了审查:一方面,委托给审计法院的账户认证应当符合机构额度,主要盈余账户收益总额应当超过70万欧元;另一方面,也能够委托地方审计法院进行账户认证,而这应当是个相对新的情况,最终,审计法院承担编制有关账户认证核查等一系列事项的年度报告的义务,还要附加一份其他机构的账户认证报告概要,在报告最后就提交认证的公共机构的账户整体资质阐述意见。宪法委员会认为在其他条款中的"此类条款同最初法律提案中的条款没有关联,并且已经通过了宪法审核程序"(2011年8月4日第640号合宪性审查决议)。应当注意,账户认证本应当在法律颁布4年内的首个财政年度开始时启动,(实际上则)可以延期,并最迟在2015财政年度的账户上施行,准确性也同样受到审查。

第二个原因是各个机构的医疗活动是独立开展的，需要考虑到各个机构公共服务的实际支出。因此设立了"MIGAC 专款"（维护整体利益和推动合同化的任务），该款项超过"行医收费卫生机构"获得款项的 10%，并且同医疗活动相分离，主要出于整体利益职能的考虑（研究活动、大学教育、紧急活动和预防措施、给某些"特定人群"提供的治疗等；清单由法令确定）。尽管该款项可使公共机构和私人机构都能受益，但是这笔补助（目前所有情况下都是）主要针对公共部门，并且必要时可灵活调整行医收费标准和公私两个领域整合的进度。

整体利益和推动合同化任务专款分为各类按领域区分的地方补助，大区卫生局也可根据不同机构加以区分。

医保支出国家目标的第二个与公立医院相关的次级目标是"有关卫生机构的其他支出"（2015 年是 200 亿欧元），这些支出如今仍受改革之前的 2004～2005 年体系所管理。部分公共服务或是公立机构提供服务（长期护理、精神治疗、地方医院、军队医疗服务等）仍属于整体补助制度之下。

年度资金补助分为地方限定拨款以及大区卫生局按不同标准分配给各个机构的额度。该补助应当用于整体利益任务（2015 年是 63 亿欧元）。

同样，私立诊所在行医收费标准之外的医疗活动（后续治疗和再适应治疗，精神治疗等）按照（全国的）费用协商制度要求（按日或者按津贴）进行，该制度以国家量化目标为基础。

(3) 地方医疗团体的出现

卫生服务地方管理合理化政策带来的重大贡献之一显然是地方医疗团体的出现（《公共卫生法》，法律部分第 6132 条第 1 款）。地方医疗团体可以按照公共机构之间签订的地方医疗团体协议组建，该团体可一并管理所有活动和职能，并且围绕地方医疗项目进行职能转换。此外，涉及集体利益的私人卫生机构，可以就一个或多个目标同一家公共卫生机构或是一个医疗团体，达成彼此联合和共同实现公共服务任务目标的协议。该类协议由大区卫生局批准。大区卫生局可以要求签订协议并执行。协议优先享有公立和私立卫生机构现代化财政基金津贴；自 2012 年以来，该基金被地方转移支付基金所取代，对此社会保险融资法案 2015 年的目标是 31 亿欧元（该目标是针对 2013～2022 年期间的）。地方医疗团体协议应当明确上述团体的联合账户的设立方式，应当在团体成立三年内设立，同时明确负责开设此类账户的"支持"机构，账户应当包括一份联合的资产负债表、联合盈余账目以及一份解释性附件材料（《公共卫生法》，法律部分第 6132 条第 29 款；2011 年 2 月 23 日第 2011-206 号法令）。

例如，大克莱蒙的医疗团体集中了 6 所公共机构，拥有 3032 张病床，该团体基于地方医疗项目、机构整合以及医疗信息系统而设立（2011 年）。

4.2.3.3　在社会医疗领域内执行

792　医保支出国家目标中用于社会医疗领域内的"机构和服务的支出部分"比用于其他领域内的支出要少得多，因为社会医疗服务的资金很大程度上由地方行政机关和国家来保障，社保（医保）只是其一种资金来源。

这项支出分为医保支出国家目标下的两个次级目标（老龄人士/残障人士），将划拨给国家自主团结基金（该公共机构由 2004 年 6 月 30 日颁布的法令所设），该基金在此基础上另外附加一笔来自基金的资助，所有津贴构成社会医疗支出整体目标。随后所有资金先分为地方补助（限定的）再分为部门补助；由此确定的费用标准和补助由省长正式下达给社会和社会医疗机构服务部门。

国家自主团结基金经费款项（2015 年约有 220 亿欧元）通常拨付给社会或社会医疗机构、养老机构以及自主集中收治早老性痴呆症患者和残障人士的机构等。部分经费划拨给大区卫生局（例如负责看护老龄人士和残障人士）。需要注意的是，由于连年出现赤字，国家自主团结基金储备已渐渐耗尽。

4.2.3.4　在城镇医疗体系内执行

793　该执行工作分成两个次级目标：城镇医疗支出（1）和城镇医疗相关支出（2）。

(1)"城镇医疗支出"次级目标

794　该次级目标既是最重要的目标，而且也是支出不断增长的支出目标（2015 年是 830 亿欧元），很可能也是推行起来最为棘手的目标。这是由以下几点造成的：第一，由于所涉及医护人员数量巨大且种类繁多（大概有 30 万医疗从业人员，接近 100 万医疗辅助人员），以及法国医疗体系所形成的原则（特别是患者对于医生的选择），还有患者（或其直接权利继承人）直接享受资金分配，患者的权利直接由法规条例确定；第二，由于体制的调整需要借助于"法定途径"，这就限制了自支出款项确认后的医疗时效和参保人的报销权利；第三，费用校正更是难上加难，因为既要尽量保证不仅仅受到会计人员监督，还要受到可能的"医疗"监督。

近年来，该次级目标支出大幅增长，主要由于卫生自由职业者薪资大幅增长。

(2)"城镇医疗"相关次级目标

795　该次级目标目前分为两部分。

第一部分主要涉及对医务人员（包括就职于私人诊所的医务人员）医事服务报酬的偿付和救护运输费用，这些费用构成全国医疗保险基金联盟（UNCAM）的一个"委托支出目标"（ODD）。全国医疗保险基金联盟由 2004 年 4 月 13 日法律设立，由各种全国性的医保基金（如工薪人员医保基金、非工薪人员医保基金、农业社保互助基金等）联合组成，并领导各大区的地区医疗类保险基金联盟（URCAM，地区医疗类保险基金联盟创立于1996年，旨在协调该大区内的各类医保基金的行动。此外，还存在一家全国补充医疗保险机构联盟）。全国医疗保险基金联盟通过协议途径（即与各类医疗职业协会签订协议。2000年以前偏向于由该联盟自行规定，但后来由于不易推行，因此改用协议途径）规定可偿付的诊疗行为和必要的护理行为的种类和费用（2004年以后，卫生部长对此只拥有反对权）。

第二部分主要涉及医药和因故暂停工作的每日补贴，这一部分由于非常重要且涉及对象众多，因此仍直接由中央政府负责。

在这一方面，近些年进行的多项改革（如推广非专利药品，降低医保承担的比例，降低某些药品或医疗服务价格等），使因故停工每日补贴的项目数量特别是因病误工补贴被得到控制。

需要指出，大区卫生局应当（以《公共卫生法》法律部分第1434条第7款规定的措施为基础）注意平衡地安排辖区内的医疗资源，以便推行统一的医疗服务。

4.3 社会保障机构的财政制度

796　　社会保障机构的财政制度取决于该机构的法律属性。其中某些，如那些负责基本社保的全国性的社保基金管理机构，属于国家级行政性公共机构，因而适用公共法的财政制度，特别是需要遵守公共核算基本规则并接受审计法院对其会计账目的监督。不过，它们的财政制度也有一些自己的特点，例如，不可能针对保险赔偿操作建立真正的预算（而只可能进行简单的预测）。又如社保机构存在多种经费划拨：各类全国性社保基金机构管理着一些社保基金，每项基金又细分为"部分"（一般按受益人类别来划分），这些"基金"或"部分"被加以组合，设置相应机构进行管理（基本社保制度约有四十多家管理机构）。这些管理机构需遵守经费划拨规则（即将某些收入划拨给某些支出），在涉及保险赔偿方面，则这些经费划拨应遵循平衡原则。

全国性基本社保基金的行政与预算组织方式在1996年被加以修改。如今每家社保基金由一个管理委员会领导（该委员会成员中必须有雇主代表和职工代表，且双方人数均等），并由一个监督委员会进行监督（该委员会由一位议员担任主席，着重审查目标与管理协议的实施条件）。管理委员会主任由部长委员会通过法令进行任命。如该基金与中央政府签订了目标与管理协议，则其预算文件不再需要获得预先批准，在提交给其主管部长（财政部部长与社保部部长）的二十天之后，如主管部长在此期间内并未提出反对（如提出反对，需要说明反对的理由），则该预算文件直接生效。这些基金需要接受经济与财政监督（参见382段），其最重要的操作行为需要获得预先许可。2009年4月7日法令改革了这些社保基金的会计制度。

不过，绝大部分社保基金，特别是最根本的基本社保基金（参见737段），仍然属于归私法管辖的互助机构（但1996年11月28日法令为它们规定了新型的法律地位）。鉴于这些社保基金所承担的公共服务任务，以及它们被赋予的公共权力，再加上它们经常附属于某一国家级的公共机构，这些特点使得它们的财政制度非常接近于公共法的财政制度，包括其预算编制（4.3.1）、预算执行（4.3.2）和预算监督（4.3.3）方面。

4.3.1 预算编制

797 鉴于预先许可文件之故（参见69段），部分适合可控风险的活动（医疗、工伤、养老、家庭事务）不能列入预算之中，因为保险赔偿支出取决于具体事件事故或由医生决定的医疗措施，这些支出不可预见，只能预估。因此该类活动应当列于预算清单中。

相反地，其他活动编写进预算文件中，但并不遵循统一性原则和普遍性原则，因为有好几种不同的预算（行政管理、社会活动和卫生活动、预防措施、医疗监督等），每一类都有相对应的社保基金管理机构进行"管理"。

每年，地方社保基金管理机构会依据其与该种类社保基金的全国性管理机构签订的多年管理合同来准备编制预算文件，该种类全国性社保管理机构就其负责管理的分支领域，拨付相应资金，并且可以规定地方社保基金管理机构为维持（收支）平衡所应当采取的必要措施。

管理委员会应当在1月1日前就预算进行投票表决，否则预算由监督机关指定编制。在此期间，可以启动（法国政府在议会通过预算前，有权动用预算的）1/12临时额度制度，参见262段。

预算应当提交监督机关获得批准，自1994年以来，大多数制度（包括普遍保险制度）的监督机关为该种类社保基金的全国性管理机构，而政府主管机关仅在上述全国性管理机构缺位时介入干预。

此外，如果因某些特别程序而有反对意见的出现，监督机关可以临时性或决定性地指定必要支出或是强制要求将一项必要支出或是收入列入预算文件。根据《社会保障法》法律部分第153条第1款规定，负责监督的是大区区长。对于社保机构管理的卫生机关的预算，由大区卫生局监督；对于社会和社会医疗机构的预算，则由省长进行监督。

例如，大区区长有权决定在监督机关介入之前先暂停执行可能导致财政失衡的理赔文件。大区区长应将此决定通知相关社保基金，如后者对此持有异议，则可以提请相关的全国性管理机构解决。针对某些独立的社保基金，监管机构也可以撤销后者做出的导致其经费超出或导致财政失衡的决定。针对地方社保基金机构，省级或部级机关有权阻止此类基金拨付补贴给无须遵守公共核算制度的机构（《社会保障法》，法律部分第151条、第153条第1款、第281条第2款，法规部分第151条第1款、第153条第1款、第226条第1款、第281条第1款、第611条第108款、第633条第55款等）。

4.3.2 预算执行

798　　1993年以来，预算执行的相关规定很大程度上依据1962年关于公共核算一般条例的条款进行了修改更新，预算执行应当遵循这些修改更新后的规定，具体包括预算执行者（4.3.2.1）和执行活动（4.3.2.2）。

4.3.2.1 预算执行者

799　　各社保基金的拨款审核者（为该基金主管，由若干管理人员加以协助）和会计由不同人员担任，这两类人员均由管理委员会指派、经省级机关或是部级机关许可，省级机关和部级机关都有权撤销相关人员的许可。

对于大部分各个社保基金管理机构，会计人员资格由区长批准（综合了公共财政部门负责人意见之后），由社会事务部部长（会同预算部部长）撤销资格。对于全国性社保基金管理机构，由社会事务部部长批准或是撤销主要负责人资格，会同财政部部长批准或是撤销会计人员资格。撤销许可"导致许可所授予的职能权力全部中止"并且只有在"将撤销资格的理由通知当事会计人员及其雇用机构，并给予当事人足够期限以便其阐明自己的意见之后"方可予以宣告（《社会保障法》，法规部分第123条第50款）。对于所有的农业社会互助机构，农业部部长可以单独（就主要负责人）或者会同预算部部长（就公共会计人员）批准或撤销资格。

根据传统方案，除非签署授权委派国库拨款审核者，否则身为主管的权限只有安排支出和收入计划（及其后续使用）。而主管所领导的会计人员，除非是那些（至少部分地）自我监督自我负责的人员，其任务则是在其自身职责范围内确保机构的一切财政活动有序进行(《社会保障法》,法规部分第 122 条第 4 款)。

社保基金会计人员可以指派下级代理人（需经管理委员会批准），也可以指派获授权的社保受理点的负责人（和审查人员）；而社保基金主管则可以指派预付款和收入管理人（需经会计人员同意）。所有人员依个人职责和会计人员职责办事，因为他们必须交纳保证金并且能够理解他们所应当承担的责任（参见 430 段）。

根据公共机构的常见情况，这两类人员的区分颇为灵活，并非一直遵循各自法定独立性含义。因为会计人员由基金管理处支付薪资，受"机构主管的行政领导"，并且可以看做是"由主管依其职权授予会计人员任务"。

但是他们职能上彼此的独立性仍是毫无疑问的，因为会计人员是在其个人资金职责范围内完成工作的。

4.3.2.2 预算执行活动

800　预算执行活动仅仅显示了国家财政的特殊性。应当连续不断地审查社会保障支出问题（1）、收入问题（2）、社会保障财政资金（3）、会计问题（4）和反偷漏税问题（5）。

（1）支出

801　除了在付款通知之前日常支出会启用特殊支付程序之外，其他按照常规计划安排支出，包括两个阶段：首先是行政阶段，一般是从国库拨款审核者着手工作开始，然而对于可控风险，在涉及司法担保时，则要视社保决定或外部情况而定（特别是医疗处方）；按照传统，行政阶段后半段则是清算和国库拨款审核者出具付款通知。其次是会计阶段，在付款之前，先由会计人员进行传统的合法性审查（预算合法性、债权有效性、清算免除），这很可能会导致支付中止，之后则可能是机构负责人向会计人员发出征调指令，除非是在最严重的情况下（会有所不同）。

征调指令以机构负责人对管理委员会的个人资金责任为保证（负责人早已被告知）。若是会计人员中有反对意见的、对债券有效期有争议的、信用不足的、监督机关中止或撤销管理委员会的支出决定的，征调指令无效（《社会保障法》，法令部分第 122 条第 5 款）。

此外，必须指出基金管理处均为私人机构，它们至少在理论上能够采用公共法的执行方式来支付其债务。

（2）收入

802　关系到征收方式相似的社保金和税收时（普通社会保险捐税和社会保险债务偿还税，参见 753 段），收入活动采用一套特殊的征收制度（在 750 段中有论述)。对于其他债券,监督和收税的权力属于会计人员,其负责人不仅有权签发支付令,同时还是争议税收"唯一的责任人"。

在所有的公共机构中,会计人员均负有勤勉义务。

(3) 社会保障财政资金

803　对于每一个社保基金管理机构,社会保障财政资金归属于一名会计人员管理,它遵循特殊法令,不遵守公共财政统一性原则(2009 年 7 月 21 日颁布的社保机构和社保机构总局相关机构的财政资金的法令,参见 737 段;以及 2012 年 10 月 4 日颁布的社保机构总局对普遍保险制度机构财政资金的共同管理的法令)。

对社会保障财政资金的整合统一工作始于 1967 年,并于 1987 年形成统一的社会保障财政资金(取消了 20 世纪 50 年代至当时为止地方社保基金所拥有的投资自由),并将所有社保基金的资金交由社保机构总局统一管理。社保机构总局需遵守与中央政府签订的目标协议,不过可以与法国国家储蓄银行进行重新磋商协议条款,以"适应新的挑战",并寻求更广泛的资金来源(社保机构总局可以在"欧洲商业票据计划"框架内通过法国国库署发行公债;该局还有权向社会保险金及家庭补助金征收联合机构发布指令,并对其进行监督,参见 737 段),并将其存入法国国家储蓄银行。社保机构总局在法国国家储蓄银行设有流动资金统一账户,该账户是一个活期账户,可以向各个地方社保基金注资或从它们那里提取资金。

负责社保金征收的机构(其中包括社会保险金及家庭补助金征收联合机构)每天将其收缴的社保金和税费汇总到社保机构总局,后者根据应付记录向这些机构提供资金,收缴盈余部分,并根据相关指令对社保机构与第三方之间以及各社保机构之间的债权债务进行结算。最后社保机构总局还需将相关收支额予以公告。

社会保障财政资金的管理制度由《社会保障法》法规部分第 255 条第 1 款详细规定,从 1994 年开始,按社保分支分类管理。法国国家储蓄银行应为社保机构总局账户中的资金支付利息,后者也可以通过法国国家储蓄银行将"可持续盈余"用于投资。反过来,社保机构总局也可以在社会保障融资法案规定的上限范围内,通过与资金出借方的协议,从法国国家储蓄银行那里获取预付款,有时也可从国库获取预付款。社保机构总局每日会计余额产生的债权和债务利息、各社保机构存放于社保机构总局的流动资金的利息等收益,在每个财年结束后,相关余额被返还给各个社保分支机构,构成后者的一项财政收入(《社会保障法》,法规部分第 255 条第 7 款)。法国国家储蓄银行应每天将社保机构总局账户当日操作情况传达给后者。

社保机构总局与法国国家储蓄银行的关系由1980年的一份协约所规定，该协约之后在2001年、2006年、2009年7月16日三度修改。

关于这一管理的实施模式可参见《社会保障法》法令部分第225条。各个社保机构的资金也可以存于法国国家储蓄银行或其下属机构持有的账户、法兰西银行或其他获授权的信贷机构。

每年的社会保障融资法案规定社保机构总局当年的融资上限。

(4) 会计

804　　会计工作主要有三方面特征。

首先是会计框架的统一性，自2002年以来，该内容由社保机构所通过的"会计特别计划"具体规定。

2001年11月30日颁布的决议通过了该会计特别计划，是对2001年社会保险融资法案所确立的原则的具体实施（《社会保障法》，法律部分第114条第1款第1项，由同一部法典的法令部分第114条第1款第1项进一步明确）。此外，2001年9月19日颁布的法令规定了社保机构的长期会计任务，部级行政机构负责统一性"导向"，由社保机构及所有相关部门的部级高级会计委员会监管（《社会保障法》，法令部分第114条第4款第3项），高级委员会于2013年取消，取而代之的是公共会计标准委员会（2013年1月29日颁布的法令）。2005年《组织法》明确了基于权利义务确认原则之上的会计特别计划（《社会保障法》，法律部分第114条第5款）。2005年12月30日颁布的第2005—1771号法令对社保基金国家管理局国家会计人员的声明有效的实施条件和方式做了规定（《社会保障法》，法令部分第114条第4款第2项）。关于2007年12月19日颁布的法令，机构和账户决算条例适用于一切社保制度和社保机构（《社会保障法》，法律部分第114条第6款第1项）。这一会计计划目前也适用于非公务员补充退休金制度。

其次是20世纪90年代中期开始的会计程序现代化，其结果是权责发生制会计（债务/债权）代替了收付实现制会计（收入/支出），所参照的"确认权利"体系类似于中央和地方总会计所使用的体系（参见664段）。

最后是社保国家机构和所有社保制度融资促进组织都有账户认证的义务（《社会保障法》，法律部分第114条第8款；2008年10月28日颁布的法令）。不同于"社会保障"的账户认证是由审计法院来完成的，各机构的该项工作可以由账户稽核专员落实。

(5) 反偷漏社保税

805　　该职能导致了双重定位：一方面，2006年成立了国家反偷漏社保税委员会；另一方面，加强了社会保险金和家庭补助金征收联合机构的监督职能。2008年，反偷漏社保税行动同反偷漏税行动越发接近，该委员会随之取消，并成立了国家反偷漏税委员会（参见 348 段）。

社会保险金及家庭补助金征收联合机构职能扩大至失业保险和补充退休保险制度的征税税基方面，使其本身职能也得以强化。立法机构不断地调整社保监督（方式）、深化不同社保财政管理机构（越来越协调一致的）调查权。主要在以下各类要求上有所加强：住所、住所变更（移居国外的应当退还社保卡）、社保补助金发放、社会投保人公共目录创建、收入申报和将遗产因素考虑在内的生活方式之间的显著差异、在个人超负债情况下对因欺诈而产生的债务不予以免除的可能性、取消减免纳税人可能从隐性工作中获得工资性收入的分摊金或捐税……

立法机构对违法行为增强了打击力度。2015 年社会保险融资法案也提高了对阻碍或是逃避监督活动的违法行为或是逃税行为的惩处力度，由 6 个月延长到 2 年，罚金由 15000 欧元提高到 30000 欧元（《社会保障法》，法律部分第 114 条第 17 款）。同样的，对于那些有义务参加一项社保制度但仍拒不参加或是坚持不会有所行动的人来说，则会面临 6 个月的监禁和/或者 15000 欧元的罚金（《社会保障法》，法律部分第 114 条第 18 款）。

审计法院应当指出查明欺诈和认为欺诈截然不同。在社保财政领域，社保机构总局同社会保险金及家庭补助金征收联合机构共同推行这一监督政策。2013 年，社会保险金及家庭补助金征收联合机构对 14 亿欧元的逃税金额进行了规范，对其中 12 亿欧元进行了纠正，1.35 亿欧元予以了返还；打击非法就业行动有 8073 次，对 44716 家企业进行了走访。

4.3.3 财政活动的监督

806　财政活动的监督既来自社会保障内部的监督（4.3.3.1）又来自国家的监督（4.3.3.2）；也可能引起相关公务人员的责任承担（4.3.3.3）。

4.3.3.1 社会保障内部监督

807　内部监督从两个层面展开：机构自身内部监督（1）和全国性社保基金管理机构对地方社保基金管理机构的监督（2）。

（1）机构自身内部监督

808　每个社保基金管理机构对地方社保基金管理机构的内部监督由管理委员会负责，基金管理机构负责人应当向管理委员会提交数份报告，管理委员会则应当指派监督委员会负责（突然）检查会计活动（并编写年度报告）。

此外，基金管理机构每年都应当对它资助的机构进行至少一次的检查（《社会保障法》，法律部分第 177 条第 1 款）。

现在，基金管理机构负责人和会计人员还有义务共同组织内部检查以应对直接或间接的财政风险（《社会保障法》，法令部分第 122 条第 7 款；2007 年 10 月 18 日颁布的法令）。

（2）全国性社保基金管理机构对地方社保基金管理机构的监督

809　　最初该监督仅限于某几个领域（不动产交易、信息业务等），现在除了农业领域外，该监督形式已渐渐推广。通常情况，该监督是针对文件进行的（特别在预算和账目监督时）；然而有时也可以进行实地检查，这在普遍保险制度中尤为突出。

此外，独立行政主管，法国银行和保险监督局取代了互助保险及社会保障机构监督委员会对补充社会保险机构的监督职能。

4.3.3.2　国家监督

810　　除了议会监督（781 段有相关论述）外，国家监督还包括行政机关的监督（1）、审计法院的监督（2）及其监督作用的加强（3）。

需要指出工商就业协会和法国全国工商就业联合会这类特殊机构，鉴于它们的起源，并没有将它们纳入全面公共系统中，不过它们仍受到公共财政高级委员会和审计法院的严格监督（《财政司法法》，法律部分第 111 条第 7 款，组织法部分第 132 条第 2 款），自 1988 年以来，这种监督模式促进了私人账户稽查专员的账户认证体系的发展。工商就业协会已同全国就业联盟合并，由此诞生了一个有法人资格和财政自治权的新国家公共机构，该机构名称为"就业中心"（2009 年 3 月 9 日颁布的法令）。

（1）行政机关的监督

811　　行政机关监督是指来自两个部委的监督，即社会事务部和财政部的监督。

社会事务部是公共法监督机关，尤其可以通过社会事务监督总局进行监督。社会事务监督总局管辖权尤其广泛（包括对补充退休制度的监督），也可以通过社会事务部的若干分散的部门进行监督。部委于 2007 年进行重组，取消了部分社会事务职能。

财政部的管辖权范围更小，然而它能够通过财政监察总局进行监督，尤其可以依靠高级会计直接或是通过监督委员会进行监督（参见 812 段）。2007 年对财政部管辖权的再次缩减导致了该领域管辖权分配的重大修改，预算部部长负责社会账目和社保融资措施的平衡（2007 年 5 月 31 日颁布的法令），并且拥有社会事务监察总局的权限。

(2) 审计法院的监督

812　　考虑到相关机构的数量（一千有余），自 1961 年以来，审计法院的监督主要通过审计监督委员会来实施。这些委员会最初是省级的，1999 年成为区级的（或是跨区的），由一位地区公共财政主任主持，包括其他相关部委的代表（社保部、农业部、劳动部），协同"国家指导委员会"工作，该委员会由审计法院首席庭长主持工作（并且联合了相关部委代表）。每个地区委员会对文件和地点全权监督（通过来自各相关部委的审查员进行监督），并且审查管理合法性和效率，从账目（和管理委员会指派的监督委员会的报告）开始，现在则应当将账目提交至地区委员会。

一方面，地区委员会编制年度总报告（尤其包括审计法院要求检查的特殊方面），附上检查结果（需要通报给审计法院），这将作为审计法院提交给议会的关于社保年度报告的基础（参见 400 段）。另一方面，地区委员会就每个账户出具明确意见以获得通过。

每个地方社保基金管理机构的账户许可同主要的监督机构相关。会计人员在阅读了（相关账户的）认证报告之后，为各个机构开设财政账户，由主管进行确认，并向管理委员会汇报，由管理委员会核准（除非 2/3 以上成员投反对票）。同时附以管理委员会报告并于 4 月 1 日前提交至地区委员会，地区委员会将启动审核程序，并就账户许可出具明确而详细的意见。此后审计法院可能进行第二轮审查（应要求或是主动发起），最终意见可以替代部门委员会的意见。据此，卫生和社会事务地方主管或是社保部部长核准账户出现问题时，许可驳回理所应当会引起责任承担。

与监督措施同步开展的，还有国家层面账户的统一。

地方各个社保机构应当在 1 月 31 日前完成账户清算并上报给上级国家机构，国家机构也应当在 2 月 28 日前完成其分管的各分支类目或制度的账户清算并上报给常设部级会计委员会，该委员会于 2001 年设立，以协调各类审计活动。

2011 年实施的社会保险融资法案对《财政司法法》进行了补充，规定了审计法院成员可以要求机构和社保制度账户稽核专员（《社会保障法》，法律部分第 114 条第 8 款和第 135 条第 6 款）提供所有用以确保账户认证的情况信息（根据有关账户稽核专员所编制的材料和文件），尤其是关于已实施的审查工作（《财政司法法》，法律部分第 141 条第 3 款）。

(3) 审计法院强化作用

813　　1996～2005 年，若干分级法律条款强化了审计法院的作用，特别是 2005 年颁布的《组织法》。尤其应当指出现今有关公共部门账户的宪法条款——包括社会保障的内容——以及 2008 年的改革，在宪法条文中增加了第 47 条第 2 款，规定了公共部门账户应当真实合法，形成了管理有成效、资产和财政状况盈余是准确可靠的印象。

审计法院拥有的调查权得到了强化。它需要编制两份年度报告，其中一份附有账户认证。

首先，是相关部门对上一个封闭财政年度的普遍保险制度国家机构账户以及各分支部门和普遍保险制度征收税款活动的联合账户的合法性、真实性和准确性实施审查的说明报告。在审计法院裁决之后，最迟于相关账户审查的下一年度6月30日将该报告提交至议会和政府。此后则涉及社会保险融资法案的实施报告（《财政司法法》，组织法部分第132条第2款第1项），审计法院应当在9月将报告予以公开（《财政司法法》，法规部分第137条第1款；2007年10月4日颁布的法令）。

社会普遍保险制度账户认证（普通账户和联合账户）实施过程中，要么不能认证（2012年工伤和职业病分支），或者有重大保留（2013年制度变化的情况），或者认证遭到部分否决，正如2008年有4项否决，2011年有3项否决。

在不损害其固有的调查权前提下，账户认证可以由财政委员会或是社会保险融资法案草案主管委员会以及议会调查委员会和其下属的机构负责。最后，国家审计法院的常规活动以账目信息收集（国家审计法院通过与地方审计法院合作收集《公共卫生法》法律部分第6141条第2款提及的机构的相关账目信息）和（与地方审计法院合作制定的）三年工作计划为基础，主要是对由医疗保障基金资助的机构的管理模式与成本进行比较评估。

根据《财政司法法》法律部分第134条第1款的规定，除非出现审计法院首席庭长所领导的指导委员会提出的反对意见（2008年5月15日和2008年6月11日颁布的法令），否则审计法院对机构账户和管理的监督按照习惯做法进行。指导委员会由不同部级代表组成，负责主持和协调监督工作、核准各行政监督机构年度计划、确定方向和方法并落实跟踪以及定义"管理成效不足"的机构检查的"指数"（《财政司法法》，法规部分第134条第5款）。

4.3.3.3 责任承担

814 不同的会计人员承担不同的财政责任。应当对机构领导（1）和会计人员（2）有所区分。

(1) 机构领导

815 机构领导责任受预算与财政纪律法院管辖（参见419段），预算与财政纪律法院尤其对各家社保基金管理机构主管和行政管理人员以及其他（行政）管理人员有管辖权。

相反地，入选（管理委员会）的管理人员，若他们没有薪酬且在法律和规范范围内不直接或是被授权行使委员会的职权,则不应受法院处罚(《财政司法法》,法律部分第312条第1款)。

此外,在非常规或是不当管理或是严重失职的情况下,部长有权中止或是解散管理委员会或者撤职其部分成员(《社会保障法》,法律部分第281条第3款,法规部分第281条第2款)。

(2) 会计人员

816　　会计人员受机构负责人行政领导,承担个人资金责任,尽可能要遵守公共会计准则(参见454段;《社会保障法》,法规部分第122条第4款,法令部分第253条第69款;2009年4月7日颁布的法令)。

会计人员责任范围大致等同于公共会计人员,略微狭窄些。在业务方面,会计人员无须对税收收入负责(除非有主管委托授权);在人员方面,部分财政责任人有其固有责任,其有保证金进行担保并且和会计人员保证金同一时间以相同的方式发挥作用。若会计人员按照法令条款规定行事,则其不得受到法律处罚。

除非贪污或挪用,否则获授权的社保受理点的负责人和管理人只需承担其保证金额度范围内的金钱责任,超额部分由相关会计人员承担(《社会保障法》,法令部分第253条第82款和第83款;1993年11月25日法令)。社保基金管理人应承担的金钱责任参照关于会计人员责任的规定,并不限于其保证金额度的范围(1994年11月2日第94—962号法令)。

在责任的追究方面,如不存在账目审计,则社保会计人员只会被追究行政责任,最终处罚决定由其所属社保基金的管理委员会和监督机关作出。不过,在其他方面,对社保会计人员的责任追究模式及处罚结果与普通公共会计人员相同(参见429段)。

追责程序可以由以下任何一个机关启动:相关社保基金的管理委员会、监督机关或国家审计法院。在进行实质性的评估之前,可以先采取某些保全措施(暂停该会计人员的职务、强制要求该会计人员支付相关款项)或作为坏账处理(由管理委员会,经地方公共财政主任和地区卫生与社保事务主任同意后,宣布作为坏账处理)。之后,管理委员会在监督机关的监督之下进行账目评估(结欠或无结欠,除非所有账目都经核准无误,否则不得发给该会计人员交割证明书),然后再对会计人员的行为进行评估,如账目问题系出于不可抗力,则会计人员可以免除责任;如出于其他原因,也可能对会计人员应承担的金钱责任进行减免。会计人员承担的赔偿金由其保证金进行保证,会计人员也可以加入保证金协会或自行购买相关保险。另外,在支付赔偿金之后,会计人员也有权以个人名义征收导致其所管理的账户出现亏空的相关应收款项(《社会保障法》,法令部分第253条第81款)。同时还有必要指出,会计人员可以由相关部长(有时也可由管理委员会）进行撤职。

国家审计法院有权要求监督机关追究会计人员的责任（《财政司法法》，第134条第1款）；在监督机关做出该决定的同月，应当告知国家审计法院其立场态度（《财政司法法》，第134条第10款）。

2015年6月20日

参考文献

一般参考文献

A

ADAM (François), FERRAND (Olivier), RIOUX (Rémy), *Finances publiques*, 3ᵉ éd., Presses de Sciences Po et Dalloz, coll. « Amphi », 2010.

ALLAIRE (Frédéric) (dir.), *Risque économique & Puissance publique. L'émergence de la prévoyance publique économique*, LGDJ-CMH, 2014.

ALLIX (Edgard), *Traité élaboré de science des finances et de la législation financière française*, Rouseau, 1931.

ARKWRIGHT (Edward), COURREGES (Cécile), GODEFROY (Stanislas), MAIGNE (Gautier), VASQUEZ (Manuel), *Les finances publiques*, Doc. fr., coll. Découverte de la vie publique, 7ᵉ éd., 2013.

AVRIL (Pierre), GICQUEL (Jean), *Droit parlementaire*, 4ᵉ éd., Montchrestien, 2010.

B

BAUDU (Aurélien), *Contribution à l'étude des pouvoirs budgétaires du Parlement en France. Éclairage historique et perspectives d'évolution*, thèse, Univ. Toulouse 1, 2008, Dalloz, coll. « Bibliothèque parlementaire et constitutionnelle », 2010.

BENETTI (Julie), GROUD (Hervé) (dir.), *Les finances publiques nationales et locales face à la crise*, L'Harmattan, 2012.

BEZES (Philippe), DESCAMPS (Florence), KOTT (Sébastien), TALLINEAU (Lucile) (dir.), *L'invention de la gestion des finances publiques. Élaborations et pratiques du droit budgétaire et comptable au XIXᵉ siècle (1815-1914),* Comité pour l'histoire économique et financière de la France, 2010.

BEZES (Philippe), SINE (Alexandre), *Gouverner les finances publiques*, Pr. Sc. Po., 2011.

BLÖNDAL (Jon R.), KRAAN (Dirk-Jan) et RUFFNER (Michael), *La budgétisation aux États-Unis*, OCDE, volume 3, n° 2, 2003.

BODIN (Jean), *Les six livres de la République*, 1583.

BOTTIN (Michel), *Histoire des finances publiques*, Economica, coll. « Poche Finances publiques », 1997.

BOUDET (Jean-François), *Institutions financières publiques*, Larcier, 2013.

BOUVIER (Michel) (dir.), *Réforme des finances publiques : la conduite du changement*, LGDJ, 2007.

BOUVIER (Michel) (dir.), *La nouvelle administration financière et fiscale*, LGDJ, 2011.

BOUVIER (Michel), ESCLASSAN (Marie-Christine) et LASSALE (Jean-Pierre), *Finances publiques*, 14ᵉ éd., LGDJ, 2015.

BUISSON (Jacques), *Finances publiques*, Mémentos Dalloz, 15ᵉ éd., 2012.

C

CABANNES (Xavier), *Le principe de l'unité de trésorerie en droit public financier*, LGDJ, coll. « Bibl. sc. fin. », t. 38, 2000.

CABANNES (Xavier), *Finances publiques*, 3ᵉ éd., Foucher, 2011.

CATTEAU (Damien), *Droit budgétaire et comptabilité publique*, Hachette, coll. Les Fondamentaux, 2ᵉ éd., 2015.

CAUDAL (Sylvie) (dir.), *Les principes en droit*, Economica, coll. « Études juridiques », 2008.

CHENON (Émile), *Histoire générale du droit français public et privé, des origines à 1815*, Sirey, 1926.

CHOUVEL (François), *Finances publiques*, 18ᵉ éd., Gualino, coll. « Mémento », 2015, sur le budget de l'État, la comptabilité publique et la loi de financement de la Sécurité sociale ; *L'essentiel des finances publiques*, 16ᵉ éd., Gualino, coll. « Les Carrés », 2015.

Comité d'histoire de la Cour des comptes, *Philippe Séguin à la Cour des comptes*, Doc. fr., 2012.

CONAC (Gérard), PRETOT (Xavier) et TEBOUL (Gérard), (dir.), *Le Préambule de la Constitution de 1946. Histoire, analyse et commentaires*, Dalloz, 2001.

CONAN (Mathieu), *La non-obligation de dépenser*, LGDJ, coll. « Bibliothèque de science financière », t. 43, 2004.

CONAN (Mathieu), MUZELLEC (Raymond), *Finances publiques*, 16ᵉ éd., Sirey, 2013.

CONAN (Matthieu), DOYELLE (Alain), POUJADE (Bernard), RENOUARD (Louis), VACHIA (Jean-Philippe) et VALLERNAUD (Louis), *Code des juridictions financières. Annotations, commentaires, jurisprudence*, Le Moniteur, 3ᵉ éd., 2013.

D

DAMAREY (Stéphanie), *Le juge administratif, juge financier*, Dalloz, coll. « Nouvelle Bibliothèque de thèses », 2001.

DELON DESMOULIN (Corinne), DESMOULIN (Gil) (dir.), *La décision financière publique*, LGDJ, coll. « Systèmes », 2013.

DESRAMEAUX (Alexandre), *Finances publiques*, PUF, coll. « Major », 2013.

DJOULDEM (Mohamed), TELLIER (Geneviève), DE VISSCHER (Christian) (Dir.), *Les réformes des finances publiques. Enjeux politiques et gestionnaires*, Bruylant, coll. Finances publiques, 2014,

DUSSART (Vincent), *L'autonomie financière des pouvoirs publics constitutionnels*, éd. CNRS, 2000.

DUSSART (Vincent), mise à jour FOILLARD (Philippe), *Finances publiques*, 14ᵉ éd., Paradigme, 2014.

E

ECALLE (François), *Maîtriser les finances publiques*, Economica, 2005.

F

GAIA (Patrick), GHEVONTIAN (Richard), MELIN-SOUCRAMANIEN (Ferdinand), OLIVA (Eric), ROUX (André), PHILIP (Loïc), *Les grandes décisions du Conseil constitutionnel*, 17ᵉ éd., Dalloz, 2013.

FROMENT-MEURICE (Anne), BERTUCCI (Jean-Yves), MICHAUT (Christian), SITBON (Patrick) et GROPER (Nicolas), *Les grands arrêts de la jurisprudence financière*, 6ᵉ éd., Sirey, 2014.

G

GILLES (William), *Les principes budgétaires et comptables publics*, LGDJ, coll. « Systèmes », 2009.

GUGLIELMI (Gilles), ZOLLER (Elisabeth), *Transparence, démocratie et gouvernance citoyenne*, éd. Panthéon-Assas, Colloques, 2014.

GUIGUE (Alexandre), *Les origines et l'évolution du vote du budget de l'État en France et en Angleterre*, Univ. de Savoie, 2005.

GUINCHARD (Serge), DEBARD (THIERRY), *Lexique des termes juridiques*, 23ᵉ éd., Dalloz, 2015.

I

ISAIA (Henri) et SPINDLER (Jacques) (coordination), *Histoire du droit des finances publiques*, vol. 1 : *Les grands textes commentés du droit budgétaire et de la comptabilité publique*, Economica, 1986.

J

JEAN-ANTOINE (Benoît), *Les normes constitutionnelles financières en droit français de 1789 à nos jours*, thèse, LGDJ, coll. « Bibliothèque de finances publiques et de fiscalité », 2010.

JEZE (Gaston), *Cours élémentaire de science des finances et de législation financière française*, 1931, rééd. La Mémoire du droit, 2013.

L

LALUMIÈRE (Pierre), *Les finances publiques*, 8ᵉ éd., A. Colin, 1986, coll. « U ».

LASCOMBE (Michel), VANDENDRIESSCHE (Xavier), *Les finances publiques*, 8ᵉ éd., Dalloz, coll. « Connaissance du droit », 2013.

LEPOINTE (Gabriel), *Histoire des institutions du droit public français au XIXᵉ siècle, 1789-1914*, 1953.

LEROY (Marc), *L'impôt, l'État et la société*, Economica, 2010.

LEROY (Marc), *Sociologie des finances publiques*, La Découverte, coll. « Repères », 2007.

LEROY (Marc), ORSONI (Gilbert) (dir.), *Le financement des politiques publiques*, Bruylant, coll. Finances publiques, 2014.

LEROY-BEAULIEU (Paul), *Traité de sciences des finances*, Guillaume, 2ᵉ éd., 1879.

LEVOYER (Loïc), *L'influence du droit communautaire sur le pouvoir financier du Parlement français*, LGDJ, coll. « Bibl. de sc. fin », t. 39, 2002.

LONG (Marceau) et al., *Grands arrêts de la jurisprudence administrative*, Dalloz, 20ᵉ éd., 2015.

M

MAGNET (Jacques), *La Cour des comptes, les institutions associées et les chambres régionales des comptes*, 6ᵉ éd., Berger-Levrault, 2007.

MARION (Marcel), *Dictionnaire des institutions de la France. XVIIᵉ-XVIIIᵉ siècles*, Picard, rééd. 1999.

MARTINEZ (Jean-Claude) et DI MALTA (Pierre), *Droit budgétaire*, 3ᵉ éd., Litec, 1999.

MODEEN (Tore) et SEPE (Onorato) (dir.), *La responsabilité des fonctionnaires chargés de la gestion des deniers publics*, Institut international des sciences administratives, Bruxelles, 1996 (Afrique du Sud/Allemagne/Belgique/États-Unis/Finlande/France/Italie/Royaume-Uni/Suisse/Union européenne).

MORDACQ (Franck), *Les finances publiques*, PUF, coll. « Que sais-je ? », 3ᵉ éd., n° 3908, 2014.

O

ORSONI (Gilbert), *Science et législations financières*, Economica, coll. « Corpus droit public », 2005.

ORSONI (Gilbert) (dir.), *Les finances publiques en Europe*, Economica, 2007.

P

PANCRAZI (Laurent), *Le principe de sincérité budgétaire*, thèse, Univ. Paris 2 Panthéon-Assas, 2008, L'Harmattan, 2012.

PARK (Gene), *Spending Without Taxation. FILP and the Politics of Public Finance in Japan*, Walter H. Shorenstein Asia-Pacific Research Center, 2011.

PELLET (Rémi), *La Cour des comptes*, La Découverte, 1998.

PHILIP (Loïc), *Les fondements constitutionnels des finances publiques*, Economica, coll. « Poche Finances publiques », 1995.

PHILIP (Loïc) (dir.), *L'exercice du pouvoir financier du Parlement. Théorie, pratique et évolution*, PUAM/Economica, 1996.

PICARD (Jean-François), *Finances publiques*, 4ᵉ éd., Litec, 2009.

PIKETTY (Thomas), *Les hauts revenus en France au XXᵉ siècle. Inégalités et redistributions, 1901-1998*, Grasset, 2001.

PIKETTY (Thomas), *Le capital au XXIᵉ siècle*, Seuil, 2014.

R

RAINAUD (Philippe), *Le concept de transparence budgétaire : approche comparée des finances publiques des collectivités locales, de l'État et de l'Union européenne*, thèse, Univ. Poitiers, 2002.

Rosen (Harvey), Wen (Jean-François), *Public Finance in Canada*, McGraw-Hill Ryerson Higher Education, 4ᵉ éd., 2012.

S

Sinassamy (Christophe), *Finances publiques*, Bréal, 2014.

Sine (Alexandre), *L'ordre budgétaire. L'économie politique des dépenses de l'État*, Economica, coll. « Études politiques », 2006.

Schwengler (Bernard), *Déficits publics. L'inertie française*, L'Harmattan, 2012.

T

Tallineau (Lucile) (dir.), *L'équilibre budgétaire*, Economica, 1994.

Thebault (Stéphane), *L'ordonnateur en droit public financier*, thèse, Univ. Paris 1, LGDJ, coll. « Bibliothèque finances publiques et fiscalité », t. 47, 2007.

Trotabas (Louis), *Précis de science et législation financières*, Dalloz, 3ᵉ éd., 1933.

Trotabas (Louis) et Cotteret (Jean-Marie), *Droit budgétaire et comptabilité publique*, 5ᵉ éd., Dalloz, coll. « Précis », 1995.

W

Waserman (Franck), *Les doctrines financières publiques en France au XIXᵉ siècle, Emprunts économiques, empreinte juridique*, LGDJ, coll. Thèses, Tome 54, 2012.

专题参考文献

分学科参考文献

公共会计类

Akhoune (Farhana), *Le statut du comptable en droit public financier*, LGDJ, coll. « Bibliothèque finances publiques et fiscalité », t. 49, 2008.

Akhoune (Farhana), *La réforme de la gestion budgétaire et comptable publique*, LGDJ, coll. « Systèmes », 2013.

Burckel (Valérie) et De Cremiers (Catherine), *Histoire de la comptabilité publique*, Economica, coll. « Poche/Finances publiques », 1997.

Chan (James Lee), *American government accounting standards and their relevance to China*, éd. China financial & Economic publishing House, 2009.

Germain (Jérôme), *Le Parlement et la Cour des comptes*, thèse, Toulouse 1, 2007.

Magnet (Jacques), *Les comptables publics*, 4ᵉ éd., LGDJ, coll. « Systèmes », 2001.

Mattret (Jean-Bernard), *La nouvelle comptabilité publique*, LGDJ, coll. « Systèmes », 2010.

MONTAGNIER (Gabriel), *Principes de comptabilité publique*, 2ᵉ éd., Dalloz, coll. « Précis », 1981.

税收法律类

A

AGRON (Laure), *Histoire du vocabulaire fiscal*, LGDJ, coll. « Bibl. sc. fin. », t. 36, 2000.

ALBERT (Jean-Luc), AGLAE (Marie-Joseph) (dir.), *Fiscalité et développement, Régulation juridique internationale, systèmes fiscaux et développement dans l'espace caraïbe*, Cujas, 2006.

ALBERT (Jean-Luc), PIERRE (Jean-Luc) et RICHER (Daniel), *Dictionnaire de droit fiscal et douanier*, Ellipses, 2007.

ALBERT (Jean-Luc), *Fiscalité et personnes publiques*, LGDJ, 2012.

ARDAND (Gabriel), *Théorie sociologique de l'impôt*, 2 vol., SEVPEN, 1965.

ARDAND (Gabriel), *Histoire l'impôt*, Fayard, 1972.

AUGE (Philippe), *Droit fiscal général*, Ellipses, Universités/Droit, 2009.

AYRAULT (Ludovic), *Le contrôle juridictionnel de la régularité de la procédure d'imposition*, L'Harmattan, coll. « Finances publiques », 2004.

AYRAULT (Ludovic), GARNIER (Florent) (dir.), *Histoire du discours fiscal en Europe*, Bruylant, coll. Finances publiques, 2014.

B

BAS (Céline), *Le fait générateur de l'impôt*, L'Harmattan, coll. « Finances publiques », 2007.

BARILARI (André), *Le consentement à l'impôt*, Presses de Sciences Po, coll. « Bibl. du Citoyen », 2000.

BARONE (Laurent), *L'apport de la Cour européenne des droits de l'homme au droit fiscal français*, L'Harmattan, coll. « Finances publiques », 2000.

BAUDU (Aurélien), *Droit fiscal*, Mémentos LMD, 2014-2015, Gualino, 2014.

BAUDU (Aurélien), *L'essentiel du Droit des procédures fiscales 2014-2015*, Gualino, Les Carrés, 2014.

BAYLAC (Corinne), *Le formalisme en droit fiscal*, L'Harmattan, coll. « Finances publiques », 2002.

BELTRAME (Pierre) et MEHL (Lucien), *Techniques politiques et institutions fiscales comparées*, 2ᵉ éd., PUF, coll. « Thémis/Droit public », 1999.

BELTRAME (Pierre), *La fiscalité en France*, 20ᵉ éd., Hachette, 2014.

BELTRAME (Pierre), *Les systèmes fiscaux*, 3ᵉ éd., PUF, « Que sais-je ? », n° 1599, 1997.

BELTRAME (Pierre) et MEHL (Lucien), *Le système fiscal français*, 6ᵉ éd., PUF, « Que sais-je ? », n° 1840, 1997.

BETCH (Martine), *Le juge judiciaire et l'impôt*, Litec, 2010.

BIENVENU (Jean-Jacques) et LAMBERT (Thierry), *Droit fiscal*, 4ᵉ éd., PUF, 2010, coll. « Droit fondamental ».

BIN (Fabrice), *L'influence de la pensée chrétienne sur les systèmes fiscaux d'Europe occidentale*, L'Harmattan, 2007.

BOUDINE (Joël), *Le régime fiscal des collectivités d'outre-mer*, L'Harmattan, coll. « Sociétés et économies insulaires », 2006.

BOURGET (Renaud), *La science juridique et le droit financier et fiscal*, Dalloz, coll. « Nouvelle Bibliothèque de thèses », vol. 112, 2012.

BOUVIER (Michel), *Introduction au droit fiscal général et à la théorie de l'impôt*, LGDJ, 12e éd. Coll. « Systèmes », 2014.

BRACHET (Bernard), *Le système fiscal français*, 7e éd., LGDJ, 1997.

BRARD (Jean-Pierre), *Fraude et évasion fiscale : une intolérable atteinte à l'esprit citoyen*, Rapport d'information, Doc. Ass. nat., 1998, n° 1105.

BRUNEAU (Philippe), *Le travail ne paie pas*, Denoël, 2007.

BUISSON (Jacques), *La sécurité fiscale*, L'Harmattan, 2011.

C

CASTAGNEDE (Bernard), *La politique fiscale*, PUF, coll. « Que sais-je ? », 2008, n° 3797.

CASTAGNEDE (Bernard), *Précis de fiscalité internationale*, 4e éd., PUF, 2013.

Commission européenne, *Inventaire des impôts perçus dans les États membres de l'Union européenne*, Office de publication des Communautés. Accès sur base de données « Impôts en Europe ».

CAUDAL (Sylvie), *La fiscalité de l'environnement*, LGDJ, coll. Systèmes, 2014.

CHADEFAUX (Martial), DEBOISSY (Florence), DE LA MARDIÈRE (Christophe) (dir.), *Écrits de fiscalité des entreprises. Études à la mémoire du professeur Maurice Cozian*, Litec, 2009.

CHAUTARD (Agnès), *La mutabilité de l'instance fiscale et le droit à un procès équitable*, L'Harmattan, coll. « Finances publiques », 2003.

COLLET (Martin), *Droit fiscal*, 5e éd., PUF, coll. « Thémis », 2015.

COLLET (Martin) et COLLIN (Pierre), *Procédures fiscales. Contrôle, contentieux et recouvrements de l'impôt*, 2e éd., PUF, coll. « Thémis », 2014.

CONSEIL DES IMPÔTS, *Les relations entre les contribuables et l'administration fiscale*, 20e Rapport au président de la République, éd. des JO, 2002.

CONSEIL DES PRÉLÈVEMENTS OBLIGATOIRES, *La fraude fiscale*, 1er rapport, 2007.

COZIAN (Maurice), *Les grands principes de la fiscalité des entreprises*, 4e éd., Litec, 1999.

COZIAN (Maurice), DIBOUT (Patrick), PIERRE (Jean-Luc), *Droits et garanties du contribuable*, Litec, Colloques, 2008.

D

DAVID (Cyrille), FOUQUET (Olivier), PLAGNET (Bernard) et RACINE (Pierre-François), *Les grands arrêts de la jurisprudence fiscale*, 5e éd., Dalloz, 2009.

« La doctrine administrative en droit fiscal », *RFFP* 2001, n° 75.

DEBAT (Olivier), *La rétroactivité et le droit fiscal*, Defrénois, coll. Thèses, Tome 18, 2006.

DEBOISSY (Florence), COZIAN (Maurice), *Précis de fiscalité des entreprises*, LexisNexis, 38ᵉ éd., 2014.

DELALANDE (Nicolas), SPIRE (Alexis), *Histoire sociale de l'impôt*, La Découverte, 2010.

DI MALTA (Pierre), *Droit fiscal européen comparé*, PUF, coll. « Droit fondamental », 1995.

DIEFENBACHER (Michel), LAUNAY (Jean), « La fiscalité écologique », Rapport d'information, Doc. Ass. nat., 2009, n° 1935.

DJOUHRI (Medhi), *L'évolution du contrôle fiscal depuis 1945. Aspects juridiques et organisationnels*, Thèse, Paris 1, 2010.

DOUAY (Michel), *Le recouvrement de l'impôt*, LGJD, coll. « Systèmes », 2005.

DE LA MARDIÈRE (Christophe), *Droit fiscal général*, Flammarion, coll. « Champs université », 2012.

E

EURA-AUDIT international, *Les impôts en Europe*, 15ᵉ éd., Delmas, 2007.

G

GEFFROY (Jean-Baptiste), *Grands problèmes fiscaux contemporains*, PUF, coll. « Droit fondamental », 1993.

GOUR (Claude), MOLINIER (Joël) et TOURNIE (Gérard), *Les grandes décisions de la jurisprudence. Jurisprudence. Droit fiscal*, PUF, 1977.

GOUTHIERE (Bernard), *Les impôts dans les affaires internationales*, 9ᵉ éd., Francis Lefebvre, 2012.

GRASLIN (Jean-Joseph-Louis), *Essai analytique sur la richesse et sur l'impôt*, réédition du texte original de 1767 republié en 1911, L'Harmattan, coll. « Finances publiques », 2008 texte présenté et commenté par M. Djalel Maherzi.

GROSCLAUDE (Jacques), *La doctrine fiscale en France*, t. 1 (1987-1999), Litec, 2000, t. 2 (1999-2002), Litec, 2003.

GROSCLAUDE (Jacques) et MARCHESSOU (Philippe), *Droit fiscal général*, 10ᵉ éd., Dalloz, coll. « Cours », 2015.

GROSCLAUDE (Jacques) et MARCHESSOU (Philippe), *Procédures fiscales*, 7ᵉ éd., Dalloz, coll. « Cours », 2014.

GUEZ (Julien), *L'interprétation en droit fiscal*, thèse, droit, Paris 1, LGDJ, coll. « Bibliothèque de l'Institut André Tunc », 2007.

GUTMANN (Daniel), *Droit fiscal des affaires*, Montchrestien, 5ᵉ éd. 2014.

H

HECKLY (Christophe), *La politique fiscale dans les pays industrialisés*, Dunod, 1999.

« Impôts et politiques fiscales », *Problèmes économiques*, n° 2644, 1999.

I

ISAIA (Henri) et SPINDLER (Jacques), *Histoire du droit des finances publiques*, vol. II : *Les grandes étapes de l'évolution de la fiscalité de l'État, textes à l'appui*, Economica, 1987 (études et documents sur l'histoire de la fiscalité française).

K

KRUGER (Hervé), *Les principes généraux de la fiscalité*, Ellipses, 2002.

KRUGER (Hervé), *Liberté de gestion et endettement des entreprises en droit fiscal*, LGDJ, coll. « Bibliothèque Finances publiques et fiscalité », t. 48, 2007.

L

LAMARQUE (Jean), NEGRIN (Olivier), AYRAULT (Ludovic), *Droit fiscal*, Litec, 3e éd., 2014.

LAMBERT (Thierry) (dir.), *Les chantiers fiscaux à engager*, L'Harmattan, coll. « Finances publiques », 2002.

LAMBERT (Thierry) (dir.), *Les sanctions pénales fiscales*, L'Harmattan, coll. « Finances publiques », 2007.

LAMBERT (Thierry), *Contentieux fiscal*, Hachette, coll. « Les fondamentaux », 2011.

LAMBERT (Thierry), *Procédures fiscales*, Montchrestien, coll. Domat, 2013.

LAMBERT (Thierry) (dir.), *Le contentieux fiscal en débats*, LGDJ, coll. Grands Colloques, 2014.

LANG (Jack), *Faire la révolution fiscale*, Plon, 2006.

LAURE (Maurice), *Science fiscale*, PUF, 1993.

LEROY (Marc), *La sociologie de l'impôt*, PUF, coll. « Que sais-je ? », 2002.

LEROY (Marc) (dir.), *Regards croisés sur le système fiscal, Allemagne, France, Italie, Russie*, L'Harmattan, coll. « Finances publiques », 2005.

LOPEZ (Christian) (dir.), *Les enquêtes fiscales*, (actes colloque Paris 2009), Montchrestien, 2010.

LOPEZ (Christian), *Droit pénal fiscal*, LGDJ, 2012.

M

MAITROT DE LA MOTTE (Alexandre), *Droit fiscal*, PUF, coll. « Licence », 2011.

MAITROT DE LA MOTTE (Alexandre), *Souveraineté fiscale et construction communautaire. Recherche sur les impôts directs*, LGDJ, coll. « Bilbio. sc. fin. », t. 44, 2005.

MANGIAVILLANO (Alexandre), *Le contribuable et l'État. L'impôt et la garantie constitutionnelle de la propriété (Allemagne-France)*, Dalloz, coll. « Nouvelle Bibliothèque de thèses », vol. 126, 2013.

MARINI (Philippe), *La concurrence fiscale en Europe*, Rapport d'information, Doc. Sénat, 1999, n° 483.

MARTINEZ (Jean-Claude) et DI MALTA (Pierre), *Droit fiscal contemporain*, Litec, 2 vol. 1986 et 1989.

MARTINEZ (Jean-Claude) (dir.), *Une constitution fiscale pour l'Europe*, Lettres du monde, 2004.

MARTINEZ-MEHUNGER (José), *Le recours pour excès de pouvoir en matière fiscale*, L'Harmattan, 2002.

MELOT (Nicolas), *Territorialité et mondialité de l'impôt*, Dalloz, coll. « Nouvelle Bibliothèque de thèses », 2004.

MERCIER (Jean-Yves) et PLAGNET (Bernard), *Traité de fiscalité*, éd. F. Lefebvre (annuel).

MIGAUD (Didier), *Les paradis fiscaux*, Rapport d'information, Assemblée nationale, 2009, n° 1902.

MESTRALLET (Gérard), TALY (Michel), SAMSON (Julien), *La réforme de la gouvernance fiscale*, LGDJ, coll. « Systèmes », 2005.

N

NEURISSE (André), *Histoire de la fiscalité en France*, Economica, coll. « Poche/Finances publiques », 1996 (du Xe siècle à nos jours).

P

PELLAS (Jean Raphaël), *La fiscalité du patrimoine culturel*, LGDJ, coll. « Systèmes », 2003.

PERIN-DUREAU (Ariane), *L'obligation fiscale à l'épreuve des droits et libertés fondamentaux*, Dalloz, Coll. Nouvelle Bibliothèque de thèses, vol. 136, 2014.

PHILIP (Loïc), *Droit fiscal constitutionnel*, Economica, coll. Finances publiques, 2014.

PHILIP (Patrick), *Les droits de la défense face à l'impôt*, Economica, 2002.

PIERRE (Jean-Luc), *Fiscalité de la recherche, de la propriété industrielle et des logiciels*, EFE, 2011.

Q

QUEROL (Francis) (coord.), *Variations sur le thème de l'équité fiscale. Recueil d'études en l'honneur du professeur Gérard Tournié*. Études de l'IRDEIC, Presses univ. de Toulouse 1 Capitole, VI/2010.

QUEROL (Francis) (dir.), *La réorientation européenne de la TVA. à la suite du renoncement au régime définitif*, LGDJ, 2014.

R

RAIMBAULT DE FONTAINE (dir.), *Doctrines fiscales : à la redécouverte de grands classiques*, L'Harmattan.

RAIMBAULT DE FONTAINE (Sophie) (dir.), *Doctrines fiscales : à la redécouverte de grands classiques*, L'Harmattan, coll. « Finances publiques », 2007.

RICHER (Daniel), *Les droits du contribuable dans le contentieux fiscal*, LGDJ, coll. « Systèmes », 1997.

ROBEZ-MASSON (Charles), *Jurisprudence fiscale*, Tissot, 2000, 187.

ROSA (Audrey), Solidarité et impôt. Recherche sur les fondements de l'impôt moderne. Dalloz, coll. Bibliothèque parlementaire et constitutionnelle, 2015.

S

SALIN (Pascal), *La tyrannie fiscale*, Odile Jacob, 2014.

SAUREL (Jacques), *Le sport face à la fiscalité*, Economica, 2011.

SCHMIDT (Jean), *Les principes fondamentaux du droit fiscal*, Dalloz, coll. « Connaissance du droit », 1992.

SERLOOTEN (Patrick), *Droit fiscal des affaires 2014-2015*, 13ᵉ éd., Dalloz, coll. « Précis », 2014.

T

TAUZIN (Emmanuel), *L'intérêt de l'entreprise et le droit fiscal*, L'Harmattan, 2011.

TIXIER (Gilbert), *Droit fiscal international*, PUF, coll. « Que sais-je ? », n° 2306, 2ᵉ éd., 1996.

TIXIER (Gilbert) et GEST (Guy), *Droit fiscal international*, PUF, coll. « Droit fondamental », 1990.

V

VALLEE (Annie), *Les systèmes fiscaux*, éd. du Seuil, 2000.

VILLEMOT (Dominique), *L'harmonisation fiscale européenne*, 2ᵉ éd., PUF, coll. « Que sais-je ? », n° 2618, 1995.

海关法律类

ALBERT (Jean-Luc), PIERRE (Jean-Luc), RICHER (Daniel), *Dictionnaire de droit fiscal et douanier*, Paris, Ellipses, 2007, 598 p.

ALBERT (Jean-Luc), *Douane et droit douanier*, PUF, coll. « Questions judiciaires », 2013.

ALLIX (Edgard), LECERCLE (Marcel), *Les contributions indirectes. Traité théorique et pratique*, 3ᵉ éd., Paris, Librairie A. Rousseau, 1929, tome 2, 475 p.

ALLIX (Edgard), LECERCLE (Marcel), *Les droits de douane. Traité théorique et pratique de législation douanière*, Paris, Librairie A. Rousseau, 1932, tome 1 : 625 p., tome 2 : 428 p.

BERR (Claude J.), *Introduction au droit douanier*, Economica, nouvelle édition, 2008.

BERR (Claude J.) et TREMEAU (Henri), *Le droit douanier communautaire et national*, 7ᵉ éd., Economica, 2006.

CLINQUART (Jean), *L'administration des douanes en France de 1914 à 1940*, CHEFF, 2000, 482 p.

DE MORDANT DE MASSIAC (Brieuc), SOULARD (Christophe), *Code des Douanes national et communautaire*, 8ᵉ éd., Litec, commenté et annoté, 2014.

JEANNARD (Sébastien), *Les transformations de l'ordonnancement juridique douanier en France*, thèse, Paris 1, 2010, LGDJ, coll. « Bibliothèque Finances publiques et fiscalité », t. 52, 2011.

NATAREL (Elisabeth), *Le rôle de la douane dans les relations commerciales internationales*, Alger, ITCIS, 2007, 164 p.

PANNIER (Jean), *Recueil de jurisprudence douanière (1990-2010)*, Economica, 2010.

PASCAL (Lionel), *La privatisation des missions douanières en République centrafricaine (RCA) : une opportunité d'amélioration des finances publiques ?*, thèse, Bordeaux, 2014 publiée sous : *République centrafricaine : Douanes et corruption, cause de la déliquescence du pays ?*, L'Harmattan, 2015.

PONTES VIEIRA (Iure), *La valeur en droit fiscal et douanier*, Thèse, Paris 2, 2010, LGDJ, coll. « Bibliothèque Finances publiques et fiscalité », t. 56, 2012.

经济管理类

A

ABATE (Bernard), *La nouvelle gestion publique*, LGDJ, coll. « Systèmes/ Finances publiques », 2000.

ALECIAN (Serge) et FOUCHER (Dominique), *Le management dans le secteur public*, 2ᵉ éd., éd. Organisation, 2002.

B

BEAUD (Michel) et DOSTALER (Gilles), *La pensée économique depuis Keynes*, éd. du Seuil, 1996.

BONNEY (Richard) (dir.), *Systèmes économiques et finances publiques*, PUF, 1996.

BRAUN (Gérard), *La réforme de l'État à l'étranger*, Rapport d'information au Sénat, n° 348, 2001.

C

CATTEAU (Damien), *La LOLF et la modernisation de la gestion publique*, Dalloz, Sénat, 2007.

CHEROT (Jean-Yves), *Droit public économique*, Economica, coll. « Corpus Droit public », 2007.

CLIQUET (Gérard) et ORANGE (Gérald) (dir.), *Organisations privées, organisations publiques, Mélanges Robert Le Duff*, Univ. de Rouen, 2002.

COLSON (Jean-Philippe) et IDOUX (Pascale), *Droit public économique*, 6ᵉ éd., LGDJ, 2012.

CLIQUENNOIS (Martine), *Droit public économique*, Ellipses, coll. « Universités/Droit », 2001.

D

DELION (André), *Le droit des entreprises et participations publiques*, LGDJ, coll. « Systèmes/Finances publiques », 2003.

DELORME (Robert) et ANDRÉ (Christine), *L'État et l'économie. Un essai d'explication de l'évolution des dépenses publiques en France (1870-1980)*, Le Seuil, 1983.

DEMEESTER (René), *Le contrôle de gestion dans le secteur public*, LGDJ, coll. « Systèmes », 2002.

E

EUZEBY (Alain) et HERSCHTEL (Marie-Louise), *Finances publiques – Une approche économique*, Dunod, 1990.

F

FERRANDON (Benoît) (dir.), *La politique économique et ses instruments*, Notices de la Doc. fr., 2004.

FOIRRY (Jean-Pierre), *Économie publique – Analyse économique des décisions publiques*, Hachette Supérieur, 1997.

G

GREFFE (Xavier), *Gestion publique*, Dalloz, 1999.

GRUBER (Jonathan), *Public Finance and Public Policy*, Worth Publishers, 4e éd., 2012.

GUILLAUME (Henri), DUREAU (Guillaume) et SILVENT (Franck), *La gestion publique : l'État et la performance*, Presses de Sciences Po/Dalloz, 2002.

H

HUART (Florence), *Économie des finances publiques*, Dunod, 2012.

HYMAN (David N.), *Public Finance. A contemporary application of theory to policy*, Cengage Learning, 11e éd., 2013.

M

MANASSA (Simon), *Initiation à l'analyse économique*, Presses univ. de Rennes, 2001.

MARIS (Bernard) et COURET (Alain), *Les politiques économiques conjoncturelles*, PUF, coll. « Que sais-je ? », n° 2569, 1991.

MEHAIGNERIE (Pierre) et CARREZ (Gilles), *Contrôle des dépenses publiques et amélioration des performances de l'État*, Rapport d'information à l'Assemblée nationale, n° 765, 2003.

MIGAUD (Didier), *Rapports à l'Assemblée nationale sur la Mission d'évaluation et de contrôle* : n° 2599, 2000 (premier bilan) ; n° 3664, 2002 (trois ans après).

MONTEL-DUMONT (Olivia) (dir.), *La politique économique et ses instruments*, Doc. fr., Les Notices, 2010.

MORDACQ (Franck), *La réforme de l'État par l'audit*, LGDJ, coll. « Systèmes », 2009.

M'RAD (Hatem) (dir.), *Gouvernance et institutions publiques*, Presses de l'univ. Sc. sociales Toulouse, colloque Tunis, avril 2007, 2008.

MULLER (Pierre), *Les politiques publiques*, 6e éd., PUF, coll. « Que sais-je ? », n° 2534, 2006.

N

NEMERY (Jean-Claude) (dir.), *RGPP et réforme des collectivités territoriales*, GRALE, L'Harmattan, 2012.

NICINSKI (Sophie), *Droit public des affaires*, Montchrestien, Domat, 3e éd., 2012 (essentiel).

O

ORSONI (Gilbert), *L'interventionnisme fiscal*, PUF, 1995 ; *L'administration de l'économie*, LGDJ, coll. « Systèmes », 1995.

P

PELLET (Rémi) (dir.), *Finances publiques et redistribution sociale*, Economica, 2006 (colloque SFFP à Lille), 2005.

PERCEBOIS (Jacques), *Économie des finances publiques*, A. Colin, coll. « Cursus », 1991.

R

ROMI (Raphaël), LINOTTE (Didier), *Droit public économique*, LexisNexis, 7e éd., 2012.

RUBIN (Irene S.), *The Politics of Public Budgeting : Getting and Spending, Borrowing and Balancing*, CQ Press, 7e éd., 2013.

S

SAINT-ÉTIENNE (Christian), *Financement de l'économie et politique financière*, Hachette, 1990 (analyse des fondements du financement de l'économie).

SANTO (Viriato-Manuel) et VERRIER (Pierre-Éric), *Le management public*, PUF, coll. « Que sais-je ? », n° 2724, 1997.

SEMEDO (Gervasio), *Économie des Finances publiques*, Ellipses, coll. « Universités/Économie », 2001.

T

TEULON (Frédéric), *Le rôle de l'État dans l'économie*, Le Seuil, coll. « Mémo-Économie », 1997.

TEULON (Frédéric), *Initiation à la comptabilité nationale*, PUF, 2009.

TOULOUSE (Jean-Baptiste), DE LEUSSE (Jean-Frédéric), ROLLAND (Yves) et PILLOT (Xavier), *Finances publiques et politiques publiques*, Economica, 1987.

W

WEBER (Luc), *L'État, acteur économique*, 3e éd., Economica, 1997.

借款—货币—债务—国库类

ADALID, (Sébastien), *La Banque centrale européenne et l'Eurosystème : exemple d'intégration verticale*, Thèse, Lyon 3, 2012.

AUDIT (Mathias) (dir.), *Insolvabilité des États et dettes souveraines*, LGDJ, 2011.

COLMANT (Bruno), NILLE (Jennifer), *Dettes publiques. Un piège infernal*, Larcier, 2014.

CONSEIL D'ANALYSE ÉCONOMIQUE, *La Banque centrale européenne*, Doc. fr., 2002.

DUCROS (Jean-Claude), *L'emprunt de l'État*, L'Harmattan, coll. « Logiques juridiques », 2008.

GIRAULT (André) et PISSALOUX (Jean-Luc), *Les trésoriers-payeurs généraux de la Ve République*, éd. du Trésor, 1996.

GODRON (Olivier), *Le Trésor et le financement de l'État*, Doc. fr., 1989, Notes et études documentaires n° 4882.

GOUIFFES (Pierre-François), *L'âge d'or des déficits. 40 ans de politique budgétaire française*, Doc. fr., 2013.

GOUSSEAU (Jean-Louis), *Les emprunts et la dette des collectivités locales*, Economica, coll. « Poche », 1997.

HOORENS (Dominique) et PERETTI (Marie-Pierre), *Les collectivités locales et l'emprunt*, LGDJ, coll. « Politiques », 1996.

JURGENSEN (Philippe) et LEBÈGUE (Daniel), *Le Trésor et la politique financière*, Montchrestien, 1988.

LAZZARATO (Maurizio), JORDAN (Joshua David – traducteur), *Governing by Debt*, Semiotext, 2015.

MINISTÈRE DE L'ÉCONOMIE ET DES FINANCES, *Les missions des trésoriers-payeurs généraux dans le domaine de l'action économique et financière*, éd. de Bercy, 1997.

OLSZAK (Norbert), *Histoire des banques centrales*, PUF, coll. « Que sais-je ? », n° 3385, 1998.

PARK (Gene), *Deficits and Debt in Industrialized Democracies*, Eisaku Ide, 2015.

PEBEREAU (Pierre) (Commission présidée par), *Rompre avec la facilité de la dette publique*, Doc. fr., 2006.

PELLET (Rémi), *Droit financier public. Monnaies, Banques centrales, Dettes publiques*, PUF, Thémis, 2014.

PRATE (Alain), « L'endettement public », *rapport au Conseil économique et social*, 1996, JO, brochure n° 4305.

SALEN (Pierrick), *L'emprunt des collectivités territoriales. Un paradoxe du droit public financier*, LGDJ, coll. Bibl. de finances publiques et fiscalité, Tome 60, 2014.

SCHWENGLER (Bernard), *Déficits publics. L'inertie française*, L'Harmattan, 2012.

VASSELLE (Alain), CAZAL (Bernard), *La dette sociale*, Rapport au Sénat, n° 345, 2006.

ZERAH (Dov), *Économie financière internationale ; les interventions du Trésor*, Les études de la Doc. fr.

公共管理相关参考文献

中央财政

A

AMSELEK (Paul), *Le budget de l'État sous la Ve République*, t. V, LGDJ, 1967, coll. « Bibl. de sc. fin. ».

ARTHUIS (Jean), MARINI (Philippe), *La nouvelle architecture des lois de finances*, Rapport Sénat n° 289, 2003.

B

BARILARI (André), BOUVIER (Michel), *La LOLF et la nouvelle gouvernance financière de l'État*, 3e éd., LGDJ, coll. « Systèmes », 2010.

BASLE (Maurice), *Le budget de l'État*, 7e éd., La Découverte, 2012.

BOUDET (Jean-François), *La caisse des dépôts et consignations, histoire, statut, fonction*, L'Harmattan, 2006.

BOUVARD (Michel), MIGAUD (Didier), DE COURSON (Charles-A), BRARD (Jean-Pierre), *Une nouvelle architecture du budget de l'État*, Rapport Ass. Nat., n° 1554, 2004.

BOUVARD (Michel), MIGAUD (Didier), DE COURSON (Charles-A), BRARD (Jean-Pierre), *Rapport d'information sur la mise en œuvre de la loi organique n° 2001-692 du 1er août 2001 relative aux lois de finances (LOLF)*, Ass. Nat., n° 1058, 2008.

C

CAMBY (Jean-Pierre) (coord.), *La réforme du budget de l'État. La loi organique relative aux lois de finances*, 3e éd., LGDJ, coll. « Systèmes/Droit », 2011.

CATTEAU (Damien), *La LOLF et la modernisation de la gestion publique. La performance, fondement d'un droit public financier*, Vandendriesche (dir.), Univ. Lille 2 Droit et santé, 2005.

D

DAMAREY (Stéphanie), *La loi organique du 1er août 2001 relative aux lois de finances*, Ellipses, 2004.

DESMOULIN (Gil), *Les finances publiques de l'État*, Vuibert, 2008.

G

GIROD (Florence), *L'administrateur militaire,* thèse, Univ. Jean Moulin Lyon 3, 2009, L'Harmattan, 2012.

I

Institut français des sciences administratives, *Le budget de l'État*, Economica, 1988.

K

KOUEVI (Amavi), *Les comptes spéciaux du Trésor*, LGDJ, coll. « Bibl. sc. fin. », t. 35, 2000.

L

LAMBERT (Alain) et MARINI (Philippe), *En finir avec le mensonge budgétaire. Enquête sur la transparence très relative des comptes de l'État*, Doc. Sénat, n° 485, 29 juin 2000 (2 t.).

LAMBERT (Alain), *Doter la France de sa nouvelle constitution financière. Un préalable à la réforme de l'État*, Doc. Sénat, n° 37, 19 oct. 2000.

M

MEHAIGNERIE (Pierre), « Article 40 de la Constitution. La recevabilité financière des initiatives parlementaires », *Rapport d'information à l'Assemblée nationale*, n° 3247, juill. 2006.

MEKHANTAR (Joël), *Finances publiques de l'État. La LOLF et le nouveau droit budgétaire de la France*, Hachette, coll. « Mémento », 2010.

MORDACQ (Franck), (coord.), *La LOLF : Un nouveau cadre budgétaire pour réformer l'État*, LGDJ, coll. « Systèmes », 2006.

O

Orsoni (Gilbert), *L'exécution de la loi de finances*, Economica, coll. « Poche/Finances publiques », 1998.

P

Paul (Michel), *L'essentiel de la LOLF. La nouvelle constitution financière de la France*, 2ᵉ éd., Gualino, 2007.

S

Sinnassamy (Christophe), *Finances publiques de la défense, Objectifs budgétaires et gestion publique des politiques d'armement*, L'Harmattan, coll. « Droit de la sécurité et de la défense », 2004.

T

Trosa (Sylvie), *Le guide de la gestion par programmes : vers une culture de résultat*, éd. d'organisation, 2002.

W

Waline (Charles) (dir.), Desrousseaux (Pascal), Godefroy (Stanislas), *Le budget de l'État : nouvelles règles, nouvelles pratiques*, Doc. fr., coll. « Études », 2006.

地方财政

A

Albert (Jean-Luc) et Pereau (Jean-Louis), *L'exécution des budgets locaux*, Economica, coll. « Poche/Finances publiques », 1997.

Albert (Jean-Luc), de Briant (Vincent), Fialaire (Jacques) avec le concours de Doare (Ronan), *L'intercommunalité et son coût*, L'Harmattan, coll. « GRALE », 2008.

Alvergne (Christel) et Musso (Pierre), *Les grands textes de l'aménagement du territoire et de la décentralisation*, Doc. fr., 2003 (extraits de textes et de sources depuis le XIIᵉ siècle).

ANDL, *Liberté de gestion des collectivités territoriales : vérité ou illusion ?*, Economica, 1993.

Arthuis (Jean), *Fiscalité locale : quelles pistes pour la réforme ?*, Rapport d'information au Sénat, n° 289, 2003.

Aeschlimann (Manuel), *Rapport d'information sur l'efficacité péréquatrice des dotations versées aux collectivités territoriales*. Rapport présenté au nom de la Commission des lois constitutionnelles, de la législation et de l'administration générale de la République, n° 1784, 25 juin 2009.

Auby (Jean-François), *La gestion des satellites locaux (régies, SEM, associations, délégataires de service public)*, Berger-Levrault, coll. « Administration locale », 2000.

B

Balladur (Édouard), *Rapport du Comité pour la réforme des collectivités locales au président de la République*, 5 mars 2009, *JO* 6 mars 2009, p. 4161 s.

BLANC (Jacques) et MARZIALS (Alain), *Les relations financières entre l'État et les collectivités locales*, LGDJ, coll. « Systèmes », 1993.

BLANC (Jacques), *Finances locales comparées*, LGDJ, coll. « Systèmes/Collectivités locales », 2002.

BLANC (Jacques), *Les péréquations dans les finances locales*, LGDJ, coll. « Systèmes », 1996.

BOURDIN (Joël), *Les finances communales et intercommunales*, Economica, coll. Finance, 2014.

BOUVIER (Michel), *Les finances locales*, 16e éd., LGDJ, coll. « Systèmes », 2015.

BROLLES (Roland), STRAUB (Bernadette), *Budget des communes et des EPCI*, éd. Berger-Levrault, 25e éd., 2015.

BRUNEL (Jean-Pierre), *L'avenir de l'autonomie financière des collectivités locales*, Rapport au Conseil économique et social, 2001, éd. JO, n° 2001-10.

C

CARREZ (GILLES), THÉNAULT (MICHEL), *Rapport du groupe de travail sur la maîtrise des dépenses locales*, Rapport remis au président de la République, 2010.

CHAUMET-RIFFAUD (Claude), *Les caisses des écoles*, éd. du Papyrus, 2000.

CONSEIL D'ÉTAT, *Les associations et la loi de 1901, cent ans après*, Rapport public 2000. – *Les associations reconnues d'utilité publique*, études du Conseil d'État, 2000.

CONSEIL DE L'EUROPE (avec la collaboration de Jean-François HUSSON), *Procédures et gestions budgétaires au niveau des collectivités locales*, 2002.

CONSEIL DE L'EUROPE, *Gouvernance locale en temps critiques : des politiques pour la crise, le redressement et l'avenir durable*, Textes du Conseil de l'Europe, édité par Kenneth Davey, 2012.

COUR DES COMPTES, *Les communautés urbaines*, Rapport public particulier, novembre 2001.

CREUSOT (Sébastien), BENJAMIN (Olivier), *Le financement des nouvelles compétences des collectivités locales*, LGDJ/Dexia, coll. « Politique locale », 2007.

D

DAFFLON (Bernard), *La gestion des finances publiques locales*, 2e éd., Economica, 1998.

DELCAMP (Alain) et LOUGHLIN (John) (dir.), *La décentralisation dans les États de l'Union européenne*, les études de la Doc. fr., 2002.

DURAND (Guy), *Les sociétés d'économie mixte locales*, 2e éd., Berger-Levrault, Administration locale, 2002.

F

FIALAIRE (Jacques), DE MONTALIVET (Pierre) (dir.), *Coopération locale et territoires*, Litec, coll. « colloques », 2008.

G

Gilbert (Guy), *La péréquation financière entre les collectivités locales*, PUF, 1996 (France/Allemagne/Espagne/Suisse).

Grale – *La décentralisation en mouvement*, travaux du centre d'études et de prospective/Ministère de l'Intérieur, Doc. fr., 2007.

Grale, *L'enjeu de la dépense locale*, in Droit et gestion des Collectivités territoriales, Le Moniteur, 2011.

Guengant (Alain) et Uhaldeborde (Alain), *Crise et réforme des finances locales*, PUF, 1989.

H

Huteau (Serge), *Le contrôle des associations subventionnées*, La lettre du cadre, Dossier d'experts, n° 214, 2002.

I

Isaia (Henri) et Spindler (Jacques), *Histoire du droit des finances publiques, vol. III : Les grands thèmes des finances locales*, Economica, 1988.

J

Jamet (Pierre), *Rapport à Monsieur le Premier ministre sur les finances départementales*, avril 2010.

K

Klopfer (Michel), *Gestion financière des collectivités locales*, éd. du Moniteur, 5e éd., 2010.

L

Labie (François), *Finances locales*, Dalloz, coll. « Cours », 1995 (riche).

Lamarque (Danièle), *L'évaluation des politiques publiques locales*, LGDJ, coll. « Systèmes », 2004.

Landbeck (Dominique), *Les principes budgétaires locaux*, Presses univ. d'Aix-Marseille, 2001.

Laurent (Philippe) et Boyer (Bénédicte), *La stratégie financière des collectivités locales*, 2e éd., LGDJ, coll. « Systèmes », 1997.

M

Mattret (Jean-Bernard), *Les finances locales*, préparation au concours d'attaché territorial, CNFPT, 2006.

Mattret (Jean-Baptiste), *L'analyse financière des communes*, 3e éd., LGDJ, coll. « Systèmes », 2009.

Mauroy (Pierre), *Refonder l'action publique locale*, Doc. fr., 2000 (« Rapport Mauroy », président de la Commission pour l'avenir de la décentralisation, au Premier ministre).

Mercier (Michel), *Pour une République territoriale. L'unité dans la diversité*, Rapport d'information au Sénat, n° 447, 28 juin 2000, 2 vol. portant bilan de la décentralisation et propositions de réforme (« Rapport Mercier »).

MEZARD (Jacques), POINTEREAU (Rémy), *Vers une dotation globale de péréquation ? À la recherche d'une solidarité territoriale*, Rapport d'information, Sénat, n° 309, 2010.

MOCHIDA (Nobuki), *Local Finance in Japan*, Japan International Cooperation Agency, 2006.

MOUZET (Pierre), *Finances locales*, 5ᵉ éd., Gualino, coll. « Mémentos », 2009.

MOUZET (Pierre), *L'essentiel des Finances locales*, 2014-2015, 9ᵉ éd., Gualino, coll. « Les Carrés », 2014.

MULTARI (Michael), et a., *Guide to Local Government Finance in California*, Solano Press Books, 2012.

MUZELLEC (Raymond), CONAN (Mathieu), *Finances locales*, coll. « Mémentos », Dalloz, 2011.

P

PAYSANT (André), *Finances locales*, PUF, coll. « Droit fondamental », 1993.

PORTAL (Éric), *La planification stratégique dans les collectivités territoriales françaises*, Dexia/LGDJ, coll. « Décentralisation et développement local », 2002. – *La programmation des équipements publics locaux*, Dexia/LGDJ, coll. « Politiques locales », 2003.

R

ROBERT (Fabrice), *Les finances locales*, Doc. fr., coll. « Les études », 2ᵉ éd., 2013.

S

SENNE (Sylvie) et FININDEV, *Les recettes annexes des communes*, Lettre du cadre, Dossier d'experts, 2000.

STECKEL-ASSOUERE (Marie-Christine) (dir.), *Regards croisés sur les mutations de l'intercommunalité*, GRALE, L'Harmattan, 2014.

W

WATHELET (Jean-Claude), *Budget, comptabilité et contrôle externe des collectivités territoriales*, L'Harmattan, 2000.

社会保障财政

B

BICHOT (Jacques), *Économie de la protection sociale*, A. Colin, 1992.

BONNICI (B.), *Politiques et protection sociales*, PUF, coll. « Que sais-je ? », 1997.

BONNICI (Éric), *L'hôpital : obligations de soins, contraintes budgétaires*, Doc. fr., 2007.

BOURG-BROC (Bruno) et MEHAIGNERIE (Pierre), *La Sécurité sociale en débat*, JO, Doc. Ass. nat., 1995, n° 2348.

BRIET (Raoul) (président), *Rapport du groupe de travail sur le pilotage des dépenses d'assurance-maladie*, 2010, Rapport remis au président de la République.

C

CHAUMET-RIFFAUD (Claude), *Les établissements hébergeant des personnes âgées dépendantes/Les établissements et les services publics sociaux et médico-sociaux* éd. Papyrus, Fonctions territoriales, 2002.

CHAUCHARD (Jean-Pierre), *Droit de la Sécurité sociale*, 5ᵉ éd., LGDJ, 2010.

CONSEIL D'ORIENTATION DES RETRAITES, *Retraites : renouveler le contrat social entre les générations. Orientation et débats*, Doc. fr., 2001 (premier rapport du Conseil, rapport annuel).

D

DESCOURS (Charles), MACHET (Jacques), VASSELLE (Alain), *Application de la loi de financement de la Sécurité sociale. Un bilan à mi-parcours*, Rapport d'information au Sénat, n° 356, 2000.

DESCOURS (Charles), LORRAIN (Jean-Louis), VASSELLE (Alain), *Les fonds sociaux. Une prolifération nuisible à la transparence du financement de la Sécurité sociale*, Rapport d'information du Sénat, n° 382, 2001.

DORION (Georges) et GUIONNET (André), *La Sécurité sociale*, PUF, coll. « Que sais-je ? », n° 294, 1997.

DANIEL (Christian) et PALIER (Bruno) (dir.), *La protection sociale en Europe. Le temps des réformes*, Doc. fr., 2001.

DELNATTE (Jean-Claude) et GROLIER (Jacques), *Comptabilité générale et budget des hôpitaux*, éd. École nationale de la santé publique, 1998.

DOUAT (Étienne) (coordinateur), *La maîtrise des dépenses de santé en Europe et en Amérique du Nord*, Bordeaux, éd. LCF, 1996.

DU CRAY (Pierre-Edouard), La compensation entre régimes de sécurité sociale : l'exemple de la branche vieillesse, LGDJ, coll. Bibl. de Finances publiques et fiscalité, Tome 58, 2014.

DUFOUR (Anne-Claire), *Les pouvoirs du Parlement sur les finances de la Sécurité sociale*, Dalloz, 2012, Bibliothèque parlementaire et constitutionnelle.

DUMONT (Jean-Pierre), *Les systèmes de protection sociale en Europe*, Economica, 1992.

DUPEYROUX (Jean-Jacques), BORGETTO (Michel), LAFORE (Robert) *Droit de la Sécurité sociale*, 17ᵉ éd., Dalloz, coll. « Précis », 2011.

DUPONT (Marc), BERGOIGNAN-ESPER (Claudine), *Droit hospitalier*, 9ᵉ éd., Dalloz, coll. « Cours », 2014.

DUPUIS (Jean-Marc), *Le financement de la protection sociale*, PUF, coll. « Que sais-je ? », n° 2915, 1994.

DURAND (Paul), *La politique contemporaine de Sécurité sociale*, Dalloz, 2005.

E

ESF, 2002 – *L'aide sociale en France*, PUF, coll. « Que sais-je ? », n° 1512, 2007.

F

FOUCAULD (Jean-Baptiste de), *Le financement de la protection sociale*, Doc. fr., 1996 (rapport au Premier ministre).

G

GRECIANO (Pierre-Alain), *Les retraites en France*, les études de la Doc. fr., 2002.

GROLIER (Jacques), GERARD (Yves) et VEYRET (Philippe), *La comptabilité analytique hospitalière*, éd. de l'École nationale de la santé publique, 2003.

I

IMBERT (Jean), *Les hôpitaux en France*, PUF, coll. « Que sais-je ? », n° 795, 1994.

K

KESSLER (Francis), *Droit de la protection sociale*, 5e éd., Dalloz, coll. « Cours », 2014.

L

LACHEZE-PASQUET (Pierre) et STINGRE (Didier), *L'administration de l'hôpital*, 8e éd., Berger-Levrault, L'administration nouvelle, 1999.

LAROQUE (Michel) (dir.), *Contribution à l'histoire financière de la Sécurité sociale*, Doc. fr., 1999.

M

MATT (Jean-Luc), *La Sécurité sociale : organisation et financement*, LGDJ, coll. « Systèmes/Finances publiques », 2001.

MOLINIE (Éric), *L'hôpital public en France : bilan et perspectives*, Rapport au Conseil économique et social, 2005.

MONTALEMBERT (Marc de) (dir.), *La protection sociale en France*, 2e éd., Les notices de la Doc. fr., 1997.

P

PELJAK (Dominique), *Traité de finances publiques hospitalières*, Les Études hospitalières, 2011.

PELLET (Rémi), *Les finances sociales : économie, droit et politique*, LGDJ, coll. « Systèmes/Finances publiques », 2001.

PELLET (Rémi) (dir.), *Finances publiques et santé*, Dalloz, 2011.

PHILIP (Loïc) (dir.), *Les finances sociales : unité ou diversité ?*, Economica, 1995.

PRETOT (Xavier), *Droit de la Sécurité sociale*, 14e éd., Dalloz, coll. « Mémentos », 2015.

S

SOUBIE (Raymond), PORTOS (J.-C.), PRIEUR (C.), *Livre blanc sur le système de santé et d'assurance maladie*, Doc. fr., 1994 (rapport du Commissariat général du Plan au Premier ministre).

STINGRE (Didier), *Le service public hospitalier*, PUF, coll. « Que sais-je ? », n° 3049, 2004.

T

TERRASSE (Pascal), *Contribution à la réforme de la loi du 30 juin 1975 sur les établissements sociaux et médico-sociaux*, Doc. Ass. nat., n° 2249, 2000.

THEVENET (Amédée), *L'aide sociale aujourd'hui après la décentralisation*, 14e éd., ESF Éditeur, 2002.

V

VASSELLE (Alain), *La CADES : nouvel enjeu des finances sociales ?*, Rapport d'information au Sénat, n° 248, 2003.

VASSELLE (Alain), *La tarification à l'activité à l'hôpital*, Rapports du Sénat, n° 298, 2006.

La gouvernance de la Sécurité sociale, Doc. fr., coll. « Problèmes politiques et sociaux », n° 334, 2005.

La protection sociale, Documents de travail du Sénat, déc. 1995 (Allemagne / Danemark / Espagne / Pays-Bas / Royaume-Uni).

« La protection sociale demain », *Droit social*, n° spécial, 1995.

La protection sociale en France, Les notices de la Doc. fr., 1997.

Rapports parlementaires sur la loi du 2 janvier 2002 sur les institutions sociales et médico-sociales et sur la loi du 21 août 2003 réformant les retraites.

Mission d'évaluation et de contrôle des lois de financement de la Sécurité sociale (Assemblée nationale), Rapport d'information de Martine CARILLON-COUVREUR, (n° 3739, 2007), Paulette GUINCHARD et Pierre MORANDE (n° 3740, 2007).

MISSOC (système d'information communautaire sur la protection sociale), *La protection sociale dans les États membres de l'Union européenne, situation au 1er janvier*, Office des publications officielles des communautés européennes.

欧盟层面财政

BEAUGENDRE (Joël) et FOLLIOT (Philippe), *La France sans fonds structurels ?*, Rapport d'information à l'Assemblée nationale, n° 701, 2003.

BOULOUIS (Jean), CHEVALLIER (René-Michel), FASQUELLE (Daniel), LANQUET (Marc), *Les grands arrêts de la jurisprudence communautaire*, Dalloz, 2 t.

Commission européenne (direction générale des Budgets), *Les finances publiques de l'Union européenne*, 4e éd., 2009 + annexes comportant les principaux textes.

BOZE (R.), *Rapport sur les défis politiques et les moyens budgétaires de l'Union élargie, 2007-2013*, Parlement européen, DO-AG 0153/2005, 19 mai 2005.

COUZINET (Jean-François) (coord.), *Les Agences de l'Union européenne. Recherche sur les organismes communautaires décentralisés*, Univ. Sc. sociales Toulouse, Études de l'IREDE, 2002.

DE CROUY-CHANEL (Imre) et PERRON (Christophe), *La Cour des comptes européenne. Bilan et perspectives*, PUF, coll. « Que sais-je ? », n° 3357, 1998.

DE LA LOYÈRE (Georges), *Les perspectives financières de l'Union européenne*, Rapport Conseil économique et social, 2003-2004, mai 2005, 189.

DELON DESMOULIN (Corinne), *Droit budgétaire de l'Union européenne*, LGDJ, coll. « Systèmes », 2011.

DUBOUIS (Louis) et GUEYDAN (Claude), *Les grands textes du droit de l'Union européenne*, Dalloz, 2010.

DUSSART (Vincent) (dir.), *Les finances communautaires à l'aube des perspectives financières 2007-2013*, Presses univ. Toulouse 1 Capitole, 2011.

GAILLARD (Yamen), SUTOUR (Simon), *Les perspectives d'évolution de la cohésion après 2006*, Sénat, Rapport d'information, Session 2003-2004, 5 février 2004, n° 204.

LECHANTRE (M.), SCHAJER (D.), *Le budget de l'Union européenne*, Doc. fr., coll. « Réflexe Europe », 2003.

PETIT (Yves), *Les finances de l'Union européenne*, Doc. fr. 2012.

PHILIP (Christian), *Les agences européennes : le hasard... et la nécessité*, Ass. nat., Délégation pour l'Union européenne, Rapport d'information, n° 3069, mai 2006.

PONCET (Jean-François), GOURAULT (Jacqueline), *Politique européenne pour 2007-2013 : les enjeux de la réforme des territoires*, Sénat, session 2005-2006, Délég. Sénat Aménagement du territoire, 6 mai 2006, n° 337.

POTTEAU (Aymeric), *Recherches sur l'autonomie financière de l'Union européenne*, Dalloz, coll. « Nouvelle Bibliothèque de thèses », 2004.

RAIMOND (Jean-Bernard), *Un nouvel élan pour le processus d'élargissement après Nice*, Rapport d'information, Doc. Ass. nat., n° 3103, 2001.

SAPIR (André) et a., *An Agenda for a Growing Europe*, Rapport au président de la Commission de la Commission européenne, Oxford university Press, 2004.

SAUREL (Stéphane), *Le budget de l'Union européenne*, Doc. fr, 2010.

STRASSER (Daniel), *Les finances de l'Europe*, LGDJ, 1990.

国际层面财政

BETTATI (Mario), *Le droit des organisations internationales*, PUF, Que sais-je ?, 1987.

CAMDESSUS (Michel), *Rapport sur la réforme du système monétaire international*, Rapport remis au président de la République, 2011.

DE LA CHAPELLE-BIZOT (Benoît), *La dette des pays en voie de développement (1982-2000), Vers une nouvelle gouvernance financière internationale ?*, Les études de la Doc. fr., 2001.

DIATTA (Mustapaha Lô), *Les unions monétaires en droit international*, PUF, 2007.

HENRY (Gérard Marie), *Le Fonds monétaire international*, Studyrama, 2006.

HENRY (Gérard Marie), *L'Organisation mondiale du commerce*, Studyrama, 2006.

LAGRANGE (Evelyne), SOREL (Jean-Marc), *Droit des organisations internationales*, LGDJ, 2013.

MARINI (Philippe), *Pour un nouvel ordre financier mondial : responsabilité, éthique, efficacité*, Rapport d'information au Sénat, n° 284, 2000.

TAVERNIER (Yves), *Fonds monétaire international, Banque mondiale : vers une nuit du 4 août ?*, Rapport d'information à l'Assemblée nationale, n° 2801, 2000.

文集类

Études de finances publiques, Mélanges P.-M. Gaudemet, Economica, 1984.

Mélanges Paul Amselek, Bruylant, 2005.

Réformes des finances publiques et Modernisation de l'Administration, Mélanges R. Hertzog, Economica, 2010.

Mélanges en l'honneur de Jean-Pierre Lassale, Gabriel Montagnier, Luc Saïdj, Figures lyonnaises des finances publiques, L'Harmattan, 2012.

Mélanges en l'honneur du professeur Joël Molinier, LGDJ, 2012.

期刊

Gestion & finances publiques (ancienne *Revue du Trésor*, créée en 1921) ; adresse de la revue : http://www.gestionfipu.com.

Revue de finance locale, anciennement *Mémorial des Percepteurs et Receveurs* (créée en 1813).

Revue de l'OCDE sur la gestion budgétaire (en anglais).

Revue européenne et internationale de droit fiscal (créée en 2015, en français et en anglais).

Revue française de finances publiques-RFFP (créée en 1983).

索　引

A

Abonnement（système budgétaire）表决（预算方面）17
Abus de droit（fiscal）滥用权力（税法方面）133
Accises 商品消费税 606
ACCORD（Système）中央支出财务制度、拨款命令和清算协调应用（系统）586
Accords interinstitutionnels（UE）机构间协议（欧盟）248，261
Administration
- centrale（contrôle）中央行政机关（控制）3，7
- déconcentrée 中央政府派遣机构 378
- fiscale 财政管理 32，355，356
Administrations publiques 公共管理 3，58，212，215，622，660
Affectation
- comptes d'affectation spéciale 特殊用途账户 490
- principe de non affectation et affectation de recettes 收入的未规定用途及规定特殊用途原则 85，257，486，629，769
Agence（s）
- centrale des organismes de Sécurité sociale（ACOSS）社保机构总局 802，804
- exécutives（UE）执行机构（欧盟）257
- française de développement 法国发展机构 370
- France Locale 法国地方署 161
- France Trésor 法国国库局 150，160，363
- multilatérale de garantie des investissements（AMG/MIGA）多边投资保证机构 334
- des participations de l'état 政府股权管理机构 302，363，560
- du patrimoine immatériel de l'état 法国非物质遗产管理局 363
- régionales（hôpital, santé）地方机构（医院、医疗机构）786
- du revenu du Canada（ARC）加拿大税务局 127
Agent（s）des organismes de Sécurité sociale 社保机构代理人 798，815
Agrément fiscal 税收协议 184
Aide（s）au développement 发展援助 246
Alerte rapide（procédure）预警（程序）220，303，785
Algérie 阿尔及利亚 55

Allemagne 德国 26，38，50，55，59，74，89，117，121，138，159，176，181，198，202，204，207，235，298，317，327，333，347，727，729，750

Alliés du Trésor 国库联盟机构 366

Amendement（droit d'-）修正案 262，530，538，642，778

Amendes
- en matière fiscale 税收罚款 135
- par la CDBF 预算与财政纪律法院罚款 421
- produit des amendes de police 警察罚款 712
- recouvrement et condamnations pécuniaires 经济处罚和收缴罚款 552

Amortissement（s）分期付款 159，670
- Caisses d'-de la dette 分期偿债基金 150，160，759

Angleterre 英国 13

Annualité budgétaire 预算年度性 71，256，469，625，768

Annulation de crédits 撤销经费 505

Antériorité budgétaire 预算事先性 72

Approbation des comptes（organismes de Sécurité sociale）审计法院审查（社保机构）811

Apurement créances fiscales 税收债权审核 130

Argentine 阿根廷 55，159，222，223

Arizona 亚利桑那 217

Armées 军费 545

Article（s）
- budgétaire 预算条目 258，667，684

ASSEDIC 法国工商业就业协会 742

Assemblées parlementaires 议会大会 501，511

Assiette 税基 128，139，462，749，752

Assistance aux pouvoirs publics（pour la Cour des comptes）公共机关的协助（审计法院）276，398

Assistance internationale et européenne au recouvrement 国际及欧洲国家协助征收 129

Association（s）协会 660，725
- internationale de développement（AID/IDA）国际开发协会 334

Assurance（s）
- déclaration d'assurance（DAS）保证声明 276
- sociales 社保 726

Attribution de produits 收益分配 497

Auditeur interne（UE）内部审计（欧盟）272

Australie 澳大利亚 55，65，71，86，201

Autonomie financière des collectivités locales 地方财政自主权 41，47，702

Autorisations
- d'engagement 承诺授权 75，256，311，475，627
- de programme 项目批准款 627

Autorité

- bancaire européenne 欧洲银行管理局 298
- de contrôle prudentiel et de résolution (ACPR) 法国银行和保险监督局 298，365
- des marchés financiers (AMF) 法国金融市场管理局 177，365
- des normes comptables 法国会计准则委员会 102，348，450
- de la statistique publique 法国公共统计局 348

Autriche 奥地利 59，89，160，202，204，298

Avances
- décrets 预付款支付令 507
- du Trésor aux collectivités locales 国库拨付给地方的预付款 652
- de trésorerie à la Sécurité sociale 国库拨付给社保的预付款 763

B

Banque de France 法国央行 150，297，350，726
- compte du Trésor 国库账户 150

Banque (s)
- européenne d'investissement (BEI) 欧洲投资银行 247
- internationale pour la reconstruction et le développement (BIRD) 国际复兴开发银行 327，334
- mondiale 世界银行 3，54，334
- publique d'investissement (BPI) 公共投资银行 370

Banque (s) centrale (s)
- africaines 非洲开发银行 327
- américaine 美洲开发银行 327
- asiatique 亚洲开发银行 327
- européenne (BCE), Système européen de- (SEBC) 欧洲中央银行，欧洲中央银行系统 163，295
- fédérale des états-Unis 美联储 163
- de France 法国中央银行 150，297，327
- du Japon 日本中央银行 163

Bastiat (F.) 巴师夏 169

Bavière 巴伐利亚 89

Belgique 比利时 55，59，160，202，204，347，750

Bicaméralisme (vote des lois de finances ou de financement) 两院制（财政法案和社会保险融资法案投票）533

Bilan
- théorie (fiscalité) 报表（财务）601

Bill of rights《权利法案》13

Blair (T.) 布莱尔 172

Blancs budgétaires 预算白皮书 526

Bleus budgétaires 预算蓝皮书 574

Bodin (J.) 博丹 14

Bonne gestion financière
- contrôle 财政良治监督 371
- principe 财政良治原则 63，64，253
Bonne gouvernance 良治 52
Bons du Trésor 国库券 613
Bouclier fiscal 税盾 116，211
Branches (Sécurité sociale) 分支机构（社保）574，736
Brézil 巴西 26，71，215，347
Buchanan (J-M.) 布坎南 171
Budget (s) 预算 66
- annexes 附加预算 257，313，451，487，508，527，629，680
- autonomes 自主预算 82，257，485
- base zéro (BBZ) 零基预算 523
- collectivités locales 地方预算 624，673
- cycliques 周期预算 187，188
- Direction du 部门预算 352
- économiques 经济预算 519
- de moyens 用途预算 525
- opérationnel de programme (BOP) 项目运营预算 546
- des organisations internationales 国际组织预算 320
- des organismes de Sécurité sociale 社保机构预算 796
- par activité 按活动分类预算 64
- par fonction (M14) 按功能分类预算 674，681
- par nature (M14) 按性质分类预算 674
- de performance 绩效预算 64，526
- de performance (UE) 绩效预算（欧盟）255
- pluriannuels 多年预算 74
- primitif 初始预算 688
- rectificatifs 预算修正 72，256，471，626
- spécial (ONU) 特别预算（联合国）328
- spéciaux (OI) 特别预算（国际组织）322
- supplémentaires 追加预算 448
- Union européenne 欧盟预算 260
Budgétisation
- Charte 预算章程 435
Bulgarie 保加利亚 176
Business France 法国商务投资署 362

C

Cadrage (lettres de-) 经济规划函 515
Caisse (s)

- d'amortissement de la dette publique 公共债券分期偿债基金 159，160
- d'amortissement de la dette sociale（CADES）社保债务分期偿债基金 160，161，759
- de la dette publique 公共债券基金 160，608

Calfornie 加利福尼亚 217

Canada 加拿大 28，32，37，50，55，59，86，91，138，202，204，207，215

Caritatifs（contrôle des organismes）慈善（机构管理）397

Cautionnement des comptables et régisseurs 会计人员和管理人员保证金 499，815

Cavaliers budgétaires 预算规定 540

Cavaliers sociaux 社会保障规定 779

CECA 欧洲煤钢共同体 234

CEMAC 中部非洲经济与货币共同体 235

Centimes additionnels 附加税 704

Centre international pour le règlement des différends relatifs aux investissements（CIRDI）国际投资争端解决中心 334

Chambre des communes 下议院 26

Chambres régionales des comptes 地区审计法院 402，658

Chapitre budgétaire 预算章节 17，87，258，500，632，673，683

Charte
- de budgétisation 预算章程 82，283，485
- européenne de l'autonomie locale《欧盟地方自主法宪章》42
- Grande《大宪章》13

Chine 中国 15，55，71，215，217，317，333

Choix budgétaires 预算选择 524

CHORUS CHORUS 新信息化应用系统 586

Chypre 塞浦路斯 307，309

Club de Paris 巴黎俱乐部 222

Colombie britannique 不列颠哥伦比亚 91

Colorado 科罗拉多 179

Comité（s）
- du contentieux fiscal, douanier et des changes 税收、关税和变更争端委员会 131
- d'enquête sur le coût et le rendement des services publics 公共服务成本与收益调查委员会 400
- d'examen des comptes des organismes de Sécurité sociale（CODEC，CODER）社保机构审计监督委员会 811
- des finances locales 地方财政委员会 693
- de l'abus de droit fiscal 防滥用税法委员会 133
- national relatif à la fiabilité des comptes publics locaux 国家地方公共账目委员会 662

Commines（Philippe de）柯米纳 14

Commissaire
- aux comptes 账目专员、账户特派员 398，558，803

Commissariat général à la stratégie et à la prospective 战略展望总署 348

索　引

Commission（s）
- de certification des comptes des organismes payeurs des dépenses financées par les fonds européens agricoles 欧盟农业基金支付机构账目核查委员会 273
- des comptes de la Sécurité sociale 社会保障审计委员会 734，776
- économique de la Nation 国家经济委员会 350
- des finances 财政委员会 530，778
- des infractions fiscales（CIF）防违反税法委员会 135
- interministérielle de coordination des contrôles portant sur les opérations cofinancées par les fonds européens 对拨予法国的欧盟资金的监督和审计进行协调的部际委员会 273

Communauté（s）
- d'agglomération, communes, communautés urbaines 市镇共同体、城市共同体、城郊共同体 722
- économique et monétaire d'Afrique centrale（CEMAC）中非经济与货币共同体 335
- européennes, Union européenne 欧共体，欧盟 280
- hospitalière（s）de territoire 地方医疗团体 790

Communes 市镇 721

Compagnie française d'assurance pour le commerce extérieur（COFACE）法国外贸保险公司 370

Compensation（s）
- principe de non-compensation, compensation entre recettes et charges 收入与支出的平衡和非平衡原则 83，257，451，486，769

Comptabilité（techniques）
- analytique 会计分析 553，585
- budgétaire 预算会计 286，578，686
- état 中央政府会计 581，584
- matière 材料会计 428，429
- patrimoniale 财产财务制度 583
- privée 私人核算 101，102

Comptables
- État 中央会计 547
- responsabilité 会计责任 426
- supérieurs 高级会计 379
- Union européenne 欧盟会计 265

Compte（s）
- administratif 行政账户（目）627，648，657，690
- de commerce 商业账户 493，648，657，672
- de concours financier 财政援助账户 491
- État 中央账目 576
- de gestion 管理账户 648，657，672
- pensions 养老金账户 490
- de résultats 损益表账目 667

- sécurité sociale 社保账户 734

- spéciaux 特殊表账目 448, 668

- du Trésor à la Banque de France 法国央行的国库账户

Comptes

- d'affectation spéciale 特殊用途账户 490

- de concours financiers 财政援助账户 491

- financier 财政账目 582

- d'opérations monétaires 货币收支账户 494

Condorcet 孔多塞 113

Conseil（s）

- de l'Europe 欧洲委员会 224, 325, 327

- des gouverneurs（BCE）执行委员会（欧洲央行）295

- de normalisation des comptes publics 财务制度规范化委员会 102, 348, 450, 581, 803

- de stabilité 稳定委员会 59

- stratégique de la dépense publique 公共支出战略委员会 24, 348

Consentement à l'impôt 征税批准 13

Consolidation des comptes 账户（目）合并 722

Constitution de 1958《1958年宪法》465

Contentieux

- fiscal 税务争端 138

Continuité des exercices 财政年度连续性 72, 256, 626

Contribution（s）

- économique territoriale（CET）地方经济捐税 704

- étatiques 摊派款 235, 315, 326

- publiques à la Sécurité sociale 社保分摊金 754

- remboursement de la dette sociale（CRDS）社会保险债务偿还税 759

- sociale généralisée（CSG）普通社会保险捐税 124, 209, 750, 752

contrôle

- budgétaire 预算监督 379, 408, 659

- budgétaire et comptable 预算和审计监督 376, 563

- des finances publiques 公共财政监督 55

- financier 财政监督 276

- fiscal 税收监管 133

- général, économique et financier 财经总监督 380

- général des armées 军费总监督 383

- général des finances 财政总监督 31

- de gestion 管理监督 660

- internes 内部监督 272, 377, 382, 655, 807

- par le conseil délibérant 审议机构监督 656

- par la juridiction financière 财政司法机关监督 389, 565

- par le Parlement 议会监督 278, 566

- de la régularité 合法性监督 457，650

Convention européenne des droits de l'homme《欧洲人权公约》124，126，753

Convergence

- critères 趋同标准 291

Coordination des finances publiques 公共财政协调 348

Correspondants du Trésor 国库对应合作机构 615

Corse 科西嘉

Cotisations sociales

- notion 社保金概念 108，203

- régime et importance 社保金制度及重要性 748

Cour

- des comptes（France）审计法院（法国）390，567，586，811

- des comptes（UE）审计法院（欧盟）274

- de discipline budgétaire et financière 预算与财政纪律法院 417

Créance（s）债权 130

Crédit（s）

- budgétaires 预算经费 69

Crédits de paiement 支付款 256，476，627

- d'investissement 投资拨款 550

- limitatifs 限制性经费 507

- par mission 任务经费 574

- pluriannuels 多年期经费 75，474

- régulation budgétaire 预算调节 190，505

- transfert 经费转移 505

D

Danemark 丹麦 202，209，298，750

Dation en paiement 代物清偿 128

Débat d'orientation budgétaire 预算导向辩论 511，639，644

Débet

- arrêt（jugement）中止结欠（判决）415，430

- recouvrement 收回结欠 445

- remise gracieuse 结欠减免 438

Débudgétisation 不列入预算 82，257，485，630

- Décharge Commission européenne 欧盟委员会不列入预算款 280

Déchéance quadriennale 4年失效 459

Déclaration

- des Droits de l'homme et du citoyen《人权宣言》16，63，124，465

- de Lima《利马宣言》57

Décret

- du 7 novembre 2012 relatif à la gestion budgétaire et comptable publique 预算和财务制度

管理法令（2012年11月7日）465

 - du 29 décembre 1962 sur la comptabilité publique 财务制度法令（1962年12月29日）23

 Défense（dépenses）国防支出 425

 Déficit（s）赤字 215，219

 - critique des 对赤字批评 219

 - publics 公共赤字 158

 - publics excessifs 过度赤字 289

 - sécurité sociale 社保赤字 759

 - systématique（théorie）经常赤字（理论）185

 Délai（s）

 - adoption des budgets et lois de financement 预算法案和融资法案批准时限 262，527，641，777

 - reprise ou de répétition（fiscalité）征税期（财政）132

 Délégation nationale à la lutte contre la fraude 反偷漏税国家部门 348，804

 Département comptable 会计部门 377

 Dépense（s）

 - fiscales 税收支出 184

 - de fonctionnement 行政支出 590

 - imposition 所得征税 209

 - d'investissement 投资支出 698，701

 - modulation 支出调整 190

 - obligatoires 必要支出 653

 - procédures spéciales 支出特殊程序 551，650

 Dépenses publiques 公共支出 192，238，339，588，694，733

 - classification administrative 公共支出按管理分类 597，701

 - classification économique 公共支出按经济分类 695

 - classification fonctionnelle 公共支出按功能分类 700

 Dépôt（s）

 - des correspondants du Trésor 国库对应合作机构的存款 615

 - Obligation de-au Trésor 国库保证金 151

 Dette publique 公共债务 212，216，222，339

 - Caisse d'amortissement 公共债券分期偿债基金 159

 - extérieure 外债 621

 - Grand Livre 公共债务账目 216

 - intérieure 内债 621

 - invisible 隐性公共债务 217

 - restructuration 公共债务重组 222

 Dialogue fiscal international 国际税收对话机制 336

 Dialogue de gestion 管理对话 546

 Directeur parlementaire du budget（DPB）议会预算主任 28，59

 Direction（s）

- générale des douanes (DGDDI) 海关和间接税总署 136
- générale des Finances publiques (DGFiP) 公共财政总署 128，137

Discipline économique et budgétaire (UE) 经济与预算纪律（欧盟）301

Doctrine de l'administration fiscale (changement) 税收管理原则（变更）123

Documents
- budgétaires 预算文件 282，572，679，781
- comptables 会计文件 285，584，672

Dotation (s)
- d'équipement 设备补助 712
- globale de fonctionnement (DGF) 行政总补贴 710，711，718，724

Douanes
- Code des 《关税法》255
- Direction générale des-et droits indirects 海关和间接税总署 133，355
- droits de 关税 234

Douzièmes provisoires 临时拨款 262

E

Économie, efficacité, efficience (3E) 经济、效率和效益 57，63，253

Efficience 效益 58

Égalité en matière fiscale 税收公平 113

Égypte 埃及 71

Emploi (s)
- plafonds d'autorisations 职位人数最高限额 574

Emprunt (s) 债券 106，608
- à long terme 长期债券 609
- à moyen et court terme 短中期债券 612
- perpétuels 永久债券 610

Engagement (s)
- hors bilan 表外业务 583

Enregistrement (droits d'-) 注册税 606

Entreprises publiques 国有企业 4
- locales 地方国有企业 660

Environnement (protection) 环境（保护）178

équilibre budgétaire 预算平衡 500
- collectivités locales 地方预算平衡 635
- principe 预算平衡原则 64，88，93，259
- sécurité sociale 社保预算平衡 771
- Union européenne 欧盟预算平衡 259

Équilibre économique et/ou financier 财政收支平衡 574，771

Equité 公正 119

Espagne 西班牙 26，32，42，55，74，89，150，204，235，298，347

Estonie 爱沙尼亚 176，177

État（s）

- général des recettes, des recettes et des dépenses, sur l'exécution du budget（UE）预算执行收支总表（欧盟）283

- sur l'exécution du budget 预算执行一览表 163，286

États-Unis 美国 13，27，28，32，38，59，67，71，91，95，98，120，146，162，166，176，198，201，216，217，223，297，311，338，600，729

Évaluation（s）

- budgétaires 预算评估 521

F

Facilité de crédit 信贷便利 333

Facilité de soutien juridique 法律援助基金会 324

Fédéralisme financier-fiscal 财政联邦制 49

Financial Accounting Standard Board（FABS）财务会计准则委员会 98

Finlande 芬兰 162，176，177

Fiscalité（poids, structure, évolution historique）税收（比重、结构和历史演变）206

Flat tax 单一税 114

Fonds

- de compensation pour la TVA 增值税补偿基金 713

- de concours 援助基金 496

- consolidé 综合基金 86，147

- d'indemnisation des victimes de l'amiante 石棉受害者补偿基金 758

- de dotation 捐赠基金 322

- monétaire international（FMI）国际货币基金组织 54，61，221，333

- de péréquation 平衡基金 718

- de réserve pour les retraites 退休金储备基金 758

- sociaux 社保基金 758

- de solidarité vieillesse 养老团结互助基金 758

- stratégique d'investissement（FSI）战略投资基金 369

Fonds（Europe）

- européen agricole de garantie（FEAGA）欧洲农业保证基金 240

- européen agricole pour le développement rural（FEADER）欧洲农业农村发展基金 240

- européen de cohésion 欧洲团结基金 241

- européen d'ajustement à la mondialisation 欧洲全球化调整基金 249

- européen de développement（FED）欧洲发展基金 246

- européen de développement régional（FEDER）欧洲地区发展基金 241

- européen de la pêche（FEP）欧洲渔业基金 241

- européen de stabilité financière 欧洲金融稳定基金 307

- social européen（FSE）欧洲社会基金 241

- structurels et d'investissement européens 欧洲投资与结构性基金 242

索　引

Fonds fiduciaire 信托基金 322，327，333，334
Force majeure 不可抗力 430
Franc
- CFA/CFP 非洲法郎/太平洋法郎 299
- Zone 法郎区 299
Fraude 欺诈 348
- douanière 偷漏关税 136
- fiscale 偷漏税 133
- Office européen de lutte antifraude（OLAF）欧盟反欺诈办公室 272
- sociale 偷漏社保税 804
Friedman（M.）弗里德曼 171

G

Gestion（s）
- active de la dette 积极债务管理 160
- bonne gestion financière 财政良治 54，253，371
- compte 管理账目 672
- contrôle 决算监督 397，407
- système 管理式制度 72
Globalisation 全局化 338，347，500
Globalité budgétaire（principe）总预算（原则）172，255，338，468，482，628，769
Gouvernement（évolution des pouvoirs）政府（权力演变）21，26，344，511
Gouverneurs
- conseil（des）执行委员会 295
Grand livre de la dette publique 公共债务账目 216
Grande charte《大宪章》13
Grèce 希腊 298，307，333，729，750

H

Harmonisation fiscale européenne 欧盟税收协调 231
Haut conseil des finances publiques 公共财政高级委员会 59，348，401，448，568
Haut conseil de la santé publique 公共卫生高级委员会 776，782
Hayek（F. von）哈耶克 171
HELIOS（programme）太阳神计划 692
Hongrie 匈牙利 202
Hopitaux 医院 788

I

Impôt（s）税收 105，599，704，751
- classification 税收分类 111
- consentement 征税批准 13

- contrôle 税收监管 133
- dépense (imposition sur la) 支出税 209
- européen 欧盟税 236
- légalité (et régime juridique) 税收合法性（法律制度）123
- nécessité 税收必要性 125
- non rétroactivité 税收不可追溯性 126
- patrimoine (capital, fortune) 财产税（资本、财富）209
- perception 征税 128
- de solidarité sur la fortune 财富团结税 209，602
- sur les ménages 家庭税 209
- sur la religion 宗教税 209
- sur le revenu 个人所得税 209，600

Impoundment 扣押经费 342

Inde 印度 26，55，64，71，215

Indicateur (s) de performance 绩效指数 574

Inscription d'office des crédits 强制登记入预算 659，796

INSEE 法国国家统计局 360，361

Inspection (s)
- générale des Affaires sociales 社保事务总督察处 384
- générale des Finances 财政稽核署 375
- générale de l'administration 行政总督察处 385

Institut
- d'émission des départements d'outre-mer (IEDOM) et d'outremer (IEOM) 法国海外省与海外货币发行机构 150

Institutions
- supérieures de contrôle (INTOSAI) 公共财政最高审计机关国际组织 55，61

Institutions Financières Indépendantes (IFI) 独立财务机构 59

Instructions budgétaires et comptables 预算和会计指令 662

Intérêt (s)
- économique général (service) 经济性公共利益服务 6
- de retard dus par l'administration 行政逾期罚款 662

International Accounting Standard Board (IASB) 国际会计准则理事会 101

International Financial Reporting Standards (IFRS) 国际财务报告准则 101

Interventionnisme
- économique 经济干预 230
- fiscal 税收干涉主义 115
- public 公共干预 177

INTOSAI (Organisation internationale des institutions supérieures de contrôle des finances publiques) 公共财政最高审计机关国际组织 55

Investissement (s) 投资 126
- section d'- 投资部分 698

Irlande 爱尔兰 71，212，307
Italie 意大利 26，42，89，150，197，202，204，207，317，333，729

J

Japon 日本 15，26，71，160，162，163，176，201，207，212，215，338
Jaunes budgétaires 预算黄皮书 574
Jèze（G.）杰斯 105
Jugement
- des comptes 审计司法判决 395，405
- fiscal 财政司法 141
Justice fiscale 税收正义 119

K

Keynes（J-M.）keynésianisme 凯恩斯，凯恩斯主义 170，187

L

Laffer（A.-B.）拉弗 171
Légalité
- budgétaire 预算合法性 69
- fiscale 税收合法性 123
Leroy-Beaulieu（P.）勒鲁瓦－柏略 14，67
Lettre（s）
- de cadrage 经济规划函 515
Libéralisme et néo-libéralisme 自由主义与新自由主义 163，187
Libéria 利比里亚 317
Libre administration des collectivités locales 地方自治行政 45，702
Loi
- LOLF《财政法组织法》24，28，34，38，75，76，100，435，465，481，484，510，548，567，579
- LOPGFP《公共财政管理和程序组织法》304，306，340，444，447
- LRU《大学自由和责任法》558
- de programme ou de programmation 预算法案编制 340，347，480
- de règlement（du budget et d'approbation des comptes）预算和审计决算法案 28，467，568，576
Loi（s）de financement（Sécurité sociale）（社会保险）融资法案 24，760
Loi（s）de finances 财政法案 466，527
Louis（Baron）路易男爵 17
Louis XVI 路易十六 14
Luxembourg 卢森堡 15，298

M

Mandatement

- d'office 强制支付通知 650，659

Manitoba 马尼托巴 91

Masse des douanes 海关总局 547

Mécanisme européen de stabilité（MES）欧洲稳定机制 309

Mécanisme de surveillance unique（MSU）单一监管机制 298

Mécanismes correcteurs（ressources de l'Union européenne）纠正机制（欧盟收入）235

Métropole 大都会 622

Mexico 墨西哥 207

Minimum 最低限度 120

Ministère

- des affaires sociales 社会事务部 776
- des Finances 财政部 30，37，151，349，512，776

Mission

- budget de l'état 中央预算任务 501
- d'évaluation et de contrôle des lois de financement de la Sécurité sociale（MECSS）社会保险融资法案评估和监督小组 782
- d'évaluation et de contrôle（MEC）评估和监督小组 567

Modèle

- beveridgien 贝弗里奇模式 729
- bismarckien 俾斯麦模式 726，729

Mollien 莫利昂 150

Monnaie unique 单一货币 294

N

Necker 内克尔 95

Nomenclature

- budgétaire 总预算 571，579，666
- des fonctions des administrations（NFA）政府功能目录 682

Non-affectation 未规定用途 85

Non-compensation 非平衡 257

Normes comptables 会计准则 97，682

Normes internationales des institutions supérieures de contrôle 最高审计机关国际准则 56

Nouvelle-Calédonie 新喀里多尼亚 51，71

Nouvelle-Zélande 新西兰 65

O

Objectifs 目标 574

- à moyen terme（OMT）中期目标 88，305
- d'évolution de la dépense publique locale（OEDPLE）地方公共支出发展目标 695
- de dépense de Sécurité sociale 社保支出目标 784

Obligations

索　引

- assimilables du Trésor（OAT）OAT 国债 611

Offices européens 欧盟办公室 257

Offre（théorie de l'-）供给理论 171，187

Ontario 安大略 50

Opérateur de l'état 中央预算执行者 553

Oranges budgétaires 预算橙皮书 574

Ordonnance du 2 janvier 1959 portant loi organique relative aux lois de finances

- article 23《财政法相关组织法令》（1959 年 1 月 2 日）第 23 条 34，151

Ordonnateurs（principaux，secondaires，délégués，spéciaux）（主要、次级、代表和特派）拨款审核者 265，452，545，646，798

Organisation（s）

- de coopération et de développement économiques（OCDE）经济合作与发展组织 3，4，49，59，61，110，124，176，198，221，326，335
- internationales 国际组织 312
- maritime internationale（OMI）国际海事组织 316
- mondiale du commerce（OMC）世界贸易组织 179，326，337
- mondiale des douanes（OMD）世界海关组织 337
- des Nations unis（ONU）联合国 3，58，64，73，124，223，319，321，238
- du traité de l'Atlantique Nord（OTAN）北大西洋公约组织、北约 321，326

Organisme de Lutte antifraude（OLAF）欧盟反欺诈办公室 272

P

Pacte de responsabilité et de solidarité《责任和团结公约》340

Paiement

- avant ou sans ordonnancement（mandatement）付款命令（付款通知）前 457，458
- mensuels des impôts 按月缴纳 156

Panama 巴拿马 317

Parlement

- contrôle sur les finances publiques 议会监督公共财政 347
- évolution des pouvoirs financiers 议会财政权力的演变 13，28
- vote du budget 议会对预算表决 585

Parlement européen

- contrôle sur l'exécution du budget 欧洲议会监督预算的执行 262

Passy（H.）帕西 113

Patentes 专利税 704

Pays-Bas 荷兰 15，59

Peacock（Alan）皮科克 194

Péréquation（fonds et autres mécanismes）平衡机制（基金和其他机制）718

PES，Protocole d'échange standard 标准交换协议 692

Pétition des droits《权利请愿书》13

PIB，PNB 国内生产总值，国民生产总值 166

Plafond（s）
- autorisations d'emplois 职位人数最高限额 574
- avances de trésorerie à la Sécurité sociale 社保财政预付款上限 736，802

Plan comptable 会计准则 582，663，803

Pluriannualité 多年期 446，480

Policy mix 混合政策 172

Politique（s）
- agricole commune 共同农业政策 240
- budgétaire 预算政策 188
- de cohésion（UE）趋同政策（欧盟）241
- externe（UE）外部政策（欧盟）243
- financière publique（conceptions）公共财政政策（概念）168
- hors budget（UE）预算外政策（欧盟）245
- interne（UE）内部政策（欧盟）242
- monétaire 货币政策 188，295
- du solde budgétaire 预算差额政策 186

Pologne 波兰 89，176，235

Polynésie française 法属波利尼西亚 51

Portugal 葡萄牙 15，55，59，212，298，307，347

Poste budgétaire 预算经费 232

Pouvoir budgétaire 预算权力 232，304

Pouvoir dépensier local 地方支出权 48

Pouvoir financier public 公共财政权 9

Pouvoir fiscal local 地方税收权 47

PPBS 计划、项目和预算体系 526

Prélèvement（s）
- sur recettes 收入提取 485

Premier ministre 首相 34，39，342，510

Prescription
- cotisations sociales 社保金时效 749
- des créances publiques 公共债权时效 459
- en matière fiscale 税收时效 132
- quadriennale des dettes des organismes publics 公共机构债务 4 年失效 459

Prévision（s）预测 520

Principes budgétaires
- coll. Locales 地方预算原则 624
- contenu 预算原则内容 70
- état 中央预算原则 468
- fondamentaux de contrôle 预算监督的基本原则 56
- naissance, évolution 预算原则的产生及演变 17
- UE 欧盟预算原则 250

Procureur de la République financier 财政检察官 133，348

Programme（s）

- autorisations 计划批准 73，627

- budgétaire（état）预算项目（中央）481

- triennal de stabilité 三年稳定计划 303，515

Projet annuel de performance（PAP）年度绩效计划 526，574

Protection sociale（comptes）社会保障（账户）743

Prudence（principe）审慎（原则）670

Prusse 普鲁士 15

Public choice（école）公共选择（学派）171

Publication des comptes 账目公开 95，96

Q

Quatre vieilles（contributions directes locales）四大旧（地方直接税）704

Quatrième ressource（PNB/RNB）（UE）第四大收入（国民生产总值/国民总收入）（欧盟）234

Québec 魁北克 50，91

Questionnaires

- budgétaires 预算调查问卷 515

- sociaux 社会问题列表 782

Quotient familial 家庭商数 600

R

Rapport（s）

- annuel de la performance（RAP）年度绩效报告 28，526，576

- chambres régionales des comptes 地方审计法院报告 402

- Cour des comptes（France）审计法院报告（法国）390

- Cour des comptes（UE）审计法院报告（欧盟）276

- Cour de discipline budgétaire et financière 预算与财政纪律法院报告 417

- finances locales 地方财政报告 398

Rationalisation des choix budgétaires（RCB）预算选择合理化 526

Reagan（R.）里根 171，172

Recette（s）

- domaniale（s）地产收入 708

- marchandes 经营服务性收入 708

- non fiscales et non domaniales（état）非税收和非地产收入（中央）607

- publiques 公共收入 199，234，471，598，651，704，802

Reconduction de crédits 经费延期 72

Recouvrement

- contentieux 追税纠纷 145

Rectification fiscale 税收调整 134

Redevance 行政收费 107

Redistribution
- dépenses 再分配支出 184
- des revenus ou fortunes 收入或财产重新分配 181

Régies
- d'avances (dépenses) et de recettes 预付款（支出）和收入的管理 385，453，648，798，815

Règle d'or 黄金法则 92

Règlement（s）
- comptabilité publique 财务制度 17，23
- d'office des budgets locaux 地方预算强制执行 653
- de gestion budgétaire et comptabilité publique 预算和财务制度管理 24，67，100，150

Remise gracieuse
- débet 结欠减免 438
- impôt 税收减免 131

Rémunération pour service rendu 公共服务收费 107

Répartition
- décrets 分配法令 502

Réquisition de paiement 支付令 457

Réserve（s）
- ministérielle 部委保留权力 538
- parlementaire 议会保留权力 538

Responsabilité
- comptables (et autres agents d'exécution) de la Sécurité sociale 社保会计人员（和其他执行代理人）的责任 815
- comptables publics 公共会计人员责任 426
- managériale 管理责任 425
- ordonnateurs et autres administrateurs publics 拨款审核者和其他公共管理者责任 277，409
- régisseurs 管理者责任 815

Responsable de programme 项目负责人 546

Ressources
- propres de l'Union européenne 欧盟自有财源 234
- Quatrième-（PNB/RNB）第四大收入（国民生产总值/国民总收入）234

Restauration 复辟时期 17

Retraites 退休金 726

Revenu（s）
- impôt 税收收入 111，114，120，156
- redistribution 再分配收入 115，177
- de solidarité active（RSA）就业团结补贴 745

Rothbard（M.）罗斯巴德 191

索引

Royaume-Uni 英国 42，59，65，67，97，117，146，160，162，184，198，201，207，235，305，317，729

Russie 俄罗斯 55，71，86，90，215

S

Sanctions financières et fiscales 金融和税收处罚 135
- Cour de discipline budgétaire 预算与财政纪律法院的处罚 417
- pénales 刑罚 135，411

Say（J-B.）萨伊 169

Secours mutuels 互助救济 727

Sécurité sociale 社会保障 730
- administrations 社会保障管理 740
- comptes 社会保障账户 734
- contrôle sur les organismes 社会保障机构的监督 367，805
- cotisations 社保金 748
- déficits et dette 社保赤字和债务 759
- dépenses 社会保障支出 784，800
- équilibre financier 社会保障财政平衡 771
- fonds 社保基金 758
- lois de financement 社会保险融资法案 760
- principes fondamentaux 社会保障基本原则 767
- recettes 社会保障收入 748，801
- régimes 社会保险账号 735

Séparation des ordonnateurs et des comptables 拨款审核者和会计人员职位分离 265，454，548，648，798

Service（s）
- impôts aux entreprises（SIE），particuliers（SIP）企业缴税服务处，个人缴税服务处 356

Sincérité（principe）真实性（原则）62
- du budget 预算真实性 62，82，257，484，671，769

Slovaquie 斯洛伐克 59

Smith（A.）斯密 113，169

Société（s）
- financière internationale（SFI）国际金融公司 334

Solde structurel 结构性余额 221，445

Soutenab（le）(ilité) 可持续性 222，377，546

Spécialité budgétaire（principe）预算专款专用原则 17，18，67，87，258，499，631，770

Subvention exceptionnelle d'équilibre 预算平衡特别补贴 711

Succession（droits）继承（税）606

Suède 瑞典 15，32，55，59，160，176

Suisse 瑞士 27，50，91，201，325

Supranationalité 超国家性 228

Système

- européen de banques centrales（SEBC）欧洲中央银行系统 293，618

- européen de surveillance financière 欧洲金融监管体系 296

T

Taxe（s）

- fiscale 税收 107

- sur les salaires 工资税 602

- sur la valeur ajoutée（TVA）增值税 604，754

Territorialité（principe）地域性（原则）124，664

Thatcher（M.）撒切尔夫人 171

TIMES（Traité sur le Mécanisme européen de stabilité）《欧盟稳定机制条约》309

Tobin（projet de taxe）托宾（税）309

Tocqueville-Wagner 托克维尔－瓦格纳 194

Totalité（principe）完整性（原则）79

Traité

- instituant le Mécanisme européen de stabilité（TIMES）《欧盟稳定机制条约》309

- sur la stabilité, la coordination et la gouvernance au sein de l'Union économique et monétaire（TSCG）《欧洲经济货币联盟稳定、协调与治理条约》88，289，304，340

Transparence fiscale 税务透明 336

Transparence（principe）公开性（原则）61，252

Trésor

- alliés 国库联盟机构 366

- bons 国库券 613

- compte unique à la Banque de France 国库在法国央行的单一账户 150

- correspondants 国库对应合作机构 615

Trésorerie

- des collectivités locales 地方财政资金存入国库 155，630，652

- principe de l'unité 国库统一性原则 149

- publique 公共财政 154，164

- ressources 国库收入 608

- Union européenne 欧盟金库 266

Trotabas（L.）特罗塔巴 103

Turgot 杜尔哥 113

Tutelle sur les organismes de Sécurité sociale 社保机构的监督 810

U

UNESCO 联合国教科文组织 315，319

Unicité（des caisses publiques）（公共账户）统一性 150

Union économique et monétaire
- Europe 欧洲经济货币联盟 290
- Ouest africaine（UEMOA）西非经济货币联盟 331，335

Union européenne
- finances 欧盟财政 10，179，224，358

Union latine 拉丁货币同盟 290

Unité
- budgétaire 预算统一性 79，257，482，628，769
- de compte（UE）账户统一性（欧盟）254
- de trésorerie（principe）国库统一性（原则）464

Universalité budgétaire 预算普遍性 79，257，482，628，769

Université 大学 557

URSSAF 社会保险金及家庭补助金征收联合机构 749

V

Vérificateur général 总审查长 55

Vérité budgétaire（principe）（UE）预算真实性（原则）（欧盟）257

Verts budgétaires 预算绿皮书 574

Visa du contrôleur financier 财政监督员检查 377

Vote du budget 预算表决 262，321，527，641，777

W

Wagner（loi）瓦格纳（法则）194

Wiseman（Jack）威斯曼 194

Z

Zone franc 法郎区 300

图字号：01－2017－3802
FINANCES PUBLIQUES © DALLOZ Publisher，2015.

DANGER LE PHOTOCOPILLAGE TUE LE LIVRE

Le pictogramme qui figure ci-contre mérite une explication. Son objet est d'alerter le lecteur sur la menace que représente pour l'avenir de l'écrit, particulièrement dans le domaine de l'édition technique et universitaire, le développement massif du photocopillage.
Le Code de la propriété intellectuelle du 1er juillet 1992 interdit en effet expressément la photocopie à usage collectif sans autorisation des ayants droit. Or, cette pratique s'est généralisée dans les établissements d'enseignement supérieur, provoquant une baisse brutale des achats de livres et de revues, au point que la possibilité même pour les auteurs de créer des œuvres nouvelles et de les faire éditer correctement est aujourd'hui menacée.
Nous rappelons donc que toute reproduction, partielle ou totale, de la présente publication est interdite sans autorisation de l'auteur, de son éditeur ou du Centre français d'exploitation du droit de copie (CFC, 20, rue des Grands-Augustins, 75006 Paris).

DALLOZ

31-35, rue Froidevaux – 75685 Paris Cedex 14

Le Code de la propriété intellectuelle n'autorisant, aux termes de l'article L. 122-5, 2° et 3° a), d'une part, que les « copies ou reproductions strictement réservées à l'usage privé du copiste et non destinées à une utilisation collective » et, d'autre part, que les analyses et les courtes citations dans un but d'exemple et d'illustration, « toute représentation ou reproduction intégrale ou partielle faite sans le consentement de l'auteur ou de ses ayants droit ou ayants cause est illicite » (art. L. 122-4).
Cette représentation ou reproduction, tout comme le fait de la stocker ou de la transmettre sur quelque support que ce soit, par quelque procédé que ce soit, constituerait donc une contrefaçon sanctionnée pénalement par les articles L. 335-2 et suivants du Code de la propriété intellectuelle.

ISBN 978-2-247-15182-0

© ÉDITIONS DALLOZ – 2015

© 2017 中国大陆地区中文简体专有出版权属经济科学出版社
版权所有　翻印必究

图书在版编目（CIP）数据

公共财政学/（法）让-吕克·阿尔贝（Jean-Luc Albert）著；彭捷等译 .—北京：经济科学出版社，2017.7

ISBN 978-7-5141-8163-0

Ⅰ.①公… Ⅱ.①让…②彭… Ⅲ.①公共财政 Ⅳ.①F810

中国版本图书馆 CIP 数据核字（2017）第 126351 号

责任编辑：刘新颖　江　月
责任校对：隗立娜
责任印制：李　鹏

公共财政学

［法］让-吕克·阿尔贝　著
Jean-Luc Albert

彭　捷　刘守宇　龚兆华　徐阳鸣　等译

经济科学出版社出版、发行　新华书店经销
社址：北京市海淀区阜成路甲 28 号　邮编：100142
总编部电话：010-88191217　发行部电话：010-88191522
网址：www.esp.com.cn
电子邮件：esp@esp.com.cn
天猫网店：经济科学出版社旗舰店
网址：http://jjkxcbs.tmall.com
北京季蜂印刷有限公司印装
787×1092　16 开　35.25 印张　730000 字
2017 年 7 月第 1 版　2017 年 7 月第 1 次印刷
印数：0001—3000 册
ISBN 978-7-5141-8163-0　定价：80.00 元
(图书出现印装问题，本社负责调换。电话：010-88191510)
(版权所有　侵权必究　举报电话：010-88191586
电子邮箱：dbts@esp.com.cn)